2015
北京广播影视年鉴
Beijing guangboyingshinianjian

《北京广播影视年鉴》编辑委员会 编

中国广播影视出版社

图书在版编目（C I P）数据

2015北京广播影视年鉴 / 《北京广播影视年鉴》编辑委员会编. -- 北京 : 中国广播影视出版社, 2015.12
ISBN 978-7-5043-7564-3

Ⅰ. ①2… Ⅱ. ①北… Ⅲ. ①广播事业－北京市－2015－年鉴②电影事业－北京市－2015－年鉴③电视事业－北京市－2015－年鉴 Ⅳ. ①G229.271-54②J992-54

中国版本图书馆CIP数据核字(2015)第300346号

2015北京广播影视年鉴

（2005年创刊）

《北京广播影视年鉴》编辑委员会 编

责任编辑　王丽丹
装帧设计　一北工作室

出版发行　中国广播影视出版社
电　　话　010-86093580　010-86093583
社　　址　北京市西城区真武庙二条9号
邮　　编　100045
网　　址　www.crtp.com.cn
电子信箱　crtp8@sina.com

经　　销　全国各地新华书店
印　　刷　廊坊市精彩印刷有限公司

开　　本　787毫米×1092毫米　1/16
字　　数　658（千）字
印　　张　32.25
版　　次　2015年12月第1版　2015年12月第1次印刷

书　　号　ISBN 978-7-5043-7564-3
定　　价　128.00元

编 辑 说 明

一、《北京广播影视年鉴》是一部综合性资料工具书和史料文献的大型年刊，由北京市新闻出版广电局主持编纂，北京广播电视台、北京人民广播电台、北京电视台、中国电影博物馆、各区县文化委员会、各区县广电中心等协助编纂。

二、本年鉴全面反映北京市广播影视的基本情况和发展变化，客观记录上一年全市广播影视业各方面新情况、新变化。特殊事项，在前后年份上有所延伸。

三、本年鉴以马克思列宁主义、毛泽东思想、邓小平理论、“三个代表”重要思想、科学发展观为指导，坚持实事求是的编辑方针，贯彻“贴近实际，贴近生活，贴近群众”的宣传原则，为广播影视从业人员、教学科研人员、决策管理人员以及社会各界了解和研究北京市广播影视提供可靠信息。

四、本年鉴自2005年起，每年编印一卷。2015年版为第十一卷，全书共有18个栏目：图片、专项纪事、概况、频率频道、节目栏目、产业发展、新媒体、技术、电影、电视剧、书报刊出版、受众调查、组织机构、获奖作品、典型经验、交流合作、统计、大事记。

五、本年鉴采用规范语体文，行文力求朴实、简洁、通畅，以记述文章体裁为主体。

六、本年鉴计量单位按照1984年2月27日公布的《中华人民共和国法定计量单位》执行。

七、本年鉴统计数字以统计部门公布的为准。统计部门缺遗的数字，以各单位的为准。

八、本年鉴稿件由各单位、各部门确定专人（特约编辑）撰写（特殊约稿除外），经各单位、各部门主要领导审核盖章后提交，最后由年鉴编委会总审。

九、本年鉴的编辑工作得到各撰稿单位、部门及各方面的热情关怀和大力支持，在此深表感谢。

由于水平有限，对本书的疏漏之处与不足，恳请各界批评指正，以利于今后改进。

北京市新闻出版广电局史志办

联系电话：010－65157478

2015年10月

编 辑 委 员 会

陈　煜　北京市新闻出版广电局科技处（三网融合协调处）处长
秦　华　北京市新闻出版广电局财务处处长
单志忠　北京市新闻出版广电局人事处处长
杨春青　北京市新闻出版广电局机关党委专职副书记
刘学文　北京市纪委监察局驻北京市新闻出版广电局纪检组副组长、监察处处长
薛　峰　北京版权保护中心主任
崔玉军　北京计算机软件登记中心主任
陈嘉平　北京市新闻出版局出版物鉴定中心主任
姜　威　北京市新闻出版局信息中心主任
石　丽　北京市新闻出版局老干部服务中心主任
王　志　北京市新闻出版研究中心主任
孙峰虎　北京新闻出版服务中心主任
皮亚明　北京市新闻出版行业特有工种职业技能鉴定站（北京新闻出版版权人力资源服务中心）副主任
王　通　北京市新闻出版干部学校校长
钱富奎　北京市广播电影电视局离退休人员管理中心主任
王　晶　北京市广播电影电视局后勤服务中心主任
郑新梅　北京市广播电影电视局信息中心主任
魏利明　北京市广播电视监测中心主任
韩　浩　北京音像资料馆副馆长、研究中心副主任
智黎明　北京市广播影视作品审查中心主任
黄　培　北京国际影视交流促进中心主任
张常珊　北京广播电视台办公室主任
张　苹　北京人民广播电台媒体资料和版权部主任
李岭涛　北京电视台副台长
赵福明　北京电视台史志办主任
陈　工　北京歌华文化发展集团副总经理
丁颖磊　北京歌华有线电视网络股份有限公司总经理办公室副主任
张　平　北京电视艺术中心有限公司董事长兼总经理
杨　群　北京中北电视艺术中心有限公司董事长
许建海　北京紫禁城影业有限责任公司总经理兼书记

李　浩　北京广播电视报社社长
颜丙利　北京音像公司总经理
郭长征　北京广播电视台服务中心主任
何公明　北京北广传媒数字电视有限公司董事长、总经理兼北京瑞特影音贸易公司总经理
罗晓军　北京北广传媒移动电视有限公司董事长、总经理
刘亚辉　北京北广传媒影视有限公司董事长、总经理
罗艳红　北京北广传媒城市电视有限公司董事长兼总经理
阎伟力　北京北广传媒地铁电视有限公司总经理
蔡恒平　鼎视传媒股份有限公司总经理
裴成虎　北京北广置业有限公司总经理
陈炳岩　北京中广传播有限公司副总经理
李承刚　北京市东城区文化委员会党委副书记、主任
孙劲松　北京市西城区文化委员会主任
刘春利　北京市朝阳区文化委员会主任
陈　静　北京市海淀区文化委员会主任
史文彬　北京市丰台区文化委员会书记
杨文钢　北京市石景山区文化委员会书记
常　蓉　北京市门头沟区文化委员会主任
胡淑苹　北京市房山区文化委员会主任
王　健　北京市大兴区文化委员会书记、主任
王立生　北京市通州区文化委员会书记、主任
马朝龙　北京市顺义区文化委员会书记、主任
王文忠　北京市平谷区文化委员会主任
夏占利　北京市怀柔区文化委员会主任
刘全新　北京市昌平区文化委员会主任
李洪仕　北京市密云县文化委员会主任
张　迁　北京市延庆县文化委员会主任
常　宸　北京经济技术开发区社会发展局局长
潘　竞　北京市朝阳区广播电视新闻中心主任
王言敏　北京市海淀区新闻中心书记、主任
何岳飞　北京市丰台区广播电视中心书记、主任
王国强　北京市石景山区广播电视中心主任、副书记

主编　副主编

编辑部编辑与特约编辑

荣学良　北京市新闻出版广电局财务处副处长
郎志伟　北京市新闻出版广电局人事处干部
程玉生　北京市新闻出版广电局机关党委干部
苗本长　北京市新闻出版广电局工会调研员
陈　涛　北京市纪委监察局驻北京市新闻出版广电局纪检组监察处副处级监查员
郑　兵　北京市广播电影电视局离退休人员管理中心副主任
石立坤　北京市广播电影电视局后勤服务中心干部
田杰鹏　北京市广播电影电视局信息中心干部
马　丽　北京市广播电视监测中心综合科科长
李玮祎　北京音像资料馆、研究中心干部
张　莉　北京市广播影视作品审查中心干部
姜　瑶　北京国际影视交流促进中心办公室主任
张　莉　北京市广播影视协会干部
孟子晖　北京电影协会
刘　洋　中国电影博物馆研究部干部
李　剑　北京广播电视台办公室副主任
史博华　北京人民广播电台媒体资料与版权部台史资料科科长
周　静　北京人民广播电台媒体资料和版权部台史资料科副研究馆员
唐晓燕　北京电视台史志办编辑
魏向东　北京电视台史志办编辑
刘　敏　北京紫禁城影业有限责任公司办公室主任
梁一雯　北京歌华文化发展集团党办宣传主管
张　刚　北京歌华有线网络股份有限公司总经理办公室文秘主管
吕　妍　北京电视艺术中心有限公司办公室干部
芦建新　北京中北电视艺术中心有限公司办公室主任
杨　林　北京广播电视报社办公室干部
郝振林　北京音像公司办公室干部
赵丽艳　北京瑞特影音贸易公司办公室主任
孙　云　北京广播电视台服务中心办公室干部
郑菁菁　北京北广传媒数字电视有限公司干部
王　莹　北京北广传媒移动电视有限公司办公室主任
杨兴辰　北京北广传媒影视有限公司办公室
陈琬争　北京北广传媒城市电视有限公司办公室干部
杨　磊　北京北广传媒地铁电视有限公司办公室主任
王曼华　鼎视传媒股份有限公司办公室主任
彭穗新　北京北广置业有限公司办公室主任
张　宁　北京中广传播有限公司综合部干部
吴洁莎　北京市东城区文化委员会干部
王　莹　北京市西城区文化委员会政策法规科副主任科员
何　晶　北京市朝阳区文化委员会副科长
李广敏　北京市海淀区文化委员会干部
王　蕊　北京市丰台区文化委员会干部
张桂霞　北京市石景山区文化委员会主任科员
张　晨　北京市门头沟区文化委员会干部
白　杨　北京市房山区文化委员会干部
李晓雷　北京市大兴区文化委员会干部
邱　巍　北京市通州区文化委员会干部
刘岱松　北京市顺义区文化委员会政工科
陈玉玲　北京市平谷区文化委员会科员
郭帅言　北京市怀柔区文化委员会科员
谷瑞亮　北京市昌平区文化委员会办公室主任
高文满　北京市密云县文化委员会文化市场科科长
徐柏枝　北京市延庆县文化委员会市场科科长
杨　阳　北京市经济技术开发区社会发展局干部
邱　阳　北京市朝阳区广播电视新闻中心总编室干部
刘丹丹　北京市海淀区新闻中心办公室干部
张欣悦　北京市丰台区广播电视中心办公室干部
周明嫣　北京市石景山区广播电视中心干部
高艳蕊　北京市门头沟区广播电视中心办公室干部
常云鸽　北京市房山区广播电视中心总编室干部
王开余　北京市大兴区广播电视中心内审科科长
张娟娟　北京市通州区广播电视中心办公室主任
彭笑月　北京市顺义区广播电视中心干部
贾晓静　北京市平谷区广播电视中心助理编辑
李沐霖　北京市昌平区广播电视中心办公室干部
王少南　北京市怀柔区广播电视中心办公室科员
石晓访　北京市密云县广播电视中心总编室主任
雷自华　北京市延庆县广播电视中心办公室干部
陈雪飞　北京光线传媒股份有限公司
李树峰　华谊兄弟传媒股份有限公司
王存林　海润影视制作有限公司行政部总监
杨　艳　北京京都世纪文化发展有限公司行政助理
焦云飞　北京鑫宝源影视投资有限公司发行总监
张　皓　北京国立常升影视文化传播有限公司编辑
陈　冬　北京东王文化发展有限公司编辑
杨　云　北京小马奔腾壹影视文化发展有限公司
景　颢　北京东方飞云国际影视策划有限公司
张　弢　大唐辉煌传媒有限公司宣传总监
刘　芳　北京唐德国际文化传媒有限公司和北京唐德国际电影文化有限公司
兰简瑶　四达时代集团网站运维专员

2014北京市广播影视数字

机　构

市级广播电台1座，电视台1座，市级数字付费电视、公交移动电视、城市电视、地铁电视、手机电视、网络广播电视等新媒体平台各一个；区县广播电台9座，电视台10座，广播电视站52个；全市持有广播电视节目制作经营许可证机构2846个；网络视听网站123个。

人　员

全市广播影视从业人员4.6万人。

覆　盖

广播综合人口覆盖率100%，电视综合人口覆盖率100%。

网　络

有线广播电视网络干线总长18.29万公里，其中光缆5.1万公里，电缆13.19万公里；网络传输模拟电视节目59套，数字电视节目175套（其中高清26套）、数字广播节目18套。有线广播电视注册用户551万户，其中高清交互数字电视用户420万户。

资　产

全市广播影视总资产1088.68亿元，增加值181.88亿元。

创　收

广播影视创收427.04亿元，其中广告收入175.39亿元，电影票房收入22.82亿元。

节　目

全年制作广播节目116172小时，制作电视节目133945小时。

电视剧

全年制作电视剧83部，3052集。

动画片

全年制作动画片17部，642集，7350分钟。

电　影

北京地区全年生产影片270部，放映电影162.47万场。

2014年7月14日，中共中央政治局委员、北京市委书记郭金龙（中）在肯尼亚首都内罗毕出席“北京电视剧非洲展播季”活动，并与肯尼亚副总统威廉·鲁托的特别代表（文化体育与艺术部部长）马里奥（右）、中国驻肯尼亚大使刘显法（左）按下启动球。该活动由北京市新闻出版广电局主办、四达时代集团承办。

2014年8月25日，文化部部长蔡武，中共北京市委副书记、北京市市长王安顺（前右一）出席北京歌华文化发展集团建设运营的“国家对外文化贸易基地（北京）暨北京天竺综合保税区·文化保税园开园活动”。

2014年1月20日，北京市人大常委会主任杜德印（前右三），中共北京市委常委、宣传部部长李伟（前右二）等市领导看望和慰问参加北京市人大、政协“两会”报道的媒体记者。

2014年1月20日，北京市政协主席吉林（前左二），中共北京市委常委、宣传部部长李伟（左一）等领导看望和慰问参加北京市人大、政协“两会”报道的媒体记者。

2014年9月3日，国务院南水北调办公室工程建设委员会副主任蒋旭光（前中）到大宁河拍摄地慰问电影《天河》演职人员，北京市委宣传部常务副部长王海平（前右），北京市新闻出版广电局党组书记、局长李春良（前左）等陪同调研。

2014年6月6日，北京电视台纪实频道上星播出新闻发布会举行，国家新闻出版广电总局副局长田进（右三），北京市委常委、宣传部部长李伟（左三），北京市新闻出版广电局党组书记、局长李春良（右二），北京广播电视台台长赵多佳（左一）等出席。

2014年6月19日，中央纪委驻国家新闻出版广电总局纪检组组长李秋芳（中）出席由总局主办、北京广播电视台承办的“广播电视广告经营和大型活动监管漏洞和腐败风险防范”专题研讨会并讲话。

2014年8月27日，国家新闻出版广电总局党组成员、中央电视台台长胡占凡（前）在第23届北京国际广播电影电视展上听取北京广播电视台展示的最新广电技术应用情况汇报。

2014年12月26日，中共北京市委常委、统战部部长牛有成出席“美丽乡村·筑梦有我” 大型公益活动并讲话。该活动由市委农工委、市农委、北京广播电视台和北京农商银行联合推出，有135名主持人与“北京最美的乡村”和“低收入村”牵手结对。

2014年6月4日，中共北京市委常委、宣传部部长李伟（前左二）在北京市新闻出版广电局局长李春良（前左一）等陪同下到四达时代集团公司调研，四达时代集团总裁庞新星（前左三）介绍情况。

2014年8月31日，中共北京市委常委、宣传部部长李伟（前左二）在市委宣传部常务副部长王海平（前右一），北京市新闻出版广电局党组书记、局长李春良（二排右三），八一电影制片厂厂长黄宏（前左一）陪同下到通州拍摄地慰问电影《天河》演职人员。

2014年1月29日，中共北京市委常委、宣传部部长李伟（右二）在市委副秘书长、宣传部副部长严力强（左二）、北京广播电视台党委书记刘志远（左一）等陪同下到北京电台调研，北京电台总编辑王秋（右三）汇报情况。

（领导关怀图片：由北京市广播影视相关单位提供）

2014年9月18日，中共北京市委常委、宣传部部长李伟（左一）到北京歌华有线电视网络股份有限公司调研，北京歌华有线公司董事长郭章鹏（左二）等汇报情况。

2014年8月7日，中共北京市委常委、宣传部部长李伟（前左三），北京市副市长程红（前左四）到天竺综合保税区调研，听取“国家对外文化贸易基地（北京）天竺综合保税区”文化保税工作情况，市委宣传部常务副部长王海平（右一）陪同。

2014年12月12日，北京市人大常委会副主任孙康林出席第九届中国北京国际文化创意产业博览会并参观新闻出版广电展览。

2014年5月28日，北京市政协副主席、国家大剧院院长陈平（前右）到北京歌华有线电视网络股份有限公司调研，北京歌华有线公司董事长郭章鹏（前左）等汇报工作。

（领导关怀图片：由北京市广播影视相关单位提供）

2014年9月1日，北京、天津、河北三地新闻出版广电局共同签署《京津冀新闻出版广播影视协同创新战略框架协议》，北京市新闻出版广电局党组书记、局长李春良与天津、河北局领导签约后携手合影。

肯尼亚当地时间2014年7月14日，“北京电视剧非洲展播季”期间，“四达时代非洲总部及影视译制基地”奠基仪式举行。

肯尼亚当地时间2014年7月19日，“北京电视剧非洲展播季”期间，北京市新闻出版广电局党组书记、局长李春良（左一）、中国驻尼日利亚使馆文化参赞严向东考察四达时代 数字电视营业厅。

2014年12月7日，北京市新闻出版广电局党组成员、副局长王野霏在第九届北京文博会国际电影产业发展研讨会上致辞。

2014年6月17日，北京市新闻出版广电局党组成员、副局长臧曾祥（左一）到优酷网调研。

↑ 2014年，北京市新闻出版广电局党组成员、北京市纪委驻局纪检组长戴维在全局党风廉政建设工作会上部署党风廉政建设工作。

↑ 2014年9月11日，北京市新闻出版广电局副局长杨培丽在“培育首都骨干文化企业座谈会”上发言。

↑ 2014年4月11日，北京市新闻出版广电局党组成员、副局长丁百之（左三）率团参展法国戛纳春季电视节，并组织“北京日”活动。

↑ 2014年1月16日，北京市新闻出版广电局党组成员、副局长王霞（左二）到平谷区广播电视中心调研。

↑ 2014年12月4日，北京市新闻出版广电局党组成员、副局长韩昱（右二）到怀柔区调研农村电影市场化工作。

↑ 2014年5月16日，北京市新闻出版广电局副巡视员赵志勇在第四届北京国际电影节总结大会上发言。

2014年12月7日，第九届中国北京国际文化创意产业博览会国际电影产业发展研讨会现场。

2014年7月3日至4日，中广协会技术委员会主办、北京市广播影视协会和北京广播电视台协办的“2014年国际传媒产业论坛”举行。

“2014年国际传媒产业论坛”期间，与会代表参观北京广播电视台新媒体平台。

2014年12月30日，北京市新闻出版广电局举办特色影院授牌仪式。

2014年，北京怀柔影视基地升格为国家级影视产业示范区，图为基地外景。

2014年4月8日，第21届北京大学生电影节开幕式暨新闻发布会举行，开幕式上为获得“二十年五佳电影和导演”称号的相关人员颁奖。

2014年3月31日，北京市新闻出版广电局主办、首都广播电视节目制作业协会承办的“2014·春季第十三届北京电视节目交易会开幕式”举行。

“2014·春季第十三届北京电视节目交易会”交易现场。

2014年12月24日至25日，召开北京市广播电视节目制作经营机构管理工作会议。

2014年11月21日，北京市2014年优秀网络视听节目征集评选活动总结大会召开。

2014年1月18日，国家新闻出版广电总局、中共北京市委宣传部、北京市新闻出版广电局联合举办“首都影视精品工程座谈会”。

2014年9月5日，北京市持证视听网站总编辑会议召开。

2014年9月9日，北京市广播电视公益广告扶持项目评审会召开。

2014年7月15日至16日，举办北京市广播电视传媒机构管理及业务培训班。

2014年11月4日，2014年度北京市信息网络视听节目服务管理培训班开班。

行业管理

2014年5月27日，北京广播电视优秀少儿节目研讨会召开。

2014年5月22日，北京市广播影视作品审查中心召开审查工作例会。

2014年9月19日，北京市新闻出版广电局在怀柔区杨宋镇花园村举办高清交互数字电视机顶盒第400万户发放活动。

2014年8月21日至22日，北京市三网融合技术与应用对接工作会召开。

2014年10月29日，北京市广播电视安全播出应急演练协调会召开。

（行业管理图片：由北京市新闻出版广电局及直属单位提供）

第四届北京国际电影节举办

由国家新闻出版广电总局和北京市人民政府主办，国家新闻出版广电总局电影局和北京市新闻出版广电局（北京市版权局）承办的第四届北京国际电影节于2014年4月16日至23日在京成功举办。

电影节坚持“共享资源，共赢未来”的活动宗旨，以“天人合一，美美与共”为核心价值理念，着力打造“国际电影文化品牌”，举办开幕式、“天坛奖”评奖、北京展映、电影魅力·北京论坛、电影市场、电影嘉年华、闭幕式暨颁奖典礼等活动，实现“三个突破”：参节中外机构突破1000家、电影市场国际展商数首次超过国内展商数、市场签约额突破100亿元大关。加拿大、印度合拍影片《寻子记》获“天坛奖”最佳影片奖，中国香港导演王家卫获最佳导演奖，法国演员纪尧姆·古依和中国演员章子怡分获最佳男、女主角奖。

↑ 电影节开幕式现场。

↑ 中外电影演员走红毯仪式。

↑ 电影市场签约仪式。

↑ “北京展映”之心目影院活动现场。

北京国际电影节

电影嘉年华活动现场。

中外电影合作论坛。

加拿大、印度合拍影片《寻子记》获“天坛奖”最佳影片奖。

法国演员纪尧姆·古依获“天坛奖”最佳男主角奖。

中国演员章子怡获“天坛奖”最佳女主角奖，图为章子怡领奖并代最佳导演奖获奖者王家卫领奖后发言。

（电影节图片：由北京国际影视交流促进中心提供）

2014年5月12日，北京广播电视台召开全台领导干部会议。

2014年2月10日，北京广播电视台党委书记刘志远作2014年全台工作会议报告。

2014年12月26日，北京广播电视台台长、北京电视台台长赵多佳（中）参加北京电视台 “美丽乡村 · 筑梦有我”启动活动。

2014年3月26日，北京广播电视台常务副台长、北京电台台长席伟航（右）参加北京电台和16个区县委宣传部举行战略合作签约仪式。

2014年1月26日，北京广播电视台副台长兼歌华集团董事长王建琪（中）出席集团年度职工大会并致辞。

2014年6月27日，北京广播电视台纪委书记王伟主持“服务创新 争先”宣讲会。

2014年5月20日，北京市文化局局长陈冬（中）到歌华有线公司调研。北京广播电视台副台长兼歌华有线公司董事长郭章鹏（左）、歌华有线公司总经理卢东涛陪同。

2014年12月11日，北京广播电视台副台长苏仁先在全台2014年度工作务虚会上发言。

2014年12日18日，北京人民广播电台总编辑王秋在全国广播电台深化社会主义核心价值观宣传工作会议上介绍经验。

2014年11日20日，2014年度北京广播电视台节目创新奖——电视组终评会举行。

2014年8日21日，北京广播电视台召开ISO9001认证通过会议。

↑ 2014年6月19日，由国家新闻出版广电总局主办、北京广播电视台承办的“广播电视广告经营和大型活动领域监管漏洞和腐败风险防范”专题研讨会召开。

↑ 2014年7月15日，北京广播电视台举办节目创新系列专题讲座。

↑ 2014年3月13日，江西广播电视台党委书记、台长杨玲玲一行6人就文化产业创新发展等问题到北京广播电视台考察交流。

↑ 2014年8月27日，北京广播电视台再次以整体形象亮相第23届北京国际广播电影电视展。

↑ 2014年4月24日，北京瑞特影音贸易公司与境外频道KBS（韩国广播公司）代表交流座谈后合影。

↑ 2014年11月11日，北京瑞特影音贸易公司完成APEC主会场卫星节目信号接通任务后合影。

↑ 2014年2月26日，北京电视艺术中心有限公司荣获中国版权保护中心“2013CPCC十大中国著作权人”称号。

↑ 北京电视台与北京紫禁城影业演艺经纪部举行导演签约仪式。

↑ 2014年，北京中北电视艺术中心有限公司完成41集电视剧《我们家的微幸福生活》后期制作后，演职人员集体合影。

↑ 2014年12月11日，北京广播电视报社举办读者恳谈会。

↑ 2014年9月3日，北京广播电视台服务中心参加建外社区消防培训。

↑ 2014年，北京音像公司制作一批影院消防安全宣传片（光盘），配合安全宣传。

（市级广电综合图片：由北京广播电视台及直属单位提供）

广
播

RBC 北京人民广播电台

2014年，北京电台新增动听调频(FM94.5 MHz)，加上原有的新闻(AM828KHz FM100.6MHz)、城市(AM1026KHz FM107.3MHz)、故事(AM603KHz)、体育(FM102.5MHz)、音乐(FM97.4MHz)、文艺(FM87.6MHz)、交通(FM103.9MHz)、外语(AM774KHz)、爱家(AM927KHz)等开路广播和北京广播网，形成了“十台一网”的新型传播格局。此外，北京电台拥有15套有线调频广播，数字音频广播（DAB）试验播出13套音频广播、4套多媒体广播、2个数据服务频道，在北京有线电视网数字平台上播出16套有线数字广播节目和1个动感音乐数字电视频道，每天播音341小时，总发射功率246.5千瓦，成为以广播为主、多媒体联动的综合性传播机构。

↑ 2014年3月10、11日，北京电台新闻广播联合天津新闻广播、河北新闻广播，推出两期全国两会特别节目《对话京津冀》，节目结束后北京电台领导与直播节目嘉宾合影。

↑ 2014年5月5日，北京市委副秘书长、宣传部副部长严力强（右一），北京市公安局公安交通管理局局长孙钫（右二）等到北京电台研究探讨设立交通民警专项帮扶基金问题，台长席伟航（右三）陪同。

↑ 2014年12月18日，北京电台总编辑王秋（右）做客北京广播网“播播会客厅”，全面介绍2015年北京电台新频率、新节目以及重点报道活动。

↑ 2014年11月14日，北京电台常务副台长陈晓红等在第一届银发达人秀颁奖典礼现场与获奖达人合影。

2014年11月1日，北京电台外语广播原创英文广播剧《年少轻狂》第二季首播暨听众见面会举行。北京电台副总编辑李秀磊、外语广播台长纪烈鸿和主创人员触动开播球。

2014年5月15日，国台办新闻局局长马晓光、北京市台办主任汪明浩等领导到北京电台调研并指导对台宣传工作。

2014年9月9日，北京电台举办新频率总监竞聘答辩会。

2014年3月2日，北京电台新闻广播记者张煜在全国政协十二届二次会议首场新闻发布会上提问。

2014年8月20日，北京电台交通广播《一路畅通》节目在飞机上搭建直播间，首次尝试空地互联直播。

2014年2月11日，北京电台体育广播记者林苑在索契冬奥会比赛现场进行连线报道。

2014年12月6日，北京电台第六届“听众喜爱的名牌栏目”大型评选活动表彰典礼举行。

2014年12月19日，北京电台第二届“声音达人秀”活动终极对决暨颁奖典礼举行。

2014年5月29日，北京电台记者戚天在“美丽北京·绿色行动——探源PM2.5”京津冀三地交通广播大型联合采访活动中采访开滦中润煤矿。

2014年5月17-18日，“2014年北京外语游园会”在北京朝阳公园举行。北京电台外语广播全程参与报道，并搭设舞台推介外语广播的双语节目。

2014年3月24日，北京规划委主任黄艳走进北京电台城市广播《市民对话一把手》直播间回答市民提问。

2014年12月20日，北京电台交通广播举办开播21周年欢乐会。

2014年12月18日，北京电台副总编张松华、爱家广播《老年之友》主持人芳华采访并看望受助的特困老人。

2014年10月27日，北京电台外语广播首次面向北京中小学选拔的“小主持人团队”在新北纬饭店正式成立。

2014年4月16日，北京电台音乐广播主持人王东的全新个人品牌活动——“王东的音乐公开课”在北京师范大学艺术与传媒学院开讲。

2014年3月8日，北京电台文艺广播《美丽人生》主持人唐甜甜采访著名评书表演艺术家袁阔成。

2014年1月27日，北京电台交通广播主持人、记者李莉以慈善义工的身份，为春运的旅客义务指路、咨询。

2014年4月12日，北京电台城市广播《教育面对面》年度最大规模的高招公益专家报告会在北京大学百周年纪念讲堂举办。

（市级广电广播图片：由北京人民广播电台提供）

↑ 2014年2月11日，北京电视台召开2014年工作会议，总结部署年度工作。

2014年，北京电视台开办BTV北京卫视、BTV文艺、BTV科教、BTV影视、BTV财经、BTV体育、BTV生活、BTV青年、BTV新闻、BTV卡酷少儿、BTV纪实等15个频道，播出12套节目，其中包括10个标清频道、4个高清频道和1个外宣频道，全年播出节目120495个小时。北京卫视、卡酷少儿频道、纪实频道实现上星播出。北京卫视已在全国31个省会及直辖市网落地，地级城市网覆盖率100%，同时实现全国95%以上的区县级城市网落地，覆盖总人口达10.74亿人。开办移动客户端、IPTV、BRTN网站等新媒体，形成多媒体互补的传播格局。

↑ 2014年6月14日，中央文史馆馆员李炳华（前左二）到北京电视台参观台史展，北京电视台台长赵多佳（前左一）、副台长李岭涛陪同参观。

↑ 2014年1月16日，北京市发改委副主任、新闻发言人赵磊和市政协委员连玉明做客BTV“两会”演播室，主持人范奕和两位嘉宾就首都城市发展问题进行探讨。

↑ 2014年12月20日，由北京市委宣传部、首都文明办主办，北京广播电视台、北京电台、北京电视台承办的“2014北京榜样”颁奖典礼举行。

2014年6月6日，北京电视台纪实频道上星播出新闻发布会在北京电视台举行。

2014年10月1日，北京电视台直播《家国梦 岁月情——新中国成立65周年抒怀》节目，图为节目现场。

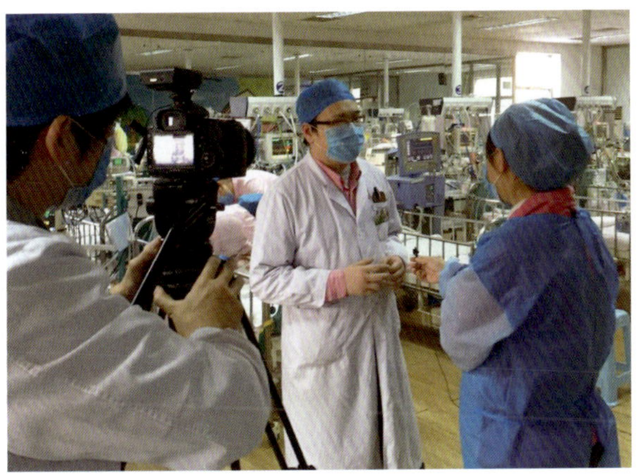
2014年，北京电视台纪实节目《生命缘》记者在重症监护室采访。

2014年12月28日，北京电视台新闻频道对四条地铁新线开通和票制票价调整进行长达四小时直播报道。

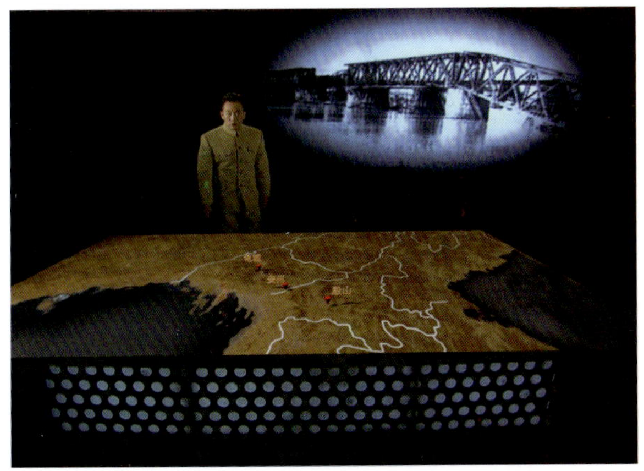
2014年，北京电视台纪录片《伟大的抗美援朝》获“五个一工程”优秀作品奖，图为该片播出画面。

2014年1月1日，北京电视台新闻中心直播“放飞梦想——2014北京新年倒计时活动”节目，图为节目现场。

2014年，北京电视台春节联欢晚会播出预告。

2014年，北京电视台环球春晚播出现场。

2014年12月2日，北京电视台《廉洁颂——北京廉政故事》主题教育活动展演在BTV大剧院举行。

2014年11月25日， 新疆和田广电局一行到北京电视台座谈交流。

2014年7月24日，上海广播电视台、上海文化广播影视集团有限公司到北京电视台座谈交流。

2014年7月29日，台湾旺旺中时媒体集团总裁到北京电视台参观访问。

↑ 2014年6月16日，根据国家新闻出版广电总局安排，发展中国家主流媒体部级研讨班成员到北京电视台参观访问。

↑ 2014年9月22日，俄罗斯媒体代表团到北京电视台参观访问。

↑ 2014年4月28日，意大利互动传媒集团到北京电视台参观访问。

↑ 2014年4月15日，纳米比亚研修班参观北京电视台新媒体基地。

↑ 2014年6月9日，安哥拉代表团到北京电视台参观访问。

↑ 2014年9月24日，巴西新闻代表团到北京电视台参观考察。

（市级广电电视图片：由北京电视台提供）

↑ 2014年，数字电视《北京之窗》频道重点栏目《真情手递手》每周播出一期。

北京北广传媒数字电视有限公司
Beijing All Media and Culture Digital TV Co.,Ltd

办有数字电视频道11套
集成音频广播节目2套
每个频道每日24小时循环播出

付费电视

《京视剧场》 《爱家购物》 《动感音乐》
《车迷频道》 《考试在线》 《优优宝贝》
《四海钓鱼》 《弈坛春秋》 《环球旅游》
《新 娱 乐》 《置　　业》

音频广播

《戏曲广播》 《爵士音乐广播》

数据服务

《北京之窗》设“公益北京”、“首都政务”和“生活资讯”系列节目和4个图文栏目，为市民提供政务公开、公共管理、生活消费等实用服务信息指南。

通过歌华有线网络平台每周上载数字电视及广播节目指南共186套，比2013年增加4套。

↑ 2014年，数字电视每天24小时不间断播出，图为工作人员在机房值机。

↑ 2014年10月19日，数字电视公司成功承办“2014安平·北大公益传播奖”颁奖活动，并获得“公益支持特别致敬奖”。

↑ 2014年9月28日，数字电视公司进行拓展培训活动，图为集体合影。

北京移动电视

移动电视品牌栏目《整点播报》在播出。

移动电视每天播出17小时 公交车载终端屏幕2.4万块

2014年，北京北广传媒移动电视有限公司优化节目内容，加大转直播力度，保持《整点播报》《百姓就业》《饭饭团》等品牌栏目十余个。新开栏目《秀逗爱生活》实现微信、视频网站同步播出；《我在北京挺好的》反映一批异乡人、异国人对北京建设的作出贡献，反响良好；《百姓就业》创新内容，增设《职场迷津》《人在北京》《职来职往》板块，受到合作方及观众的好评。“爱在红河 · 铭真公益摄影展”及“绿色北京，清凉送爽”成为品牌活动。

年内，签订5000台32英寸大屏和三代机顶盒采购合同。

移动电视新栏目《秀逗爱生活》播出画面。

2014年3月13日，移动电视公司与巴士传媒公司举行合资设立北京世巴传媒有限公司签约仪式。

2014年7月21日至25日，移动电视公司举办“绿色北京 清凉送爽” 活动。

↑ 2014年8月16日晚8点，城市电视第一时间通过楼宇电视和户外大屏同步转播第二届夏季青年奥林匹克运动会开幕式。

城市电视每天播出15小时
楼宇电视国标屏保有终端5587块
LED大屏幕联播电视9处9块

2014年，北京北广传媒城市电视有限公司进一步加强节目建设，播出节目分为新闻资讯、文化娱乐、生活服务、公益宣传四大类。同步转播《中央电视台新闻联播》《北京新闻》。自制、集成栏目：《城市播报》《体育新闻》《实时财经》《每日文娱播报》等。合作栏目：《演艺罗盘》《我的工会我的家》《96310纪事》等。引进栏目：《光影大视界》《图览天下》《新闻大考场》《新闻万花筒》《环球财讯》等。技术改造和创新方面，继续进行城市电视国标转换，实现数据推送业务的实际应用。

↑ 2014年12月12日，城市电视公司参展第九届北京国际文化创意产业博览会，图为员工合影。

↑ 2014年5月28日，北京市国资委与城市电视公司举行搭建“电子信息平台”签约仪式。

↑ 2014年1月16日，城市电视2013年度总结及表彰大会召开，图为员工合影。

metro TV 地铁电视

地铁电视精彩栏目

- 美食0换乘
- 潮流现场
- 国家大剧院
- 光影随行
- 中歌榜
- 环球影讯
- 美丽俏佳人
- 超级访问
- 音乐风云榜

- 娱乐现场
- 最佳现场
- 剧情推动力
- 小羊肖恩
- 请您欣赏
- 微电影
- 环球财讯
- 新华A股收评
- 评影不离

- 新闻地铁报 一
- 新闻地铁报 二
- 新闻地铁报 三
- 路况播报
- 新闻地铁报-体育
- 生活一点通
- 十分开心
- 军情解码 等

↑ 地铁电视公司播出栏目图表。

地铁电视每天播出18.5小时
地铁电视终端屏幕21705块

2014年，北京北广传媒地铁电视有限公司进一步加强节目建设，继续按照“短、平、快”的原则，集成、自制节目已占70%以上。优秀和重点栏目有：《环球财讯》《潮流现场》《闪天下》《十分开心》《剧情推动力》《微电影》《小羊肖恩》《评影不离》等。新增《教育新闻》《身边的好学校》《小姐爱旅行》《街拍瞬间》《完美婚礼》《开心速递》《上菜》等节目。获“2013-2014中国品牌媒体百强——移动新媒体十强”奖。年内完成新线传输设备采购、系统和链路调整方案的制定。

↑ 2014年8月27日，地铁电视公司在第23届北京国际广播电影电视展展台。

↑ 2014年4月29日，地铁电视公司召开第二届董事会第三次会议。

↑ 2014年6月9日，北京市文资办到地铁电视公司调研。

TOP V 鼎视传媒

鼎视传媒宣传彩页

2014年，鼎视传媒股份有限公司共集成传输35套数字标清、11套高清卫视节目、8套购物节目。付费频道在全国落地销售区域238个，覆盖用户13962.85万户；电视购物频道发行业务在全国落地区域215个，用户13627万户。

传输的35套数字标清节目有：《四海钓鱼》《收藏天下》《证券资讯》《央广健康》《时代家居》《时代美食》《时代出行》《时代风尚》《碟市》《职业指南》《家庭理财》《车迷》《新娱乐》《环球旅游》《人物》《考试在线》《快乐宠物》《优优宝贝》《财富天下》《家政》《电子体育》《数码时代》《中国气象》《百姓健康》《音像世界》《美食天府》《幼儿教育》等27个数字付费频道。同时还为《快乐购物》《央广购物》《优购物》《时尚购物》《风尚购物》《家有购物》《家家购物》《环球购物》等10个数字电视购物频道提供集成传输及发行服务。

传输的11套数字高清卫视节目有：北京卫视、湖南卫视、深圳卫视、广东卫视、黑龙江卫视、山东卫视、湖北卫视、北京纪实高清、辽宁高清、三沙卫视、厦门卫视。

鼎视传媒参展现场。

鼎视传媒领导研讨拓展市场方案。

北京中广传播有限公司
China Broadcasting BeiJing Co.,Ltd

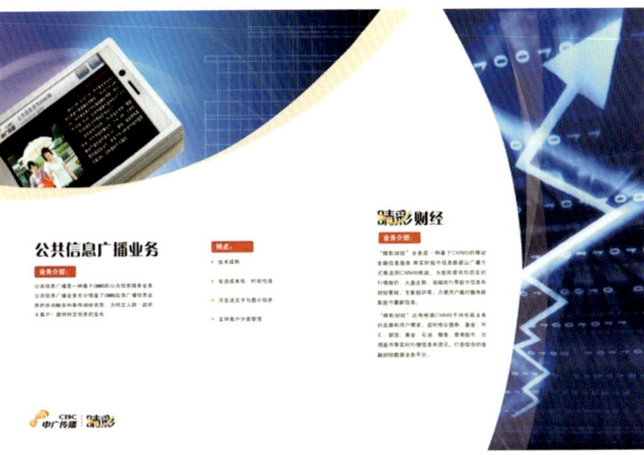

↑ 北京中广传播业务宣传彩页。

2014年，北京中广传播CMMB手机电视在北京地区建成大功率单频网站点17处，累积发展双向终端用户101.68万户，在网付费用户18.08万户。实现对CCTV-1、CCTV-5、CCTV-新闻、北京卫视、晴彩电影、晴彩北京、中央人民广播电台、中国国际广播电台视听节目的传送。

开办的《晴彩北京》频道，是北京地区手持电视的第一个自办频道，每天播出18小时，开设有《晴彩城事》《天天体育》等21个核心栏目，还运用专门制作的页面及时发送政府的应急信息。

↑ 晴彩广播和晴彩电视。

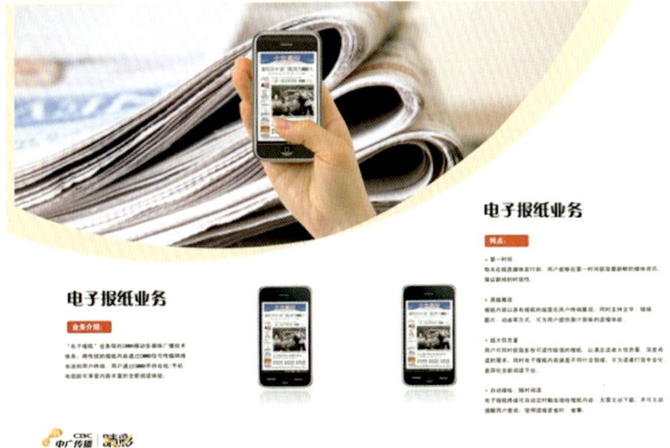

↑ 北京中广传播业务宣传彩页。

↑ 北京网络广播电视台BRTN业务楼。

北京网络广播电视台
Beijing Radio & Television Network

2014年1月8日，北京网络广播电视台正式上线播出。有4个新媒体业务平台：北京网络广播电视台网站、北京IPTV、“BTV大媒体”移动客户端、BTV微平台。BRTN网站列省级网络台第一名；北京IPTV升级，用户已经超过50万；“BTV大媒体客户端”下载量接近130万次；微平台矩阵粉丝超过3000万；研发“视频地图”和“微信电视”矩阵等创新产品。技术系统“模块化”获得国际“EMC2014国际思想领袖大奖”，以及“BIRTV2014展会最具借鉴价值项目大奖”、国家新闻出版广电总局科技进步一等奖。

↑ 北京网络广播电视台播出页面。

↑ 北京网络广播电视台播出机房。

↑ 北京广播网播出页面。

2014年，北京广播网除确保重大事件报道外，还创新工作模式，对世界杯足球赛、《百姓健康大讲堂》等重点内容和栏目进行深度加工推广，同时依托微信平台积累数万微信用户。《北播秀场》《播播会客厅》《菠萝派》3个栏目以及14件视频作品，分别获得全国优秀原创网络视听节目奖、第十届北京人大好新闻评选一等奖、北京市优秀网络视听节目评选优秀节目奖以及北京广播电视台新媒体视听节目创新奖等奖项。

2014年，北京歌华有线公司创新推出高清交互数字电视院线、歌华导视、歌华高清、歌华阅视、4K专区、健康专区、游戏专区等媒体新业态，收入同比增长超过20%，成为新的经济增长点。家庭宽带新媒体调整宽带产品价格体系，推出基于DOCSIS3.0技术的35M、55M和110M高带宽产品，与北京电信合作推出共有品牌“华翼宽带”，业务实现历史最高增长，全年净增8万户，累计达31.6万户。

↑ 2014年6月12日，歌华有线高清交互数字电视平台全新改版上线页面。

↑ 歌华有线家庭宽带新媒体业务发展情况宣传彩页。

（市级广电新媒体图片：由北京广播电视台直属单位提供）

2014年1月24日，歌华有线公司召开2014年工作会议，总结部署年度工作。

2014年，歌华有线电视注册用户551万户（其中高清交互数字电视用户420万户），集团数据业务超过2.7万线，个人宽带用户31.6万户，歌华飞视用户33.5万户。网络干线总长18.29万公里，其中光缆5.1万公里，电缆13.19万公里，除总前端机房外，有一级传输机房15个、二级传输机房200余个、小区接入机房上千个，双向网络超过520万户，已形成覆盖全市16个区县，可承载视频、语音、数据的超大型信息化基础网络。网内传输模拟电视节目59套，数字电视节目175套（其中高清电视节目26套）、数字广播节目18套和多种交互数字电视应用服务。

2014年11月14日，歌华有线公司举行“歌华发布”新闻发布会。

2014年11月27日，歌华有线公司举行“云平台”上线发布会，宣布完成“歌华云平台”一期建设，发布歌华云飞视、歌华云游戏和新型智能机顶盒终端“歌华云盒”。

2014年12月23日，歌华有线公司举行“中国电视院线”峰会，发起成立“中国电视院线联盟”。

网络传输

2014年1月8日，歌华有线公司召开2014年服务工作会。

2014年6月12日，中国广播电视网络有限公司总经理梁晓涛一行到访歌华有线公司，歌华有线公司董事长郭章鹏、总经理卢东涛接待。

2014年3月21日，四川省广电网络公司董事长刘文书一行来访，歌华有线公司总经理卢东涛接待。

2014年4月16日，密云县县长王海臣、副县长郭鹏一行到歌华有线公司调研。

2014年7月1日，歌华有线公司接待东城区区委常委、宣传部部长宋甘澍一行来访。

2014年1月20日，歌华有线公司与四达时代集团共同签署战略合作协议。

2014年1月26日，歌华有线公司与北京市邮政公司共同签署战略合作协议。

2014年10月15日，歌华有线公司与湖南省有线电视网络（集团）股份有限公司签署战略合作框架协议。

2014年1月8日，北京歌华有线客户服务信息咨询有限公司正式挂牌成立。

2014年9月19日，歌华有线公司在怀柔区杨宋镇花园村举行高清交互机顶盒第400万用户发放活动。

网络传输

↑ 2014年1月27日，歌华有线公司高清交互平台"电视院线"栏目正式上线。

↑ 2014年3月20日，歌华有线公司高清交互平台"区县新闻"栏目全新改版上线。

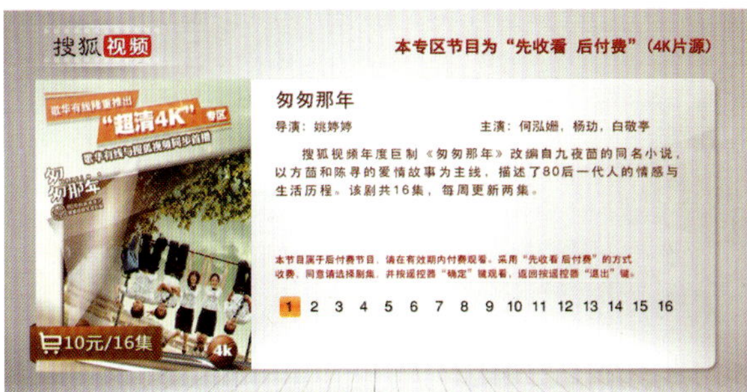

↑ 2014年3月21日，歌华有线公司与百视通公司联合试验推出4K极清宽带电视产品。歌华有线公司成为国内首家引入4K极清电视节目的有线运营商。

↑ 2014年3月26日，歌华有线公司高清交互平台首套高清轮播栏目"高清剧场"上线试播。

↑ 2014年4月24日，歌华有线公司高清交互平台"图书博物馆"二级栏目"电视图书馆"改版上线。

↑ 2014年6月12日，歌华有线公司高清交互数字电视平台全新改版上线。

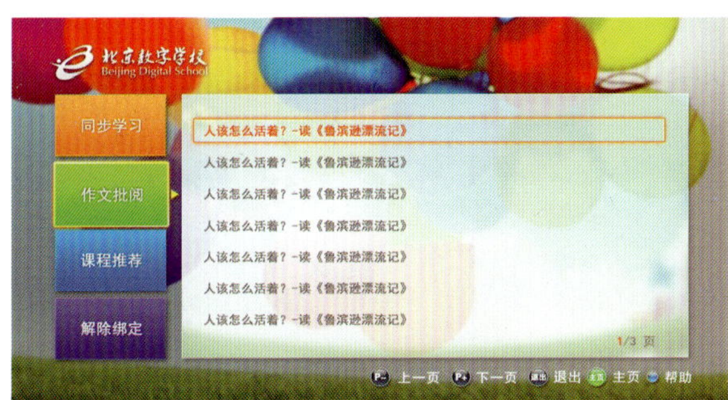

↑ 2014年7月22日，歌华有线公司"北京数字学校网上作文批阅"平台上线。

↑ 2014年9月5日，歌华有线公司荣获首届"首都文化企业30强"。

（网络传输图片：由北京歌华有线电视网络股份有限公司提供）

2014年4月22日，中国电影博物馆承办的第四届北京国际电影节“探寻电影之美高峰论坛——动画电影的艺术与技术”举行。

2014年，中国电影博物馆接待观众近45万人，组织参与各项活动100场。全年为观众讲解2407场，服务观众总人数4.1万人。全年电影放映4717场，观影近21.1万人。共举办各种社教专场和基地教育活动90次，59所大中小学的23655名师生参加。

2014年4月23日，中国电影博物馆举办电影大讲堂“名师讲堂”，阿德曼动画公司共同所有人、创意总监彼得·洛伊德主讲。

2014年8月19日，土耳其驻华大使阿里·穆拉特·埃尔索伊（中）一行到中国电影博物馆参观访问。

2014年9月12日，中国电影博物馆和清华大学新闻与传播学院编撰、中国电影出版社出版发行的《世界电影发展报告》发布会举行。

影视场馆

2014年8月11日，中国电影博物馆举办少年儿童电影才艺展示暨第五届少年儿童电影配音大赛颁奖仪式，第十届全国人大常委会副委员长顾秀莲（右二）为获奖选手颁奖。

2014年4月26日，中国电影家协会、中国电影出版社与中国电影博物馆联合举行新中国电影开路人之一“于敏百岁华诞电影物品捐赠展”揭幕仪式。

2014年5月8日，中国电影艺术家于蓝（右二）在中国电影博物馆与联合国教科文组织国际儿童与青少年电影中心联合主办的“国际儿童电影发展论坛”上获终身成就奖。

2014年10月25日，中国电影博物馆和北京师范大学艺术与传媒学院联合主办“中国电影产业发展趋势研讨”活动。

2014年6月1日，儿童电影《老大别怕》导演袁卫东（左一）向中国电影博物馆馆捐赠影片拷贝和道具。

2014年8月15日，优秀戏剧家、新中国电影教育开拓者之一田风的夫人于华（左二）向中国电影博物馆捐赠田风创作的油画作品等。

↑ 2014年8月31日，中国电影博物馆举办国产影片《忘了去懂你》影评人观影评论活动。

↑ 2014年7月6日，中国电影博物馆“电影大讲堂”举办“百年历程，世纪辉煌——中国电影史略述”讲座。

↑ 2014年6月7日，中国电影博物馆“电影大讲堂”举办“影片《一号目标》主创交流活动”。

↑ 2014年8月6日，中国电影博物馆“光影知识乐园”举办少年儿童电影配音大赛主题日活动，著名演员濮存昕(右一)与孩子们互动交流。

↑ 2014年6月14日，中国电影博物馆举办公益影展观影团——《茶馆》赏析与交流活动。

↑ 2014年9月26日，中国电影博物馆举办“北京科技微视频大赛”新闻发布会暨启动仪式。

↑ 2014年5月25日，中国电影博物馆选手参加全国科技活动周首届“科普讲解大赛”并获一、二等奖。

↑ 2014年6月2日，中国电影博物馆举办的“经典电影大家看，电影社区行”观影活动走进昌平区十三陵温馨老年公寓。

↑ 2014年5月14日，中国电影博物馆与北京市残疾人活动中心、北京科技活动中心共同举办残疾人参观中国电影博物馆活动。

↑ 2014年9月27日，中国电影博物馆举办“律动光影 欢度国庆”——送电影音乐进军营活动。

↑ 2014年8月27日–31日，中国电影博物馆举办“党员服务在社区，电影文化送温馨”露天电影专场活动。

↑ 2014年9月1日，中国电影博物馆联合东坝、望京等四个消防中队举行 “中国电影博物馆战区消防演练”。

（影视场馆图片：由中国电影博物馆提供）

↑ 2014年8月25日，北京歌华文化发展集团建设运营的国家对外文化贸易基地（北京）暨北京天竺综合保税区·文化保税园开园活动举行。

2014年，北京歌华文化发展集团着力推进文化保税园建设，国家对外文化贸易基地（北京）天竺综合保税区文化保税园正式开园，形成中华世纪坛、歌华大厦和文化保税园三大产业平台。成功举办北京国际设计周、北京国际电影节·电影市场、北京国际摄影周等重大文化品牌项目，全面构建产业要素市场，撬动各方资金与资源投入，组织展览、签约、讲座等活动近380项，带动签约合作项目207亿元。

↑ 文化保税园拥有艺术品贸易、影视贸易、设计贸易和仓储物流等业务，图为艺术品贸易中心。

↑ “国家对外文化贸易基地”天竺文化保税园。

↑ 2014年9月17日，北京歌华文化发展集团主办的“国家对外文化贸易基地保税贸易系列论坛开幕式暨首次艺术品保险专题论坛”现场。

2014年9月26日至10月3日，北京歌华文化发展集团承办的2014北京国际设计周开幕。

2014北京国际设计周主宾城市巴塞罗那赠礼“巴萨骑士”。

2014年10月17日至19日，北京歌华文化发展集团主办的纪念中法建交50周年法国机械“龙马”巡游表演活动举行。

2014年7月8日至8月17日，中华世纪坛世界艺术馆参与主办的“地中海的女人——法国艺术家沃尔蒂作品展”举行。

2014年11月10日，中华世纪坛世界艺术馆参与主办的“布里亚特的神灵——俄罗斯艺术家达西作品展”开幕。

2014年4月28日，美国林肯表演艺术中心主席杰德·伯恩斯坦一行到中华世纪坛世界艺术中心参观考察。

2014年12月12日，北京歌华文化发展集团承办的首届中欧文化与贸易论坛举行。

2014年10月12日至10月18日，北京歌华文化发展集团承办的2014北京国际摄影周举行。

2014年5月8日至8月3日，中华世纪坛世界艺术馆等主办的“大师与大师——徐悲鸿与法国学院大家作品联展”举行。

2014年4月19日，北京歌华文化发展集团承办的第四届北京国际电影节电影市场举行签约仪式，交易额首破百亿大关。

第四届北京国际电影节电影市场交易现场。

歌华文化

↑ 2014年1月21日，中华世纪坛世界艺术馆等承办的“寻根 · 守望”展览举行。

↑ 2014年3月6日至17日，中华世纪坛世界艺术馆等承办的“翰墨四君子书画一春风”书画展举行。

↑ 2014年4月4日，中华世纪坛世界艺术馆等承办的“2014 · 清明祭先贤 放飞梦未来”主题活动举行。

↑ 2014年11月24日至11月30日，中华世纪坛世界艺术馆承办的首届国家网络安全周公众体验展举行。

↑ 2014年6月5日，西藏拉萨市委宣传部一行到北京歌华文化发展集团考察调研。

↑ 2014年11月2日，北京歌华文化发展集团召开2014年重点项目总结大会。

（歌华文化图片：由北京歌华文化发展集团提供）

2014年9月2日，朝阳区广播电视新闻中心领导班子和业务骨干到北京电视台学习办台经验。

2014年1月，朝阳区广播电视新闻中心记者现场报道区人大、政协“两会”召开情况。

2014年1月，朝阳区广播电视新闻中心记者在录制区人大、政协“两会”新闻。

2014年5月22日，朝阳区广播电视新闻中心领导班子和业务骨干到天津市西青电视台学习考察。

2014年11月2日，朝阳区广播电视新闻中心举行记者节活动。

《海淀新闻》每天19：30播出，每次15分钟。图为2014年海淀区新闻中心主持人在播报新闻。

2014年，海淀区新闻中心记者在基层采访。

2014年，海淀区新闻中心记者在基层体验生活。

2014年，海淀区新闻中心《文明风尚汇》节目改版，每天7：45播出，每期5分钟。

2014年12月，海淀区新闻中心参与承办“2014感动海淀十大文明人物网上评选活动”。

2014年9月14日，丰台区广播电视中心记者录制国际铁人三项赛事。

2014年9月8日，丰台区广播电视中心记者录制中秋卢沟晓月活动。

2014年5月9日，丰台区广播电视中心记者采访“五四”青年节主题活动。

2014年9月10日，丰台区广播电视中心记者采访石榴东街社区重阳节活动。

2014年11月26日，丰台区广播电视中心记者录制百名共产党员传记朗诵会。

2014年11月20日，石景山区委副书记、区长夏林茂出席石景山有线电视微信公众平台开通仪式。

2014年6月17日，中国煤矿文工团总团、北京市语言学会朗诵研究会应邀参加石景山区广播电视中心《百姓诵读》栏目座谈会后合影。

2014年9月，石景山区广播电视中心召开高清电视技术培训会。

2014年12月23日，石景山区广播电视中心召开电视高清化建设工作会。

2014年10月，石景山新闻网手机客户端正式上线运行。图为手机客户端接收页面。

2014年3月6日，门头沟区广播电视中心召开2014年工作会，总结部署工作。

《门头沟新闻》每天19:34播出，每次15分钟。图为2014年《门头沟新闻》在播出。

2014年5月4日，门头沟区广播电视中心编辑记者与驻区部队官兵共度五四青年节。

2014年6月8日，门头沟区广播电视中心记者在基层采访。

2014年6月12日，门头沟区广播电视中心播音员、主持人与北京人民广播电台专家座谈。

2014年1月30日，房山区委书记刘伟、常务副区长李江，宣传部长赵佳琛，区委办主任赵军，副区长卢国懿、曹蕾，区政协常务副主席高维魁一行到区广播电视中心集中看望慰问全区新闻宣传战线职工。

2014年1月9日，房山区委副书记、区委政法委书记曾赞荣（左前一），区委常委、宣传部长赵佳琛（左前二），区人民法院院长邵明艳（左前三）到房山区广播电视中心调研。

《房山新闻》每天19:36播出，每次15分钟。图为2014年《房山新闻》在播出。

2014年8月12日，房山区广播电视中心记者到史家营采访乡村邮递员。

2014年1月17日，房山电视栏目《文化纪事》开播。

2014年 9月28日，大兴区委常委、宣传部部长姜泽廷（前排左二）等领导到区广播电视中心审看《爱我新区大讲堂》改版样片，并召开座谈会。

2014年10月20日，大兴区广播电视中心改版后的《爱我新区大讲堂》之“实事实办”第1期播出。

2014年11月5日，大兴区广播电视中心举办摄像基础知识专业培训班。

2014年12月18日，大兴区广播电视中心200平方米新演播室正式投入使用。

2014年12月26日，大兴区广播电视中心创办《瞧这一家子》新栏目开播。

2014年1月8日，通州区广播电视中心记者组在区人大、政协“两会”现场研究报道方案。

2014年1月27日，通州区副区长李亚兰（左）、区委宣传部长王杰群（右）慰问区广播电视中心离退休老干部。

2014年1月27日，通州区广播电视中心团拜会首次直播。图为直播控制室在切换播出画面。

2014年7月26日，通州区广播电视中心组织新闻业务培训。

2014年4月17日，通州人民广播电台进行新系统设备培训。

2014年9月20日，顺义人民广播电台举办第二届听众节。图为与听众代表合影。

2014年9月29日，顺义区广播电视中心承办的顺义区第五届“牛栏山杯”道德模范颁奖典礼现场。

2014年4月2日，顺义区广播电视中心《政务·民声》电视栏目在播出。

2014年4月15日，顺义区地税局工作人员走进广播直播间，直接解答听众关于税法相关问题。

2014年9月1日，顺义区广播电视中心广播、电视、报刊记者迅速出动采访播报暴雨情况。

2014年1月，平谷区委常委、常务副区长李宝峰（右）做客平谷电视台访谈节目，就第三次全国经济普查工作解答群众提问。

2014年 12月8日，平谷区副区长徐素芝（左一）到平谷区广播电视中心调研。

《平谷新闻》每天19：33播出，每次15分钟。图为2014年《平谷新闻》在播出。

2014年6月18日，平谷区广播电视中心记者站新闻业务培训班开班。

2014年11月4日，平谷区广播电视中心举行记者节活动。

2014年1月30日，怀柔区委常委、宣传部部长胡东（右一）到怀柔区广播电视中心汤河口分站调研。

2014年9月14日，怀柔区广播电视中心全方位报道2014北京怀柔国际徒步大会。

2014年11月11日，怀柔区广播电视中心记者组在APEC会议新闻中心综合服务台工作。

2014年9月25日，怀柔区广播电视中心召开2014年有线广播村村响工程施工动员会。

2014年9月18日，怀柔区广播电视中心新闻业务培训班开班。

2014年9月29日，在昌平电视台建台30周年之际，昌平区委常委、宣传部部长余俊生（二排中）与广电中心职工座谈。

2014年9月29日，昌平电视台成立30周年暨手机电视开通启动仪式举行，图为新老职工在启动仪式上合影。

2014年1月6日，昌平区广播电视中心记者采访报道区人大、政协“两会”情况。

2014年2月25日，昌平区广播电视中心记者全程报道第二届中国北京国际魔术大会。

2014年11月13日，阿尔巴尼亚国家广播电视台摄制组与昌平电台主持人进行模拟访谈节目。

2014年10月9日，密云县委书记汪先永（前排中）到密云县广播电视中心调研。

2014年4月10日，密云县委常委、宣传部部长刘名义（右二）到密云县广播电视中心调研。

2014年12月6日，密云县广播电视中心全程报道2014CBSA北京·密云"绿地"杯9球国际公开赛。

2014年12月24日，密云县广播电视中心"檀州大舞台"栏目组再次走进果园小学，采访学校特色建设与发展。

2014年12月16日，密云县广播电视中心举行播音员培训班，特邀中国传媒大学教授罗莉授课。

2014年7月28日，延庆县广播电视中心《百姓大舞台》节目走进军营。

2014年7月29日，第十一届延庆世界葡萄大会开幕前，延庆县广播电视中心记者在现场研讨采访计划。

2014年，延庆县广播电视中心召开联办栏目座谈会。

2014年2月23日，延庆县广播电视中心技术人员在测试浆栅山转播站发射的节目信号。

2014年6月6日，延庆县广播电视中心技术人员定时维护街头电视大屏幕。

（区县广电图片：由各区县广电单位提供）

英皇公司、八一电影制片厂联合摄制的3D影片《智取威虎山》海报。

优酷土豆集团、星美集团联合出品的影片《黄金时代》海报。

中共北京市委宣传部、北京市新闻出版广电局、八一电影制片厂、北京市南水北调办公室联合摄制的影片《天河》海报。

北京喜玛拉雅影视公司和西藏尖扎县人民政府联合摄制的影片《五彩神箭》剧照。

↑ 万达影视传媒、上海骋亚影视联合摄制的影片《北京爱情故事》海报。

← 乐视影业、万达影视、安乐(北京)电影发行公司、和力辰光国际传媒、浙江华策影视联合制作的影片《归来》海报。

← 北京紫禁城影业、中影、荷贝拉艺影视（法)、电影频道、北京凤仪文化、火星电影（法国）联合摄制的影片《狼图腾》海报。

北京紫禁城影业、银都机构、兴扬电影公司联合摄制的影片《风中家族》海报。→

2014年6月7日，观澜湖华谊冯小刚电影公社在海口举行开业仪式。

中影公司、北京小马奔腾、北京中联华盟、北京唐德影视、北京映月东方等联合出品的影片《心花路放》剧照。

华谊兄弟、北京隽扉世纪、北京乐华圆娱文化、天津金润文化、北京网秦天下科技、致远博翱影业联合出品的影片《前任攻略》海报。

华谊兄弟、电广传媒联合出品的影片《微爱之渐入佳境》海报。

华谊兄弟传媒股份有限公司出品的影片《撒娇女人最好命》海报。

华谊兄弟、时尚芭莎联合出品的影片《有一天》海报。

华谊兄弟、英皇影业、太阳娱乐文化、北京银梦影视联合出品的影片《一个人的武林》海报。

银都机构、华谊兄弟、正在电影制作、太阳娱乐文化联合出品的影片《人间小团圆》海报。

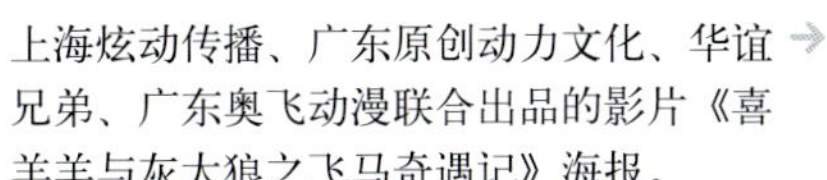

上海炫动传播、广东原创动力文化、华谊兄弟、广东奥飞动漫联合出品的影片《喜羊羊与灰太狼之飞马奇遇记》海报。

同哭 同笑 同青春
同桌的你
MY OLD CLASSMATE
4.25上映

← 北京光线影业、北京摩天轮文化联合出品的影片《同桌的你》海报。

↑ 北京光线影业、天津橙子映像、山南光线影业、上海慧形慧影联合出品的影片《分手大师》海报。

星美影业、我们制作、阿里巴巴影业、北京光线影业、北京嘉映影业、上海三次元影视、黄渤（上海）影视、北京普林赛斯文化、北京快乐新升文化联合出品的影片《亲爱的 》海报。

小马奔腾、引力影视、北京光线影业、江苏凤凰联动影视、北京果然影视、优酷土豆影业、上海汉涛信息联合出品的影片《匆匆那年》海报。 →

湖南天娱影视、广东百合蓝色火焰文化、北京光线影业联合出品的影片《爸爸去哪儿》海报。

上海炫动传播、杭州玄机科技、东方星空文化基金、上海骏梦网络科技、北京光线影业、合一网络技术联合出品的影片《秦时明月之龙腾万里》海报。

北京光线影业、香港影业国际联合出品的影片《四大名捕3》海报。

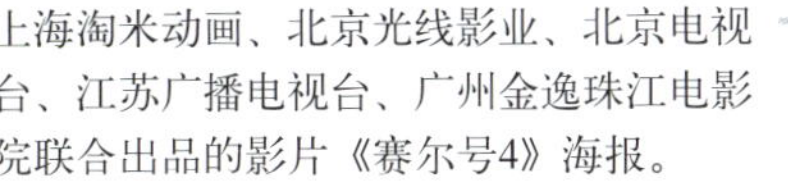

上海淘米动画、北京光线影业、北京电视台、江苏广播电视台、广州金逸珠江电影院联合出品的影片《赛尔号4》海报。

↑ 北京小马奔腾壹影视、上海永乐、鑫盛隆联合出品的5集迷你电视剧《人见人爱》海报。

↑ 大唐辉煌传媒、辽宁卫视、北京春之泰影视、辽宁东安影视联合出品的40集电视剧《欢天喜地对亲家》海报。

↑ 北京小马奔腾壹影视等出品的52集电视剧《十送红军》海报。

↑ 北京小马奔腾壹影视等出品33集电视剧《食来孕转》海报。

↑ 北京慈文影视等出品的31集电视剧《猎虎》海报。

北京鑫宝源影视、北京主题传奇文化联合出品的32集电视剧《和平的全盛时代》海报。

北京慈文影视等出品的40集电视剧《永远恋爱真美》海报。

北京鑫宝源影视、中共北京市委宣传部、北京市新闻出版广电局、北京市卫生和计划生育委、北京电视台等联合出品的50集电视剧《青年医生》海报。

北京京都世纪等出品的36集电视剧《我和我的他们》海报。

北京京都世纪等出品的40集电视剧《神鹰反恐特战队》海报。

↑ 北广传媒影视公司、北京田禾星光影业、长春电影制片厂联合出品的40集电视剧《我的二哥二嫂》海报。

↑ 北广传媒影视公司、上海馨润影视联合出品的41集电视剧《罗龙镇女人》海报。

↑ 上影英皇、东王文化联合出品的46集电视剧《兰陵王》剧照。

↑ 山东影视传媒集团、山东电影电视剧制作中心、北京紫禁城影业公司联合出品的60集电视剧《老农民》海报。

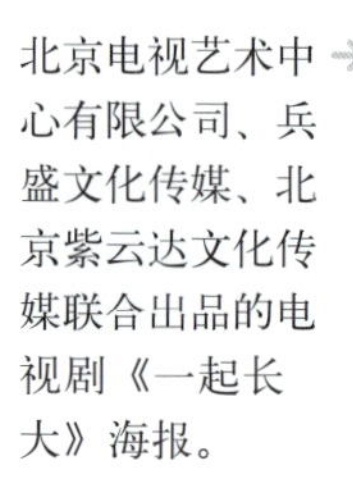

北京电视艺术中心有限公司、兵盛文化传媒、北京紫云达文化传媒联合出品的电视剧《一起长大》海报。

西安富安影视、浙江华谊兄弟影业、北京紫禁城影业公司联合出品的35集电视剧《永不低头》海报。

北京电视台制作的26集动画片《戚继光》海报。

北京紫禁城影业公司、北京华彬传媒、北京影武者文化、稼轩投资、北京世纪伙伴、中国广播影视出版社联合出品的40集电视剧《神机妙算刘伯温》海报。

北京唐德影视、天宝华映、西安艺达晨影视等联合摄制的40集电视剧《新京华烟云》海报。

海润影视、海宁壹颗心影视联合出品的40集电视剧《北上广不相信眼泪》海报。

海润影视、江苏海润影视制联合出品的36集电视剧《背着奶奶进城》海报。

海润影视、上海剧酷文化制联合出品的42集电视剧《跟我回家》海报。

山东卫视、海润影视联合出品的65集电视剧《大刀记》海报。

海润影视出品的40集电视剧《地雷战》海报。

↑ 海润影视、云南润视联合出品的46集电视剧《南侨机工英雄传》海报。

↑ 海润影视、上海克顿影视联合出品的33集电视剧《铁血武工队传奇》海报。

↑ 北京中金源影视、上海亲仁传奇影视、西安奥金百影视、浙江常升影视联合出品的40集电视剧《爱情最美丽》海报。

↑ 海润影视出品的30集电视剧《大猫追爱记》海报。

↑ 海润影视、北京盛唐、天津北方电影集团、北京春秋风云影视联合出品的40集电视剧《真实的幸福》海报。

海润影视公司管理团队合影。

海润影视公司等出品的38集电视剧《遇见爱情的利先生》海报。

华夏视听环球传媒等出品的52集电视剧《神雕侠侣》海报。

海润影视等出品的电视剧《邮差》海报。

北京东王文化、耀客传媒、玉春雷娱乐联合出品的41集电视剧《千金女贼》海报。

↑ 北京东方飞云国际影视出品的40集电视剧《情定三生》海报。

↑ 北京金英马影视出品的36集电视剧《亲情暖我心》海报。

↑ 海润影视、西安海润影视联合出品的35集电视剧《姐是浪漫性情人》海报。

↑ 完美星空传媒出品的38集电视剧《急诊室故事》海报。

↑ 北京金色池塘影视出品的40集电视剧《天使的城》海报。

↑ 北京华谊兄弟等出品的45集电视剧《还是夫妻》海报。

↑ 北京华谊兄弟、上海荷风影视联合出品的40集电视剧《小爸妈》海报。

↑ 大唐辉煌传媒等出品的34集电视剧《我的媳妇是女王》海报。

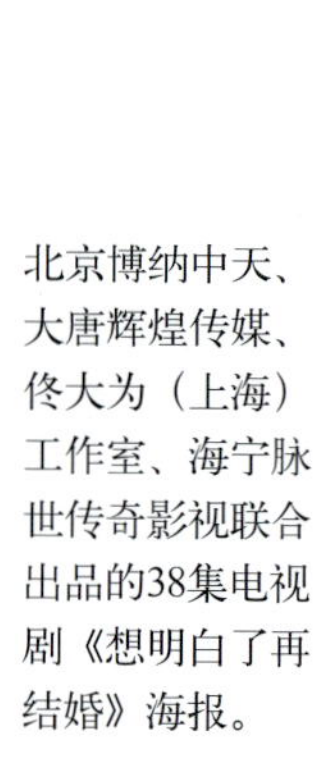

北京博纳中天、大唐辉煌传媒、佟大为（上海）工作室、海宁脉世传奇影视联合出品的38集电视剧《想明白了再结婚》海报。→

北京华谊兄弟、北京天星亿源影视联合出品的42集电视剧《五鼠闹东京》海报。

北京华谊兄弟等出品的40集电视剧《黎明之战》剧照。

北京华谊兄弟等出品的40集电视剧《卧底》海报。

大唐辉煌传媒等出品的34集电视剧《下一站婚姻》海报。大唐辉煌传媒等出品的34集电视剧《下一站婚姻》海报。

北京唐德影视、范冰冰工作室、恒大影视、中影集团联合出品的96集电视剧《武媚娘》海报。

（影视艺术图片：由北京市影视制作相关单位提供）

2014年6月29日，北京市新闻出版广电局机关党委组织全局党员举行“重温入党誓词”仪式，局党组成员、副局长王野霏在仪式上领誓。

2014年6月29日，北京市新闻出版广电局党组成员、副局长韩昱在全局党员“重温入党誓词”仪式上讲话。

2014年，北京市新闻出版广电局党组成员、副局长王霞与局老干部们在学习活动中交流。

2014年5月16日，北京市新闻出版广电局信息中心党支部组织党员参观中国人民抗日战争纪念馆。

2014年9月5日，北京市广播电视监测中心党支部开展主题党日活动。

队伍建设

← 2014年6月27日，北京广播电视台党委召开纪念建党93周年暨宣讲会。

↑ 2014年2月10日，北京广播电视台党委召开群众路线教育实践活动总结大会。

↑ 2014年7月4日，北京广播电视台党委组织党员和入党积极分子赴房山爱国主义教育基地开展“主题党日活动”。

↑ 2014年7月4日，北京广播电视台党员在房山爱国主义教育基地举行 “重温入党誓词”宣誓活动。

↑ 2014年7月1日，北京广播电视台服务中心党支部召开庆祝建党93周年党员大会。

2014年10月14日，中共北京人民广播电台第八次代表大会召开。

2014年1月26日，北京电台以“继往开来、再创辉煌”为主题，召开纪念建台65周年座谈会。

2014年7月21日，北京电台召开工会会员代表大会。

2014年10月14日，北京电视台举办马克思主义新闻观教育培训班，2000余编辑记者参加。

2014年10月15日，北京电视台举办记者站专题培训会。

2014年，北京电视台举办《广播电视安全播出管理规定》培训班开班。

队伍建设

2014年9月2日，北京歌华文化发展集团党委对照党风廉政建设八项规定落实情况召开专题会，北京广播电视台党办参加。

2014年7月22日，中共北京歌华有线电视网络股份有限公司第二次代表大会召开。

2014年7月24日，北京北广传媒数字电视有限公司党支部开展党日活动，到密云县黑山寺村慰问。

2014年6月25日，北京北广传媒移动电视有限公司党支部到城乡共建基地怀柔区杨宋镇耿辛庄村，开展党员入社区服务工作。

2014年5月23日，北京北广传媒城市电视有限公司党支部与太阳村建立精神文明共建关系。

2014年9月2日，北京北广传媒地铁电视有限公司党支部召开发展党员大会。

↑ 2014年11月5日，朝阳区广播电视新闻中心党委召开党的群众路线教育实践活动动员部署会。

↑ 2014年12月31日，海淀区新闻中心党总支召开支部换届大会。

↑ 2014年7月26日，丰台区广播电视中心举行中层干部竞聘上岗答辩会。

↑ 2014年12月5日，石景山区广播电视中心党总支召开党员大会。

↑ 2014年9月22日，门头沟区广播电视中心党组开展党员区情教育活动。

↑ 2014年2月27日，房山区广播电视中心召开党的群众路线教育实践活动动员会。

队伍建设

2014年3月12日，通州区广播电视中心开展党的群众路线教育实践活动进行集中学习。

2014年8月19日，顺义区广播电视中心广告部荣获“青年文明号”称号。

2014年7月4日，平谷县广播电视中心开展党的群众路线教育实践活动进行集中学习。

2014年6月27日，怀柔区广播电视中心开展“七一”活动纪念建党93周年。

2014年10月28日，昌平区广播电视中心召开党的群众路线教育实践活动总结会。

2014年3月7日，密云县广播电视中心举办党的群众路线教育实践活动党员干部集中学习班。

（队伍建设图片：由市、区县广电系统相关单位提供）

↑ 2014年4月4日，北京市广播电影电视局后勤服务中心组织职工在延庆绿化基地开展植树活动。

↑ 2014年12月26日，北京市新闻出版广电局工会举行职工拔河比赛。

↑ 2014年12月2日，北京音像资料馆在天坛公园开展职工“健步走”活动。

↑ 2014年4月22日至24日，北京电台工会举办“忆国史、知党恩、铸台魂”知识竞赛，城市广播摘得冠军。

↑ 2014年4月12日，北京北广传媒数字电视有限公司员工参加北京广播电视台第二届职工乒乓球赛。

↑ 2014年10月18日，北京广播电视台服务中心代表队参加北京广播电视台羽毛球比赛。

文体活动

↑ 2014年4月，北京瑞特影音贸易公司工会开展职工摄影比赛。

↑ 2014年5月28日，北京北广传媒移动电视有限公司开展"同在蓝天下，爱心1+1"公益活动。

↑ 2014年10月21日，中国电影博物馆组织员工参观西门红楼创意产业园区。

↑ 2014年5月23日，丰台区广播电视中心参加区工会"五月的鲜花"职工艺术节。

↑ 2014年10月28日，石景山区广播电视中心职工开展象棋比赛。

↑ 2014年6月27日，房山区广播电视中心举行职工乒乓球比赛。

2014年10月18日，大兴区广播电视中心职工参加拓展活动。

2014年5月13日，通州区广播电视中心职工参加羽毛球比赛。

2014年7月14日，平谷区广播电视中心工会举行职工才艺大赛。

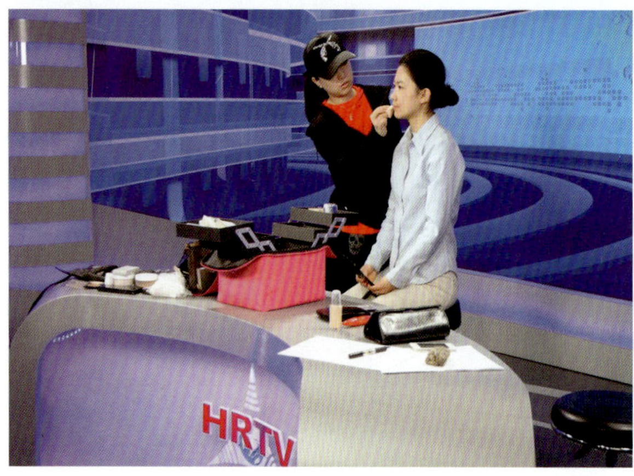

2014年4月16日，怀柔区广播电视中心举行主持人化妆培训会。

2014年10月28日，密云县广播电视中心举行职工运动会。

（文体活动图片：由市、区县广电系统相关单位提供）

目 录

专项纪事

概　况

频率频道

节目栏目

产业发展

新媒体

技　术

电　影

电视剧

书报刊出版

受众调查

组织机构

获奖作品

典型经验

交流合作

统　计

大事记

索　引

专项纪事

北京市新闻出版广电局设立

2014年1月15日，北京市人民政府办公厅发出通知：设立北京市新闻出版广电局，为市政府直属机构，加挂北京市版权局牌子，负责本市新闻出版、广播电影电视和著作权管理工作。

北京市新闻出版广电局（市版权局），是在原北京市广播电影电视局、北京市新闻出版局（北京市版权局）的基础上设立的，原市广电局、原市新闻出版局（市版权局）的职责，整合列入市新闻出版广电局（市版权局）。市新闻出版广电局（市版权局）加强的职责主要是：加强组织推进新闻出版广播影视领域公共服务，大力促进城乡公共服务一体化发展，促进新闻出版广播影视事业繁荣发展；加强指导、协调、推动新闻出版广播影视产业发展，组织推动新闻出版广播影视领域“走出去”工作；加强推进新闻出版广播影视领域体制机制改革工作；加强对数字出版以及网络视听节目服务、公共视听载体播放广播影视节目的规划指导和监督管理，协调推动其健康发展；加强著作权保护和公共服务，促进《著作权法》的贯彻实施；加强管理理念和方式的创新转变，充分发挥市场调节、社会监督和行业自律作用。

北京市新闻出版广电局（市版权局）设18个内设机构：办公室、政策法规处、规划发展处、（产业促进处）、公共服务处（安全监管办公室）、综合审批服务处、新闻报刊管理处、出版管理处（古籍整理出版规划办公室）、数字出版处、印刷发行处、出版物市场管理处、宣传管理处、电影管理处、传媒机构管理处、网络视听节目管理处、版权管理处、科技处（三网融合协调处）、财务处、人事处。

此外，北京市新闻出版广电局（市版权局）还设立机关党委，工会，驻局纪检、监察处。

北京市新闻出版广电局（市版权局）机关行政编制155名，其中：局长1名，副局长4名；另设市版权局专职副局长1名（副局级）；处级领导职数正级20名（含机关党委专职副书记1名、工会专职副主席1名）副级28名。

（北京市新闻出版广电局）

第四届北京国际电影节举办

由国家新闻出版广电总局、北京市人民政府主办，国家新闻出版广电总局电影局、北京市新闻出版广电局（北京市版权局）承办的第四届北京国际电影节，于2014年4月16日至23日在北京举办。本届电影节继续坚持“共享资源，共赢未来”的活动宗旨，以“天人合一，美美与共”为核心价值理念，本着“安全、节俭、优质、文明”的原则，精心组织七大主体活动，着力打造“国际电影文化品牌”。

一是开幕式充分体现电影元素，仪式感强

本届电影节于4月16日晚在国家大剧院拉开帷幕，开幕式充分体现电影元素，以

“风云际会，雕刻时光”为主题，回顾电影历史，隆重推介“天坛奖”入围影片，唱响电影节主题曲。国家新闻出版广电总局副局长童刚宣布开幕，北京市副市长杨晓超、法国著名演员让·雷诺、本届“天坛奖”国际评委会主席吴宇森分别致辞，“天坛奖”评委集体亮相。按照国际电影节开幕典礼惯例，放映开幕影片《美女与野兽》。相关领导、外国驻华使节以及影视界、文化界、体育界、商界、媒体界嘉宾和群众2000余人出席。

二是“天坛奖”入围影片多元，评奖结果权威公正

本届电影节共有来自六大洲、88个国家和地区的837部影片报名参加“天坛奖”主竞赛单元，其中国际影片682部、国内影片155部；较之上届，报名影片增加306部，国家增加32个。经组委会选片委员会科学严谨遴选，15个国家的15部影片入围提名。国际著名导演吴宇森领衔的“天坛奖”国际评委会，在集中观看、充分讨论基础上，遵照评选规则，以投票方式产生本届“天坛奖”10大奖项。

三是展映影片百花齐放，尽显电影文化魅力

共有来自六大洲79个国家和地区的1520部影片报名参加北京展映，其中境外影片1127部、境内影片393部，从中遴选48个国家和地区的260部优秀影片展映。从4月15日至24日，展映活动在北京33家影院及学术机构进行，共设置15个展映单元，放映600余场次。新增歌剧电影、IMAX电影、修复片展映单元，完善纪录片展映单元，举办评委会主席作品回顾展和法国、德国、英国、泰国等8场国际影展，实现了多国别、多题材、多风格和高质量，兼顾了群众性和专业性。组织新片发布会、媒体见面会、影迷见面会等近70场，为各国电影人、电影爱好者搭建了观摩、借鉴、交流平台。

四是电影论坛聚焦产业前沿，演讲嘉宾精英荟萃

“中外电影合作论坛”对多元化、深层次电影合作和资源共享进行探讨，推动中外电影全方位合作。“电影创意论坛”深入解读电影创意在全球电影发展中的作用影响，探寻规律，共谋协作发展。“探寻电影之美高峰论坛”展示动画电影艺术魅力，普及制作技术。阿方索·卡隆、奥利弗·斯通、焦雄屏等17位中外著名电影人参与研讨。

五是电影市场成果丰硕，数量质量全面提升

本届电影市场吸引了来自24个国家和地区的724个电影企业和机构，248家参展商参展，比上届增长20%，其中国内展商123家，国际展商125家。实现签约项目32个，签约总额105.21亿，比上届增长20%，再创国内电影节展交易之最。签约项目涵盖电影产业链各个环节，其中投资制作38.03亿；影视院线、影视基地项目34亿；影视素材库等项目10.17亿；新增电影基金项目累计签约额23亿。

六是电影嘉年华营造浓厚节庆氛围，打造全民光影盛会

本届电影嘉年华开辟中华世纪坛和怀柔两个会场，活动区域较往届进一步扩大，实现主城区和郊区兼顾。世纪坛会场推出电影与科技、电影与设计、电影与音乐三大主题。怀柔会场设置6个电影回顾板块、7个主题日活动，内容互为补充、各有特色，让广大市民真正实现与电影艺术、电影技术、电影文化零距离接触。世纪坛会场还与电影市场对接捆绑，成为电影市场的外围市场，与玉渊潭公园樱花节衔接一体，营造了更为浓郁的观影游乐节日氛围。

七是开闭幕红毯星光熠熠，闭幕式暨颁奖典礼致敬经典

本届电影节开闭幕红毯大腕云集，让·雅克·阿诺、阿德里安·布洛迪、张艺谋、冯小刚、范冰冰等海内外行业代表、业界精英和知名影人近500位嘉宾踏上红毯。《太平轮》《分手大师》以及“天坛奖”15部入围影片等59个剧组，助阵电影节。闭幕式以“致敬电影，致敬电影人”为主题，宣布本届电影节成果，现场揭晓“天坛奖”奖项。

除七大主体活动浓墨重彩外，电影节相关活动同样异彩纷呈。“华语电影新焦点”活动单元关注行业热点，采用电影大数据统计方法，推出中国唯一以产业为先导的电影市场风向标“M指数”；“注目未来”国际展映单元鼓励新人新作新创意，支持银幕处女作；“纪录佳作”展映单元旨在推动中国纪实影像产业发展；“微电影”线上展映引导积极健康网络文化；“美妙的和谐”电影交响音乐会集中展示中外经典电影美妙旋律；北京文资华夏影视文化产业投资基金成立新闻发布会着力扶持北京文化产业发展。本届电影节累计举办活动110多项，超过1000家中外电影机构、3000余名中外嘉宾参加电影节各项活动，239家境内媒体1039名记者、66家境外媒体205名记者参与报道，直接参与电影节人数达100多万人次。

（北京国际影视交流促进中心）

北京广电圆满完成APEC会议保障任务

在2014年11月5日至11日第22届亚太经合组织领导人非正式会议（APEC）会议期间，北京市广播影视担负着广电运行服务保障任务，具体包括相关会议场所境外卫星电视和有线电视接受传送工程建设；第三次高官会、会议周、残疾人主题活动会议举办场所，雁栖岛及城区承担接待任务的32家酒店的境外卫星和有线电视运行保障任务；同时还负责雁栖岛会议中心迎宾大屏幕播放任务。在北京APEC会议期间，北京市新闻出版广电局及广播影视相关单位，认真落实市委市政府和筹备工作领导小组办公室的工作部署和要求，主动对接，全力投入，圆满完成了服务保障任务。

建立顺畅的工作领导机制，制订完备的运行保障方案，推进工程高标准建设和进行系统运行演练。北京市新闻出版广电局成立了以局党组书记、局长李春良为总指挥的建设和保障工作指挥部，副局长王霞负责日常工作，局相关处室和北京歌华有线公司、北京瑞特影音贸易公司等相关保障单位领导参与指挥部工作。与此同时，歌华有线公司和瑞特公司也成立了由一把手亲自挂帅的指挥体系，做到了组织落实、任务落实、责任落实。为圆满完成任务，精心设计编制了运行保障方案和应急方案，包括《2014年亚太经合组织第三次高官会有线电视及境外卫星电视服务保障方案》《APEC会议驻地有线电视及境外卫星电视安全传输保障工作方案》《北京雁栖湖APEC会议有线电视及境外卫星电视服务保障工作方案》等。同时，北京歌华有线公司也制订了有线电视全流程运行保障方案。在此基础上，北京歌华有线公司、瑞特公司等单位与建设单位对接，高标准、高质量地完成了工程项目建设任务，确保了APEC会议期间境外卫星电视和有线电视系统安全优秀运行和信号高质量的收视。

运行保障有力，圆满完成任务。一是出色完成迎宾大屏幕播放任务。7月31日，指挥部将峰会当天雁栖湖国际会议中心迎宾大屏幕播放任务交市新闻出版广电局统一负责。经过现场调研、系统梳理、多次沟通，明确了相关单位的职责分工，并在电力、播放、传输、视频监看等方面完善了措施，还先后4次进行演练，确保万无一失。会议当天，广电工作人员坚守岗位，加强监看，及时排除了事故隐患，圆满完成了播放任务。二是高质高效完成临时新增境外卫星电视节目设施的安装调试。11月3日，组织瑞特公司为北京会议中心开通了CNN、BBC、凤凰中文、凤凰资讯、星光卫视五套境外卫星电视节目设施的安装调试，满足了残疾人主题活动会议的需求；11月6日、7日，组织歌华有线公司、瑞特公司完成了雁栖湖重要会议场所新增15套境外卫星电视节目设施的安装调试；11月8日，完成了为俄罗斯总统、韩国总统、巴基斯坦总理及随行人员下榻酒店安装11套临时境外卫星电视接收系统，满足了外国政要的要求。三是针对特殊情况提供精细化服务。在为残疾人主题活动会议提供服务时，组织歌华有线公司给有线电视遥控器制作了260张英文说明卡，并将主界面翻译成中英文对照，为会议代表收看电视提供了方便。

（北京市新闻出版广电局传媒机构管理处、科技处）

北京市2014年优秀网络视听节目评选活动举行

由北京市新闻出版广电局和北京网络视听节目服务协会共同主办的“北京市2014年优秀网络视听节目征集评选活动”共征集作品258部。经初评、复评、终评，分别在原创网络剧、原创微电影、原创公益类宣传广告、原创公益类宣传节目栏目、网台联动原创视听节目栏目、专业类视听节目栏目六大类中，评选出66部优秀作品，评选出优秀组织推荐单位11个。2014年11月21日，优秀网络视听节目征集评选活动总结大会在京举行，对优秀网络视听作品以及网络视听作品优秀组织推荐单位分别予以表彰。

优秀网络视听节目征集评选活动，旨在鼓励北京市持证视听节目服务单位生产制作弘扬和践行社会主义核心价值观，创造更多美好的适合网络传播、体现时代精神、人民群众喜闻乐见的网络视听节目，促进网络视听节目服务行业繁荣发展。该项活动已举办两届。这次活动面向北京120余家持证网站征集参评作品， 2014年6月启动，征集2013年6月至2014年6月的优秀网络视听节目。

此次评选活的66部优秀作品中，有1部原创网络剧，12部原创微电影，15部网台联动原创视听栏目和节目，9部原创公益类宣传广告，15部原创公益类宣传栏目和节目以及14部原创专业类视听栏目和节目。除此之外，为引导和鼓励网站坚持生产制作和传播优秀的网络视听节目，还评选出11家网络视听作品优秀组织推荐单位。

（北京市新闻出版广电局网络视听节目管理处）

北京市新闻出版广电局公益广告评审工作完成

为运用公益广告大力培育和弘扬社会主义核心价值观，2014年，中共中央宣传部、中央文明委、国家互联网信息办公室、工业和信息化部、国家工商总局、国家新闻出版广电总局联合下发《关于进一步做好“讲文明树新风”公益广告宣传的通知》。国家新闻出版广电总局为鼓励和支持社会各界参与广播电视公益广告创作和播出工作，下发《国家新闻出版广电总局关于2013～2014年度广播电视公益广告专项资金扶持项目申请事项的通知》及《广播电视公益广告扶持项目评审办法》（试行），在全国首次开展广播电视公益广告专项扶持，设立了“广播类优秀作品”“电视类优秀作品”“优秀创意脚本”和“优秀传播机构”共4项扶持项目，每个项目又分设一、二、三类扶持项目，要求各省通过初审向总局上报，参加全国的项目扶持评选。

北京市新闻出版广电局对公益广告评审非常重视，完善了总体方案、工作机制和流程，确定局专家评审组负责各项目的评审工作；局长办公会负责扶持项目的最终审定；主管局领导负责扶持项目评审的组织领导；局传媒机构管理处负责具体工作的落实。与此同时，面向北京市相关机构征集优秀广播电视公益广告作品、脚本和优秀传播机构，制定了评审办法、标准和评分细则，成立了9名专家组成的评审委员会，开展了两轮的评审工作。

2014年，共征集到广播类作品41件、电视类作品49件（含系列）、脚本15件、播出机构7个。经评审委员独立打分汇总，选出前6名作品，再经过评审会现场演示、评议，评委现场对前6名作品和机构进行打分，选出前三名上局长办公会议通过后，8月底将初审结果如期上报总局。

经国家新闻出版广电总局该项目评审委员会评审并公示，最终确定全国有132项获得2013—2014年度广播电视公益广告专项资金扶持，北京市7个项目获得47万元的扶持资金，其中，北京人民广播电台制作的广播类公益广告《向导航仪学习》获得一类扶持；《关爱父母听力篇》《文明一步之间》获二类扶持；北京车之家信息技术有限公司制作的电视类公益广告《鸡蛋启示录》、房山区广播电视台制作的《一个人的邮路》获三类扶持；北京广播电视台获公益广告优秀传播机构三类扶持；北京市新闻出版广电局被评为“优秀组织先进单位”。

（北京市新闻出版广电局传媒机构管理处）

北京市新闻出版广电局开展非法广播电台专项整治

2014年，北京市内陆续出现一些非法广播发射台，对首都的广播秩序、航空安全和群众利益造成了不良影响。北京市新闻出版广电局根据举报线索，重点研究部署，积极组织协调，展开了多起查处打击非法电台行动，共拆除17处21套非法广播设备，取得了良好的社会效果。

一、查处非法电台基本情况

全面开展清查治理非法电台。4月2日，市新闻出版广电局召开了非法卫星地面接收设施暨非法电台整治专题工作会议，认真学习了《国家新闻出版广电总局关于进一步开展非法电台清查治理工作的通知》，邀请市无线电管理局相关负责同志通报了3月初查处本市第一起非法电台干扰民航通信案件的情况，并介绍了非法电台的三个特征：一是场所设置在居民小区单元房间；二是设备无人值守自动播出；三是播放内容主要是医药广告和少量娱乐广播。会上，还对《关于建立防止非法电台长效机制的意见》进行了讨论。会后，市相关委办局、各区县文委、广电中心进行了全面的自查和拉网式排查，并将北京市发现的周边省市非法广播信号干扰情况上报了国家新闻出版广电总局。

以查处FM102.1兆赫的广播频率为契机，继续推动平台机制建设。8月11日，市新闻出版广电局针对FM102.1兆赫的非法广播频率播出涉性内容和广告，立即组织相关处室及监测中心进行监听和信号存储；12日迅速联系市属相关单位，召开查处行动协调会；13日下午，同无线电管理局确定了非法电台位置，当夜即组织市文化执法、无线电管理、公安等部门展开联合执法行动，在朝阳区望京优乐汇大厦D座32层打掉了非法广播电台。

8月15日，北京市新闻出版广电局向市委宣传部和副市长杨晓超上报了《北京市新闻出版广电局关于查处FM102.1兆赫非法电台情况的报告》和《北京市新闻出版广电局关于建立查处非法电台常态工作协调机制的请示》，提出了建立由11个部门参加的工作平台及运行机制的建议。8月21日，北京市新闻出版广电局又根据市委宣传部要求，起草了《北京市新闻出版广电局关于查处北京地区擅自设立非法广播电台情况的调研报告》，市委常委、宣传部部长李伟批示，将此项工作纳入市“扫黄打非”工作机制。

坚持强力打击查处，为北京APEC会议创造良好环境。北京市新闻出版广电局仔细梳理了相关部门提供、群众来信来电举报、以及本局监听监测到的各种非法电台线索，确定了26个非法频率作为重点查处打击对象。经过市无线电管理局和市新闻出版广电局多次侦测定位后，确定14个在北京市界内。于9月24日、25日，开展了由文化执法部门作为执法主体的联合执法行动，依法取缔非法电台11处14个，查获广播发射系统14套，现场抓获移交公安机关刑事拘留嫌疑人1名。

12月初，接到总局传媒司、科技司《关于查处北京地区非法电台的函》后，市新闻出版广电局立即组织进行监听取证，并将情况通报市无线电管理局和市文化市场行政执法总队。经市无线电管理局侦测定位，来函所附的24个非法广播频率中8个确定在本市界内，当即采取了行动。其中，FM102.7兆赫依法取缔；FM89.2、98.2兆赫频率交由公安部门进行侦查；5个频率（FM89、89.7、92.5、93.5、102.9兆赫）在采取联合执法行动前信号消失。其余16个发射源在周边省市的非法电台，通过“扫黄打非”机制平台向兄弟省市发了函。

二、建立查处非法电台工作机制

经过一年的探索、调整和磨合，北京市整治非法电台已形成了较为完整的工作平台和较为成熟的工作协调机制。

市“扫黄打非”办拟定了《关于开展打击非法电台专项工作的方案》，成立了由市委宣传部、市委政法委牵头，首都综治办、市610办、市新闻出版广电局、市无线电管理局、市公安局、市国家安全局、市工商局、市卫计委、市食品药品监督管理局、市文化执法总队等12家单位参加的“北京市打击非法电台工作小组”，市文化执法总队为主任单位，各相关委办局为副主任单位，市“扫黄打非”办为日常办公机构。

北京市新闻出版广电局作为主要成员之一，具体负责开展非法电台信号监听存储、对查缴的设备进行鉴定和日常防范等工作。为高效、便捷地开展工作，并与市“扫黄打非”办相关工作实现无缝对接，成立了局“整治非法广播电台工作领导小组”，组长由局党组书记、局长李春良担任，副局长王霞为副组长，局传媒机构管理处、科技处、监测中心为成员。领导小组办公室主任由传媒机构管理处处长担任，科技处、监测中心一名副职为副主任，各相关处室和单位均指定了专责整治非法电台的联络员。

为提高工作效率，进一步明确了工作规范和流程：一是认真受理、及时汇总各方举报的非法电台线索，交由局监测中心进行监听存储和评估打分；二是局监测中心指派专人坚持主动收听监测，及时发现掌握非法电台线索，每月汇总形成非法频率监测报告；三是进行分析研究后，迅速将甄别筛选过的非法频率发文通报给市无线电管理局进行侦测定位；四是同市无线电管理局、文化执法总队建立快速查处机制，一旦定位即参加市“扫黄打非”办组织的联合执法行动；五是及时对文化执法部门查处暂扣的设备进行鉴定，出具鉴定意见。

（北京市新闻出版广电局传媒机构管理处）

北京市新闻出版广电局策划推出大型系列纪录片《中国梦·我的梦》

2014年全国“两会”期间，14集大型系列纪录片《中国梦·我的梦》在北京电视台纪实频道播出，受到各级领导和观众的好评。这部系列片由北京市新闻出版广电局策划，京郊区县广电中心和北京电视台纪实频道节目中心联合摄制。

《中国梦·我的梦》系列纪录片每集30分钟，以纪实的手法为观众呈现了在北京生活工作的10余位普通百姓的“圆梦”故事，生动诠释了“国家富强、民族振兴、人民幸福”这一“中国梦”的基本内涵，阐述了实现中国梦和个人奋斗的内在联系，告诉人们：“中国梦”既是国家梦，也是个人梦，“中国梦”归根到底是人民的梦；实现“中国梦”，每一个中国人都需要付出辛勤劳动和艰苦努力；每个中国人都有一个属于自己的或许并不宏大的梦，但千千万万人的梦想和追求，会最终汇聚成一个强大的“中国梦”。

为了拍好这部系列片，北京市新闻出版广电局广泛听取专家意见，研究制定了实施方案，明确了系列片的主题就是结合各区县地域特点，展示百姓的“圆梦之旅”，体现大爱、大美和地域文化特色。实施方案对节目制作也提出了明确要求：要以弘扬社会主义核心价值观为核心，以传递正能量、歌颂真善美为主旋律，以实现中国梦为总目标，以原创为基础；外景拍摄、演播室访谈、主持人出镜有机结合；所有节目素材一律采用高清拍摄，后期制作统一使用特定片头。与此同时，市新闻出版广电局还向市财政申请了专项资金。

《中国梦·我的梦》记录片能否拍摄成功，在很大程度上取决于报道对象的选择。纪录片各集所呈现的“圆梦”代表，都是百姓身边的平凡人。他们身在平凡岗位，却因为对梦想的长久坚持和不懈努力而最终成功“圆梦”。《老兵夫妇的助学梦》讲述的是来自丰台区81岁的陈荣超和79岁的杨玉仙夫妇，早年在四川雅安参军，一直关心雅安的建设，在北京退休后拿出多年积蓄，捐建了雅安芦山县龙门乡晨阳希望学校，并资助了多名贫困高中生，践行了多年的助学梦。《镜头里的长城梦》讲述的是出生在密云县的高和平，61岁的他为圆自己拍摄家乡古长城美景的梦，自1998年以来风餐露宿，最终完成了4张长城组图“春之声”“夏之风”“秋之韵”“冬之听”杰作。《“洋农夫”二山的环保梦》讲述的是定居在通州的加拿大人“二山”和他来自山东的妻子张萍开办生产环保护肤产品的工厂

“OE有机地球”，主打纯天然冷法手工香皂的故事。《京城汉子的创业梦》讲述的是出生在河北白洋淀的田汉，高中毕业后怀揣50块钱来北京打工，经过多年打拼终于铸就了京汉置业等实力企业的创业故事。《文化馆长的文化梦》讲述的是朝阳文化馆馆长徐伟多年来坚持推行公共文化、群众文化并取得成效的圆梦故事。《朱宝光的京剧梦》讲述的是朱宝光追求京剧梦，最终成为京剧表演艺术家，而后又无私奉献，指导一些京剧迷学戏，帮助大家圆京剧梦。《花甲老人们的芭蕾梦》讲述的是顺义区的一群花甲老人长年坚持训练，最终竟能跳起芭蕾舞，圆了“芭蕾梦”。《“80”后的甜“蜜”梦》讲述的是平谷区“80”后女孩王金花凭儿时梦想及执着，最终在家乡建立起自己的蜜蜂王国，实现了甜“蜜”梦。《夕阳恋·相伴情》讲述的是海淀区的周镜院士、播音界前辈林田夫妇，自1989年重组家庭以来恩爱相伴的夕阳恋感人故事。《“亨特张”的神探梦》讲述的是海淀公安分局双榆树派出所便衣探组组长张惠领，多年坚持在反扒一线的感人故事。《青山绿水骑游梦》《电影梦开始的地方》《长沟的“文创”梦》《密云人的宜居梦》则分别讲述了延庆人、怀柔人、房山人、密云人几个群体，多年致力于建设美好家园、造福百姓的故事。

《中国梦·我的梦》系列纪录片中的这些平凡人物，生动鲜活、真实感人、质朴可信，让普通百姓觉得这些“圆梦”代表离自己很近，有向他们学习的想法和冲动，也坚定了自己的“追梦”理想。

（北京市新闻出版广电局）

电影《天河》在全国上映

由中共北京市委宣传部、北京市新闻出版广电局、八一电影制片厂、北京市南水北调办公室联合出品摄制的反映南水北调工程的重大现实题材故事影片《天河》，于2014年11月在全国上映。

南水北调工程是事关中华民族生存与发展的战略工程和民心工程，是造福当代、惠及子孙的基础性工程。新中国历代领导人都关注和推动这项工程，广大科技工作者和工程建设者历经半个多世纪的研究、论证、勘探、建设，创造了人间奇迹。数十万移民舍小家、顾大家、为国家，唱响了一曲感天动地的奉献之歌。电影《天河》是记录和再现南水北调这一伟大工程的力作影片，讴歌了决策者、建设者和沿线移民的巨大贡献，歌颂了几代新中国领导人的英明决策，展示了在中国共产党领导下中国人民创造的巨大成就，弘扬了工程建设者和沿线移民的牺牲与奉献精神，谱写了共产党好、社会主义好的时代主旋律，塑造了一批像焦裕禄那样的优秀共产党员形象，

中共北京市委宣传部、北京市新闻出版广电局、八一电影制片厂对拍摄这部影片非常重视。市委宣传部常务副部长王海平指出：南水北调工程是一项造福于整个中华民族的伟大的里程碑式的工程，《天河》就是这个伟大工程的碑铭；它浓缩了工程建设史，记录了建设者的汗水、泪水及喜悦，浓缩了全国人民、特别是远在丹江头的人民对于祖国母亲的奉献。吃水不忘献水人，首都北京作为受水区，同八一电影制片厂联合摄制这部影片，就是为了向水源地人民和南水北调沿线各省市人民致敬，感恩广大建设者和移

民搬迁群众，感谢他们为了把一江清水送北京而做出的牺牲与奉献。八一电影制片厂表示：天河之水地上来，在这样一个历史性的时刻，八一厂有责任和义务拍摄好《天河》这部故事片，用中国的好故事讲述“中国梦”，把南水北调这项恢弘壮阔的工程记录、展现出来，把惊天动地的不朽精神表现出来，把生动多彩的感人故事拍摄出来，用南水北调的精神激励大家拍好电影《天河》，打造与南水北调工程相匹配的精品力作，为中华民族伟大复兴的中国梦唱响时代最强音。

为了拍摄好这部影片，中共北京市委宣传部、北京市新闻出版广电局、北京市南水北调办公室为影片提供了强大的后盾和保障；国务院南水北调办公室对影片给予了具体指导，八一厂集结全国一线演艺明星和著名艺术家，组成了蔚为壮观的全明星阵容，八一厂新老艺术家也在片中亮相，多位著名艺术家和明星在影片中饰演了只有一两场戏的小角色，或是客串一个只有一两句台词的群众角色。他们推掉了其他活动，不计片酬、不辞辛劳地赶往片场。演员们纷纷表示，中线工程尤其是北京通水，与我们每个人都息息相关，能够有机会参演这部影片本身就是我们为南水北调工程所能尽的一点绵薄之力，我们愿意为南水北调工程的宣传增添色彩，呼唤全社会的节水爱水意识。

为了拍好这部影片，八一厂组织了强大的创作阵容，黄宏厂长和柳建伟副厂长作为该片的编剧带领文学策划部创作人员赶赴南水北调工程办公室和南水北调工程沿线进行采访座谈，在很短的时间内就完成了剧本创作，再次展现了一个军队电影厂攻坚克难的突击力和战斗力。为了保证摄制进度，摄制组分成A、B两个组进行创作拍摄，15天就完成了需要两三个月完成的筹备工作。他们边选演员、边置景、边拍摄、边剪辑、边制作特技，一部超越常规的摄制工作在酷暑难耐的北京、河南、湖北、河北同时展开。

该片的两位导演宁海强、沈东是八一厂年富力强的实力派导演，他们都拍摄过多部军事战争题材影片，获得过包括“金鸡奖”“华表奖”“五个一工程”奖等多个重要奖项。八一厂调集全厂最优秀的创作力量投入电影《天河》拍摄，摄影、美术、录音、制片、剪辑、特技以及化妆、服装、道具等都是八一厂各行业的领军人物，他们的全力参与使影片在规定的时限内有了一个高品质的保证。

为了拍好这部影片，再现大坝加高、移民搬迁、穿黄工程、五棵松暗涵、北京通水等真实场景，八一厂动用了大量的人员、器材、设备、道具，在极短的时间内对置景、道具、特效提出了较高的要求。因中线主体大部分工程已经完工，许多工程建设场景已经很难找到合适的外景。这些都要依托数字特技，场景搭建、工地复原与影片拍摄同步完成，涉及近50场戏、300多个特技镜头，汇集200多个特效师同时开工。

电影《天河》于2014年10月下旬南水北调中线工程通水时在全国院线上映，向伟大的南水北调工程献礼，向新中国成立65周年献礼。

（北京市新闻出版广电局）

“北京电视剧非洲展播季”举办

肯尼亚当地时间2014年7月14日下午，由北京市新闻出版广电局主办、四达时代集团承办的“北京电视剧非洲展播季”在肯尼亚首都内罗毕举行启动仪式。中共中央政治局委员、北京市委书记郭金龙，肯尼亚副总统威廉·鲁托的特别代表、文化体育与艺术部部长马里奥，中国驻肯尼亚大使刘显法，时任北京市委常委、秘书长赵凤桐，北京市委常委、组织部部长姜志刚，中联部部长助理徐绿平，北京市新闻出版广电局局长李春良，肯方相关负责人及当地媒体和观众代表200余人出席活动。

本次展播季展播的电视剧，由北京市新闻出版广电局从众多的北京电视剧中，遴选出《咱们结婚吧》《奋斗》《我的青春谁做主》《北京青年》《婚姻保卫战》《无贼》等6部精品。这些作品，反映了当代中国特别是北京人的生活、事业、情感和梦想，代表了北京市电视剧生产创作的最高水准。从2014年7月到年底，这些电视剧由承办单位——四达时代集团在非洲开办的Chinese-2频道(中国电视剧-2频道)，以英语配音方式依次播出，覆盖撒哈拉以南非洲国家和地区，旨在传播中国和北京文化，促进中非友好交往，弘扬中非传统友谊。

在展播季启动仪式之后，举行了四达时代集团非洲总部及影视译制基地奠基仪式。四达时代集团的非洲总部及译制基地，是北京市影视机构在海外设立的第一家影视译制基地，占地面积2万平方米，预计2015年年底建成投入使用后，逐步形成选片、译制、播出、版权交易的完整产业链，不仅可以大大提高译制水平和规模，而且可以有效降低译制成本。

作为展播季承办单位的四达时代集团，总部位于北京，是中国广电行业在海外具有较强实力与影响力的系统集成商、技术提供商和网络运营商。2002年，该集团开始开拓非洲市场，借助强大技术支撑，运营付费数字电视业务、手机电视业务、终端产品销售，并向国家和商用广播电视台提供数字信号传输服务，截至2014年已在肯尼亚等23个非洲国家注册成立公司，在12个国家开始运营，发展付费数字电视用户超过400万。集团节目平台共有320个频道，除国际知名频道和非洲本地频道外，还依托长城平台上线播出CCTV、CNC、凤凰卫视等华语主流媒体，涵盖英语、法语、葡语、汉语等多个语种节目。同时，集团还拥有包括 “中国影视”在内的20个自办频道，全天24小时不间断播出。本次展播季的6部电视剧，安排在四达时代集团Chinese-2频道(中国电视剧-2频道)，以每天一集的进度排播，信号能够覆盖到肯尼亚、南非、乌干达、尼日利亚等撒哈拉以南的非洲国家。为做好节目的本土化工作，2011年，四达时代集团就组建了专业的译制队伍，截止到2013年完成影视剧译制配音40部（900集）。本次展播季6部作品均由集团自行译制。

在北京电视剧非洲展播季启动仪式之前，举办了北京电视剧图片展。50多幅照片重点介绍了北京电视剧的创作环境和成果。作为中国的影视创作中心，北京聚集了中国最多和最优秀的影视制作、发行、教育机构和各类专业人员，仅制作经营机构就超过2500家，拥有中国最具活力的影视市场。每年举办北京国际电影节、北京电视节目交易会等大量影视活动，吸引了众多国内外专业机构和人员参加。坚持从创作生产、宣传推介、奖励补助等多方面完善影视产业政策，建有中国星光电视节目制作基地、中国（怀柔）影视产业示范区、三间房动画产业园、CBD传媒走廊等国家级和市级影视基地或园区，集聚效应和带动作用明显，形成了比较完备的产业链条。

（北京市新闻出版广电局）

北京广播电视台完成APEC会议宣传报道

北京广播电视台圆满完成APEC会议期间宣传报道工作。

一、频率、频道特殊编排，聚焦热点深度解析

开设“迎接APEC当好东道主”、“聚焦APEC”、“服务APEC志愿微视频”等专栏，全天候、大体量展现会议有关内容。北京电台从11月3日起连续10天不间断采访，《北京新闻》《新闻晨报》《新闻天天谈》《整点快报》《新闻大视野》《动听早高峰》《炫动下班族》《交通新闻》《1039新闻早报》等20个重点节目不间断大篇幅发稿，据统计电台9个频率共开设“迎接APEC 当好东道主”等3个专栏，推出8个特别专题策划，4期直播访谈，播出录音、消息、连线、提示等各类稿件800多篇。北京广播网共发布图片13组，相关资讯146条。北京电台还利用资源优势，交通广播与交通委等六个部门合作，拓宽了信息来源渠道；外语广播与海外合作电台洛杉矶1300、新西兰华人之声等进行连线综述，实现了内外宣并举。北京电视台11月3日至12日，在《北京新闻》等栏目中开设了《聚焦APEC》《迎接APEC当好东道主》两个专栏，大体量展现会议有关内容；在《特别关注》中开设了《服务APEC志愿微视频》专栏，邀请APEC服务志愿者用手机拍摄发生在会场内外的新鲜事和新发现。新闻频道于11月10、11日在国家会议中心和雁栖湖新闻中心进行全天候报道模式，每天6档新闻栏目全部以APEC报道为主要内容，并在11月9日至11日的新闻节目中进行了13次对播连线（首次在《北京新闻》中对重大报道进行了2次对播连线），全面运用注入点连线、手机微视频、720度全景展示、演播室访谈、新闻报道这五种方式，全方位展现会场内外的状态与氛围。

二、重点栏目高端访谈，解读中国经济发展蓝图

北京卫视推出《杨澜访谈录》高端人物访谈特别系列《未来之路》，对APEC成员经济体的三位领导人——韩国总统朴槿惠、新加坡总理李光耀、智利总统巴切莱特进行了专访，并围绕中国外交部部长王毅于10月29日发表的演讲——《北京APEC：中国准备好了！》，对王毅等人进行了采访，节目不但展示了APEC成员经济体领导人对此次会议的期待和对未来的思考，而且对中国经济发展的蓝图进行了详细解读。

三、设置网络专题，全景展现微距记录

以“迎接APEC当好东道主”为主题设置了网络专题，重点在BTV大媒体客户端，BTV官方微博、微信上线同名活动组，全媒体、全平台开展APEC报道。

四、提供交通出行信息服务

移动电视、城市电视、地铁电视等户外播出平台及时播发APEC期间交通出行信息。歌华有线、瑞特公司顺利完成重点区域境外卫星电视节目接收及有线电视服务保障工作。

（北京广播电视台）

北京市完成400万户高清交互数字电视推广工作

2014年9月19日上午，北京市怀柔区杨宋镇花园村村民武文录从国家新闻出版广电总局科技司王效杰司长手中接过高清交互机顶盒，幸运地成为北京市第400万个高清交互数字电视用户。自此，北京市高清交互数字电视覆盖用户规模正式突破400万户，在全国城市中处于领先地位。

高清交互数字电视推广工作是市委市政府关注民生、科技惠民、文化惠民战略部署的具体体现，是北京市推进文化大发展大繁荣和信息化建设的重要举措，是满足人民群众日益增长文化需求的有效途径，也是有史以来北京市政府对广电系统投入最大、涉及最广的惠民工程。通过五年的努力，高清交互数字电视推广工作得到了老百姓的普遍欢迎和认可，成为政府发挥广电优势服务首都百姓的一个重要途径。

在北京市高清交互数字电视机顶盒400万户中，远郊区县用户数量达到132万户，占全市总量的33%。高清交互数字电视，已经成为集政府信息平台、行业应用平台、文化共享平台、便民服务平台、用户娱乐平台于一体的高清交互数字电视新媒体，400万高清交互数字电视用户以最低的价格，享受到“从标清到高清、从看电视到用电视”的高品质服务。

高清交互数字电视广泛的推广，促进了首都信息基础设施提升和城市信息化、数字化发展，促进了节目内容的生产，提升了文化产品的竞争力。北京作为国内最大的高清交互数字电视市场，吸引了设备生产企业在北京建立生产基地，提升了北京在数字电视领域本地开发和生产的聚合度，从而提高了首都社会信息化应用水平和城市竞争力。同时为拉动产业升级带来了新机遇，通过采购北京市企业的设备器材、加强企业协作等方式，给中关村科技园区为主的相关企业带来很大的合作发展空间，带动了一批以中关村科技园区企业为主的相关企业的共同发展，并促进了高清电视机的消费，凸显了产业拉动效应。据统计，在项目建设采购中，北京企业采购份额占到总采购金额的80%以上。

高清交互数字电视应用工程，是建设“科技北京、人文北京、绿色北京”和“世界城市”的一项重要工程。包括：北京电视台频道高清化、高清交互基础设施建设以及高清交互机顶盒推广三方面工作。截至2014年9月19日，北京电视台已经有四个频道高清播出；高清交互基础设施的双向网覆盖用户数已达507万。

高清交互机顶盒推广工作作为高清交互数字电视应用工程项目的重要组成部分，自2009年实施以来，得到市委市政府高度重视，2010年、2011年将高清交互机顶盒推广工作分别列入当年市政府为民办实事项目。北京市新闻出版广电局作为项目的主责单位，精心组织，积极协调，全面监管，尽职服务；市发改委、市财政局、市经信委等相关委办局通力合作，大力支持；各区县政府及牵头单位在配套资金的落实、小区网络改造、机房用地、管线铺设、杆路使用、供电协调等相关工作给予了全力配合，保证了推广工作的顺利推进。北京广播电视台组织歌华有线公司全力实施，在前端系统搭建和机顶盒研发、机房和双向网络建设、系统支撑等方面，上下齐心，克服了诸多困难，圆满完成了市委市政府交办的任务。

400万高清交互数字电视推广工作的完成，是首都文化创新战略的具体实施，充分体现了“科技惠民”“文化惠民”意识。下一步将继续扩大高清交互数字电视的覆盖范围，计划2015年年底全市高清交互数字电视用户达到460万户；并进一步推动北京电视台频道高清化，提升画面质量，满足用户的收看需求；通过高清交互数字电视的推广，促进传统媒体与新兴媒体的融合发展，提升广播电视的传播力和影响力，为发挥首都国家文化中心示范作用做出新的贡献。

（北京歌华有线电视网络股份有限公司）

“2014北京榜样”颁奖典礼举行

2014年12月20日，由北京市委宣传部、首都文明办主办，北京广播电视台、北京人民广播电台、北京电视台承办的“2014北京榜样”颁奖典礼举行，张佳鑫、金汉、韩冰、陈敏华、郑丹娜、张鹊鸣、斯蒂芬·马布里、闫志国、金九皋、廖理纯当选2014年度十大“北京榜样”；苏士龙、“月宫一号”科研团队获得“北京榜样”特别奖；任士荣等48人获得“北京榜样”提名奖。

“北京榜样”主题活动，是北京市为贯彻落实党的十八大精神，发挥榜样人物的示范引领作用，着力打造首都地区培育和践行社会主义核心价值观的品牌活动，是一项融广泛发动、推荐选树、宣传报道、公益实践为一体的群众性综合大型主题活动。自2014年4月启动以来，通过层层举荐、周周上榜、月月公益、全媒传播，在全市宣传树立了一批“奋发向上,崇德向善”的“北京榜样”。各区县、各系统从社区（村）、基层单位做起，层层宣传树立身边榜样，设置《“北京榜样”举荐榜》一万余块，全市共推荐候选人3416名。市属媒体定期发布周榜人物、月榜人物，2014年5月至10月，全市共推出“北京榜样”周榜人物130名，月榜人物60名。11月20日至12月10日，全市组织开展了“为榜样点赞”网络互动宣传活动，广大市民积极参与，致敬榜样，赞美榜样，共收到475411个点赞和23548条留言。在月榜人物基础上，最终评选产生2014年度十大“北京榜样”以及特别奖、提名奖。在开展推荐上榜的同时，主承办单位还组织了“我学榜样做公益”绿化、献血、助残、敬老等志愿服务活动，学习榜样事迹，传递榜样力量，践行榜样精神。

颁奖典礼现场，通过视频小片、故事讲述、现场采访等形式，生动再现了十大“北京榜样”和特别奖获得者的事迹；真挚的话语，感人的场景，打动了在场的每一位观众，整个现场掌声不断。十大“北京榜样”人物事迹涵盖了助人为乐、见义勇为、诚实守信、敬业奉献、孝老爱亲、勤劳节俭、热心公益等类型。既有敬业奉献、医术精湛的医生陈敏华，也有人称北京公交“活地图”的张鹊鸣；既有与学生书写“悄悄话”、进行心灵沟通的教师郑丹娜，也有带伤拼搏率队夺冠的篮球运动员“马政委”斯蒂芬·马布里；既有开展“夕阳再晨”科技助老的90后大学生张佳鑫，也有路遇抢劫、见义勇为的北京人艺青年演员金汉；既有恪守承诺、9次捐献熊猫血的出租车司机韩冰，也有照顾瘫痪妻子38年不离不弃的退休干部闫志国；既有热心公益、辞去董事长专职植树绿化的企业家廖理纯，也有勤劳节俭、致力于家庭节水的退休工程师金九皋。他们用自己的实际行动传递着“奋发向上,崇德向善”的精神，体现了中华民族的传统美德，彰显了引领时代前进的中国精神，展示了首都市民独特的人格风貌，是首都弘扬和践行社会主义核心价值观的最新成果。

榜样人物事迹感人，颁奖典礼场面温馨。为这十位榜样人物颁奖的嘉宾，也大都是普通市民。比如，为陈敏华颁奖的是病患家属，为金汉颁奖的是他见义勇为的获救女子，为闫志国颁奖的是他满头白发的岳母。北京榜样的事迹同样感动了社会各界人士，他们纷纷来到现场表达他们的敬意。濮存昕、春妮作为故事员，现场讲述榜样的感人故事；航天员刘洋，北京公交行业的优秀代表李素丽，国安足球俱乐部球员徐云龙、邵佳一，南水北调工程一线工程师刘峻伟等社会各界人士上台为榜样人物颁奖；著名歌唱家纷纷为榜样献歌。“北京榜样，平凡中的力量。北京榜样，就在我们身旁。”让我们与榜样人物一起，将社会主义核心价值观融入我们生活的方方面面，传递榜样力量，践行榜样精神。

（北京人民广播电台、北京电视台）

北京电台春节节目年味儿浓

2014年春节期间，北京电台各个专业广播和北京广播网结合各自特色，在播出北京电台春节展播节目的同时，推出一大批独具特色、节味儿浓郁的新闻报道、特别策划、专题节目，丰富北京电台的春节节目和活动，满足听众的不同需求，为听众提供多彩的节日广播服务。

北京新闻广播——新春走基层

北京新闻广播1月20日至2月10日在《北京新闻》推出“新春走基层”专栏。专栏以记者调查体验式报道为主，报道内容主要有春运期间的新鲜事感人事，回家过年的记者耳闻目睹的家乡新变化，节日期间坚守工作岗位的普通人，北京市民喜乐祥和过大年等4个方面。

春运：记者从买票、乘车、服务、人物、热点等方面全程报道春运，关注旅客、农民工、铁路职工等各色人物。除夕当天记者跟随一列春运列车，随车实时报道春运人物，呈现春运故事。

回乡：初一到初七，由7位回家过年的记者从黑龙江、湖北等地发回录音报道，向北京市民讲述自己家乡的变化。

坚守：记者关注检查烟花爆竹安全的民警、凌晨清扫鞭炮垃圾的环卫工人、留守北京的菜农……记者用声音记录这些坚守岗位的普通人的故事。

过年：记者捕捉市民过年的精彩瞬间，采访八大处庙会、密云古镇、延庆九曲黄河灯民俗活动等。

北京城市广播——驷马奔腾迎新春

马年新春，北京城市广播为听众朋友奉献一辆“驷马专车”，四匹“马”分别是文化、娱乐、旅游、健康，为听众朋友欢度春节助力。

城市广播《动听早高峰》节目播出“城市寻宝，马到成功”春节特别节目：和听众说说和马有关的旅游目的地、马年最看好哪个理财产品、我认识的“马宝贝”、北京和“马”有关的地名、国内外与“马”有关的电影、和“马”有关的老物件纪念品、和“马”有关的歌曲等话题。《炫动下班族》节目每天以带“马”字的成语展开，播出脱口秀及与马有关的相声、小品节目，同时提供文娱、旅游、消费、美食、理财等信息服务。《旅行号1073》节目从春节出行、购物、度假、美食、运动攻略等方面为听众服务。《健康加油站》节目以“预防节日病，过好健康节”为主题，邀请北京中医医院、同仁医院、北京儿童医院等医院的专家名医为听众“空中问诊”。

北京故事广播——品读名家笔下的马

北京故事广播《品读时分》节目春节期间集中选编了知名作家与“马”相关的佳作赏析，如梁晓声、周涛、布封等人的作品，要么具有浓浓的故乡情怀，要么具有哲思意味。《知识开讲》节目春节期间邀请动物研究学者，探究马为什么能和人建立特殊的关系，从自然科学的角度分析这种动物朋友。故事广播《长书天地》《读史有学问》《评书大连播》《夜相伴》在春节期间强档连播，为听众带来精彩的春节内容。

北京交通广播——除夕陪伴在路上的你

每年除夕晚8点到12点，北京交通广播都会依照传统安排播出除夕守夜特别节目《1039年夜饭》，陪伴在路上、工作岗位上的人们一起过年，今年也不例外。主持人安排不同的过年的话题与听众一起守岁。同时，除夕夜交通广播记者也依旧到现场采访消防战士、环卫工人、公交地铁站回家的人们。《交通新闻》节目推出“新春风景线之京都篇和故乡篇”特别节目。“京都篇”反映京城消防、环卫、公交、地铁等一线人员坚守岗位迎新春的情景；“故乡篇”反映记者返乡体验新故乡新风貌、新变化。《警法时空》节目将关注出行安全，包括飞机上突发急病怎么办、机场行李防止被盗、购物游玩注意财产安全、文明放置三角警示牌、飙车的危害等。《百姓TAXI》节目带领的士司机启动“温暖回家路”特别报道。《旅途》节目在除夕播出“扎在北京过大年”专题，介绍北京过年期间的服务信息。

北京文艺广播——盘点春晚上的笑声

北京文艺广播《876资讯》节目春节期间关注北京的庙会、游园活动以及演出、影视、展览等相关服务信息。每天8:30、18:00与市园林局合作推出“绿色播报”专栏，着重介绍各市属公园春节期间活动安排及票价、交通等信息。《空中笑林》节目播出“春晚上的笑声”专题，从第一届春晚到2013年春晚，节选每位笑星最具代表性的节目，如相声大师马三立的唯一一次春晚表演、姜昆最有“笑果”的春晚作品、《开心茶馆》播出春节特别策划“相声院子里的小剧场封箱演出集萃”。《演艺群英会》播出冯小刚贺岁电影回顾，央视春晚经典小品回顾，歌手沙宝亮、林志炫访谈回顾，作家叶广芩、大提琴家王健访谈回顾，辽宁芭蕾舞团访谈，马年春节影视娱乐盘点，黄梅戏版《梁祝》主演访谈等。

北京音乐广播——经典演出过足瘾

北京音乐广播《974信息网》全面报道春节期间北京的演出及文化活动，并重点关注国家大剧院《新春欢乐颂》系列音乐会、歌剧《费加罗的婚礼》、英国NBT芭蕾舞团芭蕾舞剧《仲夏夜之梦》、施特劳斯经典名曲、新春交响音乐会、爱尔兰踢踏舞《凯尔特传奇》、国家大剧院原创歌剧《运河谣》等演出。节日期间还将关注各类演出、庙会、民俗活动、家庭亲子活动等。

北京体育广播——继续跟着比赛走

春节期间，2013～2014赛季中国男篮职业联赛（CBA）不停赛，2月5日（正月初六）19:30，北京金隅队在主场迎战山东队，伤愈归来的马布里将登场。体育广播现场转播这场比赛，同时在赛后的《体坛夜话》节目里带来本场比赛的精彩点评。除夕至初七，北京体育广播《体坛夜话》节目推出系列特别节目“冬天里的故事——马上玩去”。节目邀请嘉宾讲述记忆中在冬季特别是春节期间参与体育运动或健身项目的故事，同时请民俗专家讲述传统。体育广播录制的李娜自传《独自上场》（25集）播出后受到听众欢迎。李娜在澳网夺得大满贯冠军更是再次让她成为体育迷的关注中心。春节期间，体育广播以每次4集的频次重播李娜自传《独自上场》。

北京外语广播——在京老外这样过春节

北京外语广播《听世界》节目春节策划播出系列节目《记者说话》，盘点一年来经济、文化、教育、旅游等方面的国际关注热点。《小鬼当家》节目播出系列专栏“假期你要注意的事”，为家长解答孩子在过节放假时遇到的问题。《感受北京》节目推出的春节系列节目主题是“在京老外怎么过春节”，围绕这一内容推出7集专题节目。《布鲁斯在北京》播出外籍主持人布鲁斯的实地采访和点评，栏目每天介绍一个春节好去处。

北京爱家广播——故事陪伴小朋友

北京爱家广播《健康喜来乐》节目为大家健康过节提供帮助。《宝贝计划》精选育儿知识，为年轻父母指点迷津。《毛毛狗的故事口袋》一如既往地用精彩的儿童故事陪伴小朋友。《快乐合家欢》《激情岁月》为听众准备了欢乐、热闹的相声和喜庆、动听的歌曲。

北京广播网——全面展示广播过大年节目

春节期间，北京广播网开辟北京电台“广播过大年”专题页面，包括采访图片、演职人员做客节目照片、往年活动视频、明星拜年短片等，并为网友设计了菠萝台的互动入口以及“春节节目展播”听众投票系统。菠萝台《新春大联欢》汇集了北京电台历年“广播春晚”的语言类、歌曲类、舞蹈类和小品类视频节目，供大家选择欣赏。

（北京人民广播电台）

“美丽环境 绿色行动”京津冀媒体大型环保主题系列活动启动

2014年4月11日，北京人民广播电台联合天津广播电视台交通广播、河北人民广播电台共同推出的“美丽环境 绿色行动——京津冀媒体大型环保主题系列活动”举行媒体沟通会，北京电台总编辑王秋、天津广播电视台台长助理张今路、河北人民广播电台副台长王广文参加。活动指导单位北京市发展和改革委员会委员洪继元、北京市环境保护局副局长姚辉、北京市园林绿化局副局长强健、天津市环境保护局副局长谢华生、河北省环境保护厅宣教中心宣传科长李平出席沟通会。媒体沟通会上，北京电台副总编辑李秀磊介绍了本次活动的具体安排。活动由贯穿全年的主线“京津冀三地探寻PM2.5大型采访报道”“世界地球日特别节目——绿色出行 马上启动”和“世界环境日特别行动——垃圾分类 从现在开始”三部分组成。其中，“京津冀三地探寻PM2.5大型采访报道活动”已于3月22日启动，期间三地交通广播共同调查和报道京津冀环保治理的措施和成果。4月22日世界地球日和6月5日世界环境日当天，北京电台新闻广播、交通广播和外语广播联合推出特别直播节目，分别围绕“绿色出行”和“垃圾分类”两个主题进行广泛宣传。本次活动借助开设专题网页、开辟举报专区、开通新浪微博话题、开通微信账号等新媒体的力量增加公众参与度。活动收官时，活动成果将集结成册，上报有关部门，为推进京津冀环保一体化建言献策。

天津广播电视台交通广播总监安迅、河北人民广播电台副台长王广文分别介绍了津冀两地电台的采访宣传报道安排。天津广播电视台交通广播精心策划三地联合采访在天津站的走访单位，了解天津地区在治理机动车尾气污染方面所采取的措施和最新的科研成果。

“美丽环境　绿色行动——京津冀媒体大型环保主题系列活动”得到了北京市发展和改革委员会、北京市环境保护局、北京市园林绿化局、天津市环境保护局、河北省环境保护厅的特别指导。媒体沟通会上，主持人对五家指导单位的领导进行了现场访谈，五家指导单位充分肯定了本次活动的积极意义，并分别介绍了各自治理大气污染、改善城市环境的举措。北京市发改委作为一个综合管理部门，将从压缩燃煤、探索碳交易等多方面致力于提高空气质量；北京市园林绿化局阐述了打造“青山碧野绿城”的计划和举措；北京市环保局进一步加强对重污染企业的监管，对违规排污的现象要严格依法处罚、责令整改；天津市环保局着重介绍了在交通领域为减少机动车尾气污染所采取的淘汰黄标车、限购限行等措施；河北省环保厅表示欢迎广大媒体到河北采访报道，共同为清洁空气而努力。

来自京津冀三地的20家平面、网络和电视媒体参加了“美丽环境　绿色行动——京津冀媒体大型环保主题系列活动”媒体沟通会。希望通过媒体科学报道、持续宣传，唤醒全社会“同呼吸 共责任”的环保意识。

（北京人民广播电台）

交通广播《一路畅通》直播间空地互联

“女士们先生们，欢迎搭乘北京交通广播《一路畅通》首次地空对接特别直播航班。”“此时此刻我们正在高空11309米的空中直播间进行现场直播”。“我是顾峰，我是园园。”伴随着电波中传出熟悉的声音，北京交通广播《一路畅通》空地互联特别直播节目于2014年8月20日正式开始。在飞机上搭建直播间，首次尝试飞行中直播，与地面直播间里的直播同步交替进行，天地对话不再只是一个想法，而变成活生生的现实。

2014年7月23日，中国东方航空公司在京沪航线上试飞机载WiFi系统，开通了国内首个通讯卫星宽带空地互联航班。本次交通广播“一路畅通”特别直播节目，将空中直播间搭建在了东航载有WiFi系统的B5903号飞机执行的MU5138航班上，由空中直播间里的两位主持人加上地面直播间的两位主持人共同主持完成整期节目，在为听众带来新奇体验式报道的同时，与参加节目的嘉宾，以及广大听众围绕在飞机上上网的话题发表意见，对飞行安全、通讯科技，以及空中娱乐项目等问题进行探讨。

当天上午，《一路畅通》主持人顾峰、园园以及电台技术中心和北京广播网的工作人员早上不到6点就到达首都机场。地面直播间主持人嘉佳与郭炜，交通广播与技术中心的相关领导也提前到达直播间准备。飞机在7点25分准时起飞，经过短暂而繁忙的调试，在7点50分左右，来自空中直播间的声音清晰地传回建国门外机房，两对主持人实时进行交流，真正实现了天地对话。同时，航班上的相关负责人、空乘人员、乘客也在空中直播间参与了节目直播；《航空知识》杂志副主编王亚楠作为地面直播间的嘉宾及时予以点评，广大听众围绕在飞机上上网的话题积极发表意见。 此外，北京广播网对飞机上的直播在网上进行了同步视频直播。

此次飞行过程中，东航提供的WiFi可用时间约为75分钟。按航空公司规定，在飞机起飞至飞行平稳的期间（约15分钟），不允许连接、搭建任何设备。因此，必须在直播开始前短时间内完成搭建设备、连接网络、调试线路等工作（搭建设备约15分钟），为直播做好充分准备。为圆满完成这次飞机转播任务，台领导和技术中心领导亲自与一线技术人员共同测试直播设备，多次强调安全播出的重要性。技术中心与广播网的技术人员反复模拟实际直播环境，对直播设备一遍遍地进行测试和检查，并于8月15日，在东航飞机上进行了真实环境的模拟直播，为正式直播提供了全面的保障。

在正式直播前，利用飞机开启的WiFi系统，技术中心的技术人员使用iPad，通过微信的方式与地面总台取得联系，同时搭建并连接好Comrex传输设备（主用传输设备）、笔记本传输设备（备用传输设备）、广播网视频传输设备、音频工作站及短信平台电脑等直播设备。7点40分，技术人员顺利与总台完成试线，主备路传输各项技术指标正常，随时等待直播开始，此次直播延续了大约40分钟。8点30分，交通广播首次飞机直播圆满完成。

这期特别节目受到了广大听众的欢迎，在空中与地面直播间进行交流的短短半个多小时，《一路畅通》微信平台上的互动信息就超过了3000条，交通广播和《一路畅通》的官方微博设置的《一路畅通》空地互联特别直播话题反响热烈，截至20日14:00累计阅读量达42.4万，网友踊跃参加《一路畅通》发起的话题投票，不少听众纷纷留言称赞北京电台敢于使用高科技，相当高大上！

（北京人民广播电台）

北京电台第六届“听众喜爱的名牌栏目”表彰典礼举行

“听北京广播　选名牌栏目”，北京电台第六届“听众喜爱的名牌栏目”大型评选活动表彰典礼2014年12月6日在广播大厦举行，获奖栏目名单全面揭晓：《一路畅通》《北京新闻》《空中笑林》《开心茶馆》《新闻热线》《欢乐正前方》《资讯早八点》《先听为快》《1039交通服务热线》《男左女右》10个栏目获得“听众喜爱的名牌栏目”称号；《吃喝玩乐大搜索》《行走天下》《大城小事》《警法时空》《新闻直通车》《就听好歌不听话》《1039新闻早报》《新闻大视野》《早安北京》《评书连播》《百姓健康大讲堂》《饭点儿说吃》《中国歌曲排行榜》《警法在线》《交通新闻》《体坛夜话》《百姓TAXI》《午后大道东》《教育面对面》《话里话外》等20个栏目获得“听众喜爱的优秀栏目”称号。此外，本届评选还增设了7个单项奖：《资讯早八点》获得了“咱爸咱妈”喜爱的广播栏目称号；

《男左女右》获得了“北京青年”喜爱的广播栏目称号；《毛毛狗的故事口袋》获得了“孩子们喜爱的广播栏目”称号；《一路畅通》获得了“有车一族喜爱的广播栏目”称号；《今晚我们说电影》获得了“大学生喜爱的广播栏目”称号；《零点乐话》获得了“夜猫子喜爱的广播栏目”称号；《吃喝玩乐大搜索》获得了最具“网络人气的广播栏目”称号。

表彰典礼上，北京电台各栏目代表和听众共同见证了荣誉的诞生。围绕“相依相伴”的主题，主持人与演艺名人同台献艺，向听众致以诚挚的感谢，也表达了与听众相依相伴、水乳交融的真挚情谊。音乐人小柯、中央电视台主持人刘语熙、演播艺术家艾宝良等到现场揭晓奖项。2011年北京榜样王伟力、2012年北京榜样马志敏、2013年北京榜样李银环代表听众揭晓了“听众喜爱的名牌栏目”奖项。王铮亮演唱一曲《时间都去哪了》感染了在座的每一位观众，同时表达了北京电台对听众多年支持的感谢。最后，北京新闻广播《北京新闻》、交通广播《一路畅通》《新闻直通车》《1039新闻热线》、音乐广播《先听为快》《带你聆听》等栏目的18位主持人和幕后工作人员代表为大家演唱了一首《给所有听广播的人》，将现场气氛推向高潮。

表彰典礼还通过大屏幕展现了评选活动期间特别推出的以“学北京榜样 帮听众办事”为主题的大型公益新闻行动成果，100个参评栏目积极参与了此项行动，现场一幅幅画面再现了采编播人员参与行动的真实过程和心路历程，彰显了北京电台作为主流媒体的使命感。

北京电台第六届“听众喜爱的名牌栏目”大型评选活动5月18日启动，受到社会各界广泛关注。在朝阳公园、石景山游乐园等地举办了4场地面推广活动，为期60天的投票期共收到选票27.32万张。组委会对有效选票随机抽奖，共有260名听众获奖。

北京电台“听众喜爱的名牌栏目”评选活动开始于2004年，每两年举办一次，2014年已经是第六届。这项大型评选活动拉近了采编播人员与听众的距离，促进了广播节目质量的提高，成为北京电台的标志性品牌活动。

（北京人民广播电台）

原创英文广播剧《洋北漂的幸福生活》开播

北京电台外语广播原创英文广播剧自2013年年底开始剧本创作，2014年选定导演、演员进行录制，精心打造了《洋北漂的幸福生活》和《中国留学在他乡》即《年少轻狂》第二季。《洋北漂的幸福生活》（英文名：*Beijing Daze*）2014年8月16日正式开播。《年少轻狂》第二季11月1日正式开播。

《洋北漂的幸福生活》是迄今为止第一部反映外国人在北京生活的喜怒哀乐、酸甜苦辣的原创英文广播剧，共22集，每集25分钟。该剧由曾经出演过电影《杜拉拉升职记》、电视剧《奋斗》的美国导演、演员史来德（Greg Schroeder）亲自指导并担任主要演员之一。由在北京生活了11年之久的加拿大编剧黄文龙（Drew Milligan）精心创作。主要演员包括了来自美国纽约的长笛演奏家、青年演员Amanda Izzo，长期活跃在中国电视银屏上的演员Greg Allen，外语广播第一部原创英文广播剧的男主角、加拿大华裔演员林路迪（Ludi Lin），和来自北京的配音演员徐一萱等。

故事围绕着两个年轻的美国人，在北京的奋斗生活展开。男主角Charles为了一项他自己都不太确定的工作而结束了在老家旧金山的旅行，回到北京。之前他在北京生活了七年，却一直没有寻找到人生目标，直到他在飞往北京的飞机上遇到了一位人生导师，还有一位将和他一起实现人生理想的女神。

《中国留学生在他乡》是继2013年9月北京外语广播推出的第一部原创英语广播剧《年少轻狂》大获好评之后，推出的第二部反映中国留学生在美国大都市纽约的学习、生活中的喜怒哀乐的故事，并和国际社会热点紧密结合。原创英文广播剧《年少轻狂》具有独创性和唯一性。英文原创广播剧在北京地区广播市场乃至全国尚属首创。《年少轻狂》的第二季共22集，每集25分钟。由哥伦比亚大学的双语作家赵秉昊进行创作，选取留学生赴美生活这一题材，剧本被专家誉为英文版的《小时代》。故事中性格各异的五个人，各自在自己挣扎的事业和爱情中找寻着人生的意义，有人找到了归宿，有人还在孤独漂泊，有人选择了放弃，有人继续拼搏；唯一不变的是他们抱团取暖的友谊。

《年少轻狂》第二季邀请实力强大的明星跨界团队参与创作。导演陈志中是好莱坞著名华裔电影人、金牌武术指导，这也是他第一次指导广播剧。他的电影作品家喻户晓，比如《功夫熊猫》《加勒比海盗》《救世主》《太阳帝国》《尖峰时刻》《李小龙传奇》《防弹武僧》等。为这部剧的女主角Cassi配音的是来自加拿大和台湾的美女演员、主持人Nadia Hatta（张瑀希）。2012年张瑀希来到中国内地发展，曾经担任过MTV天籁村的当家主持，并出演了多部电影作品，频频获奖。其他几位主演来自世界各地。来自加拿大的Kevin Hui是把美国相对论学校引进中国的著名电影制片人；饰演Manny的Rohan Malholtra 是中国国家气象局的播报员，来自澳大利亚。为每集前情节提要旁白配音的美国演员Greg曾经出演过电影《杜拉拉升职记》、电视剧《奋斗》等等，并为英文版的《西游记》配音唐僧这个角色。全剧制作精良，音响效果丰富，每集后添加了录制花絮。

（北京人民广播电台）

北京电视台推出系列纪录片《砥柱中流——伟大的敌后抗战》

2014年9月3日，是全国人大常委会以立法形式确立中国人民抗日战争胜利纪念日后的第一个纪念日。为了纪念中国人民抗日战争暨世界反法西斯战争胜利69周年，中共北京市委宣传部和北京电视台联合录制了10集电视系列纪录片《砥柱中流——伟大的敌后抗战》。该系列片于2014年9月1日起每晚22时在北京卫视播出，每天播出1集，每集60分钟。

系列纪录片《砥柱中流——伟大的敌后抗战》，以时间为经，以事件为纬，用大量珍贵的影像资料、档案资料和历史图片，对中国共产党在14年抗战中（6年局部抗战、8年全面抗战）取得的“建立抗日民族统一战线、开展轰轰烈烈的游击战争、建立抗日敌后根据地政权、加强根据地民主民生建设、激发全民族爱国热情、团结全国各族人民为世界反法西斯斗争做出巨大贡献，最终带领中国人民取得抗日战争全面胜利”，这一系列历史功绩，作了一次全面、细致、深刻的阐述。

为了全面系统、客观真实地呈现中国共

产党带领中国人民敌后抗战的历史，摄制组投入近百人，走遍了全国19个抗日根据地旧址，寻访了30多个抗日战争历史遗迹，行程近两万公里，拍摄素材超过6000分钟。为确保系列纪录片中每一个画面都能如实反映当时的历史背景和地域特征，每一句解说词都查之有据，翔实可靠，节目组邀请了中共党史研究室的数名专家学者进行多次座谈和研讨，并与中央党史研究室、中央档案馆、全国各地政府机构、各地纪念馆密切合作，从档案管、图书馆、纪念馆等多种渠道收集了大量翔实的历史资料。其中，很多来自中央档案馆解密的档案文件资料是第一次与观众见面。

纪录片创作过程，对创作人员来说，也是一次精神洗礼的过程。《砥柱中流——伟大的敌后抗战》，以史料还原过去，用镜头激荡人心，这既是对历史的崇高敬礼，也是对英雄的深情缅怀。观看这部纪录片，让人们牢记这一段历史，更加珍惜今天的和平，奋发有为地共筑国家富强、民族复兴的伟大“中国梦”。

纪录片播出之后，引起社会强烈反响。全国人大常委、原中国社会科学院副院长李慎明说，该节目以对历史负责的态度，用一个个真实生动、感人至深的故事，用一份份珍贵的文献资料，全面梳理了中国共产党在全民族抗战中的艰辛历程和丰功伟绩，用英勇悲壮的历史教育人民，这是文化宣传界理应承担的职责和使命。在当前形势下，回顾中华民族英勇抗战的光辉历程，回击日本右翼军国主义的狂妄企图，具有深刻的现实意义。中央党史研究室研究员李蓉说，该纪录片立意高远，历史与现实紧密结合，档案资料与口述资料有机统一，政治观点正确，重大史实准确，形式独特、引人入胜，对人们铭记历史、缅怀先烈、珍视和平、警示未来，起到了很好的教育作用。许多观众说，这部纪录片是进行爱国主义教育的极好教材。做电视的人应当少拍点抗日神剧，省下来的钱多拍点《砥柱中流》这样的片子，才是真正的爱国主义教育。

（北京电视台）

北京电视台新闻节目中心圆满完成APEC报道任务

APEC领导人会议周于2014年11月5日至11日在京举行。北京电视台高度重视、提前谋划、全台动员，体现出立足首都、放眼全球的开阔视野，在内容策划、节目呈现、信号传输、新媒体融合等方面精心组织、周密安排，展示了新闻节目在重大事件报道上的主动作为、力求创新、做出特色的价值追求。

北京APEC会议期间，北京电视台新闻节目进行了13次对播连线，其中两次在《北京新闻》中进行实时对播连线报道，运用注入点连线、手机微视频、720度全景展示、演播室访谈、新闻报道等全媒体共五种方式呈现。在《北京新闻》《特别关注》《北京您早》《晚间新闻报道》等栏目播发新闻超过100篇，播出了一期45分钟的《APEC直播特别节目》，开设了《服务APEC 志愿微视频》等3个专栏。在与540多家境内外媒体、4000多名记者同台竞争中，勇于创新突破，做出了特色。

11月5日起，北京电视台新闻中心推出大型航拍系列报道《绿满京华》，节目共7集，每集3分钟，在《北京新闻》《特别关注》《北京您早》等各档新闻中播出，从空中俯瞰绚烂多彩的首都秋景，将首都北京的绿色画卷从空中渐次打开，向北京APEC与会来宾和广大市民展现首都之美，受到中央领导关注并被中央电视台《新闻联播》转发。

在北京APEC的报道构架和展现方式上，北京电视台领导明确指出，要在最高规格会议进行的10日至11日，每天在《北京新闻》等6档新闻节目中，进行直播连线，体现BTV的新闻高度与视野，品格与追求。提前准备和部署，让整体报道紧张而有序、高效且畅达，这正是圆满完成此次报道的首要条件和重要保证。在台领导和新闻中心领导的直接指挥部署下，注入点连线成为此次报道的一大亮点。在全球瞩目的新闻第一现场，以直播的方式发出BTV的声音，体现了北京电视台的风范与品质，展现了BTV人的新闻理想与追求。北京APEC重要活动基本都是习近平主席参加，在没有央视新闻播出的情况下，报道组回避了“大时政”的报道采写方法，而采用了“对播连线+插入空镜”的做法，让BTV既不失语又规避风险。

11月10日晚上，东道主欢迎晚宴、文艺演出和焰火表演最受关注。9日晚，新闻中心多位主任商议到深夜，决定将10日晚的《晚间新闻报道》制作为一期APEC直播特别节目，直播焰火燃放，揭秘焰火表演及领导人服装背后故事，中间穿插多次直播连线。最终在APEC最受关注的一场新闻大战中，打了一场漂亮的遭遇战。

会期中，记者发回的超过100篇的报道中，不乏亮点之作。“百种宣传品免费取阅《习近平谈治国理政》最受欢迎”，在所有媒体中最早播发，并在北京电视台各档新闻节目中滚动播出。视频后被人民网、凤凰网、腾讯视频、搜狐视频、央视网、爱奇艺等多家网站转载。百度搜索关键词，共有13.1万条。

在新媒体中心的大力支持下，新闻报道中首次使用720度全景摄像机，先后播出了720度全景拍摄“品味北京”“720度焰火表演”等新闻，画面多视角、全方位，气势恢弘，极具震撼力。

“服务APEC 志愿微视频”专栏趣味性强、最接地气。报道组邀请志愿者，用手机拍摄会场内外的新鲜事、新发现，给广大电视观众呈现一个不同视角的APEC，讲述不一样的APEC故事。《特别关注》播出7期，由年轻人都十分熟悉的微信界面进入新闻，轻松亲切。

新闻中心推出的7集大型航拍系列报道《绿满京华》，在北京APEC期间连续播出，从空中看北京的视角，以其优良品质、精美画面，强大的视觉冲击，受到各方的一致好评。

（北京电视台）

北京卡酷卫视承制国产原创三维动画片《戚继光》

2014年3月，北京电视台卡酷少儿卫视频道承制了26集国产原创三维动画片《戚继光》。这部动画片以史实为依据，以打造经典动画作品、塑造民族英雄形象、填补国内动画领域空缺为目标，通过生动的动画人物形象和轻松幽默的叙事方式，向观众展现明代抗倭英雄戚继光“封侯非我意，但愿海波平”的传奇故事，让观众特别是少年儿童了解中国历史，传承民族文化，弘扬爱国主义精神。

中共中央总书记、国家主席、中央军委主席习近平同志在十二届全国人大一次会议闭幕会上的讲话时，曾几次提到抗倭英雄戚继光及戚家军的故事。在新疆喀什看望武警总队某部特勤中队官兵时，他又谈到："看到你们的长警棍，我不由想起明代戚继光训练军队怎么打倭寇的故事。他就地取材，把毛竹削尖，很长，5人或7人一组，先用毛竹竿挡住倭寇，使他们近不了身，盾牌兵再上去击杀，非常有效。我们也要有好的兵法和有效的武器。

动画片《戚继光》讲述的就是明朝嘉靖年间戚继光带领戚家军金戈铁马、舍生忘死，转战新河、台州和福建等地，清剿倭寇的英雄故事。全片以13个篇章对戚继光这一英雄人物进行解读，讲述了他由一个有理想、有抱负的热血青年，成长为一个赤胆忠心、心怀天下的民族英雄的传奇经历。通过对民族英雄戚继光的解读，让青少年树立远大理想，把实现个人梦与国家梦紧密结合起来，像戚继光那样，既实现了个人的理想，又报效了国家。

恪守历史的真实，是对民族英雄最好的尊敬。动画片《戚继光》从编写剧本开始，就聘请了对明史、对戚继光有深入研究的专家学者组成了顾问团，对剧本创作、服装设计、美术设定、道具场景等各个细节，进行反复推敲、精心筛选、严格把关，力求用最真实、最鲜活的故事，再现戚继光个人成长史，戚家军抗倭征战史。为了搞好《戚继光》这个人物形象设计，剧组走访了北京电影学院、中国传媒大学等专业院校、知名艺术工作室和全国优质动画公司，在全国范围内筛选出十余版《戚继光》人物形象设计稿。最终，由北京10所学校的中小学生进行投票，确定了现在呈现给观众的角色形象。

《戚继光》的创作团队实力非常雄厚。金牌影视编剧、一级作家邹静之参与了动画片及动画电影剧本的编创工作。卡酷少儿卫视依托自身原创力量，同时力邀实力雄厚的创作人员组成团队，将《戚继光》打造成近年来叙事节奏最快、传奇故事跌宕起伏、信息量最大的国产动画作品。在配音方面，曾担纲《少年派的奇幻漂流》《怪兽大学》《宝贝神探》等作品的配音人员组成了7人配音小组，保障了动画配音的高水准。在语言上，有一节还根据需要使用了方言，使动画片更幽默有趣。

还有一个细节值得称道，就是互动活动"英雄GO赞"——说英雄、看英雄、做英雄。动画片播出前，卡酷少儿频道发起了"英雄GO赞"视频征集活动，邀请全国小观众说出心目中的英雄故事，聊聊自己知道的英雄和身边生活中的英雄人物。征集到的优秀故事和动画片《戚继光》一起在电视上播出。这项活动的举行，有效提升了动画片《戚继光》的播出效果。

（北京电视台）

北京电视台启动频道独立经营改革试点

2014年，北京电视台启动频道独立经营改革试点，北京卫视、体育频道、纪实频道以及新组建的四个经营实体作为北京电视台深化改革的先行机构，迈出具体的第一步。

2014年上半年，北京电视台党委作出实施深化改革举措的重大战略决策。为了加强组织保障，成立北京电视台频道独立经营改革工作领导小组。领导小组下设办公室，成员由相关台领导以及总编室、研发部、人事部、计财部、广告部、经营管理部、卫视节目中心、体育节目中心、纪实频道节目中心和京视传媒负责人组成。领导小组办公室设在总编室。北京电视台频道独立经营改革工作领导小组承担对频道独立经营改革工作的组织领导，负责研究提出改革的方针原则、目标任务、主要步骤、实施方案，协调处理改革过程中出现的各种矛盾和问题。

在领导小组的组织下，北京卫视、体育频道、纪实频道独立经营改革方案和广告经营机制调整改革方案迅速出炉。北京卫视是市场化要求最高的地方，改革需求最紧迫；体育频道实行了多年的广告经营外包政策，有一定的市场化基础；纪实频道没有市场基础，作为试验田进行探索。这三个频道的独立经营改革不同于频道制，是以节目中心为责任主体，以公司化运作为依托，以节目经营“一站到底”为基本手段，整合各种资源，以提升频道的生产能力、运营能力和资源价值。

2014年7月，按照北京电视台频道独立经营的改革总体战略布局，京视卫星、京视体育、京视电广、新纪实公司组建或改制到位，并于2015年1月1日起开始全面承担相关频道的广告经营业务。

北京京视卫星传媒有限责任公司于2014年7月31日正式挂牌成立，是卫视节目中心各类广告资源的代理运营商、季播节目的内容提供商。在经营筹备工作期间，京视卫星传媒公司首先创新、升级广告产品，推出量身订制方案及各类组合套装，优化投放与回报策略，开辟全新合作方式，以吸引新客户、稳固老客户；其次，坚定“行商”姿态，走遍全国、走到客户身边，营销北京卫视开放理念、传递改革诚意。2014年9月至11月，京视卫星传媒公司连续于贵阳、上海、南京、长沙、北京等地组织“天涯共此时——北京卫视媒体推介暨广告招商系列活动”，激发了全国各地客户的合作意向。在北京举办的主场招商会上，北京卫视首次独立认购签约额超10亿元。

此外，北京京视体育发展有限责任公司全面代理北京电视台体育频道广告及经营性业务；京视电广传媒有限责任公司全面负责文艺频道、科教频道、影视频道、财经频道、生活频道、青年频道、新闻频道及卡酷少儿频道的所有广告运营工作。新纪实（北京）传媒投资有限责任公司通过股权转让成为北京电视台一级企业，延伸纪实频道全产业链。

新成立企业按照现代企业法人治理结构，配齐董事会、监事会、财务总监等人员，构建内部运营管理制度体系，业务工作逐步展开，广告经营呈现向好态势。

（北京电视台）

北京电视台全面开展“中国梦”主题宣传活动

2014年，北京电视台通过大型直播、大型系列片、新闻报道、专题专栏、宣传片、主题歌曲等多种形式，广泛宣传“中国梦”的基本内涵、本质要求和实践路径，采用多种形式深入报道首都各界为实现“中国梦”的不懈追求。

一、推出国庆65周年大型直播，多角度抒怀中国梦；播发数百条中国梦主题报道，为实现中国梦提供舆论支持

2014年10月1日，北京电视台在北京卫视、新闻频道、国际频道和BRTN网络广播电视台同步播出12小时大型直播报道《家国

梦·岁月情——新中国成立65周年抒怀》，以“追述往昔，诠释当下，展望未来”为主线，展现时代发展变迁，祝福祖国繁荣强盛。全台节目、技术、职能等部门的1100余名工作人员参与了此次直播，共使用3G、4G等各种设备近40套，出动直播车、卫星车、高清转播车约30辆，创北京电视台有史以来最大直播规模。

台网联动多角度宣传。BRTN网络广播电视台推出大型专题页《家国梦·岁月情》，“微电视”首次投入使用；《北京新闻》等新闻栏目推出《京华秋实》《国庆大数据》《魅力北京　欢度国庆》《我的名字叫建国》等；北京卫视系列纪录片《共和国档案》，文艺频道特别节目《与共和国一同走过》，财经频道系列报道《中国人中国梦——首都十大经济领域成就扫描》，青年频道特别节目《告诉你一个真正的红岩》，新闻频道系列节目《世界遗产在北京》，从不同角度回顾了新中国辉煌历程。

北京电视台《北京新闻》等重点新闻栏目开设《新春走基层》《幸福绽放　敬爱传递》《为民爱民的好医生》《家住右安门　人人学窦珍》《实践社会主义核心价值观》《2014北京榜样》等特色专栏，精心采写和展示普通劳动者坚守岗位、默默奉献、实现梦想的感人事迹，把重大典型、“最美人物”、身边好人宣传结合起来，让典型宣传更加贴近、亲切，易于接受，富有感染力。

二、精心打造《中国梦365个故事》等多部大型系列片、特别节目，创新“中国梦”主题宣传

大型电视系列片《中国梦365个故事》。《中国梦365个故事》通过当代中国人的追求、经历与命运，全景式、多层面、多角度地展现中国人民的梦想故事，弘扬积极正面的精神力量和社会主义核心价值。本片播出后，心灵化、纪实性叙事风格深入人心，网络点播过亿，单集点击率过千万。人民网、新华网、央视网等中央网站以及上海PPS、广州56、浙江华数等网站也进行集纳转播，产生了积极的社会影响。该节目还获得中央、中宣部和市委领导的高度重视，刘云山、刘奇葆、郭金龙、王世明、李伟先后作出重要批示，称节目对社会主义核心价值观更加通俗化、形象化宣传有启示作用，认同节目从内容到形式的创新，希望其他媒体在践行社会主义核心价值观、做好“中国梦”宣传等方面的工作中借鉴这种做法。

系列节目《伟大的抗美援朝》：六集大型系列节目《伟大的抗美援朝》于3月10日至15日在北京卫视推出，分为“抉择”“较量”“英雄”“后盾”“复兴”及“和平”六个主题，全面展现抗美援朝战争的进程，呈现新中国成立初期政治、经济、民生等各方面的真实写照，表达抗美援朝的伟大胜利对推进实现“中国梦”的重要意义。节目历史和现实意义重大、视角精准、内容权威、细节感人，受到习近平总书记的关注，好评如潮。

《砥柱中流——伟大的敌后抗战》：10集大型系列纪录片《砥柱中流——伟大的敌后抗战》是国内第一部以“敌后抗战”的角度反映中国人民六年局部抗战、八年全面抗战的电视作品，引导中国人民在追求中国梦的道路上继续奋勇前进。该片在北京卫视《档案》栏目播出以来，引起社会强烈反响，不仅业内专家学者盛赞该片立意高远，广大观众还通过互联网、热线电话等渠道抒发了观感。

五集大型纪录片《大引擎》，以经济视角关注“中国梦”。五集大型纪录片《大引擎》以财经视角着重记录北京文化建设的新风貌、新境界和新追求，展现北京文化的细节和整体，微观与宏观，展现北京文化建设

的宏大规模。

《大引擎》每集节目30分钟，3月10日开始在北京卫视和财经频道同步播出，3月11日起在新闻频道播出。

系列专题片《中国梦·我的梦》。由北京新闻出版广电局出品，纪实频道联合本市11个区县广电中心联合摄制的系列专题片《中国梦·我的梦》以纪实手法为观众呈现了在北京生活的普通人圆梦的精彩故事，拍摄了各行各业普通百姓的工作和生活场景，以及对人文生态的真实记录。

该节目共14集，每集30分钟，3月3日起在纪实频道播出。

三、各档品牌栏目和季播节目策划中国梦主题特别节目，弘扬家国情怀，为普通百姓圆梦

《私人订制》：北京卫视大型原创真人秀节目《私人订制》采用大电影加纪录片的拍摄方式，多形态地记录百姓的圆梦故事。

《我是演说家》：2014年10月，北京卫视推出大型原创新锐语言竞技真人秀节目《我是演说家》，在赛制设计、导师阵容、选手水准、舞美灯光等方面均有大幅升级，使得节目更为精彩、更具对抗性，创下高收视。广电总局阅评员表扬《我是演说家》“用语言的力量传播正能量”“在潜移默化中宣传了社会主义核心价值观”。

2015年1月24日，北京卫视播出《我是演说家》收官之作。冠军选手梁植提出，“只要我们一起运用语言的力量，一起用好这份最坚实的力量，守护我们身下的土地”，我们就可以无惧外来的“文化压制”，就可以打一个“文化翻身仗”，并“可以迎来那个我们共同期待的，更美好的中国的梦”。他的演讲着眼于中国文化的自觉与自信，受到国家广电总局阅评员的表扬。

《造梦者》：在2015年初周五综艺黄金档，北京卫视重磅推出大型真人秀《造梦者》，反响热烈。丰富的内容和独具创意的绝技表演不仅引发了观众热烈的讨论，四位导师被称为“最具正能量导师”。市局阅评员认为该节目内容精彩可看性强，弘扬梦想价值，富有正能量。

四、动画片、文艺晚会、歌曲展播等文艺节目寓教于乐，潜移默化宣传“中国梦”主题

“中国梦”主题重点项目、动画系列片《戚继光》通过生动的人物形象和轻松幽默的叙事方式，向观众们展现戚继光保家护国、抗击倭寇的英雄战记，旨在传承民族传统文化、弘扬“中国梦”精神。节目于2014年10月在卡酷少儿频道播出。《光明日报》刊文赞《戚继光》给动画片“补钙”。

《2014北京电视台春节联欢晚会》围绕“中国梦”主题，推出一大批扎根群众、扎根生活的精品节目，展示伟大祖国的发展成就，展现普通百姓的家国情怀。晚会整体收视率高达17.86%，市场份额接近47%，全国平均收视1.81%，在全国卫视春晚中排名第二，网络平台好评率超过95%，获得了广大观众、业内专家及媒体的高度评价。

《2014“北京榜样”颁奖典礼》用真实的故事、情景再现的镜头描绘了震撼人心的榜样人物群英谱，生动展示了榜样人物的感人事迹和崇高精神，向观众传递了社会主义核心价值观，宣传公益事业，传递了爱心正能量。在北京电视台播出后，深受好评，国家广电总局阅评员表扬该节目“以榜样风采传播社会主义核心价值观”。

《2015我们的中国梦——歌曲展演走进清华》于2015年1月29日在北京电视台播出，这也是中宣部等五部委联合开展的2015年元旦春节期间“我们的中国梦——文化进万家”活动项目之一。晚会上演唱的16首新创

作歌曲内容丰富、题材广泛、情感真挚，包括大气宏伟的《美丽的中国梦》等。

北京电视台“认真做好中国梦主题首批和第二批新创作歌曲宣传推广工作”，在全台所有频道以及外宣平台（BTV国际）循环播出中国梦主题歌曲MV，播出时间覆盖晚间、上午、中午、下午等重要时段，日平均播出频次近10次，取得了良好的社会反响。其中，在第二批新创作歌曲中，《孝和中国》是北京电视台总编室推出的一部弘扬敬老、爱幼精神，体现和谐社会主题的正能量公益音乐作品，荣获由中宣部举办的“我们的中国梦——讲述中国故事”文艺作品征集活动的一等奖（北京市唯一的一等奖获得作品），入选中宣部组织的“中国梦”主题第二批新创作歌曲重点推荐曲目。

五、持续推出“中国梦”主题系列公益宣传片和新创作歌曲，营造同唱中国梦的舆论氛围

北京电视台制作播出“中国梦”主题系列公益宣传片，包括以节能低碳、清洁空气为主题的《我爱北京的蓝天》《公务员小李出行记》。同时，北京电视台原创制作的“梦想世界”主题动画公益宣传片，通过直观、趣味化的画面展示孩子心中天马行空的梦想，用孩子听得懂、易接受的方式和语言宣传“中国梦”，在卡酷少儿频道黄金时段播出。

（北京电视台）

北京电视台全方位做好世界杯报道

2014年巴西世界杯足球赛期间，北京电视台提前筹划，积极应对，通过赛事转播、现场报道、特别节目、特殊编排、网台互动等方式，打造富有BTV特色的世界杯系列节目，为广大观众带来精彩的足球盛宴。

一、现场报道另辟蹊径，“我在场”彰显BTV影响力

在足球世界杯期间，北京电视台体育中心、新闻中心分别派出记者亲赴巴西，从赛场外围直击足球风云。

体育中心派出13人前方报道组专业报道赛事，他们都拥有世界杯组委会核发的有效证件，足迹遍及全部12个比赛场地，行程将近3万公里，采访了所有焦点赛事，与各栏目视频对播百余次，回传视频素材164条，累计时长369分钟，成片播出近百条。

新闻节目中心派出6人前方报道团队，完成时空连线37次，与全国新闻协作体的11家省级电视台联合制作了《相聚世界杯》前方报道特别节目，内容主要为赛场探秘、巴西生活文化等赛事周边新闻，涵盖“世界杯读报”“巴西风情体验”“世界杯人物特写”等多元板块，通过卫星和光缆回传信号与新闻演播室进行对播报道，在全天各档新闻节目中统筹播出。

二、体育频道密集直播精彩赛事，专业报道权威生动

体育频道以前方报道、午间直播、体育新闻、综艺节目、赛事前瞻和比赛直播六大板块全天24小时播出为格局，突出专业性、互动性、技术性和前瞻性。

本届共64场比赛，除时间重复的8场以外，体育频道对其他全部进行了现场直播，平均收视率0.48%，占有率9.55%，在夜间取得了不错的收视成绩。导播团队采用技术手段，分离出国际声，创纪录的38场比赛由自己解说评论。

体育频道增加三档体育新闻直播栏目，

分别是11:50—12:20播出的《体坛资讯——激情巴西》；19:35—21:20播出的大型体育互动娱乐直播节目《最强战队》；22:20—23:50播出的《激战世界杯》。

《足球100分》充分发挥品牌和内容优势，开办每日评球专题《激战世界杯》，重点推出了技战术分析版块，更加凸显专业性。《激战世界杯》最大化地利用多媒体手段，实时与观众展开互动，开播最高单期收视率0.79%。

在保证两档新闻《天天体育》《体坛资讯》的同时，增加午间新闻《激情巴西》。三档体育新闻多点开花，或是抢时效，或是重评论，或是拼参与，各具特色。

在《最强战队》中，观众不仅能看到体育、文艺明星一展身手，还可以参与微信互动，赢取大奖。这种全新的游戏和竞猜紧密结合的形式极大促进了观众参与节目的积极性。

三、新闻类节目全天滚动播报，主题策划精彩纷呈

《北京新闻》《北京您早》《特别关注》《直播北京》《都市晚高峰》《晚间新闻报道》等各档新闻节目推出了不同风格的世界杯板块，保持了较好的收视率和市场份额，成功从世界“杯”中分得一“勺”羹。

《北京您早》是最接近巴西赛事时间的节目，除第一时间给受众带来最新赛况外，还针对“世界杯期间代驾”“熬夜看球健康”等热门话题展开报道；《特别关注》则关注赛事的精编，给观众带来进一步的赛事集锦报道；《都市晚高峰》推出了“里约直播间”板块，主持人和身在里约热内卢的本台记者实时连线，前方记者点评最新赛事和场内外热点；《晚间新闻报道》推出“女人也爱世界杯”板块，用女性视角分析赛事，增强了栏目的趣味性。

在收视率表现上，世界杯开幕第一天，《北京您早》的世界杯特别报道板块占据了当天《北京您早》收视率最高点，平均在2.2%以上。拉动了整个节目的收视。《都市晚高峰》“里约直播间”板块的平均收视率为1.08%，高于同时段央视五套的平均0.83%，高于央视新闻频道的平均0.74%。

四、借力新媒体，加强媒体融合，多平台宣传推广见成效

体育节目中心和新媒体中心共同开发了为世界杯制作的微信页面，包括了赛事资讯、精彩回看、节目互动、节目预告四部分，其中最受栏目组关注的节目互动版块包括了话题征集、投票和精彩回放功能。大型体育互动娱乐直播节目《最强战队》打造“用眼睛看电视、用手机玩电视”的全新模式，观众可以通过我们的微信平台与节目深度互动，赢取奖品。观众只要参与对两支战队每关比拼的胜负竞猜，就有机会获得30元至最高1万元的彩票基金，并可以用基金参与体育彩票网上购彩，从而获得更大的中奖机会。

科教节目中心与新浪网合作，在北京地区电视媒体中独家播出体育主持人黄健翔热辣点评赛事的脱口秀节目《黄焖世界杯》，每天6:52在北京台科教频道首播，新浪网凌晨首播，网络、电视双播出。在北京广播电视网（BRTV）网站上，专门开辟《黄焖世界杯》专页，播放视频，为节目持续增热。节目里还有明星大腕分享足球趣事，另类讲解足球常识，在众多的足球栏目中独树一帜。此外，观众通过科教频道官方微博和公众微信，实现栏目的实时互动，吸引了大量年轻人的关注和讨论，增加了北京电视台吸引力。

在收视率表现上，《黄焖世界杯》平均电视收视率0.15%（晚间时段平均收视为0.17%），收视份额1.25%，几乎与《法治进行时》重播收视持平。为了进一步提升晚间

收视，从6月23日起，首播时间调整为晚间23:25。

五、各频道品牌栏目借力热点，播出一批配合世界杯的节目

北京卫视《档案》栏目7月1至4日推出系列专题，揭秘世界杯历史上的著名事件，7月4日单期收视为1.04%。

文艺频道《每日文娱播报》推出特别策划《来自世界杯的你》，以娱乐的形式盘点世界杯期间的精彩瞬间，7期节目平均收视达到2.09%；《光荣绽放》栏目开办了《大话世界杯》专题节目，收视0.53%。

青年频道《北京客》栏目推出“男人、女人、世界杯”那些事，在青年观众中收视0.21%。

财经频道《首都经济报道》栏目开辟“我为球狂”版块，共制作播发涉及世界杯新闻40余条，内容涵盖世界杯赛况集锦、商家促销备战世界杯经济等，多角度关注世界杯。每天还在“记者关注”的板块加入了世界杯的外围趣闻、球员轶事等。《财富故事》播出“寻找世界杯氛围浓厚的主题餐厅”，深入挖掘吃喝玩乐当中的致富经。《谁在影响我》与嘉宾、球迷畅聊疯狂的世界杯故事。《财经锋汇》聚焦世界杯“奇葩险”，以财经视角解读世界杯博彩。向观众普及了“足彩”和彩票行业知识。节目受到观众和专家的一致好评。财经访谈类节目《一周财经综述》紧扣热点话题的财经角度，延伸内容，就“中国队只能扮演看客的角色”展开热议。

生活频道《生活2014》栏目推出“每日一猜”，预测第二天最有看点的比赛，已有数千观众竞猜互动。节目还就《找代驾为安全 真安全吗》等展开报道。《美食地图》推出世界杯特别节目“吃迷世界”，每集30分钟，共32集。

（北京电视台）

北京电视台完成国庆宣传报道任务

2014年10月1日是中华人民共和国成立65周年纪念日。为营造隆重热烈、欢乐祥和的节日氛围，北京电视台提前策划，周密部署，组织精干报道力量，推动传统媒体与新媒体相融合，通过大型直播、特别节目、专题策划、特殊编排、公益行动、红色经典影视作品展播、主题宣传活动等多种形式，浓墨重彩唱响祖国颂、社会主义颂和改革开放颂，有力激发了广大群众的爱国热情，体现了首善媒体的家国情怀。

大型直播献礼祖国华诞。10月1日6:00—18:00，北京电视台在北京卫视、新闻频道、国际频道和BRTN网络广播电视台同步播出大型直播报道《家国梦·岁月情——新中国成立65周年抒怀》，为国庆65周年献礼。直播报道以“追述往昔，诠释当下，展望未来”为主线，通过讲述群众喜闻乐见的故事，展现时代发展变迁，祝福祖国繁荣强盛。

直播历时12小时，以“两纵”“两横”两大脉络贯穿和《梦想的开始》《家国的变迁》《我们的故事》《放飞新梦想》四大章节为引领，以国庆当日升旗仪式和盛大游园活动为主要内容，通过动态信息、游园活动直播、演播室嘉宾访谈、线上线下同步互动等多种形态，以全景式的画面呈现、文艺院团的精彩演出和感人至深的故事讲述，展现普天同庆的节日氛围，抒发中华儿女的强国梦想和爱国情怀。

此次直播报道举全台之力，节目、技

术、职能部门千余名工作人员参与其中，直播车、卫星车、高清转播车等约30部车辆驻守直播现场，3G、4G设备等近40套新技术设备和70多部对讲机投入使用，创下了北京电视台有史以来最大直播规模。本次直播在北京卫视和新闻频道收视率分别为1.21%、0.2%，两频道合计收视份额为11.16%，总计收视人数达到187,000人；北京卫视34城市收视率为0.13%，收视人数为220,000人，省级卫视同时段排名第10位。

台网联动推进国庆宣传。北京电视台独创的“微电视”在此次国庆直播中首次使用，观众通过扫描电视端二维码，参与节目实时互动。BRTN网络广播电视台推出大型专题页《家国梦·岁月情》。专题页设“盛世欢歌”“梦想进行时”“家国变迁”“我的故事”“让爱传递”“寻梦中国”等6个板块，通过动态新闻、实时报道等，展现首都和全国人民欢度国庆的热烈景象，并以静态故事的历史钩沉，展现共和国65年的发展历程和光辉成就；北京电视台官方微博、微信公众平台分别发起《我家门前》话题征集和“寄给未来的明信片”主题活动，号召网友发送自家门前的今昔对比照，征集网友对祖国生日的祝福和寄语；北京IPTV整合内容资源，在看吧、专题、点播等版块重点推荐国庆65周年相关节目；BTV大媒体手机客户端同步呈现大直播重点内容，并积极助力“心语小亭”和“国庆嘉年华”专题活动的手机端宣传推广。国庆当天，通过BRTV网站收看直播报道的用户达23万人次，网站专题页浏览量突破80万次，北京电视台官方微博话题互动量超过20万。

新闻报道全方位展现国庆盛况。《北京新闻》全面报道“十·一”当天天安门广场看升旗及国庆游园活动的盛况，播发4条组合报道，设置《京华秋实》《国庆大数据》系列报道及《魅力北京 欢度国庆》专题板块，及时报道丰富多彩的节日活动；《北京您早》设置“我的名字叫建国”专栏，通过讲述名叫“建国”的普通劳动者的故事，体现时代的变迁和社会的发展变化。《特别关注》《都市晚高峰》《晚间新闻报道》栏目推出《国庆欢乐游 吃喝玩乐购》专栏，市民假日出行提供参考和服务。新闻评论栏目《锐观察》推出国庆专题报道，用嘉宾访谈结合专题片的形式，展现了65年来各项事业蓬勃发展取得的辉煌成就。

特别节目多角度回顾新中国辉煌历程。北京卫视频道推出系列纪录片《共和国档案》，文艺频道推出特别节目《与共和国一同走过》，财经频道推出《中国人中国梦——首都十大经济领域成就扫描》国庆系列报道，青年频道推出国庆阅兵记忆和《告诉你一个真正的红岩》特别节目，新闻频道推出系列节目《世界遗产在北京》，从不同角度回顾了新中国辉煌历程。

大型公益及主题宣传活动表达爱国情怀。国庆期间，北京电视台总编室策划推出了“中国人 中国梦”公益宣传活动及庆祝中华人民共和国成立65周年主题宣传活动；北京卫视频道推出国庆献礼宣传片《影像家国65年》，带领观众回顾祖国建设历程，表达爱国情怀。生活频道《生活2014》栏目发起大型媒体公益互动《生活微行动》之“袋袋来了”，倡导全国人民在假日期间爱护环境、文明出行。

假日特殊编排满足观众休闲娱乐需求。北京卫视、青年、科教、财经、体育、卡酷少儿和纪实频道七频道在国庆期间推出节假日特别编排，在非黄金时段增加娱乐性、观赏性较强的节目，并通过红色经典影视作品展播、体育赛事直播、主题晚会和大型季播节目的集中播出，满足观众假日休闲娱乐需求。

（北京电视台）

第十八届《京张心连心》大型文艺演出举办

2014年7月16日，以“京张心连心，携手申冬奥”为主题的第18届《京张心连心》大型文艺演出在张家口市崇礼县举行。这次文艺演出，是在北京、张家口联合申办2022年冬奥会的重要时刻举办的。市委宣传部常务副部长王海平观看了演出，市体育局副局长王艳霞介绍了申办冬奥的意义和场馆准备情况。随后，在北京电视台文艺节目中心主持人孔洁、晨阳主持串联中，著名歌手尹相杰、周彦宏、汪正正、胡月、王二妮等与著名冰雪运动员、冬奥会中国奖牌“零的突破”者叶乔波，中国第一个冬奥会冠军滑雪运动员韩晓鹏，著名花样滑冰运动员申雪和现场5000多名观众一起，挥舞红旗、激情放歌，演唱《手拉手》《冠军中国》《飞翔》《超越梦想》《幸福树》《永远是朋友》《同一个节拍》等歌曲，为京张携手申办冬奥会助力加油，现场气氛十分热烈。

演出中，叶乔波、申雪、韩晓鹏三位奥运冠军亲手放飞白鸽的特别设计成为最大亮点：崇礼县因拥有众多滑雪场而驰名中外，如果申办成功，崇礼也将是2022年冬奥会的大部分雪上项目的比赛场地。三位冠军都因有机会在家门口举办冬奥会而激动，更为人们有机会参与分享冬奥会与冰雪运动的美好和幸福而高兴。放飞白鸽，正是这种心情的表达与抒发。当洁白的鸽子从舞台上飞起、飞翔在崇礼晴朗的天空时，全场数千面小红旗也一起向着天空高高挥舞。

著名朗诵艺术家徐涛朗诵了专门创作的诗歌《带着梦想，爱上崇礼》，不仅描绘了崇礼春夏秋冬各不相同的四季美景，更抒发了“虽然冬天和雪花都还在路上，但梦想和激情已经被点燃”的对冬奥的向往和畅想，他的朗诵感情饱满、意境优美又富有力量，全场观众报以热烈而又长久的掌声。

《京张心连心》大型文艺演出，是由北京市市委宣传部与张家口市市委市政府主办，每年一届，到2014年举办了18届，已成为北京和张家口互助合作、增进友情、共同发展的一个重要的交流平台和展示窗口。本届《京张心连心》大型文艺演出，由于在7月7日国际奥委会正式宣布北京成为2022年冬奥会申办候选城市之后的几天里就举办，因而不仅成为《京张心连心》历届演出中唯一一个有“心连心”和“申奥”双主题的演出，也成为国内申办冬奥的第一个大型主题活动。导演组在文艺中心领导的指导和策划下，在遴选场地、组织创作、深入当地采访、挖掘整理地方特色文艺节目、寻找有代表性的志愿者等方面花费大量心血，实现了很多有特殊意义的创意，比如排练、录制了百人规模的具有浓郁当地特色的民间文艺节目《打溜子》，挖掘出了多个为申办冬奥积极行动起来了的具有代表性的志愿者，如满腔热情开始学外语的退休电工、正构思着要用自己独创的大头针手工艺术形式创作两米大幅申奥作品的数学老师、学习滑雪三年已经能上高级道希望自己18岁时能亲身参与为运动员服务的10岁小学生等等，通过主持人对他们的现场采访，多侧面的展示了崇礼人积极参与申办冬奥的激情和活力。

《京张心连心》大型文艺演出，也一直备受到全台各级领导的重视与支持。本次演出，总编室主任史椰森与文艺节目中心有关领导提前一天就赶到崇礼县，与导演组一起讨论方案、修改细节、检查安全措施。担负导演任务的文艺中心导演于守山、叶蔚宁等从2008年起就承担了每年一届的《京张心连心》晚会演出工作，先后在张北、沽源、阳原、涿鹿等张家口各区县举办《京张心连心》演出，连续多年克服了缺少场地、气候多变、食宿艰苦、交通不便等多种困难，以真情付出、真诚感恩的态度，圆满完成了历次导演任务，赢得了张家口各方面、各区县领导和观众的交口赞扬。在7月16日的演出现场，导演组还在文艺中心领导和党支部的支持下，在舞台上举行了简短而有意义的党小组活动，用实际行动践行了与张家口的心连心。

（北京电视台）

北京电视台举办35年台史展

2014年5月12日上午，北京电视台建台35周年台史展揭幕。中共北京市委常委、宣传部长李伟，中国文学艺术界联合会原副主席李牧，中国文学艺术界联合会副主席、中国电视艺术家协会主席赵化勇，市委宣传部常务副部长王海平，市新闻出版广电局局长李春良，北京广播电视台党委书记刘志远等出席揭幕仪式。北京广播电视台台长、北京电视台台长赵多佳在揭幕仪式上致辞。

1979年5月16日，北京电视台成立，到2014年5月16日，已走过了35年的历程。举办建台35周年台史展，旨在展示北京电视台一代又一代电视工作者艰苦创业、辛勤耕耘、锐意进取、开拓创新的奋斗历程，总结历史经验，传承BTV精神，为鼓舞全台职工建设“首善媒体　大美品质”做出更大贡献。

北京电视台35周年台史展，分活动展区和固定展区（集中展区）两部分。活动展区设在北京电视台新址综合业务楼一层大厅，集中展出了几代北京电视人发扬“争首善、做示范、创一流”的进取精神，创造了100个影响北京电视台发展进程的“第一次”，如“北京电视台第一次播出”“建设第一座电视发射塔”“拍摄第一部专题片《新中国的同龄人》”“播出第一个新闻节目”“拍摄第一部电视剧《结婚现场会》”“建立全国第一个电视剧制作机构”“建成第一批数字化机房”“北京电视台节目第一次上星”“第一个高清频道试播”“新媒体发展中心第一次亮相文博会”“北京卫视第一次在香港落地”等等。正是这一个个“第一次”，在北京电视台成长史上书写了一页页华彩乐章，也在北京电视人心中镌刻下一条条难忘的印记。

固定展区设在综合业务楼三层大厅，分六个部分全面系统地展现了北京电视台的发展历程和巨大成就。第一部分“亲切关怀　巨大鼓舞”，展出了党中央、中央主管部门和北京市委、市政府领导给北京电视台的题词以及到北京电视台莅临指导的照片，充分体现了党中央、中央主管部门和市委、市政府对北京电视台的关怀和支持；第二部分“艰辛历程　铸就辉煌”，展现了北京电视台从初创时期、白手起家的小西天，到过渡时期、稳住根基的皂君庙，从发展时期、创造繁荣的苏州街，到跨越时期、铸就辉煌的建国路，四个台址连接一起的发展轨迹，再现了北京电视人艰难困苦、玉汝于成的奋斗精神；第三部分“记者足迹　遍布全球”，展现了北京电视台的记者立足北京、胸怀全国、放眼世界，走遍北京城乡的大街小巷、山山水水，走遍伟大祖国的大江南北、长城内外，走遍世界各地的江河湖泊、都市乡村，把最鲜活的新闻，最动人的故事送到观众心中；第四部分“新兴媒体　方兴未艾”，展现了北京电视台坚持台网深度融合、全台共同办网的原则，积极应用最新技术、大力发展新媒体的成果；第五部分“对外交流　日趋活跃”，展现了北京电视台专门开辟国际频道，不断扩大对外交流窗口，各种形式的节目源源不断走向世界的成就；第六部分“建设队伍　培育人才”，展现了在北京电视台这个广阔的舞台上，一批又一批优秀人才脱颖而出，快速成长的情况，正是这些优秀人才，为北京电视台的发展繁荣奠定了人才智力基础。

北京电视台建台35周年台史展，是一个永久性的展览，也是一个展示BTV形象、传播BTV文化的窗口。随着北京电视台的发展繁荣，这个台史展也将越来越丰富多彩。

（北京电视台）

歌华有线建成收视数据实时采集分析系统　推出“歌华发布”收视数据品牌产品

2014年11月14日，北京歌华有线公司在京召开了“歌华发布”新闻发布会，宣布建成大样本收视数据实时采集分析系统，基于超过400万户高清交互数字电视机顶盒终端回传数据进行大数据分析，并正式推出“歌华发布”收视数据品牌产品，同时积极联合各省市有线网络公司共同建设全国收视数据采集、分析、发布平台。

一、建成全国首个收视数据实时采集分析系统

北京歌华有线公司于2012年11月成立大样本收视数据研究中心，这是北京市也是全国广电第一个集科学的数据采集和自主的分析技术为一体的收视数据生产分析工作中心。2014年，中心建成全国首个大样本收视数据实时回传、采集、分析系统，可实时采集、实时分析、实时展示超过400万高清交互用户的收视行为数据。

不同于传统收视率调查，北京歌华有线大样本收视数据研究中心依托400万高清交互数字电视用户，可记录每一用户每一步操作行为，具有客观、公正、权威的特点；数据自动回传和采集，全程由计算机自动完成，客观反映用户真实行为，没有人为干预，保证数据真实、可信，具有可靠性的特点；数据的实时回传、实时分析、实时发布，满足了大数据时代用户对收视数据越来越快速、高效的要求，具有时效性的特点。同时，中心与中国传媒大学、央视-索福瑞、尼尔森、秒针系统、新生代全景、中传瑞智等单位均开展了深度技术合作。

二、总局正式批复同意歌华有线发布和提供收视数据

2014年11月，国家新闻出版广电总局正式批复同意北京歌华有线发布和提供广播电视收视数据，具体包括两种方式：一是向业内播出机构、广告公司等提供直播节目收视数据情况，包括北京地区所有频道、所有节目一周收视情况，北京地区新闻节目、电视剧节目、综艺节目、体育节目等一周收视情况；二是通过北京地区高清交互平台、报纸、网站，公开发布“北京地区有线电视用户每日不重复开机率”“北京地区有线电视用户每日每户平均收视时长”“北京地区最

受观众喜爱的回看节目一周点播情况”“北京地区最受观众喜爱的回看频道一周点播情况”四项收视数据情况。

三、全力打造数据智囊和收视指南

北京歌华有线大样本收视数据研究中心依托海量高清交互数据生产的北京地区收视率数据产品，已成为党委政府的舆情参考和媒体机构的数据智囊，下一步还将为用户提供智能收视服务，为广告商提供广告投放的数据支撑。

为政府服务：中心作为政府舆情监测机构，为政府部门提供专业化的舆情宣传效果评价、舆情导向、舆情影响力度、舆情动态等各个维度数据分析报告。

为媒体机构服务：通过提供节目全时段收视数据，促进建立科学合理的节目评价体系，为电视台节目布局、节目设置、节目调整、节目策划编排等提供参考，帮助电视台和节目制作商提高节目品质，强化节目创新，提高核心竞争力。

为电视用户服务：依托大数据采集，分析电视用户使用偏好，为用户提供个性化的智能电视收视服务，打造电视用户的收视指南，使用户及时了解并观看喜爱的节目。

为广告商服务：通过广告刊播情况统计分析，为广告主提供电视媒体广告曝光量、点击量、转化率等相关数据信息，以便广告主更有效地调整广告投放策略；此外，基于专业的数据挖掘技术使高清交互平台广告投放更为精准，避免广告重复投放，为增值业务运营等提供有力的数据支撑。

四、北京电视观众日平均收视时长持续增长

北京歌华有线大样本收视数据中心提供的数据显示，随着高清交互节目内容的不断丰富，北京地区有线电视用户每日每户平均收视时长几年来持续增长，从2012年的192分钟已经上升到2014年的206分钟，2014年11月12日的平均收视时长为221分钟。

数据还显示，北京地区高清交互用户近两年平均每日开机率稳定，保持在60%以上。2014年11月1日至11月12日，北京地区高清交互电视用户日均开机率为65.11%，说明了此前“北京地区电视机开机率从三年前的70%下降至30%”的消息是没有依据的。

“歌华发布”收视数据品牌产品引起业内积极反响，获得广泛认可。特别是北京地区开机率的统计数据，引导了社会舆论对主流媒体影响力的积极评价。

（北京歌华有线电视网络股份有限公司）

歌华有线圆满完成APEC会议服务保障工作

2014年北京APEC会议期间，北京歌华有线公司把确保APEC会议期间有线电视安全传输作为首要工作，成立了专门工作小组，召开动员部署会议，将2014年11月5日至11月12日定为重要保障期，认真落实重要保障期保障预案和各项工作部署，全面加强巡查维护、安全防范、值班值守和应急调度，重点加强对雁栖湖、北京会议中心等区域的服务保障，确保了APEC期间全市有线电视网络安全传输和优质服务。

一、有线电视网络建设

公司承建了北京雁栖湖生态示范区国际会都有线电视网络工程，包括核心岛、日出东方酒店和国际会展中心，负责向示范区提供北京市全套高清交互数字电视节目以及APEC会议期间有线电视服务和安全传输的保

障任务。

公司投资近千万元在雁栖湖环湖区域新建有线电视管道近20公里，完成了雁栖湖区域现有架空有线电视杆线拆改入地工作，新建了核心岛、日出东方酒店、国际会展中心等地有线电视网络，并建设完成了全长约35公里、途径怀柔区7个镇乡的国际会都有线电视环网备份路由，实现了主备路信号切换，提高了国际会都有线电视信号传输的安全性。

在北京雁栖湖生态示范区国际会都有线电视工程建设末期和调试期，公司相关负责同志多次到核心岛现场检查和指导工作，并组织对工程进行验收和调试。

二、制定会前保障措施

制定应急预案，理顺保障流程。APEC会议召开之前，公司就制定了《APEC会议雁栖湖有线电视服务保障应急处置预案》、北京会议中心APEC残疾人主题峰会期间《有线电视信号安全传输保障方案》等应急保障预案，明确了保障团队职责及应急事件处置流程。在公司内部，印发了《关于加强2014年APEC会议期间安全传输保障工作的通知》，要求公司上下高度重视、周密部署，确保万无一失，并从机房系统安全运行保障工作、线路安全运行保障工作、用户服务保障工作、电子政务专网运行保障工作、互联网信息安全保障工作、安全保卫工作等方面做好有线电视安全传输保障工作。

多次检查调试，确保信号质量。公司组织相关单位对国际会都有线电视工程进行了严格验收，对所有有线电视终端均进行了信号测试，确保从机房信源、传输线路、分配网到终端的信号质量要求。

摸排网络情况，编写运维手册。对涉及国际会都的机房、光缆、管道、光站、供电器、分支分配器等设备，在维护资料上明确标识，编写APEC会议雁栖湖有线电视服务保障运维手册，组织维护人员培训并进岛熟悉网络结构和器件位置。

对38家有会议接待任务的酒店运行网络逐一摸排，对接入公司信号的酒店建立了联系机制，确保应急联系及时顺畅，抢修到位；对未接入公司信号的酒店，主动提供技术支援等服务。

进行隐患排查整改。对国际会都有线电视网络进行全面的隐患排查整改，尤其是重点检查了会议中心机房。同时，采购并更新了APEC会议有线电视服务保障专用器材及备品备件、维修工具，确保抢修器材及时供应。

积极进行演练。公司与市新闻出版广电局、市管委、区经信委等相关部门建立沟通机制，与北控集团等相关单位建立了有线电视服务保障机制，确保沟通顺畅。公司参加了雁栖湖APEC会议总指挥部组织的核心岛内4次演练、岛外2次演练，自行组织应急抢修演练1次。

三、严密会议期间保障措施

公司确定2014年11月5日0时至11月12日24时为重要保障期。会议期间，采取了多项保障工作措施，确保完成保障任务。

一是加强值班和带班工作，严格落实岗位责任制。安全传输保障部门领导干部24小时轮流在岗带班。加强一线值班力量，严格执行双人在岗值班制度，重点部位24小时派人值守。为保障怀柔机房信号，在通州、延庆、密云、昌平等环网机房加强人员值守，确保环网信号畅通。二是加强信息反馈报告制度，遇各类突发事件要及时按规定程序报告。三是做好备品备件的供应，库房实行24小时值班，确保抢修器材的及时供应。四是加强重点部位的巡查维护。加强雁栖湖联络线和范崎路等重点路段的光缆、管道巡视工作，对井盖进行封条处理，每日巡查三次以上。五是确保沟通顺畅。确保所有保障人员沟通顺畅，确保光缆、管道抢修人员随时在岗，能够第一时间响应并到达现场。

（北京歌华有线电视网络股份有限公司）

歌华有线组织召开“中国电视院线峰会”牵头成立“中国电视院线联盟”

在中宣部、国家新闻出版广电总局的支持下，2014年12月23日，北京歌华有线公司在北京广播大厦组织召开“中国电视院线”峰会，与全国30余家省市有线电视网络公司联合发起成立“中国电视院线联盟”，开启全国有线电视网络大规模业务合作的先河。联盟覆盖全国超过2000万高清双向用户，近两亿有线电视用户，实现全国有线电视网络业务的互联互通，打造全球最大的有线电视网络观影平台。通过与电影制作方、发行方、版权方的深度合作，“电视院线”缩短了影片从传统影院到电视平台的“窗口期”，开辟了传统电影院线之外的第二大电影发行市场，有效地延长了影片的生命周期。

一、“电视院线”品牌栏目获得用户和行业认可

2014年年初，北京歌华有线公司在全国有线电视行业首创“电视院线”公共文化服务项目，以“好影片+低价格+后付费+在家看”的方式，为北京地区超过400万高清交互用户提供早于互联网的国内外高清影院大片，着力打造首都地区“5元钱在家看电影”的有线电视网络观影平台，为用户提供全新观影体验。用户足不出户即可全家共享院线最新高清大片，且可在72小时之内反复观看。

“电视院线”这种全新的家庭影院观影模式，具有高清流畅、极致影音等特点，把电影院搬进客厅，突破了观影时间、空间限制，节省了时间成本、交通成本和经济成本。“电视院线”采用先看片后付费的快捷模式，用户选择影片后即可直接观看，费用将按月从有线电视缴费账户中扣除，使用十分便捷。

“电视院线”一经推出，就受到各地有线网络公司关注，纷纷表示愿意引入“电视院线”品牌栏目，共同搭建全国有线电视院线平台，丰富高清交互数字电视平台内容，更好地满足人民群众精神文化需求。

二、搭建全国电视院线平台，促进有线电视行业发展

“中国电视院线联盟”是全国性、行业性、非营利性业务联盟。以“电视院线”的全国推广为契机，全国有线网络携手共同打造全国范围的业务联合体，搭建中国电视院线平台，开展各地有线网络公司之间内容等方面的合作，加强全国各地有线网络公司的联系，利用有线电视高清交互平台，挖掘广大有线电视用户的电影消费潜力，通过产业化运营产生规模效益，促进新媒体时代全国有线电视行业健康和持续发展。

“中国电视院线”利用视频点播技术，将传统的电视机和银幕相融合，将有效扩大电影的传播规模，实现文化惠民的社会效益，“电影下乡”工程也可借助这个平台将优质影视作品输送到广大农村地区，丰富精神文化生活。

三、建立全新观影平台，开辟第二大电影发行市场

近年来，中国电影一路高歌猛进，

2014年国内电影票房规模近300亿元，其中传统院线收入约占80%。而在北美，绝大部分电影收入来源于传统院线之外的“后电影”收入。在电影产业产销模式较成熟的北美地区，一部电影在院线发行后，还会进行家庭DVD、单片点播、包月观看、电视频道播出等方式的再销售，电影产业对传统院线收入的依赖程度较低。目前，我国城镇人口拥有的银幕数量和人均观影次数与欧美等发达国家差距较大。

“中国电视院线联盟”覆盖超过2000万高清双向用户，近两亿有线电视用户，用户规模巨大。联盟成立后，以内容为主体，市场为导向，用户为根本，以其便捷、经济的优势，充分发挥“后电影”的长尾效应，挖掘广大有线电视用户的电影消费潜力，打造中国最大的电视观影平台，填补电影从影院到电视的产业空白，建立有序、健康发展的全新观影平台和电影版权交易市场，探索电影产业与有线电视行业融合发展的方式及渠道，开辟第二大电影发行市场，打造健康和谐的产业生态系统，推进传统媒体与新兴媒体融合发展，搭建全新的公共文化服务平台，不断满足人民群众日益增长的精神文化需求，助力中国文化产业大发展大繁荣。

四、加强资本与实业双轮驱动，打造专业运营实体

“中国电视院线联盟”成员共同出资成立“中国电视院线”控股公司及运营公司，打造电影行业专业化联合运营实体，实现产业化、资本化运营的目标。同时，建立版权基金，吸引有实力的上游版权方及战略投资方，独家买断优质影片，有效扩大电影的传播覆盖，在拓展“后电影”时代电影版权发行渠道的同时，提高中国电视院线竞争力，进一步发掘高清交互数字电视新媒体价值，加快战略转型步伐。

（北京歌华有线电视网络股份有限公司）

中国（怀柔）影视产业示范区成立

2014年4月，国家新闻出版广电总局批准“中国（怀柔）影视产业示范区”正式成立。这是首个国家级影视产业示范区，将全力打造一个产业链条完整、关联企业集聚、综合服务齐全、产城高度融合的“中国影都”。

龙头项目引领

怀柔区影视文化产业发轫于1997年飞腾影视城（星美今晟影视城前身）的建成。2008年，国家中影数字制作基地落成，是亚洲第一、世界一流的数字电影制作基地，技术水平、人才资源媲美好莱坞，5000平方米超大摄影棚世界第一，提供从前期拍摄到后期制作、再到拷贝完成的全部生产能力。

凭借产业链条中的前期拍摄与后期制作两大核心资源优势，怀柔区开始规划建设中国（怀柔）影视基地，是北京市首批文化创意产业集聚区之一，并被列入北京市重大项目。

近年来，怀柔已接待剧组拍摄或制作影视作品超过1800部，《建国大业》《一九四二》《中国合伙人》《太平轮》等一批国产巨制大片从怀柔走向市场，近八年来票房过亿的国产大片近半数出自怀柔。不仅国产片如此，合拍片也对怀柔青睐有加。《功夫梦》《狼图腾》《长城》等一系列跨国合作的影片，也不约而同地将大量的拍摄、制作任务放在了怀柔。

2013年，国内首个虚拟摄影棚在中影基

地内诞生。该影棚可将事先拍摄好的实景背景与演员实时表演融合，并让导演在拍摄现场通过监视器看到融合后的画面效果，能够缩短影片拍摄时间30%左右，降低成本20%左右。

进驻怀柔的中影数字巨幕公司，其“核心武器”——中国巨幕系统填补了国内巨幕电影放映的技术空白，打破了国外垄断。成立短短三年以来，全国10余个省份主要城市的大量影院配备了“中国巨幕”观影系统，摆出了誓与“洋巨幕”分庭抗礼的阵势。

关联企业集聚

中国（怀柔）影视产业示范区总面积约18平方公里，以中影数字制作基地为核心，辐射北房、庙城等镇部分区域，作为产业发展预留空间。示范区内，影视文化产业核心区位于杨宋镇新城规划区，实施制片人总部基地、中影二期等项目，重点发展影视核心产业；影视科技功能拓展区位于北房镇新城规划区，重点发展为影视、科技产业配套的综合性服务业，发展影视衍生品开发、承接科技成果转化项目。

随着中国（怀柔）影视产业示范区的设立，体制机制建设实现创新。市区两级联席会议、管理办公室运行，影都文投公司加快筹建，北京市和怀柔区每年各出资1亿元，出台了“1+1”产业政策，重点用于支持影视项目购房、建房、工作室租金减免，影视活动、摄影棚、外景地建设等项目发展。同时，怀柔区出台《促进区域经济发展若干政策(试行)》,对入驻企业给予相应的财政奖励、影视专项资金政策、重大项目资金政策及绿色通道等支持。

有“影视圈”“娱乐圈”业内人士的参与，影视产业示范区才能形成自己的“生态圈”。为此，怀柔影管办和国奥文化共同办起了“影都沙龙”，无论影视巨擘、专业院校与协会专家，还是艺术界名人与资深媒体人，都成了示范区的顾问“智囊团”，助兴怀柔影视文化创意产业快速发展。

加速行业细分、集聚关联企业正契合了示范区多年来秉承不变的发展宗旨。从群众演员协会到置景师经纪公司，怀柔集聚影视及关联企业450余家，服装道具设备租赁企业能提供各时期家具、服装、装饰等20余万件，老爷车博物馆内100余辆老爷车、军用卡车是剧组镜头中的常客，北京百汇演艺学校等影视培训学校及单位吸纳在校学生1200余人，未来都将直接服务于影视产业发展。

连续7年与首都电视节目制作业协会联合主办的北京电视节目交易会，每年为千余部国产电视节目穿上“嫁衣”，成为示范区构建版权交易功能的试水平台。通过实体发展空间的建设与各类行业平台的搭建，着力将示范区建设成为“产业链条完整、关联企业集聚、综合服务齐全”的影视新城。

创优空间服务

中国（怀柔）影视产业示范区核心区已累计完成投资近50亿元，已建成国家中影数字制作基地、星美今晟影视城、影人酒店、百汇演艺学校、老爷车博物馆、北京人艺艺术创作中心和影视文化街等重大影视产业项目16个。

除中影、星美等核心资源和良好的市政基础条件、一批配套项目外，正在建设的制片人总部基地能够提供20万平方米影人工作室，可根据影视文化企业需要量身定制。影人酒店一期酒店部分于2012年7月开业，影视人在杨宋不仅拥有了优越的工作条件，也获得了舒适的起居、生活环境；二期项目6万平方米写字楼和公寓全部完工，将重点服务于产业链条高端环节企业与综合服务提供商。

2013年，怀柔区与承担过国家奥运场馆开发建设的实力企业国奥集团强强合作，加快示范区“产城融合”步伐。2014年年初，怀柔区授权国奥对杨宋镇影视产业核心区08街区一级开发和招商建设。作为承担影视文化产业核心功能的重点区域，怀柔新城08街区将是未来北京影视产业发展的重要承载地；版权交易中心、展示传媒中心、各类中介服务机构、公共服务平台和孵化中心等产业链条企业将在这里集聚，并形成一个集新城公共服务、影视文化、旅游休闲、总部经济、居住生活等于一体的大型城市综合体。

（摘自《人民日报》）

概况

北京市广播影视概况

一、基本情况

2014年，北京市拥有市级广播和电视台各1座，市级数字付费、公交移动、城市电视、移动电视、手机电视、户外大屏幕电视，以及DAB、RBC数字广播等多个新媒体平台；拥有区县广播电台9座、电视台10座、广播电视站52个。

全市共有广播影视节目制作经营机构2846家，信息网络传播视听节目持证机构123家。广电行业从业人员4.6万人，经营创收达427.04亿元，同比增长12.51%，其中广告创收175.39亿元，同比增长3.27%；电影票房收入22.82亿元，同比增长22.69%。资产总额1088.68亿元，同比增长20.06%。

北京人民广播电台办有16套无线广播和有线数字广播节目，日播出339.71小时；移动多媒体广播（DAB）播出17套广播节目和12套电视节目；北京电视台办有12套电视节目，其中4套为无线、8套为有线，日播出260.82小时；办有移动电视节目1套，日播出17小时，终端屏幕2.4万块；办有城市电视节目1套，日播出15小时，终端屏幕5587万块；办有地铁电视节目1套，日播出18.5小时，终端屏幕2.17万块；办有数字电视付费频道11套，每个频道每日24小时循环播出；付费频道在全国落地销售区域238个，数字电视用户数13962.85万户。广播电视有线传输网集成数字电视节目175套、数字广播节目18套。

二、宣传报道

2014年，北京市广播电视宣传的特点是紧紧围绕党和国家的重大活动、重要会议、重大纪念日和市委市政府的中心工作，精心策划选题，创新报道形式，全方位多层次地开展“中国梦”、社会主义核心价值观的宣传报道。在“中国梦”的宣传报道中，市新闻出版广电局牵头策划，北京电视台和14个区县广电中心联合推出14集大型系列记录片，以纪实的手法为观众呈现了在北京生活工作的10位普通百姓的“圆梦”故事，生动的告诉人们：“中国梦”既是国家梦，也是个人梦，归根到底是人民的梦。北京电台开办的系列报道“国人自述——我的梦”，先后采访了60多位各阶层有代表性的人物，播出报道51篇，在全台9个频率滚动播出，共播出10528次，总时长263小时，在听众中引起较大反响。北京电视台运用多种形式开展“中国梦”的宣传，共计推出25个系列400多期报道。制作播出的大型微纪录片《中国梦——365个故事》，每天播出1集，全年365天连续不断，全景展现了普通百姓追梦圆梦的感人故事。

围绕庆祝新中国成立65周年、南水北调工程、京津冀协同发展、纪念抗战爆发77周年、APEC会议等重大活动，北京广播电视累计推出专题专栏100余个、公益宣传片270余部，通过新闻、访谈、直播、专题片、纪录片等多种形式，掀起一轮又一轮的宣传报道高潮。北京电台牵头，联手天津、河北电台开展了贯穿全年的《美丽环境　绿色行动——京津冀媒体大型环保主题系列活动》。活动主线由“京津冀三地探寻PM2.5大型采访报道”、“世界地球日特别节目——绿色出行马上行动”和“世界环境日特别行动——垃圾分类从现在开始”三部分组成，为京津冀三地环保一体化建设起到了推动作用。北京电视台依托品牌栏目《档案》，先后推出了大型纪录片《伟大的抗美援朝》和《砥柱中流——伟大的敌后抗战》，对抗美援朝的重大历史意义和中国共产党领导的敌后抗战进行了全方位的展示，受到党中央领导的肯定。

三、艺术创作

2014年，北京市广播电视艺术创作，紧密围绕“中国梦”主题，充分发挥首都地缘、人才、资源优势，广播剧、电视剧、动画片产量稳步增长，质量显著提高，涌现出了一批思想性、艺术性、观赏性相统一的精品佳作。截至2014年年底，北京市共制作播出广播剧6部，纪实文学广播45集。制作发行电视剧86部、3129集，其中，现实题材75部、2691集，分别占总产量的87%、86%；历史题材26部、990集，分别占31%、32%；古代题材4部，占5%。制作发行动画片17部、642集、7530分钟，其中，童话题材7部，教育题材5部，历史题材2部，现实题材1部，神话题材1部，其他题材1部。

为推动北京市广播电视艺术精品生产，相继出台了《北京市优秀影视剧（含电视动画片）剧本扶持专项资金管理办法》和《北京市重点题材影视剧（含动画片、纪录片）专项扶持资金管理办法》，成立了“首都影视精品工程”顾问团，挖掘出了一批优秀题材电视剧、动画片作品。电视剧《生死三八线》《巨浪》《平凡的世界》《铁血军歌》《乞丐大掌柜》《金水桥边》等；动画片《戚继光》《小小画家熊小米》等；纪录片《宋之韵宋词》等被确定为2014年“北京市文化精品工程”重点项目，特别是56集长篇电视剧《平凡的世界》、原创26集国产三维动画片《戚继光》在北京电视台播出后，产生了较大的社会反响。

四、事业建设

不断推进广播影视公共服务体系建设，完成3个区县9个乡镇141个行政村的“村村响”有线广播覆盖工程；继续实施高清交互数字电视工程，截至2014年年底，北京歌华有线公司网内传输模拟电视节目59套，数字电视节目175套（其中高清电视节目26套），数字广播节目18套。全市有线电视注册用户551万户，其中高清交互数字电视用户420万户。有线电视网络干线总长18.29万公里，其中光缆5.1万公里，电缆13.19万公里。大力推进特色影院放映、艺术影片放映和农村电影放映工程，全年公益电影累计放映17.36万场，观影人次869.5万。科学布局事业发展，加快广播电视新兴媒体建设。北京网络广播电视台于2014年1月8日正式上线，新媒体制播中心搭建完成。北京歌华有线加快打造歌华手机电视、歌华互联网电视、歌华电视院线等新兴媒体，牵头成立了“全国电视院线联盟”。

五、产业发展

2014年4月举办的第四届北京国际电影节，电影市场签约总额达到105亿元。每年一次的春秋两季北京电视节目交易会规模不断扩大，参展人数2000余人，制作机构300多家，播出机构130多家，参展电视剧400余部19000多集，市场意向交易额突破50亿元。北京歌华有线电视网络建设不断发展，有线电视注册用户551.57万户，其中高清交互数字电视用户420.03万户，营业收入24.66亿元，比上年增加2.16亿元，增长9.62%。全市拥有电影院线23条，电影院169家，银幕963块，IMAX巨幕11块，座位16.3万个。全年电影放映162.47万场，观影5184.57万人次，票房收入20.22亿元，同比增长24.2%。积极优化产业布局，全面拓展主营业务，加大版权保护、营销力度。北京电台、北京电视台依托自身资源，成立了音视频版权公司，搭建起集内容整合、制作生产、市场营销、版权保护、渠道构建、运营管理等为一体的音视频版权营销平台，全年节目版权发行实现签约额2237.45万元，覆盖全国30余个省级、百余家市级电台和电视台。

六、科技创新

顺应媒体数字技术发展趋势，以新技术的推广应用推动媒体融合发展。北京电台加强主控机房、直播间及节目录制、播出、传输、信号发射系统的现代化建设，完成全新制播系统升级改造，积极探索顺应新兴媒体发展的节目制播流程，提升了节目自动化播出性能。全台9套开路广播节目全年播出总时长69758.5小时，技术中心和804发射台停播率为百小时零秒、可用度100%，创十年来最好成绩。北京电视台积极筹建全媒体演播室，搭建新闻生产和融合传播平台。北京网络广播电视台充分利用云计算技术、视频数据分析检索技术，紧密结合内容生产、技术研发和新媒体传播特点，建设媒体融洽技术平台，荣获2014北京国际广播电影电视设备展的产品、技术和应用奖。积极推动“三网融合”，IPTV用户发展到23.7万户。大力推进下一代广播电视网络建设，北京歌华有线获批建立下一代广播电视网融合业务平台实验室，首都大媒体平台建设正在抓紧进行。

七、“走出去”工程

市新闻出版广电局组织北京广播影视重点文化企业参加戛纳电视节、釜山电影节等国际重要节展，举办北京电视剧非洲展播季，《咱们结婚吧》等6部优秀电视剧在四达时代电视平台上展播，有效提升了北京广播影视的国际影响力。北京电台开展了多种形式的对外交流活动，成功举办了“2014台湾·北京广播发展与合作交流会”，组团赴台湾多家广播媒体参观学习，京台广播媒体合作越来越紧密。北京电视台利用长城平台、加拿大城市电视台、黄河台等海外平台播出北京电视节目，对外总播出时间约8000小时，蝉联长城平台节目质量“双A级”评价；与美国中文电视英语频道深度合作，编译北京电视台优秀品牌节目每晚黄金时间面向纽约观众播出。与澳大利亚、南非、法国、日本等境外媒体合作，完成了《双城记》系列纪录片录制。

八、行政管理

稳步推进机构改革。2014年1月15日，按照北京市政府办公厅通知，设立了北京市新闻出版广电局(市版权局)，负责全市新闻出版、广播影视和著作权管理工作。加快转变政府职能。开展行政审批事项清理，在新“三定”规定中确定行政许可事项36项、非行政许可23项，实现了简政放权和加强宏观管理的统一。积极开展专项整治。对非法卫星接收设施和非法电台坚决取缔，积极净化市场环境。做好广播电视服务保障。在北京APEC会议期间，北京市广播电视机构担负着广电运行服务保障任务。市新闻出版广电局及广播电视相关单位，建立了顺畅的工作机制，制订了完备的运行保障方案，精心组织，严密实施，一丝不苟，狠抓落实，圆满完成了APEC会议的广播电视服务保障任务。

（北京市新闻出版广电局、北京广播电视台）

北京市新闻出版广电局概况

2014年，北京市新闻出版广电局深入贯彻十八届三中、四中全会和习近平总书记系列重要讲话精神，以重点工作推进带动全面发展，以难点问题突破实现新的提升，确保了首都新闻出版广播影视呈现出繁荣发展的良好态势。

一、加快转变政府职能

一是机构整合任务圆满完成。认真落实关于深化文化体制改革的要求，职责梳理和人员调整到位，队伍整合、业务融合不断推进，北京市新闻出版广电局全面履职、顺畅运转，在深度合并上走在全国前列。二是行政审批得到优化。开展行政审批事项清理，在新“三定”规定中确定行政许可事项36项、非行政许可23项，实现了简政放权和加强宏观管理的统一。增强服务意识，通过简化手续、规范工作流程、减少提交材料、压缩办理时间，不断提高行政管理服务水平。全年行政大厅累计办理各类业务941639件。三是行业管理职能履行到位。加强行业管理，严厉打击新闻敲诈和假报刊、假报刊机构、假记者、假新闻，开展“净网”“清源”“秋风”“清朗”、净化少儿出版物市场、整治非法卫星接收设施和非法电台等专项行动，净化市场环境。加大广播电视监测和网络视听节目监听监看力度，做好APEC会议有线电视和境外卫星电视接收服务保障工作。

二、坚持正确导向

一是强化日常宣传管理。拓宽报刊舆论引导渠道，加强报刊日常审读、专项审读和舆情监测。完善广播电视内容监管体系，进一步创新宣传管理手段和方法，建立了每周宣传管理例会制度，《北京地区广电节目收听收看周报》改版为日报，《收听收看报告》连续6年被评为全国收听收看工作先进刊物，舆论引导水平不断提高。二是组织重大主题宣传。圆满完成了全国和北京市两会、建国65周年、十八届四中全会等一系列重大宣传任务，统筹市属媒体和区县广电、传统媒体和新媒体，全方位多层次开展“中国梦”、社会主义核心价值体系等重大主题宣传报道，营造了良好舆论氛围。推出一批重点读物，《道路自信——中国为什么能》等图书受到好评。

三、推进精品创作

一是加强精品扶持推介。贯彻落实本市优秀图书、优秀音像电子网络出版物、优秀影视剧本、重点题材影视剧等专项扶持资金管理办法，开展优秀网络视听节目评选，积极支持精品创作。推出了《道路自信——中国为什么能》等74种重点选题和10部精品图书、《百年潮·中国梦》等73个优秀音像电子网络出版物选题，扶持了《天河》《北平无战事》等重点影视剧，对《泡芙小姐花漾季》等66部优秀网络视听节目进行奖励。图书《上庄记》、电视剧《老有所依》和《原乡》、电影《一代宗师》、纪录片《伟大的抗美援朝》、广播剧《让我陪你看夕阳》、歌曲《时间都去哪儿了》获第十三届精神文明建设“五个一工程”奖。二是精心抓好重大主题出版。策划推出了《中国梦学习读本》等28种纪念新中国成立65周年图书选题、《北京时间》等53种培育和践行社会主义核心价值观图书选题。《中国人格读库》等3种图书入选国家新闻出版广电总局培育和践行社会主义核心价值观主题出版目录，《有多少母爱可以重来》等4种图书入选全国青少年喜欢的百种优秀图书书目，《闷与狂》等3种图书入选首届向全国老年人推荐优秀图书目录。三是加强影视剧精品规划生产。成立了首都影视精品工程领导小组，召开精品工程座谈会、项目论证会、题材规划研讨会，加强精品题材规划和引导。电视剧《生死三八线》、动画片《戚继光》、纪录片《宋之韵宋词》、电影《北京时间》等多部作品被评为2014年度北京市文化精品工程。《十送红军》等25部作品入选“中国梦”主题电视剧，《为了明天》等6部电视剧、电影《亲爱的》入选献礼建国65周年重点剧目，《北京青年》等7部作品获得第29届“飞天奖”，电影《黄金时代》荣获第51届金马奖最佳导演奖，《五彩神箭》荣获第17届上海电影节最佳摄影奖并入围韩国釜山电影节“亚洲之窗”展映单元，《天河》被列为全国重点推荐影片，《中国梦·我的梦》系列纪录片入选第一批国家优秀纪录片库。全年共核发书号9953个，电影剧本（梗概）备案公示1028部、审查国产影片270部，电视剧备案公示287部10185集、发行86部3129集，动画片备案27部23117分钟、发行17部642集7530分钟，涌现出一批社会效益与经济效益双丰收的优秀图书和影视剧。

四、完善公共服务体系

一是全民阅读积极开展。益民书屋长效机制进一步完善，开展“书香大集”等多种形式的全民阅读活动300余场。“北京书市”成功举办，第四届北京阅读季升格为全国首家国家级品牌全民阅读活动，参与群众超过1000万人次。扶持三联韬奋书店创办京城首家24小时书店。二是广播电视覆盖扎实推进。完成3个区县9个乡镇141个行政村的“村村响”有线广播工程建设，不断巩固无线覆盖成果。继续实施高清交互数字电视工程，全市有线电视注册用户达551.57万、高清交互用户达420.03万（为全国高清交互数字电视用户最多的城市）。三是公益放映惠民利民。加大公益放映指导管理力度，建立影片自选、场次自调、方式自定等影片保障和放映长效机制。积极组织主题放映活动，公益电影累计放映17.36万场、观影人次869.5万。落实支持影院建设政策，启动了艺术影片、经典影片、儿童影片主题影片影院放映（试点）项目，探索影院分众化、类型化特色经营模式，满足不同观众的观影需求。

五、完善市场体系建设

一是培育合格市场主体。积极推进第二批非时政类报刊单位转企改制和绿色印刷工程，75家企业通过绿色印刷资质认证（全国第一）。截至年底，北京地区登记在册的报刊期刊总量为3328种，共有印刷企业1735家、发行单位6288家，广播电视节目制作持证机构2935家，信息网络传播视听节目持证机构123家，电影院线23条、电影院169家、银幕963块（IMAX巨幕11块），人均银幕数位居全国第一。二是重大项目推动有力。怀柔影视基地升格为国家级影视产业示范区，推动出台市区两级出资扶持的1+1配套政策。中国北京出版创意产业园区建设稳步推进，北京国家数字出版基地建设完成1万平米的先导区。京津冀新闻出版广播影视协同发展积极推进，从优化产业布局、推动产业结构调整、区域公共平台合作等方面确定了合作内容。三是品牌文化活动精彩纷呈。成功举办第十二届北京国际图书节，展出各类图书15万种；第13届北京电视节目交易会春秋两季意向交易额分别达到52.21亿元、53亿元；第四届北京国际电影节实现“三个突破”：参节中外机构突破1000家、电影市场国际展商数首次超过国内展商数、市场签约额突破100亿元大关。四是数字化进程不断加快。组织开展2014年北京地区传统出版单位数字化转型示范单位评选。积极推动“三网融合”，IPTV用户发展到23.7万户。大力推动有线电视网络双向化改造，截至年底，双向网开通用户达531万户。歌华有线获批建立下一代广播电视网融合业务平台实验室。主流媒体积极拓展视听新媒体业务，北京电视台纪实频道实现上星传输，北京网络广播电视台（BRTN）全球开播，北京广播电视台获批互联网电视牌照和手机电视牌照。全年北京市规模以上新闻出版产业（包括出版、印刷和发行服务）实现收入792.5亿元，同比增长0.4%；广播影视累计创收283.32亿元，同比增长25.08%，其中电影票房累计收入22.82亿元，同比增长22.69%。

六、扶持“走出去”工程

一是支持企业本土化发展。研究制定《北京市出版产业走出去奖励扶持管理办法》，鼓励出版企业通过设立、收购、合作等方式，到境外投资兴办实体。积极支持澳星东方、西京传媒、蓝海电视等民营影视企业在海外发展，巩固和扩大走出去成果。二是组织企业参加节展。组织企业参加法兰克福书展，输出图书版权88种、民族原创游戏出版物102种，引进图书版权39种，以书为媒促进文化交流。组织企业参加戛纳电视节、釜山电影节等影视节展，成功举办北京电视剧非洲展播季，《咱们结婚吧》等6部优秀北京电视剧在四达时代电视平台上展播，有力提升了北京影视的国际影响力。

七、加强版权保护

一是完善软件正版长效工作机制。大力宣传版权保护知识和法律法规，拟定《北京市国家机关使用正版软件管理办法》，完成全市180家市属国有企业软件正版化工作。二是有序开展著作权登记。北京地区作品自愿登记510843件，版权合同登记7751项，计算机软件著作权登记47825件。三是继续实施版权护航工程。贯彻落实版权声明公示制度，对大型、综合性网站版权使用情况进行跟踪监测，围绕计算机软件和音乐视频作品的著作权保护，积极进行版权调解。开展2014“剑网”行动，协助相关部门查处百度、快播公司侵犯著作权等案件，净化网络版权环境。四是积极推动版权贸易。组织企业参展第二十一届北京国际图书博览会，达成版权贸易合同意向 651项。

八、加强队伍建设

一是干部教育培训不断加强。经常性地强化思想武装，组织了学习贯彻习近平总书记系列重要讲话专题培训班，187名干部参训。组织各级干部参加上级调训、在线学习、初任培训，举办公务员能力建设培训班，提高干部队伍整体素质。抓好群众路线教育实践活动整改落实，形成了一批制度成果。二是行业人才建设不断加强。组织开展马克思主义新闻观出版观培训，开展新闻出版系列职称评审、出版物发行员职业技能鉴定考评员资格认证培训、出版专业技术人员职业资格登记注册和续展工作，圆满完成出版物发行员、广播电视编辑记者和播音主持人资格考试，开展了第四届全国新闻出版领军人才评选，举办了北京市新闻出版广电行业人才招聘会。三是党风廉政建设不断加强。党风廉政建设主体责任和监督责任有效落实，深入贯彻中央八项规定和市委十五条实施意见，开展了公务用车、“小金库”等专项治理，有效落实了反腐倡廉教育警示、监督管理、风险防范等各项任务。

（北京市新闻出版广电局办公室）

北京市广播电影电视局工会概况

2014年，北京市广播电影电视局工会认真发挥服务和维护功能，在两局合并的情况下积极加强自身能力建设，开展为职工服务送温暖活动，圆满完成各项工作任务。

一、开展职工文体活动

借助参加市直运动会时机，开展各项

体育活动，获得了百日健步走、集体跳绳和羽毛球等项目的优胜奖。特别是百日健步走达标竞赛代表队，在历时三个多月时间里，通过每名参赛队员的不懈努力，每天坚持完成8000－15000步的健步走指标任务，经组委会考核评比，在全市评选出的75支优胜队中排名第38位，获得北京市直系统第四届职工运动会优胜奖。组织开展春季日坛公园健步走、秋季奥林匹克公园健步走活动。局工会组织干部职工在北京奥林匹克公园开展了以“放飞心情、携手奋进”为主题的健步游园活动。干部职工在放飞心情、愉悦身心、感受北京新气象同时，进一步加强了同事之间的沟通和交流，让职工放松愉悦身心的同时，凝聚人心、提高自身素质。组织劳模休疗和体检活动，并为离退休劳模配备了“一键通”专项服务电话。在“三八”妇女节期间，工会为全体女职工安排了两场观影活动。组织体育爱好者参加新闻出版广电总局乒乓球团体赛和市总组织的扑克（双升）比赛活动。开展“同携手、迎新年”职工拔河比赛活动，联合组建16支代表队参与角逐，弘扬了团结协作、奋力拼搏的进取精神。做好职工之家的基础建设工作,为尽快建好“职工之家”做准备。

二、开展送温暖、送服务到基层活动

在元旦春节期间发放了新鲜的水果、蔬菜，让广大干部职工过一个祥和欢庆的节日。为庆祝中秋、国庆节“双节”，局工会为局机关事业单位近400人购买了慰问品。为防止雾霾天气，局工会为职工发放口罩，让大家感受到温暖。关心慰问困难职工，对生病住院的20余名职工以不同形式进行慰问、看望。对有亲属去世的6名职工在第一时间送去抚恤金，为3名特困职工争取了1.1万元补助费。春节和国庆期间对在职劳模、伤残革命军人进行了重点走访慰问。做好各类互助保险的入保、续保工作，为近500人办理了近2万元保费的保障计划险种。开展向会员送生日祝福活动，把工会温暖送到家、送到位。做好2014年度《工人日报》《劳动午报》和《工会博览》等工会报刊订阅发放工作，为全体干部职工送上精神食粮。

三、加强工会自身建设

根据两局工会合并实际，召开了原新闻出版局和广电局工会委员、工会小组长工作会，及时研究成立了局工会组建筹备组，拟定组建工作方案，稳步推进组建工作。认真做好工会各项基础性工作，及时收缴会员会费，按照新启用网络工作平台做好会员信息统计、录入工作。配合市总工会开展经审工作，规范了工会经费的管理和使用。认真做好调入、调出和退休职工会员信息采集调整工作，及时更新、汇总，网上登记工作，为职工保险和京卡办理打好基础。根据体制编制改革需要，努力做好局工会整合搬迁工作。

（北京市广播电影电视局工会）

北京市广播电影电视局
离退休人员管理中心概况

2014年，北京市广播电影电视局离退休人员管理中心，坚持以人为本，服务为先，全面落实离退休人员的政治、生活待遇，推动老干部工作取得新进展。

在保障老同志政治待遇上求进展。为每位老同志赠订了《北京日报》《北京晚报》

和《北京老干部》，为局级领导定期快递《大讲堂》，让老同志及时了解党和国家重大方针政策。凡召开局系统重大会议，都邀请老干部代表参加。此外，还利用集中学习等机会，由局领导向老干部通报北京市新闻出版广播影视发展情况。

为了活跃老同志的政治生活，2014年，局老干部管理中心三次集中组织老同志学习党的十八届三中、四中全会精神以及习近平总书记系列讲话精神，开展思想交流活动。

在保障老同志生活待遇上求进展。在春节、端午节、中秋节、重阳节等节日期间进行多种形式的慰问活动，听取老干部心声，了解老干部家庭情况、身体状况。2014年，共走访慰问老同志102人次，发放慰问品价值近7万元，慰问金约3万元。凡是老干部就医住院，都要带慰问品去医院看望，2014年，共看望生病住院老干部40余人次。对老干部提出的困难，在不违反原则的前提下都帮助他们解决。

在加强自身建设上求进展。老干部管理中心坚持学以立德、学以增智、学以致用，努力做到知行统一，学用一致。除认真学习党的十八大、十八届三中四中全会精神和习近平一系列讲话外，还重点学习研究了老干部政策法规。通过一年的学习，政策理论水平有了进步，新闻出版广电专业知识有了拓展。

（北京市广播电影电视局离退休人员管理中心）

北京市广播电影电视局后勤服务中心概况

北京市广播电影电视局后勤服务中心成立于2006年8月，前身为北京市广播电视局机关后勤服务部。

2014年主要工作：

综合服务：根据2014年预算安排和市财政局规定的政府采购程序，完成了办公设备的购置及分配工作。在完成原广电局资产清查核对工作的基础上，配合市审计局完成了固定资产清查核对工作。组织全局干部职工进行体检，为新入职人员办理医保、工伤、生育险，为退休人员办理医疗退休手续，为离休人员办理老干部优诊卡。做好计划生育工作，与建外街道办事处签订了责任书，为已婚未育女职工领取《北京市生育服务证》。维修办公设备300余次，完成1000余次各种大小会议的服务保障工作。

房管房改：两局合并后，撤销广播大厦内线电话50部，新增建外主楼内线电话26部，外线电话移机31部、内线移机19部。完成真武庙宿舍1-9单元外墙节能保温改造工程专项资金申请；完成2014年全局系统新增无房职工在市房改办的备案工作；审核、公示、上报2013年原广电局新入职11位无房职工的住房补贴，审核并发放原广电局机关及统发事业单位53名无房老职工2014年住房补贴；核算并上报两局合并后机关及统发事业单位无房老职工2015年住房补贴预算、未达标及极差补贴预算。为符合报销条件的在职人员和离退休人员共184人次报销2014年度物业费和2014-2015年度采暖季取暖费。

安全保卫：6月份结合“安全生产月”、11月份结合“全国消防日”分别组织消防安全培训，定期进行安全巡查，排查隐患。

车辆管理：做好全年车辆运维费的分配和车辆保险等各项工作，协调物业办理朝内停车场的职工车位手续、外来车辆进出管理等事宜。按照市公车改革领导小组要求，进行局公车基础数据填报。全年完成各类用车保障，无重大责任事故，荣获北京市及朝阳区交通安全先进单位。

其他工作：两局合并后，对建外和朝内两处办公区办公用房进行调整。调整后，朝内办公区有16个机关处室、12个事业单位，近300人；建外办公区有5个机关处室、2个事业单位，约80余人。对朝内办公区政务大厅进行升级改造，加装审批导视屏、城市电视、视频监控等设备，改造政务大厅原有窗口审批台面、照明、办公设备，改造后政务大厅面积200平米，共有14个审批窗口。对朝内办公区的食堂进行改造，解决了朝内办公区350余人的就餐问题。

（北京市广播电影电视局后勤服务中心）

北京市广播电影电视局信息中心概况

北京市广播电影电视局信息中心组建于2006年下半年，正式成立于2007年1月18日。

2014年主要工作：

一、保障局综合业务服务平台和专网平稳运行

局综合业务服务平台（二期）承载着全局文件收发、资金管理和档案管理等功能。2014年，平台公文流转子系统收文2814件、发文973件，呈批件331件，共计处理文件4118件。

为了使综合业务服务平台同时能满足建外和朝内两地办公需求，信息中心组织系统承建单位进行论证，提出合理建设方案，并邀请专家对方案进行评估。在两个办公区的数据机房内分别安装了数据传输加密设备，在建外数据机房增设了一台应用服务器，使综合业务服务平台的应用由单机运行扩展为双机运行，提高了系统的运行速度和业务的处理速度。

在机构调整中，朝阳门和建外两个办公区之间进行数据传输是重点，信息中心分别与中国联通、北京歌华等公司沟通，拟定网络和信息系统调整方案，制定稳妥、快速的建设方案。最终提前完成了办公区间的专网铺设，保障全局业务工作顺畅运行。

二、完善局网站栏目建设和维护

将网站管理的重点放在信息公开和为民服务两方面，从制度措施到职责监督，都提高了管理标准。

定期组织召开座谈会，邀请首都之窗运行管理中心、北京人民广播电台、北京电视台以及北京新影联院线公司等共同探讨共建栏目的管理和发展。大力提高信息公开的频率和响应速度，从最初保证每月有更新，到每周、每天都会有新的服务信息向网民展现。向局机关各处室和所属单位分配局网站信息更新的权限，提高政府网站信息公开的速度。

三、做好信息安全保障和维护

利用财政预算资金，开展网站安全测评工作，专门成立了“项目小组”，共同参与制定项目实施方案，进行系统风险评估，查找系统的漏洞和制度等方面的不足。要求网站建设单位严格按照测评结果，进行功能整改和加固。对网站安全整改结果进行测评，按照北京市信息安全等级保护“二级”的标准，验证整改的效果。

统筹全局信息化安全工作，制定了全年的信息安全维护计划。聘请专业机构对局综合业务服务平台、网络安全设备、机房安全设施等定期进行信息安全应急演练，提高信息中心

的应急处突能力。

分别梳理原市广电局和原市新闻出版局的网络情况和办公终端使用情况，完成了原市广电局建外办公区、朝阳门办公区、安乐林办公区共计400余台办公终端的安全检查。

（北京市广播电影电视局信息中心）

北京市广播电视监测中心概况

北京市广播电视监测中心成立于2006 年，前身为北京广播电视技术监测台。加挂北京市广播电影电视局信息网络视听节目监管中心和北京市广播电视安全播出调度中心的牌子。

2014年主要工作：

一、加强广播电视监测

对全市广播节目信号实时监测19套（172路），共计151万频时；对本市电视节目信号实时监测108套（1143路），共计1001万3千频时；监测到广播、电视播出及传输异态376频次，其中重大事故14起，及时提醒停播事故单位25次；通过预警信息发布平台收发预警信息535条，5772人次接收。

组织人员针对新修订的《广播电视安全播出管理规定》（总局62号令）及相关专业实施细则进行学习，加强监测业务技术培训，提高对监测系统的操作使用及维护能力。每月对广播电视监测情况及相关数据进行统计汇总和事故分析，并编印《北京市广播电视监测报告》，为局领导及行政管理部门提供管理和决策依据。

二、开展安全播出应急演练

2014年5月、7月、10月，分别组织东城、西城、朝阳、密云文委和14个区县广电中心以及北京电台、北京电视台、歌华有线公司、移动电视公司、城市电视公司、鼎视数字公司相关人员开展防范非法无线广播电视信号插播突发事件应急处置及800M集群电话通信演练、无线转播站安全播出调度应急演练、广播电视安全播出指挥调度应急演练等，提高应急处置效率，推进应急处置快速反应机制的不断完善。

三、加强对宾馆饭店视频点播监管

安排人员每日对各宾馆饭店视频点播监管系统运行情况进行测试，及时检修设备故障，解决系统设备故障20余次，确保监管系统良好运行。配合局传媒处、网管处完成4个宾馆酒店视频点播业务开通验收工作。8月中心会同局网管处组织VOD运营商和宾馆饭店召开2014年度宾馆饭店视频点播业务监管工作会，对上一年度监管系统运维情况进行了总结，确保监管工作的有效开展。

四、严格审查有线电视网络工程验收

全年受理报验项目33个，监督外包单位及时对有线电视工程现场检验检测，共验收新建商品住宅小区有线电视网络工程119个项目，楼盘880栋，工作站284个，放大器1571个，用户90126户，用户终端203720个。

五、严肃查处非法调频广播

配合局科技处、传媒处和市无线电管理局、市文化执法总队，开展非法调频广播查处工作，共监测到45个疑似非法调频广播，查找非法调频广播信号源10余次，拆除非法调频广播设备12套，清除15个非法广播频率，协助执法部门抓获两名违法人员。

六、推进信息化项目建设

全面推进《公共广播信号监测系统一期》项目建设工作，开展专线铺设及中心监控平台、区县监测前端设备的安装、调试工作。改进完善《高清及鼎视平台电视监测系统》《远郊区县无线转播站DAB监测系统》功能，有效提高监测技术水平，提高安全播出技术保障能力。

七、加强系统运维保障

对北京市广播电视监测系统远端设备进行了全面维护，共涉及14个区县广电中心及歌华有线公司，派出运维人员110人次，累计行程2500余公里，检修维护设备35台。全年共外出进行远端设备故障处理20余次，确保了远端监测设备稳定运行。

八、开展行业交流

全年组织各类学习培训157人次，进一步提高中心人员业务水平与技术能力。另外，赴外省市广电部门开展行业交流座谈及监测技术调研学习，学习和借鉴先进经验，提高业务工作水平。

（北京市广播电视监测中心）

北京音像资料馆（北京广播电影电视研究中心）概况

北京音像资料馆成立于1987年，主要从事音像资料的译制、收藏、观摩、制作等工作。2008年9月加挂“北京广播电视研究中心”的牌子。

2014年主要工作：

完成《北京广播影视决策参考》月刊刊发工作，全年共12期。其中刊登文章242篇，约50万字；各种行业动态信息200多条；摘编前沿论点近200篇。开始《北京广播影视发展报告》（蓝皮书）编纂筹备工作。4月底，组织召开了蓝皮书咨询会，听取各位专家在蓝皮书编撰大纲、选题内容、组织机制等方面的意见建议。围绕蓝皮书的编纂开展调查研究，先后到中国（怀柔）影视基地、CBD传媒走廊、星光影视园、北京网络电视台、光线传媒、完美世界、海润影视、华谊兄弟等单位调研，广泛听取基层单位意见。另外还外出走访了江苏广播电视各单位和无线苏州等新媒体公司以及四川省广电局、台和成都局、台等相关广电部门，学习他们的经验。

完成2013年《北京广播影视研究文集》的编纂、印刷、发放工作。3月，组织召开了文集专家评审会，确定文集主题、定位、内容、题目等具体内容。8月底完成文集编撰、印刷、出版工作,全书共计30万字。完成2014年《北京广播影视研究文集》的组稿、约稿及编辑工作。

展开课题研讨工作。5月初，组织召开“北京市网络视听媒体行业管理思路创新研究”课题研讨会，撰写课题实施方案；9月确定基本框架；11月完成初稿撰写；12月征询专家意见，修改稿件，完成定稿。

推进二轮修志工作。首先，在撰写7篇试写稿后，进行广播篇、电视篇和管理篇的试写工作。其次，加强与总局办公厅、中央电台、中央电视台、中国教育电视台、北京电台、北京电视台等单位的联系与沟通，补充志书资料。走访中国教育电视台，商讨志书资料长篇的供稿问题，该台于8月提交志稿资料近7万字。9月19日，组织召开了一次由总局办公厅、中央人民广播电台等五家中央单位和十多家市属单位参加的二轮修志工作会，总结了近三年修志工作，通报了编纂工作进展情况，并结合修志过程中遇到的问题，进行业务培训。会后，中国国际广播电台、北京广播电视台、北京人民广播电台等单位报送了内容较为翔实的资料。

完成年鉴编纂工作。3月下旬至5月底完成向《中国广播电视年鉴》《中国新闻年鉴》《北京年鉴》及市委宣传部《大事记》供稿任务。供稿内容突出了2013年北京市广播影视的大事、要事和新事，总字数约8万字左右，受到相关单位的表彰，国家广电总局在太原召开的第30届《中国广播电视年鉴》年会上，市广电局再次荣获年鉴工作先进单位。

进一步做好《北京广播影视年鉴》编纂工作。1月中旬向全市近90家广播影视单位、部门印发“关于印发2014《北京广播影视年鉴》组稿纲要的通知”；10月完成所有19个栏目及图片编辑工作，全书共60余万字；11月底完成所有书稿的四校和出版社编审、阅改、印刷；12月出书，向全市广播影视单位以及广电总局、市委宣传部和市人大、市政协160个单位发放年鉴近800册。

资料管理、媒资编目、拍摄工作。做好完成李春良局长赠送的视音频新闻采访资料的媒资上载、光盘刻录工作；完成DVD素材14张、CD照片9张，专题素材资料带（3/4带）400余盘的审看、标引及将部分节目上载到媒资系统等工作；完成局各项会议、活动拍摄共10余次；完成馆电子政务相关工作并上传、发布《北京广播影视决策参考》12期；完成馆电子政务平台系统调试、安装、维护工作。

（北京音像资料馆）

北京市广播影视作品审查中心概况

北京市广播影视作品审查中心成立于2006年，由前北京市电视节目供片中心改建而成。主要职责为承担组织北京地区新出品及引进的广播影视节目内容的审查，复审相关工作。收集、加工、整理广播影视作品，各类信息以及有关公益性的宣传资料片；建立和维护影视作品数据档案库；承担北京市广播影视协会秘书处日常工作。

2014年主要工作：

组织审查电影剧本共628部次，审查北京地区出品的电影270部；审查电视剧剧本4部次123集；审查北京地区出品的国产电视剧98部3645集；动画片15部590集6282分钟。电视剧备案公示523部。

全国电影总产量为618部，北京约占43.7%；全国电视剧总产量为438部15320集，北京约占23.8%。北京影视剧生产无论数量还是质量，继续名列全国前列。

所审影片中故事电影250部，占审查影片总数的92.6%，较2013年增长113部。其中当代现实题材影片223部，占影片总数的82.6%。全国院线片票房前十名中，有7部出自北京。少儿题材影片、动画影片数量有小幅增长。

所审电视剧有如下特点：北京题材电视剧尽显浓郁京味儿，行业剧制作渐入佳境；抗战雷剧减少，大情怀剧增多；家斗戏减少，关注情感、生活、婚姻这些精神上困扰的剧目增多；“长篇剧”较2013年明显增加。

本年度推荐优秀电视剧6部：《岁月如金》《爷们儿》《急诊室故事》《青年医生》《乞丐大掌柜》《平凡的世界》；推荐优秀

动画片3部：《寻找英雄——小淘气长征记》《戚继光》《西游记的故事》。

整体看，思想性、艺术性、观赏性俱佳的作品越来越多，泛娱乐化和低俗倾向得到有效遏制和改变。

（北京市广播影视作品审查中心）

北京国际影视交流促进中心概况

北京国际影视交流促进中心成立于2012年2月2日。

2014年主要工作：

一、筹办第四届北京国际电影节

在第四届北京国际电影节期间，完成了“天坛奖”评奖、开幕式、北京展映、主题论坛、电影市场、电影嘉年华和闭幕式暨颁奖典礼七大主体活动以及“华语电影新焦点”活动单元、“注目未来”国际展映单元、“纪录佳作”展映单元、“微电影展映”活动单元等多项相关活动。在全市30余家影院和学术机构，展映中外电影佳作260部、600余场次；主题论坛聚焦产业前沿，让·雷诺、让·雅克·阿诺、阿方索·卡隆等中外著名电影人参与研讨；电影市场签约总额达105.21亿元，32个签约项目涵盖电影产业链各个环节。第四届北京国际电影节实现了“三个突破”，即参节中外机构突破1000家、电影市场国际展商数首次超过国内展商数、市场签约额突破100亿元大关。

完成组委会会议会务工作，组织全市性工作协调会、组委会运行指挥部工作会议等各类会议；完成各级领导接待工作，共邀请、接待领导100余人次，近30场活动；制定票务方案，完成电影节开幕式、闭幕式等活动3万余张票务的分配、发放工作；邀请、组织媒体全方位推介电影节各项活动；完成《第四届北京国际电影节会刊》等4部文书的编辑和校对工作，涉及中、英文资料近30万字，图片近3000幅。

完成第四届电影节各项收尾工作。共收集、整理文件500余份，合同160余份，实物资料近60份，电子文档5000余份，感谢信200余封；完成第四届电影节“中外电影合作论坛”“电影创意论坛”“探寻电影之美高峰论坛”论坛文集（3册）的文字收集、翻译整理、校对等工作，字数达30万字；完成第四届电影节总结片、前四届电影节综述片、吴宇森专题片、画册的编辑制作工作；完成舆情收集、评估工作；完成第四届电影节赞助商回报总结、发放荣誉证书和赞助款入账等工作；完成《美女与野兽》（法国）《亚马逊丛林》（巴西）引进、宣发、排片等工作。

二、做好北京国际电影节海外推广工作

2014年6月至10月，先后组织出访威尼斯国际电影节、多伦多国际电影节、长春电影节、釜山国际电影节等，推介北京国际电影节。

出访团组在多伦多国际电影节举办“北京国际电影节多伦多推介会”，在釜山国际电影节举办北京国际电影节“北京之夜”推介会，央视新闻频道、电影频道，韩国KBS电视台、优酷土豆、爱奇艺、《综艺报》（*Variety*）、《国际银幕》（*Screen International*），《好莱坞报道》（*The Hollywood Reporter*）等百余家国内外媒体进行报道。中心邀请新华社、电影频道、新浪、

搜狐等90余家媒体对电影节两次海外推广会进行采访、报道，取得良好宣传效果。

三、展开调查研究

完成“北京国际电影节的品牌定位与价值构建”课题调研工作。研究内容包括北京国际电影节的定位、品牌、市场、大众化、跨文化、纪录片等六大板块。完成第二届至第四届北京国际电影节嘉年华项目的评估工作。从观众人数、活动内容、合作机构、合作伙伴资源、招商流程及模式管理等方面进行分析、评估，探讨、优化项目运作模式，为电影嘉年华的长远发展提供经验及数据支持。

四、启动第五届北京国际电影节筹备工作

筹备成立北京国际电影节有限公司，已得到报市政府及市委宣传部、市财政局批复。制定第五届北京国际电影节总体方案，启动第五届北京国际电影节评奖、展映工作。考察第五届电影节活动场地，推进第五届北京国际电影节官网组建工作。启动市场开发工作，完成与承办单位的接洽。开展纪录片单元合作，启动志愿者招募、培训和管理工作。

（北京国际影视交流促进中心）

北京市广播影视协会概况

北京市广播影视协会成立于2013年6月25日，是由1987年7月15日成立的北京市广播电视学会换届更名而成。

2014年主要工作：

（一）完善优秀节目评选办法，提高会员单位创优热情

根据中国新闻奖、中国广播影视大奖、北京新闻奖、北京市广播影视奖的类别设置、评选标准和推选周期及办法，在每年度的评选北京市优秀广播电视节目办法基础上进行梳理，在类别设置、推选数量和等次设置上分别做相应的调整，完善2013年度北京市优秀广播电视节目评选办法。推选工作历时两个月，严格按照评奖程序和办法，在各会员单位推荐上来的167件作品中，经过组织专家认真审听审看，反复比较，深入讨论，共评选出优秀作品106件， 其中北京广播电视台8件、北京人民广播电台33件、北京电视台39件、区县广播电视中心26件，并完成证书发放工作。

（二）顺利完成市级、国家级各类奖项的推选工作

按时完成“第二十三届北京新闻奖”“第二十四届中国新闻奖”“ 2013年度中国广播影视大奖广播电视节目奖广播电视新闻类节目奖”“第十三届全国广播电视学术论文评选”的推选工作， 组织会员单位积极报送“第四届全国历史题材广播电视节目评析暨创新论坛活动”，其中共有45件作品获得北京新闻奖， 6件作品获得中国新闻奖，2篇论文获得第十三届全国广播电视学术论文奖项。

（三）完成《北京广播影视》学刊编辑出版

《北京广播影视》紧密配合北京市新闻出版广电局的中心工作，反映北京广播影视行业发展的新热点，反映北京广播影视行业同仁们的探索与实践，共刊登各类文章300多篇；组织有关践行社会主义核心价值观、中国梦、APEC等文章及时刊登。同时反映北京

市广播影视协会工作动态，成为北京市广播影视协会活动的展示平台；配合第四届北京国际电影节举办，派出编辑全程跟踪报道，并重点关注相关论坛动态，归纳论坛中观点的亮点，在期刊上刊登消息和理论文章9篇、3万多字。全年刊登有关电影发展、电影创作的论文21篇、8万多字；反映创作的新成果以及市场的变化，北京春、秋季电视节目交易会，期刊都及时进行配合，共刊登有关电视剧创作内容的稿件15篇、9万多字；及时组织探索媒体融合的相关文章26篇、8万多字。

（四）协办 “IMIC网络电视台的建设与运营论坛”

由中国广播电视协会技术工作委员会主办，北京市广播影视协会和北京广播电视台等单位协办的“2014年国际传媒产业论坛”，7月3日～4日在京举行。论坛主题为积极推进传统媒体与新媒体融合、广电全媒体加快建设，面向全国广播电视台、网络广播电视台、声像中心、影视节目制作机构以及门户网站等领域的国际传媒产业交流平台。各省市电视台和网络电视台代表、北京各区县广电中心代表以及新媒体公司代表参加本届论坛。

（五）继续开展专家下基层活动

在党的群众路线教育实践活动中，积极开展送专家下基层活动。邀请北京电视台技术部门专家赴通州，为通州广电中心采制播人员进行高清电视技术专题讲座，并解答诸多专业问题；为进一步把握好宣传导向，提高区县广播电视节目质量，举办2014年度北京市区县广播电视优秀节目暨对农宣传讲座；邀请中央电视台农业频道总编辑、资深记者赵泽琨，就对农宣传节目同与会者进行交流。

（六）完成2014年“全国广播电视编辑记者、播音员主持人资格考试”（北京地区）考务工作

受北京市新闻出版广电总局委托，按照国家广电总局26号令的要求，完成近几年“全国广播电视编辑记者、播音员主持人资格考试”（北京地区）考务和合格证的发放工作。2014年考务工作在协会支持下，由系统内的其他单位具体组织承办，派专人参加指导现场报名、考前培训、笔试和口试等工作，确保各环节工作的顺利进行。

（七）完成编制《北京广播影视》项目应标工作和刊物的美术设计、印刷工作招标工作。

（八）完成北京市广播影视协会年检及更换组织机构代码证工作。

（九）拟定《北京广播影视》学刊工作人员聘用办法。

（北京市广播影视协会）

北京电影协会概况

北京电影协会于2011年12月13日在北京市电影发行放映协会的基础上组建，上级业务指导单位是北京市新闻出版广电局。现有团体会员281家，个人会员139人，下设制片、影院、编导、电影技术、化妆、电影收藏6个专业委员会。

北京电影协会的主要职能是：宣传、执行相关法律法规和政策；承担政府委托的行业管理职能，承办政府主管部门委托的工作事项；制定市行业行为规范，协调行业发展与经营，发挥行业监督与自律作用；开展调查研究，及时搜集、整理、汇总各种行业信息，为会员提供咨询服务；向政府提出工作建议，促进行业发展和环境改善；积极举办与本行业相关的活动，组织推荐、表彰和奖励在电影事业发展中有突出贡献的单位和个人；为会员提供业务指导和服务，维护会员合法权益；推动行业内相关标准的制定和普及，做好星级评定、技术级别考核、信息交流、专业培训等工作；积极创造条件，组织会员开展对外交流和行业联系。

2014年主要工作：建立健全专业委员会工作制度，选举各专业委员会的领导集体，健全协会整个工作架构。各专业委员会开展了诸多活动，制片专业委员会举办三次沙龙活动。收藏爱好者专业委员会参与下乡活动，与电影爱好者进行交流，举办电影收藏展览。北京电影协会还组织开展下基层活动、去通州电影博物馆、怀柔影视学校等；组织会员前往俄罗斯进行交流，拜访俄罗斯影协、莫斯科电影制片厂等机构；组织协调多位会员参加第四届北京国际电影节活动；与北京市新闻出版广电局电影管理处一起召开电影项目的协调会，协调北京电影重点项目的创作；与北京电视艺术家协会一起组织北京市春燕奖电影项目的优秀电影工作者的评选。此外，还参加多项和北京电影有关的活动，包括各个会员单位的各种新闻发布交流会、推广会；加入中国电影发行放映协会，参与其工作；坚持放映员持证上岗制度，坚持开办放映员培训班，举办两期资格培训班和考级班、高级技师培训班；完成收缴会费、发放会员证工作，已把团体会员证和个人会员证制作完毕并发放；完成年检工作和日常整理工作。

（北京电影协会）

中国电影博物馆概况

2014年，中国电影博物馆共接待观众446751人次，组织参与各项活动100余场。全年为观众讲解2407场，服务观众41038人次。电影总放映场次4717场，观影总人数211330人次。共举办各类社教专场活动和基地教育交流活动90次，共有59所大中小学的23655名师生参加。

一、抓好主业

进一步提升品牌活动的影响力　先后举办“探寻电影之美高峰论坛——动画电影的艺术与技术论坛”“‘网生代’与中国电影产业发展”学术研讨、“国际儿童电影发展论坛”等活动。充分发挥北京作为全国文化中心的示范作用，成功举办“第五届少年儿童电影配音大赛”，全国29个省市自治区和港澳特别行政区近55万少年儿童和家长的参与，有6万余名小选手参加了本次大赛。

进一步扩展电影公共文化服务覆盖面　积极开展“经典电影大家看，影博社区行”主题观影活动，深入11个区县的23个社区、学校、幼儿园和军营，放映电影36场，服务基层观众12530余人次；举办“构建和谐，共享科技文化——残疾人参观中国电影博物馆活动”，组织120位残疾人观众参观展览、观看电影。在春节、端午节、国庆节等节日，举办主题文化活动，受到观众好评。

宣传电影公益事业，弘扬社会正能量　举办2014年度影人公益行动观众推举活动。经全国10个省市、3000余名观众投票和专家委员会审议，“古天乐捐建61所学校　点亮山区学生求学梦”“李连杰携马云动员堆友　关爱自闭症家庭”等十项行动被评为“2014年度影人十大公益行动”“王丽坤助力环保行动 传播公益正能量”“孙茜传递时尚运动生活理念 呼吁为缺鞋儿童送温暖”等八项活动获得2014年度影人公益行动提名。很多观众在投票时表示，“影人公益让观众看到更多的真善美，教人向善”。

努力办好展览 全年共讲解2407场、服务观众41038 人次。完成《第二版讲解词》初稿的撰写工作，形成了近8万字的初稿，并提交电影专家进行审定。继续举办廉洁教育主题展览，共讲解157场，服务观众5394人次。

征集电影藏品 通过联系制片机构、探访慰问老影人、参与电影节等活动，全年共征集电影物品827件套、1088件。藏品总数达到14020件套（42474件）。

加大对老影人的关注力度 和中国电影家协会、中国电影出版社联合举办“于敏百岁华诞电影物品捐赠展暨《于敏文集》首发式”活动。通过展览、新书首发、专题座谈和主题影展等方式，展示国家有突出贡献的电影艺术家、作家、文艺理论家于敏为中国电影事业做出的卓越贡献，得到了家属、合作方、业界、学界的广泛认可。

搞好学术研究 与北京师范大学艺术与传媒学院联合主办“中国电影产业发展趋势研讨”学术活动。活动以“‘网生代’与中国电影产业发展”为主题，邀请清华大学影视传播研究中心主任、中国文艺家评论协会副主席尹鸿，乐视影业CEO张昭等20余位电影学界、业界嘉宾，从创作、资本运行、营销、市场走向、观众需求等多个角度，探寻“网生代”的主要特点、互联网对中国电影产业的影响。此外，与清华大学新闻与传播学院共同合作完成《世界电影产业年度报告》（53万字），由电影出版社正式出版发行，备受学界、业界好评。馆刊《影博 影响》坚持办刊宗旨，重视内容建设，同时继续创新形式，努力提升刊物整体质量。

开展社会教育 针对目标受众，举办各类形式多样的教育活动，具体包括：面向大学生等青年观众群体的“电影大讲堂”高端讲座、佳片赏析交流会以及面向中小学生和亲子家庭的“光影知识乐园”教育活动。继续走出馆舍天地，举办走进山区和打工子弟校园活动、“看百部优秀影片 游光影知识乐园”课程实践系列活动以及“光影知识乐园 家庭日”活动和各类团队活动64期，参与学校52所，参与人数16515人次。

举办特色影展和活动 在日常放映的基础上，举办特色影展和活动，满足不同观众的需求。陆续举办“反腐倡廉（第二部分）”“正气之歌”“获得国际电影奖项的国产电影”“党员风范”“纪念抗战胜利”“庆祝新中国成立65周年”“电影贺新年”等主题公益影展以及吴天明和谢添的影人专题影展。此外，还开展了“百日安全无事故”活动，进一步完善放映工作规程，强化职业道德和责任意识，提升放映和服务质量。

在开展公共文化服务的同时，借助新媒体拉近和观众的距离 馆官方微信平台共发布公共信息325条，微信粉丝11486名；发布原创微博603篇，转发65篇，评论75条。完成中国电影博物馆数字博物馆（一期）项目建设，首款APP（安卓1.0版本）正式对外发布。大力做好对外宣传，共接待北京电视台《北京新闻》、英国广播公司（BBC）等10余家媒体及相关单位来馆采访、拍摄；还邀请60余家媒体，报道近200次，扩大社会影响力。

二、确保安全

大力加强安全管理，出台《中国电影博物馆主体建筑内禁止吸烟的规定》，并签订2014年度各级安全责任书，坚持勤检查、常督促、抓落实，确保馆的安全运行和平稳发展。每逢重要节日和重大活动，坚持馆领导带队进行全馆安全大检查，提前做好预案、完成场地准备和人员培训，逐项细化预案，形成分工明确、责任到人、不出疏漏的活动管理机制，保证各项重大活动顺利进行。

加大后勤保障力度，保证全馆正常运转。全年累计维修重点设备设施30次，用电保障79次；修复展厅设备故障556台次，维修率为100%，设备正常运行使用完好率超过99%；更新中控室部分消防设备，调通回路2个，修复烟感19个，保障消防报警系统运转正常。在土建方面，实施售票处改造、临建宿舍加固维修、商品部及办公区域墙面和吊顶粉刷等13项主要维修工作。全年累计完成暖通、给排水项目6项，改造、维修工程21项，处理应急维修项目40项。

三、队伍建设

深化人事改革 按照“人岗相宜，用当其时，人尽其才”的要求，开展调研，梳理情况，统一思想，做好培训，加强人才队伍建设。做好为局级和正处级干部馆外参训的保障服务工作，组织全馆副处级干部举办为期5天的学习贯彻习近平总书记系列讲话精神脱产培训班，使干部全面、系统地掌握系列重要讲话的丰富内涵、精神实质和实践要求。

开展专题培训 应台北市演艺产业工会的邀请，中国电影博物馆一行15人组成学习团，就藏品征集、保存、展览等博物馆管理运行和海峡两岸电影文化交流等相关问题进行深入讨论、研究，借鉴他们的经验和做法，完善馆内软硬件建设，提高专业技能水平和电影文化传播能力。

推进“三定”工作 前往相关单位深入调研，并与人社局加强联系与沟通，认真学习相关规定和政策，在馆内发放问卷进行摸底和梳理，为更好地解决内设机构、岗位设置、机构编制存在的问题、推进“三定”工作打好基础。

加强财务管理 严格遵守和执行国家财务规定和馆内财务制度、流程和要求。制定《中国电影博物馆内部控制规范实施办法》，加强内部控制体系建设。在经费支出管理中，坚持定期通报经费收支情况，做好账务核对，发挥资金的最大效能。

（中国电影博物馆）

北京广播电视台概况

北京广播电视台成立于2010年5月31日，是在原北京北广传媒集团、北京人民广播电台、北京电视台的基础上组建而成的大型传媒机构，是市委、市政府直属事业单位。

2014年，北京广播电视台深入贯彻习近平总书记系列重要讲话和全国、北京市宣传思想工作会议精神，以融合、创新、发展为主线，以深化机制改革为动力，坚持正确舆论导向，加强顶层设计，加大统筹协调，加快重点项目建设和产业布局优化。截至2014年年底，资产总额达到336.75亿元，同比增长7.85%；实现营业总收入100.17亿元，利润总额7.47亿元，同比增长21.81%，上缴税金6.64亿元。

一、新闻宣传

围绕党和国家的重要会议、重大活动、重大纪念日和市委市政府的中心工作，弘扬和培育社会主义核心价值观，开展“中国梦”主题宣传。推出“2014北京榜样”大型主题活动和微纪录片《中国梦365个故事》，启动“美丽乡村 筑梦有我”大型公益活动，推出了全国和北京市“两会”、京津冀协同发展、南水北调工程、庆祝新中国成立65周年、纪念抗战爆发77周年、十八届四中全会、APEC会议等六大主题宣传报道战役。累计推出专题专栏100余个、公益宣传片270余部。发挥北京网络广播电视台、微博、微信、APP移动客户端、户外媒体等新兴媒体的平台作用，形成了传统媒体与新兴媒体优势互补，广播电视与网络媒体相互联动的全视角、立体式、多维度的传播覆盖格局。

二、内容生产

围绕社会主义核心价值观体系建设，推进广播影视内容创作。制作播出《转山法官》等6部广播剧、45集纪实文学广播《圆梦南水北调》《砥柱中流——伟大的敌后抗战》《一个法国人的红楼梦》等48部纪录片。推进节目模式创新，共推出《生命缘》《最美和声》《妈妈听我说》等20个大型季播节目。户外电视媒体推出一批契合媒体特点的节(栏)目，节目内容和形态特征鲜明突出。完成2014年度北京广播电视台节（栏）目创新奖评选工作，27件作品获奖。台属影视制作公司主投或参投《铁血军歌》等16部电视剧，《怒放》等19部影视剧进入后期制作和销售阶段。2014年全台共有110余件作品荣获省部级以上奖项。

三、发展布局

北京网络广播电视台正式上线，新媒体制播中心正式搭建完成。北京电台发起成立5000万元的文化产业创业投资基金和3亿元（初始规模）的股权投资基金，为产业发展搭建投融资平台；创新广告经营机制，全年广告创收首次突破8亿元，同比增长10.24%；不断提高频率专业化水平，顺利完成城市广播改版转型，稳步推进新频率筹建工作。北京电视台启动北京卫视、体育频道、纪实频道独立经营改革试点工作，积极探索频道经营模式，制播分离取得突破。歌华有线加快打造手机电视、互联网电视，加快布局游戏、购物、彩票、智能家居等互联网新兴产业，牵头成立“全国电视院线”联盟，进军国内新兴媒体市场。加快推进数字付费频道经营管理模式的探索进程，将合作模式转变为合资模式，实现资源价值最大化和公司的可持续发展。

四、技术创新

北京网络广播电视台充分利用云计算技术、视频数据分析检索技术、紧密结合内容生产、技术研发和新媒体传播特点，建设媒体融合技术平台，荣获2014年北京国际广播电影电视设备展览会产品、技术和应用奖。加强新技术应用，首次在东航载有WiFi系统的航班上搭建电台空中直播间，开创了广播直播新方式；积极抢占基于互联网电台聚合服务的音频新媒体市场，与小米科技合作推出面向移动互联网用户的音频新媒体运营平台“听听FM”；歌华有线电视网络有限公司完成全媒体应用聚合云服务平台一期建设，提升高清交互用户体验，解决了400余万台存量机顶盒的升级换代问题；依托北京大样本收视数据研究中心推出“歌华发布”品牌，为广电发展提供数据支撑。加快创新技术产品，充分发挥北京网络广播电视台的平台聚合作用，不断优化北京IPTV内容资源，全台共打造官方微博、微信、微视等平台92个，移动客户端22个，总下载量达百万次，传统媒体与新兴媒体融合发展实现新突破。

五、会展转型

歌华文化发展集团投资50亿元建设的国家对外文化贸易基地（北京）暨北京天竺综合保税区文化保税园于2014年8月25日正

式开园，形成宝石与珠宝、影视传媒、艺术品、设计服务、文化贸易服务五大业态；完成宝石、艺术品、设计和影视等四个贸易项目的试运营，文化保税体系逐步形成；与50余家中外企业签订入驻意向书，标志着北京歌华品牌从“文化内容”产业向“文化服务”产业转型发展进入新阶段。推动并参与起草了国家和北京市文化贸易基地建设开发的有关文件，为基地建设提供政策保障。继续办好2014年北京国际设计周、第四届北京国际电影节电影市场、2014年北京国际摄影周等大型展览展会，圆满完成纪念中法建交50周年法国机械“龙马”巡游表演活动，成功举办了中国数独锦标赛等数独系列赛事。

六、经营改革

优化产业布局，有序推进企业清理，加大资源整合力度，北京北广传媒集团有限公司完成所属企业股权划转。加大版权保护、营销力度，北京电台、北京电视台依托自身资源，成立音视频版权公司，搭建起集内容整合、制作生产、版权保护、版权运营、渠道构建、运营管理等为一体的音视频版权营销平台，全年节目版权发行实现签约额2237.45万元，覆盖全国30余个省市的百余家省、市级电台电视台。稳步推进高清数字电视双向网改造等重点项目建设，有线电视注册用户、高清交互数字电视用户、个人宽带用户、歌华飞视用户分别达到550万户、420万户、31.6万户、33.5万户。2014年，北京北广传媒集团有限公司荣获第六届“全国文化企业30强”，并与歌华有线电视网络有限公司同时荣获首届“首都文化企业30强”称号；歌华文化发展集团荣获“首都文化企业30佳”称号。

七、推进管理

成为全国首家总部通过ISO9001:2008质量管理体系认证、取得国际认证联盟（IQNet）证书的省级广播电视台，管理服务水平整体得到提高。制定修订了《北京广播电视台出入境管理实施办法》等13项制度。全面加强安全稳定工作，严格规范节目内容制作、播出传输安全管理，集中组织开展重大安全保障期安全生产大检查和演练，加强重要部位、重点区域保卫和交通安全管理工作。2014年度节目播出传输停播率均优于国家新闻出版广电总局规定的安全播出指标，未发生重大技术事故。同时，荣获北京市外事工作先进单位、交通安全工作先进单位、信息工作先进单位等称号。加强经营管理，深化合同管理和审计整改工作，降低了企业经营风险。歌华有线电视网络有限公司成立了全国广播电视行业第一家专业化客户服务企业，启动网格化营销维护服务体系试点工作，有效控制企业经营的政策风险。

八、党的建设

深入推进党的群众教育实践活动，落实完成整改措施42项。组织开展贯彻落实中央八项规定和市委十五条意见情况专项检查，加强对“三公经费”支出情况的监督及广告经营管理、影视剧购买、大型节目活动等重点领域的廉政风险防控，台纪委荣获“2012—2014年度北京市先进纪检监察组织”称号。发起并承办首届全国党建节目创作与传播研讨会，建立各地党建节目长效沟通机制，与市纪委联合主办的廉政节目《镜鉴》。全面加强人才队伍建设，深入开展“引进来”和“走出去”业务交流培训，共举办各类人才培训270余项，累计培训27000余人次，有效提升全台员工综合素质，通过“岗位创佳绩”系列活动营造“创先争优”的浓厚氛围。

（北京广播电视台）

北京人民广播电台概况

一、基本情况

北京人民广播电台（以下简称北京电台）是拥有独立发射机构的国有广播电台，英文缩写为“RBC”，成立于1949年2月2日，位于东长安街延长线的建国门外南侧。

2014年12月31日，北京电台新增动听调频（FM94.5 MHz），加上原有的新闻(AM828KHz FM100.6MHz)、城市(AM1026KHz FM107.3MHz)、故事(AM603KHz)、体育(FM102.5MHz)、音乐(FM97.4MHz)、文艺(FM87.6MHz)、交通(FM103.9MHz)、外语(AM774KHz)、爱家(AM927KHz)等开路广播和北京广播网，形成了“十台一网”的新型传播格局。此外，北京电台拥有15套有线调频广播，数字音频广播（DAB）试验播出13套音频广播、4套多媒体广播、2个数据服务频道，在北京有线电视网数字平台上播出16套有线数字广播节目和1个动感音乐数字电视频道，每天播音341小时，总发射功率246.5千瓦，成为以广播为主、多媒体联动的综合性传播机构。同时，节目采编、制作、传输实现数字化，并在30多家海内外电台播出，与美国、英国、加拿大、澳大利亚、新加坡、日本等国家的十几家主流媒体建立了节目交流与合作关系。

2014年北京电台共开办190个节目，新增节目25个，节目内容的优化力度不断加大。全台收听率为3.646%，日平均到达人数较2013年增长11万人，市场份额为71.263%，连续三年市场份额超过七成，稳居北京广播市场收听份额第一的位置。

2014年，北京电台举办以“北京榜样”为代表的一系列品牌活动，弘扬崇德向善、敬业奉献等道德品质，取得了良好的社会效益和反响。“北京榜样”评选活动已成为全市常态化、践行社会主义核心价值观的大型活动，荣获国家新闻出版广电总局“2014年广播电视创新创优栏目”称号。此外，听众喜爱的名牌栏目评选、教育面对面中高考咨询、广播旅游真人秀、银发达人秀、少儿外语艺术大赛、声音达人秀、赢在创意等品牌活动都实现了形式、内容的创新，取得了经济、社会效益的双丰收。

2014年，北京电台共获得国家级奖项52个，其中“中国新闻奖”4个、“五个一工程”奖2个、中国广播影视大奖14个，并被授予“全国厂务公开民主管理先进单位”称号。

二、重大宣传

2014年，北京电台完成了宣传贯彻党的十八届三中、四中全会精神，特别是习总书记系列重要讲话精神、“中国梦”、践行社会主义核心价值观以及APEC会议、“南水北调”、全面深化改革、纪念抗战胜利69周年、庆祝新中国成立65周年等重要宣传工作，创作生产了一大批内容形式接地气、思想文化品质饱满、时代气息浓郁的优秀广播节目。全年围绕重大主题开设专栏近百个，推出品牌活动15项。很多节目和报道受到中宣部、广电总局及市委宣传部的肯定，多篇民生报道还引起市领导的关注。

2014年，北京电台重点推出“南水北调”宣传报道。电台领导深入一线指挥。2013年10月开始，派出15路记者历时一年深入沿线各地采访。6月29日至7月12日，分两个报道组深入湖北、河南、河北南水北调中线一期工程沿线调研采访，行程5000多公里，走访了南水北调中线工程水源地、总干渠取水口、穿黄工程等南水北调中线的重要工程点。11月14日新闻广播、交通广播推出25集大型系列报道《大江北去》。12月27日，交通广播、新闻广播联手湖北、河南、南阳、河北、天津三省两市的六家电台推出大型直播节目《共饮一江水——南水北调中线一期工程通水现场直播》。同时北京电台牵头，联手天津、河北电台开展贯穿全年的“京津冀媒体大型环保主题系列活动”；采编制作99集《国人自述我的梦》；完成《一路畅通》空地互联特别直播节目，开辟了新的直播场所和全新的直播方式；冬奥会、世界杯、亚运会等境外大型赛事转播以及马航失联等突发事件报道实现多台联动、多媒体联动，社会反响热烈。

2014年1月北京电台正式启动每日新闻会商平台，全年调用和订制稿件1200多篇，实现全台新闻资源共享。3月，北京电台与北京十六个区县委宣传部及广电（新闻）中心签署合作备忘录，加强基层报道，重组通讯员队伍，扩充新闻资源。

三、改革创新

2014年6月，北京电台召开专业化办台研讨会，形成了“增加胆略、胆识、胆气，全面深化改革”的共识，确定了新频率、新媒体、新模式、新产业四个方面的改革思路，全台范围改革有序展开。

一是成立中波频率改革等9个改革方案设计小组 全台员工积极参与、献计献策，制定了具有创新性、可行性的改革实施方案。

二是根据形势变化创新频率运行模式和节目运作机制 2014年专门成立新频率规划小组，群策群力制定《新频率规划实施方案》，首次面向台内外公开招聘新频率总监，最终从12个竞聘团队中选定了最佳组合；动听调频筹办工作顺利推进。

三是推动节目团队建设 制定《北京电台节目团队建设方案（试行）》，经过严格评审，共有8个节目团队通过审核正式成立。

四是布局频率资源调整和优化 城市广播平稳完成转型改版，由新闻宣传转向服务沟通，节目调整与经营创收初见成效。

四、经营业绩

2014年，北京电台进一步增强广告经营和市场开发的主动性、创造性，加大产品开发力度。建立广告季谈会制度，设立广告专员，推动品牌活动营销、数据营销及广播购物分账模式，开创了4A公司与广播媒体直接合作的先河，使广告经营更加贴近市场、贴近客户。全台总收入11.6亿元，完成预算的109%，同比增长11%，其中广告收入突破8亿元，同比增加7500万元，增长10%；2014年末北京电台资产总额为23.03亿元，同比增加2.58亿元，增长13%。

北京广播公司坚持通过产业创新调结构、通过多元经营稳增长、通过资本运作促发展，为广播产业升级谋篇布局。注册资本从2.847亿元增加到5.347亿元，并发起成立了一支文化产业创业投资基金（规模5000万元）和一支文化产业股权投资基金（初始规模3亿元），专注于不同阶段文化项目的股权投资，带动电台产业可持续发展。新设立北京讯听网络技术有限公司（听听FM）、北广家购商贸有限公司（广播购物公司）和北京悦库时光文化传媒有限公司（音频版权公司）。北京广播公司及所属控股公司2014年实现经营收入8.39亿元，完成预算的110%；全年实现利润784万元，完成预算的115%；年末资产总额为7.53亿元，全年缴纳各项税费4094万元。

五、新媒体建设

北京电台着眼于未来媒体特别是新兴媒体发展态势，2014年调整网络媒体中心的业务职能，从主要承担北京广播网的建设，转向为内容生产提供新媒体服务。截至2014年年底，北京电台共有官方微博51个、微信29个、移动客户端18个，总计下载量20多万次。

北京电台引入小米科技作为投资人，于2014年11月28日推出面向移动互联网用户的音频新媒体运营平台——听听FM，积极创建自有品牌,抢占音频新媒体市场。“听听FM”汇聚全球范围的点播音频300多万条，音频专辑近5万个，全国电台主播7千多人，草根播客近2千个。

六、技术工作

2014年全台九套开路广播播出总时长69578.5小时，技术中心和804发射台停播率为百小时零秒、可用度100%，创下十年来最好成绩，技术管理与服务水平进一步提高。

顺利完成制播系统升级改造。历时两年半时间、在基于不间断和安全播出的前提下，更新了北京电台最核心的制作和播出系统，基本解决了操作系统兼容性、数据安全性等系统问题，完善了用户权限、磁盘空间等管理机制，提升了自动化播出性能。

传输手段不断创新。实现机载WiFi、4G无线接入、2M点对点专线直播、借用北京电视台通道资源搭建高质量的“三大球”转播通路等技术传输革新，改善了境内外直播间交互实时性和声音质量，丰富了境外大型直播的节目形态。

技术保障完备可靠。2014年提供现场直播技术支持180场次、外出录音扩声80场次，累计投资920.44万元完成直播机房改造等项目。

七、对外交流

北京电台开展多种形式的交流活动，业缘关系进一步拓展。在国台办和市台办的支持下，在台北成功举办了“2014台湾·北京广播发展与合作交流会”，电台组团赴台湾多家广播媒体交流学习，谋求合作。

全年电台共接待各类团组来访68批、500多人，其中台史展接待14批350多人次参观。

（北京人民广播电台）

北京电视台概况

北京电视台成立于1979年5月16日，是北京市属的重要新闻机构之一，英文缩写“BTV”。北京电视台已开办了BTV北京卫视、BTV新闻、BTV文艺、BTV科教、BTV影视、BTV财经、BTV体育、BTV生活、BTV青年、BTV卡酷少儿、BTV纪实等15个频道，播出12套节目，其中10个标清频道、4个高清频道，和1个外宣频道，全年播出时间120495个小时，是全国省级电视台节目播出量最多的电视台之一。北京卫视、卡酷少儿频道、纪实频道实现“上星”播出。截至2014年年底，北京卫视已在全国31个省会及直辖市网落地，地级城市落地100%，同时实现全国95%以上的区县级城市落地，覆盖总人口约10.74亿。开办移动客户端、IPTV、BRTN网站等新媒体，形成多媒体互补的传播格局。

2014年，北京电视台切实加强舆论引导，扎实推动精品生产，全力提升品牌价值，积极推进改革创新，深入促进融合发展，大力加强经营创收；较好地完成了全年各项任务。

一、重大宣传报道

“中国梦”主题宣传报道扎实深入 运用新闻报道、专题节目、公益宣传等多种节目形态集中开展中国梦主题宣传，总计推出25个系列400余期报道。制作播出大型微纪录片《中国梦——365个故事》107集，全景展现普通人追梦圆梦的感人故事，累计网络点击量超过1.5亿次，受到中宣部及北京市领导的高度评价。依托北京卫视品牌栏目《档案》，着力传播正能量，经验在中宣部部刊上刊发；主旋律纪录片《伟大的抗美援朝》准确把握历史与现实的重大意义，《人民日报》等权威媒体撰文肯定，获得精神文明建设“五个一”工程奖；《砥柱中流——伟大的敌后抗战》对中国共产党领导的敌后抗战进行了全方位展示，引发了年轻观众观看热潮，相关微博单条阅读量达19万。

社会主义核心价值观传播生动鲜活 策划开设《践行社会主义核心价值观》等2个新闻专栏，制作播出《礼赞身边榜样》等18个专题节目及公益宣传片，生动展现社会主义核心价值观内涵。特别策划《寻找老街坊》主题报道，通过挖掘市民鲜活记忆，有效增强了核心价值观的感召力。北京卫视推出原创医疗纪实节目《生命缘》，讲述医患互信、生命共担的感人故事，《光明日报》在头版头条位置刊发报道予以肯定。生活频道联手全国五大城市品牌栏目推出“生活微行动之袋袋来了”公益活动，吸引全国3万名志愿者参与，新媒体阅读量达3600万次。策划开展了“牵手蓝天”“筑梦有我——为美丽北京加油”等3个大型环保公益活动，倡导了文明新风。制作播出各类主题公益宣传片120余部、时长近4万分钟。

服务首都建设发展有声有色 推出《全面深化改革建设和谐宜居城市》等专栏，制作《大引擎》等纪录片，开设《记者好形象　社会正能量》《行进京华大地讲述精彩故事》等相关专栏70多个，播出新闻、专题2000多条。开展了“聚焦承德”采访活动，推出了《打造京津冀协同发展新格局》专栏。策划制作《南水北调中线行》《南水北调节水大数据》等7个系列报道，大力宣传了工程的重大成果及深远影响。全国“两会”期间，依托“BTV大媒体”客户端发布图文、视频新闻2000条，吸引近百位代表、委员和近千名市民参与互动。播出《听民意解民忧》系列报道88期，为群众破解难题两千余件；推出全国首档专门澄清网络谣言的新闻专栏《一辨真伪》，平均收视率达到3.2%。

重点主题和大型活动报道浓墨重彩 圆满完成《家国梦·岁月情——新中国成立65周年抒怀》12小时大型直播报道，展现时代发展变迁，祝福祖国繁荣强盛。APEC会议期间打造了全方位报道格局，推出了《聚焦APEC》等新闻专栏、直播节目和高端人物访谈《杨澜访谈录——未来之路》，圆满完成了会议官方网站和掌上新闻中心搭建与运维任务。围绕邓小平同志诞辰110周年、全民族抗战爆发77周年、巴西世界杯、仁川亚运会、南京青奥会等重大主题和重大事件，策划播出了多个专题节目，取得了良好宣传效果。圆满完成了全国和北京市“两会”、农业嘉年华、京交会、园博会等46场大型新闻直播，直播平台建设和报道水平进一步提升。

二、提升媒体竞争力和影响力

节目综合影响力显著提升 坚持“首善媒体、大美品质”的定位，进一步加强节目创新创优力度，整体节目质量进一步提升。制定了坚持文化引领、树立行业新风的具体举措，开展了自查自纠，得到市委领导肯定。陆续推出了一系列导向好、有情怀、贴地气的精品节目，彰显了首都文化品质。《2014年北京电视台春节联欢晚会》以“欢乐北京中国梦”为主题，整体收视率高达17.86%，在省级卫视春晚中排名第二，网络平台好评率超过95%，实现了收视、口碑、影响力全面丰收；《2014BTV环球春晚》汇聚各国艺术精品，映射出“中国北京”的地标意义和文化交融价值，获得业内高度评价。《“月来悦开心”2014中秋特别节目》邀请知名笑星同台献艺，营造出轻松、幽默、开怀的节日氛围。《第四届北京国际电影节闭幕式暨颁奖典礼》以精美的视觉呈现，强化了北京作为“光影之城、影视之都”的影响力，得到各界一致好评。原创26集动画片《戚继光》，生动演绎了明朝抗倭英雄事迹，向未成年人弘扬“中国梦”，受到中央领导肯定。

北京卫视平台价值显著增长 北京卫视新闻内容播出量、收视率均居省级卫视首位，《北京新闻》等三大重点时段新闻栏目保持全国领先。季播战略成果丰硕，《最美和声》（第二季）成为频道最具品牌价值的强势节目，索福瑞“微博电视指数”排名全国第二；原创推出亲子互动类节目《妈妈听我说》，成功培育了年轻观众群；第四季度连续推出《我是演说家》和《勇敢的心》，推动周末晚间黄金档进入省级卫视排名前四。品牌自制栏目《身边》《档案》《我是大医生》等突显特色化与高品质，呈现集群式发力增长势头。

“大戏看北京”特色品牌更加鲜明 红星剧场先后播出了一批彰显核心价值、引领社会风尚、观众反响强烈的优秀电视剧目，《红高粱》以北京地区11.07%与全国34城市1.72%的平均收视率，创下历年收视新高；《北平无战事》连续多日在省级卫视排名首位，在高知人群中赢得良好口碑评价；《大丈夫》《勇敢的心》北京地区收视率高达10.2%、9.36%，引发观众广泛热议。

荧屏亮点喜获多项大奖 2014年，全台共有65件作品（或单项个人）获得等国家级、市级奖项，《房山长沟大墓发掘进行时》《都市晚高峰》荣获第24届中国新闻奖三等奖；《2014年北京电视台春节联欢晚会》、专题片《人民的艺术》等9件作品荣膺第27届中国电视金鹰奖，罗旭获优秀电视节目男主持人奖；《2013环球春晚》等4个节目荣获第23届“星光奖”大奖；《雨中进行时——7·21北京特大暴雨大型直播》等5个节目荣获2011－2012年度广播电视节目大奖；《习总书记赴庆丰 排队点餐取餐自己来》等54件作品分获第23届北京新闻奖和2013年度北京市优秀广播电视节目。

三、增强技术保障能力

安全制播技术保障能力不断强化 全台15个频道共播出节目120495.6小时，年停播率0.8秒/百小时，远低于总局62号令有关要求。圆满完成《两岸健儿泳渡台湾海峡》4G直播、《家国梦·岁月情》国庆65周年直播等技术保障任务，大型直播技术水平稳步提升。顺利完成纪实频道上星播出的技术准备工作和体育频道标清同播频道16:9播出转换。

生产及管理系统信息化水平不断提高 媒资系统储存高标清节目及资料达150万条、时长约89.5万小时。生产网节目日均首播量约800条，时长约140小时。推进全面高清化在线改造、网络台新媒体系统建设、制播网等级保护项目建设等重点技术项目，切实提升了生产效率和质量。

新技术研发应用推广再添成果 筹备建设全媒体演播室，研发推出互动、传输、发布等一系列新媒体技术手段，成功应用在世界杯报道上。设计推出“心语小亭”，将用户UGC内容直接引入新闻生产网，推动实现互联网与传统新闻生产深度融合。推进国家科技部《立体影视内容生产关键系统研发集成与服务示范》科研项目，向中国3D联合试验频道送播362.5余小时，保持行业领先水平。全台技术工作共获国家级重要奖项47项，并蝉联电视节目技术质量奖(金帆奖)综合大奖。

四、加快新媒体建设

北京网络广播电视台上线 2014年1月8日，完成了全台11个频道100多档栏目及大型活动宣传工作，网站访问量和影响力稳步攀升，ALEXA全球排名在全国省级网络台中排名第一。依托BRTN网站搭建制作了APEC媒体中心网站及“共筑中国梦”等展播平台，进一步增强了主流价值传播能力。

大媒体战略不断推进 开创性建立“一云、多屏、多桥”的运营架构，形成了“1个品牌+4个平台+12个产品项目组”的工作机制。组建了12个融合项目组，推动节目中心与新媒体部门在宣传推广、内容呈现、互动产品等各方面深入融合。初步形成了成立北京新媒体集团的工作方案，在组建“大编辑部”、构建市场化运营架构、引入战略合作伙伴方面取得重要进展。

各项新媒体业务快速发展 北京IPTV不断优化内容资源，打造“IPTV+升级产品”，制订并实施合作伙伴激励计划，总用户近40万。整合全台资源建设了“BTV大媒体”APP产品并完成8次版本升级，共发起各类互动活动565个，下载量突破78万次。开发打造了含微博、微信、微视等三项业务、8个法人账号的BTV官方微平台，实施矩阵式管理，微博粉丝量增幅超过430万，微信订阅号粉丝量累计超过25万，活跃度大幅提升。

全媒体融合报道初见成效 全国“两会”期间，BRTN网站与人民网合作推出“问总理、上头条”活动，总覆盖人群超过1亿。在《家国梦·岁月情》国庆直播报道中，有23万用户通过BRTN网站收看直播节目，微博话题互动量超过20万，充分营造了首都和全国人民欢度国庆的热烈氛围。以“2014巴西世界杯”为契机，探索四大平台联动、三屏终端打通的全媒体报道实践，取得了良好效果。

五、扩大产业经营

广告经营改革和运营机制创新稳步推进 进一步强化节目与经营融合机制建设与责任落实，开展体育频道“世界杯促销季”广告招标；在地面频道推出《面条争霸赛》《美丽愿望》、“北京珠宝节”等客户定制产品。与国际4A广告公司展开重点谈判，确保存量客户投放；与各委办局密切联络，拓展合作空间，加大了经营类公益广告的制作和播出力度。

版权及演艺经纪等业务创新拓展 将全台40余档栏目发行至全国47余家省、市电视台及播出机构，发行收入总额2228万元。演艺经纪业务进一步拓展，主持人栗坤、悦悦的品牌代言合作项目有序推进，紫禁城公司成立了工作室，增强了创作人才资源储备。“摇乐摇”新媒体业务升级至3.0版本，探索开办了播音主持高端周末班、BTV少年传媒学院等特色专业培训。加大电视购物商品开发和地面促销力度，进一步拉动了销售业绩。

影视精品创作生产成绩喜人 电影《狼图腾》后期制作进展顺利，2014年3月习近平主席访欧期间，该片作为唯一文化项目参与出访。与台、港方合作情感史诗影片《风中家族》已杀青。一批主旋律作品的拍摄已经启动，古装传奇剧《神机妙算刘伯温》、中国梦主题剧目《创业伙伴欢乐多》《同门》和北京题材重点剧作《乞丐大掌柜》发行工作继续推进。

六、搞好对外宣传

国际传播影响不断扩大 用好长城平台、加拿大城市电视台、黄河台等海外平台，对外总播出时间约8000小时，蝉联长城平台节目质量“双A级”评价；与美国中文电视英语频道深度合作，编译台优秀品牌节目于每晚黄金时间面向纽约观众播出。整合BTV新闻资源推出50分钟国际版《北京新闻》，精心制作《大运河申遗成功》《杜莎夫人蜡像馆亮相北京》等英语新闻在国外主流频道日常新闻中播出，充分展现了北京人文风貌、国际特色和发展成就。与澳大利亚、南非、法国、日本等境外团队合作完成《双城记》系列等高品质纪录片，国际合拍纪录片《GPS——星际大战》获得首笔外汇版权收入。

（北京电视台）

北京歌华文化发展集团概况

北京歌华文化发展集团成立于1997年12月，是北京市的大型文化机构，通过建设以中华世纪坛为依托的世界艺术中心，以国家对外文化贸易基地(北京)天竺综合保税区文化保税园为依托的文化贸易中心，以歌华大厦为依托的歌华创意设计中心，做大集团资产规模和经营规模；构建创意设计服务、文化内容服务、文化贸易服务、文化金融服务、文化信息服务、文化设施运营服务六大文化服务体系，推动北京国际设计周、北京国际电影节电影市场、北京国际摄影周等品牌项目建设，提升歌华品牌影响力。

2014年，主要工作：

一、重大产业项目推进

着力推进国家对外文化贸易基地（北京）天竺综合保税区文化保税园各项建设、运营工作，基地建设取得实质性推进。

2014年8月25日，国家对外文化贸易基地（北京）天竺综合保税区文化保税园正式开园，来自中宣部、文化部、海关总署等10多家中央有关部门和北京市有关单位的代表，30多个国家的驻华使节代表，全国16个省、区、市文化厅局的代表出席了仪式。随后，市外宣办召开新闻发布会，发布了《文化部 北京市人民政府关于加快国家对外文化贸易基地（北京）建设发展的意见》。该《意见》不仅明确了贸易基地的四至范围，更对基地建设发展的总体要求、主要建设任务和政策措施进行解读，预示着未来文化保税园的建设及运营工作将站在一个崭新的、更高的平台上。

此外，文化部还同时专文批复了关于在基地内实施外资企业市场准入先试先行的相关政策，海关、出入境检验检疫局、天竺综管委发布了各自对基地的管理便利化措施和支持政策，使基地“政策密集投放”的规划成为现实。

二、体制机制创新

推进集团体系化、团队化建设。着力强化以项目经理责任制为带动的经营管理模式，将全部业务纳入项目制的管理模式，主要围绕天竺文化保税园建设和世界艺术中心的规划设立了两个A类项目，以A类项目统筹全集团的业务。同时，结合具体业务特点，针对A类项目中的重要工作内容板块设立B类项目、C类项目和研发孵化类项目。在管理上，A、B类项目组直接对集团领导班子负责，简化层级概念，集团各职能部门统一转为项目组的服务执行部门，统筹人、财、物的管理，集中资源确保集团各项重点工作的顺利推进，从而创新了一套基于项目层级管理的体系化、一体化模式。

集团融资工作取得巨大成绩。继续以天

竺文化保税园基础建设和园区运营为核心，在融资工作方面，以传统银行借贷方式为基础，积极整合文化金融创新元素，成功完成融资。其中，由歌华集团基金公司参与设计、申报、实施的非标准债权融资，是全国首支文化类企业发行的该类债权，为天竺文化保税园的基础建设和企业聚集区接盘提供了重要的资金保障。同时，由歌华集团牵头组织，北京银行及社会专业信托公司参与的歌华信托贷款项目，也在短时间内顺利取得融资。

完善人才选拔聘用机制。围绕重点项目配合开展评优评先活动，为优秀员工建立后备人才档案库，进一步完善人才选拔任用机制。设立“歌华人才中心”，围绕文化产业发展继续推进一体化管理服务，按管理模块搭建服务体系，一方面满足集团内部跨越式发展的需求，配置优化人才；一方面按市场化方式，积极探索为产业服务的可行路径，为产业人才提供公共服务平台。

三、品牌项目建设

基于中华世纪坛、歌华大厦、国家对外文化贸易基地（北京）天竺综合保税区文化保税园三大平台，发挥协同优势，通过重点操作实施北京国际设计周、北京国际电影节电影市场、北京国际摄影周等重大文化品牌项目，全面构建产业要素市场。

北京国际设计周创新要素市场项目，与各城区的创意设计基地、园区、企业、机构等形成联动，撬动各方资金与资源投入超过4.5亿元，共组织展览、签约、讲座等各类活动350余项，带动签约合作已达102亿元。同时，由设计周与阿里巴巴集团合作推出的设计品营销平台——“设计猫”，借助电子商务平台，为创意和设计产品提供营销推广、线上销售、网络预购等专项服务，汇聚了国内外百余个设计师、设计品牌的设计产品、设计版权等各类设计资源，初步形成了线上线下互动的O2O设计交易平台。

北京国际电影节电影市场项目全新打造“电影要素市场”的概念，从全球电影产业的实际需求出发，推出“电影要素交易平台”和“项目创投交易平台”，实现签约项目32个，签约总额105.21亿，比上届增长20%，再创中国电影节展交易之最。来自24个国家和地区的电影企业和机构，共计248家参展商参展，比上届增长20%，其中国际展商125家，首次超过国内展商数。这些数据表明，北京电影市场已成为最活跃、最具吸引力和最大规模的世界电影市场之一。同时，项目创投交易平台作为优秀电影项目搭建集甄选、培训、路演、评奖、洽谈为一体的孵化平台，特别注重培养青年导演队伍，充分发挥平台作用和资源对接优势，全面孵化电影市场中优选的潜力项目。

北京国际摄影周以“视界·无界”为主题，设开幕活动、系列展览、摄影讲堂、专题活动、系列奖项五大板块，共47个支项，充分发掘中国优秀文化资源，传播社会主义核心价值观，多方位利用摄影的艺术语言引导主流价值观，发挥北京全国文化中心的示范作用。同时，首次获得了国际摄影艺术联合会官方认证，国际影响力日益提升，成为国际摄影文化交流的品牌活动。摄影周吸引了来自20余个国家和地区的500余位摄影家国际摄影大师和业内知名专家学者、专业摄影机构代表参与学术活动，约50万人次现场参观展览，实现了由企业主导、政府支持向政府引领、企业操作、市场化探索、多主体参与的模式转移，通过国内外摄影资源要素整合、跨行业资源要素融合来突破地域和行业壁垒，为摄影产业发展注入新的活力，促进影像要素市场构建向跨区域合作、跨行业转型迈进。

（北京歌华文化发展集团）

北京歌华有线电视网络股份有限公司概况

北京歌华有线电视网络股份有限公司（简称“歌华有线”）于1999年9月经北京市人民政府批准成立，授权负责全市有线广播电视网络的建设、经营和管理，并从事广播电视节目收转传送、视频点播、网络信息服务、基于有线电视网的互联网接入服务、互联网数据传送增值业务、国内IP电话业务和有线电视广告设计、制作、发布业务等。

歌华有线公司于2001年在上海证券交易所上市（股票代码600037），是国内有线网络首家上市公司、国内第一批三网融合广电试点企业、北京市第一批文化体制改革试点单位、北京市高新技术企业，2009-2011年连续三年入选全国文化企业30强，2012年被中宣部等四部门评为全国文化体制改革工作先进单位，2014年入选首届首都文化企业30强，连续被评为纳税信用A级企业和上交所上市公司治理样板企业。

公司拥有25个部门、15个分公司、8个控股子公司（含2个二级控股子公司），2800多名员工；拥有有线电视注册用户551万户（其中高清交互数字电视用户420万户）；集团数据业务超过2.7万线，个人宽带用户31.6万户，歌华飞视用户33.5万户。公司在北京市敷设光缆5.1万余公里，电缆13.19万公里，除总前端机房外，拥有一级传输机房15个、二级传输机房200余个、小区接入机房上千个，双向网络超过520万户，已形成覆盖全市16个区县，可承载视频、语音、数据的超大型信息化基础网络。公司网内传输模拟电视节目59套，数字电视节目175套（其中高清电视节目26套）、数字广播节目18套和多种交互数字电视应用服务。

积极推进有线电视向数字化、双向化、高清化发展，推出了电视院线、北京数字学校、歌华高清、云游戏等品牌栏目应用和公共事业缴费等便民应用，全力打造集政府信息平台、文化共享平台、行业应用平台、便民服务平台、用户娱乐平台于一体的高清交互数字电视新媒体。公司成立了大样本收视数据研究中心，依托海量收视数据，推出“歌华发布”品牌，拓展大数据增值服务，创建行业标准。

在“三网融合”和“智慧北京”的大背景下，歌华有线公司已建成互联网、数据传送、IP电话、数据中心（IDC）等服务平台，具备提供三网融合解决方案及数据、语音、视频和新技术综合信息服务的能力，成为首都公共文化服务和信息化建设的重要支撑平台。

全力打造“首都文化产业发展投融资平台”。以资本运作为重要抓手，积极布局产业链上下游企业，整合资源，为促进可持续健康发展建立良好的产业生态环境。先后完成三次大规模融资，有力推动了首都广电产业的快速发展。

2014年，获批开展手机电视内容服务和互联网电视内容服务，建成了“全媒体应用聚合云服务平台”，全面布局新媒体。依托“歌华云平台”，全面对接互联网、移动互联网、全国有线网，为用户提供跨网络、跨终端、跨地域的全媒体服务，提供云飞视、云通讯、云游戏、云存储、云搜索、云支付等多种应用，满足用户移动化、碎片化、多样化的需求。

在“深化文化体制改革，推进文化大发展大繁荣，推进传统媒体与新兴媒体融合发展”的大背景下，歌华有线紧紧抓住跨越发展黄金期，全面实施“一网两平台”战略规划和新媒体发展规划，努力构建立体多样、融合发展的现代传播体系，全力打造具有强大实力和传播力、公信力、影响力的新型媒体集团。

（北京歌华有线电视网络股份有限公司）

北京电视艺术中心有限公司概况

原北京电视艺术中心成立于1982年9月，2010年8月4日转企改制，更名为北京电视艺术中心有限公司。现隶属于北京广播电视台，主要从事影视节目策划、制作、营销等业务。内设总经理办公室、计财部、发行部、企划部、技术部、演艺经纪部等部门，拥有剧本创研中心、导演工作室和编剧工作室。下属公司为北京电视艺术中心音像出版社有限公司。

截止到2014年底，共制作生产电视剧199部3288余集，译制片百余部千余集及一大批专题片。多部优秀作品获“金鹰奖”“飞天奖”“五个一工程”奖，并取得了连获全国大奖的四连冠佳绩。

2014年，在艺术创作上继续坚持精品战略，题材上探索多样化风格。国内首部揭秘中国第一代伞兵传奇的30集青春抗战剧《第一伞兵队》于2014年9月登录湖北经视频道和上海电视台新闻综合频道，地区收视一度登顶；正面反映国共两党联合抗日的32集电视剧《杀尽豺狼》于2014年10月在北京电视台影视频道首播；描写中年夫妻婚姻危机的38集电视剧《婚前协议》已在福建、湖北、山东、江苏等6家地面台播出；讲述北伐战争中两兄弟恩怨情仇的电视剧《怒放》于2014年11月在地面台首播；讲述1928年至1937年间发生在北平梨园行爱恨情仇故事的39集电视剧《头牌》及根据郭小川长篇叙事诗改编的40集抗战剧《一个和八个》2015年播出。

反映80后小夫妻婚姻生活的32集励志剧《“负二代”的幸福生活》、根据刘少奇真实故事改编的16集电视剧《刘少奇的故事续集》及描写豪门恩怨情仇的34集都市伦理剧《诱惑》正在发行中；现实题材励志剧《一起长大》由北艺签约导演邵兵自导自演，已于2014年12月25日顺利杀青；反映军乐团成立的革命年代偶像剧《铁血军歌》于2015年元月开机；国家广电总局、北京市委宣传部、北京市新闻出版广电局2015年重点影片《北京时间》已完成剧本创作，进入前期筹备阶段，2015年3月开机，2015年10月1日上映。

在做好电视剧生产的同时，继续抓好精品创作，进行项目储备。反映当代年轻人的爱情励志故事《漫长的婚约》，讲述中年女人怀孕生子的当代生活戏《女大当孕》，反映“北漂”爱情生活的电视剧《我爱北京天安门》，反映都市小人物恋爱故事的电视剧《丑男当道》，反映建国初期铁路系统对敌斗争的反特剧《铁道卫士》等一系列以弘扬爱国主义精神、体现中国梦为主题的主旋律作品正在剧本创作中。

（北京电视艺术中心有限公司）

北京中北电视艺术中心有限公司概况

北京中北电视艺术中心有限公司于2003年7月改制为北京广播电视台控股的有限责任制企业，拥有专业化团队，主要从事影视剧创作、策划、制作、营销等业务。

2014年，投资拍摄制作的富有浓郁生活气息轻喜剧色彩的41集连续剧《我们家的微幸福生活》已完成首轮销售，于2015年1月31日在央视八频道黄金时段播出，随后又在北京卫视播出，并与各地电视台洽商二轮销售播出；加大《内线》《对手》《南国有佳人》《大唐女巡按》等剧目的二轮销售力度，已有较好业绩。

深入研究电视剧艺术的特征，制定电视连续剧《虎刺梅》《龙战》《咱们复婚吧》《影子》四部120集创作生产规划，力求视野更加开阔，决策更精准，赢得更大份额市场。

（北京中北电视艺术中心有限公司）

北京广播电视报社概况

北京广播电视报社正式成立于1988年9月，原隶属于北京广播电视局，2001年5月起隶属北京广播影视集团。北京广播电视报社以报刊出版为主，后向多元化扩展。现办有《北京广播电视报》《北京广播电视报·人物周刊》《北京电视》周刊、北广报刊网及数字电视《置业频道》。

《北京广播电视报》的前身，是北京人民广播电台1953年4月12日创办的《广播周报》，后更名为《北京人民广播电台节目报》，1976年1月9日停刊，1979年9月14日复刊，1989年更名为《北京广播电视报》。1988年9月为适应报纸经营管理体制的改革，成立北京广播电视报社，独立建制，性质为差额补贴事业单位，试行企业化管理。1989年1月，实行自办发行。当年发行量从邮局时最高的每期40万份，很快跃升到50万份、60万份和70万份。1990年至1993年每期分别递增到80万份、85万份和90万份。最高单期曾创115万份记录。1991年，报社被国家新闻出版署、中国报纸行业经营管理协会授予“全国报业经营管理先进集体”称号。《北京电视》1995年由报社独家承办，1998年，由月刊改为周刊。

2014年报社面对市场挑战，艰苦拼搏，主动调整经营战略，通过提供优质的服务和内容生产价值的再挖掘，重构了报社的经营收入模式，实现了报社非传统广告经营规模占比达到50%，稳步进入盈利企业行列的预定目标。报社两报一刊积极配合北京人民广播电台、北京电视台以及总台所属歌华有线、移动电视等兄弟单位做好相关节目、主持人及新节目开播等的宣传工作，做好百姓收视指南、养生保健服务方面的报道，进一步加强重点选题的策划力度，推出策划性新闻报道。进一步加强评论，既有对电视剧、电视节目、广播节目以及影视现象的评论，也有针对重要话题的系列评论，增加了评论的深度和广度。

2014年，努力探索传统平面媒体与新媒体的资源共享和价值再开发，继续推进新媒体项目的进步与发展。2014年5月成立了报社新媒体运营中心，与中国联通宽带在线有限公司“wo+视频”APP端口、手机电视app端口、精彩365APP、www.365.wo.cn、沃邮箱APP端口形成战略合作关系。2014年年初与北京网络广播电视台（BRTN）开展合作项目，为BRTN提供资讯、后台审核、论坛管理等服务内容。通过开展BRTN合作项目，采编工作在以娱乐报道为主的基础上，采编群体出现了向时政等全方位内容报道的转变，为所有编辑记者提供了一个向全媒体人才发展的业务平台。加快报社官方微博发展步伐，通过官方微博这一新媒体形式加强对BTV、BRTN、两报一刊以及报社活动的有效宣传。报社官微内容涵盖娱乐（电视剧、综艺、音乐、电影、明星）、美食、健康、励志等诸多方面，目前拥有粉丝3万多，在广播电视报系列中名列前茅。官微发布文章最高阅读量980万，最高转载量5500多次，最高评论数3300多。全年共发文章11000多篇，平均点击率1100多次。

在报刊经营上强化服务意识，通过开展接地气、贴受众的社会活动，全新打造北广报的品牌影响力和社会知名度。2014年10月底，与社会企业合作成立北京广播电视报读者生活馆实体店并正式开张。目前读者生活馆已开展多项回馈读者活动，同时充分利用读者生活会馆的窗口和平台优势，开展有关发行的系列活动，做好服务读者、吸引读者、开发读者的工作。进一步扩大太极全民健身活动规模，从中寻找商业模式。2014年上半年报社与北京市武术运动协会达成协议，合作开展“快乐太极社区行”活动，让社区居民在家门口就能学习太极拳，掌握太极养生知识；还与易游天下旅行社合作，依托此项活动，到社区开展志愿者服务；组织报社读者俱乐部及中小学生“发现美丽”摄影比赛，不断扩大影响，树立全新社会形象；与北京市老年艺术协会合作，联合主办第八届北京市老年合唱大赛，参与人数超过7000人。

（北京广播电视报社）

北京音像公司概况

北京音像公司是北京广播电视台的全资子公司。公司始建于1979年，原称北京市广播电视服务公司。1985年7月，北京市广播电视服务公司与北京音像出版社合并成立北京音像公司。2006年5月，在全国出版行业中率先完成“事转企”体制改革，是具有音像制品出版发行、录音录像、节目复制、境外音像制品引进出版和影视节目制作、电视剧（乙级）拍摄和技术推广服务及专业承包等多种经营范围的国有企业。

35年来，始终以弘扬民族传统文化为宗旨，录制了上万小时的包括民族声乐、器乐、戏剧、曲艺、通俗歌曲、外语教学、少儿节目等方面的节目，出版、发行了上千品种的音像制品，最早开山之作是——中央电视台的《跟我学》和北京人民广播电台的外语教学节目辅助教学盒式录音带；拍摄《姊妹行》《军魂》《康熙大帝》《中方雇员》《警苑神掌》《美容院》《那个年代》《小井胡同》《都市名片》《独行侍卫》等多部电视连续剧以及《成语故事》《星星点灯》《张灯结彩》等电视系列短剧和《雍和宫》《智化寺音乐》《孙中山在北京》《侯宝林》等专题片，其中有些电视剧和专题片还远销海外；多次获得国家和北京市颁发的奖项，其获奖代表作有《红色乐章》CD套装、《传统相声经典》《侯宝林相声全集》和电视贺岁剧《张灯结彩》等等。同时，还引进出版了来自于美国、加拿大、法国、俄罗斯、日本、香港、台湾等国家和地区的优秀音像制品，在业内逐步形成了自己独特的内容风格和良好出版资质。

2014年，继续加强内外合作，大力开拓业务。承揽大型企业和机关团体宣传册、宣传盘制作任务；与张艺谋团队印象艺术有限公司合作制作完成《印象平遥》节目等系列产品；开展版库资源整理工作；承接50集电视连续剧《咱们结婚吧》英文版后期配音；中标北京市东城区2015年《东城咨询》栏目的策划、拍摄、制作项目；完成北京市新闻出版广电局《影院消防安全宣传片》创意策划、动漫拍摄及在京170家影院发行工作；承接城市电视视屏工程安装、维修及500平米仓储业务。全年经营收入338万元，收支平衡。

（北京音像公司）

北京瑞特影音贸易公司概况

北京瑞特影音贸易公司是经北京市广播电影电视局批准并指定的北京地区唯一从事境外卫星电视节目代理业务的机构。负责向北京市新闻出版广电局传媒机构处批准的机构销售经国家新闻出版广电总局批准的境外（包括香港、澳门）卫星电视节目及解码器，拥有HBO、CNN、STAR-MOVIES、AXN、凤凰电影等34套亚太6号卫星平台上的境外加扰卫星电视节目。

作为隶属于北京广播电视台的国有企业，北京瑞特影音贸易公司自1993年成立以来，艰苦创业、开拓进取，多年来，同中国国际电视总公司（总代理商）、海外卫星节目集成商及频道商，保持着良好的业务往来，在节目版权保护、净化境外卫星电视市场等方面，为加快首都的国际化进程做出了应有的贡献。公司目前已同首都近千家宾馆、酒店和涉外公寓签约并安装了卫星电视节目解码器，成功的使境外卫星节目在北京地区安家落户。公司的骄人业绩，得益于拥有着一支经验丰富的营销队伍和工程技术队伍。公司以良好的售后服务和技术保障，维护着用户的利益和自己的诚信，受到了业内人士的一致好评。

（北京瑞特影音贸易公司）

北京广播电视台服务中心概况

北京广播电视台服务中心是北京市广播影视系统后勤管理与服务的专业机构，1990年10月成立，隶属于北京广播电视台。主要负责北京市新闻出版广电局（部分）、北京广播电视台办公用房及职工住房管理；建外和安乐林办公区、皂君庙办公区、歌华有线丰台总部基地办公区后勤服务及办公区职工食堂用餐管理；职工宿舍区管理；大学生户口管理；延庆绿化基地管理工作。后勤服务管理区域共10处，中心所管的房屋面积约25

万平方米，员工263人。

2014年，服务中心紧紧围绕北京广播电视台中心任务，以服务、管理、经营、创新、安全为重点，用精细化服务理念推动中心各项服务保障工作。完成建外办公区、安乐林办公区、皂君庙办公区、歌华有线丰台总部基地办公区及各宿舍区的后勤保障工作，确保北京市新闻出版广电局（部分）、北京广播电视台和部分单位用电保障及安全播出工作，实现供暖、供冷、消防监控、电话总机通信传输、保洁、职工食堂、防汛及大型设备运转安全无事故。改造建外办公区职工食堂北侧餐厅，改善就餐环境；承担皂君庙办公区职工用餐服务。组织北京广电系统所属各单位到延庆绿化基地开展植树活动，完成北京市2014年下达的植树任务。积极应对旅游市场大环境，努力做好经营接待工作，声屏苑培训中心全年共接待客人5700余人次。

（北京广播电视台服务中心）

北京北广传媒数字电视有限公司概况

北京北广传媒数字电视有限公司成立于2003年7月，注册资金7500万元。作为数字电视节目集成商，公司目前已开播付费频道11套，其中覆盖全国的6套，覆盖北京的5套，开办数字音频广播2套，开播开办频道数量在全国数字电视节目运营商中位于前列，节目平台内容涉及教育、影视、娱乐、休闲、房产家居等领域，现已覆盖全国1亿收视人群。

2014年，主要工作：

一、加强有线数字付费电视频道经营管理

运营《四海钓鱼》《优优宝贝》《新娱乐》《车迷》《环球旅游》和《考试在线》6个具有全国播出资质的频道；运营《京视剧场》《爱家购物》《动感音乐》《弈坛春秋》《置业》5个面向北京地区播出的频道。

二、搭建国内领先、国际先进的数字电视节目播出平台

其中，全国性数字电视节目集成平台具备6路高清码流（约18套节目）、6路标清码流（约60套节目）的集中上星集成能力和多套高、标清卫视节目的远端加密集成能力，目前已集中上星传输7套高清卫视35套标清付费频道，并远端加密2套高清卫视频道和2套标清卫视频道。数字电视播出平台可面向北京地区及全国范围提供数字电视节目。该平台具备播出50套标清频道、10套高清频道的播出能力，是目前国内唯一的可实现磁带和码流双制式播出并支持多屏交互的数字电视节目播出新平台。

三、提供数字电视数据业务服务

运营《北京之窗》数据服务，以“多路视频轮播+图文查询”的播出方式，为百姓提供政务公开、公共服务和生活消费服务等实用信息。《北京之窗》联合北京市福利彩票发行中心开办“公益北京”系列节目，已形成涵盖新闻、专题、访谈、大型互动电视活动等内容丰富、形式多样的公益传播媒体平台，成为政府部门、公益组织、爱心企业和受助群体搭建公益信息沟通与爱心互助平台。

四、提供数字电视节目信息服务

为北京地区广大数字电视用户提供详实准确的节目信息服务，通过歌华有线电视网络上载播出的数字电视频道及有线广播节目信息共186套。

（北京北广传媒数字电视有限公司）

北京北广传媒移动电视有限公司概况

北京北广传媒移动电视有限公司是北京市属开发运营广播电视新媒体的专门机构之一，成立于2003年8月，由北京北广传媒集团有限公司、北京电视产业发展集团、北京广播公司、北京歌华有线网络电视股份有限公司和北京歌华传播中心有限公司共同发起组建。2004年2月14日国家广电总局正式批复同意集团在公交、地铁、轻轨、出租车等交通工具及其他公共场所试行开办移动电视节目，呼号为:北京移动电视。北京移动电视成为经国家广电总局批准的北京地区唯一一家运营地面移动数字电视的机构。

北京移动电视采用世界先进的数字电视技术，利用北京DS－48和DC－22单频网发射两套无线数字信号，实现地面数字设备实时接收电视节目。已在中央电视塔、京广中心、名人广场、491发射台、建设了“一主三辅”4个数字发射机站，形成有效覆盖北京市区六环内的数字单频网，日覆盖受众超过1300万人次。

积极挖掘广电系统内多种文化产业资源，形成完整的视听节目传输网络，充分发挥自身传播优势，努力成为政府管理的公共信息平台、城市管理的应急平台和百姓生活的资讯平台，服务政府公共管理，服务市民精彩生活。2014年，以资本为纽带，成立合资子公司，加大技术研发力度，建立有效运行机制，注重新节目研发及品牌建设。

加强新闻宣传。完成全国及北京市“两会”、纪念全民族抗战胜利69周年以及突发事件、热点体育赛事等转播共84次，转播次数比2013年增加2倍。

继续优化节目内容，新开栏目《秀逗爱生活》在微信、视频网站同步播出；《我在北京挺好的》通过报道在北京工作、学习、生活的异乡人、异国人中的典型代表传递正能量，弘扬真善美；《百姓就业》创新内容，增设“职场迷津”“人在北京”“职来职往”3个专题板块，增强节目的可视性及实用性。

与合资公司全面合作。2014年3月，与北京巴士传媒股份有限公司合资成立北京世巴传媒有限公司，充分发挥各自优势，在终端运行、技术研发、品牌活动、广告运营等方面全面开展深度合作。

移动电视终端安装纳入公交规范名录。自2014年初开始与包括公交集团技术部、各车辆生产厂、天路科技等单位多次沟通，全力配合公交集团开展《城市公共汽电车车载电子设施安装规范》的意见征集工作。该规范的审查意见稿中，已按照移动电视安装、使用、未来升级的需要，将移动电视系统的安装指标要求等项目纳入其中。

公交智能一体机研发，参与者向设计者转变。针对由公交集团主导的公交车车载智能一体机项目，从以往的项目参与者，逐渐向设计者转变，基于未来广告营销、终端管理的工作提出了时间、位置、车辆数据信息的需求，确认了收发机制等一系列指标。

已签订采购5000台三代机顶盒的合同。2014年8月，3辆样车的安装运行测试运行情况良好，这为后续大规模安装工作奠定了良好的基础。

终端安装关口前移，与车辆厂深入合作。从车辆设计阶段入手，将移动电视终端安装方案融入到定制商务班车、6米微循环车、全新BRT通道车中。

拓展海外项目成立10人海外拓展项目

组，先后与华为、中兴、普天建立业务联系，并与数字电视国家工程实验室签订战略合作协议，共同推进海外拓展战略。项目组对巴基斯坦、津巴布韦、柬埔寨、纳米比亚等目标国有关数字电视的前期调研和资料搜集，完成了包括移动电视海外拓展项目对外推介资料、海外推介演示发言稿等6项相关文本文稿。

品牌自营规模初现，创新整体宣传形式。有效提升全媒体与社交媒体营销能力，开展整合营销模式，将宣传片投放、落地活动、信息播报以及互动问答等内容合一。集中打造“爱在红河·铭真公益摄影展”、“5·18为了爱·快乐潮”公益慢跑嘉年华特别活动、“5·28同在蓝天下，爱心1+1”系列活动和“绿色北京 清凉送爽”活动。自2014年3月公司官方微博开通后，接触受众超过21万人次。《秀逗爱生活》《三分钟美食》等多档节目内容作为原创微信发布，将节目进行全媒体宣传，有超过7万人次参与活动或阅读文章。

（北京北广传媒移动电视有限公司）

北京北广传媒影视有限公司概况

北京北广传媒影视有限公司成立于2003年12月，由北京北广传媒集团有限公司、北京电视产业发展集团、北京人民广播电台、北京歌华有线电视网络股份有限公司和北京歌华投资中心有限公司共同出资组建。

2014年，制作的34集电视剧《姥爷的抗战》在上海、江苏、浙江、山东、四川等多家电视台地面频道播出，并于年底完成北京、四川两家卫视台的播出，播出效果良好，收视率飘红。与上海馨润影视有限公司共同投资制作的41集电视剧《罗龙镇女人》，4月份取得发行许可证，地面发行全面结束，并开始在多家电视台地面频道播出。40集电视剧《我的二哥二嫂》，发行工作进展顺利，已完成部分地面台播出，并确定在辽宁卫视和天津卫视上星播出。

在拍摄电视剧的同时，将剧本研讨、甄别常态化，并有策划部门专人专岗负责，为持续经营、长期发展建立制度化和责任化奠定了坚实基础。电视剧《大火磨》的剧本和电视剧《天香世家》的剧本均在创作过程中，进展顺利。

（北京北广传媒影视有限公司）

北京北广传媒城市电视有限公司概况

北京北广传媒城市电视有限公司是北京市属开发运营电视新媒体的专门机构之一，成立于2004年12月16日。公司成立10年来，主要从事楼宇电视和户外大屏电视的经营管理。城市电视作为政府公共信息发布和城市应急预警平台，担负着政府政令、城市信息、城市预警等社会公共信息传播任务，旨在为大众提供完善、及时、权威的资讯服务。

一、主营业务

1.楼宇电视联播网 城市电视采用最新一代国标机，以PAD式“城市派”外观设计为主打。独特的分屏设计可以实现画面分区域播出，并通过数据广播技术实现个性化播出，全天搭载天气预报、空气质量指数、出行信息、城市预警信息发布等公共服务信息，以满足不同受众需求。城市电视充分借助首都资源优势，以打造最具影响力的户外政务信息平台为目标，逐步实现并扩大在北京市各委办局、政府机关、高档写字楼等重点渠道的媒体布局，是政府系统终端安装市场占有率最大的户外电视媒体。截止到2014年12月31日，城市电视楼宇电视国标屏保有量达5587屏。

2．大屏电视联播网 城市电视大屏联播网建立在北京的核心商圈、交通枢纽等人流、车流众多地点。采用LED显示屏技术，具有屏幕显示面积大、显示效果突出的特点，户外关注度极高。截至2014年底，城市电视大屏电视联播网共集合9处9块LED大屏幕的联播电视网络，多分布于城区交通主干线及核心商圈，如王府井、东二环、东三环等，地理位置优越，覆盖人群密集。城市电视户外大屏联播网承担着新闻宣传、政策导向等公共信息发布功能。该联播网已成功完成了党的十七大、2008年奥运会、“神七”升空、国庆60周年、建党90周年、全国“两会”等重大活动的实况转播任务，同时，每天定时转播的《新闻联播》《北京新闻》也收到了良好的社会传播效果，充分发挥了新媒体的舆论导向作用。

2014年大屏电视联播网终端分布一览表

地点	规格	朝向	地址
工美大厦	183平米	南	东城区王府井大街200号
太阳宫珠宝城	74平米	西南	朝阳区三元桥西北侧
世贸天阶A屏	413平米	西	朝阳区光华路9号
鼎好电子商城	120平米	东	海淀区中关村大街甲1号
顺义花博会	120平米	旋转	顺义区顺平西路北侧
来福士广场	173平米	东北	东城区东直门立交桥西南角
中汇广场	325平米	东南	东城区东直门南大街11号
富力广场	200平米	东南	朝阳区双井富力商场
春平广场	288平米	北	朝阳区工体东路20号

二、播放内容

城市电视是政府公共信息发布平台和城市应急预警发布平台，担负着政府政令、城市信息、城市预警等社会公共信息传播任务。每天从早7点至晚10点，连续15小时播出，汇集新闻、体育、财经、娱乐、公益、服务等众多栏目，是家庭电视的有效延伸，使观众身在户外也能知晓天下大事。

城市电视播出栏目分为新闻资讯、文化娱乐、生活服务、公益宣传四大类。同步转播的节目有《新闻联播》《北京新闻》。目前在播栏目由三部分构成：一是自制、集成栏目如《城市播报》《体育新闻》《实时财经》《每日文娱播报》等。二是委办局合作栏目，如《演艺罗盘》《我的工会我的家》《96310纪事》《身边的好学校》《百姓就业》等。三是引进栏目，如《光影大视界》《图览天下》《新闻大考场》《新闻万花筒》《环球财讯》等。

（北京北广传媒城市电视有限公司）

鼎视传媒股份有限公司概况

鼎视传媒股份有限公司是经国家广电总局批准成立的全国性数字电视集成运营机构，自2005年运营以来，向全国数字电视用户家庭提供付费电视节目。

截至2014年年底，鼎视传媒股份有限公司，共集成合作35套数字付费电视频道、11套高标清卫视节目、8套购物节目。付费频道销售业务直接签约合作网络公司共计238家。累计数字电视用户总数为13962.85万户，占全国现有数字电视用户17265.6万户的80.9%，电视购物频道发行共计落地215个地区，累计机顶盒用户达到13627万户。

负责传输的数字标清节目有：《四海钓鱼》《收藏天下》《证券资讯》《央广健康》《时代家居》《时代美食》《时代出行》《时代风尚》《碟市》《职业指南》《家庭理财》《车迷》《新娱乐》《环球旅游》《人物》《考试在线》《快乐宠物》《优优宝贝》《财富天下》《家政》《电子体育》《数码时代》《中国气象》《百姓健康》《音像世界》《美食天府》《幼儿教育》等27个数字付费频道。同时，还为《快乐购物》《央广购物》《优购物》《时尚购物》《风尚购物》《家有购物》《家家购物》《环球购物》等10个数字电视购物频道提供集成传输及发行服务。传输的11套数字高标清卫视节目有：北京卫视、湖南卫视、深圳卫视、广东卫视、黑龙江卫视、山东卫视、湖北卫视、北京纪实高清、辽宁高清、三沙卫视、厦门卫视。

（鼎视传媒股份有限公司）

北京北广传媒地铁电视有限公司概况

北京北广传媒地铁电视有限公司成立于2007年，是由北京北广传媒移动电视有限公司和北京市地铁运营有限公司共同发起并组建的有限责任公司。公司以交通运营和传媒资源为依托，努力把地铁电视打造成为政府公共信息平台、城市应急预警平台、乘客生活资讯平台和企业广告宣传平台。

地铁电视节目播出时间与地铁运营时间同步，达到18.5小时，主要是通过在北京市地铁运营有限公司目前具有运营权的地铁线路上的列车车厢、站台和站厅内的电视终端上接收、播放节目。地铁电视在歌华大厦投资建设了独立的节目播控中心，策划、制作、发布地铁电视节目并独家经营地铁电视广告业务。

根据地铁新线数量多，且逐年增加的特点，聘请技术专家共同研究制定了一套地铁小营指挥中心电视信号引入系统方案并投资进行建设，通过该系统可实现对所有新纳入地铁线路电视信号的灵活接入。2014年完成工程一期直播信号前端改移和二期部分已开通线路的信号临时引入工程，为已开通线路纳入后开通电视信号做好了准备。同时完成新线纳入播控中心相关播出传输设备的采购、系统和链路调整方案的研究和制定工作，为新线纳入后开通新节目做好硬件准备。会同北京广播电视台技术专家、地铁运营公司等单位领导和技术负责人到北京交通大学某国家重点实验室，与相关专家就运用四代通讯网技术进行地铁列车车载信息（PIS）传输的专项课题进行研讨，为新纳入地铁线路车载实时视频传输和播放难题的解决提供新的途径。同时加大维护维修力度，确保1、2、13号、八通线地铁电视开机率达到90%。根据地铁电视设备现状，向董事会提出更新地铁13号线、八通线和1号线车载电视系统设备以及改造地铁1号线31组列车双天线的计划，完成1号线31组车、13号线及八通线车载电视终端招标的准备工作，编写《车厢移动电视显示设备技术标准》。

2014年，在完成各项宣传报道的同时，还完成了全国“两会”、北京“两会”以及春晚等重大活动的806分钟实时转播任务；及时转播马航MH370失联相关新闻报道及发布会；全国“两会”期间，集成、播出“两会”相关新闻60余条，播出频次超过1000次；世界杯期间增加5分钟集成节目《世界杯特辑》《精彩瞬间》；积极配合市委宣传部、各有关委办局及双方股东播出各类宣传片共计139版，2万多分钟；积极配合双方股东中心工作，自制新闻110余条，发布大雨、雷电、高温等各类滚动文字预警信息百余次；与各个制作公司合作，新增《身边的好学校》《教育新闻》《小姐爱旅行》《街拍瞬间》《完美婚礼》《上菜》等节目；自制集成类节目《开心速递》。新增的《身边好学校》和《教育新闻》栏目，不仅填补了教育类节目方面的空白，更符合乘坐地铁乘客的需求。在5天内完成了《计程票价改革简介》4分30秒宣传片的制作。从12月22日开始，每天以38频次播放宣传片。并成立2个特别报道组，对地铁各个分公司票价调整后推出的服务保障措施等内容给予及时有效的报道，受到股东方的领导称赞。

（北京北广传媒地铁电视有限公司）

北京北广置业有限公司概况

北京北广置业有限公司成立于2006年12月15日，是由北京北广传媒集团有限公司投资组建。以开发北京影视城项目，整合北京广播电视台房地产资源，按照集影视制作、文化创新、艺术教育、文化商品交流、影视文化观光等为一体的多元化经营战略进行开发建设。北京影视城项目是北京市的重大文化产业项目，项目一期占地面积930亩，已经建成的项目包括中国电影博物馆、影视节目制作中心。

2014年主要工作：

1．推动北京影视城项目调整工作

在对北京影视城项目调整进行较长时间调研论证的基础上，与中广电广播电影电视设计研究院共同研究完成了“北京广播电视媒资信息中心概念和功能规划方案”，向北京广播电视台领导和有关部门进行了汇报。与北京市国土局、朝阳区国土分局、北京市规划委员会对接，了解办理项目土地证更名和修改规划方案的有关情况和要求，为领导决策提供依据和支持。

2．西方城市景区项目开发建设工作进展顺利

积极与规划、建设、市政等有关部门对接，组织协调设计、施工、监理、销售等各有关单位，保证建设工程进展顺利。拆除原有的建筑，优化调整项目的设计，开发建设工作全面铺开，开工面积达到45000平方米，主体封顶29栋（面积达到34000平方米）。完成了售楼中心、部分绿化美化工程、部分样板房工程等。宣传营销工作全面展开，自2014年5月份开始预定销售，实现预定销售5栋。

3．加大力度开展土地整治和绿化美化工作

对土地进行了整治，清运了部分垃圾渣土，围绕天环路进行了绿化美化，项目周边环境得到很大改观。继续加强对农转工职工的规范化管理，调整和明确了农转工职工群体的工作任务，包括大环土地的巡视看护、节目制作中心的供电供水、空调供暖的运营保障和安保消防、卫生保洁、餐饮食堂、绿化美化和违章拆除等项工作。

4．做好电视节目制作中心的管理工作

对电视节目制作中心水源热泵地下换热系统进行了更新，维修了安防系统、消防系统，对排水系统进行了改造，保证了基本运行。

（北京北广置业有限公司）

北京中广传播有限公司概况

北京中广传播有限公司（China Broad-casting Beijing Co.Ltd.）成立于2009年12月，由中广传播集团有限公司、北京北广传媒投资发展中心、北京人民广播电台、北京电视台共同出资组建，主要承担移动多媒体广播项目（CMMB）在北京地区的建设和运营。

公司采用中国自主研发的移动多媒体广播（CMMB）技术，通过自身运维的多媒体广播覆盖网向在北京地区的手机、PDA、MP4、GPS、笔记本电脑等小屏幕接收终端传送高质量广播电视节目和提供数据增值服务。内容上实现了对CCTV-1、CCTV-5、CCTV-新闻、北京卫视、睛彩电影、“睛彩北京”、中央人民广播电台、中国国际广播电台视听节目的传送。 截止到2014年12月30日累积发展双向终端用户1,016,799户，在网付费用户180,880户。

2014年“睛彩北京”频道积极推进节目内容优化，先后对《睛彩城市》《睛彩文艺》《天天体育》等6个栏目进行改版，改版后节目内容丰富、节奏紧凑，更具时效性。6月开始，“睛彩北京”频道分别针对世界杯、亚运会等手机电视营销热潮，及时配合制作4档精品专题栏目，实时播报热点资讯，凸显了手机电视的媒体属性。

（北京中广传播有限公司）

北京紫禁城影业有限责任公司概况

北京紫禁城影业有限责任公司成立于1997年，注册资本3200万元，是一家集影视策划、制作、营销为一体的大型专业影视制作公司。成立17年来，北京紫禁城影业公司的经营业绩一直稳居中国电影生产企业的前列，多部影片票房居当年年度票房冠亚军的地位，总票房超过30个亿，影片还行销到美国、法国、日本、韩国、香港、台湾等多个国家和地区。

2014年，由北京紫禁城影业有限责任公司购买影视改编权，法国知名导演让·雅克·阿诺执导，3D实景拍摄，冯绍峰、窦骁、巴森扎布、昂哈尼玛和尹铸胜等主演的电影《狼图腾》，经过10年的筹备拍摄，2014年年底全部制作完成。电影《狼图腾》2015年2月19日（大年初一）全国上映。此外，2014年3月习近平主席出访欧洲期间，电影《狼图腾》作为唯一一个文化项目参与出访，并在中法两国商务部长的共同见证下签署有关协议，在欧洲获得高度关注。电影《风中家族》由北京紫禁城影业有限责任公司与台湾兴扬电影公司联合投资出品，是一部史诗情感电影，由台湾资深导演王童执导，杨佑宁、郭采洁、胡宇崴、郭碧婷、李淳、邹轩琦、柯佳嬿联袂出演。电视剧方面，北京紫禁城影业有限责任公司出品电视剧《人是铁饭是钢》在北京卫视播出。47集北京题材年代大戏《乞丐大掌柜》（原名《丰泽园》）完成拍摄，已确定黑龙江卫视首播。40集古装传奇断案喜剧《神机妙算刘伯温》拍摄完成，确定北京卫视2015年2月20日首播。由北京紫禁城影业有限责任公司与山东影视传媒集团联合投资出品60集电视剧《老农民》于2014年12月22日起在北京、山东、河南、黑龙江四省市同时上星首播。演艺经纪方面：继2013年与演员倪大红、李崇霄、连奕名签约后，2014年又签约张晞临，以成立工作室的形式签约了导演张一凡、黄伟、姜凯阳、李威等，增加创作人才方面的储备，拓展公司业务，提升紫禁城的品牌价值。

（北京紫禁城影业有限责任公司）

朝阳区广播电视新闻中心概况

朝阳区广播电视新闻中心成立于2003年6月，是在原朝阳区广播电视局、朝阳区新闻中心、朝阳有线电视、朝阳报社、朝阳区有线电视网络中心基础上组建而成。拥有《朝阳报》、朝阳有线电视和朝阳新闻网三个媒体平台。朝阳有线电视在北京电视台公共频道以每天3个时段、共4.5小时播出（7：30—9：00；12：30—14：00；19：30—21：00），通过朝阳有线28频道和北京歌华有线电视网络股份有限公司“801朝阳社区频道”（6：00—24：00）播出。

《朝阳报》每周一、三、五出报，对开四版大报，免费投递到全区各级单位和部分驻区企业，发行量为50000份。《北京社区报　社区生活》于2007年5月25日创刊，每周一期，对开8版，与《朝阳报》一并向全区各级单位和部分驻区企业进行投递，发行量为50000份。2014年，朝阳报全年共出报145期，其中专版专刊150个，共发稿件约5800篇，字数约470万字，图片约930张。

朝阳有线自制电视节目15740分钟，其中《朝阳新闻》258期，时长7940分钟；《一周新闻综述》49期，时长735分钟；《问政2014》《平安朝阳》《幸福2+1》《走进朝阳教育》《名师讲堂》《地税你我他》6档栏目268期，时长6500分钟；拍摄了《最美朝阳人》《垂杨柳医院拆迁问答》《群众满意的计生机构》等以及宣传部、组织部委托拍摄的专题片共十余部，时长200分钟；《镜头对准死角》内参片5部，时长65分钟。同时还录制大量由单位保存的视频素材资料。

随着数字电视的推广，朝阳有线数字频道（801朝阳社区频道），2014年已经覆盖全区70万户。朝阳新闻网于2009年9月进行了改版，网页增加了《朝阳报》周刊的数字报内容，日均更新文字新闻20000余字，视频新闻70多分钟，年点击量达700万次。

（朝阳区广播电视新闻中心）

海淀区新闻中心概况

海淀区新闻中心成立于2006年2月28日，是在原海淀区广电中心和原海淀报社的基础上由两个单位合并而成。

海淀有线电视节目自2003年1月1日起，纳入北京电视台公共频道（现BTV新闻频道）播出。每天4.5小时，首播每晚19：30－21：00、重播次日7：30—9：00，12：30—14：00；播出的新闻类节目有《海淀新闻》《海淀1时间》；专题类节目有《红盾时空》《海淀教育》《警方在线》《城管视点》《人口与家庭》《公共服务在身边》等。2009年6月开办数字802频道，每天早6：30—晚24：30分播出，共18小时。播出节目有《法治中国》《影视界》《全民健身舞》《中华弟子规》《乖乖姐姐讲故事》《超级访问》《我爱每一天》等。

《海淀报》前身为《海淀新闻》，创刊于1992年9月25日。1993年更名为《海淀报》。《城市周刊》由海淀区新闻中心与购物导报合办，于2007年9月25日创刊，彩色印刷，每周二出版，共16版。它是一份面向市民、服务大众，以“引领都市生活”为宗旨的综合类对外公开发行的周报。1996年建设海淀区的光缆有线电视网络，已成为多功能的数字化网络。

2014年主要工作：

一、宣传工作

巩固报纸　《海淀报》《中关村导刊》《城市周刊》（现更名为《都市生活周刊》）“一报两刊”全年出版报纸240期，编辑版面1600余个，刊发各类新闻稿件1.2万余篇，约630万字。

办活电视　海淀有线电视积极推进台内硬件设施高清化改造工作，对两个频道启动改版包装，并开展非新闻类节目制播分离改革，引进社会力量参与电视节目制作。全年安全播出9125小时。播出《海淀新闻》359期、各类专题栏目350多期，在北京电视台播发新闻160余条，独立或配合中央电视台完成新闻10余条。

壮大网络　2014年3月开通“海淀新闻”移动客户端，6月开通官方微博、微信，9月28日“海淀在线”改版升级为“海淀网”上线试运行。截至12月底，“海淀网”日均访问量达8.3万人次，累计发布新闻信息10000

余条；“海淀新闻”移动客户端装机量达到4万余人，发布新闻2000余条；“海淀新闻”公众微信号发布新闻400余条；“海淀新闻”官方微博发布新闻信息300余条。

二、改革创新

《海淀报》5月上旬创办了《玉泉山》副刊；《中关村导刊》和《城市周刊》于11月完成了改版升级工作，版面分配、栏目设置、新闻选题、报道风格进行了重新定位。

海淀有线电视台频道改版升级，明确频道形象定位，重新设计制作频道识别系统、宣传系统、导语系统和栏目系统，12月底升级改版后的海淀有线电视频道进入试播阶段。

推进传统媒体和新兴媒体融合发展，初步构建集“新闻网、服务网、互动网、移动网”和“地面端、PC端、移动端”于一体的“四网三端”全媒体传播格局。

三、队伍建设

实施导向把关工程，深入开展新闻战线“三项学习教育”活动和“走转改”活动，落实选题策划制度、新闻会商制度和“三审”刊播制度，确保新闻稿件不出导向错误。

实施人才涵养工程，通过“请进来”、“走出去”加大人才引进和培训力度，进一步充实团队新生力量，提高团队业务能力。

实施和谐机关工程，持续开展“践行部门荣辱观、创建和谐新机关”教育实践活动，创造积极向上、融洽和谐的工作氛围。

实施多元激励工程，通过规范专业技术人员聘任、实行量化考核和绩效管理、推行季度评优和讲评等措施，构建多元激励机制，调动和提升员工事业责任感和工作积极性。

实施规范管理工程，组织编写了《新闻中心报纸业务标准化手册》和《新闻中心电视业务标准化手册》，制定完善《新闻中心非量化人员考核管理实施办法》《新闻中心量化人员考核管理实施办法》等规范性文件。

（海淀区新闻中心）

丰台区广播电视中心概况

北京市丰台区广播电视中心的前身是丰台区广播站，成立于1957年2月，到2001年11月更名为北京市丰台区广播电视中心。

2014年，丰台有线803数字频道每天6：30至00：30播出，全天电视节目时长为18小时。

一、深化宣传报道

扎实开展群众路线教育实践活动的宣传工作，开设《党的群众路线教育实践活动》《记者走基层》等新闻专栏，关注基层动态，倾听群众声音。记者深入辖区委办局、街乡镇、社区村，采访播发100多条新闻；拍摄“党的群众路线教育实践活动”视频资料25期1700分钟；制作播出宣传片2部、总结片1部；推出民生类栏目《在身边》。

对白沟大红门国际服装城600家商户正式开门营业进行了重点报道。先后围绕全区“两会”、种子大会、铁人三项赛、抗战胜利纪念日、卢沟晓月中秋文化节、烈士纪念日等做好主题宣传工作。配合北京电视台完成国庆65周年游园博庆祝活动的宣传、技术保障工作，组织拍摄京剧、川剧、粤剧等8个剧种经典剧目的展演。

按照“培育和践行社会主义核心价值观”宣传工作的部署，报道《东高地好心老人徒手接住坠楼男童》《身边好人郭德卿》《最美片医》等凡人善举，对丰台环卫中心做了六期系列报道。开设“节俭养德”专栏，弘扬节俭美德。自3月份开始，丰台有线频道选择播放弘扬社会主义核心价值观的宣传标语，每日播放27次，公益宣传短片，每天播放6次。

《丰台新闻》全年共播发305期，2200多条，时长4560分钟。《丰台新闻》开设“发现丰台之美”专栏，展示不同地区的风景美和人物美，对各街乡镇开展的“发现丰台之美”宣传展示周活动进行了全面报道，“楼门文化展　弘扬正能量”“百家饺子宴欢乐过佳节”“蔬菜直通车进社区 ”等新闻展示了百姓生活。

栏目制作紧贴实际。新增《丰台消防》《法制风景线》《南城人物》《在身边》4档栏目，通过平凡朴实的故事，弘扬主旋律，传递正能量。恢复《丰台教育》栏目，中心社教类栏目共有14档，内容涉及政策宣传、纪检工作、消防安保、扶残助残等，全年制作播出192期，时长3060分钟。完成“园博园彩色跑”“长辛店老镇复兴计划会”等重大活动资料拍摄3100分钟。围绕主旋律，完成“社会主义核心价值观宣传片”“建国65周年”等主题宣传片13部，制作包装频道宣传片23部，频道导视系统修改7版，各类后期制作任务151项，频道、栏目、专题节目包装时长共计4800秒。

二、推进传统媒体与新媒体融合

成立新媒体部，在确保传统广电业务安全稳定运行的基础上，硬件基础建设、新媒体播出平台建设、新媒体内容生产三管齐下，通盘规划，协同发展。将传统广电升级改造与新媒体中心建设相结合，将有线电视传播能力提升与新型传播平台建设相结合，将传统电视节目制播与新媒体内容生产相结合。

配合卢沟晓月中秋文化节宣传活动，中心拍摄的微电影《卢沟晓月》在腾讯网等多媒体平台上线播出。摄制《幸福绽放》等微视频15部。与区纪委联合制作的《购物卡》《旁观》《藏》《退休》4部廉政微短剧，在区纪委“晓月清风”网站和“廉洁丰台”微博、微信“三位一体”反腐倡廉宣传平台播出，其中微短剧《购物卡》获北京市纪委、市委宣传部“北京廉政故事”和“廉政微短剧”创作征集活动优秀奖。

3月初启动新媒体中心建设工作,年底完成一、二期建设，三期建设进入筹备阶段，微信等四种新媒体平台完成测试发布。

加强安全生产，积极开展播出系统隐患自查整改，强化设备的定期维护和应急抢修能力，全年累计完成系统维修维护23次，确保了节目播出和传输安全。

三、强化作风建设

通过学习教育、谈心谈话、查摆问题、对照检查、批评和自我批评、制定整改措施等环节，解决了群众反映的突出问题7项。

结合群众路线教育实践活动，加强了专业技术队伍和中层管理队伍两支队伍的建设。96人参加各类培训班12个，达到2440学时；全员参加市新闻出版广电局组织的“中国特色社会主义”“马克思主义新闻观”“新闻伦理”“新闻法规”“新闻采编规范”“防止虚假新闻”等6个专题课程和我国主要新闻法规规章的在线教育学习培训，所有主持人、记者参加考试。参加国家和市局组织的广播影视教育培训班5个、共152学时，包括广播影视新闻业务、播音主持业务、区县广电业务骨干、新媒体发展展望、记录片创新等。

进一步建立健全各项规章制度，逐步完善领导考核、科室考核、群众考核的绩效考核制度。对中心制度汇编进行集中修订完善，修订制度65项，新增制度16项，废止7项。

制定《中心内设机构空缺领导职位竞聘上岗工作实施方案》。通过民主测评、面试、组织考察等环节，调整、竞聘干部13人。

（丰台区广播电视中心）

石景山区广播电视中心概况

北京市石景山区广播电视中心前身是石景山区广播电视局，成立于1987年12月，2001年10月更名为石景山区广播电视中心，拥有石景山有限电视媒体平台。

2014年主要工作：

一、营造良好舆论氛围

在《石景山新闻》中开设20多个主题板块和系列报道，相继推出政府服务类——“回眸2013”“展望2014”“扎实开展教育实践活动、为民务实清廉”“节俭养德”“美丽石景山”“法定职责必须为”等主题宣传200余期。针对在全区开展的亮剑行动，开办了《亮剑战报》新闻版块，播发新闻80余条。《记者视线》制作11期，市级媒体播发新闻25条。完成先进人物类深度报道——“身边的感动”“寻找最美家庭”“巾帼风采录”环保明星、最美石景山人等50余期。

为弘扬主流思想，录制《感动石景山人物颁奖晚会》《清明诗会》《劳动创造梦想》《环保之歌》《诗歌大赛》等12场大型节目，制作完成《保险产业园》《转型发展》《爱心播撒京城》等专题片50部。全年共制作播发新闻2190条，在市级以上电视媒体播发新闻518条，其中中央电视台播发15条，北京新闻播发86条。全年共制作专题片50部，组织、策划并录制大型节目12场，各类自办专题栏目制作播出近千期，其中《石景山新闻》278期，新闻专题栏目《记者视线》278期，社教类电视栏目制作播出240期，经济信息类节目105期，《百姓DV》52期，《百姓诵读》栏目52期。

二、 加强品牌栏目建设

在品牌栏目《百姓系列》中，制作播出《百姓DV》50期，《百姓诵读》50期，参与录制人数突破100人，朗诵作品200篇。2014年在原5档系列栏目的基础上，增加开办《百姓故事》和《百姓剧场》两档栏目。

三、稳步推进高清化建设

多次外出调研其他兄弟区县高清化建设情况，并组织三家有影响的高清设备厂商来中心进行设备演示。11月20日，石景山区区长夏林茂到中心调研，在听取中心的工作汇报后，夏林茂区长充分肯定中心的工作成绩，并当场批复高清化改造项目。截至2014年年底，高清建设项目已经进入项目招标阶段。

推进石景山广电中心微信平台建设，拓展创收渠道，事业收入累计完成793万元。圆满完成“春节”、区“两会”和全国“两会”、(APEC) 等重点时期的安全播出任务。两个频道共实现安全播出210240小时，其中模拟频道节目播出1642.5小时；数字频道节目播出157680小时。

(石景山区广播电视中心)

门头沟区广播电视中心概况

北京市门头沟区广播电视中心的前身是门头沟区广播站，成立于1958年7月，2002年5月更名为区广播电视中心。

2014年，全年播出电视新闻3951条，拍摄制作各类专题节目193部期，播出影视剧53部，公益广告33条，实现全年安全播出无事故。

围绕全区党的群众路线教育实践活动开展宣传报道。在新闻节目中开设《贯彻群众路线 扎实改进作风》《立行立改见成效》《办实事 惠民生 推进现代化生态新区建设》《整改落实见成效》《记者在基层》等5个栏目，对全区教育实践活动进展情况及教育实践活动取得的成效进行报道。

围绕区委、区政府重点工作加强宣传。在门头沟新闻中开设《改革开放一年来成就宣传》《人大政协两会专题报道》《政府工作报告解读》《来自重点工程的报道》《“接通线 捅破纸 拆掉墙”主题宣传》等专栏14个，对全区重要会议精神及经济社会发展新面貌进行了重点宣传报道。

新闻和专题节目中，民生类报道大幅增加，其中新闻节目中社会新闻占到了全年新闻总量的50%，内容涉及社会管理、教育、卫生、环保、科技、文化、社会保障、市政重点工程等各个方面。特别是对群众普遍关心的棚改安置房建设、门头沟一号通政府服务热线61696156、创新社会管理、新校舍建设、减煤换煤清洁空气等进行了重点报道。

制作播出的公益广告涉及大力弘扬和培育社会主义核心价值观、民生、法律、安全、科技、防汛等方方面面，为营造良好社会氛围起到了积极作用。

在外宣方面，主动加强与北京电视台和中央电视台对接，积极报送有门头沟地域特色的亮点新闻。在中央台、北京台等市级以上媒体播出门头沟区电视新闻112条、广播新闻95条。《村村治污水 还清永定河》电视新闻获得2013—2014年度北京优秀新闻奖。

（门头沟区广播电视中心）

房山区广播电视中心概况

房山区广播电视中心成立于2001年11月，前身是房山县广播站、房山县人民政府广播科、房山区广播电视局。拥有房山电视台、房山人民广播电台和房山广电传媒网等传媒机构。

2014年主要工作：

加强新闻报道 广电中心各栏目互为依托、整合资源，结合重点工程、重大活动、重要节日，开展广播电视宣传报道。开设《扎扎实实转作风 立行立改见实效》专题板块，报道全区开展群众路线教育活动的成果和经验，共播出新闻近300条。大力弘扬社会主义核心价值观，推出《闪光的平凡》《炎炎夏日我当班》《房山人》等节目，共播出100多条。圆满完成新中国成立65周年、建党93周年、春季北京长走大会、北京阅读季启动仪式、北京房山世界地质公园再评估、京津冀六区县市协同发展研讨会等一系列大型活动的报道，完成长沟花田节、长阳音乐节、大安山越野赛等重大活动的宣传报道。首次与北京电视台合作，举办《BTV——走进房山世界地质公园“长沟长走”“文明之光”“水岸花田”“上方圣境”》系列大型直播活动。坚持选题报送制度、自制节目联审制度和季度评优制度，召开选题会20次，梳理报送选题1000余条，完成节目审核1000余期，整理审核意见423条，从海量节目中评选出优秀节目30条。2014年共有150余条新闻在北京电视台《北京新闻》《特别关注》《直播北京》等栏目中播出，还有多条新闻被中央电视台采用。

推进高清技术改造 中心完成房山电视台播出系统高清化改造的项目申报工作，筹集资金330万元。同时完成房山电视台高清制作与前期采拍设备购置项目资料的编写，并按区财政要求配合完成项目评审工作。

完善广电传媒网 完成房山广电传媒网新闻客户端建设实现两台广播电视节目在线直播、节目点播查询回放等移动新闻信息服务功能，房山广电传媒网总点击量达到百万人次以上。“房山广电传媒”微信公用账号通过腾讯科技公司微信公用账号管理平台的审核。

文化创意传媒产业 成立产业办公室和文化传媒产业中心，草拟《关于广电中心设立产业办公室的实施方案》，内容涉及成立背景、成立目的以及工作职责分工等内容。

高清媒资系统改造 完成高清媒资系统建设工作。采用先培训、后使用、再培训的方式，使所有工作人员在短时间内掌握了媒资系统的具体使用方法。制定了《电视制作媒资系统运维管理规定》《电视制作媒资系统使用管理规定》和《媒资提交管理规范》，整个系统运行状态良好。

虚拟演播室投入使用 房山电视台虚拟演播室于2014年9月13日开始建设与调试，9月22日正式投入使用，共有《今日关注》《法治与生活》《文化纪事》《都市生活》4档栏目在虚拟演播室进行录制。

完成安全改造提升工程 完成UPS改造工程。以播出为核心的安全播出管理体系建设进入安全播出管理体系手册编写阶段，对400平米演播大厅设备进行综合全面的检修，对播出系统、传输系统、发射系统进行隐患排查，及时更换光传输设备。对重点部位、重点机房气体灭火工程进行调研，制定相应方案。

（房山区广播电视中心）

大兴区广播电视中心概况

大兴区广播电视中心成立于2001年10月，前身是大兴区广播站、大兴县人民政府广播科、大兴县广播电视局。拥有大兴人民广播电台、大兴电视台、中华兴网和大兴手机台，主要负责本区的广播电视宣传工作，电视节目纳入北京电视台公共频道播出。

2014年，大兴人民广播电台播出6480小时，全媒体平台推送手机报100期，大兴电视台播出6120小时，BTV9大兴时段播出1620小时，大兴资讯台播出4680小时，户外大屏幕播出1440小时。

宣传报道党的群众路线教育实践活动 大兴电视台、电台开设《贯彻群众路线　扎实改进作风》专题栏目，对区委及全区各部门、单位开展教育实践活动情况进行动态的宣传报道。大兴手机报开设《走群众路线　促新区党建》专栏，宣传中央精神和决策部署，宣传习近平总书记重要讲话和指示精神等。

宣传报道全区重点工作 以习近平总书记视察北京重要讲话精神为指引，从大气污染防治、环境治理、拆违控违、加快城乡一体化建设、加强城市管理、京津冀协同发展等方面开展了多种形式的宣传。开设《五有五提倡》《平安大兴》《科技创新在新区》等新闻专题报道10多个，累计播发新闻近2000条。

围绕人口调控、安全生产、环境治理、大气污染防控、拆违打非等五项重点工作，开设《综合环境治理　建设美丽新区》系列报道。

在推进北京大兴国际机场、2016年世界月季洲际大会等重大项目、重大活动的宣传工作中，积极谋划、主动参与，开设《建设新机场 服务新航城》《花绘北京》等专题进行宣传报道。

录制了《百姓大讲堂》7期，还完成区领导讲党课、四套班子专题民主生活会、优秀党员主题宣讲活动、市民讲堂、知识竞赛等30多场活动的全程录制工作。

改革创新宣传机制　整合区内外资源，打造“积极宣、主动防、科学管”的大宣传格局，由电台、电视台和大兴报社中的宣传骨干组成联合总编室。统筹区内媒体资源，形成一统格局，突出宣传重点，与区外多家媒体进行对接，发挥舆论引导在推进重点工作、解决难点问题、应对突发事件中的积极作用，为新区营造良好的舆论氛围。

电台成立新闻部增加自采新闻的数量,精心策划一系列报道选题,发挥新闻信息量大、感染力强、快速及时等特点。广播短消息《墙面种植：开发农民创收新空间》获得北京市优秀广播电视节目广播新闻类一等奖。

主动联系上级媒体，畅通新闻上报机制，新闻在中央、市级广播电视台和北京台的不间断播出，其中，大兴电台的现场连线报道《大兴区美食节在东辛屯村开幕》，在中央人民广播电台《中华之声》栏目同步直播。

加快传统媒体与新媒体融合发展　充分利用新媒体优势，打造立体新闻宣传模式，通过开通电台、电视台、大兴手机报官方微信、微博的方式，进一步打破地域限制，扩大宣传范围，增强宣传效果。大兴电台与蜻蜓网络电台,实现了用手机和电脑实时收听电台节目的愿景，大兴电台的声音可以传遍世界任何有手机信号和电脑网络的地方。

改革创新节目栏目　在开展党的群众路线教育实践活动中，创办新闻专题栏目《10分·关注》。节目围绕新区群众关心的大气污染、道路拥堵、食品安全等热点、难点问题进行深入报道，受到群众的认可和领导的肯定。

电台在新闻节目《这里是大兴》中开办“人在大兴”专栏，以生活、工作在大兴这片天空下的普通人为记录对象，呈现多彩人生故事，宣传社会主义核心价值观,弘扬正能量。以“文化惠民生 共筑中国梦”为主题，开办“名家说大兴”栏目，邀请文化名人名家、社会名流、知名人士走进演播室。

《爱我新区大讲堂》栏目以“百姓演、百姓看”为宗旨，高质量完成《爱我新区大讲堂》的制作播出，节目既展现了新区科学发展成就，又激发了群众驻新区、爱新区、建新区的热情。《爱我新区之实事实办》栏目，以各镇街和相关委办局主要领导作为访谈嘉宾，围绕区委政府五项重点基础工作进行全方位阐述，达到领导直接面对媒体、面对群众、面对问题，解读政策、解决群众实际困难。

（大兴区广播电视中心）

通州区广播电视中心概况

北京市通州区广播电视中心成立于2001年10月。前身是通县广播站、通县人民政府广播科、通县广播电视局、通州区广播电视局。下辖通州人民广播电台、通州电视台和大运通州网三家通州主流媒体。

2014年主要工作：

一、宣传工作

通州电台、电视台推出《党的群众路线教育实践活动》专栏，对全区活动开展情况以及查摆解决“四风”问题中涌现出来的典型人物和先进集体、单位进行深入报道。全年共播出190多条相关新闻。大运通州网配合区委宣传部开设了“群众路线教育实践活动”专题网页，设立“通州区理论学习园地”网络版，为教育实践活动搭建了网络宣传平台。

电台、电视台在新闻节目中开辟 “新城建设进行时”专栏和各类专题节目，记者深入践行“走转改”，以“围挡内的秘密”为题，走进北环环隧、地铁6号线二期、市政综合配套服务中心、新华大街等各大工程现场，报道重大工程的建设进展情况，反映副中心建设日新月异的变化。《看通州》《通州城建》《大市政新市容》等专题栏目，对城市副中心建设进行了高密度的集中报道。新推出的《小强听·说》节目邀请区新城建委、区规划分局、区住建委等部门的相关负责人走进演播室，为广大观众答疑解惑。网站开辟了“新城建设进行时”专题页面,收集了各方面关于副中心建设的信息资料，为广大市民了解副中心建设进展情况提供了便利的平台。

电台、电视台的《通州新闻》在原有的《创城进行时》专栏中，增设了《文明达人》子板块，与《创城进行时》《创城我参与》《文明就差这一点儿》三个子板块一起，形成一个“创城”主题、四大系列的报道框架，全年共播出创城类新闻240多条。开设电视专题栏目《文明通州》，宣传报道通州区在创城工作中涌现出的先进典型和先进经验，每周制作播出一期。根据2014年创城工作需求，全台策划、制作了以“文明达人”为主题的8个公益广告片，创作、录制、拍摄了《文明达人》和《与文明同行》两个创城主题歌的MV。为配合市文明办对通州创城提名资格的检查验收，完成了高清迎检专题片的拍摄制作。通州电台开设《成长进行时》广播专栏，对未成年人的思想品德进行正面引导，全年累计播出364期，共计2912分钟。大运通州网开设“通州榜样”“文明达人”“未成年人思想道德建设”等主题网页，与区关协工委合作开设了“关心下一代专题网页”，组织开展了“文明达人秀启动仪式”等一系列线上线下活动，并对活动进行网站、论坛、微博、微信等新媒体宣传推广。全年大运通州网共上传各类新闻信息4000余条，发布各类公告30条。

《通州新闻》开设了“服务民生”专栏，宣传报道百姓关心的各类民生问题，如预防金融诈骗、减煤换煤政策、雾霾天气应对等。新开设“警法在线”专栏，增强广大居民知法守法意识和紧急避险技能。评论部以民生和文化为主线，一年中采制了多期与通州百姓生产生活和历史文化息息相关的专题，如《过年的礼物系列》《解决劳动纠纷的绿色通道》《千年古镇漷县》等。

2014年伊始，《通州新闻》《记者视点》等栏目换用新片头，风格各异，独具特色。新开办的专题《小强听·说》是通州电视台第一档演播室新闻谈话节目，将各界人士请进演播室，以“听”“说”的轻松形式，拉近了与受众之间的距离。对19个电视专题节目按照不同主题进行整合，划分为“法治通州”“健康通州”“美丽乡村”“和谐通州”“魅力通州”五大板块，使节目更具吸引力。

二、事业发展

高清转播车正式投入使用。成功完成“两会”等多项重大会议和活动的直播。

通州电台投资近100万元完成了设备技术改造，建立了集广播电台内容生产、运营和管理等综合业务为一体，适应现代广播的网络化平台。6月15日正式投入使用。还完成高清节目制作系统、高清虚拟系统、高清拍摄设备改造。

三、队伍建设

2014年是中心培训力度最大、培训内容最丰富、培训对象最有针对性、参与人数最多的一年。全年选派各部门业务骨干分批次参加市委宣传部、市局和北京电台、电视台等单位组织的多项理论和业务培训，举办了8期业务培训，共有180人次参加了培训。

四、安全工作

制定了安全播出防范措施和安全播出应急预案，拥有现场声光报警和远程电话、短信通知现场值班人员等措施，24小时监控。全年发现和处理应急和意外情况40多起，电视台安全播出15092小时，电台安全播出6752小时。

（通州区广播电视中心）

顺义区广播电视中心概况

北京市顺义区广播电视中心成立于2002年，前身是顺义县广播站、顺义县人民政府广播科、顺义区广播电视局。拥有顺义人民广播电台、顺义电视台、《顺义时讯》报社、视频网站、户外大屏五个媒体。

2014年主要工作：

发展第四媒体 新媒体部经过两年的积累，技术框架搭建完成，两级项目申报成功，公众微信上线运营，第四媒体将电视、广播、报纸、资讯、娱乐、社交融为一个平台。

《顺义时讯》成功改版 《顺义时讯》立足于用“精”、“好”的咨询服务好全区人民。

推进政务公开 以“问需于民，实干惠民”为宗旨，推出民情访谈节目《政务·民声》《政务发布厅》。《政务·民声》栏目聚焦大气、交通、教育、医疗、重点工程等民生热点，成功录制播出8期。《政务·民声》，成为推进政务信息公开，践行群众路线的有效方式，是政心与民心对接的媒体纽带。

电台精耕直播 顺义电台第二届929听众节上FM92.9的电波成功实现“大直播”，让传统媒体有了新的活力。《大家帮助大家》延时后实现有线广播和无线调频同时播出，节目爱心帮忙团扩充近千人，解决听众反映的各类问题500余个，社会效益显著。

电视强化服务 2014年5月开始，电视台新闻部在每天《顺义新闻》节目的最后增加《资讯服务》板块，通过主持人讲述，将一些最新的政策法规、生活提示告知观众，新闻节目的服务性和贴近性大大提升；电视台专题部《健康有约》栏目设置了主持人，尝试让市民代表走进演播间，与专家现场互动，并将时长增加到20分钟；《师说日》栏目增加了观众及提问环节，为主讲教师配置了道具，节目的可看性和服务的针对性都得到明显提升。《顺义时空》开办了村史系列，为顺义的史实增加了音像资料。

完成重大宣传任务 承办“感动顺义——第五届‘道德模范’颁奖典礼”拍摄制作《我们走在大路上——顺义区党的群众路线教育实践活动掠影》《顺义脊梁四——2014年顺义区党建工作掠影》《让青春飞扬在希望的田野上——顺义区大学生村官人才工作掠影》等宣传片在全区各类大会上播放。

（顺义区广播电视中心）

平谷区广播电视中心概况

平谷广播电视中心成立于2002年，前身是平谷县广播站、平谷区广播电视局，拥有平谷人民广播电台和平谷电视台。

2014年《平谷新闻》共播出新闻5884条，市级以上新闻媒体播出新闻71条，其中中央电视台新闻联播播出一条，《北京新闻》播出三个头条。专题节目全新改版，推出《美丽平谷》《百姓身边》《热点进行时》《健康生活吧》等4个全新栏目。

平谷新闻改版 从1月26日开始，在《平谷新闻》中开设《聚焦“美丽平谷”摄影作品展》专栏，每天播出一幅照片，以图片的形式展示“美丽平谷”建设所取得的成就。截至到12月31日，共播出照片350幅。

从2月19日开始，在《平谷新闻》中开设《百姓话筒》专栏，每周播出两期。人民群众面对镜头，说出自己的所见所闻所思所想，截至到2014年底，共播出84期，有280人次的市民面对镜头。

从6月开始，新开设“环境美在行动”专栏，加强环境建设宣传。先后播出区“重拳整治露天烧烤 不允许打‘擦边球’”“拆违治乱建设美丽平谷”等60多条新闻。

做好党的十八届四中全会和建国65周年宣传报道。在北京新闻头条率先播出《平谷区各界传达学习四中全会精神》；新华社刊发了《让领导干部率先垂范——北京平谷从官员撬动“依法治区”见闻》专稿；制作播出《新华社聚焦平谷依法治区》，全方位宣传报道平谷依法治区事迹。

四个全新板块登场 推出《美丽平谷》《百姓身边》《热点进行时》《健康生活吧》等四档全新改版栏目，每周各播出一期，节目时长15分钟，分别于2014年元月内正式播出。《美丽平谷》栏目以平谷生态文明建设为主线，通过10期“人文平谷”、10期“旅游平谷”、2期“照片中的平谷”、6期“走进平谷村落”等系列节目，展示平谷秀美山河。《百姓身边》栏目围绕“社会主义核心价值观”推出了武月云、杨佳丽等65位人物典型。《热点进行时》拍摄了7期政府“解民需办实事”系列节目，包括安居工程、就业工程和温暖工程等。与经信委合作拍摄了10期“调结构、促经济”系列节目，对平谷区经济结构调整、产业升级的整体情况从不同的角度进行了系统报道。《健康生活吧》通过电视媒体聘请医疗、保健专家讲解、示范，普及市民健身、养生知识。

唱响主旋律 《平谷新闻》中先后播出《我区召开党的群众路线教育实践活动动员部署大会》《五网直播 区委书记张吉福讲党课》等相关新闻近500条。大力报道教育实践活动“解民需办实事”“折子工程”，先后播出《铺设灌溉管道惠民心》《平谷公共自行车绿色出行》《“温暖工程”项目启动》等新闻。开办播出《服务群众 我们承诺》节目，邀请区党政一把手和与民生联系密切的政府职能部门主要领导及乡镇街道主要负责人，向全区人民就本部门工作做出电视承诺，每期5分钟，每周一到周五晚在平谷电视1套播出，共播出47期。播出《服务群众 政策解读》节目，节目时长4分钟，共播出14期。

在《平谷新闻》中开设文明幸福家庭专栏，播出《婆婆我一生的牵挂》《二十三载殷殷敬老情》《身边雷锋刘树海》等新闻170条。

围绕“法治平谷”“平安平谷”开展宣

传报道。全年共播出法制类节目104期。其中“警察故事”“平安平谷我奉献”“我是人民检察官”“法官日记”“司法先锋”五大系列节目共65期。播出行政执法类节目10期，常年播出民警提示、检察官提示等服务类节目40期。播出公益广告52期。《曝光台》播出失信被执行人名单30期，播出反恐涉爆类节目15期。2014年9月为北京市最高人民法院推动行政负责人应诉现场新闻发布会，特别制作的电视专题片《共创法治蓝天》受到了新华社、中央电视台、法制日报等36家媒体的关注。2014年将《警法在线》节目上传到《平谷政法综治网》，发挥了栏目最大传播效果。

圆满完成区内重大宣传报道。国际桃花音乐节期间，先后播出《春暖花开艳阳天 赏花踏青正当时》《北京平谷第十六届国际桃花音乐节开幕》等相关新闻140多条。

（平谷区广播电视中心）

怀柔区广播电视中心概况

北京市怀柔区广播电视中心成立于2001年9月。前身是怀柔县广播站、怀柔人民政府广播科、怀柔县广播电视局、怀柔县广播电视中心。拥有怀柔人民广播电台和怀柔电视台。电视台有两个频道。其中，怀柔一频道（HRTV1）为自办节目，每天播出18小时；怀柔二频道（HRTV2）节目纳入北京电视台新闻频道播出，每晚首播1.5小时，次日重播两次。电台（FM101.3MHz）每天播出13小时。

2014年主要工作：

一、宣传工作

突出做好国际会都建设和APEC会议的宣传。精心制作三部有关APEC会议的系列动漫宣传片，普及相关会议知识。依托“聚焦国际会都”“文明迎盛会”等专题专栏，集中报道来自核心岛一线的新闻。怀柔新闻推出《清洁空气 怀柔在行动》《靓丽怀柔 从我做起》等专栏；推出“你好APEC，心意寄语”系列节目20余期，完成APEC动漫形象设计，植入电视动漫宣传。《百集中英文词条》自8月3日起在“怀柔新闻”中播出，《文明在身边》《绿美怀柔》《怀柔环境》等专题节目通过互动访谈、现场采访等形式进行专题报道。做好“国际会都”影像和文字资料的收集保存工作，完成纪实片《一泓碧水映会都》拍摄制作。

策划推出50集系列报道《百姓故事》，把镜头对准各行各业的普通市民，挖掘主人公身上的闪光点，传递正能量。开设《党的群众路线教育实践活动》《弘扬焦裕禄精神》等板块专栏，报道全区教育实践活动开展情况。开设《精细管理 提质增效》专栏，对14镇乡、街道和部分委办局精细化管理工作的新举措、新进展、新成就进行报道。开办《来自重点工程的报道》，做好全区重点项目工程、产业发展专题报道，包括核心岛绿化、宽沟连络线、111国道二期、旅游景区升级改造等重点工程。推出23集《美丽乡村行》系列报道，以记者走基层的方式反映怀柔区农村新变化。电台推出音乐类节目“FM中国好声音”、汽车类节目“远誉快车道”、生活百科类节目“生活D时代”，扩充电台节目信息量；圆满完成春节、清明、2014年汤河川满族风情节等节庆活动的报道。

进一步加强区外宣传工作。借助APEC会议在怀柔召开的契机，加强与中央、市属媒体等联络。2014年在市级媒体共播出怀柔方面的新闻、专题189条（期）。其中《拆违植绿　扮美雁栖湖生态发展示范区》《APEC带来新商机　农家美食也升级》《弘扬传统文化　共庆端午佳节》《文化让乡村更美丽　农民艺术节炫动京郊》《怀柔农民农闲时节比才艺》等一批好新闻分别在“北京新闻”“北京您早”等节目播出；《汤河川满族民俗风情节端午上演》登陆中央新闻频道“新闻直播间”栏目；《泉河街道第九届邻里节开幕》《“敛巧饭”开灶延续传统年味》等活动在北京电视台“特别关注”栏目播出。

不断深化内容创新和品牌建设。以“精细化”为目标，怀柔区电台、电视台各栏目进行了精细改版和创新实践，定期聘请专家对编辑、记者、播音员、主持人进行业务培训。开设《新闻简报》《新闻资讯》板块，在有效时间内增加新闻信息量。增设《新春一线见闻》《寻找身边的年味》《红红火火民俗年》等节日专栏。《法治时刻》以“故事服务”的方式，将纪实、写意、说理、普法融于一体。《聚焦国际会都》对群众最关注的怀柔大事进行解读。灵活设置板块，“我是会都建设者”“志愿者在行动”等小栏目，以百姓的视角，记录怀柔区会议会展产业发展大事记。办好《行风热线》节目，探索“广播问政”节目形式，完善舆论监督跟踪反馈机制。

扎实推进公益广告制作播出。推出“文明怀柔有你有我”“安全饮食用药”等一系列公益广告；积极与文明办、水务局、气象局、国土资源局等单位对接，播出节约用水、爱在怀柔、水土流失等系列公益广告。

二、技术保障

深化安全播出管理。完成播出服务器、播控工作站的老旧电源、视频虹桥卡更换工作；解决天气预报节目网络传送问题；完成2003至2009年度新闻素材磁带上载、子类项编目收集、编目、保存工作。2014年，完成电视节目播出11724小时，其中发射3744小时；广播节目播出发射4665小时，滚动字幕31条4000多次。

推进事业健康发展。做好怀柔电视台台标设计，依托《怀柔报》公开台标LOGO方案，与设计院、系统集成商、北京电视台等多方借鉴参考；推进广电高清全台网建设，完成项目方案整体框架；完成播出系统招投标，制作、主干、媒资等系统进入招投流程；做好转播站配套道路工程的后期评审结算工作；继续做好广播电视“村村通”、小调频维修和无线覆盖转播站维护工作。

抓好广告创收工作。采取黄金段位整体营销，主时段与次时段配套捆绑，特殊时段低价位等方式，广告创收工作实现了稳中有升。

（怀柔区广播电视中心）

昌平区广播电视中心概况

昌平区广播电视中心成立于2001年10月。前身是昌平县广播站、昌平县人民政府广播科、昌平县广播电视局、昌平区广播电视局。拥有昌平人民广播电台、昌平电视台和昌平广播电视网。

2014年主要工作：

围绕一个中心　围绕全区工作大局，以区委、区政府中心工作为中心，牢牢把握全面深化改革这一时代最强音，发动广播、电视、网站开展“全媒体”宣传工作。

开展一项活动　开展第二批党的群众路线教育实践活动，进行自查自纠，改进新闻宣传的工作作风。

把好两道关口 守好“宣传关”，践行“走转改”，全年共采编制作新闻2400余条，其中民生服务类新闻占播发新闻总量的52%，时政新闻占播发新闻总量的48%；守好“服务关”，共完成12场“美丽昌平走基层文艺汇演”的录制、播出工作，累积15小时；引进符合老百姓口味的各类电视剧共2000多集，切实肩负起广电媒体的使命担当。

打造两个堡垒 将所属的天通苑、回龙观记者站下沉到基层，全面提升基层宣传实力。回龙观记者站全年共采编新闻45条，与《回龙时讯》和回龙观社区网加强合作，在新闻选题和新闻线索等方面进行信息互通，形成新闻报道的合力；天通苑记者站全年共采编新闻56条，拍摄、编辑、存档影像资料285条，并帮助街道办事处制订全年对外宣传总体规划。

实现六个全新 以“全新制度”管理。通过了ISO9001质量管理体系评审，成为目前北京市各区县广播电视系统唯一一家执行该项认证的单位；以“全新媒介”开道，推出移动终端手机APP；以“全新网页”示人，推出昌平广播电视网新版网页；以“全新方式”互动，推进3G实时回传系统的使用；以“全新机房”牵头，打造高清播出机房、服务器机房、5.1环绕声专业录音棚和实景新闻演播室，推进高清化的落地实施；以“全新姿态”起航，完成昌平电视台建台30周年纪念活动，以更加贴近群众、服务民生的姿态开展今后的工作。

推进四大技术改造 继续完成技术更新和设备维护改造工作。推进双路供电工程，完成配电室基建及相关工作；推行办公网电脑系统与软件正版化，为全中心办公电脑更换Win7正版系统、Office2013办公软件以及专业图片后期制作软件；对户外大屏及演播室进行升级改造，将原有150平米3讯道标清演播室升级至支持高清拍摄录制的4讯道演播室，并对灯光进行改造；在龙德广场和霍营街道办事处建设两块室外LED全彩P10显示屏。

抓牢一个增长点 紧紧围绕广告创收这一目标，制作播出电视广告518条，其中图像广告180条，字幕广告284条，电台305条，《生活365》栏目40期；为区、委办局摄制专题片8部。较好地完成了中心下达广告收入的预期指标。

打造一只队伍 做好人力资源保障工作。充实队伍，引进新鲜血液。开展公开招聘，择优录取了业务比较全面、有工作经验的7人；积极组织人员培训。坚持每周一学习日制度，并组织集中学习32次，累计参加人数3605人次；完成合同签订工作，与全体在职人员签订合同，在编人员期限为3年、招聘人员期限为5年，办理离职、退休6人。

（昌平区广播电视中心）

密云县广播电视中心概况

北京市密云县广播电视中心成立于2001年，前身是密云县广播站、密云县人民政府广播科、密云县广播电视局。拥有密云人民广播电台、密云电视台和密云广播电视台网站。

2014年主要工作：

新闻宣传质量提高 《密云新闻》高质量完成国家部委、市县领导在密云调研、考察、会见，检查工作及县委、县人大、县政府、县政协重要会议和活动等系列时政新闻报道任务。做好密云县“党的群众路线教育实践活动”系列新闻报道任务。

专题节目深化拓展 《事事关心》栏目从老百姓关心的大事、小事，解读政策、关注民生。子栏目《百姓DV》推出的《饭店开业放爆竹 污染空气脏大地》《公园放风筝 小心手中线》《露天烧烤污染环境毁心情》等节目。

《经济一刻钟》及时传递农机推广、种植养殖等农业信息，全力做好对密云县旅游业专题报道；制作播出了“民心工程暖民心”“县经济开发区腾龙换鸟”“金秋十月品密云”“金秋十月游密云”等系列专题节目。《教育专线》《疾控在线》栏目积极创新思路，用多样的编辑手法将报道视觉效果新颖化、多样化。

《檀州大舞台》栏目策划制作播出的《密云镇街特色文化巡礼》《乡恋》《传太极国粹精华 展全民健身风采》《寄情民间手工艺 老有所乐扮夕阳》等节目，进一步挖掘、整理、继承和发展密云县民间优秀传统文化；《绿色家园》《科普大篷车》《农艺直通车》等节目加大对生态文明建设，其中，密云县广播电视中心与密云县科学技术协会联办的《科普大篷车》栏目于2014年1月4日正式开播；《科普进社区 居民长见识之向阳西社区》《情定果树 科普惠农之科普致富带头人杨东生》《科技创新大赛 助力科技梦想》和《科普宣传进基层 全民共浴科技潮》等节目的播出，得到了广大观众的热烈欢迎。

广播节目呈现亮点 2014年10月，在宣传县医院搬迁的过程中，密云人民广播电台全部采用同期声，节目生动耐听，受到听众的广泛赞扬；《休闲密云》《密云经济报道》《三农有约》等各档专题栏目加强生态文明建设的宣传。

成就宣传打造品牌 加强与中央电视台、北京电视台的联动与互动，上送新闻稿件如“各区县传达学习贯彻总书记批示精神”“富民街变样了”“从我做起从身边做起 治理雾霾绝不手软”“小区改造惠民工程暖民心”“密云水库一级保护区污水处理设施运行良好”等近30条新闻分别在《北京新闻》《直播北京》《都市晚高峰》节目中播出；密云广播电视中心摄制的纪录片《镜头里的“长城梦”》和《密云人的宜居梦》于2014年3月在北京电视台纪实频道“梦系列”记录片展播中播出。

安全播出保障到位 坚持全天24小时值班制，切实做好安全播出传输工作。定期组织相关人员对供电系统、主控机房、演播大厅、直播室和传输接口等重要部位逐一进行排查检修，保障安全运行体系正常运行。技术人员轮流下乡进行连续巡视、维护和检查，赴白土沟转播站、行政村发射站点完成运维和巡检300余人次，确保各系统正常运行及转播站广播电视发射安全。2014年5月，投资近10万元，把系统所需的各种型号的硬盘进行备份，以便及时更换损坏的硬盘，确保系统存储安全；同时为新闻制作系统配备了一套备份存储盘阵，防止新闻磁盘阵列系统故障导致《密云新闻》无法正常制作和播出；4月至7月份，先后对新闻服务器机房、电视播出服务器机房、媒资机房、电台服务器机房、中心和转播站广播电视发射机房UPS电源电池的更换，改造各重点机房UPS主机旁路电源。5月份完成空调系统的检修与维修，更换空调空开。对站内消防、供电、供水等系统设施进行定期检查和维护；在重要保障期与属地派出所联手加强管理，做好站区安全保卫工作。

（密云县广播电视中心）

延庆县广播电视中心概况

延庆县广播电视中心的前身是延庆县广播站，始建于1958年，2001年成立延庆县广播电视中心，下辖延庆人民广播电台、延庆电视台。

延庆电视台自办节目有《延庆新闻》《百姓大舞台》《生活气象》《消费风向标》等，社教类栏目有《魅力新农村》《水润妫川》《一路平安》《妫川说法》《金盾之光》《检察视点》《妫川美丽女性》《绿色家园》《延庆教育》《法庭内外》《卫生新视野》，延庆电台自办节目有《延庆新闻》《今日农村》《生活导航》《快乐调频92.8》《工商进万家》《佳作欣赏》《轻松驿站》等。延庆广播电视网于2007年创建，网址：www.yqgd.cn。

2014年主要工作：

抓好重点报道 围绕践行党的群众路线教育实践活动，《延庆新闻》先后推出了系列报道“深入扎实开展党的群众路线教育实践活动”“倾听群众呼声、见证立行立改”“转变作风见行动 整改落实惠民生”“我参与我见证、我评判”系列报道，全年共播发新闻近500条。

2014年7月29日至8月2日第十一届世界葡萄大会在延庆召开，从世葡会倒计时100天开始，《延庆新闻》前设立“世葡会倒计时”公益宣传，在《延庆新闻》节目中设立“走进世葡会”“我与世葡会”等专题版块，跟踪报道有关世葡会一场、一园、一带、四中心以及其他基础配套设施的建设情况，共计播出相关报道近50条；世葡会期间，延庆电视台《延庆新闻》从7月28日—8月3日，连续七天推出七期特别节目《精彩世葡会 美丽延庆行》，每天30分钟，7天共计210分钟，当天活动，当天播出，节目分为六大板块，聚焦世葡会、走进世葡会、我与世葡会、DV新闻、微世葡以及世葡留言。世葡会开幕式和闭幕式宣传片由中心牵头制作。

做好第80届汽车房车露营大会、地质学旅游年会、2019年世界园艺博览会筹办、2022年冬奥会申办宣传报道。

《延庆新闻》推出《十大志愿者 十大志愿服务队》专栏、《妫川创业者》系列报道、《小故事正能量》系列报道、《2014北京榜样暨最美延庆人候选人事迹展播》系列报道、《同心颂祖国、共筑中国梦》系列报道、《建国65周年谈变化说幸福》。

《生态文明大家拍 美丽延庆大家建》，在环境办日常巡查过程中，发现的脏乱差的问题，通过媒体曝光，督促相关单位整改，全年播出20余条次，并跟踪报道整改进程；《DV 生态文明大家拍》专栏的“生态文明大家拍”板块，受到广大观众朋友们的喜爱，大家通过手中的手机、照相机和DV记录下延庆生态环境的变化和身边破坏环境的不文明行为，共计播出150期；《城乡环境进行时》专栏，以环境曝光为主，对环境整改进行跟踪报道，全年共计播出60余期；《精彩世葡会 美丽延庆行文明礼仪知识讲座》栏目宣传世葡会情况，于2014年5月3日至2014年7月27日期间播出，播出时间为每周六日，时长4分钟，共26期。

打造精品栏目 3月底，打造的自办栏目《妫川轿子》以故事化的讲述一个个在政界、商业、文化等领域不懈奋斗、追逐梦想的延庆人。每半个月播出一期，每期时长达20分钟，每周日晚播出，播出《刘越来——从放牛娃到身家千万的董事长》《王华——从建筑工人到著名书画艺术家》《许泽玮——从励志少年到互联网金融公司创始人》《詹万生——从山村代课教师到中国德育领军人》等节目九期。《妫川骄子》整体制作播出50集人物故事，并集成书册和光盘。

电台综艺节目《欢乐正能量》《快乐调频928》在带给大家欢乐的同时宣传正能量；专题节目《生活导航》从8月份起，在节目中增加了一周天气预告，增加节目的服务性；《今日农村》节目邀请农业专家走进演播室，充实了节目内容和形式；《大东说消费》是微博互动最多的节目，每期话题都来自微博热心网友。

2014年元旦，采制中外友人齐聚八达岭共同跨年专题报道；春节期间，《延庆新闻》共制作播出《回眸2013 启航2014》系列报道10期，反映延庆县2013年各项工作进展情况和2014年工作展望；《北京画廊》打开美丽延庆新画卷、旅游休闲产业升级步伐加快。

做好第六届北京端午文化节宣传报道，共计播出“我们的节日”专题报道3期，采制新闻40余条；做好第四届北京国际自行车骑游大会宣传报道，共有5000余名选手参赛，其中千森杯自行车越野赛、2014年北京国际自行车博览会暨第三届北京自行车文化节、2014年环北京职业公路自行车赛都进行了专题报道。

保障安全播出 组织技术人员对播出设备进行一次大检修，全年共完成电视无线转播20542.75小时，广播无线转播12829小时，电视播出16974.25小时，广播安全播出5381小时，底飞字幕输入编辑播出上千条，确保了安全。

做好技术工作 在电视节目制作中引进微博、微信、网络等形式和内容，让电视充满时代气息。实现电视、电台和网络的有机结合，稳步推进网络电视，变被动观看为主动观看。

6月12日，延庆人民广播电台新浪微博正式申请为官方微博，发布微博400余条，内容包括精品节目音频，节目互动信息、服务咨询、电台动态等，粉丝发展到600多名，全部为实粉儿，最高阅读量达到2.3万，在传统媒体与新媒体的融合上，迈出第一步。

世葡会期间，《微世葡》板块，充分利用新媒体，在微博、微信进行互动。从7月28日至8月3日，《延庆新闻》世葡会特别节目开设“微世葡”板块，通过新浪微博@延庆人民广播电台，网友们和媒体多了一个互动平台网友通过平台可以了解世葡大会盛况，参与世葡大会活动，得到出行帮助等，共发出微博27条，评论73条，转发72次，共有67人点赞。

对非编网系统的磁盘阵列进行了升级扩容。升级扩容后，系统磁盘阵列配置16块2T的硬盘，实际存储容量为22T。六月中旬更换一楼演播室的四组硅箱，共24路输出。通过公开招标的方式，购置箱载录制系统。系统包括4台小高清摄像机、话筒和三脚架等相关配件，箱载视频切换、音频输入及现场录制等。

媒资管理站已上载编目《延庆新闻》350期，共计3600分钟。现有历史素材全部上载、编目完成。包括社教栏目在内的其他视频资料共计2400分钟。

延庆广播电视网及时更新《延庆新闻》3640条，社教栏目128期，动态信息36条。2014年不断优化网站功能和更新网页内容，使网站的结构合理、主题鲜明、内容丰富。目前延庆广播电视网的访问量已达465862人次。

（延庆县广播电视中心）

频率频道

2014年北京市属广电机构频率频道设置情况

北京人民广播电台频率一览表

频率名称	开办时间	播出时间	主要栏目设置	2014年新增节目栏目
新闻广播 FM100.6 AM828	1993年 3月1日	0:00— 24:00	《健康有约》《新闻晨报》 《新闻热线》转播中央人民广播电台 《新闻和报纸摘要》《北京新闻》 《气象服务》 《新闻大视野》 《资讯早八点》《整点快报》 《夹叙夹议》 《议政论坛》 《生态北京》 《警法在线》 《记者视线》 《话里话外》 《新闻天天谈》《大城小事》 《新闻2014》转播中央电视台 《新闻联播》 《纪实文学连播》 《看世界》 《健康北京》 《照亮新闻深处》《今日观点汇》 《青春晚自习》	《看世界》 《健康北京》 《照亮新闻深处》 《今日观点汇》 《青春晚自习》
城市广播 FM107.3 AM1026	2005年 3月1日	5:30— 24:00	《动听早高峰》《法律早点到》 《京城帮帮团》《旅行号1073》 《职场哈拉秀》《楼市好声音》 《健康加油站》《炫动下班族》 《教育面对面》《财富大搜索》 《城市购》	《动听早高峰》 《法律早点到》 《旅行号1073》 《职场哈拉秀》 《楼市好声音》 《炫动下班族》 《教育面对面》 《财富大搜索》 《城市购》
故事广播 AM603	2009年 1月1日	5:00— 次日0:30	《故事大全》 《百态四九城》 《知识开讲》 《纪实传奇》 《品读时分》 《读史有学问》 《长书天地》 《笑谈古今》 《周末讲堂》 《娱乐档案》 《人物空间》 《快读时刻》 《评书大连播》《今晚拍案》 《故事恳谈会》《读书俱乐部》 《夜相伴》	《百态四九城》 《周末讲堂》

续表

频率名称	开办时间	播出时间	主要栏目设置	2014年新增节目栏目
体育广播 FM102.5	2002年 1月1日	0:00— 24:00	《体育新世界——雄鸡唱晓》 《天下体育》《1025动生活》 《数码天下》《时尚玩家》 《体育新世界——喜鹊登枝》 《见招猜招儿》《1025体育商城》 《百姓健康大讲堂》《饭点儿说吃》 《体育新世界——金戈铁马》 《金T高尔夫时间》《体坛夜话》 《星光体育》《今夜私语时》 《体育新闻》《激情赛场》	《天下体育》 《1025动生活》 《见招猜招儿》 《1025体育商城》 《金T高尔夫时间》
音乐广播 FM97.4	1993年 1月23日	0:00— 24:00	《零点乐话》《美丽清晨》 《记忆的唱片》《先听为快》 《边走边唱》《带你聆听》 《永恒的魅力》《古典也流行》 《午后大道东》《就听好歌不听话》 《中国歌曲排行榜》《爱得更久点》 《男左女右》《歌飞扬》《音乐道来》 《光影传奇》《欧美音乐杂志》 《我的音乐生活》《国家大剧院》	
文艺广播 FM87.6	1994年 4月1日	0:00— 24:00	《今晚我们说电影》《评书连播》 《养生之道》《美丽人生》 《空中笑林》《早安北京》 《天下行》《幽默集装箱》 《娱乐有范儿》《评书演义》 《笑语欢歌》《快乐超级旅行》 《小说连播》《一点阳光》 《娱乐72变》《白话文艺》 《爱星满天》《开心茶馆》 《知道不知道》《戏迷乐》 《吃喝玩乐大搜索》《环球旅行家》 《艺海藏家》《演艺群英会》 《说学逗唱》《话说天下》 《广播剧场》《午夜拍案惊奇》 《子夜柔情》《876资讯》	《美丽人生》 《娱乐有范儿》 《一点阳光》

续 表

频率名称	开办时间	播出时间	主要栏目设置	2014年新增节目栏目
交通广播 FM103.9	1993年12月18日	0:00—24:00	《谜幻时空》 《百姓TAXI》 《1039环球》 《音乐航班》 《娱乐大篷车》《音乐旅途》 《一笑堂》《音乐早班车》 《1039新闻早报》《交通新闻》 《交通新闻热线》《一路畅通》 《欢乐正前方》《汽车天下》 《1039新闻时刻》《警法时空》 《旅途》《新闻12点》《长书连播》 《1039交通服务热线》《音乐来了》《行走天下》《新闻直通车》 《1039都市调查组》《蓝调北京》 《徐徐道来话北京》《有我陪着你》	《音乐早班车》
外语广播 AM774	2004年9月17日	6:00—24:00	《环球30分》《留学时间》 《感受北京》《英语广播剧场》 《咚咚腔儿》《私房拷贝》 《英语PK台》《听世界》《小鬼当家》 《趣味青春英语》《英语早餐》 《大学生英语在线》《怪怪故事屋》 《欧美音乐节拍》《地道英语》 《澳大利亚广播英语》	《英语早餐》 《大学生英语在线》 《怪怪故事屋》 《欧美音乐节拍》 《澳大利亚广播英语》 《地道英语》
爱家广播 AM927	2009年1月18日	5:30—24:00	《激情岁月》《温暖人生》 《健康喜来乐》《快乐合家欢》 《宝贝计划》《家有宠物》 《老年之友》《装点好生活》 《家里家外》《爱家私房菜》 《为爱牵手》《毛毛狗的故事口袋》	《激情岁月》 《老年之友》

续 表

频率名称	开办时间	播出时间	主要节目栏目设置	2014年新增节目栏目
有线教学广播 FM99.4	2002年1月1日	6:00—24:00	《赖世雄美语》 《日杨字母的故事》 《英语PK台》 《小鬼当家》 《私房拷贝》 《开窍学英语》 《瑞格叔叔拼读法》 《出国考试辅导》 张道真《自学英语》(第一 二 三 四册) 《每日一招说英语》(10分钟 25分钟) 《学英语话文明》《英语300句》 《英语2008》	
有线古典音乐广播 FM98.6	2002年5月1日	0:00—24:00	《钢琴世界》《华夏神韵》 《新CD橱窗》《HIFI时间》 《POPS音乐》《听室内乐》 《现场魅力》《交响空间》 《歌舞剧场》《历史回眸》 《精品收藏》	
有线通俗音乐广播 FM97.0	2002年5月1日	0:00—24:00	《经典专辑》《劲舞节拍》 《爵士庄园》《浓情乐坊》 《咖啡时间》《世界音乐》	
长书广播 FM104.3	2002年5月	0:00—24:00	《广播剧欣赏》《经典戏剧故事》 《武林天下》《言情小说》 《拍案惊奇》《小说连播》 《精品小说》《诺贝尔获奖小说》	
有线戏曲曲艺广播 FM105.1	2002年5月	0:00—24:00	《长安大戏院》《梨园金曲》 《评剧大观园》《戏剧空间》 《电影录音剪辑》《空中曲苑》 《地方戏》	

续　表

频率名称	开办时间	播出时间	主要节目栏目设置	2014年新增节目栏目
欢乐时光广播 FM106.5	2006年9月6日	6:00—24:00	《欢乐无限》《纪实广播小说连播》《幽默集装箱》《娱乐大篷车》《迷幻时空》《百年笑声》《欢乐故事》《娱乐档案》	
怀旧金曲广播 FM107.5	2006年9月6日	6:00—24:00	《经典走四方》《旧单车老情歌》《下一站的回味》《金曲无终点》《音乐在旅途》	

北京电视台频道一览表

频道名称	开办时间	播出时间	主要栏目设置	2014年新增节目栏目
BTV北京卫视	1979年5月16日北京电视台开播。2012年1月1日起综合频道标识由“BTV北京”变更为“BTV北京卫视”	06:00—次日06:00	栏目： 《大戏看北京》《养生堂》 《档案》《身边》《天下收藏》 《我是大医生》《我爱中国味》 《杨澜访谈录》《光阴》 《全是你的》 季播节目： 《最美和声》（第二季） 《勇敢的心》《我是演说家》 《生命缘》《私人订制电视真人秀》 《妈妈听我说》	栏目： 《我是大医生》 《我爱中国味》 《全是你的》 季播节目： 《最美和声》（第二季） 《勇敢的心》 《我是演说家》 《生命缘》 《私人订制电视真人秀》 《妈妈听我说》
BTV文艺	1988年12月30日开播	06:00—次日02:00左右	栏目：《每日文娱播报》《文娱午报》 《影视风云》《春妮的周末时光》 《星夜故事》《脱口而出》 《笑动2014》《我爱我家》 《我家有明星》《光荣绽放》 《文化之约》《欢天戏地》 《音乐风云榜》《今晚80后脱口秀》 《综艺麻辣烫》《欢乐微逗秀》 《好戏连连看》 季播节目：《8090说相声》 《笑星撞地球》《超级观众》 《京城42班》	栏目： 《今晚80后脱口秀》 《综艺麻辣烫》 《欢乐微逗秀》 《好戏连连看》 季播节目： 《8090说相声》 《笑星撞地球》 《超级观众》 《京城42班》

续 表

频道名称	开办时间	播出时间	主要节目栏目设置	2014年新增节目栏目
BTV科教	1999年12月27日开播，其前身为1993年11月1日 开播的以教学节目为主的二十七频道	06:00—次日02:00左右	栏目： 《法治进行时》 《庭审纪实》《第三调解室》 《现场说法》《警法目录》 《北京记忆》《非常向上》 《健康北京》《今晚我们相识》 《超级陪审员》《虎口脱险》 《法治北京》《晚晴》《非常幽默》 《品味·艺术》《法治中国60分》 特别节目： 《美丽愿望》 《法治北京周刊》	栏目： 《非常向上》 《今晚我们相识》 《超级陪审员》 《虎口脱险》 《法治北京》 《品味·艺术》 《法治中国60分》 特别节目： 《美丽愿望》 《法治北京周刊》
BTV影视	1992年5月4日开播	06:00—次日06:00	无	
BTV财经	2001年7月1日开播	06:00—次日02:00左右	栏目： 《首都经济报道》《理财》《财富故事》《经济法眼》 《天下财经》《财经锋汇》 《谁在影响我》《北京发布》 《数说北京》《问鼎世界》 《财高八斗》《一周财经综述》 《拍宝》《财富晚间道》	栏目： 《北京发布》
BTV体育	1986年12月30日开播	06:00—次日06:00	栏目： 《天天体育》《体坛资讯》 《足球100分》《体育议起来》 《足球家》《快乐健身一箩筐》 《节节高升》《欢乐二打一》 《声声体育》 特别节目：《最强战队》	栏目： 《欢乐二打一》 《声声体育》 特别节目： 《最强战队》

续 表

频道名称	开办时间	播出时间	主要节目栏目设置	2014年新增节目栏目
BTV生活	1996年11月8日	6:00—次日2:00左右	栏目： 《生活2014》 《食全食美》 《美食地图》《生活面对面》 《幸福厨房》《大城小事》 《咱爸咱妈的美好时代》 《生活+》《四海漫游》 《我爱我车》《选择》 《生活广角》 《快乐生活一点通》 《健康生活》 《生活特供》 《美食地图一探到底》 《第一房产》 特别节目： 《上菜二北京味道》 《2014改变无止境》 《开门见喜》 《中华美食汇吃出幸福年》 《星星美食过大年》《奇妙路制》 《生活马上有欢乐2014》 《美食地图之吃迷世界杯》	栏目： 《美食地图一探到底》 《第一房产》 特别节目： 《上菜二北京味道》 《2014改变无止境》 《开门见喜》 《中华美食汇吃出幸福年》 《星星美食过大年》 《奇妙路制》 《生活马上有欢乐2014》 《美食地图之吃迷世界杯》
BTV青年	前身为2002年1月1日开播的BTV青少频道2012年1月1日起调整为青年频道，频道标识变更为“BTV青年”	6:00—次日2:00左右	栏目： 《军情解码》 《状元榜》 《北京客》 《书香北京》 《不许不开心》 《手机猜猜猜》 《谁在说》《探索》 《青年探秘者》 季播节目： 《崔哥来》《完美婚礼》 《我是传奇》《北京爱情》 特别节目： 《2014环球春晚》 《2014环球神奇炫》 《谁在说特别节目直击幕后》 《甲午推想》 《书香北京——生命的活法》	栏目： 《不许不开心》 《手机猜猜猜》 季播节目： 《崔哥来了》 《完美婚礼》 《我是传奇》 《北京爱情》

续　表

频道名称	开办时间	播出时间	主要节目栏目设置	2014年新增节目栏目
BTV新闻	前身为2003年1月1日开播的BTV公共频道。于2011年1月1日推出BTV公共·新闻频道。2012年1月1日起调整为新闻频道，频道标识变更为“BTV新闻”	6:00—次日2:00左右	栏目： 《红绿灯》 《红绿灯早直播》《北京新闻》 《晚间新闻报道》《北京您早》 《特别关注》《都市晚高峰》 《锐观察》《有话就说》 《美丽乡村》《这里是北京》 《北京新发现》《都市阳光》 《北京议事厅》《消费观察》 《党建进行时》 《人才》《怎么看》 《极致》《新闻手语》 特别节目： 《直播北京》	栏目： 《怎么看》 《极致》 《党建进行时》
BTV卡酷少儿	2004年9月10日开播动画频道。2007年1月1日更名为卡酷动画卫视。2012年1月1日调整为卡酷少儿频道，频道标识变更为“BTV卡酷少儿”	06:00—次日06:00	栏目： 《闪天下 》 《卡酷幼儿园》 《男生女生GO 》 《剧星派》 《卡酷动物园》 《七色光》 《十分开心》 《卡酷全卡通》 《谁敢挑战小学生》 特别节目： 《终极大脑》 《和自己对话》 《BTV卡酷少儿2014动画春晚》 《妈妈听我说》 《成语豪杰争霸战》 《成长大家谈》 《闪天下卡酷十周年特别节目》	栏目： 《剧星派》 《卡酷动物园》 特别节目： 《终极大脑》 《和自己对话》 《BTV卡酷少儿2014动画春晚》 《妈妈听我说》 《成语豪杰争霸战》 《成长大家谈》 《闪天下卡酷十周年特别节目》

续 表

频道名称	开办时间	播出时间	主要节目栏目设置	2014年新增节目栏目
纪实频道	前身为2008年7月30日播出的奥运高清频道。2011年7月1日推出纪实高清频道。2013年7月，更名为“北京电视台纪实频道”。2014年6月8日，上星播出	6:00—次日2:00	栏目： 《影事》 《口述》 《全景》 《玩转地球》 《纪实天下》 《昨天的故事》 《全纪实》 《纪录360》 《时尚装苑》 《人文地图》 《纪录片影院》	栏目： 《时尚装苑》 《人文地图》 《纪录片影院》
长城平台北京电视台频道（国际频道）	2004年10月1日开播	每天首播7.22小时、24小时滚动播出	以北京电视台自制节目为依托，精编具有首都特色和文化品质的各类优秀节目，涵盖资讯、文化、生活、旅游、科技、娱乐等类别。如每天50分钟《北京新闻》国际版 《我是大医生》《品味·艺术》	新增编辑类节目： 《我是大医生》 《品味·艺术》

其他：
1.《电视先锋榜》各频道播出
2.《BTV电视购物》BTV财经频道播出

北京北广传媒数字电视有限公司频道一览表

频道名称	开办时间	播出时间	主要节目栏目设置	2014年新增节目栏目
京视剧场	2003年9月1日	17:00首播12小时，全天24小时轮播		
爱家购物	2003年9月1日	24:00首播12小时，全天24小时轮播	《健康桥》《时尚轩》	
动感音乐	2003年9月1日	21:00首播4小时，全天24小时轮播	《华语——尊地带》《谁比我原创》	
车迷频道	2003年11月1日	21:00首播4小时，全天24小时轮播	《八卦车坛》《风尚车都》《车迷资讯》	《车迷资讯》
考试在线	2003年11月1日	16:00首播8小时，全天24小时轮播	《学习法》《高考易错题解析》	
优优宝贝	2004年1月1日	8:00首播6小时，全天24小时轮播	《第一宝贝》《贝因美全球育儿资讯》	
四海钓鱼	2004年1月1日	19:00首播6小时，全天24小时轮播	《钓点大对决》《黑坑江湖》《渔我同行》《游钓天下》《去钓鱼》《游钓中国》《东区钓技百事通》	《钓点大对决》《东区钓技百事通》《黑坑江湖》《去钓鱼》《游钓中国》
弈坛春秋	2005年3月18日	21:00首播4小时，全天24小时轮播	《美嘉围棋时间》《尖峰对决》	
环球旅游	2005年4月8日	21:00首播4小时，全天24小时轮播	《魅力世界》《环球览胜》	
新娱乐	2005年7月22日	21:00首播4小时，全天24小时轮播	《影视风云榜》《音乐风云榜》	
北京之窗主频道	2009年4月30日	17:00—17:00	“公益北京”系列节目:《公益播报》《爱心公益行》《真情手递手》《彩讯及时通》《彩票大家玩》《彩票收藏》《Q逗彩票》“善聚公益”北京首届公益梦想电视大赛等	《彩票大家玩》

续 表

频道名称	开办时间	播出时间	主要节目栏目设置	2014年新增节目栏目
北京之窗首都政务频道	2009年4月30日	17:00—17:00	《这里是北京》《数说北京》《健康播报》《百姓就业》	
福彩开奖（图文栏目）	2010年9月15日	17:00—17:00	福彩公告、北京市福利彩票各个彩种开奖信息	

北京北广传媒移动电视有限公司频道一览表

频道名称	开办时间	播出时间	主要节目栏目设置	2014年新增节目栏目
北京移动电视	2004年5月28日	5:58—23:00	《整点播报》《体育新闻》 《法治进行时》《路况直通车》 《今天提示》《新华A股收评》 《环球财讯》《新华理财》 《教育新闻》《我在北京挺好的》 《畅行北京》《绿动北京》 《我的工会我的家》《96310纪事》 《棒球周刊》《数说北京》 《演艺罗盘》《百姓就业》 《一路同行》《乐影磁场》 《国家大剧院》《网事》 《饭饭团》《秀逗爱生活》 《悠悠团》《宝宝团》 《3分钟美食》《乐乘慧生活》 《剧情推动力》《我家有明星》 《街拍瞬间》《真相》 《身边的好学校》《科普微视频》 《中国梦—365个故事》《请您欣赏》	《秀逗爱生活》 《我在北京挺好的》 《街拍瞬间》 《真相》 《身边的好学校》 《科普微视频》 《中国梦——365个故事》

北京北广传媒城市电视有限公司频道一览表

频道名称	开办时间	播出时间	主要节目栏目设置	2014年新增节目栏目
城市电视	2005年8月1日—2014年12月31日	6:59—22:00	《城市播报》《体育新闻》 《实时财经》《演艺罗盘》 《我的工会我的家》 《环球财讯》《新闻万花筒》 《新闻大考场》《图览天下》 《光影大视界》《围炉艺话》 《百姓就业》 《身边的好学校》《96310纪事》 《剧情推动力》《每日文娱播报》	《实时财经》

北京北广传媒地铁电视有限公司频道一览表

频道名称	开办时间	播出时间	主要节目栏目设置	2014年新增节目栏目
地铁电视	2010年8月10日	6:00—23:00	《美食0换乘》《潮流现场》 《国家大剧院》　《光影随行》 《中歌榜》《环球影讯》 《美丽俏佳人》《超级访问》 《音乐风云榜》 《娱乐现场》《最佳现场》 《剧情推动力》《小羊肖恩》 《请您欣赏》《微电影》 《小姐爱旅行》《街拍瞬间》 《笑霸来了》《教育新闻》 《身边的好学校》《环球财讯》 《新华A股收评》《评影不离》 《新闻地铁报》一 《新闻地铁报》二 《新闻地铁报》三 路况播报——《移动直通车》 《新闻地铁报——体育》 《生活一点通》 《十分开心》《军情解码》 《开心速递》	《小姐爱旅行》 《街拍瞬间》 《笑霸来了》 《教育新闻》 《身边的好学校》 《开心速递》

2014年北京市区县广电机构频率频道设置情况

北京市朝阳区广播电视新闻中心频道一览表

频道名称	开办时间	播出时间	主要节目栏目设置
BTV 新闻频道 朝阳时段	2003年1月	首播 19:30—21:00 重播次日 7:30—9:00 12:30—14:00	《朝阳新闻》《一周新闻综述》 《朝阳名师讲堂》《郎咸平说》 《走进朝阳教育》《爱车空间》 《幸福2+1》《地税你我他》 《平安朝阳》《问政2014》
朝阳801 数字频道	2007年8月	6:00—24:00	《朝阳新闻》《一周新闻综述》 《和谐在线》《朝阳名师讲堂》 《人口视窗》《聚焦电子城》 《地税你我他》《迈向城市化》 《走进朝阳教育》 《郎咸平说》《爱车空间》 《幸福2+1》《同在蓝天下》 《陪你逛街》《与法同行》

北京市海淀区新闻中心频道一览表

频道名称	开办时间	播出时间	主要节目栏目设置	2014年新增节目栏目
BTV 新闻频道 海淀时段	2003年1月	首播19:30—21:00 重播次日 7:30—9:00 12:30—14:00	《海淀新闻》《文明风尚汇》 《创新中关村·核心区》 《明天成长》《红盾时空》 《火线》《海淀教育》 《城管视点》《海淀1时间》 《警方在线》《海检播报》 《人口与家庭》 《品质生活》《文明海淀》	《创新中关村·核心区》 《文明风尚汇》 《品质生活》
数字802 频道	2009年6月	每天早6:30—晚24:30共18个小时	《海淀新闻》《文明风尚汇》 《创新中关村·核心区》 《明天成长》《城管视点》 《海检播报》《海淀1时间》 《海淀教育》《警方在线》 《文明海淀》《品质生活》 《法治中国》《影视界》 《全民健身舞》《中华弟子规》 《乖乖姐姐讲故事》 《超级访问》《我爱每一天》	《创新中关村·核心区》 《文明风尚汇》 《品质生活》 《超级访问》 《我爱每一天》

北京市丰台区广播电视中心频道一览表

频道名称	开办时间	播出时间	主要节目栏目设置	2014年新增节目栏目
BTV 新闻频道 丰台时段	2003年1月	首播 19:30—21:00 重播次日 7:30—9:00 12:30—14:00	《丰台新闻》《人大在线》 《政协视窗》《清风苑》 《丰台警方》《丰台教育》 《丰台消防》《食药园地》 《南城人物》《成长的天空》 《在身边》《真情零距离》 《法制风景线》《幸福生活大讲堂》等	《在身边》 《南城人物》 《丰台消防》 《法制风景线》
803丰台 数字频道	2009年 11月	首播 19:30— 00:55 重播次日 6:30—19:30	《丰台新闻》《人大在线》 《政协视窗》《清风苑》 《真情零距离》《在身边》 《成长的天空》《丰台警方》 《丰台教育》《南城人物》 《丰台消防》《食药园地》 《法制风景线》《幸福生活大讲堂》 《音乐排行榜》《奋斗》《看中国》 《美丽俏佳人》《成功之路》等	《在身边》 《南城人物》 《丰台消防》 《法制风景线》 《美丽俏佳人》 《成功之路》

北京市石景山区广播电视中心频道一览表

频道名称	开办时间	播出时间	主要节目栏目设置	2014年新增节目栏目
BTV 新闻频道 石景山时段	2002年 12月20日	首播 19:30—21:00 重播 7:30—9:00 12:30—14:00	《石景山新闻》 《记者视线》 《新闻盘点》 《生活与信息》	无
石景山有线 电视数字 804频道	2009年 11月9日	6:00— 24:00	《教育新视线》《法治聚焦》 《旅游》《政协之窗》《石景山服务》 《百姓剧场》《走进演播室》 《百姓故事》《生活与信息》 《电视购物》《天气预报》 《百姓诵读》《百姓DV》 《石景山新闻》《记者视线》 《新闻盘点》《百姓舞台》	《百姓剧场》 《百姓故事》 《天气预报》

北京市门头沟区广播电视中心频道一览表

频道名称	开办时间	播出时间	主要节目栏目设置	2014年新增节目栏目
BTV新闻频道门头沟时段	2002年12月20日	首播19:30—21:00 重播次日7:30—9:00 12:30—14:00	《门头沟新闻》《视点关注》《信息高速路》《相约健康》《电视门诊》《京西科技》《京西人口》《工商在线》《大家说》《文明门头沟》	《大家说》《文明门头沟》

北京市房山区广播电视中心频率频道一览表

频率频道名称	开办时间	播出时间	主要节目栏目设置	2014年新增节目栏目
房山人民广播电台FM107	1989年9月	6:00—24:00	《房山新闻》《FUNHILL时间》《生活广场》《经典音乐》《评书连播》	
房山人民广播电台FM96.9	2010年7月	6:00—24:00	《房山新闻》《FUNHILL时间》《生活广场》《经典音乐》《评书连播》	
BTV新闻频道房山时段	2003年1月	7:30—9:00 12:30—14:00 19:30—21:00	《房山新闻》《今日关注》《funhill面对面》《文化纪事》《都市生活》《法制与生活》	《文化纪事》

北京市大兴区广播电视中心频率频道一览表

频率频道名称	开办时间	播出时间	主要节目栏目设置
大兴人民广播电台频率FM98.6	1995年1月	6:25—24:00	转播中央台和北京电台新闻、《健康与生活》《这里是大兴》《娱乐大排档》《选我喜欢》《资讯BBS》《播客王国》《情感魔方》《夜故事》《评书》等
BTV新闻频道大兴时段	2003年1月	首播19:30—21:00 重播次日07:30—09:00 12:30—14:00	《大兴新闻》《10分·关注》《爱我新区大讲堂》《镇街采风》《天天剧场》《经典剧场》《社会·大兴——社会关注、经济直通车、医林医道》等

北京市通州区广播电视中心频率频道一览表

频率频道名称	开办时间	播出时间	主要节目栏目设置	2014年新增节目栏目
通州人民广播电台FM107.7	1991年12月	6:20—次日01:00	《通州新闻》 《阳光新城》 《成长进行时》 《我家在通州》 《信息立交桥》等	《阳光新城》 《成长进行时》 《我家在通州》 《信息立交桥》
BTV新闻频道通州时段	2003年1月	首播19:30—21:00 重播次日7:30—9:00 12:30—14:00	《通州新闻》《小强听说》 《看通州》《文明通州》 《精品赏析》《走进三农》 《经济生活》《食药安全》 《安全》《艺术宋庄》 《就业保障》《聚焦人口》 《健康365》《民政民生》 《通州城建》《普法园地》 《古韵新绿》《周末大舞台》等	《小强听说》 《文明通州》 《走进三农》 《食药安全》

北京市顺义区广播电视中心频率频道一览表

频率频道名称	开办时间	播出时间	主要节目栏目设置	2014年新增节目栏目
顺义人民广播电台频率FM92.9	1998年1月20日	6:25—23:30	转播中央人民广播电台《新闻和报纸摘要》 《新闻60分》 《燕京书场》 《西部往事——广播小说》（首播）《全球醉IN乐》（直播） 《悦耳聆听》 《家庭教育大讲堂/人口文化》 《越聊越开心》（直播） 《京味儿小说》 《西部往事——周末版》 《百年听书时》《笑谈古今》 《全城都在点》（直播） 《大家帮助大家》（直播） 《城市心情》（直播） 《在路上》《读书品人生》 《西部往事——广播小说》（重播）《健康新生活》《星夜故事》	
BTV新闻频道顺义时段	2003年1月1日	首播19:30—21:00 重播次日7:30—9:00 12:30—14:00	《顺义新闻》 《情动绿港》 《顺义时空》 《健康有约》 《绿港e站》 《是非方圆》 《师说日》 《国学动漫城》 《区县风采》 《健康班的春天》 《电影藏密》 《纪录片》等	

北京市平谷区广播电视中心频率频道一览表

频率频道名称	开办时间	播出时间	主要节目栏目设置	2014年新增节目栏目
平谷人民广播电台频率 FM89.2	1992年3月11日	6:30—8:20 11:00—12:00 18:30—19:30	《平谷新闻》《绿谷风采》 《老年文友》《健康》 《戏曲选粹》《法制园地》 《相声集锦》《岁月如歌》 《评书》	
BTV 新闻频道平谷时段	2003年1月1日	首播19:30—21:00 重播次日 7:30—9:00 12:30—14:00	《平谷新闻》《警法在线》 《电视剧》《美丽平谷》 《百姓身边》《热点进行时》 《健康生活吧》等	《美丽平谷》 《百姓身边》 《热点进行时》 《健康生活吧》

北京市怀柔区广播电视中心频率频道一览表

频率频道名称	开办时间	播出时间	主要节目栏目设置	2014年新增节目栏目
怀柔人民广播电台 FM101.3	1996年11月	06:29—15:35 17:29—21:23	《怀柔新闻》《行风热线》 《科普园地》《今日三农》 《快乐游怀柔》《法治时刻》 《文化怀柔》《安全在线》 《文明在身边》《新视野》 《特别报道》《成长》 《健康伴你行》《音乐无限》 《政策导读》《快乐60分》 《故事会》《空中书场》 《生活百事通》《科普园地》 《计划生育》《药品边防线》 《生活D时代》《远誉快车道》 《FM中国好声音》	《生活D时代》 《远誉快车道》 《FM中国好声音》
BTV 新闻频道怀柔时段	2003年1月	首播19:30—21:00 重播次日 07:30—09:00 12:30—14:00	《怀柔新闻》《生活大观园》 《聚焦国际会都》《法治时刻》 《文化怀柔》《安全在线》 《文明在身边》《今日三农》 《健康有约》《绿美怀柔》 《怀柔人口》《怀柔环境》 《女性时代》	

北京市昌平区广播电视中心频率频道一览表

频率频道名称	开办时间	播出时间	主要节目栏目设置
昌平人民广播电台FM103.1	1987年7月	6:28—21:32	转播《昌平新闻》《与法同行》《笑口常开》《京剧故事》《汽车音乐时间》《环球旅行家》《电影在歌唱》《今日书场》《音乐忘了时间》《光阴的故事》《耳朵去旅行》等节目
BTV新闻频道昌平时段	2003年1月	19:30—21:00 7:00—9:00 12:30—14:00	《昌平新闻》《时空关注》《走进三农》《相约》《真情故事》《百姓话题》《古今昌平》《视角》《法治纪事》

北京市密云县广播电视中心频率频道一览表

频率频道名称	开办时间	播出时间	主要节目栏目设置	2014年新增节目栏目
密云县人民广播电台:FM94.1兆赫	1989年	6:30—23:30	《密云新闻》《休闲密云》《法制传真》《我的社区我的家》《教育园地》《经济报道》《三农有约》《健康时空》《音乐随身听》《评书联播》《广播剧场》《我爱国粹》《群众路线教育论述选播》等	《群众路线教育论述选播》
BTV新闻频道密云时段	2003年1月	首播19:30—21:00 重播次日7:30—9:00 12:30—14:00	《密云新闻》《事事关心》《经济一刻钟》《檀州大舞台》《教育专线》《疾控在线》《游遍密云》《科普大篷车》等	《游遍密云》

北京市延庆县广播电视中心频率频道一览表

频率频道名称	开办时间	播出时间	主要节目栏目设置	2014年新增节目栏目
延庆人民广播电台 FM 92.8兆赫	1997年1月	6:30—22:10	《延庆新闻》 《生活导航》 《今日农村》 《快乐调频928》 《欢乐正能量》 《工商进万家》 《大东说消费》 《检察在线》 《名家讲坛》 《百家书场》 《广播剧场》 《小说连播》	无
延庆人民广播电台 FM98.8兆赫	1997年1月	6:30—22:10	《延庆新闻》 《生活导航》 《今日农村》 《快乐调频928》 《欢乐正能量》 《工商进万家》 《大东说消费》 《检察在线》 《名家讲坛》 《百家书场》 《广播剧场》 《小说连播》	无
BTV 新闻频道 延庆时段	2003年1月	19:30—23:30 每天早中晚滚动播出三次	新闻类: 《延庆新闻》 专题类: 《一路平安》《绿色家园》 《妫川说法》《法庭内外》 《金盾之光》《延庆教育》	《妫川骄子》

续　表

频率频道名称	开办时间	播出时间	主要节目栏目设置	2014年新增节目栏目
BTV 新闻频道 延庆时段	2003年1月	19:30—23:30 每天早中晚滚动播出三次	《卫生新视野》《检察视点》 《水润妫川》《魅力新农村》 《妫川骄子》 服务类: 《天气预报》《消费风向标》	

节目栏目

2014年北京市属广电机构重点节目栏目简介

北京人民广播电台

《扫清雾霾，亟需创建绿色考评体系》新闻资讯类节目。北京交通广播FM103.9于2013年12月29日7点19分《今日交通》栏目中播出，时长8分06秒。该节目深入探讨"绿色考评体系"在企业、地方和政府三个方面缺失的同时，提出只有建立、完善绿色考评体系，才能避免中央指示沦为空谈，确保公众期待不再落空。节目播出后，市民和专家纷纷留言支持评论观点，表示这样具有顶层设计视角的建言体现了记者的专业性和前瞻性。节目获得第二十四届中国新闻奖二等奖。主创人员：程艳、戚天。

《协和医院：一台手术竟让患者开两次刀》新闻资讯类节目。北京新闻广播AM828《新闻2013》栏目于2013年7月5日18点20分首播，时长3分钟。该节目是独家新闻，报道协和医院内科大夫出于绩效考核等原因，诱导患者一台手术开两次刀的事件，于反常处选题、长远处立意，对监督医疗管理制度改革，缓和医患矛盾，具有推动作用。节目获得第二十四届中国新闻奖三等奖。主创人员：高翔、谢先进。

《B超神探——专访北京市"全国道德模范"候选人贾立群》新闻资讯类节目。北京新闻广播AM828《新闻天天谈》《精彩节目联播》于2013年9月15日12点20分播出，时长25分05秒。该节目介绍的是北京儿童医院超声科主任、全国道德模范贾立群的先进事迹。内容紧扣"诊室故事"，将"医患矛盾""儿科医生匮乏""专科资源不均"等问题揉在其中。展现了一位有血有肉的真实医生形象。该节目获得第二十四届中国新闻奖三等奖。主创人员：郭士荧。

《一路向北——探访"南水北调"》新闻资讯类节目。北京新闻广播AM828《北京新闻》《记者视线》《整点快报》于2013年12月23日—12月31日播出。该节目策划凸显了广播特色，以深入的人物采访和工程故事切入，避免陷入对工程技术本身的介绍，使节目更加鲜活可听。获得第23届北京新闻奖的组织策划奖。主创人员：罗湘萍、李哲勇、连新元。

《爱的梦想》专题服务类节目。洛杉矶1300电台、中国国际广播电台于2013年12月7日播出，时长24分06秒。2013年世界艾滋病日前后，北京人民广播电台结合"中国梦"主题创作了该节目，力图向海外介绍中国防控艾滋病领域的进步。节目通过采访看护艾滋病人的护士、"抗艾"民间组织创始人、艾滋病感染者等几条线索共进的方式，从全面立体的角度，为听众描绘了中国在面对艾滋病从害怕到坦然，从歧视到接受，从个体支持到全社会共同推动取得的巨大进步。节目获得第24届中国新闻奖国际传播类三等奖。主创人员：刘兴宇。

《让我陪你看夕阳》广播剧。北京文艺广播FM87.6于2014年5月首播，三集共86分钟。该剧讲述了在一个老年人社区里，社区主任如何面对千头万绪的老年人问题。创作的视角针对当下中国社会的老龄化现状，直面城市老年人面临的“空巢”等养老难题，描绘了“社区养老”这一中国城市切实可行的养老方式的美好愿景以及实现“社区养老”所遇到的重重困难。节目播出效果良好，收听率达到0.426%，市场占有率达到20.632%。节目获得中宣部第十三届精神文明“五个一工程”广播剧奖。出品人：席伟航；总策划：王秋；策划/制作人：邵军、李唯唯；责任编辑：徐然。

《激情赛场》赛事转播节目。北京体育广播FM102.5于2014年播出。该栏目是北京体育广播最具特色的拳头栏目之一，通过解说员在赛事现场或直播间对体育比赛过程的形象描述，使听众在第一时间全程了解比赛进展情况和比赛结果，以满足广大听众特别是体育爱好者对赛事报道的需求。2014年，节目在保持以往特点的同时，实现了传输质量的重大突破。该栏目是全国广播市场唯一长期坚持的赛事转播栏目，2011-2013年连续三年获得北京电台年度“名牌栏目”称号，并获得2010-2012年“北京广播影视奖”。主创人员：张晓亮、王异、林苑、杨晓轩、高阳程、彭舒阳、阎康乐。

北京体育广播《激情赛场》伦敦奥运会报道团队

《教育面对面》生活服务类栏目。北京城市广播FM107.3于每日19:00-20:00首播，23:00-24:00和次日7:00-7:30重播。该栏目是北京地区唯一一档与教育考试部门合作举办、集中为中小学生及家长提供365天不间断直播咨询的广播节目。2014年采取“广播直播+地面公益活动+网络多媒体融合+中高手册”四位一体方式进行跨媒体、多渠道、线上线下互动咨询服务，为受众权威解读，答疑解惑。节目突出服务性、权威性、实用性，成为北京教考政策发布和解读的平台，特别是在中高考考季更成为媒体信息源，被争相报道。主创人员：张延红、张铮、黄缘缘、杨阳、黄彦、王娟、高波。

《1039都市调查组》生活服务类栏目。北京交通广播FM103.9周一至周日20:00—21:00播出。该栏目是中国广播界第一档专门通过调查数据展示大众对于社会问题的态度并予以解读探讨的节目。紧紧围绕“都市生活的意见集散中心”这一主旨，以调查为核心，多媒体联动展示都市人群对于热点问题的看法。通过街头采访现场直击第一手的声音素材和多样观点；通过数据汇总受访人群的态度，通过性别、年龄、职业的交叉分析，更科学地展示数据；通过嘉宾的参与解读数据背后的动因，补充专业知识和系统观点；通过互动和网络视频聊天展示直播状态下听众对于数据的第一反应和即时意见。全年节目创收超过了五百万，成为了一档既拥有

北京交通广播《1039都市调查组》节目

收听市场又具有经营价值的品牌节目。主创人员：金盛博（盛博）、刘慧。

《老年之友》专题服务类栏目。北京爱家广播AM927周一到周日的14:00-15:00播出。栏目关注老年人生活的方方面面，为京城老年人提供精神、文化及养老服务帮助。栏目的口号是“关心上一代”，旨在为老年人传播新知识、新理念，并唤起社会对老年人更多的关注。节目深受老年听众的喜爱，在京城老年人中具有广泛的影响力。主创人员：芳华（石秀冬）、李戈（李弋戈）。

北京爱家广播《老年之友》节目

《体坛夜话》直播访谈类栏目。北京体育广播FM102.5于周一至周日21:10—22:30播出。栏目在专业权威的基础上，强调主持人与听众之间的良好互动，保持多方连线媒体同行并及时关注重大体育赛事。根据体坛热点，不定期邀请不同领域的知名人士交流畅谈；遇到重大赛事提前组织策划，成为球迷聊球、各抒己见、交换意见的后花园。在新闻事件的及时跟进和深度挖掘上，满足了听众了解体育事件过程和参与互动交流的需求，取得了较好的反响。2014年，栏目获得了北京电台“听众喜爱的名牌栏目”称号。主创人员：孟群、张晓亮、李轩、梁言、彭舒阳、高阳程、杨晓轩、王异、林苑。

《今晚拍案》专题服务类栏目。北京故事广播AM603于周一至周日20:00-21:00播出，时长60分钟。栏目通过记者采编、访谈方式讲述真实案例，在保证导向正确的前提下，突出及时性、生动性和现场感；下设律师说案、推理探案、首都法官热线、警情实录、首都检察之声、法援在行动几个子栏目。从2004年6月1日创立，已培养了一批忠实的听众。随着受众媒介接触行为不断发展变化，栏目开通微信公众帐号，每天更新内容，在传播法律知识的同时将各种年龄层次受众维系起来，取得了不错的效果。主持人：李雷。

《京城帮帮团》生活服务类节目。北京城市广播FM107.3于周一至周日10:00-11:30播出。栏目自2009年推出，内容涵盖生活资讯、物品交换、生活互助、征婚交友等生活内容，号召所有的人伸把手“大家帮助大家”，帮助求助者解决生活中的各种难题。求助成功率占到总数的85%左右，超过70%的听众都是老年人。栏目组还组织多项慈善公益活动，取得良好的社会影响。节目中的故事被《人民日报》《新华社》、中央电视台、《南方周末》《新京报》等多方媒体报道。主持人：湘麓、方明。

《行走天下》新闻谈话类栏目。北京交通广播FM103.9于周一至周日16:00-17:00播出。作为重点打造的一档新闻性谈话栏目，节目旨在满足受众特别是移动人群的深层需要，通过理性层面感悟世界变化，以积极的行走捕捉精彩人生，并在伴随状态下集聚网络力量。栏目积极整合网络、手机等多渠道的信息来源和传播符号，由专家型主持人和数十位权威嘉宾领衔的行走天下团队，开启受众智慧，引领舆论潮流，一系列有影响的活动还为听众和网友搭建起志愿公益平台。栏目获得2014年传媒中国年度十佳广播电视栏目；

作品《听鸟》获得北京新闻奖三等奖、2013年度北京市优秀广播电视作品评选一等奖、北京电台优秀节目评选一等奖和主持人节目展播最佳奖。主创人员：牛力、罗霄兵、延安、吴勇、刘甜甜、张楠等。

《小鬼当家》教育服务类栏目。北京外语广播AM774周一至周日17:30—18:00播出，时长25分钟。由主持人左文静和外籍嘉宾Susan搭档，定期邀请小嘉宾参与录制。栏目服务于5—12岁孩子的英语学习，制作形式为音视频共做。针对低龄学习者的认知特点，节目采用了多样化、趣味性、小板块、快节奏的制作方式。教学以歌曲，情景剧和故事为主线，寓教于乐，自开播以来深受小听众们的喜爱。主创人员：左文静、Susan。

《北京见义勇为人员　最高可获170万属全国最高》短消息。北京新闻广播AM828《整点快报》于2013年11月6日播出，时长1分30秒。北京市民政局发布相关消息后，新闻广播记者第一时间做连线直播，通过搜集各方资料，确认北京的奖励机制政策是全国首创，该短消息成为独家报道。从“北京见义勇为奖励金属全国最高”，这个角度来报道，除了有独家的优势，还引起更多关注，对其他省市起到示范引领作用。报道播出后，众多听众打电话咨询相关的政策，并表示出对政策执行情况的关注。获得北京人民广播电台年度好新闻评选短消息一等奖。主创人员：王劲清。

《〈一路畅通〉空地互联特别直播节目》生活服务类节目。北京交通广播FM1039于2014年8月20日播出，时长57分14秒。栏目组在东方航空公司载有WiFi系统的航班上搭建直播间，首次尝试飞行中直播，与地面直播间里的直播同步交替进行，实现天地对话。在为听众带来新奇体验式报道的同时，与参加节目的嘉宾以及广大听众围绕在飞机上上网的话题发表意见，对机载WiFi技术原理、国内外机载WiFi的发展状况、飞机上网安全、可能存在的隐患、航空公司机载WiFi的收费模式和发展前景、机上娱乐项目建设等问题进行了多方面的探讨。节目提前利用微信公众号发起投票讨论，制作片花提前节目进行预告，对市民进行采访，制作成音频在节目直播过程中播放，使内容更加丰满，增强传播效果。主创人员：园园、顾峰、嘉佳、郭炜、曹僖、赵亮。

（北京人民广播电台）

北京电视台

《北京新闻》新闻资讯类栏目。BTV北京卫视、BTV新闻周一至周日18:30并机播出，时长25分钟。该栏目是北京电视台最重要、收视率最高、影响力最大的新闻栏目；以“权威发布政策信息，悉心关怀百姓冷暖”为宗旨，以“准确、及时、严谨、规范”为目标；报道内容丰富、全面，报道角度贴近、有内涵；在追求时政新闻的严谨性、经济新闻的生动性、社会新闻的思想性的同时，不断扩大报道范围、延伸报道内容，给观众带来最便捷、最丰富、最关注、最有深度的资讯内容。栏目曾连续两年获得中国新闻奖一等奖，多次获得中国广播电视奖、北京新闻奖、北京广播电视奖等奖项。2014年北京地区收视率为6.56%，市场占有率稳定在20%以上。主编：陈楠、李光军；责编：谢小岩、石云、李晓军、崔菲；主持人：王晔、王小佳、杨硕、聂一菁、陆放、孙扬、李扬薇、邬晔纬。

《法治进行时》新闻资讯类栏目。BTV科教每天中午12:00播出，时长50分钟。该栏目以独特的新闻视角、“第一时间”的现场报道，解读真实、鲜活的法治案例；推出了众多家喻户晓的精品，打造了品牌化法治节目；具有新闻信息量大、节奏快的特点，在午间时段打造了第一时间发布、独家解读法治案件的信息平台。2014年，栏目通过4G回传技术，完成了多次时效新闻的播出抢发，进一步增加了栏目的时效。2014年年底，完成演播室的直播改造和新媒体的各项测试，充分做好直播的准备。该栏目的收视率、占有率和广告创收连续十年在北京电视台所有栏目中稳居前三位，全年平均收视率为4.55%。2014年，栏目荣获全国电视法制节目创优“全国十佳栏目”。制片人：陶继忠、钟南南、郭玉林、王丹；主编：刘井元、高颂东、葛宏鹏、王建国、马良、王卓、贾树杰、潘建华、潘旭、王旭东；主持人：王振龙、张富丽。

《最美和声》综艺益智类栏目。BTV北京卫视2014年4月19日至2014年7月12日，每周六21:08播出，时长90分钟。节目模式源于美国ABC电视台节目《Duets》，由北京卫视正式引进，该栏目也是经由国家广电总局

BTV北京卫视《最美和声》节目

批准的2014年第二季度全国唯一一档黄金时段播出的音乐季播节目。节目突破了常规的选秀模式，本着“极致专业化”“最高美誉度”的制作理念、传递“以和为贵”“以和为美”的情感主线，讲述真实存在的超级明星与有着音乐大理想的追梦者之间的故事。四位明星导师亲自聆听、帮助、寻找选手，通过与选手“和唱”的方式挖掘、培养中国流行乐坛的唱作新势力。节目开播第一期就创下北京卫视的收视纪录，播出时始终位列同时段收视排名全国第三位，成为2014年卫视大型音乐类综艺节目美誉度最高的节目。项目负责人：彭鹏；总导演：杜昉；主持人：栗坤。

《第三调解室》专题服务类栏目。BTV科教周一至周日20:53播出，时长50分钟。该栏目是北京电视台的一档法制类调解节目，是继《法治进行时》《大家说法》《现场说法》之后，科教节目中心的又一档王牌栏目。栏目主要以法律为准绳、以亲情为基准为全市人民的各类纠纷进行免费的人民调解工作，并录制节目。

BTV科教频道《第三调解室》节目

2014年，栏目组为全市百姓调解260多起案例，调解成功率在70%以上。2011年栏目组选送节目荣获2010–2011年度全国电视法制栏目创优评析谈话和故事类二等奖；2012年栏目组选送的节目荣获广播电视学会法制栏目十佳栏目奖；2013年荣获国家司法部评选的全国模范调解委员会；2014年荣获北京市司法局评选的北京市人民调解工作先进集体等。制片人/副

制片人：王壮壮、刘佳；主编：刘培根、孙诺、何国锋、文雅、苏宇；主持人：刘佳、张富丽。

《我是演说家》综艺益智类栏目。BTV北京卫视2014年10月4日至2015年1月24日，每周六21:08播出，时长90分钟。该栏目是中国原创的语言竞技类励志真人秀节目，从全国各地各行业多领域选拔出60多位擅长语言表达的精英选手，分为明星类、社会话题类、人生故事类、青春励志类、奇葩类和技巧类等，每位选手都有自己的突出个性和精彩内容。节目受众广泛准确，引发了不少社会性话题和全民思考。该栏目收视率位列省级卫视同时段第3位，是2014年北京卫视全国平均收视率最高的季播节目。2014年，该节目荣获2014—2015年度“广播电视创新创优栏目”称号，以及第五届中国电视满意度博雅榜卫视文教类十佳栏目称号。项目负责人：彭鹏；总导演：曹志雄；执行总导演：刘圣辰；编剧：侯昉；后期总导演：冀扬；主持人：栗坤。

《养生堂》专题服务类栏目。BTV北京卫视周一至周日17:25播出，时长60分钟。该栏目是北京电视台最具影响力的日播健康类节目，收视率和收视份额已经连续数年在省级卫视同时段节目中排名第一。栏目注重科学性和权威性，邀请的专家至少是三甲医院的主任医师。2014年，栏目组在互动环节和呈现手段上有所创新，策划制作了“古方今用”“老艺术家不老之谜”等有分量的系列节目，对于第二嘉宾的选择、道具的使用，都较以往有所突破。该栏目把目标观众锁定为对健康知识有强烈需求的中老年观众，贴身打造“有营养”的节目，获得业内肯定。栏目多次获得“全国广播电视优秀栏目奖”“全国健康品牌栏目”“中国最具品牌价值电视栏目”等奖项。主持人：刘洪悦、刘婧；分管主任：张丽；副制片人：华剑雄、王泓；主编：王孜、刘哲、赵菲菲；编导：王骞等；后期：段铮等；制片：陈静等。

《特别关注》新闻资讯类栏目。BTV北京卫视、BTV新闻频道周一至周日12:00并机播出，时长58分钟。该栏目是一档以民生新闻为特色的综合性新闻栏目，自2000年11月16日开播以来始终坚持“关注社会发展、贴近百姓生活”的宗旨。力求用特快的速度、特别的视角、特色的电视手段，突出时效性、地域性、服务性的特点，致力于关注民生、反映民生、促进民生问题的解决。栏目在北京地区一直拥有较高的收视率和占有率，长期位居全国卫视午间时段收视排名第一，并多次获得中国广播电视奖、北京新闻奖、北京广播电视奖等奖项。2014年7月，推出的子栏目《寻找老街坊》，勾起了很多老北京人对老胡同、大杂院的回忆；展现互帮互助、和谐融洽的邻里关系，大力弘扬社会主义核心价值观。主编：赵欣、李颖、段忠俊；责编：尧弘、申京辉、陈军、王欢、王苒、方园；主持人：桑朝晖、曹一楠、赵彬彬、王巍、范奕。

《每日文娱播报》综艺资讯类栏目。BTV文艺频道周一至周日18:45播出，时长45分钟。栏目自2002年创办以来，一直把“文化价值发现者”作为栏目口号，坚持“文化彰显品味”的理念，坚决摒弃低俗报道，抵制虚假新闻，始终坚持客观、真实、及时的新闻观，坚持为观众奉献健康、清新的文娱节目。栏目全力打造《独家对话》《播报大调查》两个重磅板块和周末特别策划，成为2014年的收视高点。2014年全年平均收视率为1.92%，同比增长30%，4月25日收视高达3.66%。栏目曾两次入选全国电视文艺“百家奖”，获一等奖和三等奖，还获得北京市广播影视奖、北京市优秀广播电视奖等奖项。副制片人：杨行；主编：常群、徐立、贾乃锐、孟玉、蒋超；策划：王春华；主持人：陈晨、向真、陈阳、陈竞、赵韦至。

《谁在说》专题服务类栏目。BTV青年频道周一至周日19:30首播，时长55分钟。该栏目是一档以当事人真实讲述，结合专家分析调解为表现形态，关注青年人心理状态、精神状态与情感生活的大型访谈节目；以解决青年人情感诉求、化解家庭矛盾为宗旨，以引导年轻人建立正确的世界观、价值观为己任，旨在构建年轻人与社会、同辈、父辈的沟通交流平台。节目注重人文关怀，所体现出的情感张力、思想厚度和社会价值得到广泛认可，达到启发年轻人、教育年轻人、服务年轻人的目的。2014年度平均收视率1.79%，在青年频道中排名第一。制片人：孔曼莉；总策划：张建强；副制片人：刘喆；责编：马光辉；主编：吴燕、冯可辉；主持人：王芳、孔曼莉；专家团队：王为念、陈旭、王建一、施钢、胡邓、霍明亮。

《生活2014》生活服务类栏目。BTV生活频道周一至周日18:30播出，时长90分钟。该栏目是北京地区最大体量日播民生新闻栏目，以民生为本，秉承平民视角，关注民生百态，不夸大负面问题、渲染负面情绪，倡导健康积极价值理念，促进社会进步和谐。栏目在政府和公众之间搭建平台，以专业机构为依托，以志愿团队为支持，发起生活微行动系列，倡导共建北京。2014年，栏目收视率为1.64%，在中国电视欣赏指数生活类节目中排名第一，荣获“全国具有市场价值电视民生栏目”奖、《综艺》年度节目之“年度频道地面节目”奖，制片人高燕在2014（第三届）中国广播电视民生栏目创新峰会上获得“全国广播电视民生栏目影响力制片人”。制片人：高燕、刘春艳；主编：汤军军、霍毓峰、张璐、于莉、吕军、张楠、杨苗；主持人：高燕、吴冰、阿龙、李向显、秦天；责编：张燕民等。

BTV生活频道《生活微行动》

《北京您早》新闻资讯类栏目。BTV北京卫视、BTV新闻周一至周日7:00并机直播，时长120分钟。栏目于1991年7月30日开播，是国内开播最早的一档早间电视新闻节目。立足首都，放眼全球，荟萃国际、国内、本市新闻，快节奏、大信息地向观众传播最新的新闻资讯，每天为京城百姓提供一道最早的新闻大餐，以实现“昨天的新闻我们报道最全，今天的新闻我们最早发现，新的一天从《北京您早》开始”的传播理念。栏目在全国同时段电视节目中收视率和市场份额一直稳居双第一。2014年，北京地区全年平均收视率1.73%，排在同时段首位。主编：马迟、黄广、赵欣、田刚；编辑：王金春、王延军、李铁牛、赵静、李娜、李艳丽、王怡、王大伟、刘坤、杨蔚莨、王亦鹏、闫彩荣；主持人：孙扬、李杨薇、西鸥、天旭、陆放、张默、张伟、邬晔玮。

《庭审纪实》纪实类新闻专题栏目。BTV科教每周六、周日13:44播出，时长50分钟。该栏目是由北京电视台与北京市高级人民法院合办的一档纪实类法制专题栏目，旨在以直播或准直播方式记录北京各级法院审理重大案件的庭审过程，深入探访当事人的庭外境况，就庭审中的法律问题进行解读，普及法律知识；突出“现场意识”理念，打造北京电视台唯一的庭审直播平台。栏目2014年平均收视率1.49%，全年平均收视份额9.6%，被评为2014年度北京电视台优秀栏目。栏目制作的“歌手李代沫涉毒案庭审纪实”荣获2013-2014年度全国电视法制节目创优评析获专题纪录片三等奖。制片人、出镜记者：王晓；主编：安天宇；编导：郭瑾辉、王蕾、段欣然；导播：朱然。

《选择》生活服务类栏目。BTV生活频道周一至周五21:41播出，时长45分钟；周六、周日21:39播出，时长60分钟。该栏目本着“真实信息，真心服务”的宗旨，为广大单身人士搭建婚恋交友平台，为百姓解决婚恋交友难题，通过专家解析、入户调查等方式，对处于情感困惑中的嘉宾进行帮扶。该栏目是北京电视台最受欢迎的婚恋交友类情感谈话栏目，在北京地区有着良好的口碑和巨大的社会影响力。2014年，《选择》栏目在生活频道收视率稳居三甲之列，北京地区同时段周一至周五排名第3，周末排名第5。制片人：祖思邈；主编：李雨莎、王青山、马乐博、韩康；主持人：王芳、阎品红；专家团队：王为念、马健、王颖、施钢、王建一、苏芩等。

《春妮的周末时光》文艺专题类栏目。BTV文艺频道每周六19:35分首播，时长70分钟。该栏目是北京电视台文艺频道推出的首档以主持人命名的栏目，以徐春妮的家为核心元素打造的首档大型全景式戏剧访谈节目。春妮以女主人的身份邀请各界明星好友来“家”中做客，以各个领域中的明星代表为嘉宾阵容，围绕亲情、友情、爱情等话题进行轻松聊天，并穿插才艺表演，营造居家氛围，寻找情感共鸣，向社会传达“正能量”。2014年，栏目平均收视率1.46%，名列文艺频道周播节目第一名，连续3个月获得中心颁发的收视超标奖，获得北京电视台优秀栏目奖、第五届中国电视满意度博雅榜地面频道娱乐类十佳栏目称号。制片人：李雪萍；主编：徐春妮、杨慧颖；责编：吕峰；编导：张索、李扬、刘昕冉；制片：时大蕾。

《身边》新闻专题类栏目。BTV北京卫视每周三22:00播出，时长50分钟。该栏目是北京卫视推出的一档道德建设类节目，以首善媒体的担当，展现高品质的纪实节目题材，彰显出北京卫视作为首都媒体的责任感和使命感。栏目讲述发生在百姓身边的好人好事，展现医生、警察等普通劳动者，为保障人民生命财产安全无私奉献的职业精神，以及普通百姓之间一方有难、八方支援人间真情，树立平凡而伟大的道德楷模。2014年，栏目在全国同时段收视率最高达0.99%，占有率4%，本地同时段收视最高达4%，占有率14%；多次蝉联同时段省级卫视排名第一。栏目组打造的季播节目《生命缘》社会反响强烈，荣获2014-2015年度“广播电视创新创优栏目”和TV地标（2014）中国电视媒体综合实力奖。制片人：邵晶、王璐；编导：李潇、马婷、韩靖、刘书含、储光照、陈梦圆、高笑冉、王彦、秦晓明、张飒飒、李小龙等；主持人：李杨薇。

《拍宝》访谈类栏目。BTV财经频道周六、周日22:00播出，时长50分钟。该栏目兼具趣味性、知识性，以弘扬中国传统文化作为基础，通过介绍古代、现代瓷器、字画、玉石以及众多艺术品的前世今生，让受众者了解更多中国传统文化的精髓。节目形式诙谐轻松，京味厚重，互动性强，出镜藏友全部来自现场海选，不教台词，现场发挥，摒弃设计的痕迹，呈现原汁原味。2014年，《拍宝》栏目组携手专家团队走基层，为收藏爱好者们举办了多场大型公益艺术品鉴定会以及公益艺术品知识讲座，备受艺术品收藏爱好者青睐。制片人：陈啸；策划：昆宝军；统筹：朱铭；主编：张洋；编导：曹辰、刘超、昆明；外联：何蕾、赵辉、符旭；主持人：陈啸、李然。

《足球100分》专题类访谈类栏目。BTV体育频道周一19:35播出，时长105分钟。该栏目是北京电视台体育节目中心唯一一档涵盖足球新闻专题与评论的大型直播节目，立足北京，辐射全国，围绕足坛焦点赛事、风云人物、技战术分析、球迷故事，采用主、分演播景区，以访谈、播报及专题片相结合的方式展开焦点热议。栏目力争还原事件之根本,实现纵深调查和深度分析报道，突出专业性和权威性，重点围绕北京国安这支本土球队以及国内联赛展开追踪报道。栏目深受北京球迷喜爱，全年平均收视率为1.2%，最高为2.89%；多次获得北京市和中国体育电视节目创优评析奖。制片人：曹晓磊、张洪；主编：李京海、韩柏、贾天宁、刘瑜；编辑：王洋、潘文峰、云笛、朝乐萌、李克、张晓龙、张娟、张雪冰、任阳；摄像：于伟、吴一丁，主持人：魏翊东、陆姝。

《卡酷动物园》科普综艺类栏目。BTV卡酷少儿频道周四18:00播出，时长30分钟。该栏目是卡酷少儿频道唯一一档以动物知识为主题的少儿科普类综艺节目，以孩子与动物互动为手段，采用测试、实验、游戏等多种展现方式，集娱乐性与科普性为一身，为青少年传递大量富有趣味的动物知识。2014年，栏目全年分为三种形态：动物全明星、动物星球（暑假特别节目）、动物冒险家。在北京地区的核心收视人群（4–14岁）中，三种节目形态收视率分别为3.71%、2.72%、2.25%。主创人员：制片人：刘强；主编：程序、范洋；编导：徐伊然、王晓宁、马迪、王亦石、梁超、蒲晶晶；制片：谭启华；统筹：李涛；主持人：瘦不了（刘一男）、阿炯（黄琨）、彩虹（赵舒婷）。

《书香北京》专题服务类栏目。BTV青年频道每周六、日22:10播出，时长45分钟。从2010年创办至今，栏目已播出近500期，邀请近千位各界名家，向广大电视观众推荐了一千多本好书。栏目以书为载体，以热点话题切入，邀请各界重量级嘉宾，以讲故事的方式，围绕书的核心价值进行深度解读，让更多的青年朋友爱上读书，体会到知识带来的力量，以读书来陶冶情操、修养身心、感知美好、领悟人生，从而获得精神的享受和人格的提升。栏目开创电视读书栏目新气象，成为业界最具有影响力电视读书媒体领航者。2014年，栏目组荣获北京市“三八红旗集体”称号，北京电视台“优秀栏目奖”和北京市“最美慈善义工提名奖”。制片人：吴玮；主编：吕楠、白钢；编导：张雪奇、周清青、王洋、陈立一、段静欢、顾云鹏、佟美佳、马潇；主持人：姜华、李文文。

《财富晚间道》专题类栏目。BTV财经频道周一至周日22:25播出，时长60分钟。栏目汇集大量丰富、精彩的财经知识，通过鲜活案例，解读财政政策，引导观众理性消费。2014年，栏目增加《道道来帮忙》小板块，邀请专家为各位藏友答疑解惑，帮助解决收藏过程中遇到的实际问题，获得观众好评。栏目平均收视率保持在0.84%左右，收视份额位于频道前三甲，北京地区同时段排名第四位，获得2014年北京电视台优秀栏目称号。主创人员：赵文涓、韩梅、李亚红、袁斐、李天荣、郑丹婷、杨盛。

《纪实天下》电视纪录片。BTV纪实频道周六21:40播出，时长30分钟。该栏目是纪实频道唯一的一档完全自主版权、创作的纪录片栏目，通过发现当下社会、现实生活中一个个鲜活人物的别样生活，用纪录、纪实的视角和方法，追踪故事，展现情怀，关注命运；通过讲述不同人物的“中国梦”，串联成当今中国的时代群像。2014年，《纪实天下》栏目平均收视率为0.07%，成为纪实频道收视率排名第一的栏目。栏目制作的《龙泉寺的网络故事》获得“2014年中国镇江西津渡国际纪录片盛典”短片“玉山奖”，并入围2015年半岛国际纪录片节。栏目在“中国电视纪录片盛典”评选中荣获“中国电视纪录片十佳栏目”。制片人：张洁；编导：闫伟、李畅唱等。

（北京电视台）

北京北广传媒数字电视有限公司

《爹妈有话说》社会教育类栏目。优优宝贝频道播出，每周两期，每期30分钟。栏目从80后、90后父母感兴趣的话题中萃取出“热点话题”和“正反观点”两个核心关键词，请年轻的父母们与权威专家分别对争议性热点、难点的育儿话题展开正反两方面激辩。栏目与其他电台、杂志、报纸、网站等母婴专业媒体建立起长期、深入的战略合作关系，以国内第一档启蒙（教育）思辩类节目的号召力和领先传播力，形成了强大的多触角、深层次的广泛影响力。主创人员：栗小农、黄磊、张元涛、曾梦蓝。

《钓点大对决》综艺益智类栏目。四海钓鱼频道播出，每周一期，每期25分钟。栏目选取两位钓友以游钓的方式进行钓鱼大对决，比赛双方通过当地钓友的帮助来赢得最后的奖品。栏目在全国范围内组织钓友活动，加大频道品牌的宣传范围，扩大影响力。采取线上节目宣传、线下活动营销的经营方式，通过频道APP，形成节目播出与植入产品的互动营销。在增加订购率的同时，发展线下实体产业，为实现频道盈利和发展做了有益尝试。主创人员：马勇、张元涛、于海。

《真情手递手》人物访谈类栏目。数字电视《北京之窗》、京视剧场频道播出，每周一期，每期30分钟。该栏目是一档以展现人物励志故事，帮助困难群体获得福彩公益金资助为宗旨的公益人物演播室访谈节目。自2011年2月18日正式开播以来，已形成公益人物、组织宣传与公益金帮扶相结合的特色。截止到2014年底，栏目累计报道过的公益组织和励志人物近200个，共计代发福彩公益金近70万元，帮助50余位困难对象实现真情心愿。总制片人：梁自珍；制片人、主编：王彤羽；编导：王丹、李茜茜；主持人：张洁。

数字电视《真情手递手》栏目

（北京北广传媒数字电视有限公司）

北京北广传媒移动电视有限公司

《我在北京挺好的》专题服务类栏目。该栏目是2014年移动电视推出的一档全新节目，通过采访在北京工作、学习、生活的典型代表，生动展现他们在北京生活、工作及学习的情况，讲述他们克服挫折的经历，他们对北京这座城市的感情，对这座城市经济、文明发展的奉献和付出以及他们对未来的期许等。栏目自开播以来，通过一期期人物的生动展现，源源不断地向受众传递正能量，弘扬真善美。主创人员：张楠、王蓥、王琛、刘军、池冰、李信扬。

移动电视《我在北京挺好的》栏目

《将环保进行到底——你我身边的环保达人》专题服务类栏目。北京移动电视6:00—23:00播出，每期5分钟。栏目内容涉及绿色出行、节能减排、污水处理、循环利用等方面，拍摄对象既有环保领域的专业人士，又有热衷于环保的普通市民。栏目除了突出这些环保人士的环保意识、推广环保理念外，更重要的是将他们的环保方法和妙招向大众进行推广，从而通过宣传这些具有可操作性和可效仿的环保方法，让环保真正走进千家万户。自开播以来，栏目组接到许多观众的热线电话，对节目内容表示赞赏，并热心提供拍摄线索。在收获观众赞誉的同时，该栏目也获得了专业上的认可，栏目的代表作《胡钧的低碳小屋》，获得北京市广播影视奖的电视新闻类优秀作品，和第23届北京新闻奖一等奖。主创人员：张楠、王蓥、隗炜、曲丽、孙宇。

《秀逗爱生活》欢乐极短剧。北京移动电视6:00—23:00播出，时长5分钟。根据移动电视《前瞻分析报告2012》，除新闻资讯类节目外，幽默短剧类节目是移动电视受众的第一大偏好内容。欢乐极短剧《秀逗爱生活》应运而生。该剧结合了移动电视及其他户外新媒体的收视特点，区别于市场前流行的幽默短剧模式，避开语言类包袱，采用夸张的表演及后期字幕及包装的形式，将欢乐递送到受众身边。主创人员：张楠、王蓥、庞朔、王琛、孙宇、宋若微、侯超。

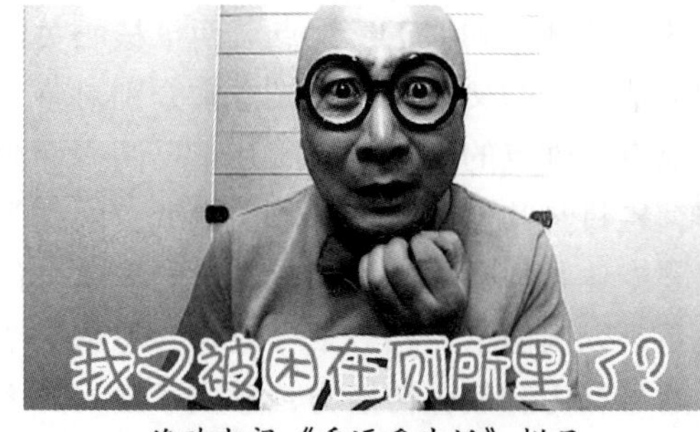

移动电视《秀逗爱生活》栏目

《百姓就业》专题服务类栏目。北京移动电视6:00—23:00播出，时长5分钟。该栏目由移动电视与北京市人力资源和社会保障局合作打造，并于2014年6月30日进行全新改版。改版在兼具之前节目服务性的基础上，增强可视性及实用性。改版后的《百姓就业》栏目分为四大节目和一个固定板块，即新闻专题、人物专题、互动类节目、职介活动特别节目加上服务信息类板块《招聘信息》。栏目采用四种形式轮换播出、招聘信息固定播出的方式，从不同角度、不同方面为百姓提供切实地服务。主创人员：张楠、王莹、赵韫、宋若微。

《**饭饭团**》专题服务类栏目。移动电视公交频道7:00－9:00、17:00—18:00播出，时长3－5分钟。该栏目是移动电视推出的一档展示美食、分享美食的节目百姓参与是一大特色。节目以参与免费试吃的观众为主角讲述用餐感受，《饭饭团》节目中出镜的观众，均来自于参与“饭饭团免费品大餐”活动的美食达人。他们热爱美食，乐于分享，让节目充满亲近感，而线下的选拔和线上展示的有机结合以及为广大观众持续提供免费试吃机会，让节目具有广泛的群众基础，得到高度关注。主创人员：张楠、闫新疆、孙为、孙宇、侯超。

《**悠悠团**》专题服务类栏目。北京移动电视7:00－9:00、17:00—18:00播出，时长3分钟。栏目的创办宗旨是“免费带观众畅游北京，悦享生活”，从参与体验的观众视角出发拍摄。栏目实施“体验式营销方式”的战略选择，通过关注受众的真实综合体验，实施体验营销策略，为受众打造符合他们收视需求的电视节目，从而进一步体现电视节目的“三贴近”原则。栏目成为移动电视热心观众的俱乐部，是为观众打造的长期、温暖的精神家园。主创人员：张楠、闫新疆、李敬、侯超、孙宇。

《**整点播报**》新闻资讯类栏目。北京移动电视6:00－23:00逢整点播出，时长5分钟。栏目前身为北广传媒移动电视集成类新闻栏目《新闻资讯》，经多次改版，于2011年7月25日正式更名为《整点播报》。该节目每天7档（含更新档），全天共播出15次，是移动电视力推的自制节目之一，集时政、民生、生活、娱乐、趣闻、自制新闻为一身。该栏目充分利用北京各大媒体新闻资源，从服务的视点出发，为移动人群快速准确地提供最新的新闻报道和实用的服务信息。主创人员：张楠、王莹、曲丽、杨帆、魏丹、张妍、孔源源、于雪颖。

（北京北广传媒移动电视有限公司）

北京北广传媒城市电视有限公司

《**城市播报**》新闻资讯类栏目。北广传媒城市电视播出，时长3分钟。栏目以“好看、实用、服务”为特色，结合新媒体户外播出的特点，选取每日各类新闻资源中的重大新闻事件、重要资讯信息，第一时间发布，随时更新，全天高频次滚动播出。在内容编排上，每条新闻都控制在15秒左右，更适合户外短暂收视。主创人员：姜丽红、闫颖、王阳、于波。

《**体育新闻**》新闻资讯类栏目。北广传媒城市电视播出，时长2分钟。该栏目是一档全新的集成类体育节目，内容丰富，浓缩当天最重要体育消息，配以标题提示版，让受众在最短的时间内了解体坛重要资讯。主创人员：马磊、孙齐、 李兴国。

《**实时财经**》新闻资讯类栏目。北广传媒城市电视播出，时长1分钟。栏目以短、频、快的方式，传递当天最新的股市、汇率以及最热的国内外焦点经济事件，金融新闻等，是一档符合城市电视传播特色的综合资讯类栏目。栏目所有信息数据均第一时间来源于具有公信力的金融网站。主创人员：马磊、孙齐、李兴国。

城市电视《实时财经》栏目

《新闻万花筒》新闻资讯类栏目。北广传媒城市电视播出，时长3分钟。该栏目是城市电视与中国新闻网联合制作的一档集纳全国各地以及海外软性新闻、奇闻趣事，风格平实轻松的视频新闻节目。节目依托中国新闻社及其旗下中新网遍布国内各省区市及港澳台、北美、欧洲、东南亚等地的采集网络，内容主要涉及新奇趣闻、人物故事、社会民生、文化娱乐、八方风俗等，展现世间万象、社会人文和时代发展。主创人员：齐玥。

《演艺罗盘》生活服务类栏目。北广传媒城市电视播出，时长10分钟。该栏目是城市电视与北京市文化局合作推出的一档文化信息服务栏目，是京城新媒体中唯一一档专门介绍文化演艺资讯的节目。节目以公益性为宗旨，服务首都文化市场和百姓文化生活。主要围绕北京文化市场，以视频、图片、文字等多种形式相结合的方法，将首都丰富的文化演艺信息详细、全面地介绍给广大观众，营造首都浓厚的文化氛围。主创人员：巫菁菁。

城市电视《演艺罗盘》栏目

《光影大视界》生活服务类栏目。北广传媒城市电视播出，时长2分钟。该栏目是一档内容简单精干、实用性强的“观影指南”节目，每期内容为即将上映或正在上映的热门电影；包含影视剧故事的梗概、精彩看点、片场花絮、主创专访以及量化的指标推荐。主创人员：杨挺磊。

（北京北广传媒城市电视有限公司）

北京北广传媒地铁电视有限公司

《十分开心》动漫类栏目。2011年5月16日开办，时长5分钟。作为最“疯”的超级减压动画爆笑节目，适合各个年龄层的观众收看。动画主持人脱口秀全新演绎，包括最雷人笑话、网络爆笑话题、动画大片，为观众奉上一份最幽默、最开心的电视精神快餐！主创人员：王东、田甜。

《潮流现场》生活服务类栏目。2011年6月27日开办，时长5分钟。该栏目是一档全新的综合性生活服务类、消费指南类电视节目，紧密围绕都市生活群体日常消费领域，提供全面资讯服务。主创人员：俞冬慧、陈园园。

《剧情推动力》生活服务类栏目。2011年9月18日开办，时长5分钟。该栏目是与北京电视台联合推出的一档节目，作为剧谜们了解电视剧的窗口，抢鲜播出新剧的精彩看点，成为观众与电视剧之间互动的平台。主创人员： 武丰群。

地铁电视《剧情推动力》栏目

《小羊肖恩》动漫类节目。2011年12月23日开播，时长5分钟。该栏目是一部动画幽默哑剧，讲述了小农场上一只机智幽默的小羊肖恩和伙伴们的疯狂故事。该节目无厘头式的英式幽默和对后工业化时代西方写意的田园生活的设定，有成为具有中国影响力的“都市休闲文化符号”的潜力。主创人员：周文、陈园园。

《生活一点通》生活服务类栏目。2011年5月16日开办，时长5分钟。该栏目记录百姓生活小发明、小窍门，通过快乐家庭的日常生活一一展现，使观众在轻松诙谐的家庭气氛中，便可学到简单实用的生活窍门。一个个奇思妙想，让生活充满幸福快乐；一个个新法窍门，让生活变得趣味无穷。最新的生活方式、最快乐的生活感受，尽在《快乐生活一点通》。主创人员：谭中莹。

《微电影》短剧类栏目。2012年5月28日开办，时长5分钟。该栏目是地铁电视2012年引进的一档全新节目，节目创造性地采用了时下最新颖、时尚的“微电影”形式，题材朴实无华、感人、公益性强、具有平民化、大众化的视角，适合在移动状态和短时休闲状态下观看。其内容融合了幽默搞怪、时尚潮流、公益教育、等主题，有的为单独成篇，也有的为系列剧，内容丰富，更新量大。主创人员：李超、陈园园。

《评影不离》生活服务类栏目。2013年6月3日开办，时长5分钟。该栏目是风行网制作并推出的原创电影评论栏目，一周两期，评点世界范围内的热映电影。每期节目以一部近期热映电影作为评述对象，介绍电影剧情，评点电影创作，为观众提供最客观的观影指南。主创人员：吕阳。

《教育新闻》生活服务类栏目。2014年4月22日开办，时长2分钟。该栏目是一档和市委办局合作推出的教育类节目，一周两期，为公众提供教育资讯信息。主创人员：杨志涛。

《身边的好学校》生活服务类栏目。2014年5月5日开办，时长3分钟。该栏目是一档和市委办局合作推出的教育类节目，每周一期，通过这档节目把好的学习资源进行宣传，介绍身边好的中小学校，给公众提供教育类资讯。主创人员：杨志涛。

地铁电视《身边的好学校》栏目

《开心速递》综艺类栏目。2013年8月12日开办，时长3分钟。节目内容来源于国内外知名视频网站热门搞笑及特色视频，主要分为幽默搞笑、牛人特技、宠物萌宝、疯狂体育等几个方面。在地铁电视9000块屏幕上全天播放8次以上，收视率达90%以上。乘客们普遍认为该栏目轻松活泼，能够有效缓解出行压力，受到广大乘客的好评。主创人员：马婧、苏妍。

（北京北广传媒地铁电视有限公司）

2014年北京市区县广电机构重点节目栏目简介

北京市朝阳区广播电视新闻中心

《朝阳新闻》新闻资讯栏目。1995年1月开播，BTV－9每日19:32首播，时长30分钟。栏目始终坚持于与朝阳区委、区政府保持一致，坚持正确的舆论导向，坚持“三贴近”原则，关注民生，关注生活，全方位，低角度，积极探索从会议挖掘有价值的新闻事实，朝着反映政府声音、满足百姓需求的方式不断转变报道形式和风格，取得可喜的成绩。

（北京市朝阳区广播电视新闻中心）

北京市海淀区新闻中心

《海淀新闻》新闻资讯栏目。BTV新闻频道海淀时段、海淀数字频道每日19：30播出，时长15分钟。该栏目是海淀区新闻中心的主打电视新闻栏目，多年来始终坚持把握正确的舆论导向，围绕区委、区政府的中心工作，宣传全区经济和各项社会事业的发展与成就，及时报道老百姓关心的热点问题，有着良好的社会声誉。

《创新中关村·核心区》新闻专题栏目。BTV新闻频道海淀时段、海淀数字频道每周三晚20：00播出，时长15分钟。该栏目由海淀区新闻中心与海淀园管委会联合主办，是全面反映、深度报道和权威发布核心区及中关村海淀园的建设成就、最新资讯的综合性专题栏目。该栏目记录核心区发展历史、宣传核心区建设成就、弘扬核心区创新文化、展示核心区时代风采，为核心区及海淀园的建设发展营造了良好的社会舆论环境。

《文明风尚汇》生活服务类栏目。BTV新闻频道海淀时段、海淀数字频道每周一至周五晚19：50，时长10分钟。该栏目是海淀区新闻中心为深入贯彻落实党的十八大精神，践行社会主义核心价值观，弘扬海淀区文明风尚，于2014年年初开办的一档社教类栏目。栏目通过“今日来播报、点赞正能量、欢欢来纠错、礼仪来知晓”四个板块轮流组合播出，宣传海淀道德模范、北京榜样和各个岗位的先进人物，弘扬正能量，促进海淀区更加文明、和谐地发展。

《警方在线》BTV新闻频道海淀时段、海淀数字频道每周日晚20：00播出，时长15分钟。该栏目是一档警法类电视节目，包括“警方新闻”“本期视点”“治安播报”等多个版块，是海淀公安服务群众、展示人民警察良好形象的一扇窗口。该栏目通过一个个鲜活的案(事)件的报道，一个个治安案件的预警提示，深入浅出地向观众剖析违法犯罪成因，揭露违法犯罪手段，传播抵御违法犯罪活动，得到了广大观众的认可和喜爱。

（北京市海淀区新闻中心）

北京市丰台区广播电视中心

《丰台新闻》新闻资讯栏目。1986年12月开播，BTV新闻频道及丰台有线803数字频道周一至周六19：36首播，时长15分钟。该栏目旨在展现丰台发展，关注社会热点，及时发布丰台时政、经济、社会、文化、民生等最新资讯。2014年，《丰台新闻》围绕丰台区重点工作和百姓关注的大事小情，积极进行新闻宣传报道，展现了丰台的发展成果，展示了丰台百姓的火热生活。新闻专栏“发现丰台之美”“最美丰台人”等，呈现丰台的景色美、人物美。全年共播发新闻2200多条，时长4560分钟。

《南城人物》人物专题类栏目。2014年4月7日开播，BTV新闻频道及丰台有线803数字频道周一20：10首播，时长15分钟。该栏目以发生在主人公身上的重要事件、取得的重要荣誉为切入点，采用纪实、专访的手法，讲述了丰台各界先进人物平凡而真挚的故事，塑造了可亲可敬的南城人物形象。栏目给丰台人搭建了一个展示个人能力、彰显丰台文化、丰台形象的平台，并且把丰台之美延展到画面上、延伸到故事中，展现给观众一个繁荣、文明、发展、幸福的新丰台。栏目一经播出，受到社会各界的广泛关注和好评。

《在身边》专题服务类栏目，2014年8月5日开播，BTV新闻频道及丰台有线803数字频道周二20:10首播，时长15分钟。该栏目是一档植根普通百姓生活，注重平民视角，展现平民智慧的节目。该栏目以“贴近”作为重点，强化服务功能，用故事化的表现手法反映人民群众生活中的喜事、乐事，解决百姓的难事、烦事。栏目解读百姓心声，传播生活常识、报道新鲜资讯。突出了“服务、好玩、好看、实用、亲民 、互动”的风格。栏目同时在优酷、搜狐视频、土豆、微信等新媒体上进行二次传播，达到了更好的传播效果。

《丰台消防》社会专题栏目。2014年1月开播，BTV新闻频道及丰台有线803数字频道隔周四19:53首播，时长15分钟。该栏目以宣传防火常识，提高百姓防火意识，展现基层消防官兵的生活和风采，介绍各个基层消防中队的建设亮点，报道丰台区消防支队的消防夜查行动为主要内容。栏目贴近生活、贴近百姓，现场感强。提高受众的防火意识，增加受众的防火知识。

《法治风景线》专题服务栏目。2014年5月开播，BTV新闻频道及丰台有线803数字频道隔周三19:53首播，时长15分钟。该栏目是丰台区广播电视中心与丰台区法宣办合办的法制类栏目，分为“法治视界”和“法治导航”两个部分。栏目中的专题片展示丰台区司法工作的成果，栏目剧再现生活中的真实案例，访谈深度解读热门法律知识。栏目着眼于丰台区法制宣传教育工作重点，健全完善社会普法教育机制，丰富宣传载体和形式，强化普法工作效果。栏目提高市民学法、遵法、守法、用法的意识和能力，弘扬法治精神，树立法治权威，推动法治社会建设，促进社会公平正义。已播出11期，收到了良好的宣传效果。

（北京市丰台区广播电视中心）

北京市石景山区广播电视中心

《百姓诵读》专题服务类节目，2013年开播，石景山有限804数字频道每周六20:00播出，每周日7:30重播，时长12分钟。该栏目是品牌栏目《百姓系列》的子板块之一，立足区域实际和百姓需求，特色突出、艺术水准较高。通过邀请石景山区诗歌朗诵爱好者在电视荧屏上以诵读的形式播出老百姓耳熟能详的优秀作品，在弘扬传统文化的同时，抒发对祖国大好河山的赞美和对百姓幸福生活的热爱。栏目坚持百姓参与，传递美的感受。

《法治聚焦》法制专题类栏目。2009年开播，北京电视台BTV公共·新闻频道石景山时段，石景山有限804数字频道每周四20:10播出，每周五8:10、13:10重播，时长15分钟。栏目主打板块有“直击现场”“举案说法”“法在身边”“法治人物”“警情提示”等。栏目以普及法律、推进法制建设、维护公众合法权益为宗旨，注重法、德、情的融合，展现政法战线的风采与业绩，突出本地特色，为全区经济社会发展营造良好法治环境。2014年栏目改版后，其鲜活及时、贴近百姓的风格深受观众喜爱。

《记者视线》新闻专题栏目。2001年开播，北京电视台BTV公共·新闻频道石景山时段、石景山有线804数字频道每周一至周五19:54播出，时长15分钟。栏目以记者深入一线的采访报道为出发点，通过独特视角，对新闻事件进行深入挖掘和点评。2014年，播出大量涉及教育、文化、医疗、体育、社区街道等领域的实时报道，并对众多重点事件及百姓关注的热点话题进行分析与解读。栏目曾获北京市广播影视奖优秀电视栏目奖。

（北京市石景山区广播电视中心）

北京市门头沟区广播电视中心

《门头沟新闻》新闻资讯类栏目。BTV公共·新闻频道门头沟时段每日19:34，时长15分钟。该栏目以门头沟区中心工作为宣传重点，坚持正确舆论导向，弘扬主旋律，坚持“三贴近”原则，关注民生，服务大局，全面、及时、准确报道发生在本区的新闻事件。该栏目是门头沟电视台收视率最高的一档新闻节目。主创人员：苏燕平、胡金旺、刘越、吴南囡。

《视点关注》专题服务类栏目。BTV公共·新闻频道门头沟时段每日19:50，时长13分钟。以“配合中心工作，宣传重点建设，多视角的关注身边变化”为宗旨，结合区重点、中心工作进行政策解读，为群众释疑解惑，搭建政府与群众良性沟通的平台。该栏目是门头沟电视台收视率较高的一档时政性专题节目。主创人员：王幸国、蓝盛斓、张烁、程曼、孙旭冉、刘小虎。

《大家说》新闻类栏目。BTV公共·新闻频道门头沟时段每周五《门头沟新闻》节目中播出，时长3-4分钟。栏目以“弘扬社会主义核心价值观，提升市民文明素质”为主题，每期确定一个“说”的内容，让观众说看法、说想法、说办法。该栏目内容贴近群众实际生活，已经成为一档深受群众喜爱的优秀栏目。主创人员：苏燕平、胡金旺、王正、闫菲等。

（北京市门头沟区广播电视中心）

北京市房山区广播电视中心

一、广播栏目

《房山新闻》新闻资讯类栏目。FM107每日7:30-7:40，时长10分钟。该栏目是房山人民广播电台的一档新闻性栏目，重点报道房山区新闻，有关房山区经济社会发展方面的时政、民生、文化、旅游、生活、体育、社会等方面的信息都可以在节目中获取。栏目在打造节目品质，提升电台频率社会影响力的同时，也扩大了房山区的对外宣传力度。栏目通过广播形式覆盖房山地区，面向全区所有听众，讲发生在百姓身边的大事小情，为听众了解地区发展参与地区建设架起了有效的沟通渠道，深受当地群众喜爱。

《FUNHILL时间》新闻专题类栏目。FM107每日18:10-18:20，时长10分钟。该栏目是深度报道型评析类专题节目，关注新闻背后的故事，话题涉及区内重点工程、热点事件以及百姓关注的各类民生事件。围绕“一区一城”新房山建设，以区内热点事件和公众瞩目的热点人物为切入点，深入挖掘新闻事件和新闻人物，达到典型引领、讴歌正气的宣传目的。节目采取录音报道、采访同期声的形式，突出广播节目的特色。栏目表现形式生动多样，讲百姓事说百姓话，得到听众朋友密切关注。

《生活广场》专题服务类栏目。FM107每日7:50-8:00播出，时长10分钟。栏目通过链接区内外的资讯，播报各类通知通告、招工招聘等信息，介绍生活中的一些常识和种养殖知识等实用科技信息，帮助听众解决生活中遇到的困难和问题。栏目集知识性、服务性、可听性于一体，播出内容与听众日常生活息息相关。栏目为听众提供招聘信息等贴心实用的资讯，深受群众欢迎。

二、电视栏目

《房山新闻》新闻资讯类栏目。房山电视台有线、无线频道每日19:36首播，次日07:36、12:36重播，时长15分钟。栏目一直担当房山区改革开放、经济发展、社会进步的窗口作用，也是展示房山形象、推介房山资源，外界了解房山的重要媒体平台。栏目认真贯彻落实中央、市、区宣传思想文化工作会议精神，以“创品牌、有特色、上水平、争一流”的工作理念，不断加大电视新闻改革力度。精简一般意义的会议新闻，强化主打新闻概念，加大深度报道和资讯新闻报道量，努力实现节目质量提升由形式向内容的转变。2014年，栏目推出以弘扬社会主义核心价值观为主题的挂牌节目《房山人》《炎炎夏日我当班》，宣传一线劳动者爱岗敬业的《劳动者风采》《坚守中秋》《教师风采》等一批主题系列报道。在反映区委区政府的重大决策部署的同时，回应、教育、引导大众关切，传播了社会正能量，实现了新闻节目由基础性报道向拓展性报道的突破，有效提升了主流媒体的社会影响力。

《今日关注》专题类栏目。房山电视台有线、无线频道每日19:58首播，时长20分钟。该栏目是房山电视台创办的一档多板块、突出热点、形式新颖的融新闻资讯、服务信息、民生话题于一体的新闻专题类栏目，重点报道房山区发展建设中的热点、焦点和动态。言大家事，说百姓话，服务市民生活；以时尚、文明的气息，讲“好故事”、讲好“故事”，推动“一区一域”新房山建设。栏目风格轻松、明快、大气、向上、重视经济建设，突出文化品位。关注民生，关注发展，营造和谐，栏目立足市民视角，选题贴近市民生活的方方面面，采用讲故事的方式，强调故事细节，多角度展示新闻内涵。2014年，栏目紧跟舆论导向，推出“闪光的平凡”系列报道，从爱国、敬业、诚信、友善四个方面，抓取百姓日常生活中的闪光点，营造弘扬社会主义核心价值观的良好氛围。

《FUNHILL面对面》专题类栏目。房山有线电视台、房山无线电视台周一、周四、周六20:34播出，时长30分钟。该栏目是一档访谈类节目，内容涵盖全区的新闻事件、新闻人物、社会热点、公共事务、政策解读。栏目采用主持人与嘉宾面对面互动、播放小片等多种形式，讲述新闻事件，挖掘新闻背景，关注新闻热点，贴近百姓生活。2014年，栏目推出《讲述百姓故事》等一批弘扬主旋律，倡导核心价值观的节目，更好地发挥了媒体作用，传播了正能量。

（北京市房山区广播电视中心）

北京市大兴区广播电视中心

一、广播栏目

《选我喜欢》生活服务栏目，2010年7月开播，大兴电台周一至周日12:00—13:00播出，时长60分钟。该栏目以生活服务为主要内容。结合当下的流行元素，将广播可视化元素与生活服务信息相结合，帮助听众处理闲置物品，同时在网络音视频播出，打造全国首档可视化闲置物品交换节目。栏目在节目尾声长期提供拼车信息，热心帮助上班族解决出行问题。

《音乐克拉步》广播音乐节目。2010年7月开播，大兴电台周一至周日17:00—18:00播出，时长60分钟。该栏目旨在展现最全面的流行音乐文化，其内容涵盖港台、内地、日韩和欧美各地区流行音乐，以及摇滚、爵士、独立音乐。节目主要有话题音乐（如世界杯之歌、情歌女王等）、榜单情况介绍（美国billboard榜、台湾G-music榜及英国榜等榜单）、新歌推荐和音乐资讯等，力求更全面、更丰富、更有趣地贴近听众。

《播客王国》广播栏目。2006年5月开播，大兴电台周一至周日18:00—19:00播出，时长60分钟。该栏目整合播客、博客和微博，通过筛选播报“博客”和“微博”内容，选取新鲜、时尚、有趣的元素，打造博客也可广播的特色品牌；同时，收集、播放有声音频，给听众搭建一个用声音展示才艺、发表观点的平台，形成大家播、播大家的全新广播形式。节目聚集大众的智慧，内容思想性强，形式新颖独特，颇受听众喜爱。

二、电视栏目

《大兴新闻》电视新闻栏目。1995年1月开播，BTV大兴时段周一至周日19:35—19:55播出，时长20分钟。该栏目以时政新闻为主要内容，通过时政新闻的“民本化”处理，突出“我们跟您最近”的节目理念，追求新闻报道更贴近、更迅捷、更生动之效果。栏目重要新闻报道配发“新闻背景”“新闻链接”“记者感言”等附加内容，以满足受众对资讯的深层次、多样化的需求，使时政新闻更具震撼力和影响力。

《爱我新区大讲堂》电视访谈栏目。2012年5月开播，BTV大兴时段每周日20:40播出，时长45分钟。该栏目在形式上力求创新，在国内率先推出了零距离演播室的概念，把访谈现场搬出了传统演播室，放到了老百姓身边，以充分体现与观众的贴近性，拉近与观众的距离。栏目主要内容是用身边人的故事展示新区悠久的历史，讲述新区发展的辉煌成就，描绘新区的美好未来。

《10分关注》电视新闻专题栏目。2014年5月27日开播，每周播出5期，周一至周五20:00播出，时长10分钟。该栏目在开展党的群众路线教育实践活动中根据群众实际需求而创办的，从节目围绕新区群众关心的大气污染、道路拥堵、食品安全等热点、难点等问题进行深入的调查报道，受到群众的认可和领导的肯定。

（北京市大兴区广播电视中心）

北京市通州区广播电视中心

一、广播栏目

《阳光新城》生活服务栏目。通州人民广播电台FM107.7周一至周日15:30—16:00播出，时长5—8分钟。栏目报道北京城市副中心建设情况及百姓身边事，解答城市建设中百姓遇到的各种政策问题。

《我家在通州》生活服务栏目。通州人民广播电台FM107.7周一至周日15:30—16:00播出，时长5—8分钟。介绍通州历史文化小知识，如传统小吃、地名由来等。

《成长进行时》生活服务栏目。通州人民广播电台FM107.7周一至周日15:30—16:00播出，时长5—8分钟。该栏目是一档未成年人节目，在节目中播放儿童歌曲、童话故事和通州区的未成年人思想道德工作建设情况。

《信息立交桥》生活服务栏目。通州人民广播电台FM107.7周一至周日15:30—16:00播出，时长5—8分钟。该栏目是一个快捷多元的信息发布平台——发布买房、租赁、求职、招聘、二手买卖等信息，为百姓提供空中自由市场，利用网络、微博、微信实现信息共享。

二、电视栏目

《通州新闻》新闻资讯类栏目。1994年2月6日开播，北京电视台公共·新闻频道通州时段每天19:30播出，时长10分钟。该栏目以时政新闻为主要内容，围绕区委、区政府中心工作，按照“快、准、新”的新闻报道原则，对重要题材、重大事件等展开全方位、多角度报道。2014年，进一步深化“走转改”活动，落实新闻宣传整改方案，把镜头更多地对准基层，对准百姓，切实做到“三贴近”。与公安司法部门合作，新开设了“警法在线”专栏，增强广大居民知法守法意识和紧急避险技能，提升了居民的安全感，营造依法治区的社会氛围，使节目更加接地气。

《精品赏析》文化专题类栏目。2011年10月15日开播，北京电视台公共·新闻频道通州时段每天20:15播出，时长20分钟。该栏目以古今中外优秀文学作品为切入点，深入挖掘和弘扬中华优秀传统文化在新时期的时代内涵和永恒价值；通过主持人的导引，画面的展陈，解说词的叙述，将观众带入到特定的历史环境之中，体味文化的无穷魅力和深层的内动力。节目在电视台循环播出，体现了化育人心，化育行为，化成天下好风气的精神实质，受到了社会各界人士的好评。《精品赏析之滕王阁序》获得北京市广播电影电视局2012年度优秀广播电视节目播音主持二等奖。

《小强听说》新闻性谈话类栏目。2014年1月5日开播，北京电视台公共·新闻频道通州时段每周一20:15播出，时长20分钟。该栏目是通州电视台第一档演播室新闻谈话节目，在制作风格上，强化低视角、接地气，就大众关心、社会关注的热点、焦点话题，邀请一线嘉宾、各界人士走进演播室，以“听”“说”的轻松形式，拉近话题、观点、人物与受众之间的距离。话题选择上，着重民生、发展、和谐、幸福，将电视表达调节功能、沟通功能、和谐功能相结合，直达人物内心的同时，给交流对象一个轻松的心态和真实的采访环境，感觉亲切。

《文明通州》专题栏目。2014年3月15日开播，北京电视台公共·新闻频道通州时段每周六20:15播出，时长10分钟。该栏目配合通州区创建全国文明城区工作，营造良好舆论氛围。播出内容围绕通州区创建全国文明城区各项工作展开，紧扣规范守信的市场环境、青少年成长的社会文化环境、为民营造舒适便利的生活环境、打造勤廉高效的政务环境、为民办实事的群众路线等五个话题。众多不同类型的专题内容，展现了通州区各行各业人士，留下的辛勤汗水和默默奉献的身影。

（北京市通州区广播电视中心）

北京市顺义区广播电视中心

一、广播栏目

《大家帮助大家》专题服务栏目。顺义人民广播电台2013年开办，每日17:00—19:00播出，时长2小时。栏目是一档兼顾民生互助和政府沟通功能的直播民生互助节目，也是顺义广电中心作为区域主流媒体搭建政府与市民交流和信息发布的平台。已与顺义公安分局交通支队、顺义区疾病预防控制中心、顺义区环保局、顺义公安消防支队、顺义区检察院、顺义区食品药品监督管理局和顺义公安分局合作开办了《交通违法曝光台》《每周疾病预防播报》《空气质量播报》《每周消防警情播报》《每周食品药品安全播报》《检察官播报》《每周警情播报》等多个全新子栏目。子栏目《权威发布》采取特别节目，特别直播的方式，邀请相关部门的相关领导就近段时间市民比较关心的重点问题进行权威发布。先后走进区地税局、区国税局、区武装部、牛栏山一中小学部、区政务中心筹备办、区环保局等单位，帮助市民解答相应提问和政策资讯。主创人员：张雨欣、肖孟伊、王力力。

《读书品人生》文化专题类栏目。FM92.9顺义人民广播电台每日21:00—21:30播出，时长30分钟。栏目以一脉书香，一种人生为口号，以书籍介绍和人生感悟为结合点，将书籍中所体现出的人生感悟自然融合到节目内容中，同时辅以不同主题为主线的专题节目，为广大的听众打造一档具有品位的文化专题节目。节目通过介绍和听众交流激发听众阅读的欲望和积极性。栏目在顺义广大听众中产生较强的影响，很多听众因为收听栏目后重拾阅读习惯；有些听众通过节目讲述的故事或感悟，重新找到自己的人生目标或处事原则。2014年该栏目启动季播制，先后策划完成中国自然文化遗产系列、祥和中国节系列、二十四节气系列等充满文化与品位的专题节目。主创人员：张雨欣、闫云霞、直守斌。

《全城都在点》专题服务栏目。栏目在调频92.9兆赫，每周一至周五下午15:00—17:00播出，时长两个小时。该栏目是顺义人民广播电台一档直播点歌节目，通过QQ和手机短信平台的方式点播歌曲，传递祝福；同时在节目中发布交友信息。主持人蝈蝈和萧萧轻松幽默的主持风格受到听众的喜爱，赢得了很高的人气，为听众带去了精神上的轻松和愉悦。主创人员：王苹、周阳、直守斌。

二、电视栏目

《顺义新闻》新闻资讯栏目。1994年9月2日开播，顺义一套每日19:34、二套20:30播出。栏目始终立足顺义发展，充分发挥喉舌功能，影响社会舆论，记录顺义变化，讴歌发展成就，凝聚党心民心，架起了政府与群众沟通的桥梁。随着顺义经济社会各项事业的发展，顺义新闻更加注重从百姓视角解读新闻事件和大政方针，更加关注人民群众生活，突出贴近性。2014年开办《在群众中间》《创新实干在基层》《清洁空气 共同行动》《科学发展排头兵》《我的故事》《文明红绿灯》等栏目，为宣传顺义发展起到了助推作用，也成为顺义电视台最受群众关注的品牌栏目。

《健康有约》专题服务栏目。2011年1月24日开播，顺义一套周三19:53播出，周四11:22，周六19:53，周日11:22重播；顺义二套周四8:52、13:52，周六20:53、周日8:52、13:52重播；时长20分钟。2014年7月改版以来，以更加新颖的节目形式和贴近观众的节目内容亮相银屏。内容围绕顺义百姓需求，帮助观众解决健康实际问题为宗旨，先后选取了“亚健康”“失眠”“八段锦”“颈椎腰椎痛”等话题，邀请到了顺义区医院、顺义区中医院、北京中医医院、武警总医院等医疗机构的十余位专家为大家讲解健康知识。现场不仅有专家演示，还有观众互动，节目后还持续为观众“现场门诊”。播出后，反响热烈，很多观众来电咨询和求助。顺义区各大医疗机构也非常重视《健康有约》播出平台，顺义区医院、区中医院、疾控中心等部门安排专职人员负责嘉宾和节目的协调，已经录制完成三十期。

《政务·民声》专题服务栏目。2014年4月2日开播，顺义一套播出，时长50分钟。2014年，按照区委区政府的要求，在区委宣传部的指导下，顺义广电中心以“问需于民，实干惠民”为宗旨，推出民情访谈节目《政务·

民声》。该栏目举全中心之力，聚焦大气、交通、教育、医疗、重点工程等民生热点，成功录制播出8期，社会反响强烈。栏目已成为推进政务信息公开，践行群众路线的有效方式，成为政心与民心有效对接的媒体纽带。

（北京市顺义区广播电视中心）

北京市平谷区广播电视中心

《平谷新闻》新闻资讯类节目。PGTV-1频道，每日19：33播出，PGTV-2频道每晚20：00播出，节目时长15分钟。该栏目以平谷地区本土新闻信息权威发布为基础，着眼于经济社会发展对新闻信息服务的要求；及时、准确传递区委、区政府的相关决策和公共信息；关注民生，突出反映社情民意；展现平谷“一区四化五谷”发展形象，满足全区人民享受优质新闻信息服务的需要。节目具有较强的可视性，得到全区广大干部群众的高度认可，是平谷人民最喜欢看的电视节目之一。2014年，《平谷新闻》共播出新闻5884条。市级以上新闻媒体播出新闻71条。其中中央电视台《新闻联播》播出两条，中央电视台新闻直播间播出一条。主创人员：贾春节、李肖英、李东亮等。

《警法在线》法制专题类栏目。PGTV-1、PGTV-2播出，每周五晚7:50播出，时长15分钟。栏目唱响依法治国主旋律，围绕法治平谷、平安平谷开展宣传报道，倡导社会主义核心价值观，全面展示政法机关形象；普法微电影系列展播宣传效果显著；官方微博架起媒体、群众和政法机关之间沟通的桥梁。收视率一直名列前茅，成为平谷区普法宣传的重要窗口和阵地。主创人员：李晓燕、 孙晓光、 于海生 、赵怡斌。

《百姓身边》专题服务类栏目。PGTV-1每周二晚8：00 ，PGTV-2每周三晚7：30，时长15分钟。该栏目是平谷电视台在2014年新开办的一档专题栏目，全年制作播出了50多期节目。主旨为讲述百姓身边的故事，贴近百姓生活，发掘平凡人的闪光点。2014年，节目播出“巾帼风采系列”讲述女性是如何在各自的领域里做出成绩；“道德模范系列”讲述身边好人的故事；“民生保障系列”讲述民生保障的一些政策和民生故事；此外还有“创业故事系列”“乡贤文化人物故事系列”等。主创人员：张春艳、张宝玉、王学文、于茜茜。

《美丽平谷》专题服务类栏目。PGTV-1、PGTV-2每周一晚8：00首播，时长15分钟。栏目宣传重点紧紧围绕“天蓝、地绿、水清”建设“美丽平谷”，着力宣传平谷宜居、宜业、宜游的大果园、大菜园、大花园、大公园和大乐园；宣传平谷区日新月异的城市建设变化以及平谷文化历史等。2014年《美丽平谷》以生态建设为主线，打造平谷的美丽蓝图、美丽景色、美丽城镇、美丽物产、美丽蓝天、美丽文化、美丽游玩、美丽农业。主创人员：王娟、李莉、耿亮。

（北京市平谷区广播电视中心）

北京市怀柔区广播电视中心

一、广播栏目

《生活D时代》广播服务类栏目。2014年7月14日开播，怀柔人民广播电台FM101.3每周一至周日12:15播出，时长25分钟。该栏目将知识性与趣味性融为一体，让受众了解与百姓生活相关的科技产品的使用种类、使用方法、注意事项等知识。栏目设置有“数码时代”“科技瞬间”等板块。

《空中书场》广播服务类栏目。怀柔人民广播电台FM101.3每周一至周日8:30播出，12:40、18:20两次重播，时长25分钟。该栏目以播出传统评书为主要内容，先后播出了单田芳、刘兰芳、田连元等家喻户晓的评书艺术家的作品，2014年引入新人新作《亮剑》《红顶清风》等，深受听众喜爱。

二、电视栏目

《怀柔新闻》电视新闻栏目。1991年8月16日开播，北京电视台BTV新闻频道怀柔时段周一至周日播出，时长15分钟。该栏目肩负反映怀柔改革开放、经济发展、社会进步的重要窗口，主要为时政新闻、社会新闻、简讯快报等内容。始终紧紧围绕全区中心工作，不断扩大报道范围、丰富报道内容。自2009年起，根据形势需要，开设专栏或专题报道，不断改进宣传报道形式，制作完成《与共和国同行——怀柔60年60事系列报道》《怀柔好人》《锦绣怀柔党旗红》等主题宣传。2014年，推出50集系列报道《百姓故事》，为全区营造良好的舆论氛围。

《文化怀柔》专题服务类栏目。2007年6月开播。北京电视台BTV新闻频道怀柔时段每周四播出，时长12分钟。该栏目重点报道怀柔文化产业发展、文化人物及区内群众文化活动等资讯。设置有“文化全记录”“文化资讯”“百姓秀场”“百村史话”等板块。

《时代女性》专题服务类栏目。2010年3月19日开播。北京电视台BTV新闻频道怀柔时段每周三播出，时长12分钟。该栏目以宣传怀柔妇女工作所取得的成就、妇联开展的各项活动，以及先进集体先进妇女的事迹为切入点，激励全区女性立足本职、奉献社会，共创美好生活，营造妇女工作大发展的良好氛围。

（北京市怀柔区广播电视中心）

北京市昌平区广播电视中心

一、广播节目

《与法同行》广播专题类栏目。昌平人民广播电台调频103.1每日7:50播出，时长10分钟。该栏目旨在向广大受众普及法律知识，解释法律规则，弘扬社会正气，警示违法行为。节目采取主持人与嘉宾对话的形式，讲述发案经过，追溯犯罪根源，诠释法律法规，点评案例争议，让法制观念深入人心，让知法、懂法、学法、守法成为人们日常行为的规范准则。所有案例均为本区发生的交通违法肇事、夫妻伤害赔偿、网络诈骗等刑事、民事案件。主创人员：段志玲、顾芸。

《第二届农业嘉年华》广播专题类栏目。昌平人民广播电台调频103.1，2014年4月22日上午9:00–9:30首播，晚上8:00–8:30重播，每期节目时长30分钟。节目从介绍优质农产品展销活动、“瓜样年华”等五个主题入手，对各个场馆的展况等进行了详细的介绍。栏目采用记者外采的形式，在节目中加入了在农业嘉年华现场发回的同期声，通过采访普通群众，以“群众视角”来谈农业嘉年华的盛况。同时还提供了大量的养生、健康等便民信息，使节目更加具有实用性。主创人员：昌平人民广播电台团队。

二、电视栏目

《昌平新闻》新闻资讯类栏目。北京电视台BTV公共·新闻频道昌平时段周一至周六19:30首播，次日07:30，12:30重播，每期时长15分钟。该栏目以报道大事要闻，传播舆情资讯，聚焦昌平发展，关注民生民情为宗旨，分为时政新闻和民生新闻两大部分，并不断增加民生新闻的报道力度。该栏目内容具有政策性强、收视率高、影响力大的特点，在昌平电视台收视率位居最高，是昌平电视台最重要的栏目之一。主创人员：《昌平新闻》新闻部。

《相约》文化人物访谈栏目。昌平电视台综合频道每周六19:50首播，次日7:50重播，每期时长20分钟。《相约》将演播室访谈与人物短片相结合，镜头对准昌平百姓，聚焦百姓的文化梦想与追梦精神。2014年，《相约》结合社会主义文化"大发展大繁荣"的时代背景，创作了《相约·乡土风景线》《相约特别节目·文脉梳理专家谈》等各具特色的文化访谈系列节目，影响力进一步提升。栏目开播五年多来，已播出260多期，曾获得2012年度北京广播影视奖"优秀栏目"奖。主创人员：吴彩彬、卞证、王江红。

《百姓话题》谈话类栏目。昌平电视台综合频道每周日19:30首播，次日7:30重播，时长20分钟。栏目以真实、平和、互动性强、极具亲和力的访谈为特色，零距离面对百姓、政府官员、专家学者，透视社会热点问题、反映当前受人关注的人和事。2014年昌平广电中心与昌平区卫计委合作，在《百姓话题》中开办子栏目《健康昌平》，邀请医疗界专家学者做客演播室，为观众传授各类疾病预防知识，深受当地百姓欢迎。主创人员：李康、岳禹宁。

（北京市昌平区广播电视中心）

北京市密云县广播电视中心

一、广播栏目

《我的社区我的家》专题服务类栏目。调频94.1每周四18点10分首播，次日7:33重播，每期时长20分钟。栏目开设《社区新闻》《爱心服务》《和谐家园》《社区文化》《社区里的故事》等几个板块，及时传达市县惠民政策及社区新事；报道在和谐社区建设中的好人好事及经验做法；宣传社区文化、展示居民风采；讲述百姓故事。节目内容丰富、同期音响较多、主持风格亲切自然、广播特点突出。在丰富社区居民文化生活，维护社区稳定，促进社区和谐等方面起到了良好效果，受到广大听众朋友的好评。主创人员：孔亚青。

《教育园地》教育专题类栏目。调频94.1每周六18:10首播，次日7:33重播，每期时长20分钟。栏目开设《教育资讯》《家教之窗》《作文展播》《教师风采》《中华好诗词鉴赏》等板块。根据每期内容的不同，进行实时动态的现场录制、邀请学生及家长做客播音间，灵活多样的采访录制方式深受学校、老师、家长的喜爱。搭建起学校教育、家庭教育和社会教育经验交流的平台。主创人员：齐晓迎。

二、电视栏目

《教育专线》专题服务类栏目。2013年8月31日开播，BTV密云一套隔周周六20:01播出，时长15分钟。栏目设置《教育资讯》《教育直通车》《校海观潮》《心灵之窗》《教育宝典》五大版块；通过进一步宣传教育政策、传达教育改革成果、推广各类先进典型，让人民群众更全面、更深入地了解密云教育，提升密云教育影响力。策划：田晓娟；栏目摄制：孟晨冉；编辑：石建新；播音主持：杨威。

《疾控在线》专题服务类栏目。2013年9月21日开播，BTV密云一套隔周周六20:01播出，时长15分钟。栏目设置《疾控进行时》《健康苑》《疾病预防早知道》三大板块。紧紧围绕百姓生活和社会热点，向大众普及公共卫生和预防医学相关知识，传播健康理念。栏目坚持以为群众健康服务、为卫生事业发展服务、为全县经济建设大局服务的宗旨，以普及卫生知识、倡导健康文明的生活方式为主线，以促进卫生事业发展、提高全县人民健康素质、推动经济建设为目的。策划：田晓娟；摄制：孟晨冉；编辑：石建新；播音主持：杨威。

《经济一刻钟》专题类栏目。1995年12月开播，BTV密云一套每周一20:01首播，周二重播；密云二套每周二首播，周三重播，时长15分钟。栏目"聚焦经济发展前沿、展示经济发展成果"，宣传县委县政府经济工作部署，引导高端化发展、助推品牌化经营。在节目制作中突出"系统报道经济发展成功经验""全面展示经济发展取得成果"的特点，以密云县经济发展为报道重点，全面系统的反应全县经济发展中取得的成功经验和喜人成果。同时与密云县地税局合办"地税之声"栏目。策划：王熙鹤；摄制：于晓旭、卢安拿；编辑：于晓旭、卢安拿；播音主持：王立伟。

（北京市密云县广播电视中心）

北京市延庆县广播电视中心

《魅力新农村》专题服务类栏目。YQTV-1每周二、三、四、五晚首播，时长10分钟。栏目通过展示延庆县新农村建设的成果，为创建县景合一的绿色北京示范区营造良好的舆论氛围。巧妙的板块设计、详实的服务信息以及固定的受众群体，使栏目更加贴近农村，贴近生活，贴近百姓。自开播以来，一直得到观众的普遍关注和参与，成为延庆电视台的精品品牌栏目。主持人：周阳；摄像及撰稿：张延、刘昱封、王磊、张佳誉；后期制作：曹春霞。

《妫川骄子》专题服务类栏目。YQTV-1、YQTV-3半个月播出一期，时长20分钟。栏目讲述延庆籍人物拼搏奋斗、不懈追梦、成长成才、成就精彩的人生故事，最大化体现人物的传奇性、命运的转折性、故事的戏剧性，展现人物的传奇经历和真实思想，折射社会的热点、焦点，让延庆人民在关注人物故事的同时，感悟、思考自己的人生，在实现中国梦的大潮中实现自己的人生价值。节目反响强烈，有效传递正能量，特别是对青少年具有激励作用，同时激发众人建设家乡，回报社会的热情。监制：郭东亮、李桂霞；制片人：高耀宗；编导：付冬月、申冰堂；摄像：聂鹏、王世奇；后期：曹海娇。

（北京市延庆县广播电视中心）

产业发展

2014年北京市广播影视产业发展情况

2014年，北京市广播影视产业持续发展。全市拥有广播影视企业法人单位2905家，其中国有企业230家，民营企业2675家，占92.08%。广播影视从业人员4.6万人，经营创收427.04亿元，同比增长12.51%。其中，广告创收175.39亿元，同比增长3.27%；电影票房收入22.82亿元，同比增长22.69%；有线电视网络收入22.69亿元，同比增长7.43%；节目销售收入52.92亿元，同比下降0.89%；其它收入153.22亿元，同比增长31.88%。全市广播影视资产总额1088.68亿元，同比增长20.06%。

电视剧动画片制作发行情况

2014年，北京电视剧动画片创作生产，紧密围绕“中国梦”主题，始终坚持“二为”方向、“双百”方针和以人民为中心的创作导向，充分发挥首都地缘、人才、资源优势，电视剧动画片产量稳步增长，质量显著提高，涌现出了一批思想性、艺术性、观赏性相统一的精品佳作。截至2014年年底，全市共有影视制作机构2846家，其中持电视剧制作许可证（甲种）的单位21家。全年北京电视剧备案公示287部、10185集，占全国的27%；取得电视剧制作许可证（乙种）的电视剧119部、4135集；共审查电视剧98部、3645集；取得发行许可证的电视剧86部、3129集，占全国的24%。审查通过的电视剧中，现实题材72部、2614集，分别占87%、86%；历史题材26部、990集，分别占31%、32%；古代题材4部，占5%。

电视动画片备案公示27部、2448集、23117分钟；取得发行许可证的动画片17部、642集、7530分钟。审查通过的动画片中，童话题材7部，教育题材5部，历史题材2部，现实题材1部，神话题材1部，其他题材1部。

为了推动影视剧精品生产，成立了首都影视精品工程领导小组，召开了精品工程座谈会、项目论证会、题材规划研讨会，加强精品题材规划和引导。电视剧《生死三八线》、动画片《戚继光》、纪录片《宋之韵宋词》、电影《北京时间》等多部作品被评为2014年度北京市文化精品工程；《十送红军》等25部作品入选“中国梦”主题电视剧；《为了明天》等6部电视剧、电影《亲爱的》入选献礼新中国成立65周年重点剧目；《北京青年》等7部作品获得第29届“飞天奖”，电影《黄金时代》荣获第51届金马奖最佳导演奖，《五彩神箭》荣获第17届上海电影节最佳摄影奖并入围韩国釜山电影节“亚洲之窗”展映单元，《天河》被列为全国重点推荐影片，《中国梦·我的梦》系列纪录片入选第一批国家优秀纪录片库。

广告创收情况

面对广告市场竞争剧烈的形势，北京市广播电视广告播出机构不断调整经营策略，转变经营方式，变被动为主动，变弱势为强势，有力地促进了广告创收持续增长。截至

2014年底，全市广告创收175.39亿元，同比增长3.27%。

2014年是北京电台广告经营转型调整的第一年。一是进一步加大产品开发力度，设计17套广告新产品和4套事件营销产品，开发重点节目12档和2套新营销模式，建立广告季谈会制度，设立广告专员，推动品牌活动营销、数据营销及广播购物分账模式，开创了4A公司与广播媒体直接合作的先河，使广告经营更加贴近市场、贴近客户；二是进一步规范、整合全台可经营性资源，加强专题类节目监听和广告终审工作，确保规范播出。在市工商局广告监测中心官网上，北京电台广告违规率仅为0.03%，是全市违规率最低的媒体之一。发布试行公益广告的管理办法，使公益广告的制作、播出、评选更加规范化。三是调整广告经营中心内部机构，引进人才，进一步激发广告经营的内部活力，使广告经营中心直接面向市场、面向客户。截至12月27日，全台广告收入首次突破8亿元大关，达到8.01亿元，比上一年增长10%。

北京电视台为了推进广告经营改革和运营机制创新的稳步开展，成立了四个独立广告运营公司：北京京视卫星传媒有限责任公司，负责北京卫视的广告经营；北京京视电广传媒有限责任公司，负责7个地面频道和卡酷卫视的广告经营工作；北京京视体育发展有限责任公司，负责体育频道的广告经营；新纪实传媒公司，负责纪实频道的广告经营。广告部按照专业化分工原则，重点转变为广告管理职能，主要承担统筹、协调、服务指导的职责，并进一步做好公益广告的制作和播出。

在激烈竞争情况下，北京电视台围绕经营机制创新推出了一系列重要举措：进一步强化节目与经营融合机制建设与责任落实，开展体育频道“世界杯促销季”广告招标，成功实现2100万元增量创收；成功销售《2015年北京电视台春晚》《2015年北京电视台环球春晚》，均实现了广告增量，尤其是主春晚，广告收入创近年来的新高。在地面频道推出《面条争霸赛》《美丽愿望》、“北京珠宝节”等客户定制产品。联合CTR共同主办“首都经济发展与营销传播2014峰会”，积极推介重点资源。同时，在全国4A客户减量的大背景下，利用政策杠杆最大限度地确保了重点4A公司在北京电视台的投放。在公益广告方面，与各委办局密切联络，拓展合作空间，加大了经营类公益广告的制作和播出力度，获得了喜人的成绩。12月23日，北京电视台选送的“见义勇为——司马光篇”荣获由国家新闻出版广电总局主办的“2014年广播电视公益广告工作暨首届‘星光公益广告大奖’”一等奖；“善待老人——数字篇”获得大赛提名荣誉奖。

北广传媒所属移动电视、城市电视、地铁电视、大屏幕电视等新兴媒体和京郊区县广播电视中心，在广播电视广告经营上，注重发挥媒体的各自优势，不断扩大广告经营，广告创收均取得了不同程度的增长。

有线网络发展经营情况

2014年，北京歌华有线以“全面深化改革、加快战略转型、推进跨越发展”为目标，全面落实“一网两平台”战略规划，加快推进“由单一有线电视传输商向全业务综合服务提供商、由传统媒介向新型媒体”的战略转型，在技术创新、业态创新、资本运作、融合发展等方面实现了持续健康快速发展。2014年实现营业收入24.66亿元，比上年增加2.16亿元，增长9.62%；实现归属于母公司的净利润5.69亿元，比上年增加1.92亿元，增长50.96%；营业利润比上年增加1.72亿元，增长466.5%。

截至2014年年底，公司有线电视注册用户达551万户（其中高清交互数字电视用户达420万户），集团数据业务超过2.7万线，个人宽带用户达31.6万户，歌华飞视用户达33.5万户。

（一）基础网络和技术系统建设

双向网络建设，2014年，公司开通40万户双向网，累计开通超过520万户。公司选定C-DOCSIS技术进行农村双向网络改造，完成了十个远郊区县的试验网建设工作，全面启动了农村双向网络改造工作。

实施CMTS接入网、IP骨干网等高清交互网络及系统扩容建设工程，新增3.75万并发流，高清交互前端推流并发容量达到约23万，支持用户总数达到460万户。

（二）用户发展和市场营销工作

一是有线电视用户发展。2014年有线电视注册用户增长27万户，累计达551万户。

二是高清交互数字电视推广。2014年推广高清交互用户40万户，累计达到420万户。

三是非居民用户数字化。2014年新增非居民用户1.6万端，累计达7.5万端。积极推进DVB+OTT机顶盒的研发工作，2014年11月实现小批量投入使用。

四是机顶盒销售和租用。2014年累计销售高清交互机顶盒1.9万台，标清租转售机顶盒6.1万台。

五是付费节目销售。实现了6个付费节目包的产品卡销售方式，增加了邮政营业厅等销售渠道。2014年用户购买节目包数量4.3万个（其中包月后付费3.5万个），在线使用节目包的用户数量超过7万户。

（三）高清交互数字电视新媒体建设

2014年，高清交互数字电视平台播出175个数字电视频道（含标清数字电视频道149个、高清数字电视频道26个）和18个数字广播频道；高清交互平台节目总量为7.4万小时，歌华点播在线节目总计3.6万小时（其中高清节目2万小时，标清节目1.6万小时），节目总量比2013年底增加8000小时。“电视回看”日点击量已突破365万次。

（四）三网融合新业务拓展

一是集团数据业务。2014年，加强在政府部门、金融机构、商业行业等重点领域的业务开发；全年累计开通1600条专线，累计开通达2.7万线。

二是家庭宽带业务。调整宽带产品价格体系，丰富套餐设置，加大了营销力度；推出了基于DOCSIS3.0技术的35M、55M和110M高带宽产品；积极开展互联网出口及内容引进建设工作，完成万兆互联网出口平台建设和缓存系统扩容；内网流量占全部流量百分比已经达到65.6%，较2013年同比增长8.6%；与北京电信合作推出共有品牌“华翼宽带”，已在全市范围进行规模推广。2014年，家庭宽带用户增长约8万户，累计达31.6万户，创历史最高增长速度。

三是歌华飞视。2014年，公司飞视家庭用户新增7万户，累计达33.5万户；飞视平台传输节目达到156套；累计建设飞视热点1900处。实现了“家校新时空”在东城区和门头沟区部分学校的应用部署，还推出了“在线作文辅导平台”和“飞视看家宝”产品。歌华云平台上线后，公司全面升级推出歌华云飞视应用，覆盖PC、手机、PAD等移动终端，除了在移动终端观看电视内容外，还实现了推屏、拉屏等屏幕切换控制和智能遥控功能。

节目销售情况

利用北京广播影视精品节目资源，大力推进广播电影电视节目销售，是北京市广播影视产业发展的一大亮点。2014年，北京市广播影视机构利用参加国内外广播影视节展的机会，开辟多种渠道，扩大节目销售，取得了可喜成绩。北京电视大力推进节目版权管理销售工作，发起成立了5000万元的文化产业创业投资积金和3亿元的股权投资积金，为电台的版权销售等产业发展搭建了投融资平台。2014年，北京电台节目销售范围及渠道进一步拓展，新增加了威海市广播电视台、江苏常州广播电视台、长沙音乐广播、唐山人民广播电台、济南文艺广播等5家电台。截至2014年年底，北京电台的节目已经销售到全国75家省、市广播电台，销售范围覆盖全国27个省市区。

2014年，北京电视台节目版权发行总收入达到2514.67万元，同比增长11.67%；实现利润1006.07万元，同比增长12.28%。该电视台电视节目版权发行栏目涵盖北京卫视、文艺、科教、生活、财经、体育、青年、新闻、纪实9个频道，栏目47档，内容包括《北京电视台2014年春晚》及《北京味道》《上菜》《人民的艺术》等3部纪录片；栏目发行覆盖辽宁、山东、山西、湖南、江苏、浙江、天津、上海、安徽、河南等19家省级电视台，杭州、成都、南京、青岛、武汉等15个地市级电视台以及文化部、铁道部等所属内部宣传机构；《养生堂》《档案》《每日文娱播报》《快乐生活一点通》《军情解码》等5档栏目销售额平均超过200万元。

广播影视节展情况

北京市广播影视机构充分利用首都优势资源，举办北京国际电影节、北京电视节目交易会等各种形式的节展活动，不断扩大北京广播影视在国内外的影响力，有力地促进了产业发展。2014年4月，第四届北京国际电影节举办，组织开幕式、“天坛奖”评奖、北京展映、电影魅力 北京论坛、电影市场、电影嘉年华、闭幕式暨颁奖典礼等110项活动。本届电影节电影市场共有来自724个国家和地区的248家展商参加，实现签约项目32个，签约总额105.21亿元，比上届增长20%。2014年春秋两季北京电视节目交易会规模不断扩大，春季交易会全国115家电视台和300余家中外影视制作机构参与，展出电视节目515部，其中电视剧468部17375集，动画33部1680集，纪录片、电视栏目26部1958集。秋季交易会展出电视剧481部19124集，动画18部1102集，纪录片、电视栏目30部3835集，市场意向交易额突破50亿元。北京广播电视台所属北京歌华文化发展集团开展的北京国际设计周、北京国际摄影周和北京电影市场已经成为固定品牌项目。2014北京国际设计周践行“设计为民生”的理念，开展了免费展览、讲座、工作坊、体验活动等教育普及活动，丰富公众的假日旅游内容，特别是本届设计周与阿里巴巴集团联合推出的设计品营销平台——“设计猫”，为创意和设计产品提供了营销推广、线上销售、网络预购等专项服务。北京摄影周进一步明确摄影周的三个基本理念，即摄影的文化责任与定位、摄影的社会价值以及摄影与公众的联系，更加注重吸引青年群体的关注与参与，增进了摄影和公众的联系，进一步推广了摄影艺术的普及教育。

怀柔影视产业示范区情况

2014年4月，国家新闻出版广电总局批准“中国（怀柔）影视产业示范区”正式成立，这是全国首个国家级影视产业示范区。

怀柔区影视文化产业基地发轫于1997年飞腾影视城（星美今晟影视城前身）的建成。2008年，国家中影数字制作基地落成，是亚洲第一、世界一流的数字电影制作基地，技术水平、人才资源媲美好莱坞，5000平方米超大摄影棚世界第一，提供从前期拍摄到后期制作、再到拷贝完成的全部生产能力。近几年来，怀柔影视基地已接待剧组拍摄或制作影视作品超过1800部，《建国大业》《一九四二》《中国合伙人》《太平轮》等一批国产巨制大片从怀柔走向市场，近八年来票房过亿的国产大片近半数出自怀柔。不仅国产片如此，合拍片也对怀柔青睐有加。《功夫梦》《狼图腾》《长城》等一系列跨国合作的影片，也不约而同地将大量的拍摄、制作任务放在了怀柔。

中国（怀柔）影视产业示范区总面积约18平方公里，以中影数字制作基地为核心，辐射北房、庙城等镇部分区域，作为产业发展预留空间。示范区内，影视文化产业核心区位于杨宋镇新城规划区，实施制片人总部基地、中影二期等项目，重点发展影视核心产业；影视科技功能拓展区位于北房镇新城规划区，重点发展为影视、科技产业配套的综合性服务业，发展影视衍生品开发、承接科技成果转化项目。

随着中国（怀柔）影视产业示范区的设立，体制机制建设实现创新。市区两级联席会议、管理办公室运行，影都文投公司加快筹建，北京市和怀柔区每年各出资1亿元，出台了“1+1”产业政策，重点用于支持影视项目购房、建房、工作室租金减免，影视活动、摄影棚、外景地建设等项目发展。同时，怀柔区出台《促进区域经济发展若干政策(试行)》，对入驻企业给予相应的财政奖励、影视专项资金政策、重大项目资金政策及绿色通道等支持。

（北京新闻出版广电局、北京广播电视台）

新媒体

2014年北京市广播电视新媒体发展情况

2014年1月8日，北京网络广播电视台BRTN正式上线播出

2014年，北京市广播电视新媒体继续通过资源整合，完善产业链，进一步推动数字付费电视、移动电视、城市楼宇电视、地铁电视、鼎视传媒电视、手机电视以及数字广播、网络广播电视台等业务的发展，包括新媒体节目栏目建设，增强了新媒体的传播力度。

北京广播电视台直属新媒体

一、数字付费电视

数字付费电视由北京北广传媒数字电视有限公司承办。自2003年开办以来，继续发挥“北广传媒数字电视节目集成平台”的优势，为数字电视用户提供视频、广播、数据业务等三大类内容。

视频服务：开办自办付费电视频道《京视剧场》《爱家购物》《动感音乐》《车迷频道》《考试在线》《优优宝贝》《四海钓鱼》《弈坛春秋》《环球旅游》《新娱乐》《置业》11套，数字音频广播频道2套，其中覆盖全国6套，覆盖北京5套，每个频道每天24小时循环播出。

音频服务：开办戏曲广播、爵士音乐广播等2套付费广播频道。

数据服务：运营《北京之窗》数据业务服务，以多路视频轮播、图文页面查询的播出形式，设置“公益北京”“首都政务”和“生活资讯”2个电视系列节目和4个图文栏目，通过歌华有线网络平台每周上载的数字电视及广播节目指南节目共186套，比2013年增加4套。

2014年，搭建并启用数字电视节目播出新平台。其中，全国性数字电视节目集成平台具备6路高清码流（约18套节目）、6路标清码流（约60套节目）的集中上星集成能力和多套高、标清卫视节目的远端加密集成能力，集中上星传输7套高清卫视35套标清付费频道，并远端加密2套高清卫视频道和2套标清卫视频道，是磁带和码流双制式播出并支持多屏交互的数字电视节目播出新平台。

二、移动电视

移动电视由北京北广传媒移动电视有限公司承办。自2004年开播以来，积极挖掘广电系统内多种文化产业资源，形成完整的视听节目传输网络，充分发挥自身传播优势，努力成为政府管理的公共信息平台、城市管理的应急平台和百姓生活的资讯平台，服务政府公共管理，服务市民精彩生活。每天播出17小时，终端屏幕 2.4万块。

移动电视采用世界先进的数字电视技术，利用北京DS－48和DC－22单频网发射两套无线数字信号，实现地面数字设备实时接收电视节目。已在中央电视塔、京广中心、名人广场、491发射台、建设了“一主三辅”4个数字发射机站，形成有效覆盖北京市区六环内的数字单频网，日覆盖受众超过1300万人次。全年移动电视安全播出6009小时，地铁电视频道安全播出6205小时，完成各项重大转播10余次，单频网安全传输和安全播出零事故。

2014年，推进基于数据广播以及单频网传输的多项技术研究工作，完成三代机顶盒数据广播前端管理系统的研发、测试和上线运行，并为公交智能电子站牌项目、场站项目提供技术支持。同时，率先在国内移动电视行业内开展H.265编码和数据广播接收效率的研究。

继续优化节目内容，新开栏目《秀逗爱生活》微信、视频网站同步播出，实现移动电视跨屏新探索；《我在北京挺好的》栏目通过报道在北京工作、学习、生活的异乡人、异国人中的典型代表对城市经济、文明发展的奉献和付出，传递正能量，弘扬真善美；《百姓就业》创新内容，增设《职场迷津》《人在北京》《职来职往》3个专题板块，受到合作方及受众的肯定与好评。“爱在红河　铭真公益摄影展”“公益慢跑嘉年华特别活动”“同在蓝天下，爱心1+1”系列活动及“绿色北京，清凉送爽”成为品牌活动。

三、城市电视

城市电视由北京北广传媒城市电视有限公司承办。自2005年开播以来，作为政府公共信息发布和城市应急预警平台，担负着政府政令、城市信息、城市预警等社会公共信息传播任务，旨在为大众提供更加完备、更加方便、随时随地的资讯服务。每天播出15小时，终端屏幕5587块LED户外大屏9处9块。

城市电视建有楼宇电视联播网、户外大屏电视联播网，由中央电视塔为主发射塔统一发射无线信号，全网络终端同步接收，实时播放，在实现国标转换的同时，城市电视终端更新为32寸PAD式设计，实现画面分区域播出，并通过数据广播技术实现个性化播出等特点，满足不同的受众需求。

楼宇电视联播网终端分布在北京市政府机关、金融系统、医疗系统、商业系统、教育系统等数十个行业，是唯一获准进入政府机关、国有企业总部等渠道的户外电视媒体。

2014年，进一步加强节目建设和技术创新力度，推动事业可持续发展。播出节目分为新闻资讯、文化娱乐、生活服务、公益宣传四大类。同步转播《中央电视台新闻联播》《北京新闻》。在播栏目由两三部分构成：1.自制、集成栏目：《城市播报》《体育新闻》《实时财经》《每日文娱播报》等。2.委办局合作栏目：《演艺罗盘》《我的工会我的家》《96310纪事》《身边的好学校》《百姓就业》等。3.引进栏目：《光影大视界》《图览天下》《新闻大考场》《新闻万花筒》《环球财讯》等。技术改造和创新方面，继续进行城市电视国标转换，数据广播的前端搭建完毕，实现数据推送业务的实际应用。

四、地铁电视

地铁电视由北京北广传媒地铁电视有限公司承办，自2008年开播以来，以地铁交通运营和传媒资源为依托，努力打造成为政府公共信息平台、城市应急预警平台、乘客生活资讯平台和企业广告宣传平台。每天播出18.5小时，终端屏幕2.17万块。

地铁电视节目播出时间与地铁运营时间同步编制的电视节目，主要是通过地铁线路上的列车车厢、站台和站厅内的电视终端来接收、播放。地铁电视公司在歌华大厦投资建设了独立的节目播控中心，并独家经营地铁电视广告业务（包括地铁电视节目的策划、制作、代理、发布等）。

2014年，继续加大地铁电视的建设力度，完成工程一期直播信号前端改移和二期部分已开通线路的信号临时引入工程，为已开通线路纳入后开通电视信号做好准备。同时完成新线纳入播控中心相关播出传输设备的采购、系统和链路调整方案的研究和制定工作，为新线纳入后开通新节目做好硬件实施准备。节目建设方面，新增《身边的好学校》《教育新闻》《小姐爱旅行》《街拍瞬间》《完美婚礼》《上菜》等节目；自制集成类节目《开心速递》。获得“金长城传媒奖2013中国最具传播力移动新媒体”奖和“2013—2014中国品牌媒体百强——移动新媒体10强”奖。

五、鼎视数字电视

鼎视数字电视由鼎视数字电视传媒有限公司承办，自2005年运营以来，向全国数字电视用户家庭提供付费电视节目。

2014年，鼎视数字电视继续巩固节目落地区域，共集成合作35套数字付费电视频道、11套高标清卫视节目、8套购物节目。付费频道销售业务直接签约合作网络公司共计238个，上述城市累计数字电视用户总数为：13962.85万户，占全国现有数字电视用户17265.6万户的80.9%，电视购物频道发行共计落地215个地区；累计机顶盒用户数：13627万户。

传输的35套数字标清节目有：《四海钓鱼》《收藏天下》《证券资讯》《央广健康》《时代家居》《时代美食》《时代出行》《时代风尚》《碟市》《职业指南》《家庭理财》《车迷》《新娱乐》《环球旅游》《人物》《考试在线》《快乐宠物》《优优宝贝》《财富天下》《家政》《电子体育》《数码时代》《中国气象》《百姓健康》《音像世界》《美食天府》《幼儿教育》等27个数字付费频道。同时，还为《快乐购物》《央广购物》《优购物》《时尚购物》《风尚购物》《家有购物》《家家购物》《环球购物》等10个数字电视购物频道提供集成传输及发行服务。传输的11套数字高标清卫视节目有：北京卫视、湖南卫视、深圳卫视、广东卫视、黑龙江卫视、山东卫视、湖北卫视、北京纪实高清、辽宁高清、三沙卫视、厦门卫视。

六、CMMB手机电视

CMMB手机电视由北京中广传播有限公司承办，自2009年开播以来，承担移动多媒体广播项目（CMMB）在北京地区的建设和运营。

CMMB手机电视采用中国自主研发的移动多媒体广播（CMMB）技术，通过自身运维的多媒体广播覆盖网向在北京地区的手机、PDA、MP4、GPS、笔记本电脑等小屏幕接收终端传送高质量广播电视节目和提供数据增值服务。内容上实现对CCTV-1、CCTV-5、CCTV-新闻、北京卫视、精彩电影、“睛彩北京”、中央人民广播电台、中国国际广播电台视听节目的传送，每天播出18小时。截止到2014年12月30日累积发展双向终端用户101.68万户，新增1.2万户，在网付费用户18.08万户。

2014年“睛彩北京”频道积极推进节目内容优化，先后对《睛彩城市》《睛彩文艺》《天天体育》等6个栏目进行改版，改版后节目内容丰富、节奏紧凑，更具时效性。6月开始，“睛彩北京”频道分别针对世界杯、亚运会等手机电视营销热潮，及时配合制作4档精品专题栏目，实时播报热点资讯。

七、网络广播电视

网络广播电视系北京网络广播电视台BRTN（简称北京网络台），由北京广播电视台主办，是北京广播电视台整合旗下18家单位力量、共同创建的“以宽带互联网、移动通信网等新兴信息网络为节目传播载体的新兴形态广播电视播出机构”，于2014年1月8日正式上线播出，由北京电视台具体承办。

北京网络台有4个新媒体业务平台，分别是北京网络广播电视台网站（www.brtn.cn）、北京IPTV、“BTV大媒体”等移动客户端、BTV微平台。经过四年多扎实建设，投入资金超过3亿元，已经建成具有国际领先水平的新媒体工作基地，作为实质与北京电视台媒资系统和内容生产网打通，建立“私有云计算中心”，汇聚海量视频内容。

2014年，北京网络台各大新媒体业务迅速发展：（1）BRTN网站全球排名直线上升，列省级网络台第一名；（2）北京IPTV升级，不断优化产品应用，用户已经超过50万；（3）“BTV大媒体客户端”完成7个版本迭代升级，下载量接近130万次；（4）微平台矩阵粉丝超过3000万，活跃程度大幅度增加；（5）研发“视频地图”和“微信电视”矩阵等创新产品。

北京网络广播电视台新媒体技术系统以“模块化”理念规划，可分可合，为新媒体板块剥离，又与传媒体媒体实质链接，组建新媒体集团，实现媒体资源互联互通、整合发布打下了坚实基础。该项目获得国际“EMC2014国际思想领袖大奖”以及“BIRTV2014展会最具借鉴价值项目大奖”、国家新闻出版广电总局科技进步一等奖。

（北京广播电视台办公室）

北京电台新媒体发展情况

2014年，北京人民广播电台新媒体之一——北京广播网发展主要情况：

1.借新媒体平台进一步拓展广播内容影响力 除配合完成2014全国两会、北京市两会、南水北调、美丽环境绿色行动、仁川亚运会等重大主题报道之外，北京广播网还创新工作模式对世界杯足球赛、《吃喝玩乐大搜索》《今夜私语时》《百姓健康大讲堂》等重点内容和栏目进行深度新媒体加工推广，同时依托微信平台积累数万的微信用户。在亚运会报道中，首次在微信独家新闻中引入即点即听的概念，提高新闻的可读性和关注度；配合亚运会报道，制作《We》系列节目，开创北京电台为微信公众号客户端定制开发视频节目的先例。该节目推广到优酷、爱奇艺、凤凰FM等商业平台播出，总播放量近40万次。盘活台内优质内容资源，精心打造网络视频栏目

《留学百科》并在互联网多渠道分发，两个月内获得逾10万观看次数。北京广播网独立策划执行的“亲亲宝贝”品牌作品的数量和质量均好于往年。

2.与中国移动开展内容合作 与知名商业网站移动客户端进行内容合作的同时，网络媒体中心与中国移动听书基地及中国移动视频基地展开合作，将北京电台的优质音视频内容重新包装，推广到移动运营商平台，进一步扩大内容影响力。

3.技术不断创新升级 网络媒体中心尝试新技术，调整流媒体信号参数，保障北京交通广播与东方航空公司联合高空音视频直播活动顺利完成；针对微信公众平台的开放接口进行研究，将成熟的技术逐步应用在北京广播网、各专业广播及节目组的微信公众账号。

4.业内知名度进一步扩大 北京广播网播出的《北播秀场》《播播会客厅》《菠萝派》3个栏目以及14件视频作品，分别获得全国优秀原创网络视听节目奖、第十届北京人大好新闻评选一等奖、北京市优秀网络视听节目评选优秀节目奖、第三届中国西部国际电影节评选优秀节目奖以及北京广播电视台新媒体视听节目创新奖等奖项，并在北京网络视听节目成果与创新成就展映活动上进行展映。

（北京人民广播电台）

北京电视台新媒体发展情况

2014年，北京电视台搭建完成四大新媒体平台：北京网络广播电视台网站、北京IPTV、BTV大媒体移动客户端、BTV官方微平台。主要情况：

1.北京网络广播电视台网站（www.brtn.cn） 1月8日，网站在北京网络广播电视台开播的基础上，完成北京电视台11个频道100多个栏目网络日常宣传的基础上，积极配合全台大型活动和各频道的重点宣传报道。与此同时，网站重视原创内容，在北京网络视听创新成就与节目成果评选中，BRTN北京网络广播电视台获得“网络视听产业突出贡献平台奖”。截至12月底，网站访问量和影响力稳步攀升，ALEXA全球排名稳定在2600名左右，在全国省级网络台中排名第一；BTV大媒体APP下载量近100万；北京IPTV用户近50万；BTV新浪官微粉丝达430万，北京电视台微信订阅号粉丝累计超过25万。网站还成为国家级、市属重点项目承载平台，“2014北京市优秀网络视听节目征集评选”官网、“APEC媒体中心网站”“弘扬社会主义核心价值观共筑中国梦”等主题原创网络视听节目展播平台的相继上线，BRTN网站影响力逐步扩大。

2.北京IPTV 内容上，北京IPTV从推出“看吧”升级为IPTV+，到“淘电影”、大健康频道新内容产品播出，北京IPTV+五大业务内容(点播、轮播、专题、看吧和BRTN网站IPTV专区）面貌焕然一新。市场拓展上，联合联通营业厅建成金融大街和远大路联通金源两个IPTV旗舰营业厅；开展IPTV剧风行动进驻社区推广；制订并实施IPTV合作伙伴激励计划，与兄弟台新媒体部门合作推出共享平台，促进北京IPTV快速发展。

3.BTV大媒体移动客户端 完成8个版本迭代升级，在全台各频道、重点栏目、大型重要宣传活动中发挥重要作用。年内，BTV

大媒体共发起各类互动活动总计565个，平均每月56.5项。在北京两会、春晚、“五一向劳动者献花”、世界杯、国庆65周年直播等大型活动的网台联动中表现突出。

4．BTV官方微平台 主要为自有账号运营和全台账号矩阵管理，微平台运营着BTV在新浪、腾讯的法人微博、BTV微信公众订阅号、公众服务号等8个官方账号，同时对全台微博、全台微信电视进行矩阵管理。2014年8月，以北京电视台微信公众服务号为核心，将台内各频道、节目、主持人全部纳入到北京电视台“微信电视”矩阵中，形成双屏互动。

5.新媒体基地 新媒体基地云基础支撑平台项目获得“EMC2014国际大奖”。截至10月底，新媒体基地完成接待参观任务198批次、2209人次。

6.BRTN品牌推广 利用北京电视台上线仪式、全媒体春晚大礼包等进行事件推广，做到平台、渠道、传播方式等360度无死角的品牌宣传；为北京IPTV＋旗舰体验厅，草莓音乐节——BRTN进行推广；同时开拓百度搜索、百度视频、百度贴吧、360手机助手、搜狐新闻客户端、we media自媒体联盟等合作渠道，拓展新媒体上品牌影响力。品牌宣传片在北京网络视听创新成就评选中获得“创新宣传片”奖。

（北京电视台）

歌华有线新媒体发展情况

1.高清交互数字电视新媒体

2014年，北京歌华有线电视网络股份有限公司累计推广完成420万户高清交互数字电视机顶盒基础上，创新推出电视院线、歌华导视、歌华高清、歌华阅视、4K专区、健康专区、游戏专区等媒体新业态，收入同比增长超过20%，成为新的经济增长点。该新媒体业态主要情况：

频道收转 新增东方购物频道、安徽卫视及辽宁卫视高清频道。

广告业务 广告客户增至100余家；上线统一广告管理系统和业内首家“频次控制”广告播发管理系统，实现不同广告版本、广告位、广告频次、投放时段的交叉组合投放。

电视院线 以“好影片+低价格+后付费”的方式，为用户提供全新观影体验，获得良好的社会效益和经济效益。牵头成立“中国电视院线联盟”，启动与30余家省市网络公司合作，覆盖超过2000万高清双向用户，近两亿有线电视用户，使“5元在家看大片”的公共服务模式推向全国。

大样本数据平台 推出“歌华发布”品牌，向社会发布北京地区有线电视用户每日不重复开机率、北京地区有线电视收视用户每日每户平均收视时长等收视数据产品，获得业内认可。

歌华导视 定位于宣传高清交互平台、推介电视频道的优秀节目内容等，以多样化、精品化的全新编播方式，受到用户的广泛关注和好评。

NVOD频道 采用分众化、个性化栏目设计和节目编排，推出“歌华高清”视频系列产品，已上线“高清英剧”“高清电影”“高清国产剧”“高清韩剧”等五套轮播节目。

电视游戏 与四达时代、永新视博、盛大、九城等游戏专业公司合作，推出游戏专区，年内累计上线更新70余款游戏，并正式收费运营，注册用户数超过88.2万。

歌华阅视 与北京阅视无限科技有限公

司合作推出“歌华阅视”正式上线，可实现跨屏导视、直播频道换台、直播频道预约切换、节目内容互动共享等手机与电视交互功能。

互联网电视和手机电视 与百视通正式推出“歌华宽带电视”业务，其中，5月1日推出“4K极清宽带电视”、11月中旬试推出“DVB+OTT”的“彩云”业务。

健康专区 汇集北京市38家三甲医院相关信息以及《养生堂》等2000余集健康视频节目，为用户提供权威、及时、有用的健康资讯。

2.家庭宽带新媒体

2014年，北京歌华有线电视网络股份有限公司家庭宽带新媒体业务实现历史最高增长，全年净增8万户，累计达31.6万户。年内，公司调整宽带产品价格体系，丰富套餐设置，加大营销力度，推出基于DOCSIS3.0技术的35M、55M和110M高带宽产品；积极开展互联网出口及内容引进建设工作，完成万兆互联网出口平台建设和缓存系统扩容；内网流量占全部流量百分比已经达到65.6%，较2013年同比增长8.6%；与北京电信合作推出共有品牌“华翼宽带”，已在全市范围进行规模推广。

产品及流程 8月1日起，调整家庭宽带产品价格体系及套餐设置，8种产品、32种套餐正式上线，并首次推出有线电视收视费套餐。5月1日，正式启动高带宽产品捆绑4K极清宽带电视销售，在石景山、海淀相关区域推出基于DOCSIS3.0技术的35M、55M、110M高带宽产品。7月1日起，启动宽带产品卡销售工作。初期开放淘宝销售渠道。9月27日，推出微软XBOX One与家庭宽带产品的捆绑套餐。10月9日，电视营业厅自助报装功能正式上线，方便用户办理套餐产品。12月10日，推出家庭宽带8M、12M、22M、35M、55M和110M续费套餐，增加续费用户可选产品。

营销策略 全年共推出8个市场营销活动，实现家庭宽带月月有活动：0元宽带免费体验活动；电子渠道续费送账期活动；“歌华宽带，入网有礼”实物促销活动；农村网小C设备区域免费体验活动；新装或续费用户赠送账期及加20元购买标清机顶盒优惠活动；新装续费用户关注微信抽奖活动等。

对外合作 正式启动与北京电信合作产品——“华翼宽带”的试点工作，同步在电视营业厅开展“华翼宽带”免费体验活动。截至12月底，近1.3万用户报名参加免费体验活动，成功参与体验的用户超过6100户。

（北京歌华有线电视网络股份有限公司）

昌平区广电中心新媒体建设情况

1.昌广传媒手机电视APP

2014年，昌平区广播电视中心推出新媒体“昌广传媒手机电视APP”平台，具备有资讯公告、信息推送、视频点阅服务等多种功能于一体的移动互联网应用媒介。

该平台的传播链条为“电视台—网络—移动终端”，它将“内容—平台—渠道—用户”等碎片化的资源以整合的媒介形式加以传播。作为一种传播样态，“整合传播”是为了增强所传播内容的覆盖面和影响力，其最终服务于内容资源。昌平电视台丰富的内容资源，打造了《昌平新闻》《真情故事》《古今昌平》《百姓话题》《视角》等一批公共文化类节目，并融合电视、PC、手机三种媒介终端的使用场景，服务于不同终端的用户。

2.昌平广播电视网改版升级

2014年7月1日，昌平广播电视网（www.cprt.com.cn）升级改版后上线试运行。此次改版将打造品牌的重点放在新闻资讯上，变静态网站为以视频为主，兼顾广播、图文等多种形式、多种内容为一体的全新区域视频媒体平台。新网站崭新的体验、便捷的登录以及24小时无缝快捷应用，可以满足用户收听收看所有昌平广播电视产品的需求。

新网站使昌平区广播电视中心原创节目得到多方位、多层次、立体化扩展。同时，还开设《新闻》《昌平》《图片》《健康》《旅游》等13个专题频道，包括70余个子栏目，将昌平区的各种重大事件、热点新闻和互联网资讯内容集成到一个信息管理平台之上，以统一的用户界面向网民展现。

在功能方面，新网站还充分满足用户多元化视频体验需求，推出移动终端手机版（APP）。只要登录昌平广播电视网，“扫一扫”手机二维码，就可免费下载安装，并随时随地浏览昌平广播电视网最新内容。用手机看昌平新闻、电视专题节目，了解昌平大事小情、热点新闻、区域良好环境、优惠政策和其它网络资讯。此外，新网站采用国外流媒体直播技术，可将电视台信号经过流媒体系统处理进行同步播出，并支持节目单回放及点播功能；采用较为流行的CMS发布系统，借用JS技术作为核心开发平台；所有组件均根据需求定制开发，并且可以自由组合；首页中采用所见即所得的实现方式，快捷方便的操作及灵活的展现形式符合以内容为主的网络电视台的标准。

在安全性方面，新网站后台操作采用广播电视行业标准化编审流程，实行三级审核机制，增强业务管理能力；权限管理功能可以根据编辑人员负责不同板块设置不同的权限，加强编辑人员对内容管理；统计功能使编辑人员帐号通过数据库追踪技术进行关联，按照时间、业务类型等分类进行统计，为业务量化考核提供依据。

（昌平区广播电视中心）

2014年北京市信息网络传播视听节目管理情况

一、全面清理整治网络视频有害信息

按照全国“扫黄打非”工作领导小组、国家互联网信息办公室、国家新闻出版广电总局的统一部署，重点做了以下七个方面工作：

1.召开本市网络视听节目服务持证网站工作会议，传达部署工作任务，要求网站切实加强网络视听节目内容审核，严格落实三审制，切实做到先审后播。

2.要求各持证网站立即开展自查整改工作，重点对网站首页、二级页面及新闻、资讯、娱乐、影视、综艺、音乐、生活等频道进行重点管理和重点排查，全面清理违规视听节目。

3.利用技术手段加大对持证网站视听节目内容监看，严格实行监管情况每日上报制度。对全市20家重点网站进行重点监看。

4.加强网络剧、微电影和自制节目、引进境外影视剧的审查管理。并要求各持证网站加强网络剧、微电影内容审查把关，不得播出未取得《广播电视节目制作经营许可证》机构制作的网络剧、微电影等网络视听节目，不得上线播出未进行备案的视听节目。

5.加大对UGC内容及聚合类视听网站的管理，重点对色情、低俗和暴力等内容进行检查和全面清理，清理夹带色情网站广告视听节目。

6.对个别持证网站大量传播违规视频行为进行通报批评，要求立即整改，对网站屡次违规行为，提交北京市文化行政执法总队进行查处。

7.开展无证视听网站分类处理工作，对无证视听网站进行全面搜索，重点清查无证视听网站传播色情和有害信息行为，关闭一批违规情节严重的无证视频网站。

据统计，专项行动中共清理下线有害视频6407条，清理下线色情、低俗和暴力视听节目322570条；清理下线情色、低俗等违规网络剧、微电影和自制节目687部（集），清理淫秽色情网站视频广告13655条，关闭违规个人视频空间1069个。

二、加强网络视听节目社会监督员管理

制定《北京市网络视听节目社会监督员管理补充办法》，重新调整监督员监看任务分工，重点加强网络剧、微电影、综艺栏目等自制类节目和UGC内容监看，同时加强监督员培训工作，进一步提高社会监督员业务能力。

三、做好行政许可准入和审批工作

为持证单位及其他社会单位、个人提供网络视听节目服务业务的政策咨询服务。严把《信息网络视听节目服务许可证》准入关，做好《许可证》的申请、变更、增项、换证的初审工作。落实许可退出机制，加强核查网站运营情况，对网站长期打不开、视听节目长期不更新的单位予以约谈，督促整改；对确已不具备继续从事互联网视听节目服务业务条件的，上报总局予以注销。全年共通过接待来人和接通来电解答各类咨询问题320余人次；审核上报各类材料48份；对26家次明显违规和存有问题持证网站相关负责人约谈、诫勉谈话，其中4家违规问题严重的提交市文化执法总队查处；上报总局注销4家单位的视听许可证。接收广播电视视频点播业务以来办理延续业务3家，注销1家，新申请5家。

四、做好违规网站查处和专项治理工作

继续加强各类违法违规视听节目网站查处力度，严厉清理无证视听节目网站。全年共提请北京市文化执法总队查处28家违规视听节目网站，提请北京市通信管理局关闭6家无证并传播有害视听节目网站。

五、开展优秀网络视听节目征集评选活动

由北京市新闻出版广电局和北京网络视听节目服务协会共同主办的“北京市2014年优秀网络视听节目征集评选活动”共征集作品258部，评选出66部优秀作品，评选出优秀组织推荐单位11个。对优秀网络视听节目和网络服务单位给予共计600万元专项补贴。

六、组织国庆65周年、APEC会议期间网络文化及慈善公益宣传

制定《北京市新闻出版广电局庆祝国庆65周年网络视听宣传工作方案》，召开15家重点网站参加的工作部署会，各网站根据要求开设国庆65周年网络视听节目专题、专栏，在网站首页进行了飘红装饰，并悬挂 “热烈庆祝中华人民共和国建国65周年”等横幅标语。推出多视角、多内容的视频专题。如搜狐网推出 “纪念碑故事、建国成就展、历届阅兵式、剧观中国梦”视频专题。优酷网开设《中国梦 假日影像馆》专题，凤凰网推出《全民共欢——热烈庆

祝建国65周年》和《悼先烈　祭英魂——9月30日中国首个烈士纪念日》两个互动专题。其他各网站也开设各具特色的国庆专题。APCE会议期间，就网上宣传和网络视听节目传播安全工作印发通知，召开12家重点网站内容管理工作例会，进行专题部署。组织协调千龙、搜狐、优酷等15家重点持证视听网站与北京慈善义工协会对接，成立寻找北京最美慈善义工活动网络宣传工作组，通过新闻、访谈、活动宣传等形式加大网上慈善公益宣传。

此外，与广西壮族自治区新闻出版广电局共同主办“21世纪海上丝绸之路广西行”大型采访活动，组织20家重点网络视听新媒体约40人赴广西北部湾经济区进行采访，各网站开设活动专栏，进行宣传报道；与北京网络视听节目服务协会组织50余家网络媒体70多人参观南水北调工程和中国电影博物馆等。

七、针对网站各级各类人员开展多种形式的业务培训

全年开展多层次、多内容、多形式的培训，网站受训人次近千人。

1.组织150名审核员参加中国网络视听节目服务协会组织的审核员培训班，取得网络剧、微电影等网络自制节目审核资质。

2.开展网站编审人员2014年培训需求在线调查，根据培训需求确定2014年《网编大讲堂》培训课题，全年录制12期。

3.组织两期网站高管人员培训班，邀请国家新闻出版广电总局网管司、北京市通信管理局、北京市公安局网安总队及首都版权产业联盟等负责人及业内专家就互联网管理、网络视听节目内容审核和网络版权保护和行业发展等方面内容进行专题培训。

4.与北京网络视听节目服务协会联合举办市属网络视听持证网站从事联系政府事务和法务工作人员专题辅导培训班。

5.举办两期网络影视创作、编导人员专题辅导班，并组织培训班学员参观怀柔影视基地。

八、贯彻总局关于进一步加强网上传播境外剧管理的精神

主要工作：

1.组织召开北京市属持证视听网站工作会、网上境外影视剧管理专题会，传达网上境外影视剧管理工作系列文件精神，并要求持证网站对已经在线播出的境外影视剧内容进行自查，发现问题自行下线。对2015年网上境外影视剧计划申报、内容审核和统一登记等工作进行部署。

2.摸清底数、开展调研。到网站走访，开展调查摸底工作，经统计，2014年市属持证网站购买播出国内影视剧共5982部，其中：电影2832部，电视剧3150部(103889集），约占全国持证视频网站引进总量的2/3。

3.制定《北京市全面落实网上境外影视剧管理的实施方案》。

4.建立网上境外影视剧管理工作领导小组。

九、加强协会建设发挥协会作用

重点开展以下工作：加强制度建设，制定重大事项报告制度、协会财务制度等八项内部管理制度。指导成立网络视听节目专家评审部，下设由15人组成的专家评审委员会，组建相关专业近百人的专家信息库。配合网络视听节目的备案管理工作，组织部分专家开展网络视听节目的审查评议工作。与局网管处共同完成2014年优秀网络视听节目征集评比表彰工作，并向中国网络视听节目服务协会举办的“2014优秀网络视听作品推选活动”推荐60部作品，其中11部获奖。

（北京市新闻出版广电局网络视听节目管理处）

2014年北京市信息网络视听节目机构一览表

序号	许可证号（备案号）	开办单位	网站名称	登录地址
1	0105094	北京华奥星空科技发展有限公司	华奥星空	www.sports.cn
2	0103032	中广亚广播信息网络有限公司	中广网	www.catv.net
3	0105089	北京广播电视台	北京网络广播电视台	www.brtn.cn
4	0104056	北京千龙新闻网络传播有限责任公司	千龙新闻网	www.qianlong.com
5	0104053	北京在线九州信息技术服务有限公司	天天在线	www.116.com.cn
6	0104054	北京歌华有线数字媒体有限公司	无	无
7	0105081	北京歌华文化发展集团	新视界	www.dvod.com.cn
8	0105087	北京联合网视文化传播有限公司	联合网视	www.uitv.com
9	0105097	乐视网信息技术（北京）股份有限公司	乐视网	www.letv.com
10	0105093	北京雷霆万钧网络科技有限责任公司	tom网	www.tom.com
11	0105079	北京市海淀区有线广播电视网络信息有限公司	海宽网络	www.hdonl.cn
12	0108231	北京光线易视网络科技有限公司	E视网	www.ewang.com
13	0108272	网乐互联（北京）科技有限公司	看吧宽频	www.kan8kan.com
14	0107195	中共北京市委干部理论教育讲师团	“宣讲家”网站	www.71.cn
15	0108246	北京优朋普乐科技有限公司	优朋影视	www.voole.com
16	0108296	北京网尚文化传播有限公司	网尚文化	www.vv8.com
17	0108251	北京网罗天下生活科技有限公司	100度享乐网	www.100du.com

续　表

序号	许可证号（备案号）	开办单位	网站名称	登录地址
18	0108267	酷溜网（北京）信息技术有限公司	酷6网	www.ku6.com
19	0108275	北京青年报网际传播技术有限公司	北青网	www.ynet.com
20	0108270	北京时越网络技术有限公司	悠视网	www.uusee.com
21	0108258	迈视（北京）网络传媒技术有限公司	迈视网	www.maxtv.cn
22	京备AVSP2008015	北京市大兴区广播电视台	中华兴网	www.zhhxw.com
23	0108259	北京搜狐互联网信息服务有限公司	搜狐网	www.sohu.com
24	0108290	北京风行在线技术有限公司	风行网	www.funshion.com
25	0108283	合一信息技术（北京）有限公司	优酷网	www.youku.com
26	0108268	北京六间房科技有限公司	六间房	www.6.cn
27	0108308	北京华艺汇龙网络科技有限公司	艺通网	www.etoote.com
28	0110536	北京偶偶网络科技有限公司	偶偶网	www.ouou.com
29	0108265	北京动艺时光网络科技有限公司	时光网	www.mtime.com
30	0108284	北京万方数据股份有限公司	万方数据	www.wanfangdata.com.cn
31	0108278	北京智汇游信息技术有限公司	17173	www.17173.com
32	0108271	新传在线（北京）信息技术有限公司	新传宽频	www.nubb.com
33	0108274	北京搜房科技发展有限公司	搜房网	www.soufun.com
34	0108291	北京捷报互动科技有限公司	捷报网	www.jeboo.com
35	京备AVSP2008014	顺义区广播电视台	顺广传媒	www.bjsytv.com

续 表

序号	许可证号（备案号）	开办单位	网站名称	登录地址
36	0108298	北京暴风科技股份有限公司	客户端软件名称：暴风影音	www.baofeng.com
37	0108292	北京中视互动科技发展有限公司	中视互动网	www.citv.cn
38	0110516	北京百度网讯科技有限公司	百度	www.baidu.com
39	0108309	北京勤能通达科技有限公司	勤能影视圈	www.tvquan.cn
40	0108319	北京晨报社	北京晨报	www.morningpost.com.cn
41	0108330	三纪讯通科技股份有限公司	天使网	www.zgangel.com
42	0109404	北京和讯在线信息咨询服务有限公司	和讯网	www.hexun.com
43	0109359	北京华星互联文化传播有限公司	如意影视网	www.165tv.com
44	0109343	同方股份有限公司	清华同方学堂	www.edu—sp.com
45	0108325	北京摩苍科技发展有限公司	摩视网	www.moonstv.com
46	0110549	粉娱（北京）科技发展有限公司	粉娱网	www.fenyucn.com
47	0109388	赛尔网络有限公司	校园梦网	www.cdream.com.cn
48	0109368	北京三进宇通通信设备有限公司	三进宇通音乐网	www.rock3g.cn
49	0109360	互动在线（北京）科技有限公司	互动在线	www.hudong.com www.hoodong.com
50	0109362	北京酷我科技有限公司	酷我音乐网	www.koowo.com
51	0109369	北京橙天华音音乐制作有限公司	歌歌网	www.isongsong.com
52	0109376	北京天空世纪信息技术有限公司	天空宽频	www.tvsky.tv
53	0109379	北京空中信使信息技术有限公司	空中网	video.kong.net

续 表

序号	许可证号（备案号）	开办单位	网站名称	登录地址
54	0109389	北京卡酷传媒有限公司	北京卡酷动画卫视网	www.kaku.tv
55	0109377	北京文国网络技术有限责任公司	文国网	www.veduchina.com
56	0110427	掌中微视（北京）科技有限公司	微视网	www.kinpower.com.cn
57	0109380	华友世纪通讯有限公司	哈哇网	www.hawa.cn
58	0109390	中传视友（北京）传媒科技有限公司	视友网	www.cuctv.com
59	0110515	北京汉高华网络科技有限公司	我要达达	www.hlxservice.com
60	0110576	原上草网络信息技术（北京）有限公司	原上草	www.igroot.com
61	0109405	北京华通京信通信技术有限公司	腾空网	www.tengkong.com
62	0109500	北京飞宇电脑技术有限公司	飞宇网	www.feiyu.com.cn
63	0109406	北京网高网络科技有限公司	财界网	www.17ok.com
64	0110517	北京北纬通信科技股份有限公司	北纬30度	www.bw30.com
65	京备AVSP2009016	昌平区广播电视台	昌平广播电视网	www.cprt.com.cn
66	0110533	共青团北京市委员会信息中心	青檬网络	www.qmoon.net
67	0110525	北京中录国际文化传播有限公司	中录宽频	www.zlvod.cn
68	0110524	金银岛（北京）网络科技股份有限公司	金银岛	www.315.com.cn
69	0110542	北京中润互联信息技术有限公司	中润网	www.8169.com
70	110556	北京新媒视讯科技有限公司	星语心愿	www.xinpindao.com
71	0110545	北京掌讯远景数码信息技术有限公司	北京掌讯	www.handinfo.cn

续 表

序号	许可证号（备案号）	开办单位	网站名称	登录地址
72	0110563	游艺星际（北京）科技有限公司	哈啪咪	www.hapame.com
73	0110538	北京巨鲸音乐网络技术有限责任公司	巨鲸音乐网	www.top100.cn
74	0110534	北京科普兰德科技有限公司	颐家家居	www.e—jjj.com
75	0110551	优活联盟（北京）科技有限公司	优活联盟	www.yoholm.com
76	0110531	北京新东方迅程网络科技有限公司	新东方在线	www.koolearn.com
77	0110543	北京易车信息科技有限公司	易车网	www.bitauto.com
78	0110553	北京车之家信息技术有限公司	汽车之家	www.autohome.com.cn
79	0110554	北京富华创新科技发展有限责任公司	金融界投资理财网	www.jrj.com.cn
80	0110418	北京豆网科技有限公司	豆瓣网	www.douban.com
81	0110544	北京爱奇艺科技有限公司	爱奇艺	www.iqiyi.com
82	0110484	北京红番茄联众通信技术有限公司	艺人网	www.300hu.com
83	0110552	北京智德典康电子商务有限公司	中关村在线	www.zol.com.cn
84	0110583	北京瑞奥视科技有限公司	瑞网	www.today365.com.cn
85	0111605	工控网（北京）信息技术股份有限公司	工控网	www.gongkong.com
86	0110446	北京天方金码科技发展有限公司	天方听书网	www.tingbook.com
87	0110461	北京宇晨亿荣网络科技有限公司	酷燃网	www.krcom.cn
88	0110557	北京艾斯凯国际民族	中民网视	www.cewtv.com
89	0110428	文化传播有限公司	乐看	www.lekan.com

续 表

序号	许可证号（备案号）	开办单位	网站名称	登录地址
90	0110550	北京康隆盛科技有限公司	橙果网	www.chengo.com.cn
91	0110569	北京新网视信传媒科技有限公司	赛鸽天地	www.rpw.com.cn
92	0110535	北京赛鸽天地广告有限公司	雅库网	www.hsoft.com.cn
93	0110562	北京华思维泰克科技有限公司	V族网	www.vzuu.com
94	0110568	北京雷盟盛通文化发展有限公司	画娱网	www.hydiy.cn
95	0110537	北京梦之窗数码科技有限公司	糖豆网	www.tangdou.com
96	0110582	北京联想调频科技有限公司	联想	www.lenovo.net
97	0110581	北京万企科技有限公司	阳光在线	www.cew.cn
98	0110588	北京清大世纪教育投资顾问有限公司	中国企业网	www.eee114.com
99	0110453	大地时代文化传播（北京）有限公司	清大学习吧	www.dadifilm.com
100	0110587	完美世界（北京）网络技术有限公司	大地传播	www.wanmei.com
101	0110416	北京国泰东方信息技术有限公司	完美时空	www.kuke.com
102	0110426	北京凯铭风尚网络技术有限公司	库客数字音乐图书馆	www.yoka.com
103	0110437	北京太极国际体育发展有限责任公司	YOKA时尚网	www.21tjsports.com
104	0110460	北京君合百纳通信技术有限公司	太极体育网	video.opahnet.com
105	0110413	北京宽客网络技术有限公司	联合体育网	www.yinyuetai.com
106	0110475	北京天天宽广网络科技有限公司	宽客网	www.kumi.cn
107	0110438	北京世纪超星信息技术发展有限责任公司	酷米网	www.superlib.com

续 表

序号	许可证号（备案号）	开办单位	网站名称	登录地址
108	0110567	北京优视米网络科技有限公司	超星图书馆	www.umiwi.com www.52flw.org
109	0110424	芝麻开门网络数字技术（北京）有限公司	优米网	www.zmkm.org.cn
110	0110448	北京世纪中彩网络科技有限公司	芝麻开门网	www.zhcw.com
111	0110452	北京中童联合资讯服务有限公司	中彩网	www.looklook.cn
112	0110471	北京《瑞丽》杂志社	中童在线	www.rayli.com.cn
113	0110594	中体彩彩票运营管理有限公司	竞彩网	www.sporttery.cn
114	0111612	华录出版传媒有限公司	东东007	www.dongdong007.com
115	0111614	新星出版社有限责任公司	声动网	www.singdoo.com
116	0111622	国家大剧院	国家大剧院官方网站	www.chncpa.org
117	0111624	北京荣信天诚科技有限公司	看视界	www.1iptv.com
118	0113658	北京卓众出版有限公司	第一工程机械网	www.d1cm.com
119	0112632	北京市可持续发展促进中心	北京科技视频网	www.bjscivid.net
120	京备AVSP2008012	北京市房山区广播电视台	房山广电传媒网	www.funhillmedia.com
121	0108269	京华时报社	京华网	www.jinghua.cn
122		北京广播公司	波罗网	www.bobo.cn
123		北京市通州区广播电视台	大运通州网	www.dayuntongzhou.com

（北京市新闻出版广电局网络视听节目管理处）

技 术

2014年北京市广播电视技术工作综述

一、安全播出

北京市新闻出版广电局以广播电视安全播出管理体系建设为抓手，完成全国“两会”、国庆65周年、十八届四中全会、APEC会议等重要活动以及元旦、春节、“五一”等重要节假日的安全播出保障工作，开展处理非法无线、有线广播电视信号插播突发事件指挥调度、远郊转播站事故应急处置演练，提高广播电视安全播出保障水平。针对“温州事件”，主管领导带队第一时间到歌华有线督促检查网络安全，组织开展安全播出检查，完善预案和制度，增强安全播出保障能力。对全市21个安全播出责任单位逐一进行体系审核，审核整改落实情况、体系制度执行情况、人员培训情况等，促进播出单位管理能力的提升。

二、科技管理

与总局广科院签署战略合作协议 北京市新闻出版广电局与国家新闻出版广电总局广播科学研究院签署共同推进广播影视科技创新战略合作协议，发挥政府在科技文化发展中的引领作用和行业科研院所的技术优势，共同推进广播影视科技创新。双方以科学发展为主题，以科技创新为动力，围绕首都广播影视发展的中心工作开展合作。与市科委、中关村管委会交流，关注产业科技发展格局，搭建事业产业创新应用对接发展平台，积极探索广电行业主管部门与市相关委办局多维合作模式。

组织开展广播电视节目技术质量优秀作品评选 对全市广播电视系统单位申报的29个广播节目和50个电视节目进行客观测试和主观评价，共评选出23个广播节目技术质量优秀作品，37个电视节目技术质量优秀作品。

组织完成2014年全国广播电视（监测系统、有线电视系统）技术能手竞赛培训、选拔和推荐工作 先后于9月、10月两次组织了“2014年北京市广播电视（监测系统、有线电视系统）技术能手培训和竞赛”，60余名技术人员参加为期6天的理论知识讲解、实操技能培训和考试竞赛选拔。选拔推荐2名选手参加2014年全国广播电视（监测系统、有线电视系统）技术能手竞赛。

创新培训组织形式，确保技术培训工作取得实效 采取集中培训和定向培训相结合的方式组织开展技术培训，全年培训近300人次。结合当前区县电视台高清化改造和演播室建设遇到的热点、难点问题，举办面向全市广电系统技术人员的“广播影视高清技术集中培训班”和“电视中心演播室技术专题培训班”。根据个别区县培训需求邀请专家走进区县定向技术培训。结合平谷区广播电台的技术发展现状和设备使用情况，在平谷区组织“广播数字调音技术及设备使用”技术培训。

组织“2014年广播影视新媒体发展专题讲座”，邀请国家新闻出版广电总局发展研究中心、广播科学研究院新媒体领域的专家，结合国内外新兴媒体的实际应用情况，介绍了新兴媒体的业务形态、产业发展以及中国广播影视新兴媒体与传统媒体融合发展的状况。

完成总局“媒资共享模式的研究和应用”科研项目 北京市新闻出版广电局牵头承担的“北京市广播影视媒体资料共享模式的研究和应用”总局科研项目，顺利通过总局科技司组织的项目验收。项目制定了国内第一个省级媒资共享平台互联互通标准化、规范化的接口规范和编目规范等相关规范化文件。

积极推动广播影视科技创新和技术发展。与中关村管委会产业发展促进处沟通交流，梳理中关村科技园广电行业高新技术企业的技术亮点和市场需求，深入企业了解广播影视技术研发情况，为搭建广电行业企事业对接交流平台做准备。组织全市广电系统技术人员参加第二十二届中国国际广播电视信息网络展览会（CCBN2104）和第22届中国数字广播电视与网络发展年会暨第13届全国互联网与音视频广播发展研讨会（NWC2014）等行业盛会。

三、广播电视公共服务

做好转播站和行政村发射站运行维护工作，确保转播安全，确保百姓的收听收看 完成季度巡检工作，重点开展转播站防火、安全播出等检查，强化转播站工作人员安全防范意识，细化应急处置方案，提高故障响应速度；开展行政村发射站管理人员技术基础培训，召开行政村发射站运维会，总结、交流运维经验，不断优化运维工作流程。

做好媒资共享平台系统的运行维护工作，确保区县新闻回传及时高效 不断推进运维工作常态化，加强媒资平台巡检力度，保证平台安全平稳运行；实现平台网络进一步扩大覆盖，加强各区县优秀节目间的交流。

继续推进有线广播建设 开展昌平、怀柔、延庆9个乡镇199个行政村的有线广播建设，完成线路架设、供电器安装等外线工程。积极开展应急广播建设调研和规划编制工作，密云县有线广播改造工程列入国家应急广播试点项目。

四、高清交互数字电视推广

继续加大有线电视基础设施建设和高清交互机顶盒推广工作，定期召开高清监管办公室会议，研究解决推广中的问题，督促北京广播电视台完成全年40万高清交互机顶盒的招标采购工作。截至2014年12月底，高清交互数字电视用户已达420余万户，完成2014年推广任务。

五、三网融合工作

开展三网融合技术与应用对接活动 为有效带动三网融合相关技术、产业的健康发展，北京市新闻出版广电局组织三网融合技术与应用对接活动，5家试点单位和3家企业进行深入地交流对接，市三网融合协调小组成员单位、广电、电信等相关单位100余人参加了活动。此次活动充分展示了三网融合试点工作中涌现的新技术、新产品、新应用，为政府、企业、用户之间搭建沟通的桥梁，使三网融合工作为北京市的百姓、政府及相关企业提供更先进、科学、便捷的服务，让更多的新技术、新产品、新应用在北京落地。

加快进行下一代广播电视网络建设 2014年北京市有线电视双向网进一步向远郊城镇及农村地区扩展。截至12月底，北京市有线电视双向网覆盖（改造）户数新增47万户，共计达到531万户。国家新闻出版广电总局批准在歌华有线公司建立实验室，开展一代广播电视网NGB融合新业务创新研究。

三网融合相关业务稳步开展 北京市IPTV、有线电视网互联网接入等三网融合相关业务正逐步推广普及，新型信息产品和服务不断涌现，网络利用率大幅提高，科技创新能力明显增强，为进一步开展三网融合创造良好的技术条件、网络基础和市场空间，为在更大的范围、更高层面推进三网融合积累有益经验。截至2014年12月底，北京IPTV用户32万户，有线电视互联网接入用户31.6万户，歌华飞视33.5万户。

六、服务保障

为做好全国“两会”驻地有线电视服务保障工作，北京市新闻出版广电局认真落实北京市服务保障工作组职责分工要求，制定有效的工作方案和应急预案，落实隐患排查整改，确保了全国“两会”期间有线电视安全传输和优质服务，圆满完成了代表驻地有线电视信号畅通及收视质量的保障工作。

根据北京市政府统一部署，北京市新闻出版广电局负责雁栖湖APEC会议中心迎宾大屏幕播放工作和北京会议中心APEC残疾人主题活动等相关活动的有线电视保障等。组织制定有线电视服务保障和迎宾大屏幕工作方案和应急预案，反复排查隐患，现场演练，对演练中存在的问题进行分析，向有关方面反映并积极协调解决，圆满完成保障任务。

（北京市新闻出版广电局科技处）

2014年北京电台技术工作情况

一、安全播出

2014年，北京人民广播电台系统更新、机房改造多，重点保障期长，外出转播频繁，播出安全面临严重考验。为了确保安全播出，全台技术部门狠抓技术管理、技术建设、技术培训，全面提升技术服务质量。截至12月31日，全台安全播出69578.5小时，皂君庙调频机房各频率共发射24344.5小时，其中为中央电视发射塔代播552小时，804发射台中波发射35547.5小时，停播率为0秒/百小时，可用度为100%，创下了十年来最好成绩。

2014年还完成北京两会、全国两会、党的十八届四中全会、APEC会议以及重大节日等重要保障期的安全播出保障工作；完成“地球日”“环境日”“世界杯”、音乐广播境外转播、广播大拜年、南水北调通水仪式等重要转播工作以及相关直播的播录工作；挽救可能造成的各种播出差错或事故7次；技术热线报修1389次，完成各类保修2400余次；节目技术质量稳居全国先进水平。在2014年度金鹿奖评比中获得播出质量一等奖，凭借总成绩领先优势获得综合大奖。

二、技术管理

（一）查处黑台。针对黑台干扰北京电台信号的情况，组织5次定向测试，摸清黑台情况，并将结果迅速上报政府主管部门，积极协调对黑台进行取缔。截至十一月底，通过相关部门联合执法共查获黑台9个。

（二）实施项目管理制。在世界杯与仁川亚运会转播中采用了项目制管理，抽调各相关专业人员成立转播技术保障项目小组，从收集技术需求着手，逐条细化落实，关键时间、关键环节安排技术骨干全程支持，收到了较好的效果。

（三）制定各种应急预案。为提高应急事件的处理能力和技术故障的判断能力，全面掌握技术中心管辖的技术设备，完善技术中心设备台账，建立安全播出系统的分级制度，明确事故的上报流程，按照项目制组织编写应急操作手册。

针对技术系统的变化，更新修改梳理多个应急预案，补充制定《导播管理规定》和

《直播机房操作管理规定》。年初对播出机房值机人员资格进行审核，确认具有播出机房值机资格主持人、值班员共计217人。

（四）监控节目质量。每月从全台约210个独立播出的节目中，选取72个节目进行审听考评，出具评审报告，各系列广播的综合平均得分差距进一步缩小，全台各系列广播的节目播出质量在较高的质量平台上平稳运行。

三、技术建设

北京电台现代化直播间

（一）筹建新频率基础设施。完成新频率相关技术系统建设前期设计、设备选型和采购合同签订，新频率播出机房改造、主控配套系统、备用发射系统的建设，推进新主控机房的基础设计工作。

（二）改造在用机房。完成3个机房的配电改造工作，提高供电的可靠性，方便应急处理和日后维修。按时保质保量的完成了4个播出机房的改造和安装，以及10个录音机房设计安装，10层会议设备的更换。其中交管局机房改造中新增E1线路作为备份通路，增加传输系统的可靠性。调频发射机房拆除了机房原有隔断墙，增加机房使用面积和办公用房。新的制播系统全面启用，此次系统升级在基于不间断、安全播出的前提下进行，更新电台最核心、涉及最广泛的制作和播出系统，这是17年来制播系统第一次全面更新。新系统提高了核心系统的可靠性、安全性，更便于技术管理。

（三）加强技术创新。利用机载WiFi，广播史上第一次以飞机与地面主持人对话的方式进行直播，实现“空地对话”的空中直播。在仁川亚运会期间首次境外使用E1线路直播，E1高质稳定的技术特点，实现远程对播的形式，为编播部门的节目创新提供技术支持。4G转播已成为卫星转播和E1线路的第一备份线路。

积极探索改善本地大型体育赛事转播音质的技术，借道北京电视台转播的光纤路由，将北京体育广播解说北京“三大球”主场比赛的声音传回电台，使转播达到了播出级，并且引入了BTV在比赛现场拾到的现场音，使听到的比赛更富现场感。

对音频二维码、直播节目微信交互、4G多媒体直播、智能手机采编应用、移动互联网节目素材交换等技术进行跟踪测试，为进一步探索适应移动互联网的节目制播流程和新媒体融合、新业态开发做技术储备。

四、技术培训

北京电台技术部门把各种形式的培训贯穿于全年技术工作之中，内容包括安全播出教育、科室内部业务学习、科室间业务交流以及聘请外部专家进行集中讲解等。

为避免值班人员长时间的例行值班，产生麻痹大意的思想，值班科室及时总结值班经验，针对一些新出现的故障或威胁播出安全的新情况，组织相关人员进行讨论和交流，提升技术水平与工作技能，防患于未然。

科室内部和科室之间的学习交流，不仅有利于技术人员精通自己的本职工作，有利于培养一专多能的人才。比如，在仁川亚运会前期，组织录制管理科、网络系统科等相关科室对转播传输人员进行录制软件、网络系统知识的培训，不仅使他们能够在仁川亚运会技术保障期间应对例行直播传输的任务，而且能够帮助采编播人员应对其它与技术相关的问题，极大地满足了前方技术服务的需求。

为重新划分调频发射机房的维护职责，聘请外部专家教授集中讲解调频发射专业基础理论，分享实际运维经验，为更好的完成机房维护及改造工作，提供必要的人员的储备。

为适应广播与新媒体技术融合发展的需要，组织了音频二维码在广播技术中应用的培训，与专家一起探讨该技术在安全播出、数据业务、广告业务以及版权统计等方面利用的可能。

（北京人民广播电台）

2014年北京电台数字化“制、播、存”一体化应用新情况

2014年，北京人民广播电台全面完成了音频制播软件的升级工作，经过一年的检验，整体运行基本稳定，实现了全年零秒停播率，成为电台保障安全播出的重要环节。

一、硬件方面

录制网络和播出网络是通过中转设备进行访问的，基本实现了制、播分离。增加了热备的服务器、播出交换机及磁盘阵列，可以在短时间内进行替代工作。2014年更新、增加工作站20台，工作站及服务器总数量与2013年持平。

二、软件方面

录制方面，加强用户权限管理、磁盘使用量控制，增加制作节目的交换功能，多方面保证数据安全。在每人一个账号的同时，增加指纹认证系统，当账号与指纹相匹配时，才能登陆到录制界面，由此确认了人员的安全。在录制软件中，增加技术检测功能，对于录制电平、静音时间、反相等技术指标都设定了阀值，一旦出现问题都会弹出技术报告，从而确保了声音质量的需求。

播出方面，与以前相比支持多种工作模式——自动、直播辅助、手动，能适应直播、录播、转播等多种播出需求。增加了用户登录及退出功能，方便进行权限管理及责任定位。增加CART单，方便排单，提高播出单编排及播出的灵活性。定时将网络数据库中的内容读到本地，在网络被切断的情况下，仍能从本地播出，保证播出不间断。直播间主备工作站、主控一播四实时刷新，主备播操作同步，当主站出现问题时，可以保障播出节目的连续性。增加欠缺时间、富余时间的显示，值班员插节目时不用自己再计算时间。

后台管理方面，制播软件采用了SQL SERVER关系数据库管理系统，制定严格的数据库维护计划，设置软件对硬件资源的使用，增加回收站管理程序，定时删除磁盘上的垃圾数据，保证软件平稳运转。

（北京人民广播电台）

2014年北京电台传统音频广播节目覆盖情况

北京人民广播电台制作的16套传统音频广播节目，分别采用无线调频广播、无线中波调幅广播、无线数字音频广播DAB、卫星广播DVB-S、有线调频广播、有线数字广播DVB-C、互联网广播的方式进行播出。具体情况详见下表：

<table>
<tr><th rowspan="3">节目频道名称</th><th colspan="5">播出频道参数</th></tr>
<tr><th colspan="3">无线广播</th><th colspan="2">有线广播</th></tr>
<tr><th>中波广播</th><th>调频广播</th><th>数字音频广播
DAB</th><th>有线调频</th><th>有线数字
DVB—C</th></tr>
<tr><td>新闻广播</td><td>828KHz</td><td>100.6MHz</td><td>新闻广播</td><td>90.4MHz</td><td>301</td></tr>
<tr><td>城市广播</td><td>1026kHz</td><td>107.3MHz</td><td>城市广播</td><td>91.9MHz</td><td>302</td></tr>
<tr><td>故事广播</td><td>603kHz</td><td></td><td>故事广播</td><td>89.1MHz</td><td>303</td></tr>
<tr><td>体育广播</td><td></td><td>102.5MHz</td><td>体育广播</td><td></td><td>304</td></tr>
<tr><td>交通广播</td><td></td><td>103.9MHz</td><td>交通广播</td><td>95.6MHz</td><td>305</td></tr>
<tr><td>文艺广播</td><td></td><td>87.6MHz</td><td>文艺广播</td><td>93.8MHz</td><td>306</td></tr>
<tr><td>音乐广播</td><td></td><td>97.4MHz</td><td>音乐广播</td><td>94.6MHz</td><td>307</td></tr>
<tr><td>外语广播</td><td>774kHz</td><td></td><td>外语广播</td><td>97.8MHz</td><td>311</td></tr>
<tr><td>爱家广播</td><td>927kHz</td><td></td><td>爱家广播</td><td>92.7MHz</td><td>316</td></tr>
<tr><td>古典音乐广播</td><td></td><td></td><td>古典音乐</td><td>98.6MHz</td><td>308</td></tr>
<tr><td>通俗音乐广播</td><td></td><td></td><td></td><td>97.0MHz</td><td>309</td></tr>
<tr><td>有线教学广播</td><td></td><td></td><td></td><td>99.4MHz</td><td>310</td></tr>
<tr><td>长书广播</td><td></td><td></td><td>长书广播</td><td>104.3MHz</td><td>312</td></tr>
<tr><td>有线戏曲曲艺广播</td><td></td><td></td><td></td><td>105.1MHz</td><td>313</td></tr>
<tr><td>欢乐时光广播</td><td></td><td></td><td>欢乐时光</td><td>106.5MHz</td><td>314</td></tr>
<tr><td>怀旧金曲广播</td><td></td><td></td><td>怀旧金曲</td><td>107.5MHz</td><td>315</td></tr>
</table>

新闻广播和城市广播上星播出，播出平台参数为中星6B、C波段、垂直极化、频率3951MHz、符号率9520、纠错方式3/4、PID为1、音频ID为257、左声道为新闻广播节目、右声道为城市广播节目。

互联网用户可以登录www.rbc.cn在线实时收听全部十六套广播节目

一、无线调频广播覆盖

北京人民广播电台设在中央广播电视发射塔的调频机房

1．交通广播、文艺广播、音乐广播三套调频立体声节目分别使用103.9MHz、87.6MHz、97.4MHz三个频率在中央广播电视发射塔播出，发射功率为10千瓦。如果使用车载接收机或手持接收机在室外接收，在北京市行政区划内的平原地区都能进行良好接收。

2．新闻广播、城市广播、体育广播三套调频单声道节目分别使用100.6MHz、107.3MHz、102.5MHz三个频率在皂君庙发射台播出，发射功率分别为200瓦、100瓦和3千瓦，同时100.6MHz在建国门外北京电台进行同步调频发射。由于天线高度低和发射功率小，故采用单声道模式播出，使用车载接收机或手持接收机，在市区六环路内室外都能良好接收，在北京市行政区划内的平原地区接收效果也能达到可听的水平。

2010年经过对调频100.6MHz同步调频发射系统信号传输分配设备进行升级改造，

以及对同频覆盖网络各站点运行参数进行反复测试调整，使得城区皂君庙、建国门两个站点与远郊五个村村通转播站同步工作的精确性和稳定性大大提高，使得调频100.6MHz在全市行政区域内的覆盖效果改善明显。尤其在延庆、房山、密云、怀柔的深山区接收调频100.6MHz的信号远远好于中央发射塔发射的其他10KW调频信号。

3．北京三面环山，山区地形对无线广播信号的传播有很大影响。中央广播电视塔发射的信号经百望山（海拔220米）阻挡后损耗达到20dB,经香山（海拔550米）阻挡后损耗达到40dB，而继续进入山区后层峦叠嶂的阻隔使得信号无法覆盖到远郊山区。

4．为使新闻广播和城市广播真正达到无线覆盖村村通，北京市广电局2010年启动了在远郊区对两台节目信号进行深度无线覆盖的庞大项目，使用财政经费5000余万元建设500余个转播点。2011年，北京市广电局组织实施“行政村公共广播信号无线覆盖工程”，针对北京市边远、深山等广播覆盖盲区，在门头沟区、房山区、大兴区、平谷区、通州区、顺义区、怀柔区、昌平区、密云县、延庆县等十个区县的570个行政村，新增了“北京新闻广播”调频100.6MHz、“城市广播”调频107.3MHz两套节目的小功率补点覆盖，结束了这些行政村长期收不到调频广播的历史。

二、中波调幅广播

北京电台中波广播全部在804发射台进行发射，其中新闻广播828KHz,城市广播1026KHz采用50千瓦功率发射，故事广播603KHz、爱家广播927KHz采用25千瓦功率发射、外语广播774KHz采用10千瓦功率发射。如果使用车载接收机或使用手持接收机在室外进行接收，在北京市郊区的平原地区接收效果良好，在城区内上述五套节目也能达到可以收听的水平。由于接收地点周围出现强电磁干扰信号，无法正常收听的情况也时有发生。中波发射台位于东北四环外，受信号穿越高大密集建筑影响，中波广播的接收效果四环外强于四环内，城东、城北好于城西、城南。

三、无线数字音频广播DAB

数字音频广播DAB是当今先进的广播技术，在北京有15个发射站点，包括中央广播电视发射塔、亚运村名人广场、国家广电总局491发射台、北京广播大厦发射站点、顺义广电中心、大兴广电中心和房山、延庆、怀柔、密云、平谷五个村村通高山发射站点以及房山城关、密云城关、怀柔城关、通州城关四个区县城区发射站点。

覆盖范围和接收质量远远好于调频广播，从市区到卫星城再到远郊山区信号覆盖无缝衔接，可同时解决十七套广播节目、四套多媒体节目、1039公共信息服务以及推送式数字广播服务等多媒体数据业务的同步覆盖，真正实现信号城乡一体化覆盖，成为北京地区覆盖效果最好的无线广播覆盖系统。

四、有线广播覆盖

对于在室内接收广播信号的听众，由于所处位置的楼层、房屋结构布局、墙体材料、房屋的进深、窗户朝向等众多因素影响，无线信号的衰耗情况与室外相比差异从几倍甚至到成千上万倍，故接收效果差别较大。

北京电台全部十六套广播节目均已通过有线调频广播或有线数字广播的方式送入歌华有线电视网络。有线调频广播均采用立体声模式播出，具有信号稳定，不受外界干扰的优势，如果接入音响的调频天线端口，节目的收听质量非常好。有线数字广播需要使用有线数字机顶盒接收，由于采用256Kbps高码率播出，声音完全可以达到CD质量。

五、互联网实时音频广播

北京人民广播电台十六套广播全部接入北京广播网。对于全球喜爱北京人民广播电台节目的听众，只要登陆北京广播网（网址：www.rbc.cn）都可以在线实时收听到北京电台全部十六套广播。

六、调频广播受到干扰的情况

2014年，非法电台使用与北京电台节目相邻的频点，违法发射调频广播信号，对北京电台正常广播造成干扰的情况，以及周边省市电台违规增大发射功率和节目调制造成对北京电台正常播出信号干扰的情况依然时有发生。对此，北京电台采取多种手段跟踪监测、及早发现，对非法电台进行定位，并上报北京市新闻出版广电局、北京市无线电管理委员会及国家新闻出版广电总局协助查处取缔，避免北京电台利益受到侵害。

（北京人民广播电台）

2014年北京电视台新技术应用情况

北京电视台于2009年迁入大北窑新台址，以标清网络化制播体系为主的技术架构投入使用。2009年9月实现首个高清频道播出，2010年至2013年分两期完成高清化改造。2011年至2013年完成苏州街台址新媒体基地技术体系的建设，2014年年初正式投入运行。北京电视台技术体系总体处于大规模建设和改造之后的成熟稳定期，节目生产、业务管理和新媒体应用三个技术系统群相对独立、互联互通的技术格局已经形成。

2014年8月27至30日，北京电视台参展第二十三届北京国际广播电影电视展览会展示应用4K技术、新媒体融合发展业务

一、覆盖全面的网络化节目制播体系。

该体系能够兼容支持高标清节目全流程网络化的生产，其中高清整体占比60%以上，无论在系统设备规模、业务复杂程度，还是技术先进性、节目生产能力等方面，在国内电视台中都名列前茅。从采编播存管的一体化流程来看，“采”包括300余台前期摄像机、近30个演播室、9辆转播车；“编”包括后期制作网12个、共享服务系统10个，含各类后期编辑站点500余个，日均生产节目约130小时；“播”包括15个频道的播出传输，日均播出节目330小时；“存”有约13PB、68.5万小时媒资，日均增量约140小时。

二、应用多样的自动化办公管理体系。

迁入新台址后，自动化办公体系开始逐步上线推广，现已能够支持台内大部分业务流程和管理职能，如人事、财务、广告、节目生产管理、技术资源管理等职能业务；呈文、设备维修/购置、外协制作、请销假等审批流程；车辆、会议室、通讯业务等资源申请；内网发布、邮箱等通讯应用。通过这一系列OA应用，极大的增强了办公便利性，提高了流程透明度和运行效率。

三、多渠道、多终端的新媒体传播体系。

IPTV于2013年开始试商用，截至2014年年底推广用户近50万户。BRTN网站于2014

年年初正式上线，ALEX全球排名稳定在2600名左右，在全国省级网络台中排名第一。此外，2013年年初推出官方微博和微信公众号，2013年年底推出官方微视，2014年初推出移动APP“BTV大媒体”，通过这些新媒体传播方式聚集了较大规模的粉丝量和关注度，提升了BTV品牌和平台的影响力。

（北京电视台）

歌华有线完成全媒体应用聚合云服务平台一期建设

2014年11月27日，歌华有线公司在京召开新闻发布会，宣布完成“歌华云平台”一期建设，发布歌华云飞视、歌华云游戏和新型智能机顶盒终端“歌华云盒”。“歌华云平台”应用种类丰富，技术架构体系为全国有线电视行业首创，用户规模全国最大，是有线电视行业首个大规模应用的云平台。“歌华云平台”既兼顾原有的高清交互数字电视平台，又支持“歌华云盒”等新型机顶盒智能终端。

一、全力搭建全媒体应用聚合云服务平台

2011年，歌华有线制定“一网两平台”战略规划，明确推进新媒体发展的“云管端计划”。同时，歌华有线努力学习跟踪全球云计算技术发展，探索符合中国有线电视行业发展要求的云平台构架，在学习、吸纳、融合和创新的基础上，规划设计了“歌华云平台”，并于2013年正式启动建设，2014年11月完成一期建设。

“歌华云平台”系全媒体应用聚合云服务平台，以“云、管、端、联、运”为系统设计理念，是基于有线电视HFC网络，面向互联网、移动互联网的云平台，旨在构建内容、渠道、平台、经营、管理“五位一体”的新老媒体融合发展的新型平台。“歌华云平台”是开放的平台，下一步将逐步实现与行业云、其他运营商的互联互通，实现全媒体、应用聚合、对外提供服务的整体目标。

应用集成丰富 “歌华云平台”能够提供统一门户能力、内容聚合管理能力、应用管理能力、服务交付能力、服务管理能力、智能引擎能力、信息协同能力、基础资源能力，统一网管及安全管控能力等，并以此为基础为用户提供云流化、云游戏、云飞视、云盘等丰富多彩的服务。“歌华云平台”是高清交互数字电视平台的全面升级，也是有线电视行业又一次革命性突破。通过云平台流化能力、3D动画渲染能力，为用户提供更优质、酷炫的应用展示，丰富平台的应用，培育新的服务业态。

盘活终端资源 “歌华云平台”采用全新的业务开发方式和技术优化方式，使业务和应用开发不再受限于原有机顶盒终端的硬件性能指标。云平台上线后，首都地区高清交互用户无需更换机顶盒即可实现平滑升级，盘活400余万台存量机顶盒终端资源，全面保护了政府和企业在高清交互数字电视推广工程中的巨大投资。

体验全面提升 所有高清交互数字电视机顶盒都支持云平台，升至云平台后，机顶盒界面升级为Win8个性化、时尚展现风格，用户浏览更直观，视觉体验更友好，界面操作速度及响应速度也将得到显著提升。同时，用户还能体验到原来只能在电脑或高性能终端才能支持的流畅的高清、3D和虚拟现实等应用。

安全可管可控 在云平台层面，设计了内容审查系统、统一网管系统、安全审计系统、运行监测分析系统，确保对基础设施安全、网络安全、系统安全、内容安全、应用安全的全面管理功能；在机顶盒安全方面，机顶盒启动、软件运行、系统升级、软件升级、APK应用等软件安装具备安全验证机制，确保“无法克隆机顶盒”“未经歌华有线签名认证程序无法安装和运行”；在家庭网络安全方面，提供标准的WiFi网络接入安全机制，接入设备或软件客户端经过用户认证、客户端认证双重认证机制，才可以使用网关提供的业务服务。

二、“歌华云平台”具有强大的业务支持能力

“歌华云平台”是面向全媒体的云平台，面向产业链开放、汇聚各类应用，能够满足用户多样化、个性化需求，带来更为便捷、酷炫的全新体验。云平台具有强大的业务支持能力，云飞视和云游戏是基于云平台的典型应用，后期还将提供云博馆、云盘、云支付等更多、更新、更优质的云服务应用。

歌华云飞视 歌华云飞视是“歌华云平台”提供的跨屏服务，除电视机外，还覆盖手机、PAD等智能终端，可提供高清、流畅的电视直播，回看、点播等交互应用以及丰富多彩的云应用，实现家庭环境无处不在的电视服务。歌华云飞视的“多屏”功能可以实现不同电视节目在不同终端播放且相互不干扰，使“看电视”变得更加灵活、方便；“拉屏”功能，可以把正在播放的电视节目拉到手机、PAD上继续观看，为用户打造“可携带的电视服务”；“推屏”功能，可以将手机、PAD上的精彩节目直接推送到电视机上，与家人朋友一起分享；个性化频道设置功能，可以将用户感兴趣的各个频道按照播出时间编排在个性化频道中，真正实现“我的频道我做主”；智能遥控功能，可以将智能手机和PAD变为虚拟遥控器，为用户带来更便捷、流畅的操作体验。

歌华云游戏 “歌华云平台”依靠云端计算处理能力大大提升420余万台存量机顶盒的设备性能，能够运行以往只能在PC和专业游戏机上运行的大型游戏，并支持标准的游戏外设接入，如游戏手柄、专业游戏器械等，保证用户能够获得与玩游戏机一致甚至更好的体验。利用云平台的多屏能力，未来还可实现通过PAD和手机等智能终端来进行操作。云平台上线后，所有高清交互用户无需购买游戏主机，即可享受精彩纷呈的云游戏服务。歌华云游戏是向产业链开放的平台，公司与众多游戏企业均有合作，下一步还将加强与网游运营商的合作，逐步实现歌华云游戏通过不同网络在多种平台和终端上的运营。

三、推出新一代智能机顶盒终端——“歌华云盒”

“歌华云平台”发布会上，公司推出新一代智能机顶盒终端系列——统称“歌华云盒”，包含“祥云”“彩云”“小云”三款新型机顶盒品牌。相比上一代高清交互数字电

视机顶盒，“歌华云盒”系列体积更小、运行更快、性能更强，无论硬件配置还是性能指标均得到全面提升。与互联网机顶盒相比，“歌华云盒”功能更加强大，能够提供DVB高清、标清直播、时移和回看业务，“电视院线”等交互应用，内置DOCSIS3.0标准的Cable Modem、WiFi，能够提供家庭无线网和超百兆互联网接入服务。

“祥云”机顶盒采用网关与应用松耦合架构，提供安卓4.2操作系统，使终端设备应用平台开放化，支持标准的安卓应用。通过“歌华云平台”应用商店的统一认证管理和发布，能够为用户提供优质、海量、安全的各种应用。作为家庭网关设备，“祥云”机顶盒能够为家庭多个电视机及智能终端提供直播、点播等电视服务，且终端之间互不影响。同时，与互联网盒子相比，“祥云”机顶盒通过歌华有线内网，即可提供高清、流畅的电视内容服务。此外，“祥云”机顶盒内置了DOCSIS3.0标准的Cable Modem、WiFi，能够提供家庭无线网和超百兆互联网接入服务。

“彩云”机顶盒是歌华有线公司创新推出的“DVB+OTT”新型机顶盒，可适用于多种网络环境，体积仅为原有机顶盒四分之一大小。“彩云”机顶盒集成了歌华有线高清交互数字电视优质内容并汇集第三方丰富应用，不仅为广大用户提供海量内容、应用服务，还可以满足宾馆饭店个性化集成开发需求。在国家新闻出版广电总局发展研究中心举办的“媒体融合发展创新榜”评选活动中，“彩云”机顶盒获“最具特色智能硬件产品设计”大奖。

“小云”机顶盒是歌华有线公司针对现有高清交互数字电视机顶盒进行智能化、集约化设计之后的新机顶盒，也是所有智能终端中规格最小的一款，且安装简便。

“歌华云平台”的上线，标志着歌华有线公司全媒体时代的到来，标志着首都有线电视跨入云时代。

（北京歌华有线电视网络股份有限公司）

北广传媒数字电视公司技术工作

一、搭建硬盘播出节目素材格式转换及上载系统

北京北广传媒数字电视数字化播出机房

2014年经过数字电视公司对频道节目制作方的调研，四海钓鱼等频道提出为提升频道节目质量，按照频道播出发展需要，希望能够实现硬盘线性送播的播出方式。

数字公司利用现有播控系统中的硬件转码设备，在节省资金的基础上，设计搭建一套具备离线硬盘素材可控采集、文件隔离保护、自动转码转制、受控迁移上载的双路硬盘播出节目素材格式转换及隔离上载系统，并解决了频道硬盘送播可能产生的病毒感染等问题。该系统投入使用后，可以提高频道节目的更新时效，减少频道的节目制作成本，对数字公司产生业务收益。

二、搭建云鼎网视频交易版权保护系统

随着数字技术的不断发展，新媒体业

务不断出现，节目版权管理越来越复杂，特别是当基于开放式的网络平台条件下，确保上载到交易平台上的众多优质节目素材不被盗用或滥用，数字电视公司针对云鼎网提出的要求，提交了端到端数字版权保护技术解决方案，实现数字版权保护技术的完整解决方案。

数字电视公司在云鼎网方案中采用的核心技术系统，是由瑞士NAGRA公司提供的PRM内容版权保护解决方案，该方案提供国际版权保护认证组织认可的内容版权保护。主要包括前端系统数字版权管理系统、业务流程管理系统、业务分发平台以及中断的媒体版权播放器插件。

该方案用于其优质内容的可管可控管理、版权交易管理和内容分发的综合解决方案，能够实现内容的安全交易和分发，在内容预览过程中，所有数字内容需通过数字版权保护技术进行加密保护，可以在平台上编辑节目单，并打包产品，终端商业用户可浏览节目单，通过OTT适配流(HLS)方式对加密内容点播预览，终端商业用户可在购买后，通过安全方式获得视频文件。该内容分发平台具备可扩展性，随着业务的发展以支持对个人的OTT点播服务。

（北京北广传媒数字电视有限公司）

北广传媒城市电视技术工作

2014年，北京北广传媒城市电视有限公司围绕国标转换及相关技术项目展开了一系列的探索与实践。通过技术与信息建设的完善更新，推动媒体融合与革新，为进一步扩大媒体影响力、提升自身媒体价值夯实基础。

北京北广传媒城市电视数字化节目制作机房

一、国标转换及数据推送项目

2014年，城市电视继续全面推进终端的国标转换项目，对整个楼宇电视媒体平台进行了更新升级。新的“国标机”利用模版分区的形式，将终端画面进行了分割，形成了“A屏”接收DTMB直播信号，“B屏”播放刷屏图片，同时划分专门区域显示时间、天气、限行、空气质量等服务信息的新的展现形式。在技术上，城市电视利用了数据广播平台，对“B屏”以及服务信息内容采用推送的方式进行更新，有效地利用单频网的带宽资源，并且使单向网络的个性化内容接收和播出成为可能，并已经实现分渠道B屏信息的推送，并实现所有B屏内容的推送更新。同时对国标机时钟同步功能进行完善改进，使之与直播的误差降到合理范围。2014年，国标机全网数据更新已经成为每日例行工作，数据广播使用正常，并可进行多系设备的空中升级，工作流程也已达到基本规范固化。现在，国标机A、B屏内容联动的编单和播出机制也终于实现，使国标机的展现形式更具灵活性和竞争力。

二、信息化建设

加强内部信息管理建设，建立办公OA系统，固化一般流程，使部门流转、呈报、合同审批、考勤、办公用品领用等一般性工作基本实现无纸化办公。并且在OA系统基础上，建立了CRM客户关系管理系统，将楼宇联播网客户、点位、终端信息迁移至数据库，实现了一次录入、统一管理、灵活查询、图形展现的功能，将庞大的楼宇电视数据汇总到CRM平台上。

（北京北广传媒城市电视有限公司）

电　影

2014年北京市电影发展情况综述

中共北京市委宣传部、北京市新闻出版广电局、八一电影制片厂、北京市南水北调办公室联合摄制的影片《天河》海报

2014年，北京市新闻出版广电局扶持精品创作，促进电影繁荣，不断提升电影公共文化服务水平，电影事业产业取得新成就，实现新跨越。

一、电影创作硕果累累，精品佳作不断涌现

2014年，北京市新闻出版广电局充分发挥地域优势、人才优势、产业资源优势，结合北京电影工作实际，通过政策引导、资金扶持、资源调动等多种形式，抓原创、抓精品，电影创作呈现出创意活跃、类型丰富、佳作不断、持续繁荣的良好态势。北京全年受理电影剧本备案1891部，比上年1247部增长51.6%，通过备案1050部，占全国3209部的32.7%；生产电影270部，占全国618部的44%，比上年218部增长24%。推出了《北京爱情故事》《黄金时代》《触不可及》《后会无期》《五彩神箭》《亲爱的》《天河》《同桌的你》《太平轮》（上）《匆匆那年》《智取威虎山》《北京时间》等一批思想性、艺术性、观赏性俱佳的精品力作。《后会无期》《归来》《分手大师》《同桌的你》《痞子英雄》《北京爱情故事》《匆匆那年》《太平轮》（上）等22部影片票房过亿元。《一代宗师》获全国“五个一”工程奖和第23届金鸡百花电影节最佳影片；《亲爱的》被国家新闻出版广电总局推荐为迎接建国65周年影片；《五彩神箭》获第17届上海电影节最佳摄影奖，入围第19届韩国釜山电影节“亚洲之窗”展映单元；反映南水北调工程的故事片《天河》在全国正式放映后受到全国各界广泛好评。

2014年，北京地区的电影产品结构体系日益走向丰富、合理、成熟，继续涌现出《家在水草丰茂的地方》《五彩神箭》《阿凡提和阿瓦提》《山哈女友》等一批艺术性和观赏性俱佳的少数民族影片；《龙骑侠》《蜡笔总动员》《文字国历险记——浩昊勇闯童话城》等多部制作精良的动画影片，进一步丰富了电影市场，满足了不同民族、不同人群的观影需求。北京的电影生产数量和票房影片数量、影片的票房贡献率，继续居于全国领先地位。

二、影院建设快速发展，电影市场持续繁荣

2014年，北京市贯彻财政部、国家新闻出版广电总局等七部门《关于支持电影发展若干经济政策的通知》精神，继续实施《关

于加快首都电影产业发展的实施意见》《北京市数字影院建设发展规划》《北京市多厅影院建设补贴管理办法》等一系列政策措施，推进影院建设和市场繁荣。2014年，北京有电影院线23条，城市影院169家，屏幕963块，99%以上为数字影厅，座位数达到16.2995万个，其中，3D影厅744个、IMAX影厅11个，占影厅总数的78%。2014年新建影院23家（注销4家）、新增屏幕155块（注销4家影院减少12块）。影院数量实际增加19家，屏幕数量实际增加143块。北京已达到平均2.2万人拥有一块银幕，人均屏幕数居全国之首，并接近世界电影发达国家水平。截止到12月底，放映电影162.47万场，观影人次5184.57万，票房达到：22.82亿元，分别比上年增长18%、22%和23%。

北京影院数量快速增长、影片品质不断提升，为电影市场繁荣奠定了坚实基础，电影档期常态化趋势明显，影片上映排片趋于更加均衡与合理。全国票房收入前10名影院中，北京影院有5个，分别为北京耀莱成龙国际影城、北京UME国际影城双井店、首都华融电影院、北京UME华星国际影城、北京金逸影城朝阳大悦城店，其中北京耀莱成龙国际影城是全国首家票房突破亿元影院。

积极推动院线和影院进行差异化、多元化、特色化经营，满足不同观众个性化观影需求，为艺术影片等小众化电影的制作和展映提供一个平台，促进优秀导演、优秀电影的持续产生，增强国产电影的原创力、传播力和生命力。2014年，推出了中国电影资料馆艺术影院小西天影院、耀莱国际影城五棵松影院、新影联华谊兄弟影城望京影院等三家“艺术电影”“经典电影”和“儿童电影”主题影片放映特色影院试点，在固定影厅，固定时间进行主题影片放映，让广大市民以低廉的票价、优雅的环境观赏电影佳作。

三、农村电影放映工程深入推进，电影公共服务水平不断提高

以保障农村群众基本文化权益为重点，不断加大对农村电影公益放映工作指导和管理力度。根据农村电影公益放映过程中出现的新情况、新特点，指导各区县文委和电影公益放映实施部门，积极了解群众的观影需求，及时向供片方反馈，以保障需求和群众满意为原则，精心安排放映方向和影片，并根据实际需求调整放映场次，提高新片比重，提升放映质量。与市财政局联合下发了《北京市电影公益放映专项资金管理办法（试行）》，进一步加强了电影公益放映资金管理。建立了影片自选、场次自调、方式自定等影片保障和放映长效机制，北京农村电影公益放映质量效益大幅提升，群众满意度有新的提高。

试点建设“北京农村公益放映”微信公众平台，建立了北京农村电影放映工程监管服务平台，为群众提供便捷快速服务，加强了农村电影放映的管理和调控。2014年，农村电影公益放映17.36万场，观影人次869.5余万，是全国唯一每个行政村放映达到40场的地区，农村公益放映水平继续位居全国前列。

（北京市新闻出版广电局电影管理处）

2014年北京农村电影放映工程情况

2014年北京农村电影放映工程情况如下：

第一，不断完善运行机制。固化影片自选、场次自调、方式自定等影片保障和放映长效机制，建设并试点运行 “北京农村公益放映”微信公众平台，为群众提供便捷快速服务，放映质量效益大幅提升，群众满意度有新的提高。

第二，科学确定放映任务。完成2014年度电影公益放映项目招投标，确定了两家供片公司。根据各区县上报预算，科学调整放映场次和设备数量，放映场次核定为16.7925万场，播放器数量调整为4189台，使之更加符合北京农村电影放映实际需求。2014年，根据各区县放映需求，放映任务略有调整。共有固定、流动放映设备4189套。其中，农村数字影厅3864个，流动放映车325辆，全年安排放映16.7925万场（次），放映补贴1825.5万元。继续采取招投标的方式确定承包院线，北京时代今典奔小康数字电影院线有限公司和北京世纪东方数字电影院线有限公司中标。定片费每场20元。设备租赁费每年每台2000元，维修费每年每台1000元。根据中标结果，中标总额为1483万元。其中，北京时代今典电影院线发展有限责任公司费用1013万元，北京世纪东方数字电影院线有限公司费用470万元。年度经费总计3308.5万元。

第三，大力加强放映管理。利用国家广电总局节目管理中心数据回传平台，监控各区县放映情况，及时指导区县加强和改进放映工作。完成北京农村电影放映工程监管平台和监管平台公共服务两个项目招投标工作，启动数字电影放映监管平台建设。修订放映补贴管理制度，会同审计、财政部门加强对放映补贴资金使用的审计。针对供片公司开展不定期抽查。

第四，优质完成放映任务。以“进社区、进工地、进军营、进学校、进福利院所”为重点，在党和国家重要活动和重要节日，积极组织主题放映活动，截止到2014年12月底，共放映17.36万余场，观影人次869.5万人。国产新片放映率明显提高，观影效果进一步改善，公益放映水平继续位居全国前列。

第五，全力做好老放映员工作。全面落实国家广电总局、人社部、财政部《关于妥善解决乡镇（公社）老放映员历史遗留问题的指导意见》和三部局办公厅关于加快落实《指导意见》通知精神，深入区县调研论证，接待老放映员来访3批7人次，耐心细致做好乡镇老放映员思想工作，个别老放映员问题得到较好解决。

（北京市新闻出版广电局电影管理处）

2014年北京市电影公益放映情况一览表

序号	区县	场次（场）			观影人数（人）	放映影片部数
		固定影厅	流动放映	小　计		
1	东城区	0	911	911	31018	111
2	西城区	0	416	416	15677	50
3	朝阳区	153	245	398	20503	100
4	海淀区	3540	1690	5230	42516	80
5	丰台区	2445	991	3436	153505	102
6	石景山	0	0	0	0	0
7	房山区	20592	3128	23720	1265560	84
8	门头沟	6861	1965	8826	925388	90
9	延庆县	13643	885	14528	761205	101

续 表

序号	区县	场次（场）			观影人数（人）	放映影片部数
		固定影厅	流动放映	小 计		
10	昌平区	11920	1100	13020	491127	91
11	平谷区	11601	911	12512	537137	105
12	大兴区	22160	792	22952	464179	87
13	通州区	20192	845	21037	846198	214
14	密云县	14885	1206	16091	1041290	58
15	怀柔区	12782	909	13691	433332	106
16	顺义区	16835	1250	18085	1402741	96
17	燕山		290	290	29000	40
合 计		155552	17219	172771	8281918	

（北京市新闻出版广电局电影管理处）

北京新闻出版广电局2014年度影片审查通过一览表

序号	片名	出品单位	类别	题材
1	我的七年	北京灿如星光文化发展有限公司	国产	民族、故事片
2	行动	北京万恺通文化传媒有限公司	国产	抗日剿匪、故事片
3	神秘指纹	北京中穆兄弟新浪潮文化发展有限公司	国产	侦破伦理、故事片
4	恋上美人鱼	北京华人天地影视策划有限公司	国产	爱情、故事片
5	世上只有爸爸好	北京星邦文化传媒有限公司	国产	亲情、故事片
6	冷枪	北京星路志合文化传媒有限公司	国产	抗日、故事片
7	黄金时代	北京星美嘉映影业有限公司	国产	历史人物、故事片
8	郓城攻坚战	北京典范文化传媒有限公司	国产	历史战争、故事片
9	黑月	昆仑映画影视文化传媒(北京)有限公司	国产	悬疑推理、故事片
10	201413.爱你一生一世	荷亭听雨(北京)文化发展有限公司	国产	爱情、故事片
11	图兰朵	国家大剧院	国产	歌剧、纪录片
12	缘来花开	北京玉美琳影视文化发展有限公司	国产	爱情、故事片
13	大兵CEO	北京鑫西娅文化传播有限公司	国产	军旅、故事片
14	站警	北京慧鑫佳艺文化传媒有限公司	国产	铁路警察、故事片

续 表

序号	片名	出品单位	类别	题材
15	爱·迷失	北京振东映画文化传媒有限公司	国产	亲情、故事片
16	卧龙岗	凤凰东方华娱（北京）国际文化传媒有限公司	国产	魔幻爱情、故事片
17	走向梦想的日子	北京中视图影文化传媒有限公司	国产	青春、故事片
18	土楼里的天空	青年电影制片厂	国产	亲情、故事片
19	同桌的你	北京光景瑞星文化传媒有限责任公司	国产	青春、故事片
20	苹果梦	北京小二星梦影视文化传媒文化有限公司	国产	农村、故事片
21	陌路冤家	北京振东映画文化传媒有限公司	国产	亲情、故事片
22	老男孩猛龙过江	儒意欣欣影业有限公司	国产	励志青春、故事片
23	最佳嫌疑人	北京南海影业有限公司	国产	商战、故事片
24	夜半梳头	北京华百灵国际传媒有限公司	国产	恐怖、故事片
25	热武青春	北京金尚国际文化传播有限公司	国产	青春、故事片
26	怂男撞悍妞	北京锦力鼎心文化传媒有限公司	国产	爱情、故事片
27	送初恋回家	北京交远传媒有限公司	国产	爱情、故事片
28	血战残阳	北京星路志合文化传媒有限公司	国产	抗战、故事片
29	我不是坏小孩	北京中视伟艺影视文化传播有限公司	国产	儿童、故事片
30	局中局	非比寻常影视文化(北京)有限公司	国产	悬疑、故事片
31	假面舞会	国家大剧院	国产	歌剧、故事片
32	天生有福	红色凯歌(北京)文化传媒有限公司	国产	亲情、故事片
33	纳布科	国家大剧院	国产	歌剧、纪录片
34	幸福不太远	北京玉美琳影视文化有限公司	国产	亲情、故事片
35	油桃红了	北京申开影视文化有限公司	国产	农村、故事片
36	找打	北京酷码特文化传媒有限公司	国产	爱情、故事片
37	放手爱	北京盛世德合国际文化传播有限公司	国产	爱情、故事片
38	我和我们	北京森林奇艺影视文化传媒有限公司	国产	青少、故事片

续 表

序号	片名	出品单位	类别	题材
39	藏羌魂	璟缘华杰(北京)影视文化有限公司	国产	民族历史、纪录片
40	超萌英雄	北京新华兆讯文化传媒有限公司	国产	公路、故事片
41	迁	北京誉都影视文化传播有限公司	国产	农村、故事片
42	归来	乐视影业（北京）有限公司	国产	爱情、故事片
43	青春真好	北京天成嘉和影视文化传播有限公司	国产	青春、故事片
44	老牛婚事	北京金忆乾坤影视文化传媒有限公司	国产	老年爱情、故事片
45	辛亥元勋	中经光源(北京)影视文化传媒有限公司	国产	革命历史、故事片
46	大爷和他的狗	北京华瑞星空影视文化传媒有限公司	国产	老年、故事片
47	鄂尔多斯骑士	北京缘起文化发展有限公司	国产	民族、故事片
48	大爱撑天	北京华夏天玺影视传媒有限公司	国产	见义勇为、故事片
49	简单·爱	中视合利(北京)文化投资有限公司	国产	爱情、故事片
50	古路	北京睿得视觉文化传播有限公司	国产	亲情、故事片
51	母亲的梦想	北京大华影语文化传播有限公司	国产	爱情、故事片
52	藏匿者	北京佳锐奇文化传播有限公司	国产	抗战、故事片
53	无路可退	北京小马奔腾影业有限公司	国产	儿童、故事片
54	隐形的黑手	北京尚人创艺影视文化传媒有限公司	国产	悬疑、故事片
55	红包	北京兴邦文化传媒有限公司	国产	歌剧、故事片
56	老海的新生活	北京海晏河清影视文化有限公司	国产	亲情、故事片
57	十万伙急	北京星邦美纳娱乐文化有限公司	国产	歌剧、纪录片
58	洋妞到我家	北京大汉天下传媒有限公司	国产	亲情、故事片
59	人狼危机	北京汇云星亿动漫文化有限公司	国产	人与动物、动画片
60	厉害媳妇	北京橙润影视文化有限公司	国产	农村、故事片
61	情定三清山	魅影星光(北京)国际影视文化传媒有限公司	国产	爱情风光、故事片
62	陌路爷孙	北京拾陆毫米影视制作有限公司	国产	老人、故事片

续 表

序号	片名	出品单位	类别	题材
63	恋城	北京星路志合文化传媒有限公司	国产	爱情、故事片
64	美丽笨女人	北京米灿文化传媒有限公司	国产	都市女性、故事片
65	金色时光	北京迷影时代文化发展有限公司	国产	老年、纪录片
66	希望今天遇见你	北京宏德辉煌文化投资有限公司	国产	爱情、故事片
67	没问题先生	北京宏德辉煌文化投资有限公司	国产	爱情、故事片
68	迟到的恋曲	北京泰格尔影视文化传媒有限公司	国产	爱情、故事片
69	缘来是游戏	北京龙苑堂文化艺术有限公司	国产	青春爱情、故事片
70	平民大富翁	北京康乾光澍影视文化有限公司	国产	家庭、故事片
71	五三班的战争	北京沃森影视文化交流有限公司	国产	青少、故事片
72	与贼同屋	北京中视汇影文化投资有限公司	国产	悬疑故事片
73	真情的舞者	北京红本影视文化传播有限公司	国产	亲情、故事片
74	密道追踪	云文(北京)影业投资有限责任公司	国产	犯罪、故事片
75	森林孤影	玉成道和(北京)影视文化有限公司	国产	商战、故事片
76	商谍2	玉成道和 (北京)影视文化有限公司	国产	商战、故事片
77	老吴的账单	北京广成影视文化发展有限公司	国产	农村、故事片
78	分手大师	北京光线影业有限公司	国产	爱情、故事片
79	一路芬芳	北京中视美亚国际广告有限公司	国产	儿童、故事片
80	乡村守望的女人	北京李艳秋文化艺术有限公司	国产	农村、故事片
81	单身男女2	北京荣信达影视艺术有限公司	合拍	爱情、故事片
82	我的奶奶是天使	北京新维盛世影视文化有限公司	国产	亲情、故事片
83	泡菜	北京海晏和清影视文化有限公司	国产	农村、故事片
84	四大名捕3	北京光线影业有限公司	国产	古装动作、故事片

续 表

序号	片名	出品单位	类别	题材
85	阳光舞台	北京永利祥禾文化传播有限公司	国产	音乐、故事片
86	超萌宝贝	北京永利祥禾文化传播有限公司	国产	环保、故事片
87	天边的孩子	希版图(北京)文化传媒有限公司	国产	农村、故事片
88	星星的梦	北京祥瑞万方影视文化传媒有限公司	国产	青少教育、故事片
89	再见巨人	星美影业有限公司	国产	青少体育、故事片
90	聆心之语	海纳昆盛国际文化传播(北京)有限公司	国产	农村、故事片
91	大宅男	博纳影业集团有限公司	国产	青春爱情、故事片
92	李子王的浪漫事	金乌鸣影视文化有限公司	国产	农村爱情、故事片
93	躁动时代	北京天悦东方文化传媒有限公司	国产	青春励志、故事片
94	天眸之爱	北京影人兄弟国际文化有限公司	国产	亲情、故事片
95	亲情关系	中影世纪(北京)文化传媒有限公司	国产	亲情、故事片
96	不可饶恕	北京世纪明轩文化传媒有限公司	国产	历史悬疑、故事片
97	雾锁黎明	北京世纪明轩文化传媒有限公司	国产	历史侦破、故事片
98	五彩神箭	北京喜马拉雅影视文化传播有限公司	国产	民族、故事片
99	香气	立卓兴宇影视传媒广告(北京)有限公司	国产	爱情、故事片
100	一生一世	英皇(北京)影视文化传媒有限公司	国产	爱情、故事片
101	秘术	北京大势渡文化传媒有限公司	国产	悬疑、故事片
102	终极审判	北京世纪明轩文化传媒有限公司	国产	历史侦破、故事片
103	记忆碎片	七星影视文化传媒(北京)有限责任公司	国产	惊恐、故事片
104	窗花	北京市绿港蓝天文化传媒有限公司	国产	爱情、故事片
105	死亡派对	北京光辉联晟影视有限公司	国产	悬疑侦破、故事片
106	我爱阿爱	天马影联影视文化(北京)有限公司	合拍	家庭喜剧、故事片

续 表

序号	片名	出品单位	类别	题材
107	人在征途	北京星路志合文化传媒有限公司	国产	农村爱情、故事片
108	闯入者	北京冬春文化传播有限公司	国产	老年悬疑、故事片
109	梅花	友邦兄弟(北京)影视文化有限公司	国产	农村励志、故事片
110	麻辣空姐	北京光影华视文化传媒有限公司	国产	励志、故事片
111	阿瓦提和阿凡提	北京影画场文化传播有限公司	国产	民族、故事片
112	兵锋	北京春秋时代文化有限公司	国产	部队 、故事片
113	诡宅	北京嘉娱帝华文化传媒有限责任公司	合拍	惊悚涉案、故事片
114	迷失曼谷	东方华影(北京)文化传媒有限责任公司	国产	悬疑、故事片
115	我的青春蜜友	北京华夏兄弟国际文化传媒有限公司	国产	青春爱情、故事片
116	我想结婚的时候你在哪	北京卫视星冠国际文化艺术中心	国产	爱情、故事片
117	厚土深痕	北京柏海影视文化有限公司	国产	亲情历史、故事片
118	虎皮枫木	龙慧嘉誉影视文化传媒(北京)有限公司	国产	音乐、故事片
119	白虎令	北京东恒长赋文化传播有限公司	国产	民国涉案、故事片
120	小伟的夏天	中视博升 (北京)影视文化传媒有限公司	国产	儿童、故事片
121	心花路放	北京映月东方文化传播有限公司	国产	公路喜剧、故事片
122	桥	北京联创正通广告有限公司	国产	救助、故事片
123	分手,不分手	小马时代(北京)文化传媒有限公司	国产	爱情、故事片
124	生死天山路	全优文化传播(北京)有限责任公司	国产	民族灾难、故事片
125	爱情幸运星之打望	北京星光国际有限公司	国产	爱情、故事片
126	后会无期	北京劳雷影业有限公司	国产	公路青春、故事片
127	面魔	北京紫禁城信都电视文化传媒有限公司	国产	涉案、故事片
128	摇滚英雄	北京光大时代文化传播有限责任公司	国产	青春励志、故事片
129	舞出我心声	棕树泉(北京)文化传媒有限公司	国产	儿童残疾、故事片
130	求生者	中青缘文化产业投资传媒有限公司	国产	林场救援、故事片

续 表

序号	片名	出品单位	类别	题材
131	大侵袭	辉煌时代(北京)国际影视文化有限公司	国产	非典、故事片
132	情定北塘湾	北京隆吉宏影视文化传媒有限公司	国产	爱情、故事片
133	我是女主角	北京尚泉文化传播有限公司	国产	爱情、故事片
134	亲爱的	北京快乐新升文化传播有限公司	合拍	亲子、故事片
135	沙漏爱情	北京福瑞天地影视文化发展有限公司	国产	爱情、故事片
136	风从坝上来	北京赤诚天地影视文化传播有限公司	国产	农村、故事片
137	冬天里的爸爸	北京万星昱锋影视文化传媒有限公司	国产	亲情、故事片
138	触不可及	北京鑫宝源影视投资有限公司	国产	战争爱情、故事片
139	家亦有道	今典环球（北京)国际文化传媒有限公司	国产	老年、故事片
140	我的父亲,我的爱	北京和颂广告传媒有限公司	国产	亲情、故事片
141	悌孝皆非	北京声华艺胜文化传播有限责任公司	国产	家庭、故事片
142	喷嚏熊猫	北京金菲林文化传媒有限公司	合拍	动物、故事片
143	北京,纽约	秋风文化发展(北京)有限公司	国产	爱情、故事片
144	黄粱一梦	影尚星光(北京)文化传媒有限公司	国产	爱情、故事片
145	山哈女友	魅影星光(北京)国际影视文化传媒有限公司	国产	爱情民族、故事片
146	黄克功案件		国产	涉案抗战、故事片
147	好命先生	中成影视文化有限公司	国产	爱情、故事片
148	痞子英雄2	北京华录百纳影视股份有限公司	国产	警匪、故事片
149	半秒惊魂	北京华录乐动科技有限公司	国产	交通、动画片
150	黄飞鸿之英雄有梦	北京数字印象文化传播有限公司	国产	古代武打、故事片
151	最青春	北京海晏河清影视文化有限公司	国产	青春、故事片
152	徽州情缘	中盟盛世（北京)国际电影有限公司	国产	亲情、故事片
153	超级爸爸	北京岐波盛世文化传媒有限公司	国产	亲情、故事片

续 表

序号	片名	出品单位	类别	题材
154	心事儿	北京海平面影视文化传播有限公司	国产	涉案农村、故事片
155	智取威虎山	秋风文化发展(北京)有限公司	合拍	历史革命、故事片
156	音叉	北京数字印象文化传播有限公司	合拍	爱情 、故事片
157	毕业那年——分手季	北京七宏佳艺文化发展有限公司	国产	青春、故事片
158	大黑天神	北京同义诚文化传播有限公司	合拍	涉案、故事片
159	家在水草丰茂的地方	北京劳雷营业有限责任公司	国产	民族、故事片
160	遗落在山里的星星	北京艺风纳文化传媒有限公司	国产	儿童、故事片
161	文字国历险记——浩昊勇闯童话城	北京浩昊科技发展有限公司	国产	动画、故事片
162	女神跟我走	大唐风韵(北京)影视有限责任公司	国产	爱情、故事片
163	小西天狄道传奇	北京合力桨影视文化传播有限责任公司	国产	古代传奇、故事片
164	笔墨人生	北京东方画面影业有限公司	国产	恐怖、故事片
165	功夫小龙	北京汉腾格里影视文化交流有限公司	国产	儿童、故事片
166	潜龙风云	星光联盟影业(北京)有限公司	合拍	仇杀、故事片
167	过错	中视元媒（北京）影视文化传媒有限公司	国产	涉案、故事片
168	爱你不等来生	友邦兄弟(北京)影视文化传播有限公司	国产	农村励志、故事片
169	游戏在线	北京中亿影响国际文化传媒有限公司	国产	青少、故事片
170	微笑归来	北京紫宸龙澳影视文化有限公司	国产	亲情、故事片
171	暴走神探	乐视影业(北京)有限公司 乐视影业(香港)有限公司	合拍	历史侦破、故事片
172	笨贼快跑	北京环影华艺文化传播有限公司	国产	农村、故事片
173	幸福街61号	北京银鹏文化发展有限责任公司	国产	留守儿童、故事片
174	换爱七日	祖恩影视文化传媒(北京)有限公司	国产	爱情、故事片
175	我不是贼	北京天脉兄弟影视艺术有限公司	国产	涉案、故事片

续 表

序号	片名	出品单位	类别	题材
176	飞鱼秀	清影互动（北京）广告有限公司	国产	广播节目、纪录片
177	伴我同行	北京白泽国际影业有限责任公司	国产	戒毒、故事片
178	糗事百科之人糗事	北京东方明星影业有限责任公司	国产	励志、故事片
179	一步之遥	北京不亦乐乎电影文化发展有限公司	合拍	民国爱情、故事片
180	赚够一千万	龙腾视界文化传媒（北京）有限公司	国产	魔幻、故事片
181	一路惊喜	萌影画(北京)文化传播有限公司	合拍	亲情爱情、故事片
182	街舞小子	北京第新影力文化传播有限公司	国产	青春歌舞、故事片
183	我是女王	大盛国际传媒（北京）有限公司	国产	爱情、故事片
184	北雁南鸣	北京山海文化艺术有限公司	国产	历史战争、故事片
185	青春武校	天马联合影视文化(北京)有限公司	合拍	青春动作、故事片
186	浪漫天降	北京星光大道影视制作有限公司	国产	青春励志、故事片
187	拆散专家	北京笨鸟高飞影视文化有限公司	国产	爱情、故事片
188	匆匆那年	北京小马奔腾影业有限公司	国产	青春爱情、故事片
189	一张钞票	紫龙信都(北京)国际影视文化传媒限公司	国产	家庭、故事片
190	南坪劫	湛澍恒音(北京)文化有限公司	国产	历史侦破、故事片
191	太平轮	北京小马奔腾影业有限公司	合拍	战争爱情、故事片
192	军渡	北京东方宝鼎文化传媒有限公司	国产	抗战、故事片
193	在雨中	北京环影华艺文化传媒有限公司	国产	爱情、故事片
194	老人,孩子和外国人	北京誉都影视文化传播有限公司	国产	民族、故事片
195	重返20岁	北京文传世纪文化传媒有限公司	国产	老人穿越、故事片
196	我要你开花	春光映画(北京)文化传媒有限责任公司	国产	创业励志、故事片
197	侠吏飞龙之滴水山庄	亚文邦（北京)文化传播有限公司	国产	古装破案、故事片

续 表

序号	片名	出品单位	类别	题材
198	冬哥的春天	帝博恒信国际文化传媒(北京)有限公司	国产	爱情、故事片
199	边防派出所的故事	北京柏美亚洲文化发展中心有限公司	国产	公安、故事片
200	面孔	北京格里芬影视文化传媒有限公司	国产	爱情、故事片
201	风云小棋王之解杀反捉	北京宣华盛景影视文化传播有限公司	国产	古装探案、故事片
202	强渡乌江之对岸	北京上邦天际影视文化传媒有限公司	国产	历史战争、故事片
203	留在80后的记忆	瀚潮兄弟文化传播(北京)有限公司	国产	怀旧、故事片
204	牵过你的黑发我的手	北京仁和博纳文化传媒有限公司	国产	爱情、故事片
205	他们在你后面	天画画天(北京)文化传媒有限公司	国产	亲情、故事片
206	爱情终点站	北京宣华盛景影视文化传播有限公司	国产	爱情、故事片
207	心咒	北京英立成文化传媒有限公司	国产	恐怖、故事片
208	美丽乡愁	东方纪录国际文化传媒(北京)有限公司	国产	纪录、故事片
209	轻羽飞扬	北京灏鑫上元影视文化传媒限公司	国产	体育励志、故事片
210	青春闪闪·逐梦表演系	北京实传创文化传媒有限公司	国产	青春、故事片
211	小海的海	北京迪根文化传媒有限公司	国产	军队儿童、故事片
212	90后的80后后妈	深海时代国际影视文化(北京)有限公司	国产	家庭、故事片
213	铁猴子传奇之花影危机	北京华沣艺采文化传媒有限公司	国产	古装、故事片
214	铁猴子传奇之侠盗迷踪	北京华沣艺采文化传媒有限公司	国产	古装、故事片
215	我是谁2014	北京华博龙韵影视文化传媒有限公司	国产	涉案、故事片
216	热情奏鸣曲	北京库克东方文化传播有限公司	国产	音乐、故事片
217	龙骑侠	恒大动漫产业有限公司	国产	动画、故事片
218	自然威力	万达影视传媒有限公司	国产	科学、特种片

续 表

序号	片名	出品单位	类别	题材
219	飞越湖北	万达影视传媒有限公司	国产	旅游风光、特种片
220	极速飚车	万达影视传媒有限公司	国产	特种、故事片
221	蜡笔总动员	北京万方幸星数码科技有限公司	国产	动画、故事片
222	周村往事	北京中视长城影视文化有限公司	国产	历史战争、故事片
223	终极能量	北京万达影视传媒有限公司	国产	科幻、特种片
224	星际旅行	北京万达影视传媒有限公司	国产	科幻、故事片
225	西游斗魔	北京万达影视传媒有限公司	国产	游戏、故事片
226	天良	坚邦影视文化传媒（北京）有限公司	国产	模范、故事片
227	彩虹总在风雨后	北京燕归来影视文化传播有限公司	国产	模范、故事片
228	圆梦北京之绽放青春	北京澎博嘉华文化传媒有限公司	国产	青春、故事片
229	云中信	北京蝶舞东方文化传播有限公司	国产	亲情、故事片
230	御味	北京振东映画文化传媒有限公司	国产	饮食、故事片
231	有一个地方只有我们知道	北京鲜花盛开影业有限公司	国产	爱情、故事片
232	寻找心中的你	天马影联影视文化(北京)有限公司	国产	爱情、故事片
233	华侨村官	北京禾木景文化传播有限公司	国产	农村、故事片
234	爱不停电	北京一品映画影视文化有限公司	国产	爱情、故事片
235	坐怀不乱柳下惠	北京华夏兄弟国际文化传媒有限公司	国产	古装、故事片
236	苗寨情缘	北京隆吉宏影视文化传媒有限公司	国产	民族、故事片

（北京市新闻出版广电局电影处）

北京市城市电影院线市场

一、总体情况

2014年，北京城市院线市场放映场次154.96万场，比上年增长18.83%；观众人次5212万；比上年增长22.15%；票房收入22.887亿元，比上年增长23.41%。平均票价43.91元，比上年上涨0.45元。全年票房收入占全国城市院线票房的7.77%，较上年下降0.84个百分点，全国省、自治区、直辖市票房排名第4，比上年下滑1位，蝉联8年全国城市票房排名第一。

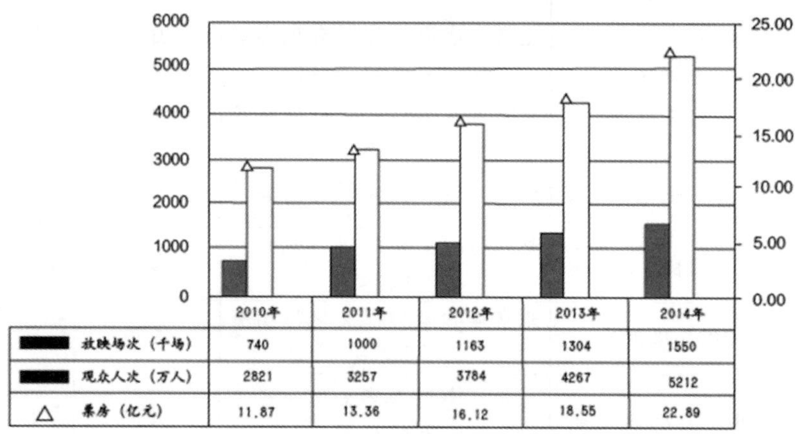

图4—3—1：2010年—2014年北京城市院线市场三项指标增长趋势

二、城市院线影院票房结构

2014年，北京94家影院的票房超过500万元，比上年增加15家。票房1000万元以上的影院72家，比上年增加16家。其中，票房4000万元以上影院12家，比上年增加2家；有7家影院票房在6000万元以上。北京耀莱国际影城以10086万元的票房蝉联全国影院票房排名第一。

表4—3—1：2014年北京城市院线市场三项指标结构

票房分档	影院（家）	银幕（块）	座位（个）	场次（千场）	人次（万人）	票房收入（万元）	累进票房（万元）	累进比例（%）
3000万元以上	21	204	33655	432.51	2117	107918	107918	47.15
1000万元—3000万元之间	51	362	51427	722.48	2354	93946	201864	88.20
500万元—1000万元之间	22	121	18680	210.11	423	15895	217759	95.15
小计	94	687	103762	1365.10	4894	217759	—	—
500万元以下	56	228	42559	184.45	318	11110	228869	100
合计	150	915	146321	1549.55	5212	228869	—	—

三、北京城市影院及院线分布

2014年，北京可统计票房的影院150家，银幕915块，座位146321个；其中，10厅以上的影院17家，7–9厅的影院43家，4–6厅的影院66家，3厅以下的影院24家。比上年影院增加21家，银幕增加145块。

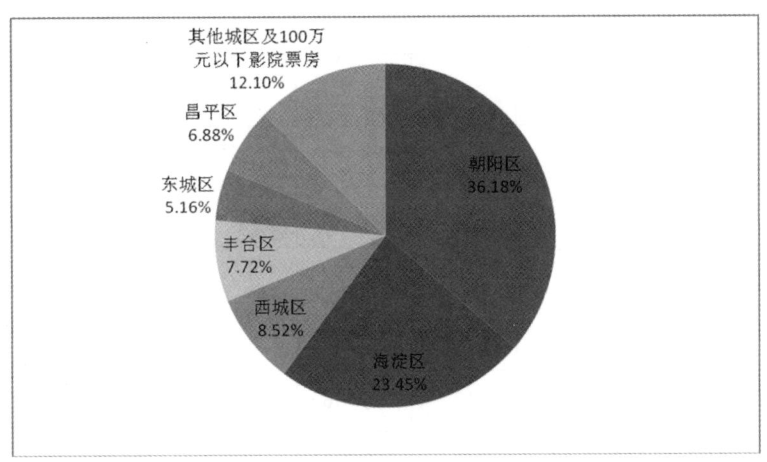

图4–3–2：2014年北京主要城区100万元以上的影院票房比例

全市分布23条城市院线，比上年增加5条，其中19条院线旗下有票房500万元以上的影院，比上年增加3条。票房排名前8的院线旗下影院共有111家，其中500万元以上的票房影院72家，票房19.110亿元，占北京市场的83.50%。

2014年，北京城市院线结构基本稳定，北京新影联旗下影院54家，其中500万元以上的票房影院28家，票房占北京市场的26.33%，比上年下降1.82个百分点。该院线旗下票房1000万元以上的影院22家，均影院票房2528万元；其中3000万元以上的票房影院7家。中影星美旗下影院21家，其中500万元以上的票房影院16家，票房占北京市场的22.49%，比上年下降1.42个百分点。该院线旗下1000万元以上的票房影院15家，均影院票房3548万元。万达旗下4家影院，旗下500万元以上的票房影院3家，均影院票房5260万元，票房占北京市场的6.90%，比上年下降1.19个百分点。上海联和旗下5家影院，其中500万元以上的票房影院3家，票房占北京市场的7.44%，比上年略有提高。

表4–3–2：2014年北京市500万元以上影院所属院线市场数据一览表

序号	院线分布	影院（家）	银幕（块）	场次（千场）	人次（万人）	票房（万元）	比例（%）	平均票价（元）
1	北京新影联	28	213	396.81	1344	60268	26.33	44.84
2	中影星美	16	134	278.99	1140	51468	22.49	45.15

续 表

序号	院线分布	影院（家）	银幕（块）	场次（千场）	人次（万人）	票房（万元）	比例（%）	平均票价（元）
3	万达	3	28	65.28	254	15781	6.90	62.13
4	上海联合*	3	32	58.25	436	17021	7.44	39.04
5	重庆保利万和	8	44	97.84	326	13729	6.00	42.11
6	广州金逸珠江	4	29	58.71	225	12691	5.55	56.40
7	中影数字	6	46	86.46	315	12493	5.46	39.66
8	华夏新天地	4	24	51.13	191	7647	3.34	40.04
9	华夏联合	4	23	50.90	123	4756	2.08	38.67
10	深影橙天	3	18	35.06	115	4307	1.88	37.45
11	中影南方新干线	1	8	19.20	53	2985	1.30	56.32
12	时代华夏今典	3	19	36.69	60	2244	0.98	37.40
13	四川太平洋	1	9	17.83	66	2195	0.96	33.26
14	广东大地	3	14	28.66	62	2140	0.94	34.52
15	世纪环球	1	7	15.49	43	2062	0.90	47.95
16	长城沃美	2	16	23.83	50	1991	0.87	39.82
17	北京红鲤鱼	2	10	16.71	34	1891	0.83	55.62
18	浙江横店	1	6	14.00	31	1246	0.54	40.19
19	江苏幸福蓝海	1	7	13.26	26	844	0.37	32.46
合计		94	687	1365.10	4894	217759	95.15	44.50

注：*：含其他院线影厅巨幕放映的影片票房2605万元。

表4-3-3：2014年北京市票房排名前30名的影院

本市排名	全国排名	影院名称	所属院线	银幕（块）	座位（个）	人次（万人）	票房（万元）
1	1	北京五棵松耀莱	上海联合	17	3522	278	10086

续　表

本市排名	全国排名	影院名称	所属院线	银幕（块）	座位（个）	人次（万人）	票房（万元）
2	3	北京UEM国际影城（双井）	中影星美	10	1725	135	8182
3	4	首都华融	北京新影联	14	1872	143	8038
4	8	北京UEM华星*	中影星美	7	1472	105	6943
5	10	北京金逸朝阳	广州金逸珠江	8	1411	106	6799
6	13	北京星美国际	中影星美	9	2025	121	6453
7	18	北京万达影城CBD店	万达	9	1428	92	6028
8	26	北京UEM国际影城（安贞）	中影星美	10	1412	98	5391
9	26	北京万达影城石景山店	万达	10	1607	85	5256
10	40	北京美嘉三里屯店	北京新影联	8	1597	78	4879
11	57	北京万达影城天通苑店	万达	9	2101	77	4497
12	77	北京保利马家堡店	重庆保利万和	7	1314	76	4048
13	86	北京中英国际影城（永旺店）	中影星美	8	1343	108	3896
14	99	北京金逸	广州金逸珠江	7	868	64	3727
15	103	北京嘉华学清路店	北京新影联	7	1410	95	3686
16	123	北京花市百老汇	北京新影联	8	1015	65	3430
17	125	北京美嘉	北京新影联	8	1597	74	3400
18	131	北京华谊兄弟北京大红门店	北京新影联	13	1648	76	3352
19	135	北京博纳优唐	中影星美	7	1271	75	3299
20	137	北京新影联华谊兄弟	北京新影联	20	1782	78	3286
21	141	洛阳新华角川影城北京大钟寺店	华夏新天地	8	1232	88	3239
22	168	北京传奇时代	中影南方新干线	8	1083	53	2985
23	172	北京博纳通州店	北京新影联	5	555	72	2971
24	189	北京博纳汇鑫	中影数字	11	1258	76	2788

续 表

本市排名	全国排名	影院名称	所属院线	银幕（块）	座位（个）	人次（万人）	票房（万元）
25	192	北京希杰	中影数字	8	1188	66	2772
26	203	北京保利大兴金星影城	重庆保利万和	8	1353	59	2651
27	209	北京马连道耀莱	上海联合	7	817	78	2603
28	213	北京博纳顺景	中影星美	10	1236	65	2592
29	214	中影影城北京千禧街店	中影星美	17	2301	105	2591
30	255	北京阳光星美	中影星美	9	1150	62	2398

注：*：含其他院线影厅巨幕放映的影片票房2605万元。

（摘自《2014中国电影市场报告》）

2014年北京市电影院一览表

按：截至2014年年底，北京市拥有电影院线23条，新增影院19家，影院总数达169家（其中在营业153家）；新增银幕143块，银幕总数达963块，人口银幕比和人均观影次数居全国首位，影院票房继续保持全国城市领先地位；新增观影座位2.22万个，座位总量达16.3万个，IMAX影厅11个。全年累计放映电影162.47万场，比上年增加24.78万场；观影人次5184.57万人次，比上年增加932.27万人次；电影票房收入22.82亿元，比上年增加4.22亿元。全市影院名称、地址、订票电话或联系电话等情况列表如下：

东城区

序号	电影院名称	地址	座位数	订票电话或联系电话	银幕数（块）
1	北京耀莱成龙国际影城王府井店	东城区王府井大街301号新燕莎金街购物广场地下一层MB124	622	65273227	9
2	北京横店影视电影城	东城区王府井大街253号王府井百货(北京市百货大楼)北馆8F	528	65231588	6
3	长虹电影院	东城区隆福寺街75号		停业	
4	北京UME国际影城（安贞）	安贞桥环球贸易中心三期商场一层	1402	58257733	10
5	中影恒乐新世纪影院	东城区东长安街1号东方广场地下一层BB65	831	85185399	6

续 表

序号	电影院名称	地址	座位数	订票电话或联系电话	银幕数（块）
6	金宝汇百丽宫影城	东城区金宝街88号金宝汇6层—7层	808	85221977	5
7	百老汇影城国瑞购物中心店	东城区崇文门外大街18号国瑞城首层、地下一层、二层	1018	67171338	8
8	新东安影城	东城区王府井大街138号六层	975	65281988	8
9	北京东环电影城	东城区东中街9号东环广场B座地下一层	376	64185949	4
10	当代MOMA百老汇电影中心	东城区东直门香河园路1号当代MOMA北区4号楼	788	84388258	6
11	东宫	东城区东直门香河园路1号当代MOMA北区4号楼	772	64031596	4
12	北京搜秀影城	崇外大街40号搜秀城9层	686	51671226	5
13	东图影剧院	市东城区交道口东大街85号	521	64042764	1
14	北京站电影院	东城区北京站内	106	51019999	1
15	北京大华电影院			注销	
16	北京市东创影剧院			停业	
17	明星电影院			停业	

西城区

序号	电影院名称	地址	座位数	订票电话或联系电话	银幕数（块）
1	剧空间剧场	西城区市辖区北京市西城区新街口北大街74号	371	63194412	1
2	新街口电影院	西城区西直门内大街69号	324	62252767	2
3	大观楼电影院	西城区前门大栅栏街36号	507	63030878	4
4	广安门电影院	西城区白广路8号	769	63522737	4
5	青年宫电影城	西城区西直门南小街68号	1042	66152241	5
6	北京耀莱成龙影城（马连道店）	西城区马连道路25号楼5层F510号、6层F610号商铺	825	63252722	7
7	地质礼堂	西城区西四羊肉胡同30号	1300	66178928	4
8	首都电影院	西城区西单北大街131号大悦城10层	2005	66062266	14
9	首都电影院金融街店	西城区金融大街18号地下一层	504	66222046	6
10	国宾菁英影院	西城区月坛南街24号	532	68583461	4
11	北京市工人俱乐部	西城区虎坊路7号	1432	63533121	4
12	4D数字影院	西城区西单北大街180号西单文化广场B1	146	66063515	1

续 表

序号	电影院名称	地址	座位数	订票电话或联系电话	银幕数（块）
13	影联首都时代电影城	西城区西长安街88号大厦地下一层	811	83913644	4
14	北京市红楼电影院	西城区西安门大街156号		停业	
15	胜利电影院			注销	
16	北京市展览馆剧场			注销	
17	华龙电影院			注销	
18	北京春晖剧场			停业	

朝阳区

序号	电影院名称	地址	座位数	订票电话或联系电话	银幕数（块）
1	北京周庄嘉园影院	朝阳区周庄嘉园东里32楼101内五层1号	849	87156732	7
2	北京翠成馨园	朝阳区垡头翠成馨园甲401号地下一层	423	56350596	5
3	北京耀莱成龙国际慈云寺店	朝阳区慈云寺北里209号楼二层北侧部分及三层	1220	65980898	8
4	北京博纳优唐国际影城	朝阳区三丰北里2号楼悠唐生活广场B1层	1186	59775660	7
5	17.5北京苹果派影院	朝阳区黄渠东路2号院14号楼1层	593	65484467	4
6	北京17.5影城比如店	朝阳区京顺路111号比如世界购物中心1层	423	64304175	4
7	北京传奇时代电影城	朝阳区朝阳公园路6号蓝色港湾国际商区SA—42号	1091	59056868	8
8	新影联华谊兄弟影院	朝阳区广顺北大街16号	1737	57620488	20
9	橙天嘉禾凤凰城影城	朝阳区曙光西里甲5号院24号楼L311、L312	656	56383227	5
10	世纪东都国际电影城	朝阳区东四环中路195号华腾新天地（法国天地）5层	1100	87952964	7
11	北京UME影城双井店	朝阳区东三环中路65号5–6层	1712	59037171	10
12	北京17.5影城管庄店	朝阳区京通苑30号楼L307号	780	85377718	6
13	北京市望京DMC国际影城	市朝阳区望京新城A3区宝星生活广场5层1号	1130	64139608	6
14	北京枫花园汽车电影院	朝阳区亮马桥路21号	1400	64329884	6

续　表

序号	电影院名称	地址	座位数	订票电话或联系电话	银幕数（块）
15	望京星美国际影城	朝阳区望京街9号 望京国际商业中心A座四层	1138	59203788	7
16	北京万达CBD店	朝阳区建国路93号万达广场 B座三层	1426	59603399	9
17	中国科技馆	朝阳区北辰东路五号中国科技馆	828	59041542	2
18	CGV星星国际影城	朝阳区湖景东街11号	1188	84372280	8
19	北京北苑保利国际影城	朝阳区清河营南街7号院 3号楼一层–101、102	1118	84870622	6
20	北京红星太平洋影院	朝阳区七圣中街12号院	1496	84240610	9
21	北京百丽宫影院	朝阳区建国门外大街1号 国贸商城三期地下一层3B120	623	85351808	5
22	朝阳剧场	朝阳区东三环北路36号	1653	65071818	4
23	北京沃美影城	朝阳区朝阳北路17号4层	1265	56857007	8
24	金鸡百花影城	朝阳区北三环东路22号	910	64207759	7
25	世界城星美国际影城	朝阳区金汇路8号地下102室	1408	85907677	11
26	北京市劲松电影院	朝阳区劲松中街404楼	923	67767028	6
27	卢米埃北京芳草地影城	朝阳区东大桥路9号楼 地下二层LG2–26单元	459	56907679	5
28	大地数字影院—北京望京麒麟新天地	朝阳区阜安西路11号楼 合生麒麟新天地2层大地数字影院	564	57389734	6
29	北京金逸影城双桥	朝阳区双桥路3号东星时尚广场5层	822	85527920	8
30	奥斯卡影院			注销	
31	美嘉影城三里屯店	朝阳区三里屯北路19号 三里屯太古里B1	1597	64176118	8
32	中国木偶剧院	朝阳区安华西里甲一号	756	64243697	3
33	紫光影城	朝阳区蓝岛大厦西区五、六层	1055	65992229	10
34	鲁信影城北京立水桥店	朝阳区立清路7号院地下一层	525	84671861	6
35	新影联阳光影城	朝阳区安立路68号飘亮广场 北门地下一层	487	64928540	5

续 表

序号	电影院名称	地址	座位数	订票电话或联系电话	银幕数（块）
36	北京金逸影城（朝阳大悦城店）	朝阳区朝阳北路101号大悦城8层	1411	85517099	8
37	北京剧院	朝阳区安慧里三区十号楼	1225	64929491	4
38	北京星环影城	朝阳区汤立路201号院6号楼1层F—102、F—103	203	64127668	3
39	北京市朝阳区垡头地区文化中心	朝阳区垡头西里44号	160	87151293	2
40	北京新影联天宝国际影城	朝阳区祁家豁子路8号健翔大厦地下一层	1635	82994949	15
41	k酷影城	朝阳区北苑路42号四层	627	84929466	6
42	北京希杰星星国际影城有限公司将台分店	朝阳区酒仙桥路18号4、5层	975	84260800	7
43	北京嘉华国际影城姚家园路活力东方店	朝阳区姚家园路甲1号汽车交易市场20号楼四层	1047	51193399	9
44	朝阳文化馆	朝阳区朝外小庄金台路17号	732	85996011	4
45	中国电影博物馆	市朝阳区南皋路9号	1191	51654567	6
46	北京橙天嘉禾三里屯影城	朝阳区工人体育场北路甲2号裙房4层403—2单元	83	85715566	3
47	北京万达望京店	朝阳区望京西路41号NOVO广场C座七层	576	59778687	6
48	人机礼堂			注销	
49	北京市红霞影剧院			停业	
50	呼家楼电影院			注销	
51	北京香河园娱乐中心			注销	

海淀区

序号	电影院名称	地址	座位数	订票电话或联系电话	银幕数（块）
1	北京世茂国际影城	海淀区市辖区羊坊店路18号光耀东方广场4层	1448	57536166	8

续 表

序号	电影院名称	地址	座位数	订票电话或联系电话	银幕数（块）
2	耀莱成龙国际影城五棵松店	海淀区复兴路69号6号楼卓展购物中心5层耀莱成龙国际影城	3555	68188877	17
3	美嘉影城中关村店	海淀区中关村广场购物中心津乐汇3层	1614	59863777	8
4	北京金逸国际影城	市海淀区中关村大街19号新中关B2层	868	82486800	7
5	UME国际影城（华星）	海淀区双榆树科学院南路44号	1508	82115566	8
6	五道口电影院	海淀区成府路23号	683	62313623	3
7	北京嘉禾万柳影城	海淀区巴沟路2号华联万柳购物中心五层	1117	82565511	6
8	北京橙天嘉禾吉彩影城	海淀区玉海园五里22号配套商业楼（玉兴园）地下1层、地上1—4层	1309	62904234	7
9	橙天嘉禾上地店	海淀区上地华联购物中心4层	871	62667799	5
10	博纳国际影城万寿路店	海淀区复兴路51号北亚国际中心四层04—06，五层05—19	810	88178880	6
11	中影影院	海淀区新外大街25号	795	62263455	4
12	星美金源店	海淀区远大路1号金源时代购物中心五层	1968	88878696	9
13	17.5北京今典花园影城	海淀区文慧园北路9号今典花园9号楼一层	424	62228452	6
14	北京17.5影城今日家园店	海淀区西翠路5号今日家园8号楼F101室	200	88283458	4
15	17.5北京京果影城	海淀区四道口2号三层北侧	953	62115539	7
16	海淀中间艺术园——中间影院	海淀区西杉创意园1区6号楼	615	62858257	6
17	国图影院	海淀区中关村南大街33号	1085	68485462	2
18	华影国际影城	海淀区花园路甲13号院7号楼102	181	82257047	2
19	大地数字影院—北京西三旗物美影院	海淀区悦秀路99号通厦公元99	499	60603728	4
20	海剧	海淀区中关村大街28号	1234	82533588	3
21	海淀工人文化宫	海淀区万柳华府北街2号	662	82567215	5
22	国安剧院	海淀区花园东路甲16号	1003	62369772	4

续 表

序号	电影院名称	地址	座位数	订票电话或联系电话	银幕数（块）
23	北京金逸新都店	海淀区建材城中路6号新都购物广场1层	860	82936951	6
24	新华国际影城大钟寺店	海淀区北三环西路甲18号	1232	82511616	8
25	北京嘉华国际影城学清路店	海淀区学清路甲8号商业楼	1407	82732228	7
26	CGV星聚汇影城（北京清河店）	海淀区清河中街68号华润五彩城购物中心二期项目L648号、L701号、L801号	1285	82816767	7
27	新华国际影城宝盛店	海淀区宝盛北里西区28号楼五层、六层	813	62905220	5
28	惠尔曙光电影院			注销	
29	北京香山环岛汽车影院			注销	
30	大华环球世纪城影院			停业	

丰台区

序号	电影院名称	地址	座位数	订票电话或联系电话	银幕数（块）
1	丰青剧场	丰台区丰台路96号丰台青少年剧场	898	63810206	3
2	中影国际影城北京千禧街店	丰台区靛厂路千禧购物街4号楼F1—F3	2301	88177970	17
3	博纳国际影城方庄店	丰台区蒲黄榆路28号	1263	67699909	11
4	北京阳光星美影院	丰台区南三环东路成寿寺路2号2—3层	1090	67698585	9
5	保利北京马家堡影城	丰台区南三环西路16号1号楼五层	1391	87578551	7
6	北京星博正华影城	丰台区政馨园三区5号楼底商	481	87688666	10
7	幸福蓝海影城公益桥店	丰台区角门19号院2号楼4层	1006	67500828	7
8	北京中鼎兆通信息科技电影放映中心	丰台区大瓦窑新丰路甲1号1层	30		1
9	华谊兄弟影院洋桥店	丰台区马家堡东路101号院10号楼F6	1625	4000009009	13
10	北京保利万源影城	丰台区东高地万源北路航天万源广场五层	548	68198833	4

续 表

序号	电影院名称	地址	座位数	订票电话或联系电话	银幕数（块）
11	北京摩威秀影城			停业	
12	观唐佳影糖人街影院	丰台区华源一街2号楼B1层	206	63333755	6
13	北京市中国评剧大剧院			停业	
14	北京市紫燕娱乐中心			停业	

石景山区

序号	电影院名称	地址	座位数	订票电话或联系电话	银幕数（块）
1	保利万和国际影城（北京苹果园店）	石景山区市辖区阜石路300号三层309—1	1372	53021058	7
2	北京万达石景山店	石景山区石景山路乙18号院4号楼3层	1607	68663399	10
3	古城电影院	石景山古城南路15号	730	68874790	4
4	山姆娱乐公司			停业	

门头沟区

序号	电影院名称	地址	座位数	订票电话或联系电话	银幕数（块）
1	熙旺国际影城	门头沟区双峪路35号院1号楼601室	683	69862078	6
2	幸福蓝海国际影城（门头沟店）	门头沟区冯石环路6号院3号楼L201号	500	69806180	5
3	门头沟电影院	门头沟区新桥大街12号	927	69842686	1

房山区

序号	电影院名称	地址	座位数	订票电话或联系电话	银幕数（块）
1	环球星世纪影城	房山区兴房大街38号华冠欢乐城四楼	340	61375512	4
2	北京市燕山影剧院	房山区燕山岗南路3号北京燕山影剧院	945	69331001	4

续 表

序号	电影院名称	地址	座位数	订票电话或联系电话	银幕数（块）
3	北京市良乡影剧院	房山区良乡拱辰大街31号	748	69352415	1
4	新华国际影城	房山区北关西路14号	512	69351155	4
5	北京燕山文化活动中心	房山区燕山岗南路东一巷2号	915	69341151	1
6	北京市龙山会议中心			注销	
7	北京市房山影剧院			停业	

大兴区

序号	电影院名称	地址	座位数	订票电话或联系电话	银幕数（块）
1	北京耀莱成龙国际影城西红门店	大兴区西红门镇欣旺大街8号鸿坤广场6层	1609	59542699	10
2	北京金逸影城荟聚IMAX店	大兴区欣宁大街15号7—03—122—C1荟聚购物中心	2215	60200870	11
3	新华角川国际影城	大兴区黄村东大街火神庙商业中心E座5层	1229	81297050	7
4	北京大料国际影院	大兴区亦庄经济开发区文化园东路6号	1161	67859009	6
5	北京市大兴区影剧院	大兴区黄村西大街15号	1432	69252566	3
6	星美国际影城西红门店	大兴区西红门镇京良路10号3F—006号	1445	80258288	8
7	北京保利国际影城绿地缤纷城店	大兴区黄村镇金星西路3号及3号院3号楼4层07商铺	1355	80255600	8
8	北京嘉华美映影院	大兴区旧宫镇小红门路39号地下一层	774	58310538	6

通州区

序号	电影院名称	地址	座位数	订票电话或联系电话	银幕数（块）
1	北京万达影城通州广场店	通州区新华西街58号万达广场1号楼5、6层	1931	50931111	12
2	北京银兴乐天影城	通州区翠景北里21号京通罗斯福广场五层	1282	80556767	7
3	佳合时光影城	通州区运河西大街132号	402	4000986865	4

续 表

序号	电影院名称	地址	座位数	订票电话或联系电话	银幕数（块）
4	大地数字影院—北京米拉家园	通州区新海东路1号楼6层	552	80897926	5
5	北京博纳国际影城通州店	通州杨庄北里天时名苑14号楼F4—01	612	56351916	5
6	通州电影院	通州区西塔胡同1号	641	69542229	4
7	百尚影城	通州区马驹桥镇兴华中街北侧（潼关三区）9号	131	15311968955	2
8	北京西部牛仔汽车影院	通州区台湖镇创业园路8号	200	61539193	1

顺义区

序号	电影院名称	地址	座位数	订票电话或联系电话	银幕数（块）
1	北京博纳顺景国际影城	顺义区新顺南大街18号	1218	60406018	10
2	北京市顺义电影院	顺义区新顺北大街3号	1141	89472733	2
3	CGV星聚汇影城北京顺义店	顺义区新顺南大街8号1幢华联金街购物中心4层	1056	61490988	7
4	北京市顺博苑电影院			停业	

平谷区

序号	电影院名称	地址	座位数	订票电话或联系电话	银幕数（块）
1	北京市平谷影剧院	平谷区府前街3号	1007	69962434	2

怀柔区

序号	电影院名称	地址	座位数	订票电话或联系电话	银幕数（块）
1	北京传奇瑞丽电影城	怀柔区青春路15号	446	69627035	5
2	北京市怀柔影院	怀柔区富乐大街8号	403	89681640	1

密云县

序号	电影院名称	地址	座位数	订票电话或联系电话	银幕数（块）
1	北京市密云大剧院	密云县鼓楼西大街1号	1125	69041575	2

昌平区

序号	电影院名称	地址	座位数	订票电话或联系电话	银幕数（块）
1	北京沃美影城回龙观店	昌平区回龙观同成街华联购物中心4楼	1439	4006819819	8
2	北京回龙观星美国际影城	昌平区回龙观镇西大街111号华联商厦三层星美国际影城	1011	80771188	6
3	昌平保利影剧院	昌平区鼓楼南街佳莲时代广场4层	642	60700001	4
4	首都电影院昌平店	昌平区南环路10号院1号楼金隅华科广场地上八层L8001号	1264	60749493	10
5	保利国际影城北京龙旗广场店	昌平区回龙观镇黄平路19号院3号楼三层F3—001	1342	82694321	7
6	中影国际影城（北清路永旺店）	昌平区北清路1号永旺国际商城购物中心	1343	80700847	8
7	大地数字影院—北京莱岭假日	昌平区昌崔路203号莱岭假日广场四楼	963	80100211	5
8	北京万达天通苑店	昌平区立汤路186号龙德广场五层万达影城	2017	84844742	9
9	北京市昌平区影剧院			注销	

延庆县

序号	电影院名称	地址	座位数	订票电话或联系电话	银幕数（块）
1	大地数字影院—北京金锣湾	延庆县延庆镇妫水北街39号1幢H座一层	523	60165114	3
2	北京圣世苑培训中心影剧院	延庆县城东外大街71号		停业	

（北京市新闻出版广电局电影管理处）

电 视 剧

2014年北京电视剧（含电视动画片）制作发行情况综述

2014年5月27日，电视剧《十送红军》在北京举行开播发布会

2014年，北京市电视剧制作发行机构全面贯彻落实党的十八届三中、四中全会和全国宣传思想工作会议精神，紧密围绕“中国梦”主题，始终坚持“二为”方向、“双百”方针，继续立足原创、当代、北京的创作原则，充分发挥首都地缘、人才、资源优势，深度研究首都文化现象、文化事件、文化元素，电视剧产量稳步增长，质量显著提高，涌现一批思想性、艺术性、观赏性相统一的精品佳作。

一、基本情况

截至2014年年底，北京市共有影视制作机构2846家，其中持电视剧制作许可证（甲种）的单位21家。2014年全年北京电视剧备案公示287部、10185集，占全国的27%；取得电视剧制作许可证（乙种）的电视剧119部4135集；共审查电视剧98部3645集；取得发行许可证的电视剧86部、3129集，占全国的24%。审查通过的电视剧中，现实题材75部2691集，分别占总比例的87%、86%。其中，当代题材56部占67%（当代都市题材45部，当代其他题材4部，当代青少题材1部，当代军旅题材1部，当代农村题材5部）；现代题材1部1%（现代涉案题材1部）；历史题材26部990集，分别占总比例的31%、32%。其中，近代题材22部占27%（近代革命题材9部，近代传奇题材9部，近代都市题材1部，近代其他题材3部）；古代题材4部占5%（古代传奇题材2部，古代宫廷题材1部，古代武打题材1部）。

电视动画片备案公示27部2448集23117分钟；取得发行许可证的动画片17部642集7530分钟。审查通过的动画片中，童话题材7部，教育题材5部，历史题材2部，现实题材1部，神话题材1部，其他题材1部。

二、推优、获奖及扶持情况

经北京市新闻出版广电局审查通过向总局及社会推荐6部优秀电视剧《平凡的世界》《十送红军》《青年医生》等；推荐5部优秀动画片《寻找英雄——小淘气长征记》《戚继光》《怪兽家族》等。

电视剧《老有所依》《原乡》获得全国第十三届精神文明建设“五个一工程”奖。

按照《北京市优秀影视剧（含电视动画片）剧本扶持专项资金管理办法》和《北京市重点题材影视剧（含动画片、纪录片）专项扶持资金管理办法》，于8月、12月对北京市优秀电视剧剧本和重点题材电视剧给予资金扶持奖励，其中7部电视剧剧本和8部重点题材电视剧、2部电视动画片、1部纪录片给予资金扶持，2部获第13届“五个一工程奖”、1部产生重大社会效益的电视剧作品给予资金奖励。

三、北京影视精品创作生产情况

重视艺术创作生产，始终以题材规划开发为抓手；以政策资金支持为动力；以人才培养扶持骨干企业为支撑；以“五个一工程奖”推荐优秀作品为重点；以弘扬社会主义核心价值观、讴歌“中国梦”主题为核心，组织引导创作一批社会效益和经济效益相统一优秀文化精品。其中“中国梦”主题电视剧创作有《北平无战事》《十送红军》《青年医生》等25部作品入选，占全国20%；围绕献礼建国65周年，创作生产《为了明天》《平凡的世界》《刘少奇的故事》（续集）等6部，占全国26%。第29届“飞天奖”，北京创作生产的《北京青年》《木府风云》《火蓝刀锋》等7部作品获奖。

另外，为推动北京影视文化精品生产，相继出台《北京市优秀影视剧（含电视动画片）剧本扶持专项资金管理办法》和《北京市重点题材影视剧（含动画片、纪录片）专项扶持资金管理办法》，成立“首都影视精品工程”顾问团，在扶持政策和资金的引导推动下，挖掘出一批优秀题材的电视剧、动画片作品，电视剧《生死三八线》《巨浪》《平凡的世界》《铁血军歌》《乞丐大掌柜》《金水桥边》等；动画片《戚继光》《熊小米系列》等；纪录片《宋之韵宋词》等被确定为2014年“北京市文化精品工程”重点项目。

四、电视剧（含电视动画片）活动情况

（1）“北京电视节目交易会”。春秋两季北京电视节目交易会规模不断壮大，参展人数2000余人，全国制作机构300多家，播出机构130多家，还有大量的海外和新媒体视频网站机构；每次展会参展电视剧400余部19000多集，市场意向交易额突破50亿元。

（2）影视精品工程座谈会。1月18日，北京市委宣传部和北京市新闻出版广电局联合召开首都影视精品工程座谈会。成立“首都影视精品工程领导小组”，聘请仲呈祥、李雪健、邹静之、冯小刚、高满堂、刘恒等15位业内知名人士成为“首都影视精品工程顾问”，为首都的影视精品创作生产献计献策。

（3）影视题材创作规划会。5月13日，组织召开“2014年北京电视剧题材规划座谈会”，会议邀请8家在全国范围内颇具影响力生产过诸多影视精品佳作的优秀企业。通过座谈挖掘一批反映中国传统文化，体现社会主义核心价值观的现实题材作品。主要有《平凡的世界》《我爱北京天安门》《铁血军歌》《赎罪门》《月亮上的篝火》等。

（4）电视动画片《戚继光》专家研讨

会。10月29日，组织召开电视动画片《戚继光》研讨会。会议由北京市新闻出版广电局主办，北京电视台协办。研讨会邀请国家新闻出版广电总局宣传司、《光明日报》文化产业研究中心、北京市委宣传部精品办、中国传媒大学、北京大学领导及专家学者以及学校和学生家长代表与会发言。研讨会上，各位专家高度肯定动画片《戚继光》的历史意义和现实意义，赞扬该部作品通过动画片这种孩子们喜闻乐见的艺术形式，传承民族传统文化、弘扬爱国主义精神，很好地阐释“中国梦”“英雄梦”，做到思想性、艺术性、观赏性、贴近性的统一，是国产爱国主义题材三维动画片的一个里程碑。

（北京市新闻出版广电局宣传管理处）

北京市电视剧和
电视动画片制作发行许可证目录

2014年北京市《国产电视剧发行许可证》目录

序号	剧名	集数	制作单位	题材	发行许可证号	发证日期
1	传承	37	北京合天文化传媒有限公司	当代都市	（京）剧审字（2014）第001号	2014/1/23
2	桃花绽放	31	北京万恺通文化传媒有限公司	近代传奇	（京）剧审字（2014）第002号	2014/1/23
3	食来孕转	33	北京万恺通文化传媒有限公司	当代都市	（京）剧审字（2014）第003号	2014/1/23
4	猎虎	31	北京慈文影视制作有限公司	近代革命	（京）剧审字（2014）第004号	2014/1/27
5	人见人爱	5	北京小马奔腾壹影视文化有限公司	当代都市	（京）剧审字（2014）第005号	2014/2/11
6	犀利仁师	44	海润影视制作公司	古代传奇	（京）剧审字（2014）第006号	2014/2/12

续 表

序号	剧名	集数	制作单位	题材	发行许可证号	发证日期
7	大清宝典	45	北京京都世纪文化发展有限公司	古代传奇	（京）剧审字（2014）第007号	2014/2/13
8	蜜月岛	50	北京星泓世纪文化发展有限公司	当代都市	（京）剧审字（2014）第008号	2014/2/20
9	岁月如金	42	北京大唐辉煌传媒股份有限公司	当代都市	（京）剧审字（2014）第009号	2014/2/28
10	远的要命的爱情	36	北京天下华语影视文化传媒有限公司	当代都市	（京）剧审字（2014）第010号	2014/3/5
11	追求幸福的日子	30	北京利群影视文化发展有限责任公司	当代农村	（京）剧审字（2014）第011号	2014/3/7
12	为了一句话	36	北京尚品佳作影视文化有限公司	近代生活	（京）剧审字（2014）第012号	2014/3/14
13	爱嫁不嫁	35	北京红色世纪影视文化传播有限公司	当代都市	（京）剧审字（2014）第013号	2014/3/18
14	民国惊梦	22	北京中视精彩影视文化有限公司	近代其他	（京）剧审字（2014）第014号	2014/4/1
15	龙门村的故事	30	北京利群影视文化发展有限责任公司	当代农村	（京）剧审字（2014）第015号	2014/4/15
16	“负二代”的幸福生活	34	北京电视艺术中心有限公司	当代都市	（京）剧审字（2014）第016号	2014/4/15
17	我心灿烂	37	北京金英马影视文化有限责任公司	当代都市	（京）剧审字（2014）第017号	2014/4/15
18	女汉子	41	大前门（北京）文化艺术有限公司	近代传奇	（京）剧审字（2014）第018号	2014/4/15
19	勇士之城	40	北京康乾光澍影视投资有限公司	近代革命	（京）剧审字（2014）第019号	2014/4/25

续 表

序号	剧名	集数	制作单位	题材	发行许可证号	发证日期
20	神犬奇兵	38	时代宝船影视制作(北京)有限公司	当代军旅	(京)剧审字(2014)第020号	2014/4/28
21	一个人战争	39	华昌传媒(北京)有限公司	近代革命	(京)剧审字(2014)第021号	2014/4/28
22	只想今生一起走	29	北京柏美亚洲文化发展中心有限公司	当代都市	(京)剧审字(2014)第022号	2014/4/30
23	幸福稍后再播	36	北京墨泉文化传播有限公司	当代都市	(京)剧审字(2014)第023号	2014/5/12
24	十送红军	52	北京小马奔腾壹影视文化有限公司	近代革命	(京)剧审字(2014)第024号	2014/5/13
25	一又二分之一的夏天	29	北京世纪乐成文化传媒有限公司	都市其他	(京)剧审字(2014)第025号	2014/5/22
26	大道通天	28	天罡风华(北京)影视文化有限公司	近代传奇	(京)剧审字(2014)第026号	2014/5/22
27	我的宝贝	32	北京光彩世纪文化艺术有限公司	当代都市	(京)剧审字(2014)第027号	2014/6/5
28	情定三生	40	北京东方飞云国际影视策划有限公司	近代传奇	(京)剧审字(2014)第028号	2014/6/5
29	我和我的他们	36	北京京都世纪文化发展有限公司	当代都市	(京)剧审字(2014)第029号	2014/6/5
30	和平的全盛时代	32	北京鑫宝源影视投资有限公司	当代都市	(京)剧审字(2014)第030号	2014/6/17
31	喜蛋传奇	36	北京一诺九鼎传媒有限公司	近代传奇	(京)剧审字(2014)第031号	2014/6/18
32	冰酒窝	35	北京世纪伙伴文化传媒有限公司	当代都市	(京)剧审字(2014)第032号	2014/6/30

续 表

序号	剧名	集数	制作单位	题材	发行许可证号	发证日期
33	天使的微笑	32	北京环亚美视传媒有限公司	当代都市	（京）剧审字（2014）第033号	2014/6/30
34	给幸福下订单	32	北京星光联合传媒有限公司	当代都市	（京）剧审字（2014）第034号	2014/6/30
35	下一站婚姻	35	大唐辉煌传媒股份有限公司	当代都市	（京）剧审字（2014）第035号	2014/6/30
36	麻辣芳邻	30	北京金天地影视文化股份有限公司	当代都市	（京）剧审字（2014）第036号	2014/7/15
37	当婆婆遇上妈之欢喜冤家	47	北京东方在扬文化传播有限公司	当代都市	（京）剧审字（2014）第037号	2014/7/21
38	亲情暖我心	36	北京金英马影视文化有限责任公司	当代其它	（京）剧审字（2014）第038号	2014/7/25
39	天使的城	40	北京金色池塘影视文化有限公司	当代都市	（京）剧审字（2014）第039号	2014/7/29
40	我的绝密生涯	40	中广联盟文化投资（北京）有限公司	近代其他	（京）剧审字（2014）第040号	2014/7/29
41	远山的土楼	23	北京红布衫文化发展有限公司	当代农村	（京）剧审字（2014）第041号	2014/7/29
42	伙伴夫妻	31	北京世纪伙伴文化传媒有限公司	当代都市	（京）剧审字（2014）第042号	2014/7/31
43	追捕	28	海润影视制作有限公司	近代革命	（广剧）剧审字（2014）第024号	2014/7/14
44	零度较量	21	北京大唐辉煌传媒股份有限公司	当代涉案	（广剧）剧审字（2014）第025号	2014/7/28
45	盾神	33	艺龙天成（北京）影视文化传播有限公司	现代涉案	（京）剧审字（2014）第043号	2014/8/1

续 表

序号	剧名	集数	制作单位	题材	发行许可证号	发证日期
46	创业伙伴欢乐多	30	北京紫禁城影业有限责任公司	当代其他	（京）剧审字（2014）第044号	2014/8/5
47	福山梦	34	北京中视北方影视制作有限公司	当代农村	（京）剧审字（2014）第045号	2014/8/8
48	芙蓉锦	40	北京捷成时代文化传媒有限公司	近代传奇	（京）剧审字（2014）第046号	2014/8/22
49	把爱带回家	62	北京博方文化传媒有限公司	当代都市	（京）剧审字（2014）第047号	2014/8/22
50	全程爱恋	32	乐视网信息技术（北京）股份有限公司	当代都市	（京）剧审字（2014）第048号	2014/8/29
51	爷们儿	34	北京源创嘉艺影视文化有限公司	当代都市	（京）剧审字（2014）第049号	2014/9/2
52	信者无敌	38	北京中联华盟文化传媒投资有限公司	近代革命	（京）剧审字（2014）第050号	2014/9/4
53	急诊室故事	38	完美星空传媒有限公司	当代都市	（京）剧审字（2014）第051号	2014/9/17
54	冤家亲家	30	北京京都世纪文化发展有限公司	当代都市	（京）剧审字（2014）第052号	2014/9/17
55	北平无战事	53	北京儒意欣欣影业投资有限公司	近代革命	（京）剧审字（2014）第053号	2014/9/22
56	风花雪月	35	北京纽音国际文化传媒有限公司	当代都市	（京）剧审字（2014）第054号	2014/9/23
57	跟我回家	42	海润影视制作有限公司	当代都市	（京）剧审字（2014）第055号	2014/9/23
58	铁血武工队传奇	33	海润影视制作有限公司	近代革命	（京）剧审字（2014）第056号	2014/9/25

续 表

序号	剧名	集数	制作单位	题材	发行许可证号	发证日期
59	各个击破	28	北京太阳花开影视文化有限公司	当代涉案	（广剧）剧审字（2014）第033号	2014/9/4
60	青年医生	50	北京鑫宝源影视投资有限公司	当代都市	（京）剧审字（2014）第057号	2014/10/10
61	枪下玫瑰	25	北京环宇佳星影视文化传媒有限公司	近代革命	（京）剧审字（2014）第058号	2014/10/10
62	黑凤凰	32	龙腾艺都（北京）影业投资有限公司	近代传奇	（京）剧审字（2014）第059号	2014/10/13
63	真爱追击	37	北京韶华映像文化传媒有限公司	当代都市	（京）剧审字（2014）第060号	2014/10/15
64	失婚男女	33	海润影视制作有限公司	当代都市	（京）剧审字（2014）第061号	2014/10/16
65	我的青春道馆	21	北京龙采正和文化传媒有限公司	当代都市	（京）剧审字（2014）第062号	2014/10/17
66	挺住李波罗	34	北京华影文轩影视文化有限公司	当代都市	（京）剧审字（2014）第063号	2014/10/22
67	过把瘾	8	北京文化艺术音像出版有限责任公司	当代都市	（京）剧审字（2014）第064号	2014/10/22
68	红门兄弟	29	北京五橙文化传媒有限公司	当代其它	（京）剧审字（2014）第065号	2014/10/22
69	坐88路车回家	40	北京晶美星空国际文化传媒有限公司	当代都市	（京）剧审字（2014）第066号	2014/10/29
70	神雕侠侣	52	华夏视听环球传媒（北京）股份有限公司	古代武打	（京）剧审字（2014）第067号	2014/10/30
71	爆米花	35	北京幸福影视有限公司	当代都市	（京）剧审字（2014）第068号	2014/10/30

续 表

序号	剧名	集数	制作单位	题材	发行许可证号	发证日期
72	青春无敌	20	北京中惟国际文化传媒有限公司	当代都市	（京）剧审字（2014）第069号	2014/11/17
73	杀出黎明	36	北京金天地影视文化股份有限公司	近代传奇	（京）剧审字（2014）第070号	2014/12/5
74	乞丐大掌柜	47	北京紫禁城影业有限责任公司	近代其他	（京）剧审字（2014）第071号	2014/12/16
75	武媚娘传奇	82	北京唐德国际文化传媒有限公司	古代宫廷	（京）剧审字（2014）第072号	2014/12/19
76	我的媳妇是女王	34	大唐辉煌传媒股份有限公司	当代都市	（京）剧审字（2014）第073号	2014/12/19
77	恋爱真美	40	北京慈文影视制作有限公司	当代都市	（京）剧审字（2014）第074号	2014/12/22
78	非凡淘气包第一季	26	付氏兄弟国际影视传媒（北京）有限公司	当代青少	（京）剧审字（2014）第075号	2014/12/22
79	想明白了再结婚	40	北京博纳中天国际文化传播有限公司	当代都市	（京）剧审字（2014）第076号	2014/12/23
80	冰与火的青春	46	北京润阳国际文化传媒有限公司	当代都市	（京）剧审字（2014）第077号	2014/12/23
81	嘿，老头！	37	北京文创百纳影视有限公司	当代都市	（京）剧审字（2014）第078号	2014/12/26
82	好想好想爱上你	40	北京东方全景文化传媒有限公司	当代都市	（京）剧审字（2014）第079号	2014/12/29
83	情满雪阳花	46	北京世纪神龙影视传播有限公司	当代都市	（京）剧审字（2014）第080号	2014/12/30
84	平凡的世界	58	华视影视投资（北京）有限公司	当代农村	（京）剧审字（2014）第081号	2014/12/30

续 表

序号	剧名	集数	制作单位	题材	发行许可证号	发证日期
85	狭路	62	北京慈文影视制作有限公司	近代革命	（京）剧审字（2014）第082号	2014/12/30
86	千金女贼	41	北京东王文化发展有限公司	近代传奇	（京）剧审字（2014）第083号	2014/12/31
合计86部3129集						

（北京市新闻出版广电局宣传管理处、规划发展处）

2014年北京市《电视剧制作许可证（乙种）目录》

序号	许可证号	电视剧名称	集数*分钟	制作机构
1	01730	丝绸之路	60集*45分	北京吉尔吉文化发展有限公司
2	01731	想明白了再结婚	42集*47分	北京博纳中天国际文化传播有限公司
3	01732	驿动的心	30集*45分	北京奥影环球国际文化传媒有限公司
4	01733	屈原传	50集*45分	北京中视精彩影视文化有限公司
5	01734	茧镇奇缘	30集*45分	北京盛唐时代文化传播有限公司
6	01735	平阳奇冤	30集*45分	北京东方明星影业有限公司
7	01736	永远不要错过	25集*45分	北京龙儿文化传播有限责任公司
8	01737	爸爸爱上妈	30集*45分	北京利群影视文化发展有限责任公司
9	01738	狭路	32集*45分	北京慈文影视制作有限公司
10	01739	杀出黎明	36集*45分	北京金天地影视文化股份有限公司
11	01740	龙道	30集*45分	龙腾艺都（北京）影业投资有限公司
12	01741	第二次握手	40集*43分	大泓画面国际影视文化传媒（北京）公司

续　表

序号	许可证号	电视剧名称	集数*分钟	制作机构
13	01742	龙号机车	30集*45分	龙腾艺都（北京）影业投资有限公司
14	01743	24小时娶到你	40集*45分	中舜影业有限公司
15	01744	急诊室故事	30集*45分	完美星空传媒有限公司
16	01745	爱上金发女郎	30集*47分	北京广电影视传媒有限公司
17	01746	大牧歌	25集*45分	北京东方全景文化传媒有限公司
18	01747	历史的使命	60集*45分	天罡风华（北京）影视文化有限公司
19	01748	盛开在冬季的太阳花	36集*45分	北京世纪神龙影视传播有限公司
20	01749	黄金血道	30集*45分	北京世纪万峰影视文化传播有限公司
21	01750	一场奋不顾身的爱情	30集*45分	北京金逸盛典文化传播有限责任公司
22	01751	喜蛋传奇	36集*45分	北京一诺九鼎传媒有限公司
23	01752	铁骨军魂	36集*45分	北京天雨视觉文化传媒有限公司
24	01753	女娲	30集*45分	北京缘河华艺电视传媒有限公司
25	01754	北京记忆	40集*45分	北京万森群星影视文化传播有限公司
26	01755	幸福越走越近	40集*45分	北京泰合百联传媒广告有限公司
27	01756	警字一号	30集*45分	中视博升（北京）影视文化传媒公司
28	01757	毛丫丫嫁人记	30集*45分	北京圣田嘉禾文化传媒有限公司
29	01758	都市宅族	12集*30分	美天美娱文化传播（北京）有限公司
30	01759	我的婚姻谁做主	30集*45分	北京旗帜先锋影视投资有限公司
31	01760	情牵四十年	45集*45分	北京源谷文化发展有限公司
32	01761	中国石油师	40集*45分	中少视业（北京）影视文化传媒公司

续　表

序号	许可证号	电视剧名称	集数*分钟	制作机构
33	01762	幸福的季节	40集*40分	同德共创国际文化传媒（北京）公司
34	01763	继承人	26集*45分	北京荣信达影视艺术有限公司
35	01764	追梦女孩	40集*47分	北京春秋风云影视策划有限公司
36	01765	非凡淘气包第一季	26集*24分	付氏兄弟国际影视传媒（北京）公司
37	01766	青春无季	30集*45分	德丰天润国际影视传媒（北京）公司
38	01767	为爱找个家	36集*45分	北京慈文影视制作有限公司
39	01768	林海家园	26集*47分	北京东方圣歌文化发展有限公司
40	01769	成语故事系列剧	34集*30分	北京静心阁影视传媒有限公司
41	01770	港媳嫁到	30集*45分	北京华荣兄弟文化传媒有限责任公司
42	01771	炮神	36集*45分	北京天雨视觉文化传媒有限公司
43	01772	最后的危险	20集*45分	艺龙天成（北京）影视文化传播公司
44	01773	银色音符	30集*45分	北京红孩子文化传播有限公司
45	01774	老子传奇	30集*45分	北京和昌正道影视文化有限公司
46	01775	刑警队长	30集*47分	北京金盛信马影视文化有限公司
47	01776	探组	30集*45分	北京缘鑫国际文化传媒有限公司
48	01777	国门十三行	36集*45分	北京红孩子文化传播有限公司
49	01778	酸甜苦辣小夫妻	30集*45分	北京嘉映影业有限公司
50	01779	爷儿们	45集*47分	北京源创嘉艺影视文化有限公司
51	01780	迷失之申城风云	40集*45分	北京唯美新画面影视制作有限公司
52	01781	功夫婆媳	47集*45分	北京密贴夏国际影视传媒有限公司

续　表

序号	许可证号	电视剧名称	集数*分钟	制作机构
53	01782	我叫汪格格	40集*47分	华来坞影视投资有限公司
54	01783	追战	30集*45分	世恒天影（北京）文化传播有限公司
55	01784	半世浮沉	30集*45分	北京凯旋同辉影视文化传播有限公司
56	01785	南下支队	35集*45分	华影神韵（北京）文化艺术传媒公司
57	01786	千手千眼	50集*45分	东开之星（北京）影视投资有限公司
58	01787	父亲的身份	30集*45分	北京凤凰联动影视文化传播有限公司
59	01788	麻辣主播	30集*45分	德丰天润国际影视传媒（北京）公司
60	01789	大执法	30集*47分	北京广电影视传媒有限公司
61	01790	不是冤家不恋爱	76集*42分	北京华旭泽润文化传播有限公司
62	01791	保安村的幸福味道	20集*45分	北京一合人天影视文化有限公司
63	01792	上下五千年系列情景剧之姥姥教我弟子规	30集*25分	北京格里芬影视文化传媒有限公司
64	01793	古街传奇	30集*45分	北京昆仑兄弟电影电视有限公司
65	01794	书圣王羲之	40集*45分	北京若溪祥云文化传播有限公司
66	01795	神犬小七	30集*45分	北京完美影视传媒股份有限公司
67	01796	石敢当之雄峙天东	50集*45分	北京完美影视传媒股份有限公司
68	01797	冰与火的青春	42集*45分	北京润阳国际文化传媒有限公司
69	01798	我为儿孙当“北漂”	36集*45分	北京东方在扬文化传播有限公司
70	01799	北漂童话	30集*45分	北京瀚纳星辉影视投资有限公司
71	01800	参工堂	30集*50分	北京大土国际文化投资有限公司
72	01801	筑梦人	30集*45分	北京东方班墨影视传媒有限公司

续 表

序号	许可证号	电视剧名称	集数*分钟	制作机构
73	01802	穿警服的那些女孩儿	30集*45分	北京京默影视传媒文化有限公司
74	01803	好想好想爱上你	30集*45分	北京东方全景文化传媒有限公司
75	01804	许愿清单	30集*45分	北京世纪乐成文化传媒有限公司
76	01805	千古一人玄奘	33集*45分	东方云琪（北京）投资有限公司
77	01806	兄弟们开火	40集*45分	北京星河雨影视传媒有限公司
78	01807	变身花美男	24集*45分	北京银禾世纪影视文化传媒有限公司
79	01808	来势凶猛	30集*45分	北京华映人国际影业投资有限公司
80	01809	憨媳从军	28集*45分	北京美丽海影视文化艺术有限公司
81	01810	无嫁之宝	30集*45分	北京金影环球文化传播有限公司
82	01811	爱情珠宝	36集*45分	北京中视和展投资有限公司
83	01812	上错花轿嫁对郎	26集*45分	北京中视和展投资有限公司
84	01813	刀尖上的搏杀	36集*45分	北京华映人国际影业投资有限公司
85	01814	五鼠闹东京	26集*45分	北京天星亿源影视文化传播有限公司
86	01815	追我魂魄英雄吉鸿昌	30集*45分	北京东方纯钧影视文化传媒有限公司
87	01816	缘来幸福	30集*45分	完美时空（北京）影视文化有限公司
88	01817	红色通缉令	38集*45分	北京九州土文化传播中心
89	01818	衡阳保卫战	26集*45分	华盛时代（北京）国际文化传播公司
90	01819	笑傲人生	30集*45分	北京红布衫文化发展有限公司
91	01820	复仇上海滩	30集*45分	北京派格太合泛在文化传媒有限公司
92	01821	无独有偶	40集*45分	北京金影环球文化传播有限公司

续 表

序号	许可证号	电视剧名称	集数*分钟	制作机构
93	01822	爱让我们在一起	32集*45分	中视鸿歌（北京）影视文化传播公司
94	01823	蔡伦造纸	26集*45分	青年电影制片厂
95	01824	爱情遇上加油站	30集*45分	感动人生（北京）文化有限公司
96	01825	致初恋	30集*45分	感动人生（北京）文化有限公司
97	01826	战火红颜	35集*45分	北京润阳国际文化传媒有限公司
98	01827	巨浪	40集*40分	北京众悦天成文化发展有限责任公司
99	01828	小饭桌的故事	100集*20分	新影盛世（北京）国际微电影公司
100	01829	心如铁	42集*45分	北京完美影视传媒股份有限公司
101	01830	雄起	30集*45分	北京东方全景文化传媒有限公司
102	01831	东方球王	38集*45分	大前门（北京）文化艺术有限公司
103	01832	特殊的较量	40集*45分	北京春秋鸿文化投资股份有限公司
104	01833	杜心五传奇	38集*45分	北京中视精彩影视文化有限公司
105	01834	恋恋阙歌	28集*45分	北京中视精彩影视文化有限公司
106	01835	越爱越明白	36集*45分	北京佳人乐国际影视投资有限公司
107	01836	闺蜜的战争	36集*45分	北京光彩世纪文化艺术有限公司
108	01837	古城小女人	40集*45分	北京利群影视文化发展有限责任公司
109	01838	传宗接代	20集*45分	家驹家琪（北京）文化投资有限公司
110	01839	家有房客	40集*45分	北京坤蓬仕院文化发展有限公司
111	01840	吉鸿昌	30集*45分	北京金色重阳文化传媒有限公司

续 表

序号	许可证号	电视剧名称	集数*分钟	制作机构
112	01841	90后妈	36集*45分	北京华夏金马文化传播有限公司
113	01842	永乐盛典	50集*45分	龙腾艺都（北京）影业投资有限公司
114	01843	追幸福的人	30集*45分	龙腾艺都（北京）影业投资有限公司
115	01844	神探亨特詹	34集*45分	北京观海影视文化投资有限公司
116	01845	弃子	40集*45分	北京昊强云天文化传媒有限公司
117	01846	嘿，老头！	37集*45分	北京文创百纳影视有限公司
118	01847	谜杀	40集*45分	北京慈文影视制作有限公司
119	01848	傻柱	38集*45分	艺照天下（北京）影视传媒有限公司
合计119部4135集				

（北京市新闻出版广电局宣传管理处、规划发展处）

2014年北京市《国产电视动画片发行许可证》目录

片名	集数	分钟	长度	制作单位	审查单位	许可证号	发证时间
侠岚之凌霜篇	26	25	650	北京若森数字科技有限公司	北京市新闻出版广电局	（京）动审字【2014】第001号	1.7
我的朋友猪迪克	52	14	728	北京电视台	北京市新闻出版广电局	（京）动审字【2014】第002号	1.21
巴菲特神秘俱乐部	26	22	572	北京万方幸星数码科技有限公司	北京市新闻出版广电局	（京）动审字【2014】第003号	1.21
少年岳云	26	12	312	北京金麟基业文化发展有限公司	北京市新闻出版广电局	（京）动审字【2014】第004号	2.20
新年来啦	26	13	338	北京国是经纬科技有限公司	北京市新闻出版广电局	（京）动审字【2014】第005号	4.8

续　表

片名	集数	分钟	长度	制作单位	审查单位	许可证号	发证时间
寻找英雄——小淘气长征记	26	13	338	龙世纪德成文化（北京）公司	北京市新闻出版广电局	（京）动审字（2014）第006号	4.20
怪兽家族	100	10	1000	北京禹田文化艺术有限责任公司	北京市新闻出版广电局	（京）动审字（2014）第007号	5.13
参宝之疯狂本草村	13	13	169	北京大土国际文化投资公司	北京市新闻出版广电局	（京）动审字（2014）第008号	5.13
参宝之爆笑本草村	13	11	143	北京大土国际文化投资公司	北京市新闻出版广电局	（京）动审字（2014）第009号	7.1
金木水火土	40	15	600	北京神笔动画制作有限公司	北京市新闻出版广电局	（京）动审字（2014）第010号	7.4
文字国历险记——浩昊勇闯童话城	26	15	390	北京浩昊科技发展有限公司	北京市新闻出版广电局	（京）动审字（2014）第011号	7.16
小兔侠之功夫学校第二季	104	6	624	北京世纪彩蝶影业有限公司	北京市新闻出版广电局	（京）动审字（2014）第012号	9.12
戚继光	26	13	338	北京电视台	北京市新闻出版广电局	（京）动审字（2014）第013号	10.9
快乐向前冲	60	10	600	北京电视台	北京市新闻出版广电局	（京）动审字（2014）第014号	11.24
巴菲特神秘俱乐部（第二部）	26	4	104	北京万方幸星数码科技公司	北京市新闻出版广电局	（京）动审字（2014）第015号	11.25
新年来啦之神秘宝藏	26	13	338	北京国是经纬科技有限公司	北京市新闻出版广电局	（京）动审字（2014）第016号	12.22
西游记的故事（27—52集）	26	11	286	北京金丁美奇动画有限公司	北京市新闻出版广电局	（京）动审字（2014）第017号	12.22
合计17部642集7530分钟							

（北京市新闻出版广电局宣传管理处、规划发展处）

部分电视剧制作机构作品统计表

北京电视艺术中心有限公司

剧名	集数	出品单位	联合出品单位	制片人	编剧	导演	主要演员
“负二代”的幸福生活	34	北京电视艺术中心有限公司、上海龙人影视传媒有限公司、北京唐城兄弟影视文化传媒有限公司	北京电视艺术中心有限公司及沈涛导演工作室、上海清科凯盛投资管理有限公司、北京唐城兄弟影视文化传媒有限公司北京瓯越文化传媒有限公司	王海地	河　流	沈　涛	聂　远 吕　一 黄妮娜 张　玺 金于宸 张　培 李晨熙

北京北广传媒影视有限公司

剧名	集数	出品单位	联合出品单位	制片人	编剧	导演	主要演员
罗龙镇女人	41	北广传媒影视有限公司、上海馨润影视有限公司	——	刘国华 周　鸿	罗　卉	黄建勋 张伟国 袁晓满	苗　圃 黄维德 赫子铭 李子雄
我的二哥二嫂	40	北广传媒影视有限公司、北京田禾星光影业投资公司、长春电影制片厂	——	葛建全 王亚中 刘国华 郑　浩	郭中东	刘家成	于　震 郝　蕾

北京紫禁城影业有限责任公司

剧名	集数	出品单位	联合出品单位	制片人	编剧	导演	主要演员
乞丐大掌柜	47	北京紫禁城影业有限责任公司、新影佳映（北京）电影文化发展公司、黑龙江电视台	——	张　旸	张　旸	唐大年	谷智鑫 何　冰 杨立新 梁冠华 原　雨

续 表

剧名	集数	出品单位	联合出品单位	制片人	编剧	导演	主要演员
永不低头	35	西安富安影视文化有限责任公司、浙江华谊兄弟影业投资有限公司、北京紫禁城影业有限责任公司	——	田　琳 张　蕾	黄剑东	姚晓峰	张涵予 任　重 刘奕君 谢　园
创业伙伴欢乐多（原名：互联网的那些人和事）	36	北京紫禁城影业有限责任公司、一鸣影视传媒（上海）有限公司、寰亚时代影视文化（北京）有限公司	——	张鸣鸣 许建海	张鸣鸣 曾　丹	彭湛晖	张　词 张　萌 康恩赫 李妍锡 韩　啸
神机妙算刘伯温	30	北京紫禁城影业有限责任公司、北京华彬联合国际传媒广告有限公司、西安紫禁城影视有限责任公司、北京影武者文化传媒有限公司、稼轩投资有限公司、安徽浮山风景区旅游开发管理有限公司、北京世纪伙伴文化传媒股份有限公司、中国广播影视出版社	——	钱重远 张家铭	秦培春 吕晓明 钟晶晶	韩刚	何　冰 于　震 王　刚 王　姬 姜　寒

续表

剧名	集数	出品单位	联合出品单位	制片人	编剧	导演	主要演员
老农民	60	山东影视传媒集团、山东电影电视剧制作中心、北京紫禁城影业有限责任公司	——	侯鸿亮 吴雪松	高满堂 李　洲	张新建 王　滨 张开宙	陈宝国 冯远征 牛　莉 蒋　欣 任　帅 刘向京 梁林琳

海润影视制作有限公司

剧名	集数	出品单位	联合出品单位	制片人	编剧	导演	主要演员
铁血武工队传奇	33	海润影视制作有限公司、上海克顿影视有限责任公司	黑龙江卫视	赵浚凯	张建赵 浚　凯 辛志海	孙小光	谷智鑫 斌　子 鲍　鲲 童苡萱 刘　鑫 孙鹏滨
向着幸福前进	42	海润影视制作有限公司、江苏海润影视制作有限公司	海润影视林建中工作室、吴奇隆工作室，浙江东阳稻草熊影视文化有限公司、上海清科凯盛投资管理有限公司	张小军 徐　健	陈　冰	林建中	吴奇隆 唐于鸿 王　新 周韦彤 许　娣 韩童生 张双利 胡　洋 陈　迪
大刀记	65	山东卫视传媒有限公司、海润影视制作有限公司	黑龙江卫视、宁津县委县政府	魏　巍 李　戈	赵浚凯 张　建 张国华 杨月军 瞿　旋 沙　颂	焦晓雨 吕德亮 栗心博 张　立	谷智鑫 王　珂 黑　子 张　立 齐　峰 高　冰 刘峰超 冯海煜
遇见爱情的利先生	38	海润影视制作有限公司	浙江海润影视制作有限公司	阎　旻	祝　明	陈铭章	陈　晓 周冬雨 刘雪华 叶　青 贾景晖

续 表

剧名	集数	出品单位	联合出品单位	制片人	编剧	导演	主要演员
背着奶奶进城	36	海润影视制作有限公司、江苏海润影视制作有限公司	——	张小军 徐　健	陈　冰 孟　相 仲　冯	金　雷	张少华 谢孟伟 王　新 任容萱 张双利 朱　锐 陈　迪 顾　艳
北上广不相信眼泪	40	海润影视制作有限公司、海宁壹颗心影视文化有限公司	——	陈　洁 郭江喜	沈　亢	李　骏 李　晓	马伊琍 朱亚文 张兆辉 张可颐 侯京键
地雷战	40	海润影视制作有限公司	——	蒋译霆	焦晓雨		吴　樾 何　曷 董　姝 郭昊伦 魏　震 于　海 张　立 高　明
穿越谜团	30	海润影视制作有限公司、北京摩天轮文化传媒有限公司 东阳福添影视有限公司、 上海宇麟文化传媒有限公司	——	路　怡	邱永懿 王红卫 龚　燕 吴竹筠	沈　严 刘海波	张歆艺 袁　弘 江　珊 孙　淳 高　鑫 李凤绪

续 表

剧名	集数	出品单位	联合出品单位	制片人	编剧	导演	主要演员
致单身男女	40	海润影视制作有限公司、寰亚时代影视制作公司	——	罗君辉	彭美凤	蔡晶盛	陆　毅 张　俪 耿　乐
姐是浪漫性情人	35	海润影视制作有限公司、西安海润影视制作有限公司	——	魏　鉴	万　方	周小兵	左小青 郭晓东 王　雨 刘雨鑫 张少华 杜　源
南侨机工英雄传	46	海润影视制作有限公司、云南润视荣光影业有限公司	——	蒋晓荣	王　倦	于荣光	于荣光 秋瓷炫 于晓光 朱晓渔
大猫儿追爱记	30	海润影视制作有限公司	——	陈　宁	阿　巳	田有良	海　清 陈思成 锦　荣
跟我回家	42	海润影视制作有限公司、上海剧酷文化传播有限公司	——	房　迎 蒋译霆	庸　人	顾　晶	辛柏青 黄　曼 杜　源 闫学晶
真实的幸福	40	海润影视制作有限公司、北京盛唐创始文化传播公司、天津北方电影集团公司、北京春秋风云影视文化传媒公司	——	史力嘉	安　建	安　建	刘葳葳 冯　雷

华谊兄弟传媒股份有限公司

剧名	集数	出品单位	联合出品单位	制片人	编剧	导演	主要演员
卧底	40	北京华谊兄弟娱乐投资有限公司	——	张海东	杨　捷	蒲腾晋 李志强	傅程鹏 周丽淇 胡亚捷
还是夫妻	45	北京华谊兄弟娱乐投资有限公司、浙江华谊兄弟影业投资有限公司	——	庄立奇 杨善朴	高蓉蓉	张晓光	马　苏 郭　涛 周晓鸥
黎明之战	40	北京华谊兄弟娱乐投资有限公司、浙江华谊兄弟影业投资有限公司	广州领航影视文化有限公司	庄立奇	邓一光	巴特尔	张国强 汤　燕 张鲁一
小爸妈	40	北京华谊兄弟娱乐投资有限公司、上海荷风影视文化有限公司	——	伊钦华	庆　华 张　洁	毛小睿	任　重 高　露 王耀庆
五鼠闹东京	42	北京华谊兄弟娱乐投资有限公司、北京天星亿源影视文化传播公司	——	李功达	谭　力	吴家骀	陈　晓 严屹宽 郑　爽 梁冠华 刘德凯

北京鑫宝源影视投资有限公司

剧名	集数	出品单位	联合出品单位	制片人	编剧	导演	主要演员
和平的全盛时代	32	北京鑫宝源影视投资公司	北京主题传奇文化传媒有限公司	王小柱 朱洪波 李　萍	沈伊丽	丁小雄	任　重 姚　笛 何赛飞 艾丽雅 林继东 王倩一

续 表

剧名	集数	出品单位	联合出品单位	制片人	编剧	导演	主要演员
青年医生	50	北京鑫宝源影视投资公司	中共北京市委宣传部、北京市广播电影电视局、北京市卫生和计划生育委员会、北京电视台、上海宝宏影视文化传媒有限公司、完美世界（北京）影视文化有限公司、北京市医药卫生协会	王小柱 王贵君	徐 萌	赵宝刚 王 迎	任 重 张 俪 王 阳 张 铎 张佳宁 杜 江 周放等

北京京都世纪文化发展有限公司

剧名	集数	出品单位	联合出品单位	制片人	编剧	导演	主要演员
神鹰反恐特战队	40	北京京都世纪文化发展有限公司	——	陶玲玲 梁秋平	——	尤小刚	王力可 朱雨辰 王 斑 周庭伊 马艳丽 石兆琪 曹可难 孙艺铭 李浩轩
我和我的他们	36	北京京都世纪文化发展有限公司	——	陶玲玲	——	陶玲玲	陈小艺 许亚军

大唐辉煌传媒有限公司

剧名	集数	出品单位	联合出品单位	制片人	编剧	导演	主要演员
下一站婚姻	34	大唐辉煌传媒有限公司	——	倪 娜	秦 悦	刘雪松	于和伟 刘 涛 邵 汶 赵 亮 宋 宁 王亚梅

续 表

剧名	集数	出品单位	联合出品单位	制片人	编剧	导演	主要演员
我的媳妇是女王	34	大唐辉煌传媒有限公司	——	茅　熠 徐　蜜	甘草儿 王　越 王馨逸	俞　钟	霍思燕 雷佳音
麻雀春天	35	易亚影视传媒有限公司、大唐辉煌传媒股份有限公司、浙江亚视传播有限责任公司	——	张　陈	章立立 高　巍 商丙琦 叶　扬	潘　越	许亚军 李泰兰 赵文瑄
想明白了再结婚	38	北京博纳中天国际文化传播有限公司、大唐辉煌传媒有限公司、佟大为（上海）影视文化工作室、海宁脉世传奇影视传媒有限公司	——	王小军 李茂东 赵志刚	马广源	尹　涛	佟大为 王丽坤 邓家佳 刘莉莉 李光复
欢天喜地对亲家	40	大唐辉煌传媒股份有限公司、辽宁卫视新视觉文化服务有限责任公司、北京春之泰影视文化传媒有限公司、辽宁东安影视文化传媒有限公司	——	金　峰	雁　子 刘静宇 大　秦	王晓曦	大　秦 李菁菁 黄晓娟 王晓曦 句　号

北京国立常升影视文化传播有限公司

剧名	集数	出品单位	联合出品单位	制片人	编剧	导演	主要演员
原乡	31	北京国立常升影视文化传播有限公司	九洲文化传播中心、上海电影（集团）有限公司、银都机构有限公司、浙江华谊兄弟影业投资有限公司、浙江常升影视制作有限公司、北京世纪万峰影视文化传播有限公司、第一媒体控股有限公司	马保华 张国强	陈文贵	张国立 罗长安	张国立 陈宝国 奚美娟
爱情最美丽	40	北京国立常升影视文化传播有限公司	北京中金源影视文化传播有限公司、上海亲仁传奇影视文化传媒有限公司、西安奥金百影视有限公司、浙江常升影视制作有限公司	黄诚坚 陈　励 刘　锋 马千策	候镇宇	张国立 陈昆晖	张国立 蒋雯丽
马向阳下乡记	40	山东电影电视剧制作中心	山东影视传媒集团、北京国立常升影视文化传播有限公司、中视传媒股份有限公司、青岛凤凰影视传媒股份有限公司	靖　雷 马保华 张国强	谷　凯	张永新	吴秀波 王雅捷

北京小马奔腾文化有限公司

剧名	集数	出品单位	联合出品单位	制片人	编剧	导演	主要演员
十送红军	52	北京小马奔腾传媒股份文化传媒有限公司	——		李修文	毛卫宁	刘威 佟大为 王雷 李小萌 万茜 罗晋
人见人爱	5	北京小马奔腾传媒股份文化有限公司	上海永乐电影电视(集团)公司、鑫盛隆责任有限公司	黎华	李云良	鲁晓威 执行导演：申学斌	薛佳凝 王玉梅 刘江 陈述 牛犇 魏宗万
食来孕转	33	北京小马奔腾传媒股份文化有限公司	——		张英姬和吴波	张晓波	刘涛 王千源 于小伟 张一山

北京慈文影视制作有限公司

剧名	集数	出品单位	联合出品单位	制片人	编剧	导演	主要演员
猎虎	31	北京慈文影视制作有限公司	——	钱晓蕴 张新齐	张瀚予 刘光	刘光 陆逍遥	王斑 黄海冰 甄锡 杜功海 王全有
恋爱真美	40	北京慈文影视制作有限公司	——			安建	袁姗姗 雷佳音 张雯 张峻宁 翁虹 黄柏钧

北京金英马影视文化有限责任公司

剧名	集数	出品单位	联合出品单位	制片人	编剧	导演	主要演员
亲情暖我心	36	北京金英马影视文化有限责任公司	——	——	——	——	高曙光 马　睿 王思懿 褚　峰 句　号 张佳宁 杜　源 艾晓琪 郑　诺

北京东方飞云国际影视策划有限公司

剧名	集数	出品单位	联合出品单位	制片人	编剧	导演	主要演员
情定三生	40	北京东方飞云国际影视策划有限公司	——	白彩云	王　婕	田少波	杨　蓉 张　萌 朱一龙 蒲巴甲 郑佩佩 汤镇宗 于青斌 王艺瞳

北京东王文化发展有限公司

剧名	集数	联合出品单位	制片人	编剧	导演	主要演员
千金女贼	41	北京东王文化发展有限公司、上海耀客文化传媒有限公司、上海玉春雷影视传媒有限公司	陈玉珊	陈玉珊	周晓鹏 马华干 总导演： 陈玉珊	唐　嫣 刘恺威 杨　蓉 杨佑宁 张　萌

北京唐德国际文化传媒有限公司

剧名	集数	联合出品单位	制片人	编剧	导演	主要演员
冰酒窝	35	北京世纪伙伴文化传媒有限公司		傅 萌	聂 军	小刘佳 任祉妍 于 洋 谭俊彦 南伏龙
伙伴夫妻	31	北京世纪伙伴文化传媒有限公司	边晓军	凯 文 橙 子 凯文工作室	赵晨阳	姜 武 颜丙燕 冯 雷 马 丽 张秋歌 于 洋

北京世纪伙伴文化传媒有限公司

剧名	集数	联合出品单位	制片人	编剧	导演	主要演员
新京华烟云	43	北京唐德国际文化传媒有限公司、四川星空、元典星焜、四川电视台、西安艺达、优视影业、中影北京分公司	李宁儿 李筑媛 总制片： 郑 军 段未名	李宁儿 李筑媛 吴牧耘	仰 国 沈 怡	李 晟 李 曼 李承炫 高梓淇 阚清子 秦 汉
武媚娘传奇	82	北京唐德国际文化传媒有限公司、范冰冰工作室、中影集团	范冰冰	潘 朴	高翊浚	范冰冰 张丰毅 李治廷 张钧甯 张 庭 周海媚

书报刊出版

2014年北京市广播影视书报刊一览表

公开出版物

类别	报刊名称	主管单位	主办单位
周报	《北京广播电视报》	北京广播电视台	北京广播电视报社
周报	《北京广播电视报·人物周刊》	北京广播电视台	北京广播电视报社
周刊	《北京电视》周刊	北京广播电视台	北京广播电视报社
周报	《新广播》报	北京人民广播电台	北京人民广播电台
周刊	《音乐周刊》	北京人民广播电台、京报集团	北京广播公司
年刊	《2014北京广播影视年鉴》	《北京广播影视年鉴》编委会	北京市新闻出版广电局
年刊	《2014北京电视台年鉴》	北京电视台	北京电视台

类别	书籍名称	主管单位	作者	出版单位
图书	《北京电视台发展研究文集》（2013年卷）	北京电视台	北京电视台编著	中国广播影视出版社 出版时间：2014.10
图书	《世界电影发展报告》	中国电影博物馆	中国电影博物馆和清华大学新闻与传播学院联合编著	中国电影出版社 出版时间：2014.6
图书	《北京广播影视发展研究文集(2013年)》	北京市广播电影电视局	北京广播电影电视研究中心汇编	北京出版社 出版时间：2014.6
图书	梦之路		北京市福利彩票发行中心、北京北广传媒数字电视有限公司	中国社会出版社 出版时间：2014.2

内部出版物

类别	报刊名称	主管单位	主办单位
月刊	《北京广播影视》	北京市新闻出版广电局	北京市广播影视协会
半月刊	《宣传业务》	北京人民广播电台	北京人民广播电台总编室
半月刊	《听众反映专辑》	北京人民广播电台	北京人民广播电台总编室
月刊	《电视文摘》	北京电视台	北京电视台总编室
月刊	《影博·影响》	中国电影博物馆	中国电影博物馆
月刊	《北京广播影视决策参考》	北京市新闻出版广电局	北京广播电影电视研究中心

2014年北京市广播影视书报刊简介

《北京广播电视报》

《北京广播电视报》创刊于1979年9月，是面向家庭，以导听导视为主的全方位的生活服务型周报。近几年来，报纸的内容不断进行调整，强调报纸要在为党的新闻事业服务、为广播电视事业服务的总原则下，强化为总台及所属单位的服务意识与服务自觉性。提出报纸要为主持人和编辑记者成名成家服务；要为提高广播电视节目收听收视率服务；要为听众、观众选择和认知广播电视节目服务。内部服务与市场运作相结合，找到广播电视报生存发展之路。报纸基本读者定位为广播电视的听众、观众。在充分发挥全面满足读者听广播看电视需要的节目预告功能之外，对其中的重点节目和重点内容进行补充延伸报道，增加报纸的实用性、可读性；此外，报纸的《健康周刊——健康双行线》以其服务于家庭和百姓健康的特色而受到读者的喜爱。4开40－48版。

北京广播电视报
本期特别报道
BTV大媒体时代 全面开启
钟汉良
冷对指责 热对粉丝
珍珠的升值空间有多大
中老年直通车
香港 澳门 厦门 鼓浪屿 福建 龙岩9日游

《北京广播电视报》2014年第2期封面

《北京广播电视报·人物周刊》创办于2003年8月，其主要内容为：报道新闻中的人物和人物中的新闻，用故事解读人生，在人生中寻觅故事。介绍真善美的情操感染人，揭示奋斗进取的精神鼓励人，挖掘不为人知的故事讲述给人，暴露丑陋劣质的人生经历警示人。4开28版。

（北京广播电视报社）

《北京电视》周刊

《北京电视》周刊创刊于1998年7月，是一本集文化、娱乐、消费生活于一身的进入大众家庭的杂志，同时是具有中国特色的电视收视精选手册。杂志封面上TVE三个英文字母就是英语“电视精选”的缩写。《北京电视》周刊的内容以收视热点、独家娱乐报道、情感故事、传奇揭秘、时尚生活几方面为主，具备非常明显的可读性、耐读性和很高的传阅率。4开56页。

（北京广播电视报社）

《北京电视周刊》2014年第28期封面

《新广播》报

《新广播》报于2006年1月9日创刊，是北京人民广播电台投资出版的一份周报。《新广播》办报目的是为实现声波与平面媒体的立体传播，进一步提高北京电台的社会影响力，更好地服务听众，并为北京电台的广告客户提供落地服务。主要内容为报道听众所关心的北京电台的动态消息、重点报道活动，推介重点广播节目，介绍广播新技术、新发展，展示广播精品节目，介绍广播人台前幕后的故事，刊登听众对广播电台节目、报道活动的互动评议以及依托广播节目内容的生活服务资讯等。下设主要版面有：“要闻”“台内台外”“话筒前后”“民生服务”“栏目风采”“一周节目预告”“车友出行”“栏目集萃”“听友天地”“文化娱乐”“秀场时空”等。

《新广播》报全彩印刷，8开24版，每周日出版。在北京五环路内200余家中石化、中石油加油站等处免费赠阅，并实行电话订阅送报上门，发行量每期8万份。

（北京人民广播电台）

FM97.4《音乐周刊》

《FM97.4音乐周刊》是全国唯一一本音乐类周刊，国内统一刊号CN11-0191，全彩色豪华纸张印刷，8开44页，公开出版，全国发行。该刊由北京广播公司旗下的北京蓝火花音乐文化传播有限公司经营。2004年3月24日创刊，内容上与FM97.4北京音乐广播携手互动，做到文字与广播相互补充、相互延伸。遵循“时尚音乐资讯大全，青年娱乐消费指南”的编辑定位，锁定音乐目标，主打音乐特色，做

《FM97.4音乐周刊》2014年第327期

好每篇文章，营造品牌周刊。并配合北京音乐广播举办“北京流行音乐典礼”颁奖活动，推出“中歌榜特刊”。

根据新媒体环境下纸媒体的生存和发展特点，《音乐周刊》发布了手机版和其他新媒体阅读方式。

截至2014年年底，每期新媒体阅读量超过30万次。根据中国新闻出版研究院统计，《音乐周刊》在中国电信阅读基地TOP100中排名第6名、中国移动阅读基地TOP100中排名第13名。

（北京人民广播电台）

2014《北京广播影视年鉴》

2014《北京广播影视年鉴》是由北京广播影视年鉴编委会编纂（北京市新闻出版广电局主持，北京广播电视台、北京人民广播电台、北京电视台、中国电影博物馆、区县文委及广电中心等协编）的一部资料工具书，创刊于2005年，每年编纂一卷，由中国广播影视出版社公开出版发行。

2014《北京广播影视年鉴》封面

《北京广播影视年鉴》以马克思列宁主义、毛泽东思想、邓小平理论、“三个代表”重要思想、科学发展观为指导，坚持实事求是的编辑方针，贯彻“贴近实际，贴近生活，贴近群众”的编纂原则，全面反映北京市广播影视的基本情况和发展变化风貌，客观记述上一年全市广播影视业的新情况、新资料，为广播影视研究、决策服务，为广播影视大发展大繁荣服务。

2014《北京广播影视年鉴》为第10卷，共有19个栏目：图片、专项纪事、概况、频率频道、节目栏目、产业发展、新媒体、技术、电影、电视剧、书报刊出版、受众调查、组织机构、获奖作品、典型经验、交流合作、统计、人物、大事记等。全书 65.8万字，发行1200册。国内书号：ISBN 978-7-5043-7309-0。

（北京市新闻出版广电局）

《北京广播影视》

《北京广播影视》是由北京市新闻出版广电局和北京市广播电视协会主办的内部刊物，创刊于1988年。原称《北京广播电视研究》（季刊），1994年更名为《北京广播电视》（双月刊），2007年1月改版为《北京广播影视》（月刊）。

《北京广播影视》2014年第12期封面

期刊定位为北京市新闻出版广电局机关刊物和北京市广播电视学会学术期刊；是北京市广播电影电视行业的政策指导、经验交流、学术探讨的平台。期刊内容具体包括：1．宣传广播电影电视领域的政策，重点介绍北京广播影视界和全国动态；2．国内外广播影视理论探索与研究成果；3．北京市主要媒体单位（含北京广播电视台、北京人民广播电台、北京电视台及区县媒体单位）和影视改革探讨及工作经验交流；4．优秀广播影视工作者事迹及作品推广。期刊全彩色印刷，刊物为大16开72页，一年出版12期，每月一期。

2014年全年《北京广播影视》共编印12期，稿件300余篇，照片900余张，总字数百万余字。

（北京市广播影视协会）

《宣传业务》

《宣传业务》是由北京人民广播电台总编室主办，旨在促进台内外业务学习、交流的内部刊物。创刊于1992年1月15日。半月刊、标准16开，到2014年共编印24期。刊物下设栏目：专家评议、业务漫谈、探索与研究、体会与心得、听众论坛、业务动态等。

《宣传业务》作为北京人民广播电台的内部业务刊物，既是业务交流的园地，也是学术、理论探讨的阵地。办刊二十多年来，北京电台广大采、编、播人员及各相关职能部门紧密联系工作实际，全方位开展业务交流、学术探讨，撰写了许多优秀的理论文章。

（北京人民广播电台）

《听众反映专辑》

《听众反映专辑》由北京人民广播电台总编室主办，听众服务中心负责编辑出版，是北京电台唯一反馈听众意见的内部刊物。该刊1984年创刊，半月刊、标准16开，截止到2014年12月，已出版657期。2014年全年出版38期（《听评月专辑》22期），约100万字。

刊物遵循“精说成绩、细挑毛病、善提建议、建言献策”的方针，客观反映听众意见，登载听众对北京电台节目的意见和感受，为北京电台与听众沟通起到了桥梁作用，为北京电台调整节目、提高节目质量提供了积极、客观的参考。2014年刊物以专业广播分类设置栏目，如“新闻广播”“城市广播”等，还刊登从热线、论坛、短信平台渠道反馈的“听众服务热线摘编”“论坛摘编”“短信精选”栏目，还不定期刊登“正音正字”“听友交流”“广告”等栏目。

（北京人民广播电台）

《电视文摘》

《电视文摘》杂志创刊于1998年1月1日，由北京电视台主管、研发部主办，属内部出版刊物。办刊宗旨是荟萃信息精华，浓缩真知灼见。2007年年底，该刊从内容编辑、栏目定位、版面设计等方面进行了改版。刊物的主要内容有：动态传真——电视界重要会议、重大改革举措、频道栏目建设以及经营管理等方面的最新动态；理论研究类——媒体改革探索、发展战略研究、节目经营管理、频道栏目理论文章及部分受众包括专家学者对电视发展、建设的建议和评论；业务指导类——电视台具有影响的节目策划、运作、选题和广告经营发展方面的经验；人物介绍类——电视从业人员成长过程、创业经历、个性特点和开拓精神；海外信息类——世界各国电视行业的发展现状、机构设置、管理模式及最新节目动态。刊物为月刊，大16开，64页，每期印制500册。

（北京电视台）

《锐——国际电视节目模式》简介

《锐——国际电视节目模式》杂志创办于2006年，由北京电视台主管、研发部主办，属内部出版刊物。刊物现为月刊，60页左右。主要发放对象为台领导、各节目中心以及相关职能部门。

本杂志旨在分享最新国际电视信息，速递传媒市场动态，分享国外节目模式，汇集专家观点，聚焦主题探讨。杂志的主要内容有：动态——国际传媒市场资本变动和营销举措、国外主要电视台新节目编排的最新动态；模式——每期介绍40余个国外节目模式，按节目类型划分为真人秀、游戏类、纪录片、脱口秀等八个类别，结合国际最新流行节目和电视台节目特点给出“参考频道”和“推荐理由”；观点——就一个热点话题采访业界、学界专家和一线节目制作人员，汇集各方不同观点；专题——根据近期国内国外电视节目特点，登载两篇原创研究文章。

（北京电视台）

《办公室手册》

办公室工作内容多样、涉及广泛，工作的规律性和灵活性都很强。《办公室工作实用手册》一书，对办公室日常工作中一些惯例性、通则性的制度与规范进行说明，并通过真实案例的分析解读，给出实际可行的处理方法和技巧。

该书分为上、下两篇。上篇“办公室工作实务问与答”，以一问一答的形式，对办公室日常办文、办会、办事所涉及的主要内容和流程作解释说明；下篇“办公室工作案例讲与析”，以生动、真实的案例为脚本，通过有针对性的分析总结，为处理相似问题提供解决方案和技巧。

《手册》具有三大特色：一是不做铺陈罗列，而是创新采用问答的形式解读办公室日常工作的主要内容和基本规范，既增强了可读性，亦便于查阅翻检。二是取材真实情境，书中选取的案例均来源于办公室日常工作的真实情境，更具典型性和借鉴意义，更容易令读者感同身受。三是注重规律性与灵活性的辩证统一，立足办公室工作兼具程序性与机动性的特色，在尊重原则的基础上提供灵活应对的方法和策略，更适于举一反三，触类旁通。

（北京电视台）

《影博·影响》

《影博·影响》（中国电影博物馆馆刊）是中国电影博物馆主办的一份独具特色的电影类综合性内部刊物，其宗旨是传播电影文化，拓展电影博物馆公共文化职能，开展电影文化教育和科普教育，服务电影、博物馆观众和行业人士，为电影观众、爱好者和业界搭建沟通桥梁。

密切关注电影发展动态，宣传推广优秀国产影片，积极开展与业界的联系与交流，发挥好桥梁纽带作用。重点介绍《归来》《太平轮》《黄金时代》等国产影片的创作情况，报道第四届北京国际电影节、第23届金鸡百花电影节、第17届上海国际电影节、第21届北京大学生电影节等国内重要电影活动。通过多种形式采访到仲星火、李雪健、巩俐、任达华、刘之冰、黄真真、彭于晏、姜帝圭等60余位中外知名影人的近况。

关注电影文化热点话题，引导正确积极的舆论导向。深度探讨“系列电影发展之路”“中国电影跨界现象”“大银幕上的中国元素”“网络在线购票”等主题；邀请业界专家学者对“国产恐怖片发展现状及对策”“电视综艺节目抢拍电影版现象”“电影大数据”等电影文化现象发表了前沿观点。

大力宣传馆办的各类重要活动。全面报道了北京国际电影节“探寻电影之美高峰论坛——动画电影的艺术与技术”系列活动；及时报道全国少年儿童才艺展示活动、馆年度学术活动、藏品捐赠展、公益影展、电影大讲堂、社会大课堂等特色活动和品牌活动。

继续培育刊物的史观性。继续介绍馆内藏品的征集故事，刊载回忆电影人及电影往事的文章。

进一步增强科普性。围绕“探寻电影之美高峰论坛——动画电影的艺术与技术”主题论坛，陆续向读者介绍剪纸片、二维手绘、水墨、木偶等动画电影的制作、拍摄原理。此外，还向读者介绍了有代表性的纪录片拍摄器材，以及《地心引力》《神奇海盗团》等影片拍摄的幕后解密和车动电影、恐怖电影的拍摄技巧。

重视与读者的互动、沟通，不断提升服务性、公益性。认真分析、采纳读者意见，自第9期起增大文字字号和图片篇幅尺寸，并增加了在馆内当月上映的影片预告信息，得到读者的好评。

加强影评人俱乐部建设。积极吸纳社会各阶层的影评人，特别是注意进一步吸引高端影评人参加活动。全年围绕《归来》《白日焰火》《亲爱的》等年度优秀影片举办了12次影评人观影评论活动。周黎明、沙丹等知名影评人的参与，提升了影评活动质量，为普通影评人引领了客观、专业的评论方向。此外，还特别邀请到影片《忘了去懂你》的导演权聆、《文艺报》文艺部主任高小立、中国传媒大学副教授索亚斌、中央新影集团导演高小俐，与影评人、观众面对面交流。

搭建好公益宣传推广平台，宣传电影公益事业。报道了10余位国内影人近年来参与社会公益行动的情况，并举办“2014年度影人公益行动观众推举”结果发布暨研讨交流活动。活动宣布了经观众问卷调查推举，并经活动专家委员会复审通过的《2014年度十大影人公益行动》，并邀请电影业界、学界专家现场点评。

2014年，《影博·影响》月发行量为4000册，其中固定读者群超过80%。读者对刊物的满意率维持在90%以上。许多电影学界、业界人士普遍认为，《影博·影响》作为电影历史文化知识传播平台、电影业界与观众联系平台、学术研究与观点讨论平台、馆内信息与业界动态发布平台、与读者互动沟通的平台等方面的功能进一步加强。

（中国电影博物馆）

《世界电影发展报告》

2014年6月，中国电影博物馆和清华大学新闻与传播学院联合编著的《世界电影发展报告》（2013年度市文化创新发展专项资金项目）编印完成，由中国电影出版社正式出版发行。全书53万字，分为四大部分、26章，主要内容包括：2013年度世界电影发展概况、中国电影产业发展和华语影片海外传播情况，2013年度北美、英国、俄罗斯、印度、澳大利亚、巴西、南非和伊朗等六大洲、26个国家和地区的电影产业发展概况，2013年度国内外重要的电影节展和世界电影产业资讯汇编。此外，还有近20篇围绕动画电影、美国院线管理、好莱坞电影投资和营销制度等产业专题的研究文章。

（中国电影博物馆）

《北京广播影视决策参考》

《北京广播影视决策参考》月刊是由北京市新闻出版广电局主管、北京广播电影电视研究中心主办的广播影视研究性内部期刊。2009年8月由原广播影视《信息参考》发展而来，以“开拓广电研究领域、探索行业发展规律”为宗旨，设有专稿特载、发展环境、公共服务、产业促进、行政管理、科技交流、区县论坛、境外瞭望、学术动态、观点摘编和小辞典栏目。2011年9月改版，栏目设置更改为特别刊载、节目创新、公共服务、产业发展、境外观察、观点摘编。2011年12月，列入宣传系统编发一级内刊建议名单。2014年1月，月刊再改版，更名为《北京广播影视决策参考》，新版月刊在重新定位基础上，以“行情守望、信息管家、决策要参”为宗旨，设有特别刊载、行业动态、专题摘要与综合、创作与生产、运营与管理、监管与服务、前言论点、政策解读、境外观察和来搞选登栏目。

（北京广播电影电视研究中心）

《北京广播影视发展研究文集(2013年)》

《北京广播影视发展研究文集(2013年)》是由北京市新闻出版广电局主管、北京广播电影电视研究中心汇编、北京出版集团公司和北京出版社出版的理论研究性图书。从2013年3月至2014年2月间的北京广播电影电视局课题成果、科学发展观调研报告、处级以上干部理论文章和学刊发表的文章中，优选、编辑了来自局、北广传媒集团、中国电影博物馆、北京广播电视台、区县中心的最新优秀研究成果及多项重大课题，总计63篇40万字，共印刷650册。该书含管理篇、广播篇、电视篇和产业、技术篇四个部分，较系统地反映了北京广播影视业当前的发展状况和研究水平。

（北京广播电影电视研究中心）

《北京电视台发展研究文集（2013年卷）》

《北京电视台发展研究文集（2013年卷）》于2014年10月编印出版，主要辑录2013年全台干部职工的实践探索与理论研究。《文集》所选文章紧扣时代和BTV发展主题，具有一定的学术性、思考性和建设性，是职业电视人勤于思、敏于行、探微求是、学习思考的结晶。

在进一步加强建设“学习型电视台”，并出台文件积极鼓励理论研究与学术创新的浓厚氛围下，《文集》的编撰工作得到全台大力支持和热情参与。自年初启动征稿工作以来，累计收到2013年度所撰写的理论文章、工作总结、编导手记等200余篇，总字数百余万，其中有基于编播工作体会的提炼，有针对新时期传播规律的探究，有面向媒体融合趋势的思索，有根据技术研发成果的总结。最终，67篇稿件被收入本卷《文集》，根据内容类别，分为专稿、创新求索、编播心得、媒介传播、媒体融合、传媒科技、经营管理、记者手记等八个板块。本卷《文集》内容展现出鲜明的“创新”特色，在机制创新、传播创新、管理创新、经营创新等各方面，汇集了大量的操作实践与智慧结晶，展现了BTV人心系发展、开拓进取的精神。

为确保《文集》紧扣时代与发展的主题，以及所收录的稿件有一定的理论建树和实践价值，台领导亲自担纲组建了编辑委员会，邀请十位来自职能、节目、技术等部门并熟悉相应业务领域的同志作为编辑部成员，对《文集》所有投稿进行了初审、二审、终审等三轮编辑修改。全体编辑人员都秉持严肃的学术态度、严谨的审阅标准和严格的修改要求，做到字斟句酌、一丝不苟、反复琢磨。定稿后，编辑部与中国广播影视出版社密切合作，精心设计版式，认真校对排版。最终，这部集全台之力的《文集》正式出版。

根植于BTV人的辛勤耕耘与创新求索，《文集》一直努力在凝炼实践经验、升华理论成果、推动事业发展、培育优秀人才等方面发挥更多、更积极的作用，努力在全台营造浓郁的学习、研究、创新、务实的内部文化环境。

（北京电视台）

受众调查

2014年北京广播市场竞争态势分析

一、北京广播市场发展情况

（一）北京广播市场整体收听率小幅回暖。索福瑞近七年的收听数据来看，北京广播市场从2008年起整体收听率逐年下降，到2010年降至最低点。在经历了2011年的短暂回暖之后，2012年、2013年持续下降，2013年降至六年来的最低点，2014年，北京广播市场整体收听小幅回暖，升至5.117%。

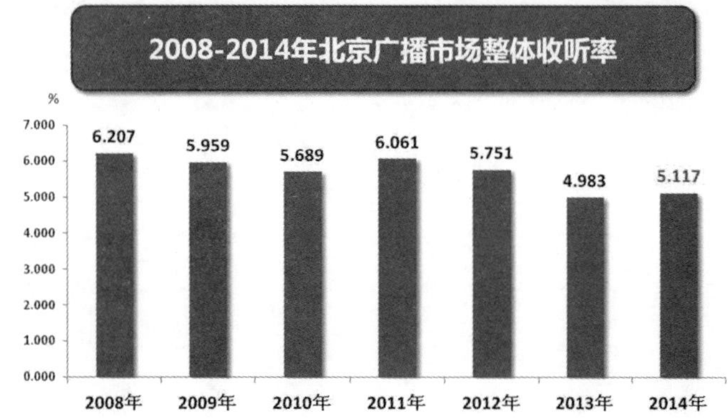

（二）听众规模、收听时长基本平稳。在听众规模方面，2014年北京全年有730.6万人收听过广播，比2013年增加7.2万人；平均每天有428.2万人收听广播，比2013年减少1.5万人。在人均收听时长方面，2014年听众平均每天收听广播时长为141.4分钟，比2013年增加1分钟。2014年听众规模、收听市场与2013年相比波动范围在1%以内，表现平稳。

2012–2014年北京地区所有频率全天听众表现

单位	2012年	2013年	2014年	2014年比2013年差值	2014年比2013年跌涨幅
平均到达率（000）	4241	4297	4282	−15	−0.35%
到达率（000）	6783	7234	7306	72	1.00%
人均收听分钟数（听众）	146.7	140.1	141.4	1	0.93%

（数据来源：索福瑞北京地区广播收听数据）

（三）分时段收听情况：早间和晚间时段收听率提升显著，其他大部分时段稳中略降。从24小时分时段来看，2014年全天依然维持了五个收听高峰。2013年一天中大部分时段全面下挫的情况有所好转，2014年较2013年，早间07:00—09:00，晚间17:30—21:00两个时段收听率增长显著，其他大部分时段稳中略降。

（数据来源：索福瑞北京地区广播收听数据）

（四）在家收听：收听率回暖，时长回升至高点，收听人数略有下降。2011年起在家收听率出现持续下降，2013年降至2.893%，陷入低谷，2014年在家收听率有所回暖，小幅提升5%，达到3.038%。

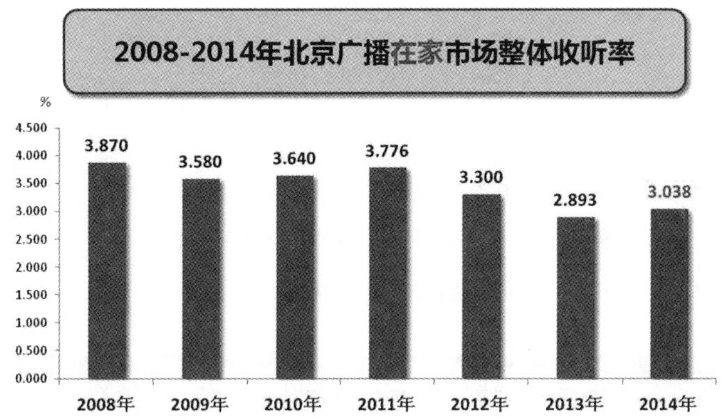

（数据来源：索福瑞北京地区广播收听数据）

2014年平均每天在家收听广播的人数为256.6万人，比2013年减少1.9万人；2014年收听时长较2013年增加了5分钟，为140.1分钟，重新回归高点。

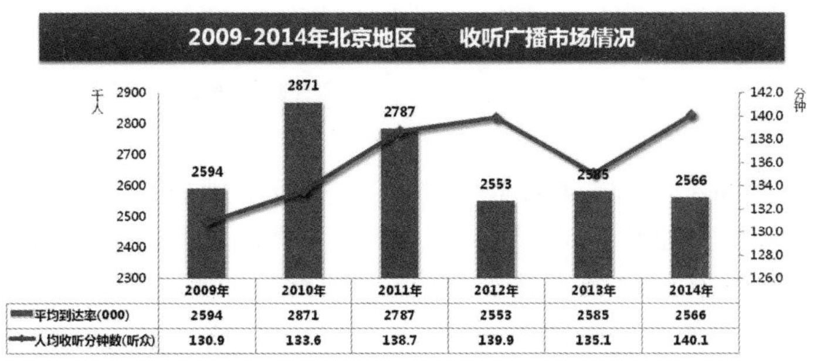

	2009年	2010年	2011年	2012年	2013年	2014年
平均到达率(000)	2594	2871	2787	2553	2585	2566
人均收听分钟数(听众)	130.9	133.6	138.7	139.9	135.1	140.1

（数据来源：索福瑞北京地区广播收听数据）

（五）车上收听：收听率略微回升，收听人数、收听时长两极走势，收听人数再创新高，收听时长继续走低。2011年车上收听率强势反弹，到2012年上升至1.992%，2013年再次下滑，2014年车上收听率小幅回升5%，达到1.774%。

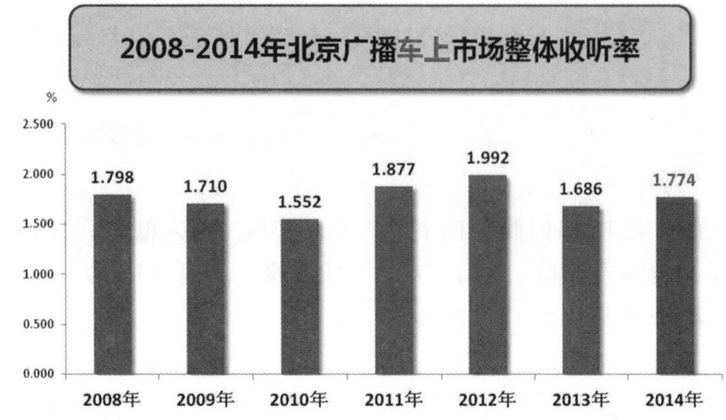

（数据来源：索福瑞北京地区广播收听数据）

2014年北京广播市场车上收听听众规模继续小幅上涨的趋势，再创新高。2014年平均每天有183.6万人在车上收听广播，较去年增长了8.6万人；人均收听时长为114.4分钟，比2013年减少了2分钟，跌至2011年以来最低点。

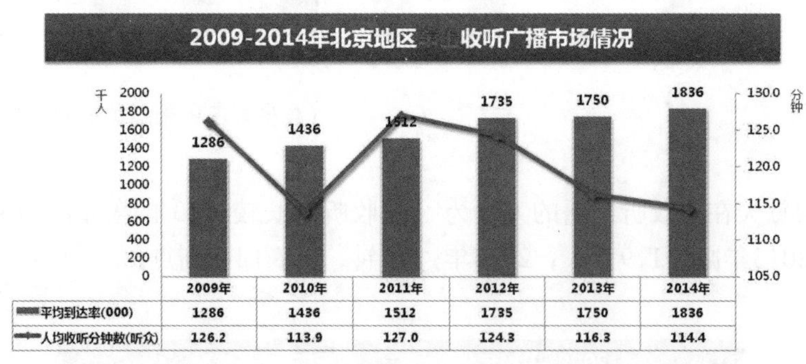

	2009年	2010年	2011年	2012年	2013年	2014年
平均到达率(000)	1286	1436	1512	1735	1750	1836
人均收听分钟数(听众)	126.2	113.9	127.0	124.3	116.3	114.4

（数据来源：索福瑞北京地区广播收听数据）

二、北京广播市场各频率竞争态势

2014年北京电台交通广播市场份额再创新高，达到十一年来的最高值，始终保持大幅领先。2014年，交通台市场份额超过三成，达到31.011%，较2013年上涨了0.6个百分点。文艺广播依然稳坐市场份额排名第二的位置，但市场份额继续下降5.59%，从2013年的15.658%降至2014年的14.782%。新闻广播2014年强势回归第三位，市场份额上涨26.77%，达到10.564%。中国之声市场份额下降3.21%，降至8.546%，排名降至第四；音乐广播市场份额基本与2013年持平，排名保持在第五位。文艺之声市场份额大幅提升36.76%，达3.516%，排名提升三位，列第六位；音乐之声、体育广播和经济之声市场份额均有下降，排名分别下降一位，分列第七至第九位；环球资讯市场份额下降11.22%，但仍排在第十位。都市之声保持了2013年的上涨势头，2014年取代劲曲调频，再升一位，至第十一位；故事广播上升两位，列第十三位；轻松调频市场份额虽有下降，但仍排在第十四位；城市广播排名下降两位，列第十五位；老年之声上升两位，列第十六位；娱乐广播下降一位，列第十七位；爱家广播上升一位，列第十八位；外语广播下降两位，列第十九位；高速公路广播市场份额再降，仍然排在末位。

2013-2014年北京广播市场20个频率市场份额变化情况（%）

频道	2014年	2013年	差值	涨跌幅	2014年排名	2013年排名	排名变化
北京人民广播电台交通广播	31.011	30.411	0.600	1.97%	1	1	→
北京人民广播电台文艺广播	14.782	15.658	-0.876	-5.59%	2	2	→
北京广播电台新闻广播	10.564	8.333	2.231	26.77%	3	4	↑
中央人民广播电台第一套节目中国之声	8.546	8.829	-0.283	-3.21%	4	3	↓
北京人民广播电台音乐广播	6.812	6.880	-0.068	-0.99%	5	5	→
中央人民广播电台第九套节目文艺之声	3.516	2.571	0.945	36.76%	6	9	↑
中央人民广播电台第三套节目音乐之声	3.125	4.163	-1.038	-24.93%	7	6	↓
北京人民广播电台体育广播	2.603	3.454	-0.851	-24.64%	8	7	↓
中央人民广播电台第二套节目经济之声	2.363	2.887	-0.524	-18.15%	9	8	↓
中国国际广播电台环球资讯广播	2.105	2.371	-0.266	-11.22%	10	10	→
中央人民广播电台第四套节目都市之声	1.925	1.849	0.076	4.11%	11	12	↑
中国国际广播电台劲曲调频	1.858	2.130	-0.272	-12.77%	12	11	↓
北京人民广播电台故事广播	0.919	1.071	-0.152	-14.19%	13	15	↑
中国国际广播电台轻松调频	0.733	1.373	-0.640	-46.61%	14	14	→
北京城市广播	0.702	1.501	-0.799	-53.23%	15	13	↓
中央人民广播电台第十套节目老年之声	0.533	0.342	0.191	55.85%	16	18	↑
中央人民广播电台娱乐广播	0.351	0.766	-0.415	-54.18%	17	16	↓
北京人民广播电台爱家广播	0.341	0.190	0.151	79.47%	18	19	↑
北京人民广播电台外语广播	0.308	0.460	-0.152	-33.04%	19	17	↓
中国高速公路广播	0.028	0.148	-0.120	-81.08%	20	20	→

（数据来源：索福瑞北京地区广播收听数据）

交通广播、文艺广播、新闻广播、中国之声和音乐广播是2014年北京广播市场排名前五的频率，这五个频率占据市场份额超过七成，且保持扩张趋势，充分说明北京广播市场收听更加集中。余下的15个频率在剩下三成的市场份额中进行激烈竞争。2014年仅有六个频率市场份额大幅上升，多数频率市场份额下降，强势频率愈加强势，马太效应愈加凸显。

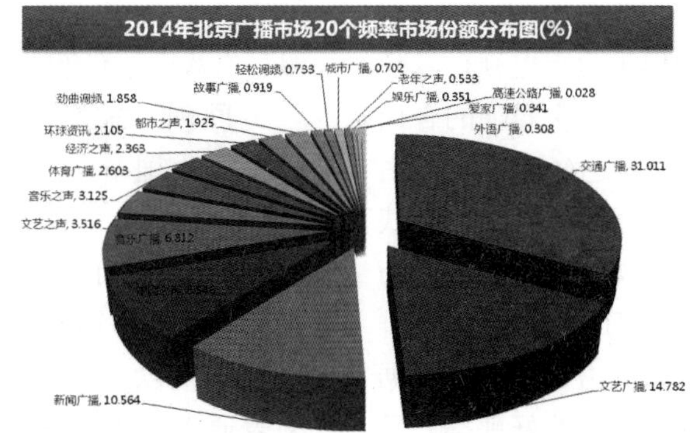

（数据来源：索福瑞北京地区广播收听数据）

三、北京电台听众构成

听众结构持续优化，中高收入听众比例逐年增多，公务员和白领是最大的收听群体， 51岁以上收听群体比例三大台中最低。

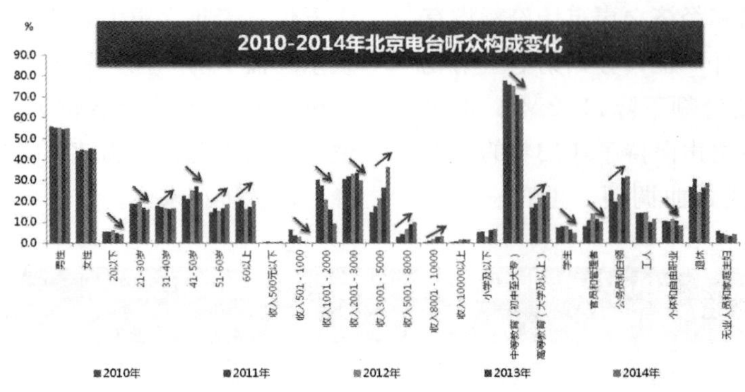

（数据来源：索福瑞北京地区广播收听数据）

北京电台31–40岁听众比例上升0.5个百分点；41–50岁的听众比例下降3个百分点；51岁以上人群占比达38.7%，接近四成。

收入3000元以下的听众下降至40.6%；收入3001–5000元和5001–8000元的群体已连续两年呈上升趋势，占比分别上升至36.4%和10.1%；收入8000元以上的高收入人群继续小幅上涨至5.4%。

职业构成上公务员和白领阶层依然是最稳固的收听群体，占比上升至31.8%；退休人员比例次之，占比上升2.1个百分点，达到28.6%。

接受过高等教育的听众比例再升1.4个百分点，达到24.1%。

（北京人民广播电台）

真诚精细 探索求新
——关于2014年北京电视台春晚的调查与分析

马年大年初一，2014年北京电视台春晚播出，收获好评。据统计，本次春晚的合计收视率为17.86%，市场份额达46.81%。与去年春晚相比，收视率上升了34%。从33个城市收视统计来看，北京电视台春晚收视率为1.8069%，收视份额为5.2856%，省级卫视排名第一。除此之外，网络点击与互动的数据创下历史新高，各类平台互动的好评率几乎达到95%。网友评价这是一台有激情、有质量、有欢乐、有年味、有品味的艺术盛宴。

原创、求新：梦想照进现实

“中国梦”是一年来的关键词，央视春晚以及各大卫视春晚，几乎无一例外地均以“中国梦”作为年度点睛之笔，描绘时代使命，欢唱中国梦想。2014年北京电视台春晚，以“欢乐北京中国梦”为主题，聚焦对普通人生活的关注，通过讲述朴素动人的北京故事，将宏大叙事转化为温暖的人文关怀，为这台晚会脱颖而出奠定了坚实的原创基础。

百姓故事　感动人心　在晚会的前期筹备阶段，导演组深入民间，广泛采访，挖掘了丰富的百姓故事。北京电视台春晚将这些故事搬上舞台集中展现，在欢乐的主题中融入更多温情元素，使晚会的大众性和情感性完美结合，具有丰富动人的魅力。盲童娅芬阳光般的笑靥和用盲文纸一点点粘起来的画作“北京的春天”让人动容；百岁老人相扶83年的爱情更是令人唏嘘感慨，在老人拿着红梳子为老伴梳头的一霎那，二人之间的温馨美好与观众对他们的祝福一并托出，这种幸福感一直萦绕在每一位观众的心里……正是这些普通老百姓最真实最朴素的故事，给予了观众最真实最温情的审美体验。

普通民众　圆梦春晚　晚会邀请了北京市交谊舞大赛获奖选手、北京市轮椅篮球队和童心合唱团等，并为其量身打造多人表演的大型节目。此外，晚会也不吝为有才华的个人提供“圆梦春晚”的舞台。为了使13岁初中生刘珅演唱的歌剧片段《为艺术为爱情》呈现出更加饱满的艺术效果，导演组特意邀请了青年舞蹈家黎星与他一起实现春晚梦想。

北京电视台在春晚这样的大舞台上，拿出大量篇幅让普通民众参与其中，真正做到了与百姓同在，与人民同乐。

草根系列　逗笑全场　本次春晚还重点打造了一系列“接地气”的草根类型节目。源于普通人的小故事在经过精心加工后展现在舞台上，不仅定位准确、表现力强，同时还形成了节目的内在张力，引导观众在欢笑之余深入思考。郭冬临的小品《亲人》，以小人物的温暖为主题，讲述了城里人和农村人消除剐蹭车辆误会的小故事，让观众感受到“包容、厚德”的北京精神。小沈阳的小品《真的想回家》延续了一贯的“草根情结”，模拟了一场工地春晚，真人版“植物大战僵尸”是点睛之笔；而随后的思乡曲更是催人泪下。“大北京关注小百姓，大舞台上演小故事”，草根系列既贴近观众的现实生活，也凸显新北京的时代风貌。

混搭、求异：创新增强张力

2014年北京电视台春晚依据观众的审美需求和欣赏心理走混搭和差异化之路，同中求异，异中求新，为晚会的成功提供了可靠的保证。

立足求异　紧接地气　人们看春晚的主要目的就是“图一乐呵”，真正让人开怀大笑的语言类节目才是春晚这一“年夜大餐”的“硬菜”，也是春晚中最令观众期待的节目类型。本次北京电视台春晚延续其“语言类节目王牌”，占晚会30%以上比例的相声小品和脱口秀亮点颇多，原创性极高的作品获赞“业界良心”。

北京电视台春晚的语言类节目为年轻艺术家们提供平台，使他们能够用新鲜活泼、效果更佳的作品来打动大众、娱乐大众。白凯南等人的相声《花样节奏》边说边跳，在人声盗版碟的伴奏下模仿黛玉葬花的舞蹈，让人捧腹大笑；新生代脱口秀代表人物王自健的相声《我是北京人》让人津津乐道，“我这有最难得的‘铁器’：北京市车牌”一时成为最新流行语；相声新秀苗阜和王声的作品《满腹经纶》更是在网上受到热捧，被赞为“近几年来最好的语言类节目”。这些包袱与笑料齐飞的原创节目的集中呈现，为观众带来了既新鲜又兴奋的观赏体验。由此可见，在娱乐段子泛滥的当下，唯有深入体验生活本真，以优秀的原创作品为支撑，才能真正成为“有诚意”的节目，受到观众的真心欢迎。

多元混搭　跨界出新　本次北京春晚的歌舞类节目大打“跨界混搭牌”，形成晚会一大亮点。演员跨界跳芭蕾、歌手吊威亚演杂技、脱口秀主持人说相声、《最美和声》师徒合作……这些节目不仅展现了明星的多面形象，也为整台晚会加入了大量新鲜元素，满足了广大观众求新求变的审美心理。特别是由杨洪基、刘秉义和李光羲三位耄耋之年的艺术家带来的《狂野之心》，获得了非同凡响的演出效果。3位歌唱家童心未泯地演唱了多首流行歌曲，用歌声发起了一场对年龄的逆袭，引起了几代人的共鸣。

致敬青春　重温经典　为纪念芭蕾舞剧《红色娘子军》首演50周年，导演组别出心裁地邀请了新老五代“琼花”饰演者相聚在春晚舞台上，用这个经典节目的历程串起了中国社会进程变化的涟漪，大屏幕上的老照片和专程在排练厅拍摄的视频短片唤醒了观众的情感，勾连起了久远的记忆，集中呈现了生活变化的特殊时刻，弥补了电视晚会互动交流欠佳的弱点，激发了中年以上观众掩埋在内心深处的熟悉感与参与感，使人们感觉仿佛回到了那激情燃烧的岁月。与此同时，晚会还请来几代人年轻时心中的女神“叶塞尼亚”“伊佐拉”和“小鹿纯子”，这些经典角色的扮演者在观众的呼唤声中从舞台中央徐徐升起，风采依旧的她们令人惊喜又感动。

视听求变：细节彰显诚意

除了在主题和内容上锐意创新，北京电视台在晚会的风格形式上也力图有创造性的突破。简约梦幻的舞台、自然生动的串场、多方位的互动……这些诚意十足的细节设置为北京春晚获赞提供了有力的支撑。

舞台格局　返璞归真　从2013年11月开始，北京春晚剧组面向全市4岁至12岁的小朋友，发起了题为“描绘北京的春天”的画作征集活动，把孩子们对春天的想象作为春晚舞台设计的灵感来源。最终，春晚舞台在盲童娅芬画作的基础上，融入了西班牙的高迪建筑风格，运用缤纷的色彩和不规则的曲线营造出一种浪漫梦幻的氛围，给人以强烈的视觉冲击。舞台中央设置4小块观众区，使观众能更好地参与节目互动。演员和主持人均被安排坐在台下，在回归联欢晚会本意的同时，也极大地拉近了与观众的距离。同时，晚会也放弃了往年炫彩夺目的舞美思路，回归简约的舞美设计反而更加烘托了欢乐祥和的节日气氛。

全媒体平台　互动播出　近几年来，北京电视台一直致力于构筑全媒体互动平台，积极整合各类媒介资源为北京春晚做前期宣传，如电视和广播跟踪报道、平面媒体广告宣传、门户网站专区搭建以及手机终端新闻推送等多种形式，全力打造春晚营销传播的全方位格局。

在此基础上，2014年北京春晚充分调用各种资源和技术手段，首次进行了全媒体平台互动播出。据统计，北京网络广播电视台BRTN网站、北京IPTV点播量以及微博微信转发互动等，累计吸引超50万人次收看与互动；网站平均同时在线人数是往年春晚最高峰值的3倍以上；BTV大媒体客户端活跃用户是平时的15倍；晚会直播期间，北京电视台新浪和腾讯官方微博同步直播，共发布2352条微博，总转发381276条，总评论82068条，总覆盖量4.23亿人次。

2014年北京电视台春晚在给观众带来欢笑和感动之余，还充分显示了整个春晚团队求新求异的智慧和亲民近民的诚意。这也给创作者带来了一个重要启示：保持独创、精心打磨是春晚保持生命力的不二选择。遵循艺术的内在规律，尊重观众的需求与选择，创作出真正贴近生活、有欢笑、有感动、有共鸣的作品是春晚工作者的不懈追求。

（摘自北京市新闻出版广电局《收听收看报告》）

电影《归来》观众问卷调查报告

一、问卷调查基本情况综述

电影《归来》根据严歌苓的同名小说改编，由张艺谋导演，巩俐、陈道明领衔主演，于2014年5月16日在中国内地上映。影片上映当日即勇登内地票房首位，此后在媒体和观众中也成为议论热点。《归来》是张艺谋自《英雄》以来少有的、不以大场面作为卖点的影片，回归到他早期的现实主义道路。影片重拾中国电影的家庭伦理题材传统，讲述了一段年老夫妇朴素的依恋之情。此次调查旨在通过问卷的形式，了解观众对该片的观影行为和评价，以资研究者、创作者借鉴。

本次调研于5月16日至21日在北京中影电影院（新街口店）、北京17.5影城（今典花园店）、新华国际影城（大钟寺店）和中国电影博物馆向观看过这部影片的观众发放问卷，并利用问卷星在网络上获取调查数据。最终，共获得来自普通观众的有效问卷191份，来自中国电影博物馆影评人俱乐部成员（以下简称影评人）的有效问卷21份。

回收观众样本的基本情况如下：性别方面，女性（60.2%）观众明显多于男性（39.8%）；年龄构成方面，20—29岁的青年观众占总样本的82.5%，30—39岁占比9.4%，40—49岁、50岁以上和19岁以下的观众则分别只占2.4%、3.3%和2.4%；学历层次方面，大学本科学历的观众占44.8%，研究生及以上学历的观众占44.3%；职业分布方面，主要是学生群体，占50.0%，其次是教师、医生等专业技术人员和机关或企事业负责人，分别占14.2%和12.3%。从回收样本的基本情况中可以发现，观看《归来》的观众绝大多数是20—39岁之间的青年群体，学历大多在大学本科以上，学生群体占了其中很大比例，与目前影院的主流观影人群有较大程度的重叠。

二、《归来》的观影行为分析

1．获取影片的信息渠道：网络、户外广告、他人推荐是主要信息来源

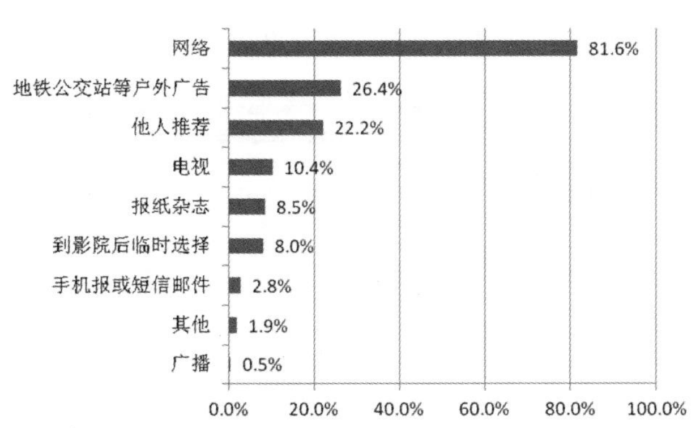

图1　观众获取影片信息的渠道分布（多选）

调查结果显示，在获取影片信息的途径中，81.6%的观众选择网络，26.4%选择地铁

公交站等户外广告，22.2%选择他人推荐。网络作为当下都市居民获取各类资讯的主要渠道，反映在电影上也同样如此。《归来》在影片上映前进行了大量的户外广告宣传，在北京的大多数公交站和地铁站铺设平面海报，在公交车的移动电视等播放预告片，也成功地吸引到观众的注意力。值得注意的是，这次调查是在影片上映首周进行的，而选择他人推荐的观众比例达到22.2%，可见影片的前期宣传比较成功、点映效果好，并且上映后在观众中获得了比较好的口碑。此外，电视、报刊杂志等传统媒体对影片的信息传播也发挥了一定作用。

2．通过网络获取影片信息的途径分布：电影网站、微博、门户网站是最重要的渠道

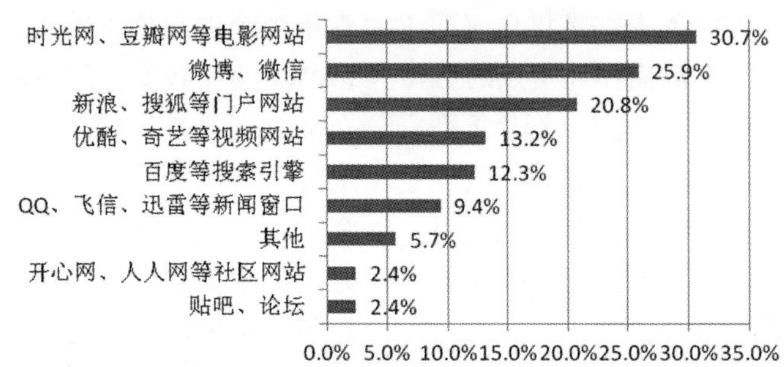

图2　观众通过网络渠道获取影片信息的途径分布（多选）

在选择网络作为获取影片信息渠道的观众中，有30.7%是通过时光网、豆瓣网等电影网站获取影片信息的。这类网站区别于其他网络途径的最大优势在于，能够提供准确的影院影讯、影片评分等信息，为观众决定是否观看影片提供重要参考。选择这个渠道的观众往往具有较为频繁的观影行为，电影消费也相对更为理性。有25.9%的观众通过微博、微信了解到影片的信息。新浪、搜狐等门户网站也成为相当一部分观众获取影片信息的途径。另外，优酷等视频网站、百度等搜索引擎以及腾讯QQ等新闻小窗等渠道尽管也发挥出一定的传播功能，但效果明显偏弱。

3．观影的主要原因：演员、导演成为主要吸引力

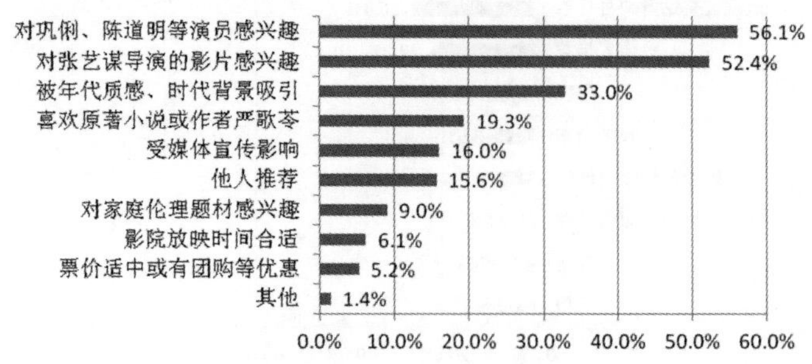

图3　观众观看本片的主要原因（多选）

调查发现，有56.1%的观众选择观看是出于对巩俐、陈道明等演员感兴趣，明星效应始终是影响观众决策的重要因素。巩俐、陈道明作为成名多年、演技成熟的老演员，在观众中具有较为广泛的影响和正面评价，这对吸引观众观看发挥了重要作用。52.4%的观众是出于对张艺谋导演的影片感兴趣。年代质感、时代背景也成为观众选择观看该片的重要原因。值得一提的是，还有19.3%的观众是对原著小说《陆犯焉识》和其作者严歌苓感兴趣，因此选择观看该片，可见文学与电影之间存在一定的跨领域传播现象。此外，媒体宣传、他人推荐、题材因素等也对观众选择该片起到了推动作用。

三、《归来》观影评价

1．观后评价与预期比较：超过三成的观众认为影片超出预期

调查发现，52.4%的观众认为该影片与自己的预期差不多，31.1%的观众认为影片比预期效果更好，认为影片达不到预期效果的只有16.5%。这说明影片取得了较好的口碑。

2．花费比较：实际花费低于心理预期

在统计过程中，剔除因特殊原因得以免费观影的观众，得出数据平均值。结果显示，观众愿意为该影片支出的票价平均值为42.5元，实际支出平均值则为37.7元。这说明票价比较符合观众的心理预期。

3．印象最深的角色：陆焉识、冯婉瑜给观众留下的印象最深（多选）

在选择印象最深刻的角色时，有73.1%的观众选择了陆焉识，62.3%的观众选择了冯婉瑜。陆焉识因思念妻儿逃跑回家，平反归来之后对患病妻子的种种体贴与关爱，使得人物形象生动饱满。冯婉瑜面对丈夫逃跑时体现的勇敢与坚定，在他归来之后处处表现出的对丈夫的深情与忠贞，也令人为之动容。20.8%的观众认为丹丹给他们留下了深刻印象。丹丹在剧中尽管是配角，但精彩的芭蕾舞剧表演也为角色增加了不少分量。另外，张嘉译客串的戴医生，郭涛客串的工宣队长在观众心中也都留下或多或少的印象。

4．影片各项指标评价：演员表演得分最高

表1　《归来》各项指标评分（满分10分）

观众评分			影评人评分		
排名	指标	平均得分	排名	指标	平均得分
1	演员表演	8.9	1	演员表演	8.9
2	影片题材	8.4	2	导演功力	8.4
3	导演功力	8.3	3	影片题材	8.1
4	思想内涵	8.2	4	视觉效果	8.0
5	视觉效果	8.1	4	音效	8.0
6	故事情节	8.0	6	故事情节	7.8
6	音效	8.0	7	台词	7.7
6	台词	8.0	8	思想内涵	7.6
	综合评分	8.3		综合评分	7.9

5．影片“四性”比较：观众认为思想性高，影评人更认可观赏性

表2 《归来》各项指标评分（满分10分）

观众评分			影评人评分		
排名	指标	平均得分	排名	指标	平均得分
1	思想性	8.4	1	观赏性	7.9
2	观赏性	8.1	2	艺术性	7.7
3	艺术性	8.0	3	思想性	7.6
4	知识性	7.9	4	知识性	7.1

6．对同期上映影片的比较：观众认为《归来》最佳

表3 近期上映影片综合评价（满分10分）

观众评分			影评人评分		
排名	影片	平均得分	排名	影片	平均得分
1	《归来》	8.4	1	《超凡蜘蛛侠2》	8.2
2	《超凡蜘蛛侠2》	8.0	2	《催眠大师》	7.9
3	《催眠大师》	7.9	3	《归来》	7.8
3	《里约大冒险2》	7.9	3	《里约大冒险2》	7.8
5	《同桌的你》	7.0	5	《同桌的你》	6.5

7．对张艺谋执导影片的比较：《归来》被认为是《英雄》之后的最佳作品

表4 对张艺谋执导的影片评价（满分10分）

观众评分			影评人评分		
排名	影片	平均得分	排名	影片	平均得分
1	《活着》	9.1	1	《活着》	8.7
2	《红高粱》	8.7	2	《红高粱》	8.4
3	《归来》	8.4	3	《秋菊打官司》	8.3
4	《秋菊打官司》	8.3	4	《我的父亲母亲》	8.2
4	《我的父亲母亲》	8.3	5	《归来》	8.0
6	《金陵十三钗》	7.6	6	《山楂树之恋》	7.6
7	《山楂树之恋》	7.1	7	《英雄》	7.5
8	《英雄》	7.0	7	《金陵十三钗》	7.5
9	《满城尽带黄金甲》	6.0	9	《满城尽带黄金甲》	6.5
10	《三枪拍案惊奇》	5.0	10	《三枪拍案惊奇》	5.7

结语

《归来》上映之后，不少媒体将其评价为“张艺谋的艺术回归之作”，认为张艺谋通过这部影片“重拾80年代情怀”。从这次调查的一系列数据来看，观众对影片抱着较高的观影热情，在观看后也给予了较高的评价。影片讲述了一段“生离死别，旷世之恋”，既让影片具有一种70年代的时代质感，又将一个亲情伦理故事娓娓道来。而观众对张艺谋执导影片的评价，也印证了媒体的评论：《归来》是张艺谋继《活着》之后最好的现实主义作品。

（中国电影博物馆《影博·影响》编辑部）

2014年北广传媒城市电视受众调查分析报告

一、调研背景、目的及方法

企业背景　北广传媒城市电视从2004年12月到2014年，传播渠道建设已经覆盖北京所有重要区域，全网络建设的户外液晶电视网络分布在政府机关及事业单位、金融系统、酒店行业、教育系统、医疗机构等八大行业，共计点位4000多家，终端5500多块，是获准进入政府机关、银行、国有企业总部等渠道网络的户外视频主要媒体。

调研目的　为调查城市电视楼宇媒体的媒体价值，帮助了解在城市电视楼宇媒体的受众价值，媒体影响力以及广告价值，北京北广传媒城市电视有限公司特邀尼尔森网联媒介数据服务有限公司（Nielsen－CCData）作为第三方市场调研公司为其提供此次调研服务。

调研方法　此调研执行周期为2014年12月2日至12月11日，共计10天。调研区域为北京市，通过拦截访问的方法共获得664个成功样本。所有成功样本均符合如下特征：1. 在被访区域居住满6个月；2. 受访者本人或家人无媒体、广告、咨询或者市场调研相关的工作背景；3. 受访者最近三个月内没参加过任何类型市场调查活动；4. 受访者年龄分布在18－60岁区间；5. 受访者近一个月内有路过该区域的城市电视楼宇媒体；6. 有观看、留意过城市电视楼宇媒体。

二、北广传媒城市电视的受众特征

根据调研数据统计，北广传媒城市电视的主要受众群体的特点为：年轻、高知、高职、高收入、高消费、追求生活品质、对他人有影响力的精英人群。

基本特征　调研数据表明，城市电视的主要受众群体年龄以中青年为主，其中25－40岁的受访者占全体受访者比例的54.2%，平均受访者年龄为35.61岁。在受教育程度方面，95.4%的受访者拥有大专及以上学历。在所从事职业方面，受访者群体主要集中在党政机关工作人员、企业管理、非管理职员、专业技术人员这四类职业。（见图1）

生活形态　在娱乐休闲活动参与方面，受访者日常生活中会进行丰富的休闲娱乐活动。在过去半年内，98.8%受访者都曾去饭店就餐；82.1%的人曾去逛街购物；51.1%的受访者曾去旅游和看电影；41.0%的受访者曾去茶馆、酒吧、咖啡厅和唱卡拉OK。

经济财产　在经济方面，受访者均具有较强的经济实力。受访者个人税前月平均收入为5237.20元，分布主要集中在3000－5999元之间（65.8%）。个人税前月平均花费为2628.01元，分布主要集中在2000－3999元之间（31.8%）。其中53.6%的受访者拥有房产，42.6%的受访者拥有私人汽车。

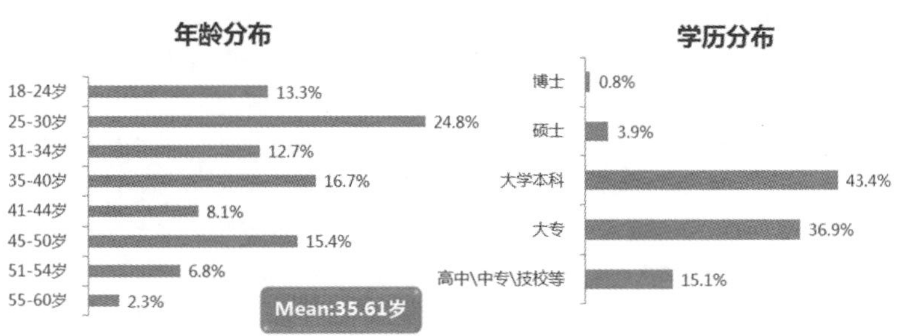

图1. 受访者年龄及受教育程度分布情况

影响力　在进行家庭消费时，受访者均有一定的家庭消费决策权；其中，有29.8%的受访者在家庭消费时完全是由他们本人决定，大部分时候由自己决定的受访者接近半数，比例为48.9%。

受众的媒体接触情况　在被调研的受访者中，平常经常接触/使用户外媒体的受访者占受访者总人数的71.7%；在平常经常接触户外媒体的受访者中有90.1%的人表示他们会经常接触/使用城市电视楼宇媒体。在被问及了解新闻信息的渠道时，有59%的受访者表示他们通常会通过使用户外媒体来获取资讯，在这其中城市电视楼宇媒体最多，占比92.1%。

三、媒体触达

关于城市电视楼宇媒体接触频次方面，每天都接触的受访者比例为77.2%，有59.6%的受访者表示在过去的一个月内路过城市电视楼宇媒体的频次达到每天2次及以上；受访者路过城市电视楼宇媒体的平均频次为10.28次/周，其中党政渠道的受访者路过的平均频次为11.72次/周，高于非党政渠道6.31次/周。

关于城市电视楼宇媒体观看/留意频次，每天观看/留意的受访者占比74.4%，有56.8%的受访者表示在过去的一个月内观看/留意城市电视楼宇媒体的频次达到每天2次及以上；受访者观看城市电视楼宇媒体的平均频次为9.91次/周。

从总体来看，受访者观看/留意城市电视楼宇媒体的平均时长为1.25分钟/次，约等于5个15s广告的播放时长；党政渠道受访者观看/留意的平均时长为1.31分钟/次，高于非党政渠道为1.08分钟/次（见图2）。

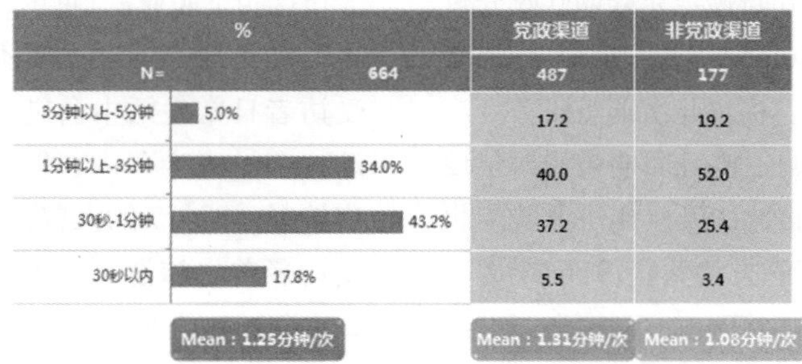

%		党政渠道	非党政渠道
N=	664	487	177
3分钟以上-5分钟	5.0%	17.2	19.2
1分钟以上-3分钟	34.0%	40.0	52.0
30秒-1分钟	43.2%	37.2	25.4
30秒以内	17.8%	5.5	3.4
	Mean：1.25分钟/次	Mean：1.31分钟/次	Mean：1.08分钟/次

图2. 城市电视楼宇媒体观看/留意时长

四、品牌价值

从总体来看，在得知北广传媒城市电视是北京市委宣传部旗下户外新媒体后，有73.0%的受访者增加了对北广传媒的了解兴趣；有74.2%的受访者增加了对北广传媒的好感度；有76.5%的受访者增加了对北广传媒的信任度。

在满意度方面，不同类型户外媒体受众中，城市电视楼宇媒体受众对其各方面评价均高于其他户外媒体（见图3）。其整体满意度达到了4.14分；对其视觉外观评价为4.33分，放置环境评价为4.24分，内容设置评价为3.93分，信息获取便捷度为4.08分。

户外媒体触达		整体评价	视觉外观	放置环境	内容设置	信息获取便捷度
公交视频	92.0%	3.74	3.91	3.61	3.70	3.74
城市电视楼宇媒体	90.1%	**4.14**	**4.33**	**4.24**	**3.93**	**4.08**
地铁（轻轨）视频	76.7%	3.88	4.11	3.83	3.75	3.85
户外电子大屏	58.2%	3.83	4.08	3.87	3.65	3.74
楼宇视频	48.3%	3.90	4.10	4.03	3.70	3.76
机场视频	9.7% N=476	3.88	4.00	3.98	3.76	3.78

图3. 常用户外媒体满意度评价

五、媒体价值

根据调研结果统计，在63.6%的受访者心目中，城市电视楼宇媒体是他们的“生活导视”；其次还有55.9%的受访者认为城市电视楼宇媒体“弘扬社会主流”；50.8%的受访者认为城市电视楼宇媒体是“热点聚焦”（见图4）。

调研结果表明，对城市电视楼宇媒体感兴趣的、有好感的、表示信任的受访者占绝大多数，比例分别为91.0%、95.9%和97.1%。总体来看，有85.1%的受访者表示以后愿意继续关注城市电视楼宇媒体，表示不一定的受访者仅占10.4%。

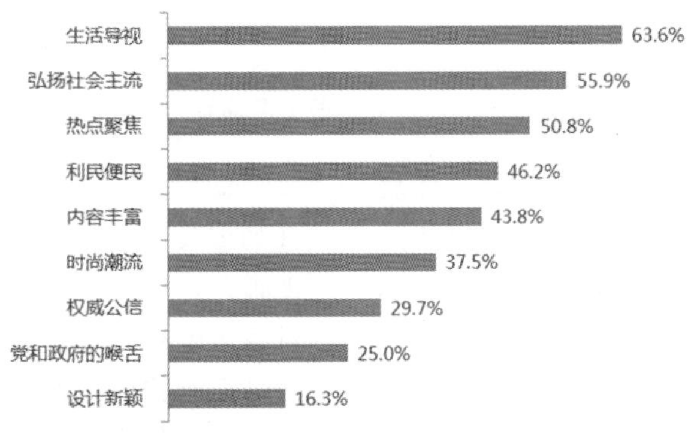

图4. 城市电视楼宇媒体品牌形象

六、媒体体验

关于城市电视楼宇媒体体验，有97.0%的受访者表示他们对城市电视楼宇媒体的总体内容满意，99.1%的受访者表示对城市电视楼宇媒体表示满意，98.3%的受访者对城市电视楼宇媒体安放位置表示满意。

通过分析调研数据发现，绝大多数横竖屏城市电视楼宇媒体受众均表示对其观看效果满意；对比来看，竖屏受众对其满意度为96.8%，略高于横屏受众满意度96.1%。

七、城市电视楼宇媒体整体广告效果

从总体来看，留意过城市电视楼宇媒体上播放广告的受访者占比73.0%。其中，因安放位置醒目留意到的受访者最多，占比59.2%，还有55.9%的受访者在打发时间时留意过广告；因为视觉效果好和播放内容吸引人而留意到广告的受访者均超过半数，分别占比54.6%和50.1%。

在品牌认知方面，留意过城市电视楼宇媒体上播放广告的受访者中，认为播放的广告产品品牌大多数是可信赖品牌的受访者最多（68.5%），其次分别有64.5%和58.4%的受访者认为播放的广告产品品牌大多数是知名的大品牌和有实力的品牌。

在广告产品类型偏好方面，留意过城市电视楼宇媒体上播放广告的受访者中，倾向于在城市电视楼宇媒体上看到食品广告和本地餐饮广告的受访者居多，分别占比68.0%和66.4%；其次是倾向于旅游休闲和娱乐广告，这两部分受访者占比均为41.4%（见图5）。

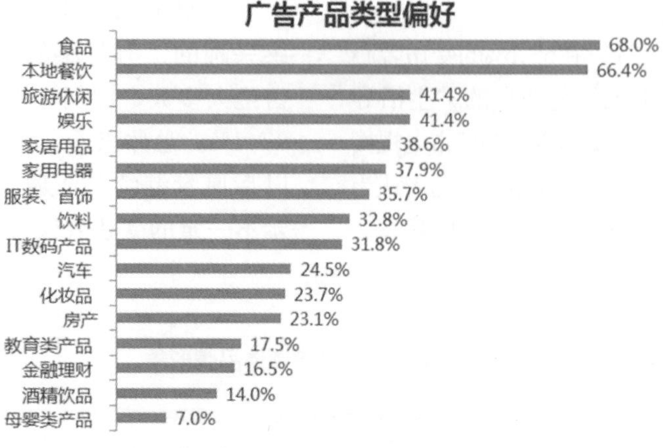

图5．广告产品类型偏好

此外，留意过城市电视楼宇媒体上播放广告的受访者中，收看城市电视楼宇媒体播放的内容后，有82.3%的受访者表示会增加他们对广告产品品牌的关注兴趣，80.6%的受访者表示会比以前更喜欢广告产品品牌，84.9%的受访者表示会对广告产品品牌的信任度有提升，82.5%的受访者表示会增加他们购买该广告产品的兴趣。城市电视楼宇媒体的广告内容为受访者相关决策提供的参考平均程度为37.4%，有92.2%的受访者表示有可能会向他人提及该广告或广告产品。

调研结果表明，与其他户外新媒体（如公交、地铁、轻轨、机场视频，楼宇视频，户外电子大屏）相比，69.3%的受众对城市电视楼宇媒体的好感度更高，56.9%的受众对其信任度更高，44.5%的受众认为其产品形象提升程度更高，42.5%的受众认为其广告的购买促进度更高，认为其广告记忆度更高的受众占比41.0%（见图6）。

综上所述，城市电视楼宇媒体广告相对其他户外媒体在各个方面均占优势，且在好感度和信任度方面的优势尤为明显。

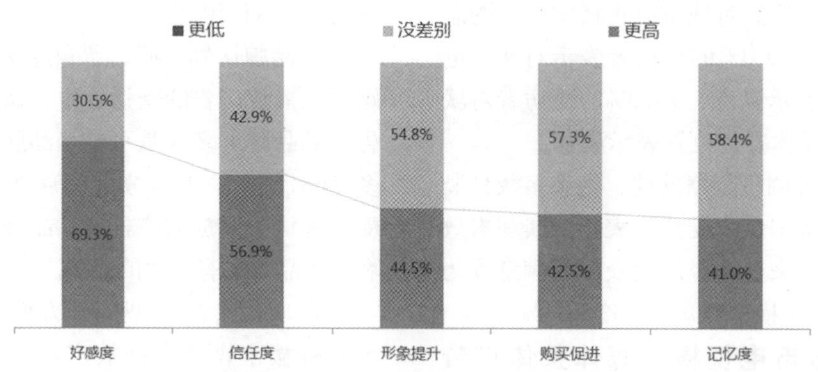

图6．城市电视楼宇媒体相比其他户外媒体广告的优势

组织机构

北京市新闻出版广电局（北京市版权局）

统计截至2014年12月31日

领导成员：

党组书记、局长：李春良

党组成员、副局长：王野霏

党组成员、副局长：臧增祥

党组成员、纪检组长：戴维

党组成员、副局长：梁成林

副局长：杨培丽

党组成员、副局长：王霞

党组成员、副局长：韩昱

副巡视员：卞建国

副巡视员：张苏

副巡视员：赵志勇

副巡视员：董明

内设机构：

办公室、政策法规处、规划发展处（产业促进处）、公共服务处（安全监管办公室）、综合审批服务处、新闻报刊管理处、出版管理处（古籍整理出版规划办公室）、数字出版处、印刷发行处、出版物市场管理处、宣传管理处、电影管理处、传媒机构管理处、网络视听节目管理处、版权管理处、科技处（三网融合协调处）、财务处、人事处、机关党委、工会、驻局纪检组监察处

部室主任：

办公室：

主任：李伟;副主任：卢川、洪华中

政策法规处：

处长：单志忠

规划发展处（产业促进处）：

处长：王伟；副处长：李国新

公共服务处（安全监管办公室）：

处长：王亦君；副处长：刘民武

综合审批服务处

处长：贾丁丁

新闻报刊管理处：

处长：喻萍；副处长：张俊杰

出版管理处（古籍整理出版规划办公室）：

处长：冯献省；副处长：丁惠

数字出版处：

处长：王会友；副处长：桑润勤

印刷发行处：

处长：李国荣；副处长：王春平、邓勇

出版物市场管理处：

处长：冷文波

宣传管理处：

处长:韩云升；副处长：石东正、柴成

电影管理处：

处长：韩方海；副处长：王海楠

传媒机构管理处：

处长：马德献；副处长：谢杰

网络视听节目管理处：

处长：丁梅；副处长：许立国、夏斐

版权管理处：

处长：卢志鹏；副处长：邢芳英、满向伟

科技处（三网融合协调处）：

处长：陈煜;副处长：安凭、张春彦

财务处：

处长：秦华;副处长：杨燕春、荣学良

人事处：

处长：周浩；副处长：解楠、张秋生

机关党委专职副书记：杨春青

驻局纪检组监察处：

处长：刘学文；副组长：马峥

地址：北京市东城区朝阳门内大街55号

邮编：100010

电话：010-64081079　　网址：www.bjrt.gov.cn

北京市广播电影电视局工会

领导成员：

副主席：王学理（6月份退休）

工会委员会委员：王学理（6月份退休）李伟、于娟娟

工会经费审查委员会主任：秦华

工会经费审查委员会委员：路梅、于娟娟、杨俊霞

下属工会单位：

北京音像资料馆工会、北京市广播影视作品审查中心工会、北京市广播电影电视局信息中心工会、北京市广播电视监测中心工会、北京市广播电影电视局后勤服务中心工会、北京国际影视交流中心工会

地址：北京市东城区朝阳门内大街55号

邮编：100010

电话：010-65158118

北京市广播电影电视局离退休人员管理服务中心

领导成员：

主　任：钱富奎

副主任：郑兵

地址：北京市东城区朝阳门内大街55号

邮编：100010

电话：010-64081125

北京市广播电影电视局后勤服务中心

领导成员：

主　任：王晶

副主任：邵顺荣、杨子君

内设机构：

综合科、房管科、保卫科、车管科

地址：北京市东城区朝阳门内大街55号

邮编：100010

电话：010-64081266

传真：010-64081878

北京市广播电影电视局信息中心

领导成员：

主　任：郑新梅

副主任：路梅

地址：北京市东城区朝阳门内大街甲55号新闻出版大厦二期411室

邮编：100010

电话：010-65157503

北京市广播电视监测中心

领导成员：

主　任：魏利明

副主任：朱祥锋、吉春

内设机构：

综合科、监测科、安播科、技术科、网管科

地址：北京市朝阳区建外大街14号

邮编：100022

电话：010−65155241

北京音像资料馆（北京广播电影电视研究中心）

领导成员：

馆长：袁正领（兼研究中心主任，2014年10月调离）

副馆长：韩浩（兼研究中心副主任）

副馆长：段燕燕（兼研究中心副主任）

内设机构：

办公室、资料部、制作部、研究部、史志部

地址：北京市东城区安乐林路18号

邮编：100075

电话：010−87258004

北京市广播影视作品审查中心

领导成员：

主　任：智黎明

副主任：周红颜、刘文东

内设机构：

办公室、电视剧审查科、电影审查科、网上境外影视剧审查科

地址：北京市朝阳区建外大街14号

邮编：100022

电话：010−85012424

北京国际影视交流促进中心

领导成员：

主　任：黄培

副主任：崔岩、杨志平

内设机构：

办公室、评奖展映部、项目协调部、宣传推广部、接待安保部

地址：北京市东城区朝阳门内大街甲55号新闻出版大厦二期407室

邮编：100010

电话：010−64081926

北京市广播影视协会

（第六届理事会、监事会）

领导成员：

会　　长：杨淑琴

副 会 长：何桂芝、宋春华

秘 书 长：智黎明

副秘书长：孙巍、史椰森、何拥军、周红颜

监 事 长：王立平

监　　事：秦华、石鸿印

《北京广播影视》主编：杨淑琴、张晓爱

执行主编：胡亚利

内设机构：

秘书处、《北京广播影视》编辑部

地址：北京市朝阳区建外大街14号704室、711室

邮编：100022

电话：010−85012430/ 85012429

北京电影协会

领导成员：

会　长：刘洪鹏

秘书长：闫于京

监事长：刘学文

副会长：于冬、马月庆、王健、王长田、邓永宏、叶宁、许建海、陆瑶、高军、燕羽

地址：北京市朝阳区建外大街甲14号

邮编：100022

电话：010−85013326

传真：010−85013326

中国电影博物馆

领导成员：

馆长：待任

党委书记、副馆长：陈志强

党委副书记、纪委书记：李米莉

副馆长：李志斌、王健（于2014年6月12日任职）

内设机构：

办公室、财务部、组织人事部、保障部、保卫部、研究部（馆刊编辑部）、活动管理部（网络信息中心）、藏品部、社会教育部、展陈部、影院部、开发部（基本建设办公室）、服务督查和质量检查部

部室主任：

办公室主任：许鹰；副主任：孙丽

财务部副主任：白俊峰

组织人事部主任：冯雪梅

保障部主任：李志斌（兼）

保卫部主任：曹加辛；副主任：林青

馆刊编辑部副主任：高宁

展陈部主任：米兆田

开发部副主任：王小华、赵晓清

影院部副主任：谢野、马懿

藏品部主任：张树新

社会教育部副主任：齐英

服务督查和质量检查部主任：张浙
地址：北京市朝阳区南影路9号
邮编：100015
电话：010－64311588（办公室）
010－84355959（总机）
010－51654567（服务咨询电话）
传真：010－64311588（办公室）
网址：www.cnfm.org.cn

北京广播电视台

领导成员：

党委书记：刘志远

党委副书记、台长兼北京电视台党委书记、台长：赵多佳（2014年4月任现职）

党委副书记、常务副台长兼北京人民广播电台党委书记、台长：席伟航

副台长兼北京歌华文化发展集团党委书记、董事长：王建琪（2014年6月免副台长）

纪委书记、工会主席兼北京北广置业有限公司董事长、北京北广传媒地铁电视有限公司董事长：王伟

副台长兼北京歌华有线电视网络股份有限公司党委书记、董事长：郭章鹏

副台长兼鼎视数字电视传媒有限公司董事长、北京中广传播有限公司副董事长：苏仁先

内设机构：

党委办公室、办公室、研究发展部、运营管理部、媒体管理部、技术部（技术资源运行中心）、法律事务部、财务部、纪检监察部、审计部、人力资源部、工会办公室

部门领导：

党委办公室：
主任：杨秀英
副主任：蔡廷杰
办公室：
主任：张常珊
副主任：李增明、李剑
研发部：
主任：石鸿印
副主任：石群峰
运营管理部：
主任：陈乐天
副主任：曹军（正处级）
媒体管理部：
主任：金鹏（2014年6月免）、张冬林（2014年7月任）
副主任：耿雪梅、李洪兴（兼团委书记）
技术部（技术资源运行中心）：
主任：王建
法律事务部：
主任：孙辉
财务部：
主任：余维杰
副主任：姜春海
纪检监察部：
主任：侯召国
副主任：林松雪
审计部：
主任：刘惠
人力资源部：主任：孟庆存
副主任：刘晓辉
工会办公室：
主任：罗霄
地址：北京市朝阳区建外大街14号
邮编：100022
电话：010－65157259
传真：010－65157259
网址：www.bmn.net

北京人民广播电台

领导成员：

台长：席伟航

总编辑：王秋

常务副台长：陈晓红

纪委书记：赵泽勤

副总编辑：陈晓海、张松华、李秀磊

副台长：秦晓天、边建

总工程师：李晓晖

内设机构：

办公室（保卫部）、总编室、党委办公室、纪检监察审计办公室、人事部、计财部、广告管理部、播音主持管理部、工会、总工办、技术中心、网络媒体中心、媒体资料和版权部、804发射台、广播发展研究中心、节目制作中心、新闻台、城市台、故事台、体育台、音乐台、文艺台、交通台、外语台、爱家台、广告经营部（属北京广播公司内设机构，负责电台广告经营）

部门领导：

办公室（保卫部）：

主任：牟燕文；副主任：任怀珠、付昱、吴曦（聘期自2014年2月27日）

总编室：

主任：孙巍；副主任：刘莹（聘期自2014年2月27日）、谢先进（聘期自2014年9月10日）

媒体资料和版权部：

主任：张苹；副主任：徐学军

党委办公室：

主任：许秀玲；副主任：平建学、马兴（聘期自2014年11月28日）

纪检监察审计办公室：

纪委副书记兼主任：陈云；副主任：王辉（聘期自2014年12月26日）

人事部：

主任：周燕玲；副主任：游良婕（兼培训中心主任）、孙超、李静

计财部：

主任：陈春梅；副主任：李淼、吕放

广告管理部：

主任：陈晖；副主任：张秋萍

播音主持管理部：

主任：张树荣；副主任：王佳一

工会：

主席：范晓茜 ；副主席：张丽

总工办、技术中心：

主任：郭励（总工办主任兼技术中心主任）2014年4月11日去世；副主任：刘爽、张旭（总工办副主任兼技术中心副主任）、谷会敏

网络媒体中心：

主任：秦学刚（聘期自2014年1月8日）；副主任：边江、刘彤

804发射台：

台长：张国强；副台长：邓亚程、王春平

广播发展研究中心：

主任：景兵；副主任：崔海丰

节目制作中心：

北京电台台长助理兼主任：李捷；副主任：吕雪瑞、伍洲彤（聘期自2014年2月27日）

新闻广播：

台长：罗湘萍；副台长：张红力、李哲勇、宋梓祯（聘期自2014年4月17日）

城市广播：

台长：李革；副台长：张晶宇

故事广播：

台长：孟庆煜（聘期自2014年1月8日）；副台长：李琳（聘期自2014年1月15日）

体育广播：

台长：蔡明可；副台长：张友信

音乐广播：

台长：陈京英；副台长：郑晓慧

文艺广播：

台长：李唯唯；副台长：王为

交通广播：

台长：唐琼；副台长：罗霄兵 、延安

外语广播：

台长：纪烈鸿；副台长：陈雪瑾

爱家广播：

台长：傅珊珊；副台长：王伟

新媒体编辑部：

主任：张军（聘期自2014年12月9日）

广告经营中心：

主任：郑金诗；副主任：李康、陆彤、罗燕萍（正科）、郑海涛

地址：北京市朝阳区建外大街14号

邮编：100022

电话：010-65159125

网址：www.rbc.cn

北京电视台

领导成员：

党委书记、台长：赵多佳

党委副书记、常务副台长（2015年1月免）：窦晓东

党委副书记（2015年3月任）、常务副台长（2015年1月任）：韦小玉

党委副书记、纪委书记：彭司海

党委委员、总工程师：田方

副总编辑：朱江

副台长：王澎

副台长：李岭涛

副总编辑：艾冬云

副总编辑：徐滔

内设机构：

党委办公室、办公室、监察审计办公室、人事部、保卫部、计划财务部、工会办公室、行政部、基建办公室、研究发展部、总编室、广告部、经营管理部、新媒体发展中心、总工程师办公室、制作部、播出部、动力部、技术设备管理部、转播传送部、信息网络管理部、卫视节目中心、新闻节目中心、海外节目中心、文艺节目中心、科教节目中心、财经节目中心、体育节目中心、生活节目中心、青少年节目中心、影视剧中心、纪实频道节目中心、动画节目中心

内部机构：

办公室—史志办、人事部—老干部工作办公室

（注：青少年节目中心、海外节目中心，在台内合并为青少·海外节目中心）

部门领导：

党委办公室主任：郝洪（试用）

副主任：孙书明

办公室主任：宋莲

副主任：王昕、李晗（试用）

总编室主任：史椰森

副主任：高譪、刘虎

副总工程师：毕江

总工程师办公室主任：林平（试用）

副主任：王立冬、徐志军（试用）

研究发展部主任：秦新春（试用）

党支部专职书记：马克燕

副主任：李文升、刘晓隽（试用）

监察审计办公室主任：周久兰（试用）

副主任：周志豪（试用）

工会办公室主任、党支部书记：钱毅

副主任：李迎军

人事部主任：杨建忠

副主任：高扬、陈冬（试用）

计划财务部主任：孙成刚

副主任：汪红、王京梅

行政部主任：王开平

副主任：纪勇、卢英锁、姚大禹

保卫部主任：钟强

副主任：赵修明、马世飞

广告部主任：张晓耕（试用）

基建办公室副主任：张宇青

基建办公室副主任兼招投标管理工作领导小组办公室主任：朱晓宇

经营管理部主任：孙洪斌

副主任：买剑平、齐学耕

卫视节目中心主任：马宏（试用）

副主任：张丽、李利影、邵晶（试用）

新闻节目中心主任：张庆（试用）

新闻编辑部主任：周永萍

副主任：王毅

新闻节目中心副主任兼要闻采访部主任：徐京玲

要闻采访部副主任：张晓鲁

新闻节目中心副主任兼社会新闻采访部主任：丁晓阳

社会新闻采访部副主任：袁朴

新闻节目中心副主任兼新闻评论部主任：刘民

新闻节目中心副主任兼新闻专栏部主任：黄瑨

综合管理部主任：李大功

青少年节目中心主任：袁子勇（试用）

副主任：陈晔、张苏（试用）

海外节目中心副主任：严崴

文艺节目中心主任：潘全心（试用）

副主任：齐建彤、朱礼庆、庄小红(试用)

科教节目中心主任：杜研

副主任：张宾、宁文茹、王勇

影视剧中心主任：张恒

副主任：郭跃进、严澍

财经节目中心主任：宗燕红

副主任：岳民、蓝霖、白平（试用）

体育节目中心主任：焦少波

副主任：邱大卫、宋健生、王少华

生活节目中心主任：赵彤

副主任：刘学军、任友红、白艳军

动画节目中心主任：张帆

副主任：何蔚、周方（试用）

纪实频道节目中心主任：陈大立

新媒体发展中心主任：蒋虎

副主任：赵志成、张红、史月光

播出部主任：王方（试用）

副主任：刘宏亚、金强、刘威（试用）

制作部主任：郑星

副主任：王浩、程军、孙海峰（试用）

转播传送部副主任：朱雨稼、韩士聪（试用）

动力部主任：王晓龙

副主任：刘颖、侯宏炜（试用）

技术设备管理部主任：刘晓光（试用）

副主任：章泽群、戴巧玲

信息网络管理部主任：周旭辉

副主任：李湧、李程（试用）

史志办公室主任：冯平

副主任：闫军才

老干部工作办公室主任：刘绍芬

副主任：孟传妍

北京卡酷传媒有限公司总经理：李果

北京电视产业发展集团副总经理：刘方平

北京京视卫星传媒有限责任公司总经理：牛振青

北京京视电广传媒有限责任公司总经

理：赵峥铮

副总经理：刘泓

新纪实（北京）传媒投资有限公司总经理：曹征

总编室正处级干部：赵福明

行政部主任助理：李雅涛

北京紫禁城影业有限公司总经理：许建海

影视剧中心主任助理：于金伟

正处级干部：宗昊（援藏）

纪实频道节目中心副主任：赵波（援疆）

副处级干部：翟涛（援藏）

编制：1650人，实有员工：1382人。

地址：北京市朝阳区建国路甲98号

邮编：100022

电话：010-85336688（总机转）

传真：010-85338000

网址：www.btv.com.cn

北京歌华文化集团

领导成员：

党委书记、董事长：王建琪

副董事长：姜建秋

党委副书记、纪委书记、副董事长：苏春华

总经理：李丹阳

副总经理：葛立智、陈工、张莉、黄春雷、王昱东、李斌

工会主席：黄光显

总工程师：陈刚

总经济师：张佳春

总经理助理：石海燕、高颖、蒋南风、秦玉良、戴迎春

集团总监：曾辉、陈秋丽、李艳、孙玉栋、邢树森

内设机构：

总经理办公室、党委办公室、人力资源办公室、计划财务办公室、企业管理办公室、研究宣传办公室

部门领导：

集团办公室：

主任：杨志华；副主任：佟芳、李丹

党委办公室：

主任：杨志华；副主任：汪健

人力资源办公室：

主任：朱会东；副主任：黄月欣、陈雪超

计划财务办公室：

主任：秦玉良；副主任：李峰

企业管理办公室：

主任：肖红；副主任：李雪

研究宣传办公室：

主任：李斌（兼）

直属机构

北京歌华文化中心有限公司

董事长：黄春雷

总经理：陈彩云

党总支书记：张滨

北京歌华投资中心有限公司

董事长：李丹阳

总经理：蒋南风

党总支书记：王利

歌华文化贸易中心（北京歌华美术公司）

董事长：王昱东

总经理：高颖

党总支书记：朱会东

地址：北京市东城区北小街青龙胡同1号歌华大厦14层

邮编：100007

电话：010-84186060

传真：010-84186001

网址：www.gehua.com

北京歌华有线电视网络股份有限公司

领导成员：

党委书记、董事长：郭章鹏

党委副书记、副董事长、总经理：卢东涛

工会主席：张家祥

党委副书记（2014年7月22日任）、纪委书记（2014年7月22日任）、副董事长、常务副总经理（2014年1月16日任）：马健

董事、总会计师：胡志鹏

副总经理：罗小布（2014年12月9日任）、何拥军（2014年1月16日任）、康朝晖、吴铭、唐文伟（2014年1月16日任）

董事、副总经理、董事会秘书：梁彦军

总工程师：曾春（2014年1月16日任）

总经理助理：王奇之、姜宏志（2014年4月15日任）、韩霁凯（2014年4月15日任）

监事会主席：黄广泉（2014年1月16日退休免职）

常务副总经理：王振华（2014年1月16日退休免职）

副总经理：吴瞻民（2014年1月16日退休免职）

内设机构：

战略投资部、党群工作部、纪检监察部、总经理办公室、行政部、人力资源部、财务部、营帐中心、规划设计部、计划建设部、维护管理部、物资管理部、传送部、网管中心、信息部、集团客户部、市场营销部、新媒体中心、媒资部、稽核管理部、总工办、播控部、法务部、安全保卫部24个直属部门。

另设：城中、朝阳、海淀、丰台、石景山、门头沟、房山、大兴、通州、顺义、昌平、怀柔、密云、平谷、延庆15个分公司；北京歌华有线工程管理有限责任公司、歌华有线数字媒体公司、北京歌华益网科技发展有限公司、涿州歌华有线电视网络有限公司、歌华有线投资管理有限公司、北京歌华视讯文化有限公司6个一级控股子公司；北京歌华益网广告有限公司、北京歌华有线客户服务信息咨询有限公司2个二级控股子公司。

部门领导：

副总工：刘磊、李焕平（2013年7月23日退二线免去副总工职务，2014年7月22日卸任党委委员）、吴建林、石江明、支百山（2014年5月27日退二线免职，聘为工作顾问）、王厚信（2014年7月15日任）、卢春梅（2014年7月15日任）

副总经济师：田秋

党群工作部：主任：黄卫京（2014年6月24日任）；副主任：赵国庆（2014年6月24日任，保留工会副主席、工会办公室主任职务）、杨云（2014年6月24日任）、朱慧珍（2014年6月24日任）

纪检监察部：常务副主任：余孝纬（2014年6月24日任）

稽核管理部：主任：傅蕾红（2014年6月24日任）；副主任:乔晓欢（2014年6月24日任）

总经理办公室：副主任：丁颖磊

行政部：主任：张宁（2014年6月24日任）；副主任：张为尧（2014年6月24日任）

人力资源部：主任：方丽；副主任：王晓芳

法务部：主任：彦宏（2014年9月17日离职）；副主任：朱瑞明（2014年6月24日任）

财务部：主任：王琰；副主任：居

冬辉、李铭（2014年1月9日任）、杨启薇（2014年1月9日任）

信息部：主任：刘夫涛；副主任：孙灵芝、王霍南

市场营销部：主任：韩霁凯（兼）；常务副主任：陈锋（2014年12月2日退二线免职）；副主任：王苑苑

规划设计部：主任：黄枫；常务副主任：黄国安；副主任：顾志强

传送部：主任：王厚信（兼）；常务副主任：汤军（2014年7月15日任）、徐长江、葛运平（2014年10月9日退二线免职）、李军炜

播控部：主任：黄美莹（2014年6月24日任）；副主任：赵宇（2014年6月24日任）、李清（2014年6月24日任）

物资管理部：主任：于海旺（2014年6月24日任）；副主任：白莹（2014年6月24日任）、杨楠（2014年6月24日任）

安全保卫部：主任：李洪；常务副主任：曲伟

计划建设部：主任：黎江（2014年6月24日）；副主任：满全安、夏鹏（2014年6月24日）

维护管理部：主任：赵宏伟；常务副主任：刘建平；副主任：于金生

战略投资部：主任：黄铁军（2014年6月24日任）；常务副主任：于铁静（2014年6月24日任）

集团客户部：主任：成锐（2014年6月24日任）；副主任：时晨阳（2014年6月24日任）、史言（2014年6月24日任）

新媒体中心：主任：姜宏志（2014年6月24日兼任）；副主任：赵文（2014年6月24日任）、胡佚（2014年6月24日任）、丁晓旭（2014年6月24日任）

媒资部：主任：张婕（2014年6月24日任）；副主任：张俭（2014年8月12日任）

营帐中心：主任：孙景红；副主任：吴春燕、李燃（2014年1月9日任）

网管中心：主任：卢春梅（兼）；副主任：王野秋（2014年11月18日离职）、魏柏林

总工办：主任：曾春（兼）；常务副主任：沈彤（2014年6月24日任）；副主任：林霖、钟军（2014年6月24日任）、范新伟（2014年6月24日任）

城中分公司：总经理：潘铭；副总经理：贾文杰、石连成

朝阳分公司：总经理：鞠维铭；副总经理：孟宇明、李秀珍、范雪峰（2014年1月24日任）、江庆红（2014年9月17日任）

海淀分公司：总经理：刘宇明；副总经理：贺磊、马鑫、王星（2014年9月17日任）

丰台分公司：总经理：王军；副总经理：叶海星、刁立军

石景山分公司：总经理：陈慕风（2014年5月27日任）；副总经理：王彬、周晓平

大兴分公司：总经理：田秋（兼）；常务副总经理：赵寿强（2014年9月17日任）；副总经理：代国平（2014年1月9日任）

房山分公司：总经理：郑林（2014年5月27日任）；副总经理：李云鹏（2014年9月17日任）

通州分公司：总经理：石江明（兼）；党支部书记：刘存明（2014年1月14日退休）；常务副总经理：宋宝贵

门头沟分公司：总经理：吴建林（兼）；党支部书记：贺春义（2014年2月21日退休）；副总经理：王芄军

延庆分公司：总经理：王国庆；党支部书记：许文学（2013年11月12日退二线免去总经理职务）；副总经理：王芳

顺义分公司：总经理：王志亚；常务副总经理：李庆江（2014年9月17日任）；副总经理：王晓光

昌平分公司：总经理：高巍；党支部书记：李仲英（2014年12月19日退休）；常务副总经理：刘芳

怀柔分公司：总经理：线继东；副总经理：黄宇东

平谷分公司：总经理：李明生；党支部书记：姜体兴（2014年11月13日退休）；常务副总经理：权晓宇

密云分公司：总经理：郭国林；党支部书记：白宝林（2013年8月2日退二线免去总经理职务）；副总经理：仉福江、王小明（2014年7月22日任）

北京歌华有线工程管理有限责任公司：董事长：唐文伟（2014年1月17日兼任）；总经理：王刚（2014年5月27日任）；党支部书记：李昌俊（2014年12月30日退休）；副总经理：卓志祥、沈德忠（2014年1月24日任）

北京歌华有线数字媒体有限公司：董事长：梁彦军（2014年1月17日兼任）；总经理：刘光华；常务副总经理：刘严（2014年6月24日任）

涿州歌华有线电视网络有限公司：董事长：唐文伟（2014年1月17日兼任）；总经理：周彭生（2014年1月21日任），王法文2014年1月21日退休）；副总经理：赵守礼、王景辉（2014年1月21日退二线免职）、孙广智

北京歌华有线客户服务信息咨询有限公司：董事长：康朝晖（2013年12月31日兼任）；总经理：钱正（2013年12月31日任）；首席顾问：熊英（2013年12月31日任）；常务副总经理：闫宝利（2014年9月17日任）、邹玉华（2014年9月17日任）

地址：北京市东城区北小街青龙胡同1号歌华大厦7层

邮编：100191

电话：010-96196

网址：www.bgctv.com.cn

北京歌华有线电视网络股份有限公司
城六区营业厅一览表

序号	营业厅名称	联系地址	联系电话
1	小街桥	东城区北二环青龙胡同1号歌华大厦一层北门东侧	59260712 59260713
2	夕照寺	东城区夕照寺街绿景馨园东区13号楼B 座一层	67133543 67153090
3	南小街	西城区西直门南小街133号西派国际公寓底商A101	66118961 66118962
4	南华里	宣武区南华里10号楼底商	83161795 83161796
5	团结湖	朝阳区六里屯西里3号院（朝阳广电新闻中心院内）	65080901
6	劲松	朝阳区劲松三区328楼营业厅（海文大厦西侧加油站营业厅院内）	67788247
7	管庄	高碑店街道朝阳路67号院财满街8号楼三层0301室	85752086
8	香河园	朝阳区柳芳北里小区10号楼后平房临甲10号歌华有线（三元西桥国展向西，燕丰商场十字路口向南300米路西）	64644409

续 表

序号	营业厅名称	联系地址	联系电话
9	望京	朝阳区望京街道望京西路首开知语城312号楼底商106号（地铁13号线望京西下车往东800米）	64973232
10	清河	海淀区清河小营桥（G6辅路）向北500米第一个路口向东200米，福美苑小区底商	59260400 59260401
11	北太平庄	海淀区新外大街19号楼京师大厦1层105房间	62200390 62200392
12	花园村	海淀区花园村8号楼1层	68356311 68356322
13	五棵松	海淀区西四环中路39号万地名苑1层	59260438 59260439
14	海淀路	海淀路50号北大资源楼东楼一层1117室	59260470 59260471
15	方庄	丰台区南三环方庄紫方园六区四号楼106号	87646048
16	云岗	丰台区长辛店街道北关外2号（原第二水泵厂销售门市部）	83863521
17	马家堡	丰台角门18号枫竹苑2区1号楼名流未来大厦103室	87592055
18	科技园	丰台区科学城恒富中街2号院1号楼1188号	63789858
19	卢沟桥	小屯西路109号院6号楼底商	83738836
20	古城	石景山区十字路口西北角古城大街75号院（西景长安大厦底商）	88927567
21	首钢	石景山区苹果园路临26号（首钢建筑集团办公楼对面）	88719708

北京电视艺术中心有限公司

领导成员：

董事长、总经理：张平

副总经理：张斌、沈然

艺术总监：郑晓龙

创作总监：李晓明

项目总监：宋志鹏

内设机构：

总经理办公室、计财部、发行部、企划部、剧本创研中心、技术部、演艺经纪部、导演工作室、编剧工作室

下属单位：北京电视艺术中心音像出版社有限公司

地址：北京市海淀区皂君庙甲2号

邮编：100098

电话：010-62127625

传真：010-62115814

网址：www.btac.cn

公众微信号：beiyi1982

北京中北电视艺术中心有限公司

领导成员：

董事长：杨群

总经理：陶玲玲

内设机构：

办公室、财务部、经营部、宣传部、制作部、总编室（创作部）

地址：北京市朝阳区建外大街14号

邮编：100022

电话：010-65150607
传真：010-65150607
邮箱：zb01@zbtvart.com
网址：www.zbtvart.com

北京广播电视报社

领导成员：

社长：李浩

总编辑：张彪

工会主席：宋杰

内设机构：

办公室（含组织人事部、研发部）、财务部、总编室、《北京广播电视报》编辑部、《北京广播电视报·人物周刊》编辑部、《北京电视》周刊编辑部、广告经营部、广告管理部、发行中心

地址：北京市东城区安乐林路18号
邮编：100075
电话：010-67117161
传真：010-67134365
网址：www.bgtv.com.cn

北京音像公司

领导成员：

总经理：颜丙利

副总经理：王颖

内设机构：

企划出品部、节目制作部、技术工程部、财务部、办公室

地址：北京市东城区安乐林路18号
邮编：100075
电话：010-67262518
传真：010-87268961
电子信箱：bavc@bavc.com.cn
网址：www.bavc.com.cn

北京瑞特影音贸易公司

领导成员：

总经理：何公明

市场总监：顾炜

工程总监：秦磊

财务总监：孟春敏

办公室主任:赵丽艳

内设机构：

办公室、财务部、市场部、工程部

地址：北京市朝阳区建外大街14号一层
邮编：100022
电话：010-65155284/65159086
010-65287112/65287113
010-65158729－620～627
传真：010-65155285
网址：www.ruite.cn

北京广播电视台服务中心

领导班子：

党支部书记、主任：郭长征

副主任：褚天元、常斌、张业京

总工程师、工会负责人：于进军

内设机构：

办公室、人事部、财务部、房屋产权管理部、后勤服务部、维修部、设备动力部、安全保卫消防部、职工食堂部

地址：北京市朝阳区建国门外大街14号

邮编：100022

电话：010-85012302

传真：010-65150630

北京北广传媒数字电视有限公司

领导成员：

董事长、总经理：何公明（兼北京瑞特影音贸易公司总经理）

副总经理：艾禾、梁燚、梁自珍

内设机构：

办公室、财务部、播出部、市场部、节目部、数据部

地址：北京市海淀区皂君庙甲2号

邮编：100098

电话：010-56317887

传真：010-56317980

网址：www.bjdtv.com

北京北广传媒移动电视有限公司

领导成员：

董事长、总经理：罗晓军

副总经理：许新德、张楠

内设机构：

资产财务部、运营管理部、节目部、播出部、技术研发部、品牌部

地址：北京市东城区北小街青龙胡同1号歌华大厦A座809室

邮编：100007

电话：010-59260500

传真：010-59260501

网址：www.bj-mobiletv.com

北京北广传媒影视有限公司

领导成员：

董事长兼总经理：刘亚辉

副总经理：郭涛、刘国华、张光北

内设机构：

办公室、财务部、策划部、制作部、发行部、演艺经纪部

地址：北京市东城区北小街青龙胡同1号歌华大厦B座821室

邮编：100007

电话：010-59260180

传真：010-59260181

邮箱：bamc_tv@bamc.com.cn

北京北广传媒城市电视有限公司

领导成员：

董事长、总经理：罗艳红

副总经理：李伟、高莹

内设机构：

行政部、技术部、工程部、媒体开发部、媒体运营部

地址：北京市东城区东直门北小街青龙胡同1号歌华大厦A801室

邮编：100007

电话：010−59260088−8000

传真：010−59260066

客户专线：4007000086

网址：www.citytv.com.cn

微信服务号：bj−citytv

北京北广传媒地铁电视有限公司

领导成员：

董事长：王伟（北京广播电视台纪委书记兼）

总经理：阎伟力

副总经理：满向阳

内设机构：

办公室、财务部、技术部、运营管理部、节目部

地址：北京市东城区北小街青龙胡同1号歌华大厦B座818室

邮编：100007

电话：010−62232209

传真：010−62232209

鼎视传媒股份有限公司

领导成员：

总 经 理：蔡恒平

营销总监：王健

财务总监：秦敏

技术总监：曾平

内设机构：

营销中心、产品中心、财务部、技术部、行政中心、总经办

地址：北京市东城区东直门北小街青龙胡同1号B820室

邮编：100007

电话：010−59260099

传真：010−59260138

网址：www.topv.com.cn

北京北广置业有限公司

领导成员：

执行董事：王伟（北京广播电视台纪委书记兼）

总经理：裴成虎

副总经理：张克英

内设机构：

办公室、财务部、前期部

北京北广传媒集团有限公司授权管理单位：

北京影视城管理中心

北京现代电视艺术发展公司

北京东方艺苑物资仓储服务中心

地址：北京市朝阳区建外大街14号

邮编：100022

电话：010−64325207

传真：010−64321062

邮箱：sr6567@163.com

北京中广传播有限公司

领导成员：

总经理：张树桐

副总经理：陈炳岩、柳家旺

内设机构：

综合部、市场部、技术部、节目部、广告部

地址：北京市朝阳区南皋路129号4号楼

邮编：100015

电话：010–65900262

传真：010–65900262–8099

北京紫禁城影业有限责任公司

领导成员：

董事长：赵多佳（兼）

总经理、书记：许建海

副总经理：钱重远

内设机构：

办公室（财务部）、电影部、电视剧部、第一创作室、电视节目部、演艺经纪部

地址：北京市西城区北三环中路乙6号伦洋大厦901室

邮编：100120

电话：010–62019597、62014931

传真：010–62019597、62014931

网址：www.fcmovie.com

北京市东城区文化委员会

领导成员：

党委副书记、主任：李承刚

党委书记、副主任：王伟东

副主任：郑亚东、骆桦、魏瑞峰、戚家勇

副书记：刘进

纪委书记：杨春兰

工会主席：付东亮

行政执法队队长：杨勇

内设机构：

党委办公室、监察科、办公室、公共文化事业科、文化市场管理科、文物管理科、综合审批科、演艺产业发展促进科、人事科、财务科

直属单位：

北京市东城区文化委员会行政执法队、北京市东城区第一文化馆、北京市东城区第二文化馆、北京市东城区第一图书馆、北京市东城区第二图书馆、北京市东城区文物管理所、北京市袁崇焕祠文物保管所、北京市文天祥祠文物保管所、北京市东城区第一图书馆会议中心、北京市钟鼓楼文物保管所、北京王府井古人类文化遗址博物馆、北京市东城区羊市口文化站、北京市东城区花市电影院、北京市东城区天坛南里文化娱乐中心、北京市东城区文化馆剧场、北京燕京评剧团、北京包装资料馆、北京东方国际文化交流中心

地址：北京市东城区崇文门外大街7号正仁大厦二段

邮编：100062

电话：010–67091091、67091092

传真：010–67091093

邮箱：dcqwhw@163.com

北京市西城区文化委员会

领导成员：

主任、副书记：孙劲松（区委宣传部副部长兼）

书记、副主任：张云裳

副主任：孟盼、吕丹、赵晓波、古杨利、王顺、侯志伟

纪检组长：李海霞

工会主席：王来明

行政执法队队长：董伟民

内设机构：

办公室、政策法规科、公共文化科、非物质文化遗产科、文化产业科、文化市场管理科、文物科、财务审计科、党群工作办公室、人事科、监察科

直属机构：

行政执法队、西城区第一文化馆、西城区第二文化馆、西城区第一图书馆、西城区第二图书馆、西城区青少年儿童图书馆、西城区文物保护研究所、西城区文物管理处、北京宣南文化博物馆管理处（北京长椿寺管理处）、西城区非物质文化遗产保护中心、北京历代帝王庙管理处、北京李大钊故居管理处、西城区社会文化管理所

地址：北京市西城区后广平胡同26号

邮编：100035

电话：010-66561230

传真：010-66561231

网址：wenhua.bjxch.gov.cn

北京市朝阳区文化委员会

领导成员：

书记：李洋

主任：黄晓伟

纪委书记：吕玫

副主任：潘小俪、徐伟、马骏

行政执法队队长：吴刚

内设机构：

办公室、文化科、文物管理科、出版发行管理科、电视音像管理科、组宣人事科、财务基建科、文化行政执法队

地址：北京市朝阳区东三环北路36号

邮编：100026

电话：010-65014855

传真：010-65086844

网址：www.risingsun.org.cn

北京市海淀区文化委员会

领导成员：

书记：刘建朝

主任：陈静

副主任（行政执法队队长）：邱文忠

副主任：张国斌、齐艳艳、柳澜

纪检组组长：张树杰

内设机构：

办公室、组织宣传科、公共文化科、审批管理科、法制督察科、文物科

下属执法机构：文化行政执法队

下属事业单位：海淀剧院、区电影管理处、区评剧团、区文化馆、区图书馆、区文物保护中心（博物馆）

地址：北京市海淀区颐和园路12号区政府综合办公楼

邮编：100080

电话：010-82617811

网址：whw.bjhd.gov.cn

北京市丰台区文化委员会

领导成员：

书记：周衔临（2014年2月免）

史文彬（2014年2月任）

主任：王虹

副主任：刘颖

行政执法队长：李正平

内设机构：

办公室、文化科、文物科、文化市场管理科（出版发行科、版权科）、组织人事科

所属行政执法机构：文化行政执法队（下设办公室、一分队、二分队、三分队）

下属事业单位：文物管理所、图书馆、文化馆

地址：北京市丰台区西四环南路64号

邮编：100071

电话：010-83811361

传真：010-83811360

北京市石景山区文化委员会

领导成员：

党委书记：翟培新

党委副书记、主任：王亚迅

党委副书记：刘跃华

副主任：郭明（文联主席兼）、董聪慧、杨光

纪委书记：郑彬

执法队队长：王援朝

内设机构：

办公室、文化科、文物科、市场科、组织人事科、监察科

地址：北京市石景山路18号

邮编：100043

电话：010-68607158

传真：010-88680857

北京市门头沟区文化委员会

主要领导：

党委书记、主任：闫洪亮

党委副书记：董国岭

副主任：巩旭东、刘向阳

执法队队长：李军朝

副处级调研员：张银星

内设机构：

办公室、文化科、文物科、文化市场科、计划财务科、政策法规科、纪检监察科、文化行政执法队（含信息举报中心、行政执法一分队、行政执法二分队、行政执法三分队）

下属基层事业单位：

文化馆、博物馆、图书馆、影剧院、电影发行放映服务中心、文物事业管理所、文化创意产业促进中心

地址：北京市门头沟区门头沟路8号

邮编：102300

电话： 69843315

传真： 010－69860988

北京市房山区文化委员会

领导成员：

主任：王永年（2014年12月离任）

主任：胡淑苹（2014年12月到任）

副主任：刘开平、郝金英、马京云（2014年5月离任）

行政执法队队长：苏文江

纪检组长：姜品英

内设机构：

办公室、文物科、文化科、市场科、行政执法队

地址：北京市房山区良乡西潞南大街甲12号

邮编：102488

电话：010－69352012、69352106

传真：010－69352106

网址：whw.bjfsh.gov.cn

北京市大兴区文化委员会

党组成员：

党组书记、主任：王健

副主任：石铭远、马宪颖、郝泽宏

执法队队长：周武军

内设机构：

办公室、人事教育科、文化文物科、文化市场管理科、文化执法队、内审科、监察科

直属单位：图书馆、文化馆、文物所、影剧院、新华书店

地址：北京市大兴区兴华大街3段15号行政服务中心16层

邮编：102600

电话：010－81296732

传真：010－81296734

网址：www.dxwh.gov.cn

北京市通州区文化委员会

领导成员：

主任、书记：王立生

副书记：赵益富

副主任：杨根萌、林长春、王琦茜

纪检书记：李瑞红

执法队长：贾海科

内设机构：

办公室、文化市场管理科、公共文化科、政工科、财务科、非物质文化遗产保护科、文化行政执法队（下设法制科、执法一队、执法二队）

直属单位：

通州区文化馆、通州区图书馆、通州区博物馆、通州区文物管理所、通州区电影管理中心、新华书店

地址：北京市通州区中仓街道车站路27号

邮编：101100

电话：010-80574354

传真：010-80574674

北京市顺义区文化委员会

领导成员：

书记、主任：王颖

副主任：张中茂、黄海鹏、王宏、赵保东

党组成员：张中茂、王宏、赵保东、孟云会、张永山

调研员：陈永祥

工会主席：杭志强

内设机构：

办公室、政工科、计划财务科、文化文物管理科、文化市场管理科、著作权（广播电影电视）管理科

管理单位：文化委行政执法队、文化创意产业促进办公室、文化创意产业服务中心

直属单位：文化馆、图书馆、文物管理所、北京焦庄户地道战遗址纪念馆、影剧院、电影放映服务中心、新华书店

地址：北京市顺义区光明南街拥军路

邮编：101300

电话：010-69443669

传真：010-69443757

网址：www.wenhw.bjshy.gov.cn

北京市平谷区文化委员会

领导成员：

书记、主任：王振国

纪检书记：张东胜

副主任：逯艳敏、王振红

执法队长：闫建华

工会主席：刘东彪

内设机构：

办公室、政工科、文化文物科、市场科

直属单位：

文化行政执法队、图书馆、文化馆、博物馆、文物管理所、上宅文化陈列馆、电影发行服务中心、影剧院、新华书店

地址：北京市平谷区府前西街1号

邮编：101200

电话：010-69962871

邮箱：bgs2871@163.com

北京市怀柔区文化委员会

领导成员：

主　任：夏占利（2014年7月任）

书　记：陈宝明

副主任：郭大鹏（2014年9月到河南省三门峡市卢氏县挂职副县长）、刘岩、田正科、王冠衡、梁信志（9月挂职副主任）

执法队长：曾春根

纪检组长：鲍云贤

工会主席：武学兵

调研员：焦安琦

内设机构：

办公室、政工科（监察科）、文化科、演艺活动服务中心、行政许可和服务科、行政执法队

直属企事业单位：

文化馆、图书馆、博物馆、电影发行放映服务中心、文物管理所和新华书店

地址：北京市怀柔区迎宾北路7号

邮编：101400

电话：010-69623483

传真：010-69633250

网址：www.hrwh.gov.cn

北京市昌平区文化委员会

领导成员：

主任：刘全新

书记：李志武

副书记：贾月林

纪委书记：王勇

副主任：杨广文、刘庆华、李爱武、胡南

工会主席：史功岐

内设机构：

办公室、文化科、文物科、市场科、监察科、工会办、政工科、执法队

地址：北京市昌平区府学路10号

邮编：102200

电话：010-69742257

传真：010-80110182

网址：cpwhw.bjchp.gov.cn

北京市密云县文化委员会

领导成员：

党组书记、主任：李洪仕

党组副书记：邓德喜

副主任：李东雨、胡书英

文化行政执法队队长：李卫革

纪检组长：李向红

工会主席：柴军

内设机构：

党政办公室、文化活动指导科、文化市场管理科、法制科、文化行政执法队

直属单位：文化馆、图书馆、文物管理所、大剧院、电影中心、新华书店、博物馆

地址：北京市密云县西门外大街2号

邮编：101500

电话：010-69041925

传真：010-69085706

北京市延庆县文化委员会

领导成员：

主　任：张迁

书　记：马健壮

调研员：程金龙

副主任：孙立民、王燕青、刘满利、节红霞

行政执法队队长：王燕青（兼）

副调研员：杨喜元

内设机构：

政办室、财务审计科、文化科、文物科、文化市场管理科、文化行政执法队

直属单位：

文化馆、图书馆、电影发行放映管理处、文物管理所、新华书店、后勤服务中心、夏都文化传播有限公司

地址：北京市延庆县高塔街57号

邮编：102100

电话：010–69182872

北京经济技术开发区社会发展局

领导成员：

开发区工委委员、管委会副主任，分管社会发展局工作：王合生

社会发展局局长：郑海涛

社会发展局副局长、文体广电科负责人：张小戎

社会发展局文体广电科科长、开发区体育中心主任：王娜

社会发展局分管广电工作人员：李哲晖、杨阳

地址：北京经济技术开发区荣华中路15号

邮编：100176

电话：010–67885647

传真：010–67880347

网址：sfj.bda.gov.cn/cms

北京市朝阳区广播电视新闻中心

领导成员：

主任：潘竞

党委书记：孙帅

副主任：洪剑斌、李昕宇、梁雪琴

专职副总编：王曦

内设机构：

办公室（保密科）、总编室、人事科、财务科、资料室、新闻科、电视采访科、电视摄像科、电视编辑科、电视技术保障科、报纸采访科、报纸编辑科；下属两个自收自支事业单位，分别是北京朝阳传媒中心和朝阳传媒影视技术服务中心

地址：北京市朝阳区六里屯西里3号

邮编：100026

电话：010－65025172

传真：010－65022498

网址：www.chynews.cn

北京市海淀区新闻中心

领导成员：

书记、主任：王言敏

副主任：张文明、张庆洁、刘德兴

内设机构：

办公室、人事科、财务科、总编室、编辑制作部、新闻采访一部、新闻采访二部、专题部、技术播出部、播音主持部、动漫制作部、媒资室、事业发展部、特刊部、要闻部

地址：北京市海淀区西四环北路11号海淀区政府第二办公区

邮编：100195

电话：010－88437116

传真：010－88487250

网址：www.hdonl.com

北京市丰台区广播电视中心

领导成员：

党组书记、主任：何岳飞（区委宣传部副部长兼）

副主任：卢吉力、李三鹏

内设机构：

办公室、人事科、财务科、总编室、新闻部、社会教育部、专题部、制作部、广告部、技术播出部、新媒体部

地址：北京市丰台区西四环南路64号

邮编：100071

电话：010－63821570

传真：010－63814362

网址：www.bjftrt.com.cn

北京市石景山区广播电视中心

领导成员：

主任、党总支副书记：王国强

党总支书记、副主任：刘长成

副主任：贺启公

内设机构：

办公室、党务办公室、总编室、新闻部、节目部、技术播出部、广告部、经营部、财务部

地址：北京市石景山区古城大街61号

邮编：100043

电话：010－68840434

传真：010－68840434

北京市门头沟区广播电视中心

领导成员：

党组书记、主任：宋奇

副主任：王幸国、苏燕平、班书臣

内设机构：

办公室、总编室、新闻部、专题部、制作部、播出部、广告部、电台

地址：北京市门头沟区新桥大街36号

邮编：102300

电话：010-69843348

传真：010-69843348

北京市房山区广播电视中心

领导成员：

区委宣传部副部长、区广电中心主任、党委副书记：路建华

党委书记：吕井财

副书记、纪委书记：于海军

副主任：朱惠强、马琳、武宏

内设机构：

办公室、总编室、时政要闻部、社会新闻部、电视专题部、电视文艺部、广告经营部、电台直播部、电台专题部、网络运营

部、评审培训部、新媒体建设部、技术科、播出部、财务科、人事科、后勤事务部、安保部、事业发展部　监察科（内设）

地址：北京市房山区良乡西潞南大街6号

邮编：102488

电话：010－69374235

传真：010－69370104

邮箱：FTVbgs@163.com

北京市大兴区广播电视中心

领导成员：

区委宣传部副部长、中心党组书记兼主任：巴洪栓

副主任：杜桂玲、卫东海、赵长军

纪检组长：侯晨侠

总工程师：汪俊涛

内设机构：

办公室、电台、电视台、网络运营部、全媒体运营部、节目管理部、技术发展部、制作播出部、研发培训部、人力资源部、计划财务部、媒体经营部、媒资管理部、事业保障部、播音主持工作研究室

地址：北京市大兴区兴政街7号

邮编：102600

电话：010－69244977

传真：010－69244977

网址：www.zhhxw.com

邮箱：yufuzi123@sohu.com

北京市通州区广播电视中心

领导成员：

书记：陈立军（区委宣传部副部长兼）

主任：王志刚

副主任：王雪征、王小利、高玉强

内设机构：

办公室、政工科、总编室、新闻部、专题部、评论部、电台编辑部、网络部、技术科、播出部、财务科、广告部

地址：北京市通州区新华西街1号

邮编：101149

电话：010－69545860

传真：010－69545860

邮箱：tzgdbgsh@126.com

北京市顺义区广播电视中心

领导成员：

党委书记、主任：黄海鹏

副主任：李素华、杨文武(纪委书记)、张海泉

内设机构：

中心：办公室、政工科、财务科

广播电台：综合部、新闻部、专题部、文艺部

电视台：新闻部、专题部、文艺部、总编室、技术部、新媒体部、广告部、媒资管理部

《顺义时讯》报社：办公室、采编部、事业发展部

地址：北京市顺义区拥军路4号

邮编：101300
电话：010－69466677
传真：010－69463670
邮箱：sytv1994@yahoo.cn

北京市平谷区广播电视中心

领导成员：

主任：龚士宏
党组书记：王久武
副主任：于刚、邱胜章

内设机构：

办公室、政工科、财务科、总编室、新闻科、专题科、播音科、播出科、技术科、文艺科、广告科、后勤事务科

地址：北京市平谷区旧城街8号
邮编：101200
电话：010－69961255
传真：010－89983716
邮箱：guangdianzhongxin@163.com

北京市昌平区广播电视中心

领导成员：

党委书记、主任： 刘晓梅
纪委书记：王洪
副主任、工会主席：刘大宾
副主任：王纲
总工程师：王少冲
常务副台长：王江萍

内设机构：

办公室、政工科、总编室、财务科、事业科、广播电视台、广播电视节目制作中心、广播电视网络信息管理中心、昌北音像广告中心、永安城影视传媒中心、天通苑记者站、回龙观记者站

地址：北京市昌平区南环东路1号
邮编：102200
电话：010－69746088
传真：010-69742578
网址：www.cprt.com.cn

北京市怀柔区广播电视中心

领导成员：

主任：刘剑
党组书记：常金壮
副主任：刘金凯、杨桂霞
工会主席：赵海清

内设机构：

办公室、政工科、监察科、总编室、编辑部、新闻部、外宣部、专题部、文艺部、电台部、广告部、广播影视制作部、技术部、播出部、汤河口分站

地址：北京市怀柔区府前街19号
邮编：101400
电话：010－69632646
传真：010－69644232
邮箱：gdzx@bjhr.gov.cn

北京市密云县广播电视中心

领导成员：

主任、副书记：孙明朝（县委宣传部副部长兼）

书记、副主任：王慧平

副主任：陈宝国、廖玉雄

内设机构：

办公室、人事科、财务科、党办室、差转台、总编室、广播电台、节目制作科、技术科、新闻科、播音科、经济科、社教科、法制科、广告文艺科、音像资料室、行政事务科、“村村响”有线广播节目播出管理中心

地址：密云县西大桥路18号

邮编：101500

电话：010－89095645 010－89096037

传真：010－89095645

邮箱：guangdianzhongxin@126.com

北京市延庆县广播电视中心

领导成员：

书记、主任：郭东亮

副书记、副主任：李桂霞

副主任：贺农林、季晓冰、张树清

内设机构：

办公室、人事科、财务科、总编室、新闻科、专题科、广播科、社教科、广告科、文艺科、技术科、播控科

直属单位：

延庆县电视转播站、延庆县广播电视记者站、北京市延庆县广播电视服务部

地址：北京市延庆县高塔街73号

邮编：102100

电话：010－69103462

传真：010－69103462

网址：www.yqgd.cn

北京光线传媒股份有限公司

领导成员：

法人代表：王长田

内设机构：

总裁办、财务部、证券事务部、人力行政部、法务部、品牌部、采购部、视频事业部、光线影业、艺人经纪部、英事达&包装工作室、游戏部、新媒体部

地址：北京市东城区和平里东街11号3号楼3层

邮编：100013

电话：010-64516000

传真：010-84222188

网址：www.ewang.com

华谊兄弟传媒股份有限公司

领导成员：

法人、董事长兼首席执行官：王忠军

总裁：王忠磊

副总裁：胡明

内设机构：

以电影、电视剧、艺人经纪、音乐、影院、娱乐营销等业务为代表的影视娱乐板块；

以电影公社、文化城、主题公园、实景演出等业务为代表的品牌授权与实景娱乐板块；

以游戏、新媒体、粉丝社区、在线发行等业务为代表的互联网娱乐板块

地址：①北京市朝阳区朝外大街18号丰联广场A座908室

地址：②北京市顺义区天竺温榆河楼台段

邮编：100020/101312

电话：010－65805800/64579338

传真：010－65881518/64571299

网址：www.huayimedia.com

海润影视制作有限公司

领导成员：

董事长：刘燕铭

总裁：赵智江

总裁办主任：王柘涵

副总裁：赵浚凯、张小军、霍胜

发行总监：常君艾、陈迪

文学总监：孙允亭

新媒体总监：张春雨（兼研发中心总监）

财务总监：陈艳

法务总监：唐凡

行政总监：王存林

海外中心总监：梁汉辉

广告总监：王庆华

人力资源总监：刘葳葳

音乐总监：陈世

内设机构：

总裁办、发行部、法务部、文学部、宣传部、财务部、新媒体部、信息档案中心、行政部、海外中心、广告部、人力资源部、研发中心、音乐部

地址：北京市朝阳区北苑媒体村天畅园3号楼1、2层

电话：010—64897799

传真：010—64935440

邮编：100107

网址：www.hairunmedia.com

北京京都世纪文化发展有限公司

领导成员：

董事长：尤小刚

副总经理：周玮、董煊、尤文铮

企业运营管理总监：陆凤莲

人事行政总监：周敬淙

内设机构：

经营部、宣传部、演艺经纪部、影视基地、办公室、财务部

地址：北京市东城区广渠门外广渠家园名敦道商厦4号楼1206室

邮编：100022

电话：010－67110812

传真：010－67177299

邮箱：jd01@jdshiji.com

网址：www.zjdtv.com

北京鑫宝源影视投资有限公司

领导成员：

总经理：丁芯

常务副总：王小柱

副总经理：王驿

财务总监：赵雅丽

艺人总监：刘红梅

宣传总监：焦红艳

发行总监：焦云飞

内设机构：

办公室、财务部、制片部、编辑部、演艺经理部、宣传部、发行部、公关广告部

地址：北京市朝阳区北苑路86号院311号楼

邮编：100101

电话：010－57805288

传真：010－57561288

北京东方飞云国际影视策划有限公司

领导成员：

总经理：白旭飞

内设机构：

财务部、行政部、后期制作部、艺人部、宣传部

地址：北京市朝阳区北苑路86号院311号楼

邮编：100101

电话：010－57805288

传真：010－57561288

网址：www.dongfangfeiyun.com

北京小马奔腾文化传媒股份有限公司

领导成员：

董事长：李莉

总裁：王楠（代）

副总裁：张一白

副总裁：李立功

副总裁：李萍

副总裁：李琳

内设机构：

电影事业部、电视剧事业部、广告事业部、新媒体事业部、演艺文化事业部、影院发展事业部

地址：北京市朝阳区酒仙桥路10号恒通

国际商务园B36－C座2层
邮编：100015
电话：010－84990260－1625
传真：010－84990267
网址：www.xmbt.com.cn

北京东王文化发展有限公司

领导成员：
董事长：张晓武
总经理：潘洪业
办公室主任：于莉
内设机构：
发行部、宣传部、演艺经纪部、办公室、财务部
地址：北京市朝阳区朝外大街3号山水广场B座802
邮编：100020
电话：010－65516019　（传真转8008）
邮箱：dwwh2601@sina.com
网址：www.bjdwwh.cn

北京国立常升影视文化传播有限公司

领导成员：
董事长：张国立
常务副总经理：陈励
总经理：马保华
策划部总监：卢雷
制作部主任：张国强
经纪人、总监：李消杰
内设机构：
综合部、策划部、宣传部、制作部、财务部、经济部
地址：北京市东城区安德路12号中景濠庭B座1501室
邮编：100011
电话：010－64478855
传真：010－64478800
邮箱：dwwh2601@sina.com
网址：www.bytz@vip.163.com

大唐辉煌传媒有限公司

领导成员：
董事长：王辉
常务副总经理：袁春雨
内设机构：
文学策划部、制作部、发行部、娱乐营销部、艺人经纪部、宣传策划部、影视基地、财务部、人力资源及行政部、法务部
地址：北京市海淀区知春路6号锦秋国际大厦B座16层
邮编：100088
电话：010－82961395
010－82961399
传真：010－82961396
网址：www.dthh.com.cn

北京唐德国际文化传媒有限公司

领导成员：

法人代表、董事长：吴宏亮

总经理：李欢

副总经理：王大庆、刘芳

内设机构：

财务部、策划管理中心、制作管理中心、营销管理中心及北京声动唐德影视科技有限公司

地址：北京市海淀区花园路16号

邮编：100088

电话：010－82025868

传真：010－62367673

网址：www.tangde.com.cn

北京唐德国际电影文化有限公司

领导成员：

法人代表、董事长：吴宏亮

总经理：任衣万

副总经理：张哲

内设机构：

财务部、策划部、项目部、制作部、营销部、国际部及数据管理中心

地址：北京市海淀区花园路16号

邮编：100088

电话：010－82025868

传真：010－62367673

网址：www.tangde.com.cn

四达时代集团

领导成员：

董事长兼总裁：庞新星

内设机构：

董事会办公室、总裁办公室、大视频事业部、海外市场拓展中心、品牌市场部、技术中心、海外拓展支持部、移动通讯部、媒体合作部、终端事业部、研究院、项目管理办公室、技术支持部、媒体数字化事业部、传媒事业部、海外事业部、投资管理部、运维中心、人力资源中心、财务中心、商务中心、战略采购委员会办公室、信息中心、法务中心、监审部、行政中心、宣传部、公共关系部、预算管理部、项目融资部

地址：北京经济技术开发区科创十四街5号院。

邮编：100176

电话：010－53012998

传真：010－53012997

网址：www.startimes.com.cn

获奖作品

2013年度北京市优秀广播电视节目评选获奖作品

一、广播类作品

广播新闻（27个）

消息：协和医院：一台手术竟让患者开两次刀

北京人民广播电台　高翔

专题：被废弃的公厕，让“民心工程”变“伤心工程”

北京人民广播电台 高傲、王婷婷

评论：扫清雾霾，亟需创建绿色考评体系

北京人民广播电台 程艳、戚天

短消息：北京将重奖见义勇为人员 最高可获170万 属全国最高

北京人民广播电台 王劲清

系列报道：大型采访活动“一路向北——探访南水北调”策划

北京人民广播电台 罗湘萍、李哲勇、连新元

组织策划：国人自述我的梦

北京人民广播电台 集体

新闻访谈：B超神探—专访北京市“全国道德模范”候选人贾立群

北京人民广播电台 郭士荧

新闻编排：国五条细则北京落地 房地产市场调控升级

北京人民广播电台 张锋、王蓓

连续报道：石景山商场大火无百姓伤亡 两名消防员壮烈牺牲

北京人民广播电台 左天驰

现场直播 :北京潮汐车道开通首日特别报道

北京人民广播电台 程艳、杨洋、赵楠、张瑞娟、肖若昕、张琪悦、朱艳婷

短消息：门头沟村民首次尝到农民集体资产信托化的“甜头”

北京人民广播电台 郝爽

短消息：泪水中的新纪录：张培萌遗憾止步莫斯科田径世锦赛男子百米半决赛

北京人民广播电台 贾萌

新闻访谈：“强掳中国劳工赴日劳作档案”公开纪实

北京人民广播电台 小丹

专题：一生有光

北京人民广播电台 康雪、陈彦旭

新闻访谈：听鸟

北京人民广播电台　牛力

栏目：《整点快报》

北京人民广播电台　《整点快报》栏目组

栏目：《一路畅通》

北京人民广播电台　杨洋、李莉、顾峰、王佳一、郭炜、园园

短消息：墙面种植：开发农民创收新空间

大兴区广电中心 于蕾、房晓鹏、涂玲、宫咏梅、阿丽

长消息：奏响山村幸福曲，草根乐团也迷人

房山区广电中心 王磊、汪学武、李盼、赵利国

长消息：麻峪房村成为全市首家实现“三网融合”的民俗旅游村

昌平区广电中心 李阳 、孙学进 、张美鸾

长消息：有事急着办——“一月两会”开出“临河效率”

延庆县广电中心 赵财、冯亚玲、孙斌

系列报道：“老哥”的故事

密云县广电中心 齐如柏、史明月、黄晨昭

长消息：我区农民在全市率先享受网上移动医疗

怀柔区广电中心 冀莹、肖军、吴晶晶、杜炜

系列报道：文明在身边

怀柔区广电中心 王学新 、冀莹、孟小芹、吴晶晶、雷宇光、韩轩

长消息：孙宝军——林地抵押贷款本市第一人

平谷区广电中心 陈东仓、王健

新闻专稿：描绘生命最后尊严的女入殓师

顺义区广电中心 季元媛 、焦朋 、王桂斌 、路致远

长消息：你捐一顶我再捐一顶 帐篷姐爱心集结

通州区广电中心 赵卓鹏、王丽丽

广播境外播出（2件）

专题：爱的梦想

北京人民广播电台 刘兴宇

专题：外国记者眼中的芦山地震救援

北京人民广播电台 吴梅红

广播播音与主持（5件）

主持作品：缅怀著名表演艺术家李默然先生特别节目

北京人民广播电台 罗兵

主持作品：永远的王洛宾

北京人民广播电台 于允

主持作品：《资讯早八点》

北京人民广播电台　颜旭、李锐

播音主持：热点关键词——毕婚族

昌平区广电中心 李阳

播音主持：王梓夫和他的“漕运三部曲”

通州区广电中心 赵旭飞

广播文艺(11件)

广播剧：转山法官

北京人民广播电台 邵军、唐琼、徐然

文学节目：一位“失独”父亲的泣血长歌

北京人民广播电台 关晓松、白钢、酒杰

音乐节目：文物悲歌

北京人民广播电台 赵爽、梁言、罗霄笑

文学节目：歌起大都——记一个伟大城市的响亮开场

北京人民广播电台 郝卫群、张美华、杨洋、郭炜

音乐节目：舌尖上的音乐味道

北京人民广播电台 刘慧

综艺节目：于无声处，是之已远——怀念演员于是之

北京人民广播电台 杨洋、吕忆涵、王玉英、梁言

广播剧：狄仁杰断案新编之狗娃（上、下）

北京人民广播电台 郝卫群、杨丹、徐然

小说连播节目：成长

北京人民广播电台 张璐、酒杰、秦言

曲艺节目：对话口技大师牛玉亮

北京人民广播电台 赵鹏

广播广告节目：每克拉美

北京人民广播电台 北京百年智强广告公司、徐超、张碧宁、姚迪

广播广告节目：文明一步之间

北京人民广播电台 张美华、张校茵、夏铭、左小群

二、电视类作品

电视新闻（37件）

长消息：习总书记赴庆丰 排队点餐取餐自己来

北京电视台 艾冬云、张庆、徐京玲、张晓鲁、赵金春、吴静 、金蕾 、张鹏雷

系列报道：做人做出品牌 北京儿童医院有个“贾立群”B超

北京电视台 丁晓阳、刘钊、刘欣 、贾湧强、楚健 、侯卫

短消息：北京科普望远镜抵达阿里国家天文台

北京电视台 宋闻雷、龚飞

长消息：八岁女孩 捐髓救父

北京电视台 田海燕、张虎

专题：《中国梦——365个故事》第一集《在水边》

北京电视台 吴群、王宇、陈岳、李淼、尹谦、聂焱、李明、刘瑜、林天趣

短消息：你说的“三个不够”我记下了

北京电视台 艾冬云、张晓鲁、樊煜、尹磊、王一、张鸿斌、李琪

长消息：十年煤改电基本完工 26.4万户居民电采暖过冬

北京电视台 曲馥、李昂

系列报道：真相 京客隆超市换标签内幕

北京电视台 高燕、刘春艳、汤军军、毕晓睿、翟娜、杨微斯

现场直播：房山长沟大墓发掘进行时

北京电视台 黄瑨、李欣、张妍、闫焓、袁进、张晓达

组织策划：12345需求与反馈 听民意 解民忧 特别报道

北京电视台 陈楠、李光军、石云

长消息：中国首台自主研发大型主机天梭K1今天面市

北京电视台 李烨、王晓龙

长消息：烈火雄心 勇者无畏

北京电视台 唐宇声、华祥

纪录片：正道沧桑——社会主义500年

北京电视台 集体

专题：五位百岁老人颐和园听鹂馆做寿

北京电视台 刘文燕、王钲

纪录片：从一大到十八大

北京电视台 吕军、黄炜、王红、刘晓彤、吴志勇、韩飞

栏目：《生活2013》5月12日、10月23日播出

北京电视台 集体

新闻访谈：科学与文学的对话

北京电视台 林斐、王璐、王潇彤、聂萌

评论：空中别墅，违建，必清！

北京电视台 集体

新闻编排：2013年12月28日《都市晚高峰》

北京电视台 赵蕾、何思、国培源、丁苏萍

系列报道：“清洁空气在行动”系列节目

北京广播电视台 集体

专题：胡钧的“低碳小屋”

北京广播电视台 王莹、隗炜、孙宇

专题：挑战世界建筑难题的农民工

北京广播电视台 白宝林、李超毅、张然、邓镆研

专题：怎么看——交通拥堵费（上、下集）

北京广播电视台 柳秀彬、王石、司文、赵菲

专题："特殊"的消防战士

北京广播电视台 康宁、黄栋、杜宽

专题：闲不住的客运姑娘

北京广播电视台 康宁、李颖、杜宽

专题：真情手递手——特别的月饼 特别的情

北京广播电视台 王彤羽、王丹

长消息：居民住宅建电厂 自己卖电给国家

顺义区广电中心 朱明福、李虹键

连续报道：扫桥爷爷窦珍连续报道

丰台区广电中心 徐可、王猛、张东

长消息：村村治污水 还清永定河

门头沟区广电中心 闫吉、闫菲

长消息：焰火节里无焰火 张灯打鼓净蓝天

延庆县广电中心 付昂、聂鹏、付冬月

连续报道：《石景山一商场突发大火》及后续的连续报道（共5条）

石景山区广电中心 杨卫东、杨国栋、李阳、穆慧、康小利、刘宇

专题：幸福的N+1

顺义区广电中心 李东华、袁伯伟、郭春祥、方攀

系列报道：实干圆梦

怀柔区广电中心 肖军、冀莹、孟阳、沈艺、安文静、郑富才

短消息：南窖乡花港村成为我市首个互联网电视全覆盖村

房山区广电中心 李宁、谭硕、靳海燕

连续报道：唐家岭的前世今生

海淀区新闻中心 刘文婷、吕墨、王赫、王赛、刘广强、王晓磊

新闻编排：2013年3月23日播出《昌平新闻》

昌平区广电中心 王颖、杨志来、吴晶晶、董岩、李娜

纪录片："洋农夫"二山的环保梦

通州区广电中心 赵旭飞、赵卓鹏、于亚辉、董继东

电视境外播出（2件）

消息：雅安地震 熊猫安好

北京电视台 袁子勇、严崴、沈澜、高晰

专题：最美女中医教你如何变美丽

北京电视台 徐剑、蒋俐、苏抒

电视播音与主持（6件）

主持作品：《足球·家》——“贝”离

北京电视台 魏翊东

主持作品：《有话就说》——“说不出的秘密”

北京电视台 国培源

主持作品：《养生堂》——三高攻防药典

北京电视台 刘婧

播音主持：《妫川情 中国梦 百姓故事》

延庆县广电中心 王爱华

播音主持：2013年11月14日《密云新闻》

密云县广电中心 王璦珲、杨洋

播音主持：2013年6月11日《顺义新闻精编版》

顺义区广电中心 袁俊杰、姜晶

电视文艺(16件)

动画节目：快乐家年华

北京电视台 李润云、汪莎莎、李严、庄盘石

文学节目：严歌苓 阅读人生 书写岁月

北京电视台 吴玮、白钢、蔡璐、王洋

综艺节目：2013年北京电视台春节联欢晚会

北京电视台 李雪萍、孙勤、姜力、冯晓峰

综艺节目：2013BTV环球春晚

北京电视台 集体创作

综艺节目：2013BTV卡酷少儿动画春晚盛装大典

北京电视台 李严、刘贺春、朱业、杨旸、宋超、李骁

优秀原创歌曲节目：《孝和中国》MV

北京电视台 赵多佳、史椰森、高譹、孙继范、木子楠（外请）、黄晋、金志文（外请）、胡桑（外请）

广告节目：《中国传统节日民俗皮影》系列宣传片

北京电视台 史椰森、张冬林、罗丽红、王海卫、薛润洁

广告节目：《最美北京》——野鸭湖国家湿地

北京电视台 张巍、孟克毕力格、杜鑫、刘俊杰、刘潋、于洋

歌舞节目：“月圆梦正圆”2013北京电视台中秋特别节目

北京电视台 秦峥、郭树欣、苗毅

文艺专题节目：《追忆似水流年之远去的背影》清明特别节目

北京电视台 集体

文艺专题节目：杨钰莹 最好的时光

北京电视台 王旭东、孟梦、景思斯、杨雅娴、韩特、赵宁、张琦琦

文艺专题节目：李牧穷游中国

北京电视台 徐剑、袁磊、薛炜

科普节目：神十探秘

北京电视台 杨子云、赵鹏、潘续、张晓龙、秦溯、周颖、阚超

文艺栏目：《脱口而出》之《婚前婚后》《婆媳那点事》

北京电视台 孙仝、毕鲁克、尹迪、韩笑、郭妍、马远

纪录片：水乡古镇的戏剧梦

北京电视台 张洁、闫伟、隗迪

专题节目：《善聚公益》北京首届公益梦想电视活动第17期节目

北京广播电视台 梁自珍、赵南南、谈恒、冯宁

（北京市广播影视协会）

注：获得“2013年度北京市优秀广播电视节目评选”的作品名单不再在各单位获奖名单中体现。

2014年北京广播电视节目技术质量评比获奖一览表

广播类

节目名称	类别	单位	主要完成人	奖励等级
音乐专题《文物悲歌》	语言—专题	北京人民广播电视台	罗霄笑	一等奖
《中旅——西藏》	广告	北京人民广播电视台	张校茵、张利华	一等奖
《另一半中国史》	片花	北京人民广播电视台	马笑宇	一等奖
《闹市口》节选	语言—专题	北京人民广播电视台	马笑宇	一等奖
威尔第歌剧《那步科》选段“让理想插上金色的翅膀”（乐队与合唱）	音乐—美声	北京人民广播电视台	陈小斌、陈曦	二等奖
1039客户端广告	广告	北京人民广播电视台	梁和芝	二等奖
2014年演艺群英会片头	片花	北京人民广播电视台	张校茵	二等奖

续 表

节目名称	类别	单位	主要完成人	奖励等级
歌曲《明星》	音乐—通俗	北京人民广播电视台	曹漫	二等奖
《蒲柳人家》	语言—专题	通州区广播电视中心	吴小强、宫宝文	二等奖
《读书品人生》	语言—专题	顺义区广播电视中心	王进松、高嵩、韩冰	二等奖
《就是爱音乐》	片花	顺义区广播电视中心	高嵩、王进松、韩冰	二等奖
《彩虹下传来的声音》	片花	通州区广播电视中心	周超、刘洪波	三等奖
《俯向大地的身影》	语言—专题	通州区广播电视中心	王姝、宫宝文	三等奖
《候鸟抵达南方，游子何时回到故乡》	片花	通州区广播电视中心	周超、刘洪波	三等奖
节约用水公益广告	广告	顺义区广播电视中心	王进松、刘金耀、王艳丽	三等奖
《与文明同行》	音乐—通俗	通州区广播电视中心	周广兵、肖莉	三等奖
《周末剧场》	片花	顺义区广播电视中心	王进松、王艳丽、刘金耀	三等奖
《散文——怒江》	语言—艺术	顺义区广播电视中心	高嵩、王艳丽、刘金耀	三等奖
助残日公益广告	广告	顺义区广播电视中心	高嵩、王艳丽、刘金耀	三等奖
《报花名》	戏曲—戏剧	通州区广播电视中心	宫宝文、陈颖	三等奖
《理性看 齐心办》	片花	房山区广播电视中心	石可、王竞争	三等奖
《Funhill 时间——美丽的圣莲山》	语言—专题	房山区广播电视中心	熊京生、牛雪锋	三等奖

续 表

节目名称	类别	单位	主要完成人	奖励等级
京东大鼓《送女儿上大学》	曲艺	延庆县广播电视中心	高成红、杨涛、马英华	三等奖

电视类

节目名称	类别	单位	主创人员	奖励等级
《最美和声》（第三期）	高清节目录制综艺	北京电视台	谢大威、田太峰、王甘、张未玟、穆彧、喻莹	一等奖
《最美和声》（第三期）	高清节目声音技术制作综艺	北京电视台	吴峥、张志杰、姚银壮、杨宣军、范强、余勇平	一等奖
《打狗棍》第一集	高清节目录制电视剧	北京电视台	戴巧玲、曲瑞庆、杜艳红、叶志云、孙少英、王安琪	一等奖
《今日精华——大美园博园》	高清节目录制专题	北京电视台	陈鹭、杜元李澎、贺佳	一等奖
《正道沧桑——社会主义500年纪录片》	视频图形制作片头	北京电视台	魏博寅、王琨、朱永宾	一等奖
《笔写京华六十年》	高清节目声音技术制作专题	北京电视台	吴峥、张志杰、姚银壮、杨宣军	一等奖
《长阳音乐节》	标清节目录制综合文体	房山区广播电视中心	熊京生、杨建国、冯明耀、李岩峰、张华、卢双庆、牛雪锋、许亚辉	二等奖
《亚冠足球》	高清节目录制体育	北京电视台	朱雨稼、谢原、安晓军、侯毅、齐伟、程京生	二等奖
《亚冠足球》	高清节目声音技术制作体育	北京电视台	姜世杰、张磊、宋冰、曹董辉	二等奖
《京西南水乡文创新硅谷》	标清节目录制专题	房山区广播电视中心	杨建国、石可、刘玉迎、王竞争	二等奖
《北京新闻》	标清节目录制新闻	北京电视台	孙一鑫、润博、李月石、刘茜	二等奖

续 表

节目名称	类别	单位	主创人员	奖励等级
《笔写京华六十年》	高清节目录制专题	北京电视台	徐鹏、魏岩松、崔蓓、刘 文	二等奖
《环球神奇炫》	高清节目声音技术制作综艺	北京电视台	宋建、张晓晨、刘腾、汪亚洲、李鹏、季红	二等奖
《特别关注》	标清节目录制新闻	北京电视台	徐靖、赵蕾、刘宇萌、李达	二等奖
《月圆梦正圆——2013年北京电视台中秋晚会》	高清节目录制综艺	北京电视台	张鹏程、郭丽宏、李存建、尉光、尹航、王笑林	二等奖
《爱我家唱我家》	标清节目录制综艺文体	北京电视台	张博、柏晓维、张学刚、张文龙、黄松涛、年春宇	二等奖
《顺义新闻》	标清节目录制新闻	顺义区广播电视中心	陈启顺、高梅、朱广鹏、陈洋	二等奖
《美丽乡村》	标清节目录制专题	北京电视台	赵林林、朱玢、赵娇、雷瑗溪	三等奖
《渗透》第一集	高清节目录制电视剧	北京电视台	张宝军、薛频、何莹、郝丽萍、张伟、王倩	三等奖
《好人 好事》	高清节目录制专题	石景山区广播电视中心	张金勇、刘红波、刘宝良、孙磊	三等奖
《今日精华——大美园博园》	高清节目声音技术制作专题	北京电视台	宋建、张晓晨、张洋、骆建华	三等奖
《环球时评》	视频图形制作片头	北京电视台	李俭、洪贺、曹颜	三等奖
《顺义新闻》	标清节目录制新闻	顺义区广播电视中心	陈启顺、高梅、王学刚、陈洋	三等奖
《通州新闻》	标清节目录制新闻	顺义区广播电视中心	陈启顺、高梅、王学刚、朱广鹏	三等奖
通州区十大文化名人命名活动片头	高清视频图形片头	通州区广播电视中心	高保森、宫宝文、赵坤	三等奖
《印象顺义》	高清节目录制专题	顺义区广播电视中心	陈启顺、高梅、王学刚、朱广鹏	三等奖

续　表

节目名称	类别	单位	主创人员	奖励等级
《起航》	标清节目录制专题	顺义区广播电视中心	陈启顺、高梅、乔聪、孙丽琼	三等奖
《房山新闻》	标清节目录制新闻	房山区广播电视中心	刘玉迎、穆晓凤、冯明耀、武逸洋	三等奖
《花甲老人和她们的芭蕾梦》	高清节目录制专题	顺义区广播电视中心	陈启顺、高梅、王学刚、刘杰	三等奖
《昌平新闻》	标清节目录制新闻	昌平区广播电视台	冯晓龙、陈宁、王文钰	三等奖
《中国北京亚洲大学生魔术交流大会》闭幕式	标清节目录制综合文体	昌平区广播电视台	陈宁、刘庆娟、任苑、鲁钰赞、陈彦舟、王文钰、冯敏	三等奖
《“美丽昌平”走基层——昌平区民乐团汇报演出》	标清节目录制综合文体	昌平区广播电视台	陈宁、刘庆娟、任苑、鲁钰赞、陈彦舟、王文钰、冯敏	三等奖
《生活》	标清节目录制新闻	通州区广播电视中心	高宝森、卢昊、周思思、张北方	三等奖
《门头沟新闻》	标清节目录制新闻	门头沟区广播电视中心	孙伟、梁杰	三等奖
《昌平新闻》	标清节目录制新闻	昌平区广播电视台	刘庆娟、任苑、冯敏	三等奖
《延庆新闻》	标清节目录制新闻	延庆县广播电视中心	马英华、林晓玉、苑佳、郭佳	三等奖
《运河号子传人》	高清节目录制专题	通州区广播电视中心	杨国栋、张丽莉、赵佳琼、李丹	三等奖

（北京市新闻出版广电局科技处）

注：获得“2014年北京广播电视节目技术质量奖”的作品名单不再在各单位获奖名单中体现。

2014年北京人民广播电台获奖作品一览表

奖项名称	获奖作品	体裁	届数	奖项等级	获奖部门及人员
中国新闻奖	《扫清雾霾，亟需创建绿色考评体系》	评论	24届	二等奖	程艳、戚天
中国新闻奖	《B超神探——专访北京市“全国道德模范”候选人贯立群》	广播访谈	24届	三等奖	郭士荧
中国新闻奖	《协和医院:一台手术竟让患者开两次刀》	消息	24届	三等奖	高翔
中国新闻奖	《爱的梦想》	国际传播	24届	三等奖	刘兴宇
北京新闻奖	《协和医院:一台手术竟让患者开两次刀》	消息	23届	三等奖	高翔
北京新闻奖	《被废弃的公厕，让“民心工程”变“伤心工程”》	专题	23届	三等奖	高傲、王婷婷
北京新闻奖	《扫清雾霾，亟需创建绿色考评体系》	评论	23届	三等奖	程艳、戚天
北京新闻奖	《北京将重奖见义勇为人员最高可获170万属全国最高 》	短消息	23届	二等奖	王劲清
北京新闻奖	强掳中国劳工赴日劳作档案公开纪实	新闻访谈	23届	二等奖	小丹
北京新闻奖	《一生有光》	专题	23届	二等奖	康雪、陈彦旭
北京新闻奖	《爱的梦想》	外宣专题	23届	二等奖	刘兴宇

续 表

奖项名称	获奖作品	体裁	届数	奖项等级	获奖部门及人员
北京新闻奖	石景山商场大火无百姓伤亡 两名消防员壮烈牺牲	连续报道	23届	三等奖	左天驰
北京新闻奖	门头沟村民首次尝到农民集体资产信托化的甜头	消息	23届	三等奖	郝爽
北京新闻奖	泪水中的新纪录：张培萌遗憾止步莫斯科田径世锦赛男子百米半决赛	短消息	23届	三等奖	贾萌
北京新闻奖	《听鸟》	新闻访谈	23届	三等奖	牛力
北京新闻奖	外国记者眼中的芦山地震救援	外宣专题	23届	三等奖	吴梅红
北京新闻奖	大型采访活动“一路向北——探访南水北调”策划		23届	组织策划奖	罗湘萍、李哲勇、连新元

（北京人民广播电台）

2014年北京电视台获奖作品一览表

奖项名称	获奖作品	届数	奖项等级	部门
中国新闻奖	《房山长沟大墓发掘进行时》	第24届	三等奖	新闻节目中心
中国新闻奖	《都市晚高峰》	第24届	三等奖	新闻节目中心
中国电视金鹰奖	《渗透》	第27届	电视剧三等奖	影视剧中心
中国电视金鹰奖	《2014年北京电视台春节联欢晚会》	第27届	优秀电视文艺节目	文艺节目中心
中国电视金鹰奖	《BTV2014环球春晚》	第27届	电视文艺节目三等奖	青少·海外节目中心

续 表

奖项名称	获奖作品	届数	奖项等级	部门
中国电视金鹰奖	《2014年北京电视台春节联欢晚会》导演孙仝	第27届	文艺节目导演提名奖	文艺节目中心
中国电视金鹰奖	《人民的艺术》	第27届	电视纪录片三等奖	新闻节目中心
中国电视金鹰奖	《中国传统节日民俗皮影篇》	第27届	优秀电视公益广告片	总编室
“星光公益广告大奖”	《见义勇为司马光篇》	第1届	星光公益广告大奖	广告部
北京新闻奖	《习总书记赴庆丰 排队点餐取餐自己来》	第23届	一等奖	新闻节目中心
北京新闻奖	《做人做出品牌：北京儿童医院有个“贾立群”B超》	第23届	一等奖	新闻节目中心
北京新闻奖	《正道沧桑——社会主义500年》	第23届	一等奖	新闻节目中心
北京新闻奖	《雅安地震 熊猫安好》	第23届	一等奖	青少·海外节目中心
北京新闻奖	《北京科普望远镜抵达阿里国家天文台》	第23届	二等奖	新闻节目中心
北京新闻奖	《八岁女孩 捐髓救父》	第23届	二等奖	新闻节目中心
北京新闻奖	《中国梦——365个故事》第一集《在水边》	第23届	二等奖	新闻节目中心
北京新闻奖	《锐观察》——空中别墅，违建，必清！	第23届	二等奖	新闻节目中心
北京新闻奖	《你说的“三个不够”我记下了》	第23届	三等奖	新闻节目中心
北京新闻奖	《十年煤改电基本完工26.4万户居民电采暖过冬》	第23届	三等奖	新闻节目中心
北京新闻奖	《生活2013》——真相京客隆超市换标签内幕	第23届	三等奖	生活节目中心
北京新闻奖	《中国首台自主研发大型主机天梭K1今天面市》	第23届	三等奖	新闻节目中心
北京新闻奖	《咱爸咱妈的美好时代》	第23届	三等奖	生活节目中心

续 表

奖项名称	获奖作品	届数	奖项等级	部门
北京新闻奖	《最美女中医教你如何变美丽》	第23届	三等奖	青少·海外节目中心
北京新闻奖	《12345需求与反馈 听民意 解民忧》特别报道	第23届	组织策划奖	新闻节目中心

（北京电视台）

2014年北京电视艺术中心有限公司获奖作品一览表

奖项名称	届数	奖项等级	获奖部门及人员
2013CPCC十大中国著作权人年度评选	2013年度	2013CPCC十大中国著作权人	北京电视艺术中心有限公司
华鼎奖	第13届	全国观众最喜爱的影视明星十佳	李立群

（北京电视艺术中心有限公司）

2014年北京紫禁城影业有限责任公司获奖作品一览表

奖项名称	获奖作品	体裁	届数	奖项等级	获奖部门及人员
2014年度北京市文化精品工程第二批重点项目	《乞丐大掌柜》	年代——人物传记	2014年度	市级奖项	出品方

（北京紫禁城影业有限责任公司）

2014年北京广播电视报社获奖作品一览表

奖项名称	获奖作品	体裁	届数	奖项等级	获奖部门及人员
中国广播电影电视报刊协会好新闻奖	“雷剧遍地”谁之过？挖根子挖到自己脚	评论	2013年度	一等奖	张琳
中国广播电影电视报刊协会好新闻奖	北京电视台记者：磨烂鞋走出的救灾报道	通讯	2013年度	一等奖	王青

续 表

奖项名称	获奖作品	体裁	届数	奖项等级	获奖部门及人员
中国广播电影电视报刊协会好新闻奖	《范伟：不演小品 改唱大戏》	专访	2013年度	二等奖	刘颖
北京市新闻奖	北京电视台记者：磨烂鞋走出的救灾报道	通讯	23届	三等奖	王青
北京市新闻奖	北京电台全面报道抗震救灾	通讯	23届	三等奖	陈文
北京市新闻奖	《电波下的感人救助》	通讯	23届	三等奖	陈文

（北京广播电视报社）

2014年北京北广传媒数字电视有限公司获奖作品一览表

奖项名称	获奖作品	体裁	届数	奖项等级	获奖部门及人员
首都残疾人事业好新闻奖	《爱心公益行——融合教育 共同成长》	电视新闻专题	2013年度	一等奖	数据部 尹长凤
首都残疾人事业好新闻奖	《真情手递手——独具慧眼的盲人CEO》	电视新闻专题	2013年度	二等奖	数据部 王彤羽、王丹
2014红棉奖首届公益视频大赛	《水疗中的小蝌蚪》	公益纪实类	2014年度	一等奖	数据部 尹长凤
2014红棉奖首届公益视频大赛	《永不消失的爱心热线》	公益节目类	2014年度	三等奖	数据部 王彤羽、李茜茜
2014红棉奖首届公益视频大赛	《特别的月饼特别的情》	公益节目类	2014年度	三等奖	数据部 王彤羽、李茜茜

（北京北广传媒数字电视有限公司）

2014年北京北广传媒移动电视有限公司获奖作品一览表

奖项名称	获奖作品	体裁	届数	奖项等级	获奖部门及人员
北京新闻奖	《胡钧的低碳小屋》	专题	23届	一等奖	节目部 王莹、隗炜、孙宇

（北京北广传媒移动电视有限公司）

2014年北京市海淀区新闻中心获奖作品一览表

奖项名称	获奖作品	体裁	届数	奖项等级	获奖部门及人员
第二届中国（北京）国际服务贸易交易会优秀新闻作品奖	《聚焦京交会：京西皮影两项京交会》		第三届	优秀新闻作品奖	郑永龙、贾宇航

（海淀区新闻中心）

2014年北京市丰台区广播电视中心获奖作品一览表

奖项名称	获奖作品	体裁	届数	奖项等级	获奖部门及人员
北京市党员教育电视片观摩交流活动	《情印园博》	党员教育电视片		三等奖	社会教育部 杨秀丽、王金元
北京市廉政微短剧创作征集活动	《购物卡》	电视微短剧		优秀奖	专题部 李三鹏、李悦 崔菁阳、谷玥
北京新闻奖	《扫桥爷爷窦珍》	电视新闻	第23届	二等奖	新闻部 徐可、王猛、张东

（丰台区广播电视中心）

2014年北京市石景山区广电中心获奖作品一览表

奖项名称	获奖作品	体裁	届数	奖项等级	获奖部门及人员
北京新闻奖	石景山一商场突发大火	新闻	23届	三等奖	

（石景山区广播电视中心）

2014年北京市房山区广播电视中心获奖作品一览表

奖项名称	获奖作品	体裁	届数	奖项等级	获奖部门及人员
北京新闻奖	《奏响山村幸福曲，草根乐团也迷人》	广播新闻	23届	三等奖	房山广播电台专题部主创人员：王磊、汪学武、李盼、赵立国

（房山区广播电视中心）

2014年北京市顺义区广播电视中心获奖作品一览表

奖项名称	获奖作品	体裁	届数	奖项等级	获奖部门及人员
北京新闻奖	《“幸福的N+1”》	电视专题	第23届	三等奖	李东华、袁伯伟方攀、郭春祥
北京新闻奖	“居民住宅建电厂自己卖电给国家”	长消息	第23届	二等奖	朱明福、李虹健
全市党员教育电视片观摩交流活动	《为了城市更清洁》	教育电视片		二等奖	郭金玉、郭春祥、王保华
“2013年度首都残疾人事业好新闻评选”	《用爱心给他们信心》	电视新闻	2013	三等奖	郑彧森、高晓玲、徐立国、李虹健
“2013年度首都残疾人事业好新闻评选”	《送教上门让残疾儿童享受“特别的爱”》	电视新闻	2013	二等奖	段建楠、裴庆生
“2013年度首都残疾人事业好新闻评选”	《我的故事听见幸福》	电视新闻	2013	三等奖	郑彧森、张德旭

（顺义区广播电视中心）

2014年北京市平谷区广播电视中心获奖作品一览表

奖项名称	获奖作品	体裁	届数	奖项等级	获奖部门及人员
北京新闻奖	《孙宝军——林地抵押贷款本市第一人》	长消息	第23届	三等奖	新闻科王健 陈东仓

续 表

奖项名称	获奖作品	体裁	届数	奖项等级	获奖部门及人员
2014年度北京人民广播电台区县优秀组织奖	《平谷新闻》	优秀组织奖	2014年度	优秀组织奖	平谷电视台
2014年度北京人民广播电台区县优秀报道奖	《2014横渡金海湖全民挑战赛在平谷开赛》	短消息	2014年度	三等奖	新闻科 陈东仓
2014年度北京人民广播电台区县优秀报道奖	《平谷鲜桃季迎来第二季》	短消息	2014年度	三等奖	新闻科 高笑影

（平谷区广播电视中心）

2014年北京市昌平区广播电视中心获奖作品一览表

奖项名称	获奖作品	体裁	届数	奖项等级	获奖部门及人员
北京新闻奖	《麻峪房村成为全市首家实现“三网融合”的民俗旅游村》	广播长消息	第23届	二等奖	昌平人民广播电台、昌平电视台新闻部：李阳、孙学进、张美鸾

（昌平区广播电视中心）

2014年北京市密云县广播电视中心获奖作品一览表

奖项名称	获奖作品	体裁	届数	奖项等级	获奖部门及人员
北京新闻奖	《“老哥的故事”》	系列报道	第23届	三等奖	密云广电中心

（密云县广播电视中心）

2014年海润影视制作有限公司获奖作品一览表

奖项名称	获奖作品	体裁	届数	奖项等级	获奖部门及人员
中国新影人基金论坛	《喊山》			入围奖	北京海润影业有限公司

续 表

奖项名称	获奖作品	体裁	届数	奖项等级	获奖部门及人员
国家文化出口重点企业			2013—2014年度		海润影视制作有限公司
国家文化出口重点项目	海润nowTV合作国产剧集台海外落地		2013—2014年度		海润影视制作有限公司
精神文明建设“五个一工程”奖	《木府风云》		第13届	优秀电视剧奖	海润影视制作有限公司
中国电视金鹰奖			第27届	最具人气女演员奖	孙俪
中国电视金鹰奖			第27届	观众喜爱的电视剧女演员奖	孙俪
中国电视金鹰奖	《舞乐传奇》		第27届	优秀电视剧奖	海润影视制作有限公司

（海润影视制作有限公司）

2014年北京鑫宝源影视投资有限公司获奖作品一览表

奖项名称	获奖作品	体裁	届数	奖项等级	获奖部门及人员
北京市重点题材影视剧	《老有所依》				
北京市优秀影视剧剧本					
精神文明建设“五个一工程”奖			第13届		
中国电视金鹰奖			第27届	优秀电视剧奖	
中国电视金鹰奖			第27届	最佳电视剧导演	
北京市优秀影视剧剧本	《青年医生》				

（北京鑫宝源影视投资有限公司）

2014年北京国立常升影视文化传播有限公司获奖作品一览表

奖项名称	获奖作品	体裁	届数	奖项等级	获奖部门及人员
精神文明建设“五个一工程”奖	《原乡》	现代涉台	第13届	国家级	北京国立常升影视文化传播有限公司及其他联合出品单位
中国电视金鹰奖	《原乡》	现代涉台	第27届	国家级	北京国立常升影视文化传播有限公司及其他联合出品单位
金美洲豹奖	《原乡》	现代涉台	首届加拿大国际电视节	国际奖项	北京国立常升影视文化传播有限公司及其他联合出品单位

（北京国立常升影视文化传播有限公司）

2014年北京东王文化发展有限公司获奖作品一览表

奖项名称	获奖作品	体裁	届数	奖项等级	获奖部门及人员
制片委员会颁发的“第六届十佳优秀电视剧奖”	《兰陵王》	电视剧	第6届		
福建广电海峡影视季颁发的“2013年最受台湾观众欢迎的大陆电视剧”	《兰陵王》	电视剧			
亚洲彩虹奖	《重返大福村》	电视剧	第2届	电视优秀喜剧奖	

（北京东王文化发展有限公司）

典型经验

北京广播电视台引入质量管理体系成效显著

2014年8月21日，北京广播电视台总部顺利通过方圆标志认证集团的专家审核，取得ISO9001：2008质量管理体系证书和国际认证联盟（IQNet）证书，成为全国首家总部通过ISO9001：2008质量管理体系认证的省级广播电视台。北京广播电视台总部ISO9001：2008质量管理体系认证工作始于2012年1月，经过全体员工历时两年多的共同努力，编制了《质量管理手册》《程序控制文件》和《作业指导》三本共计60多万字材料，建立了服务至上、职能清晰、权责明确、流程科学、考核有据的管理机制，干部职工队伍面貌焕然一新，服务理念深入人心，服务质量、服务效率、服务效益全面提升，各项工作走上了科学化、规范化、制度化轨道。

一、实现三个提高：责任意识、效率意识和服务意识的提高

自2013年5月认证工作开展以来，从台主要领导到新入职员工全员参与，紧紧围绕北京广播电视台总部职能职责和当前广电传媒业改革发展实际，按照ISO9001:2008质量管理体系要求，通过专家授课、业务培训、案例分析、编制质量管理文件等多种形式，清除了干部职工思想上的“机关意识”，实现了管理向服务的转变，全员责任意识、效率意识和服务意识得到了极大提高，立足本职，埋头工作，服务改革、服务发展、服务基层，成为北京广播电视台总部全体员工的自觉行动。全员责任意识、效率意识和服务意识的牢固树立，让广大干部放下了“管理者”的架子，俯下身子当好“服务员”，观念意识的改变，让全体干部职工的精神面貌焕然一新，服务意识、服务质量、服务效率得到全面提高。

二、实现三个明确：部室职能、岗位职责和工作标准的明确

北京广播电视台总部在ISO9001:2008质量管理体系认证过程中，紧紧围绕市委市政府、国家新闻出版广电总局的要求和市委宣传部的部署，以台“三定”方案为纲，把全台总体工作目标与各部室职能职责细化到每一项具体工作上，明确岗位名称、岗位职责和工作标准，把每项工作落实到每个岗位，每个岗位落实到每个人头，做到人人明确部室职能、明确岗位职责、明确工作标准，实现管理服务的规范化。特别是工作完成情况有了量化考核标准，彻底解决长期以来国有事业单位管理粗放的问题，打破事业单位长期存在的“大锅饭”，让考核检验记录为证，干好干坏一目了然，孰优孰劣自主评判，极大地调动了全体干部职工的工作积极性，全体员工的工作执行力显著提高。

三、实现三个结合：质量管理与落实法律法规、政策规章和内部制度的结合

在质量管理认证过程中，北京广播电视台始终把全台媒体的传播力、公信力、影响力和舆论引导能力作为引入ISO9001:2008质量管理认证体系的出发点和落脚点，在编制《作业指导书》时，把全台129项A类工作编入55个作业指导书，把质量管理与落实法律法规、政策规章、内部制度相结合，明晰了每项工作的岗位名称、工作职责、工作流

程、依据文件（含法律法规和政策规章）、工作记录等，梳理出了全台工作依据的法律法规、政策规章114个，制定修订台内规章制度51项，把科学化、规范化、法制化内化到全体员工每天的日常工作之中，成为大家自觉的行为准则。不仅让每个人清楚干什么、怎么干，还强化了全员依法办事、依照程序办事的能力。

四、实现“三个量化”：工作任务数字化、工作流程数量化和考核标准数据化

量化管理是质量管理体系的核心，也是长期制约北京广播电视台总部管理现代化的一个难题。北京广播电视台与方圆认证集团的专家们根据总部的工作职能和工作特点，以定量为基础，定性与定量相结合，认真梳理每个岗位的职能、职责和任务，细化出可操作可检验的量化标准，从而实现了每个岗位“三个量化”，即工作任务数字化、工作流程数量化、考核标准数据化。通过“三个量化”，把总部主要工作细化成287项记录文件、表格，每项记录规定了一项工作的完成时限，记录着一项工作的全部过程，负责这项工作的员工，在办公网上填写工作流程记录。台领导和部门主任通过办公网便可即时了解每项工作的进展情况和每个员工的工作状况，发现工作中存在的不足和问题，并提出整改意见和要求，确保每项工作有序正确地开展。与此同时，“三个量化”为年终人员年度考核提供了数据支撑，提高了干部职工考核的科学化水平。

五、实现“三个转变”：“管理控制”向“服务发展”转变，“组织管理”向“自我管理”转变和“各自为战”向“相互协作”转变。

2015年1月开始，北京广播电视台总部启动了为期半年的ISO9001：2008质量管理体系试运行，全体干部职工按照岗位职能、工作职责、工作流程开展工作，认真做好工作记录，台领导和各部室主任每天适时对工作过程进入“旁站式”全过程监督，总部在每月召开的月度工作通报会或ISO9001：2008质量管理领导小组工作会上，总结经验、分析问题、提出对策，按照质量管理要求持续改进各项工作。实践表明，ISO9001：2008质量管理体系的引入，实现了“三个转变”，即“管理控制”向“服务发展”转变，“组织管理”向“员工自我管理”转变，部门“各自为战”向“相互协作”转变。这“三个转变”推动了各项工作高效率高质量开展，提高了全体员工的主人翁意识和自觉做好工作的责任感、使命感。

六、实现三个目标：持续改进、持续完善和各项管理工作持续提高

持续改进、持续完善、持续提高，是ISO9001：2008质量管理体系对质量管理工作的总体要求，也是深化广播电视机构改革、实现与新媒体融合发展的客观要求。北京广播电视台在开展ISO9001：2008质量管理体系认证中，坚持一边做好质量管理顶层设计，一边围绕中心工作开展实践，把质量管理体系融入到党委中心组理论学习、董监事培训、模拟法庭等各种会议、培训活动中，融入到各项日常工作之中；在实践中检验岗位设置、工作流程和工作标准的科学性与可操作性，确保了质量管理体系运行的有效性，提高了管理效率，提高了管理质量，提高了管理效益，实现持续改进、持续完善、持续提高管理服务水平的既定目标。对18家台属单位满意度调查显示，总部12个部室的服务满意度平均达到95.87%。

通过引入ISO9001：2008质量管理体系，北京广播电视台基本构建了科学化、系统化、规范化的管理模式，形成了决策清晰、执行有力的管理体系，取得了良好的效果，积累了适宜的经验，大幅提高了管理效率。特别是ISO9001：2008质量管理体系证书和国际认证联盟（IQNet）证书等证书的取得，为北京广播电视台下一步开展对外交流合作提供了有利条件。质量管理工作是一个持续改进、持续完善、持续提高的过程，北京广播电视台将在继续总结实施好总部质量管理工作、不断提升服务发展能力的基础上，按照成熟一个引入一个的思路，逐步在全台各单位引入ISO9001：2008质量管理体系，以管理水平的提高促进管理效益的全面提升。

（北京广播电视台）

因势而变，深度融合，打造互联网时代北京电台升级版

2014年，北京人民广播电台连续3年逆势上扬，收听率和市场份额在北京广播市场占据绝对优势地位：收听率（前11个月）由2013年的3.5%增长到3.6%，增长3.19%；市场份额由70.37%增长到71.22%，上涨1.2%。这主要出于三个方面的原因：一是北京电台继续发挥广播实时快速和声音传播的媒体优势；二是继续利用多媒体、多平台开展各种品牌活动，使传统广播变身既“听得到”又“看得见”传播力和影响力持续拓展的新型广播；三是不断转变传播理念，拓展传播渠道，以开放包容的姿态探索与新媒体的融合。

一、以介质融合建构多种媒体平台，拓展广播传播渠道，提高广播的传播力和影响力

互联网打通了各种传播介质间的关系，破除了它们之间的障碍。融合背景下的互联网，不再是广播的辅助和补充，而成为广播诸多传播通道的重要组成部分。

建立全台统一的新闻会商平台，实现对人力资源和新闻资源的多次开发利用。

北京电台网上新闻会商平台2014年年初启用，值班总编和相关频率、网络中心每天固定时间就选题策划、报告、推进、控制、预订、评估等展开讨论和部署。重大选题、突发事件等除在广播播出声音版，也会把相关内容的文字、图片、音视频、背景链接等根据网络传播特点发布在网络终端。

注重新闻报道的广播和多媒体分工配合，做好广播和网络信息产品的内容和形式区隔。

尽可能发挥广播快速、实时、现场传播等媒体优势，同时在北京广播网开辟专题页面，尝试微直播、微访谈。北京市“两会”期间首次推出的微直播累计阅读量达到16万次，契合网络传播特点，占领网上舆论阵地，扩大了主题报道的覆盖面和影响力。各频率和重点节目开设官方微博、微信，部分节目开设手机客户端，全台共有官方微博51个、微信29个、移动客户端18个。除了满足广播听众的需求，还做好新闻信息和节目资源的二次甚至多次开发。新闻广播的官方微博有50万粉丝，由专门的编辑管理维护，播发的信息速度快捷、形式简短、内容丰富。2014年的马航失联事件，交通广播记者使用“秒拍”的方式记录第一现场，在重要节点抢到微博媒介生态圈的首发，采访手记累计阅读量将近190万次，多家媒体转载。这凸显了北京电台新闻立台、多媒体协调发展的媒

介形象。

探索新频率的广播和新兴媒体融合发展道路，为其他专业广播深化改革、创新转型“先行先试”。

北京电台2014年申请到一个新的频率，通过机制创新和公司化运营，开拓广播和新媒体的用户市场和客户市场，创建新的媒体运营模式、传播方式、市场营销和经营管理机制，探索传统广播在互联网时代向市场化和全面新媒体化转型的路径，构建互联网时代适应市场和用户需求的新型音频媒体平台。新频率是北京电台探索改革的“特区”，为其他专业广播改革和转型提供示范经验。

二、以用户体验为中心，增强用户对广播的参与度和互动性

媒体融合发展要做到“人在哪儿，重点就在哪儿”，它的本质是提升受众的地位。北京电台的新媒体发展之路已经进入网络交互阶段，尤其重视对社交媒体和移动互联网的使用，媒体消费者不再是被动的受众，而成为主动的信息创造者和提供者，实现内容生产从PGC（机构生产内容）为主到兼用UGC（用户生产内容）的跨越。

报道路径从单向大众传播转变为立体化和交互式传播，引发广播听众和网络用户的评论和点赞。

“北京榜样”大型主题活动中，榜样人物的推荐就包括组织推荐、媒体发掘和群众推荐等多种渠道。每周人物榜、月度人物榜、年度榜样的评选，其中一部分是公众通过短信、网络投票选择的结果。这样的评选不但吸引了公众的参与，也使得公众认为这些榜样就是自己的选择。巴西世界杯期间，交通广播《一路畅通》“说进世界杯”微信公众号推出球赛语音竞猜活动，累计吸引10万多粉丝，让公众收听节目的过程不仅获取信息，还是一种投身其中的游戏，而这正是新媒体粘连用户的惯用做法。受此影响，《一路畅通》的市场份额突破50%，取得新媒体、广播与用户的互动多赢。“说进世界杯”获得国家新闻出版广电总局颁发的“最具影响力视听微信公众平台”奖。

微信的语音功能契合广播的声音传播特质，使得广播节目能够方便快捷采用UGC，成为电台和用户共同的“准自媒体”。

截至2014年二季度末，微信和WeChat合并月活跃账户数达4.38亿，刷微信造就了大批的“低头一族”，它的语音功能为广播节目内容和声音的更加丰富提供了可能。一些节目和采编播人员开通公众微信号，吸引公众对节目的参与，培养了千万个编外员工，对这些来自用户的声音的选用，使他们能够享受此前从未经历过的主流媒体传播过程，这种体验过程使得用户感到他和广播一起合办一档节目。新闻广播世界杯期间策划《世说新语》，在广播播出的同时，每天在微信公众号上同步上传音频，用户反响强烈。

“听听FM”手机客户端上线，打造移动音频分享平台，用户不但可以听到海量高品质音频内容，还可以上传自创的内容，创办“私人电台”。

2014年11月28日，北京电台重点打造的网络电台——“听听FM”手机客户端一期产品上线公测，实现了广播应对移动互联网“听”应用挑战方面具有里程碑意义的进展。

“听听FM”一期产品功能主要集中在内容聚合和用户对音频内容的收听方面。它是一款移动音频分享平台，汇聚全球范围上千个频率直播节目、海量音频节目和个性化原创播客，涵盖新闻、资讯、音乐、相声小品、有声小说、评书、体育、综艺、娱乐等声音内容，点播音频近300多万条，音频专辑近5万个，全国电台主播7千多人，草根播客近2千个，兼具传统广播直播和播客、有声

读物点播内容。此外，用户还可上传内容，编排节目，自组节目单，实现创办“私人电台”当台长的梦想。

三、以技术为支撑，广播赢得强大的融合发展动力和新的空间

加拿大社会学家麦克卢汉说：“媒介即讯息。”一句话说明了技术在媒体发展中举足轻重的作用。媒体技术融合必须吻合自身的需求和特性，特别要重视与本地受众之间的融合。

北京电台的亚运会报道，首次在境外使用2兆点对点的SDH技术传输信号，以异地互动对播的形式连通仁川和北京，为微信公众号定制开发视频节目《We》，在优酷、爱奇艺、凤凰FM等商业平台总播放量将近40万次。《一路畅通》空地互联特别直播节目，将空中直播间搭建在东方航空载有WiFi系统的航班上，飞行中直播与地面直播同步交替进行，开辟了新的直播场所和全新的直播方式。

四、媒体融合只有进行时，要继续优化整合新闻报道，实现多媒体采编播流程再造

北京电台要继续整合新闻内容，升级既有新闻会商机制，再造新闻采编播流程，实现人力、新闻资源多平台、多媒体、多梯级的最大化开发利用。

建立“新闻中枢”地位的“超级编辑部”，再造内容生产流程。

北京电台要升级现有新闻会商平台，树立一体化发展理念，整合媒体资源和生产要素，打造统一指挥调度的全媒体内容采集、存储、生产和发布平台，传统媒体和新媒体的内容都在一个系统中，从内容策划之初就考虑各个频率、不同平台的内容需求，统一调派内容采集人员，实现一次采集、多目标处理和多平台发布。重组内部组织机构，改变传统媒体和新媒体分立并行的局面，实现内容、平台、机构、人才、运营的有机融合，以发挥整体优势，实现最大效益。

建立新媒体和传统广播的新型关系，着力发展两大主要业务，促进新媒体和传统媒体的深度融合。

北京电台网络媒体中心调整职能定位：一是协助各节目开展新媒体推广，主要做好微信订阅号分发推广，新媒体人员和广播节目人员形成完整的节目团队；二是做好北京电台微信服务号，实现广播服务落地和资源闭环设计，探索相关商业模式。

建设新型节目团队，提升节目的市场竞争力和品牌价值。

团队建设旨在节目创意、研发、生产、落地推广和创收等方面激发活力。从节目策划到运营的各个环节，加强和新媒体平台的深度融合，配备专门人员，在各个环节引入新媒体运作思维。在策划环节规划好内容的多平台分发，在生产环节针对不同平台提供个性化内容，在运营环节依托新媒体平台加强和用户的互动。打造出线上线下都产生效益的节目团队，未来孵化出电台控股、节目制作人员享有股份的新型节目制作公司。

建立内容生产基地，多媒体平台传播独家内容。

在发布独家内容竞争激烈的环境下，北京电台加强内容策划，建立独家内容生产基地。媒体版权部发起项目并获批准，电台2015年将开展对北京市国家级非物质文化遗产项目和传承人的抢救性专访及珍贵资料收集。邀请传承人讲传承、讲历史、讲艺术、讲人生、讲故事，音频、视频、图片、多媒体等手段和形式相结合，真实系统地记录国家级传承人口述史、传统技艺流程、代表剧目节目、仪式规程等信息。适时推出非物质文化遗产传承人系列访谈节目，传播非遗知识、非遗理念、非遗项目和代表性传承人，

增强全社会的文化自信，提升北京电台在媒体竞争中的优势。

开展品牌活动，推出重大报道，办既好听又好看的广播。

重要品牌活动要做到有广播特色，能多媒体推进，有独家亮点，有重大影响。

北京电台发起的“北京榜样”已经纳入北京市级“践行社会主义核心价值观”品牌活动，2015年要继续做大做好。北京电台独家策划的“中高招大型直播咨询活动”“京都球侠评选活动”“赢在创意全球华语广播栏目大赛”等活动要继续办出特色和影响。

重大系列报道要契合广播特点和社会背景，能多平台联动，有独家视角，有社会效益。多频率、多平台、长时间推出“纪念世界反法西斯战争胜利70周年”大型采访报道；举全台之力推出“世界地球日”广播真人秀特别节目；我国已经成为世界上高铁里程最长的国家，高铁是展示中国特色社会主义发展成就的名片，2015年将推出“中国速度、中国制造、世纪梦想——中国高铁发展巡礼”；结合北京市“美丽乡村，筑梦有我”公益行动，推出“北京最美乡村故事”征集采访活动。

（北京人民广播电台总编辑　王秋）

“国人自述——我的梦”
主旋律报道形式的积极探索与尝试

系列励志故事“国人自述——我的梦”，是北京人民广播电台在主旋律报道的内容和形式上进行的一次大胆探索和积极创新。该系列报道自2013年6月24日播出以来，先后采访了60余位人物，播出作品51篇，在北京人民广播电台9个频率两轮滚动播出，共播出10528次，总时长263小时，在听众中引起了较大反响。

一、全新的叙事角度

节目完全采用人物自述的形式，每个故事都在1分30秒之内。通过人物自述的形式，描绘出当代中国人、北京人为自己、家人、社会、祖国圆梦的故事。故事主人公涵盖了科技界、军事界、教育界、音乐影视界、曲艺界、体育界等各行各业，既有像于丹、张召忠、李云迪、郎平等已经实现梦想的成功人士，也有像光爱学校校长石清华、交警孟昆玉等胸怀梦想，仍在奋斗的普通人。“英语神厨”张立勇从小生长在艰苦的农村，通过自己的努力走出大山；濮存昕、韩红在实现梦想的路上曾到处碰壁，但坚持使他们获得成功；杨佳虽然失明，但没有放弃心中的梦想，一直奋斗在自己的研究领域……他们在讲述自己经历的时候，都穿插着感人的小故事，引起了听众强烈的共鸣。“大人物、小故事、大道理”。这样的内容表现方式使整个报道更生动、更有说服力，从一个全新的角度诠释了“每个人的前途命运都与国家和民族的前途命运紧密相连”“国家好，民族好，大家才会好”的主题。

二、标准化的生产方式

节目采取标准化制作方式，每一个时间节点，每一个工作流程都有非常具体的要求。

在工作部署安排上全台一盘棋。总编室统筹协调；新闻、城市、交通、故事、体育5个参与节目制作的专业广播记者为主要采编力量，负责前期采访和粗剪素材；制作人员后期加工制作；一位副总编辑带领审稿团队严格把关审听；广告部和各专业广播安排播出。各部门既有合作又有各自任务，报道达到最优的效果。

具体节目内容统一要求：必须涵盖主人公的自我介绍、个人梦想、圆梦历程以及对“中国梦”的理解四部分。对采访的统一要求：要有具象描述，有细节，有必要的音响，语言表达和声音素材要清晰。表现形式上统一要求：必须是人物自述，不能有旁白，且不能是喋喋不休的讲述；要给音乐、音效以表现的空间；要有两段以上的垫乐，通过音乐的转换来实现内容和情感的深化。

依据标准化流程制作生产出来的节目质量均匀，好作品占了绝大多数。北京电台广播发展研究中心通过受众实验室对“国人自述——我的梦”节目质量进行统一测评。中心招募了58位热心听众，用近100分钟的时间，现场连续收听了“国人自述——我的梦”的全部51个人物故事，并就“人物选择”“语言感染力”“启示性和触动性”“制作水准”四项指标，让听众为每个作品打分。听众评分结果显示，50个人物故事的分数在80分以上，所有作品分数相差甚微，整体质量达到高水准。

三、广播剧的创作手法

节目采访人物涉及面广，形形色色的经历和职业背景，使他们讲述的故事内容非常丰富，语言特色鲜明。像郎平的豪气、农民企业家张宝贵的朴实、“爸爸校长”石清华的热情、奥运冠军林丹的豪迈、学者张颐武的文气、军事专家张召忠的严谨……这些都能够通过他们的语言生动地展现出来。在创作过程中，制作人员有侧重地突出主人公与常人的不同之处，很好地把握住主人公身上的特色和亮点，结合主人公过往经历中留下的声音片段，并配以符合他身份特点的音乐、音效，营造出一个富有画面感的生动的场景，将一个个奋斗者的形象真实、立体地呈现在听众面前，从而增强故事整体的可听性。《奥运冠军叶诗文》节目一开始，叶诗文的自述被叠加压混上她游泳训练的生活录音。当叶诗文讲到她克服种种困难，为了梦想咬牙坚持时，节目马上加入了伦敦奥运会游泳比赛现场直播时的音效，直播主持人那种激昂、振奋的解说，迅速把听众拉回到那个激情四射的赛场。这样就使主人公的身份马上鲜活起来，形象丰满，特性鲜明，给听众留下深刻的印象。在《盲人钢琴调音师陈燕》中，首先出现的是陈燕给钢琴调音的音效。一个一个按琴键的声音很独特，从一开始就吸引听众的注意力。同时这样也能够引出主人公的身份，精准地为听众描绘出“钢琴调音师”的职业特点。之后主人公讲述她第一次到客户家服务的经历，在说到“一下车就走错路”的时候，配上了车辆川流不息、汽车鸣笛而过的音效，不但传递现场音响，而且充分地体现了一个盲人面对车水马龙时那种慌忙、无助的心境，也为展现主人公的顽强、自立起到了铺垫作用。

四、立体化的宣传手段

把人生故事浓缩成短小的公益广告，在北京电台9个频率以每天8次以上的频次滚动播出；在北京广播网推出相关专题页面，刊载人物故事的音频、文字、照片；北京广播网的微信推送的“新闻报”中开辟同名专栏，每天推介一个人物（包含文字、照片、音频），并向新浪、凤凰、千龙3家网站推介；北京电台《新广播》报以专栏形式连续刊载相关内容。第二轮播出时，北京电台又调整播出时间，与第一轮播出形成差异性编排。

大规模、高密度、立体化、全覆盖的组合“出击”，达到了不留传播空白、尽量争取一切出口接触听众的效果，扩大了节目的传播力，取得了非常好的宣传效果。问卷调查显示，高达81%的听众表示曾经收听过这一系列报道。

（北京人民广播电台　刘莹）

《知识开讲》的大众化口味与多元化表达

2009年1月1日，北京人民广播电台故事广播推出综合类科普栏目《知识开讲》。该栏目一改以往科普类节目刻板单调的教科书式面孔，力求做出一档“满足大众化口味的科普节目”。这一做法拉近了科普节目与大众的距离，提升了听众对科普节目的关注度，取得了较好的收听效果。

以探秘性为主体结构

《知识开讲》把探秘性作为大部分题材的主体结构，增强了对听众的吸引力。“2012年12月21日地球将毁灭”是一则外国预言，美国电影《2012》又以电影的形式将其视觉化。这部好莱坞大片运用非凡的特技效果，对所谓世界末日引发的地震、火山爆发、海啸等灾难进行了仿佛令人身临其境的再现。电影除创造高票房之外，也使不少观众产生了恐惧心理。为破除这一认识误区，《知识开讲》适时推出《解码2012》系列节目。以探秘性破题，用“解码”二字首先吊起了观众的胃口。

节目开篇一段描述火山喷发的声效，迅速让听众感受电影描摹的“世界末日”的情境中，听众也许不由画上一个问号：影片中的情况会不会在现实生活中发生？然而，节目并没有马上给出答案，而是请专家就火山爆发的成因展开了进一步分析，并由此引出对地球内部结构的相关科学知识介绍。当听众还沉浸在火山爆发带来的巨大震撼中，一段关于地震的电影原声再次冲击观众的耳膜。随后，主持人承上启下地介绍，上一段节目中提到的火山爆发以及地震的成因都是缘于地球内部能量的向外释放，只不过是在不同地理结构中呈现出不同的表现形式。

此后，多个表现灾难的电影原声片段相继而来，主持人和专家据此进行逐一分析。至此，听众已经大致了解了诸多所谓“灾难”背后的科学原理。此时，主持人话锋一转，终于向专家抛出了观众心中的问题：“这些灾难到底会不会发生在现实生活中呢？”此时，本期节目已经接近尾声，访谈嘉宾适时给出了明确答案：现实生活中所发生的地震、海啸、火山爆发等地理现象，其强度、裂度及震级远远不可能达到影片中所呈现的极端状态，更不可能在全球同时发生，所谓“世界末日”的预言完全站不住脚。 至此，在一个总问题“世界末日到底会不会在现实中发生”的统领下，通过答解一个个子问题，即各种自然现象背后的科学原理，探秘性成功地构架起一期节目。同时，正因为有了前面对科学原理的充分阐释，听众才会顺理成章地感受专家给出的科普讲解。

以故事性为主要叙述方式

在节目成形过程中，探秘性和故事性相辅相成，互为依托。“经络养生的起源和发展”是《经络养生》系列节目中的一期。本期节目以一个故事介绍了中国针灸的由来：原始人在被石头的棱角硌痛脚底后，逐渐发现痛感可以引起身体机能的某些细微变化。在这个故事的引领下，主持人和专家穿插介绍了诸多相关知识，比如针灸工具由石头发展到纤细的骨头，进而演变成今天的金属针具。

《知识开讲》在嘉宾访谈环节也一直秉承一个原则：运用故事性，减少评论态。在访谈过程中，主持人和嘉宾的谈话不是简单的你问我答，而更像几个朋友一起说一件秘闻、聊一段趣事。以《动物如何过冬》节目为例，本期节目邀请到的嘉宾是中国科学院动物研究所国家动物博物馆的张劲硕博士。主持人和嘉宾通过故事来讲解松鼠在冬季来临前收集松子，埋入地下作为越冬食物这一自然现象。其中，张博士提到了很多人童年都读过的一个童话故事《我的松子哪去了》，故事中有这样一个细节：小松鼠问妈妈："下雪前，我把好多松子埋到了地下，为什么在春暖花开的时候找不到它们了呢？"松鼠妈妈指着地上的小松树苗说："孩子你看，这些就是你去年埋下的松子呀。"围绕这个浅显易懂的故事，张博士将自然界中松树和松鼠之间相互依存的关系清晰地传达给听众：松树为松鼠提供越冬食物，而松鼠收藏越冬食物这一习性又成为松树繁衍下一代的重要途径。可见，嘉宾访谈中的故事性既增加了节目内容的趣味性，又有效地传播了科普知识。

多元化的呈现方式让节目常听常新

对于一档已经开办了5年的栏目，如何抵御审美疲劳，在听众耳中"保鲜"？《知识开讲》从多元化入手，在保持常规节目主体形态不变的前提下，通过在特别节目中采用多元化的呈现方式，让听众"常听常新"。以《神奇的眼科手术——白内障超声乳化摘除加人工晶体植入手术》这期特别节目为例。原本该在录音间内进行的专家访谈改在了手术室内，并伴随手术进程同步录制。这期节目录制的白内障手术时间约5分钟，患者不需要全麻，只要在眼部点入微量麻醉药物即可进行。在征得相关部门及患者同意后，在不防碍医生护士治疗的前提下，节目主持人直接进入手术室录制现场效果音响，并同步采访医生护士及患者。通过患者的真实感受及主刀医生的同步解说，为听众提供了一种全新的收听体验，为节目注入了活力。

（北京人民广播电台　刘莎）

充分发挥节目嘉宾的作用

《1039交通服务热线》创办经验

北京人民广播电台交通广播《1039交通服务热线》节目自开播以来，充分发挥嘉宾的作用，取得成功经验。

一、嘉宾参与节目创作，向听众提供实用性的社会化服务

《1039交通服务热线》众多的嘉宾，来自于北京交通服务行业的各个战线和部门，每个人都承载着各自行业独具特色的、实实在在的服务内容。他们走进演播室直接参与节目创作，把服务置于一个更广阔的平台，向听众提供了更广泛、更实用、更具体、更透明的服务，从而使"扩大服务"成为可能。听众也从过去盲目被动接受，转向可选择地接受服务。而这种实用性的服务一直是伴随着听众的需求不断调整变化的。仅就近些年来听众中司乘人员激增的过程而言，听众的服务需求大致经过了学车、买车、更新汽车，直到进入当下汽车文化交流中的"玩汽车”阶段。在每个阶段，《1039交通服务热线》都为听众提供相应的服务和帮助。车辆性能的分析比较，让听众在买车时学会了理性思考；交通法规的宣传普及，让爱车不敢买、学车不敢开的听众增强了自信心；二手车置换买卖的常识，让听众有更多选择的同时盘活北京二手车市场，满足不同群体的多层次需求；各类来自自驾俱乐部的嘉宾，开拓了听众的汽车文化视野，开创了汽车文化传播的新局面。

二、嘉宾参与节目创作，扩大广播节目的社会覆盖面

伴随着《1039交通服务热线》的成长，越来越多交通服务业和相关行业部门的专家走进了演播室。这些嘉宾来自汽车维修保养、汽车经销、交通管理、金融保险、司法律政、石油石化、交通产品经销、个性化的“泛交通”团体等。他们来自听众，服务于听众，是走进直播间的听众，是说实话的专家。他们独具特色的技能特点、学术风格、行业习惯、个人魅力都有着广泛的社会代表性，这种代表性使他们具有某种特定听众亲和力。在长时间的广播节目服务中，有些嘉宾已经被听众亲切地附予了形象生动的昵称，有时候竟然使听众忘记他们的真实姓名。如为节目服务十多年的一汽大众专家张忠林，就被听众亲切地称为“张捷达”。嘉宾参与节目创作，给广播节目搭建了与听众广泛联系的桥梁，在开发和扩大听众群体、扩大广播节目社会覆盖面方面起到了无可替代的作用。

三、嘉宾参与节目创作，促进行业服务水平的提升

嘉宾走进节目，在为听众提供服务的同时，也将自己和自己所代表的行业部门置身于一个更广阔的平台上，自觉不自觉地在接受着更多服务对象的监督。这对促进行业自律、良性竞争、提高服务水平、创建品牌服务等都有着积极的意义。节目嘉宾是行业和部门的代表，嘉宾的服务代表着所在行业的服务，那种台上“装绅士”台下“成土豪”的嘉宾是听众无法接受的，那种只想上台不想唱戏的行业是无法立足于《1039交通服务热线》的。嘉宾在节目中谦和的态度、精细的服务以及与听众之间的良性互动，无疑都在成为一面反映行业部门服务水平的镜子。这样就使得走进节目的嘉宾所代表的部门，在宣传推介自己服务的同时，也受到了同行业者的监督，这对促进行业的阳光服务、合法竞争有着积极的促进作用。

四、嘉宾参与节目创作，促进交通文化的建设、传播、融合

嘉宾主体的广泛性、服务内容的多样性，使得不同的人将不同的社会事物、不同的社会观念在《1039交通服务热线》这个同一平台上展现。在这里，法律法规的强制性得到张扬，大众的服务需求得以表达，优质热情的服务得到展现，各具特色交通参与者相互交流，各种不良的交通习惯受到鄙视和批评，各种科学先进的交通理念越来越多地被大众所接受，各种积极健康有益的生活方式得到认可。从这个意义上讲，嘉宾参与节目创作，促进交通文化的建设、传播和融合，对树立良好的社会风尚、建设社会主义核心价值观、建设社会主义精神文明都起到了积极的促进作用。

五、嘉宾参与节目创作，促进主持人队伍综合素质的提升

来自社会各个方面的嘉宾，均是所在行业部门的行家里手。他们给节目、给主持人带来社会现实生活中大量的专业知识、生活信息、人文观念，开拓主持人的认知视野，为节目组人员丰富知识、学习积累提供鲜活的教材。“嘉宾是吾师，嘉宾

是吾友”的理念已经日益成为“热线人”的自觉认识。节目组虚心向嘉宾学习，深入嘉宾所在行业部门开展社会实践，与听众交朋友。主持人在与嘉宾的合作中，学到专业知识、沟通融合的方法、刻苦钻研的敬业精神。这些不仅保证主持人在节目中与嘉宾默契配合，也为主持人的成长积累丰富的阅历。在这种学习和实践的过程中，主持人逐渐形成平和、朴素、亲近的主持风格，并被越来越多的听众所喜欢。有的主持人在某些领域已经可以自如地与嘉宾交流业务知识，使节目为听众提供优质服务成为可能。

（北京人民广播电台　林贺）

《赢在创意》大赛开辟广播栏目新趋势

2014年，北京人民广播电台主办的第七届《赢在创意》全球华语广播栏目大赛，获奖作品创意丰富，广播特色鲜明，引领广播栏目发展的新趋势。

一、传统广播与新媒体紧密融合，新技术运用日益娴熟

本届大赛的节目除与微博、微信融合，利用社交网络平台进行节目内容延伸，获得更多听众外，还对这些新技术的使用进行深入挖掘，开发与广播的嫁接点。如创新组的获奖节目《快乐茶餐厅》，使用微信的定位功能，通过广播对城市的“互帮互助”交际关系进行梳理，建立服务的生活圈；原创组的《10：46红包来了》使用微信的红包功能发放奖品，一改以往听众只能来电台领取奖品的传统方式。有的参赛节目创新使用“音频二维码”这种时下最新技术，如原创组的获奖节目《极速狂奔》，通过广播里播放的音频为用户推送网址、GPS坐标、图片链接等。有的节目还尝试开发自己的专属APP，打造“传统广播个性化服务加新媒体APP在线服务”的全新私人订制服务式广播。例如《旅行无极限》节目，听众向节目上传旅行目的地、行程期望、旅行预算等相关信息，节目即可为听众提供来自百人专家队伍快速解答和专家设计。这些作品的出现，意味着传统广播和新媒体的融合不再是简单的嫁接，而是从内容到形式以及传播方式的深度合作，使传统社交型广播节目得以升级，变传统广播听众为“用户”，开拓广播服务的新空间。

二、用“互联网思维”做广播，使广播电台成为移动互联时代的服务中枢

本届大赛出现一批与时下流行的互联网产品如微信红包、余额宝、打车软件等形成深入合作的节目，体现了广播紧追社会热点、提高服务性的发展新趋势。如《你好，正能量》把互联网理财产品“余额宝”与社会公益活动相结合，使用互联网金融支付的形式进行社会捐助，开创传统广播节目与时下流行生活服务工具相结合的先河；《我陪你打车》运用打车软件概念，通过整合、改进打车软件客户服务终端，帮助司机查找附近餐馆等服务信息，增强乘客打车体验。节目制作人员以“互联网思维”创新广播节目，使广播电台成为移动互联时代的服务中枢，提升了广播节目的服务性。

三、从文化层面创新广播栏目，丰富广播节目的人文内涵

创新组的获奖栏目《职场大穿越之红楼

系列》，对中国优秀的古典文学作品“活学活用”，以听众熟悉的《红楼梦》作为承载体，以城市听众共鸣度较高的职场经验与管理方法作为主线，支撑起精彩的系列节目，叙事节奏符合广播的伴随性媒体传播要求，表达方式体现广播特色，节目内容匹配听众对高价值内容的需求，有较高的质量和魅力。此外还有文学节目《诗歌地图》，听众听着声音体验充满无限想象的文学之旅。再如传播汉字文化的节目《牙牙学语》等，从文化层面创新广播节目，提升大众品味，提高受众审美情趣。

四、团队运作广播节目，节目内容与活动策划相辅相成

广播节目一直采用低成本、小规模运作方式，“好吃不贵”是其最大的优势。而多媒体时代传统作坊式的广播节目制作方式已经不能满足受众的需求，一些广播节目开始尝试团队运作。《极速狂奔》节目打破了以往广播时间和空间的概念，采用真人秀的模式，通过“音频二维码”新技术，在不同地点集结听众并对他们进行层层选拔，打造一场真人版“城市桌游”。节目跨越周末全天，每两小时整点播出，最终在户外直播地进行总决赛，节目线上线下连为一体，多平台互动协作。《好歌变变秀》节目则采用电视综艺节目广泛运用的季播形式，一年播出四季，每次季播设定一首大家耳熟能详的流行歌曲，由听众发挥想象进行“变身”再创作，并在网络平台进行延伸，打造一个全球联动的广播节目。团队运作广播节目，节目和活动连为一体，提升广播节目、广播频率的影响力。

（北京人民广播电台　顾楠楠）

展示银发达人 创新养老宣传
北京电台“银发达人秀”活动办得好

2014年11月14日，在北京国际老龄产业博览会的现场，观众发出阵阵喝彩、鼓掌、惊叹声。吸引他们目光的，是台上一群“银发”达人——20年筹捐建了33所希望小学的郑用熙夫妇（92、88岁），教上千位老年人学习电脑的老年电脑班志愿者们（平均年龄62岁），老年快乐轮滑队（平均年龄超过60岁、最高年龄83岁），发明和改进轮椅、取得5项国家专利的发明达人张永清（86岁），坚持拍摄鸟巢14年、获国际摄影大奖的摄影达人何林元（77岁），满头银发却依然身姿婀娜的时尚达人盛瑞玲（84岁）……这是北京电台爱家广播举办的第一届“银发达人秀”颁奖典礼。活动自2014年7月启动以来，短短一个月就征集了500多个具有积极生活态度、有突出才能或才艺的老年人的生活故事。广大网民和听众以极高的热情参与评选、踊跃投票，经过热心市民共计17万人次的投票，以及结合专家评审团评审意见，最终产生了10位（组）“银发达人”。

这一活动，收到社会各界许多积极的反馈。《中国老年报》头版报道了此次活动。北京市民政局副局长李红兵评价：“北京爱家广播举办老年人的‘达人秀’，独具慧眼。媒体做达人秀，不光是展示，更是传递一种精神，是让全社会通过媒体的形式感受到这种好的精神，爱家广播做了一件非常好的事情。”

网友“聆听着”说：“爱家广播的银发达人秀活动办得好，展示才艺，秀出了老年人的快乐和才华，机会难得。当前社会为老年人提供的舞台不多，许多人觉得老了就没意思了，动作迟缓、形象不佳，语不现代、思不敏捷，朽木一块，不受人待见了。‘银发达人秀’的出现，让人眼前一亮，一扫淘汰感而焕发出新的光彩，真的实现了‘老要张狂’的俗语，让老年人走出自卑，走向光明。”

听众说：“从广播节目里听到，从网络上看到，爱家广播与北京市老龄协会合力推出的‘银发达人秀’活动，不但精彩，而且让人感到震撼。老人们唱歌、朗诵、说快板，堪比专业水平。更让人惊叹的是抖空竹、倒立、飞叉、双刀，惊奇惊险。我为他们在如此高龄、身体技能却如此之高发出由衷的赞叹。他们都有一颗年轻的心，开朗、乐观、阳光、向上，有非常良好的人生态度和追求快乐健康的生活方式，对广大老年人起到了很好的示范作用。少年强则中国强，如果加上老年强，那么，奔向‘中国梦’的步伐，会更坚定、整齐、快捷、有力！‘银发达人秀’加油！ ”

为什么“银发达人秀”引起了社会各方的热烈反响?

一、弘扬积极的晚年生活态度，让大家“有备而老”

中国人口老龄化的速度十分迅猛，2022年之后，老年人口总量将超过少儿人口，中国将从以抚养少儿人口为主的时代迈入以赡养老年人口为主的时代。到2050年，老年人口将达到总人口的三分之一。在养老、医疗和长期照护保障制度逐步健全的情况下，老年人自我服务和家庭服务是整个老龄服务体系的基础，也是应对人口老龄化的重要前提。

长久以来“养儿防老”这个传统观念对老年人的精神生活影响颇深，绝大多数老年人没有做好独立面对衰老的思想准备。所以，“未富先老”、“未备先老”是我国应对老龄化社会最严峻的问题之一。

清华大学就业与社会保障研究中心主任、教授杨燕绥近年一直强调一个观点——“终身自立”。她分析说：“老人要学会终身自立，尽可能少的依赖孩子，因为孩子太少了；也尽可能少的依赖政府，因为孩子少了，孩子的税收就少了。所以人要学会终身自立，这是进入‘银发经济’老龄社会的一种文化。”

中国老龄科学研究中心副主任、全国养老服务业专家委员会副主任委员、中国老年宜居研究中心主任党俊武说：“从长远来看，我们每一个人都把身体搞好、精神养好，又做好充分的养老金融方面的准备，每个人都能够自主、独立地生活，有这样的能力，巨大的风险就可以分散开来，我觉得应对老龄化恐怕最终还得要靠每一个人来分散这个风险。”

联合国提出的健康老化战略（后来改成活力老化战略）的核心就是：每个人都要进行终身管理，也就是保持终身的健康，这样的话，到老年的时候能尽可能地保持长时间独立生活，不需要完全依赖他人。作为媒体，宣传老年人当中的榜样，为更多老年人树立信心，精神上做到“有备而老”，则是我们不可推卸的责任。

北京电台举办的“银发达人秀”，就是倡导老年人树立积极的生活态度，让大家“有备而老”的活动。看看 “银发达人秀”的参赛者吧。一个个都散发着连年轻人都咋舌的活力：74岁的于锡杨每天练2小时哑铃，最近十几年除了给孙子看病，就没去过医院；自创“五兽行”健身法的韩书锁退休时浑身上下都是病，而现在78岁的他，面色红润身肢柔软百病全消；78岁的范新发每天锻炼倒立行走，一口气十个单手引体向上跟玩儿似的；痴迷于自驾游的陶士光是因病提前退休的，原来在办公室看报纸都能晕倒，现在60多岁的人只身自驾去青海、西藏几十天都没问题……

"银发达人秀"活动鼓舞了一批关注活动的老人。本次活动的参赛者之一——65岁的范晓兰因饲养流浪猫多年，她在比赛结束后特地给爱家广播写信，"通过参加'银发达人秀'活动我学会了上网并养成了每天上一会儿网的习惯，不再与信息时代隔绝；也让我开阔了眼界，给自己树立了今后学习的榜样。我要向其他'银发达人'学习，注意身体锻炼，除坚持照顾流浪猫、参加朗诵团及参与社区活动外，还要培养更多的兴趣爱好，使自己的晚年生活更加丰富多彩、更有意义，让夕阳像朝霞般放出耀眼的光芒吧！"

二、传播积极向上的晚年生活态度，消解人口老龄化的不利影响

老年人口占人口比例上升，将深刻影响中国未来的经济结构，因此，人口老龄化必须作为经济结构战略性调整的重要基点，以满足庞大的市场需求。对老年人来说，改变消费观念，也意味着改变一种生活态度。本次"银发达人秀"活动中的旅游达人兰传青今年70岁，退休后每年携老伴出国自驾游2个月，至今已行程4万多公里，到过美国东部和西部以及加拿大、新西兰和澳大利亚、土耳其，到过西欧及东欧的20多个国家。专家评审时对于这一类"银发达人"也特别予以肯定。北京吉利大学健康产业学院院长乌丹星说："从市场需求来讲，中国老人收入水平还很低，旧的习惯和观念还很多，养老观念还需要转变。兰传青这样潇洒环球自驾游的老人，通过旅游开阔视野，不仅增进老两口的感情，还愉悦身心，身体也特别健康，这样的老年生活是应该特别宣传和提倡的。"

人口老龄化在给经济发展带来诸多负面影响的同时，也带来许多机遇，例如，日益庞大的老年人群就是一个巨大的消费群体。乌丹星院长过去通过研究美国30家上市公司发现，在2008年金融风暴的时候，养老产业是最稳定的，因为老人总是要花钱。

展示诸多的银发达人，让社会看到老年人身上存在的商机，看到开发老龄产业不仅可以转化危机，为经济发展提供新的动力，而且也为转变经济发展方式提供了重要的指引。这次"银发达人秀"活动的颁奖典礼特地设在了北京国际老龄产业博览会的现场，除了颁奖，还让博览会给所有"银发达人"们设了一个展位，以便达人们展示他们的作品、并与大家交流。退休后学习工艺美术专业的课程、曾创作巨幅堆绣作品的《巧手达人》孙淑珍、获得联合国"民间工艺美术家"称号；《面塑达人》张俊显、擅长无风放飞风筝的《风筝达人》王赤峰等诸多达人都进行了现场展示。原来是想给这群精彩的老人一个展示的机会，没想到的是，在展会结束后，有不少商家邀请"银发达人"做产品代言，还有好几家机构被《巧手达人》孙淑珍精美的堆绣作品打动，主动付费邀请她去教堆绣。

三、让积极向上的理念深入人心，使每个人都能有尊严的老去

本次活动的参赛者之一——65岁的范晓兰回忆："当我接到去海选的电话时，我想绝不能让专家看到照顾流浪猫的老人像人们印象中的流浪猫似的毛发蓬乱、衣冠不整，别看我们退休多年，穿衣还是有品位、与时俱进的。那天，我穿上了自己最喜欢的湖蓝色麻纱上衣、蓝色牛仔裤，和那双轻易不穿的、心爱的蓝白相间的皮鞋，还特意吹了头发，精神抖擞地端坐在专家面前。"这是一个尊重自己、尊重老年的老人形象。70多岁的陶亚琳、朱世震是来自丰台的一对教师老夫妻，退休后夫唱妇随，两人一起乐于

参加老年模特活动，买的衣服虽然件件都不贵，但仍然体现了男儒雅、女婉柔的优雅气质……这样的老人在“银发达人秀”活动中还有很多。《银发达人》影响的不仅是老年人，连许多中青年人，包括本次活动的工作人员，都被达人们的积极生活态度打动，并立志：今后自己老了也得这么活！“积极老龄化”的理念因此润物无声。

越来越多的研究表明，一些慢性疾病（如糖尿病和心脏病）的初始危险，在童年早期甚至更早就开始了。因此，在生命各个阶段进行干预，创建支持性的优良环境和促进健康的选择是很重要的。在人口快速老龄化的条件下，年轻人口也必须为自己的晚年做好充分准备。中国老年人口的文化消费需求水平较低，市场潜力相对有限。随着生活水平的提高，特别是新一代老年人口文化水平提升，未来老年人口文化教育需求将大幅增长，也是老龄产业向更高层次迈进的强劲推手。

《积极老龄化》是一项推动社会进步的公益事业，也是我们每个人都可能实现的目标。为此，不仅要靠国家和社会的力量，我们每个人也应做出积极的响应，从身体和精神上都做好准备，以便将来能够有尊严地优雅老去。搭建“银发达人秀”的平台，用一个个、一群群生动的“银发达人”形象，诠释“积极老龄化”，让积极老龄化的生活态度深入人心。

（北京人民广播电台爱家广播　傅珊珊）

《第三调解室》节目社会效益好

北京电视台播出的《第三调解室》节目，是由北京电视台和北京市司法局于2011年3月联合创办的一档法律服务节目。该节目的素材都是来源于当下发生的“民事纠纷”案例。在节目演播室现场，纠纷双方当事人面对司法局人民调解员、心理咨询师、律师等嘉宾及节目主持人，讲述自己面临的矛盾冲突及种种困境，为自己“讨个说法”。节目以调和双方矛盾为目的，通过展开当事人的故事，分析双方矛盾的焦点，立足法律法规和社会公序良俗，促成当事双方在现场达成和解，并签署具有法律效力的“调解协议书”。这个节目自创办以来，凭借对社会微观矛盾的深切关注和对普通百姓的真诚相助，赢得广大观众和业内人士的认可，取得良好的社会效益。

一、有效化解矛盾，快速解决纷争

《第三调解室》在解决矛盾方面具有其独特的优势：一是团队优势，《第三调解室》的调解专家团队是由律师、心理专家、人民解调员共同组成。其中，律师从法律视角为当事人分析案件，答疑解惑；心理专家则侧重于心理剖析，调整当事人心态，平息其情绪；而人民解调员则凭借其丰富的基层工作经验进行调解。专家团成员发挥各自优势，相互配合，确保了调解工作顺利进行。二是媒体优势，《第三调解室》是以电视为媒介，其调解过程及结果面向公众公开，调解各方也会接受来自社会舆论的监督，故而能更为理性的提出调解意见，从而确保调解工作公平、有序进行。三是法律优势，矛盾各方通过《第三调解室》达成的调解协议具有法律效力，如果一方反悔，另一方当事人也可以凭此调解协议向法院起诉，从而获得法律支持。

二、节省社会资源，提高社会效益

通过《第三调解室》解决纠纷极大地节省了社会资源，提高了社会效益。首先，节省了司法资源。通过调解方式平息矛盾，争议各方无需再通过法院诉讼，这极大地节省了司法资源，提高了社会整体效益。其次，节省争议各方的成本。争议各方如通过诉讼方式结案，其周期较长。以民事案件为例，一审审限为6个月，二审为3个月，争议各方势必会在这一过程中耗费大量精力、物力、财力，而通过调解结案，争议各方会节省各项成本。再次，与法院判决相比，化解矛盾更加彻底，社会整体效益更大。通过判决结案，虽在法律意义上能定纷止争，但当事人的矛盾往往并未得到真正化解，甚至还可能加深，导致负面的社会效益。但调解则可以真正化解当事人的内心积怨，有效解决各方的矛盾。从这一意义上，它比判决具有更大的社会效益。

三、普及法律知识，弘扬社会正气

律师、人民调解员等调解专家在调解案件过程中，会力求用生动、简洁的语言解释相关法律问题，社会公众在观看该调解节目的同时，也能全面了解该案所涉及的有关《民法》、《婚姻法》、《继承法》、物权法等法律知识。因此，《第三调解室》本身就是一堂生动的普法宣传课。在电视台节目主持人的主持下，律师、人民调解员和心理专家协力参与调解的过程，这种公众喜闻乐见的方式，树立以孝亲养老、夫妻忠实、邻里和睦等正确的社会道德观，有力地弘扬社会正气，促进社会和谐。

（北京电视台）

以生命的名义，传递生命的美丽

——北京卫视《生命缘》节目反响强烈

2014年第三季度，北京卫视推出全国首档原创医疗纪实季播节目《生命缘》。节目采用记者“走基层”蹲点采访的创作方式，以纪录片式的拍摄手法，记录发生在医院里，医护工作者、病患和家属之间的生命故事。首季《生命缘》在每周六晚21点档播出，面对周六晚间综艺节目的激烈竞争，《生命缘》低调亮相，强势发声，一经播出就产生了巨大的社会影响力。首播取得全国35城市0.64%的收视率，仅位列《非诚勿扰》《快乐大本营》等三档综艺节目之后，排名同时段第四名，随后几期全国最高收视率0.79%，成为北京卫视原创自制的、在省级卫视中独树一帜的纪实品牌节目。

记者动真情　用心讲故事

一方面，《生命缘》节目播出的故事引发社会的广泛共鸣；另一方面，《生命缘》节目的创作经历和幕后故事也成为具有标杆意义的媒体热点。

2014年参与首季《生命缘》制作的编导只有7人，其中5人都是正处在哺乳期的妈妈，孩子还不满一岁。对于她们而言，在节目中见证生命的奇迹，与在现实中哺育生命的成长同步进行着。年轻编导赵菲菲的孩子只有10个月大，晚上睡觉离不开妈妈。赵菲菲熬夜编片子的时候就把孩子抱到机房，多少个夜晚小家伙都是在机房的桌子上进入梦乡的；刘书含的父母为了支持女儿的工作，带着小孙子住在旁边的宾馆里，书含编片子的空隙就跑去给孩子喂奶，亲亲孩子再继续回来工作；在医院采访的妈妈编导都是随身带着吸奶器工作在一线上。她们在用自己的生命，体会、记录、传播着生命共通的美丽，她们的真情付出，换回带着露珠的报道。《生命缘》团队也在无数生命故事的参照面前，快速成长、成熟，成为北京卫视最具战斗力的新闻团队。

2014年10月15日出版的《光明日报》，在头版头条位置刊发题为《只追寻有价值的收视率——北京电视台〈生命缘〉妈妈记者团的故事》的专题报道。随后，《光明日报》和光明网又接连推出《记者动真情 报道带露珠》《用心讲故事 群众真认可》《白衣天使深情讲述妈妈团的故事》等文章，对《生命缘》节目投以持续的关注。这组系列报道及光明日报社编委会报送的《关于光明日报推出“北京电视台〈生命缘〉女记者团队”系列报道引发强烈社会反响的报告》引起中央领导同志高度重视。中共中央政治局常委刘云山同志指出，记者好形象，社会正能量。媒体应多挖掘这样的典型。中共中央政治局委员、中宣部部长刘奇葆同志指出，坚持“走转改”是出好新闻、好记者的有效途径。

《生命缘》的三点创新

一档没有大明星、大投入、大宣传的纪实电视节目，成为一个引发社会共鸣和舆论热议的文化现象，这是《生命缘》节目的魅力，更是生命自身的魅力。《生命缘》的成功，既得益于北京卫视在电视艺术创新上的积极探索，更得益于北京卫视在价值观传播上的努力坚守。

《生命缘》与传统纪实类节目，特别是医疗类纪实节目相比，能够深入人心的关键在于三个方面的创新。

第一，《生命缘》不是对个体命运的散点聚焦，而是对个体间命运关系的脉络呈现。

用一个字来概括，《生命缘》的核心在“缘”。作为一档医疗题材的电视节目，《生命缘》在筹备之初就在刻意避免“走老路”，避免把节目做成对医护工作者单方面的歌功颂德，或是将缓和医患关系作为节目的初衷。《生命缘》的创作初衷是呈现生命个体的力量和彼此间的联系，所以节目将主体定位在医护工作者、病患和家属三者的关系上，将他们置于同等重要的位置，用平等、包容、克制的镜头语言进行记录。

在《生命缘》节目中，镜头记录下连续手术二十多个小时却仍没能留住患者生命的医生，收到来自逝者家属的短信，信中写到“我知道您也承受了很大的压力，感谢您二十几个小时的坚持与坚守”，这份崇高的理解是对生命最大的尊重。镜头也记录下一位来京务工的60岁父亲，在工地坠落受伤却没钱支付医药费，工地的包工头辗转借到40万元的救命钱，帮他度过难关，这份诚信与无私是对生命之缘更温暖的诠释。当然，节目也曾记录下那些因为压力过大而早早满头白发的青年医生，那些在谈起患者时难掩泪水的主治医师，那些为了工作长时间告别家人的值班医生，这些都是让生命缘紧紧相扣的坚守与付出。《生命缘》记录这些故事，不是在强调医生对患者的单向奉献，而是在呈现医生、患者、家属之间的命运相系，生命共担。

第二，《生命缘》不是对生命常态的夸大演绎，而是对生命极致状态的真实记录。

《生命缘》的故事题材常常能够震撼人心，是因为节目捕捉的是生命在面临极致挑战时的真实状态。在《生命缘》已经播出的节目里，曾经报道过高难度的器官移植手术、心脏主动脉抢救治疗、危重新生儿抢救、合并症的危重孕产妇抢救、神经外科开颅手术以及其他多种急诊室紧急抢救。这些极致化的生命故事，最大程度上展现了生命的美丽与顽强，这种生命自身的力量足以震撼人心。

虽然面对的是极致故事，但《生命缘》在记录和讲述的过程中，却保持着一份冷静、理性和克制。不去干扰正常的治疗进程，不去编排人物的情感表达，不用夸张渲染来制造猎奇。看似原生态的记录方式，却因为采访的深入与细腻，得以将生命面对挑战时坚不可摧的顽强和密不可分的缘分，真实饱满地呈现给观众。《生命缘》对真实的坚守，既是对生命个体的尊敬，也是对电视观众最大的尊重。

为了尽可能全面地记录生命的真实状态，《生命缘》开创国内医疗纪实节目的多个第一次：第一次将记录的触角延伸到急诊室、抢救室、手术室等生命救助的最前线；第一次在纪实节目中使用医疗直升机全景拍摄；第一次大范围使用医院内的监控视频；第一次将吸盘式摄像机安装在急救车、抢救室、待产室等场景，拍摄似抢救生命争分夺秒。

与拍摄手段的“创新”相对的是拍摄过程的“坚守”。几乎每一期《生命缘》节目，素材量都接近5000分钟，用100∶1的剪辑比例制作成50分钟不到的节目，在跟随拍摄的十几个故事中，只有一两个故事能够最终与观众见面。《生命缘》十几路记者24小时蹲守在全市20余家医院里，用最“笨”的方法，记录最真的感动。记者们与拍摄对象同喜同悲，很多记者都与医生、患者成为了最信任的朋友。所以，《生命缘》开创的医疗纪实节目模式，是一种节目样态上的至简，却是一种拍摄方法上的至繁，是一种节目体量上的至轻，却是一种生命价值上的至重。

第三，《生命缘》用最直抵人心的方式，影响着人们的价值观念。

一档节目的影响力，不在于它取得难以超越的收视业绩，而在于它从根本上影响着人们看待生命、对待彼此的观念和方式。《生命缘》作为一档纪实节目，让观众收获到对生命的敬畏与尊重，并影响着人们对于生命意义的思考。新一季《生命缘》里影响最大的一期节目是《请你替我活下去》，讲述了一名身患脑瘤的6岁女孩丹丹，在生命的最后时刻，主动捐出自己的器官，成功救治了5名患儿的感人故事。丹丹的父亲告诉栏目组，年仅6岁的女儿之所以做出捐献器官的决定，正是因为他们全家曾经看过《生命缘》的节目，看到过其他患者捐赠器官的故事。而不只一位医院院长表示，在这期节目播出以后，医院接到的咨询器官捐赠的电话明显多出很多。可以说，是《生命缘》节目促成了丹丹与另外5个孩子的生命之缘，也促成了更多人对于生命价值的思考与践行。

《生命缘》也充分体现出北京卫视在社会主义价值观宣传上的擅长，那就是在节目创作中将价值观进行命运化、情感化、故事化、纪实化的呈现，用一种观众更容易理解、更乐于接受、更直抵人心的方式去传播价值。

《生命缘》成为医院与百姓间的情感纽带

《生命缘》不仅在普通观众中引发共鸣，更获得了医疗界的高度认可，被广大医生称为“促进医患和谐”的良心节目。国家卫计委主任李斌多次对《生命缘》提出表扬。国家卫计委宣传司司长毛群安、北京卫计委主任方来英、副主任钟立波等，多次亲临北京电视台和节目组座谈，对《生命缘》节目给予高度评价。

在很多医疗界人士心中，《生命缘》的重要意义，首先是帮助观众对于生命的价值与生活的意义，有更加主动透彻的思考，促成更多人用理智和积极的心态面对疾病和生死；其次是借助《生命缘》的珍贵画面，完成了对很多医疗常识的传播。尤其是对于一些危重疑难病，观众通过节目了解到患病状况和治疗过程，消除内心的无知和恐惧，更加积极、科学地面对疾病治疗。最后，在医院与百姓间连接起互信、互爱、包容、理解的情感纽带，让医患关系更加和谐。

（北京电视台）

2014年《为你而歌》系列专题片创作经验

2014年6月30日至7月11日，由市委组织部、市委宣传部联合策划，北京电视台科教节目中心承制的大型党员先进人物系列专题片《为你而歌》（第十二部）在北京电视台卫视、科教、新闻三个频道同步播出，讲述12位共产党员先进人物平凡无私的故事，展现基层共产党员一心为民的形象，弘扬社会主义核心价值观，歌颂共产党员的时代精神。内容真挚感人、质朴真实，受到了观众的广泛好评。

创新节目样态——主旋律深入人心

从2001年开始，《为你而歌》连续制播了12部157集节目，作为党员经常性教育的重要教材，已经成为每年市委市政府向党的生日献礼的品牌节目。十多年来，北京电视台的创作人员坚持不断创新典型宣传方式，追求艺术品质突破，尤其是第十二部《为你而歌》，在内容、样态和呈现方式上都取得较大的创新突破。

紧扣时代引发共鸣 2014年《为你而歌》系列专题片积极顺应时代呼声和人民期盼，立足普通共产党员的“中国梦”，深入展示他们在平凡的岗位上不懈奋斗、服务人民、为群众利益不计得失的实际行动与内在精神世界。比如，大学生村官胡建党，毕业后扎根农村，在用新观念、新技术积极带领村民致富的同时也实现了自身的理想与价值；再比如社区好管家高淑芹精心绘制“民情图”，主动帮扶困难家庭，把居民当亲人，为群众排忧解难，被社区居民当作贴心人。

纪实风格质朴感人 采用纪录片拍摄手法，通过大量鲜活的纪实画面和同期声，直观展现主人公的真实工作与生活状态，让观众觉得亲切、可信，让典型报道更接地气，更具感染力和说服力。

特约评论升华点题 节目邀请了央视新闻评论员杨禹，在每期节目开篇和结尾进行评论，紧紧围绕先进人物的感人事迹展开，高度提炼共产党员闪光的精神内涵。特约点评环节提纲挈领、语言朴素、情真意切，帮助观众更加透彻地理解节目中传递的价值理念，进一步升华了主题与立意。

创新编播方式——优质平台提升传播影响力

《为你而歌》12期节目在北京地区首播平均收视率为1.89%，其中最高单期收视率达到2.45%，相比去年单期最高收视率2.12%提升了16%，并创造自2001年开播以来十二部系列片中的最佳收视效果。播出期间，节目平均市场份额达到8.93%，始终位列北京地区同时段收视第一，全国省级卫视同时段收视第二名。优异的收视表现，得益于电视台对主旋律作品的高度重视和对编播方式的创新。

在频道编排上，安排了三个主力频道同步播出，每天18:12在北京卫视首播，次日在科教频道19:06和新闻频道19:38重播。作为北京电视台最具影响力的卫视频道，北京卫视近两年收视业绩稳居全国省级卫视第四名，北京地区所有频道第一名，有力保障了《为你而歌》节目的覆盖力和影响力。

重点时段提升传播效果 北京卫视拿出全天编排中最具收视保障和传播力度的高竞争力时段，作为《为你而歌》系列专题片的宣传阵地。由《养生堂》《北京新闻》和《新闻联播》三档节目构成的板块，始终稳居同时段全国省级卫视的第一名。将《为你而歌》安排在《养生堂》和《北京新闻》两档高收视节目之间播出，借助这一板块的收视吸附力和影响力，大大增强了传播效果。此外，在科教、新闻频道的重播也安排在了收视人群最密集的晚间黄金档。

整合资源高密度宣传 北京卫视、科教频道均采用在线包装全天候预告系统，从早9点至晚间11点以右上角翻屏和屏幕下方的滚屏字幕的形式，重点预告《为你而歌》的播出时间和频次，以达到更好的宣传效果。在全台11个频道滚动播放《为你而歌》的节目宣传片，播出总量达到1000余次，构建起全天候、高频次的宣传矩阵，进一步提升了《为你而歌》在荧屏上的曝光度和关注度。播出前夕，市委组织部和市委宣传部向全市196.2多万党员发出通知，组织收看《为你而歌》，有效扩大节目的社会关注度与影响力。

派出实力团队精心制作 在策划阶段，市委组织部和市委宣传部高度重视，给与了及时、有力的指导，有关领导多次召集北京电视台制作团队召开策划会，明确立意，制定方案，沟通细节，确保拍摄顺利完成。在摄制阶段，北京电视台特别邀请到《新闻联播》"走基层"系列节目的负责人，作为总导演对节目进行总体把控，保证了节目的艺术品质和表现力。在时间短、任务重、要求高的情况下，北京电视台创作团队全体成员加班加点，不怕苦、不怕累，高质高效完成了摄制任务。值得一提的是，在2014年《为你而歌》制作过程中，北京电视台秉持"厉行勤俭节约，反对铺张浪费"的原则，科学高效调度资源，合理利用已有基础，细化拍摄制作计划，与往年相比节约了近70万元经费。

传递社会正能量——观众反馈好评如潮

节目播出后，许多观众通过热线、来信和网络留言等多种方式表达了观看后的激动之情。一位大学教授说："今年的《为你而歌》先进人物那么接地气，让我们感到就一个字——真！"北京市八一中学艺术中心张主任和同样在艺术领域工作的爱人一同观看了节目，张主任说："我们俩人期期不落地看完了《为你而歌》，真的很感动！希望北京电视台制作出更多这样积极向上、富有正能量的好节目！"在北医三院工作的宋医生说："可能是职业的缘故，赵继宗院士那期《仁心仁术》是我特别喜欢的，电视片让我身临其境，我被赵院士的敬业精神和高超医术深深地感动了。"密云冯家峪村的大学生村官小徐对《小村官的真功夫》和《会算账的村支书》两期节目格外喜欢，光看电视还不过瘾，自己又上网搜索了关于节目主人公姬有和胡建党更多的资料认真学习。小徐表示要以他们的事迹来激励自己，在村干部的岗位上，一心为民、敢于创新，让村里的百姓能过上更加幸福美好的日子。

（北京电视台）

传递中国的声音，见证语言的力量

——北京卫视《我是演说家》引发社会共鸣

2014年10月4日至2015年1月24日，北京卫视每周六21:08播出大型原创励志演讲类节目《我是演说家》。这个节目由北京卫视联合北京能量影视传媒公司共同策划出品，以“见证语言的力量”为创作理念，以演讲竞技为节目形式，吸引来自两岸三地各行各业的普通中国人和海外华人，登上舞台用演讲分享各自的人生故事与时代感悟。

《我是演说家》节目共播出20期，全国34城市平均收视率1.18%，排名全国同时段第三位。节目播出期间，《我是演说家》多次登上新浪微博疯狂综艺季和电视节目排行榜第一名，热门话题榜单前三甲，网民自发浏览话题量达到6.9亿次，发表评论89万条。《我是演说家》在多媒体融合的时代里，成功掀起了一股语言的旋风。

激活古老传播形态的全新时代价值

“演讲”是人类文明进程中历史最悠久的传播形式之一，无论是中国先秦诸子的坐而论道，还是古希腊哲学家的辩论演说，都是演讲艺术发展勃兴的文化源头。《我是演说家》节目旨在通过对“演讲”这种古老文化形态的电视化演绎，激活演讲艺术的时代价值，展现中国语言文化的深厚魅力，诠释当代中国人的精神风采，弘扬社会主义核心价值观，并聚焦中华民族伟大复兴的《中国梦》。

在近些年的电视荧屏上，演讲类节目并不鲜见，央视的《百家讲坛》《开讲了》等演讲类节目都曾取得过巨大的社会反响。而《我是演说家》则完成了从创作理念到艺术呈现的一次创新。第一，它不是依托于书本的知识传授，而是扎根于生活的情感分享。演讲人并不是在以“拥有者”的姿态对某些知识进行讲座，而是以“分享者”的身份把他们所经历和感悟到的事情讲给观众听，不说教、不训诫、不喊口号，不曲高和寡，不空中楼阁，选手的每一次讲述都在还原生命的本色和生活的本色。第二，它不是为明星谋求关注的秀场，它是为普通人赢得尊敬的舞台。通过海选登上《我是演说家》节目的62名选手来自全国各地、各行各业，他们不是明星，他们没有特异功能，他们的身份是普普通通的上班族、打工者、农民、学生、公益爱心人士。《我是演说家》最大的创新正是对平凡大众和真实人生的回归，用普通人的故事去呈现生命的精彩，引发观众身份的认同和情感的共鸣。从这个意义上讲，《我是演说家》展示的是我们这个民族在复兴道路上崭新的群体人格。第三，它不是夸张猎奇吸引眼球的哈哈镜，而是真实观察人生百态的万花筒。《我是演说家》在选手选拔和话题设置上，坚决摒弃猎奇比怪的媚俗倾向，坚持社会主义核心价值观的传播和塑造，坚持用选手原生态的真实人生去打动观众，在语言之美、人格之美、德行之美的厚重地基上，筑造中国文化的时代高度。

呈现中国人、中国情、“中国梦”的本色

《我是演说家》的“我”就是每一个普普通通的中国人，他们在说话，就是中国在说话；他们在聆听，就是中国在聆听。这档

节目凭借语言的力量，向这个时代和世界传递出三个信号：

第一，在这里看到自信中国人的面孔 中华民族曾经拥有过举世瞩目的荣耀，也曾经历过深重的苦难。当前，我们的党和国家正处在蓬勃发展的最好时期，阳光、进取、乐观、拼搏的精神，渗透在每个中国人的身上。《我是演说家》通过每位选手的演讲，呈现出自信中国人的群体面孔。比如23岁的演讲者李帅，出生时就被诊断为“脆骨症”，但他通过每天一千多个俯卧撑的锻炼，强壮着自己的体魄，也强大着自己的心灵。李帅告诉观众：“每天把你从床上叫醒的不是闹钟，而是你心中的梦想。”比如正在与癌症进行搏斗的单亲妈妈章早儿，她想告诉所有的单亲家长，不要去抱怨命运的不公，你或许拥有不完整的家庭，但你同样可以拥有完整的爱。再比如与马云一同站上纽交所敲钟台的“快递哥”窦立国，从月薪600块钱的餐馆服务员，到5年攒下200万元的快递人员，他始终相信自己能够做得比别人更好，自信是他追逐梦想的最大动力。

第二，在这里看到当代中国人的情怀 《我是演说家》不是在刻意挖掘或者描画人们的美丽心灵，因为这些美丽心灵原本就植根在中国人的心里。作为创作者本身，只要懂得敬重这种情怀，有能力发现这种情怀，有办法呈现这种情怀，就永远不必担心作品失去触动心灵的力量。比如90后女孩孙思奇，因为求学在外而错过了见外公外婆最后一面的机会。于是，她在收到哈佛大学的录取通知书后，却选择了拒绝，毅然回到父母身边守护亲情。比如热爱旅行和探险的北京夫妇张昕宇、梁红，他们无数次向生命禁区发起挑战，只因为有无数外国人告诉他们“中国人到不了那里”。于是，他们攀援下熔浆活跃的火山口，他们宿营在零下70多度的世界寒极，他们深入炮火纷飞的中东战场，两个人的背包里永远都装着一面五星红旗，他们向世界证明只要中国人想做，就一定能够做到。

第三，在这里看到朴素而绚丽的中国梦 正像著名演说家马丁路德金的那篇《我有一个梦想》所释放出来的巨大能量一样，《我是演说家》节目希望所有正在聆听演讲的人都能够从演说家的语言中感受到强大的力量，去指引、鞭策、激励自己更好地生活，去推动这个国家变得更加美好，更加强大。因为演讲者和倾听者就是这个国家的建设者，就是未来的创造者和幸福的分享者，这是中国在说话，这是中国在聆听。比如《我是演说家》的总冠军，清华学子梁植所表达的对两岸统一的梦想，他说：“回家不需要理由，不回家才需要理由。”比如节目亚军陈秋实所做的“大国风范”的演讲，他说：“中国再大也是由亿万个你我组成的，你我什么样，中国就什么样。”

正能量传播引发时代共振和社会共鸣 《我是演说家》播出后引发了强烈的时代共振和社会共鸣。《光明日报》撰文评价《我是演说家》开创了“演说”的新时代，文章认为：“北京卫视通过节目展现了自己鲜明的价值观。节目通过理性的思辨、感性的陈述，通过语言碰撞的火花、表达诉求的宣泄和一个个勇敢面对、热血励志的人生故事，承担起了传播正确价值观的社会责任，也把电视综艺节目的风骨情怀提升到了一个全新的高度。”清华大学新闻与传播常务副院长尹鸿给出评价：“这档节目正能量、大反响，验证了最后决赛的主题：语言的力量。是值得重视的年度电视现象。”《我是演说家》栏目荣获了第五届中国电视满意度博雅榜卫视文教类十佳栏目称号。

众多网友也通过各种渠道表达了对这档节目的赞赏。网友@天佑徐永贵：走到最后的都是好演说家，他们都有自己的演说风格，内容有思考，有情怀，有力量；情感足、立足高，互动性、感染性、力道感完美统一。网友Maria-Model：听别人的故事，震撼自己的心灵。语言是有力量的，真诚的语言更有魅力。《我是演说家》让我见证了语言的力量。网友李凯琪123：《我是演说家》播完了。追了好久啊，真的很好看，希望第二季早点来。

（北京电视台）

《2014北京大运河“为爱情点赞”七夕歌会》完成录制

2014年7月28日晚，《2014北京大运河“为爱情点赞”七夕歌会》在通州区文化馆录制。中共北京市委宣传部、市委党的群众路线教育活动第九督导组、首都文明办、市文联，通州区委、区人大、区政府、区政协的有关领导观看了演出。

本届“七夕情歌会”以“为爱情点赞”为主题，用动人的歌声来歌颂爱情的美好。录制当晚，蒋大为激情献唱“情歌”《天山姑娘》，成方圆演绎自己重新编曲的俄罗斯歌曲串烧联唱，张凯丽颠覆以往形象唱跳广场舞神曲《小苹果》，杨钰莹、毛宁21年后再聚首演绎经典歌曲《心雨》。张光北、陈炜，孙茜、蔡远航两对夫妇携手对唱情歌。朱时茂反串搭档吴琼演唱了《天仙配》，白雪何云伟跨界搭档演唱了《天上掉下个林妹妹》，原创歌曲《鹊桥仙》也于当晚唯美亮相。值得一提的是，本场歌会艺术家们都是以文化志愿者身份参加演出、以文化下乡的形式献唱，在回味爱情经典的同时宣扬正确的爱情观、婚姻观和价值观。

导演创意打动艺人，经费缩减节目品质“不缩水”

录制文艺晚会一项主要支出是演员演出费。举办七夕情歌会，导演组、制片组在如何精简演员演出费用上花了不少心思。在建立歌会之初，导演李雪萍便定下“经费减少、节目品质不能缩水”的制作方针，在艺人邀约上定下“两手抓”的方案：一方面对于知名艺人要真诚耐心地与其经纪人反复沟通以达到降低费用的目的；另一方面加强节目创意来吸引知名演员主动参与，同时增强非知名艺人节目的精彩度。

比如，为了促成杨钰莹与毛宁的21年后再聚首，导演组与杨钰莹经纪人团队进行十多次沟通，从节目创意到演员接待的每一个细节都反复沟通确认。在不断努力下，晚会导演组的真诚终于打动了他们，最终达成在只领取极少化妆费的条件下，请杨钰莹专程从国外飞来北京参加本场歌会演出。得到杨钰莹的演出确认函后，与杨钰莹有着20多年情谊的毛宁欣然同意，不管演出费用多少都同意参加歌会录制。功夫不负有心人，录制现场毛宁、杨钰莹再牵手的那一刻让观众们惊喜不已。当两人的经典对唱情歌《心雨》再次唱响时，曾经的“金童玉女”为全天下情侣送上了最美的“七夕”祝福，仿佛带领观众回到了他们自己的青春岁月。

与此同时，如何将当下热点娱乐事件引进歌会，也是导演组对节目创意的一贯追求。要说现在哪首歌最火？已经成为广场舞大妈最爱的“神曲”《小苹果》当之无愧。那么怎样将接地气的《小苹果》更加精彩地植入到晚会中呢？在深入了解了最近人气很高的“国民丈母娘”张凯丽之后，导演组决定：颠覆张凯丽以往形象，让她现场唱跳神曲《小苹果》以制造一个近期娱乐圈的热点话题。为了完成这个节目，导演组反复与凯丽交流意见、沟通创意，最终她欣然接受，并且在录制前专门花费了大量时间和精力来练习“苹果舞”。歌会现场凯丽刚一开唱便引爆了全场热情，台上台下互动共跳“苹果舞”。

导演组在邀请知名演员时，以真诚和节目创意取胜，在原创节目上更是强化“出新出奇”。为了强化歌会的“七夕”主题，导演决定邀请曾经捧红“凤凰传奇”等多名歌手的著名音乐人何沐阳对描写牛郎织女传奇爱情的千古名词“鹊桥仙”重谱新曲，并请来2013年演唱央视“七夕歌会”主题曲的歌手徐千雅来演绎这首原创的“古词新韵”《鹊桥仙》。为了让节目呈现出美轮美奂的效果，导演不但设计了“鹊桥”的实物道具，更着重加强大屏幕视觉设计，实现大屏幕内仙境中的织女与舞台上的牛郎虚实结合、人屏互动的创意，使《鹊桥仙》这首歌让人听得入心、看得“神奇”。此外，在大运河成功申遗的背景下，歌曲《运河谣》《我的大运河》配合大屏幕实拍的大运河影像，同样让观众惊叹不已。

讲好故事，让绚烂的“情歌”找到“最美”的落点

精彩纷呈的“情歌”表演让晚会充满了浓浓的爱的味道。但导演组认为仅有美妙的歌声还无法将“爱”更深刻的表达，无法更深地感动观众。于是“讲好故事，给情歌找到落点”成为歌曲节目之外的“重头戏”。

2014年6月22日，流经通州的京杭大运河历经八年终于成功入选《世界遗产名录》，开航了二千多年的大运河流传着数不清的美丽爱情故事。导演组挖掘出通州一对结婚75年的老夫妇携一家三代二十三口亮相歌会，现场观众无不高举大拇指为这对老人跨越半个世纪的传奇爱情以及他们一家三代人爱的传承点赞！

除了“白石婚老人”的爱情，导演组还找到桑兰，诚恳地邀约她将自己的爱情故事带到晚会现场。因为在比赛时摔伤导致高位截瘫，桑兰灰暗的人生被一段传奇的爱情点亮。曾练习击剑项目的黄健因为同为运动员，特别能理解桑兰的不幸，他用自己的爱情火种点亮了桑兰的人生，也让自己收获了幸福的家庭。4月份黄健和桑兰的儿子小宝出生了，已经3个月大的宝宝是爸爸妈妈传奇爱情的结晶和见证，桑兰和她的宝宝也于当晚来到歌会现场，与丈夫隔空对话，大声说出“我爱你”。

（北京电视台）

《月来悦开心》快乐闹中秋

2014年中秋节，北京电视台中秋特别节目本着“节俭办晚会”和“简约不简单”的创作原则，别出心裁，用差异化的创作方式着力于特色节目的挖掘，演员阵容以笑星为表演主体，既有相声大家，也有喜剧新人，他们将突破传统相声表演的“说、学、逗、唱”，和观众朋友一起快乐闹中秋。这个特别节目于9月8日中秋节当晚分别在北京电视台文艺频道和卫视频道与观众见面。

陕西相声新人再献佳作

2014年相声界蹿红速度最快的80后“男神”——来自陕西西安青曲社的苗阜和王声因在2014北京电视台春晚上一段颇具新意的《满腹经纶》迅速走红、一鸣惊人。此次回归2014北京电视台中秋特别节目的舞台，二人高兴的说是“回家了”。

其实早在北京电视台“2013北京喜剧幽默大赛”中，二人就表现突出，评委刘伟称其“无比的精彩”，“没听过那么精彩的相声”……紧接着，2014年正月十五央视元宵晚会，苗阜、王声登上央视舞台，压轴表演相声《学富五车》，人气进一步飙升。

这对黄金搭档是发小也是小学同学，自幼都很喜欢相声，长大后二人分别学艺，苗阜去了西安铁路局进行小品创作，王声则去了陕西师范大学读书，成为一名业余相声爱好者。后来，他们又分别拜在了陕西曲艺名家郑小山和郑文喜的门下，而郑小山和郑文喜两位亲兄弟在相声圈内被誉为“郑氏双侠”。苗阜和王声正式合作搭档已有10年。苗阜逗哏，脑子灵活、风格火爆；王声捧哏，沉稳机制、节奏准确。对国学情有独钟的两兄弟非常喜欢表演相声中的“文哏”作品。《文哏》不好说，包袱不容易响，但苗阜、王声却能把《文哏》使出武活的力道来。

这次为北京电视台中秋节目量身打造的《中秋趣谈》，从中国传统的中秋典故和礼仪说起，期间穿插各种蕴含文化底蕴的包袱，这个相声也延续了苗阜、王声一贯的特点：原创性——将点子扩充成自己的风格；接地气——每天琢磨观众想要听什么；文化感——以文化传承为发展方向，他们认为“国学是文化的根本，曲艺是无论如何离不开国学的滋养的，传承、发扬曲艺本来就是传承传统文化。”

何云伟、李菁搭档大王小王上演“邻里纠纷”

在北京电视台中秋特别节目的舞台上，著名相声演员何云伟、李菁首次携手北京电视台节目主持人王芳、王为念，献上爆笑情景小品。伴随着何云伟脚踩风火轮以“哪吒”造型霸气出场，李菁则变成吊儿郎当的“龙太子”，一秒穿越的两人为观众带来的是一出古代神话版的“邻里纠纷”——《谁在说》。

《谁在说》是北京电视台一档日播谈话节目，节目以当事人的真实经历和嘉宾的论辩分析为主要表现形态，无论是百姓的多样生活、情感心路，还是社会热点的激烈争议，都在节目中有看点，有解析。主持人王芳在节目中理性睿智又不失亲和力；主持人王为念更是善于调节矛盾和制造《笑果》的高手。这次中秋特别节目大王小王继续履行“最佳调解员”的使命，大施“苦肉计”，为何云伟扮演的哪吒和李菁扮演的龙王三太子敖丙调节矛盾。

著名相声演员何云伟、李菁是北京电视台的常客，二人2004年正式合作演出，他们在“2005年北京相声小品大赛”中夺得相声专业组一等奖。二人“脸型一长一圆，身材一胖一瘦，眼睛一大一小，嗓门一闷一亮，一位号称李大眼，一位号称何大拿”，形象、性格和表演方式都堪称“黄金搭档”。

马三立后人带来原汁原味天津相声

相声泰斗马三立的段子常常在不经意间逗得观众前仰后合。如今大师已去，可观众对马氏相声的热情丝毫没有减少。今年恰逢相声泰斗马三立先生诞辰100周年，全国各地相继举办纪念活动，以表达对相声泰斗的敬意。

马氏相声历史要追溯到1890年，“相声八德”之一马德禄投身相声行当，“马氏相声”开宗立派，百余年来，经过马德禄、马桂元、马三立、马敬伯、马志明几代“马氏相声”表演者的实践摸索，形成了别具一格的艺术风格，在相声艺术之林中独树一帜。马三立、马志明父子曾先后获得曲艺界最高奖项“金唱片”奖，“马氏相声”第四代传人马六甲也投身相声行业。

这次北京电视台中秋特别节目，马志明携子马六甲、老搭档黄族民从天津赶来，让大家感受一下原汁原味的天津相声《老骥新驹》。“马氏相声”的风格和定位一直都是“面向平常小人物”，深受普通大众喜爱，这段群口相声《老骥新驹》中地地道道的马氏包袱让观众朋友过足“马”瘾，并惊喜马氏相声薪火相传，后继有人。

天王孙楠压轴出场，大张伟遇见兔女郎“倍儿爽”

“月来悦开心——2014北京电视台中秋特别节目”的演员阵容虽以笑星为表演主体，但也不乏著名歌手助阵。歌坛天王孙楠此次带来的是《幸福牵手》，歌曲深情大气，为晚会完美收尾。

而一向幽默搞怪的歌手大张伟在演出前接受采访时表示并不知道导演组为他做了怎样的设计，他说已经多次参加北京电视台中秋节目的录制，“对北京电视台的灯光舞美和节目设计一直信心满满”，当舞台上出现一群青春靓丽的“兔女郎”为其伴舞时，大张伟非常兴奋，迅速进入状态，一首《倍儿爽》High翻全场。现场观众也被热烈的气氛感染，伴随劲爆节拍手舞足蹈。

主持人登月宫酣战“天上人间”

本次主持人的出场方式也经过精心设计，除北京电视台当家花旦春妮和亦“正”亦“稳”的曹一楠以“正常面目”示人外，《养生堂》金牌名嘴悦悦扮演月宫仙子嫦娥，擅长搞怪表演的主持人曹扬扮演嫦娥的助理玉兔小白，娇俏活泼的主持人晨阳反串史上最俊美版吴刚。主持人角色化的串联给观众带来前所未有的新鲜感，而他们多才多艺的表演更是令人耳目一新。另外，憨态可掬的北京电视台主持人周妞妞联手主持人那威和相声演员王玥波、侯振鹏联袂演出原创小品《波波减肥记》，现身说法，引导人们追求更加健康的生活方式。

（北京电视台）

借助现代传媒打造区域文化名片

——昌平区广电中心品牌栏目《古今昌平》创作经验

昌平电视台的品牌栏目《古今昌平》创办于2008年春，每周播出一期。开设这个栏目旨在利用影像，对昌平6000年、特别是建县（区）2000多年来的历史遗迹和文化脉络进行梳理，让受众了解昌平、热爱昌平。栏目开播至今，已制作播出《探秘十三陵》《天下第一雄关》《文物·往事》等7个系列近300期节目，受到观众喜爱。

品牌特色：古老文物对接现代传播

在初期的《民俗风情》《古城探幽》等小型系列片成功摄制播出的基础上，主创团队聚合起几位昌平境内的专家学者，于2009年开始拍摄《探秘十三陵》。在历时3年的拍摄过程中，创作团队注重从现代人的视角“发现”和解读文物，不仅追溯十三陵内各种文物的前世今生、阐释它们背后隐藏着的历史和文化信息，还“借陵说史”“托物言情”，把大明王朝帝王将相包括后宫妃嫔们的曲折命运融入电视片。讲述永乐迁都、土木之变、国本之争、明宫三大案以及崇祯殉国等王朝的重大事件，同时介绍郑和、于谦、张居正、严嵩、海瑞、魏忠贤等风云人物，让受众从中了解明朝，了解其从兴盛一步步走向衰亡的相关轨迹和历史细节。生动的电视画面和多角度的拍摄手法，把那些在很多人眼里没有什么生气的石头、建筑、文物，还原为我们民族生命历史片段的承载者，让更多人以超越观光、非猎奇的心态了解十三陵、解读大明王朝、感受明代文化。

当然，身为21世纪的传媒工作者，主创团队也对传统文化中的某些封建文化糟粕予以提示和剔除。比如，封建等级秩序往往建构在“男尊女卑”的基础之上，主创团队特意拿出一定篇幅，对十三陵内历代皇后、妃嫔的命运沉浮加以陈述。《探秘十三陵》在一定程度上超越了“宫闱争斗”，讲述人物命运时注重传达现代人本观念，比如对长陵墓主徐皇后、献陵墓主张皇后这类杰出女子的政治才能加以褒扬，对被万历皇帝、嘉靖皇帝等苛责冷落的妃嫔、皇后，以及被殉葬的美丽生命给予悲悯与尊重，以此弘扬“男女平等”“自立自强”的现代意识。

持续创新：根在本土生机盎然勃发

继《探秘十三陵》系列节目在昌平区范围内激起广泛反响之后，2012年《古今昌平》栏目组再接再厉，继续发掘本土遗存资源，及时创作出一套新的系列片《天下第一雄关》，分别从“关城寻幽”“居庸战事”“庙祠文化”“石阁云台”“关沟胜景”“接续历史”等九个侧面，较为系统地梳理了居庸关长城的人文历史。季度评奖时，评委评价这组节目“唯美、大气、流畅，相比以前的节目做得更灵活、耐看。在揭示历史的前提下兼顾了节目的可视性，讲述生动，娓娓道来……”

2013年初，《文物·往事》系列节目被确定为《古今昌平》团队的年度重点项目。这组系列片从昌平区博物馆的文物入手，挖掘、讲述各类文物背后的故事。为提升节目的收视效果，该系列节目注重在三维动画等电视特效方面创新，有效弥补区博物馆文物资料短缺的“先天不足”，为观众讲述一个个已经被岁月淹没的生动故事，拼接出这块土地上曾经的变幻风云。

（昌平电视台　王江红）

交流合作

2014年北京市广播影视对外交流合作情况

2014年4月10日，北京市新闻出版广电局在戛纳电视节举办“北京日”活动

2014年，北京市广播影视系统继续坚持“走出去”与“请进来”相结合，加强“推进境外节展活动、巩固北京交流平台、加强对外出访多项合作业务、做好来访接待、办好外宣节目、探索文化贸易方向”六个方面的力度，注重出访实效，对外宣传与交流合作取得丰硕成果。据统计，北京市新闻出版广电局出访团组14批27人次，接待来访团组5批15人次；北京广播电视台出访团组22批102人次，接待来访团组33批278人次，进一步推进了广播影视“走出去”工程。

一、继续推进影视剧境外参展活动

北京市新闻出版广电局或与相关部门组织市属广播影视机构参加亚洲、欧洲、美洲和非洲等国家影视节展及相关活动十余次，展出一批优秀影视作品，扩大了交流合作路径，提升了北京广播影视业的国际化水平和影响力。参加境外节展及相关活动主要情况是：

2月至3月，由北京紫禁城影业有限责任公司组团携电影《飞跃老人院》参加英国电影协会主办的中国电影展；组团携电影《狼图腾》参加商务部经贸高级访问团在中法经贸论坛期间展映。

4月6日至8日，北京市新闻出版广电局组团赴法国对外经济贸易促进会，进行影视文化宣传交流活动。主要内容有：受中国驻法国大使馆文化参赞的邀请，就中法建交50周年期间，首都优秀广播电视作品在法国推广，包括北京广播影视机构与法国广播影视机构深度合作方面交换意见；与法国戛纳电视节组委会官员就双方利用好电视节目交易平台，扩大中国优秀影视作品和制作公司在世界的影响力举行会谈。

4月8日至10日，北京市新闻出版广电局组团赴法国参加戛纳电视节，参展电视剧40余部、近1500集，纪录片及电视栏目20部700余集。期间，举办盛大的“北京影视传递中国梦——北京日”主题活动，活动现场由北京华录百纳影视、海润影视、华夏视听环球传媒、京都世纪、中北电视艺术公司、国龙联盟、大陆桥投资管理（北京）、西京影视、雷禾文化传媒等影视单位组成的北京影视代表团与众多海外机构进行深入交流与合作洽谈。雷禾文化传媒与法国合作伙伴签署纪录片《月亮》《大环形路》的合作协议。

4月22日至26日，北京市新闻出版广电局组织20余家北京影视动画制作机构赴德国参加2014年德国斯图加特国际动画节，参加推介活动。期间，举办“聚焦中国动画”主题活动与众多国际影视动画及数字技术领域的知名企业及行业协会进行交流。

5月15日至20日，北京紫禁城影业有限责任公司赴韩国釜山参加釜山电视节，宣传推广《牟氏庄园》《李春天的春天》《永不低头》《创业伙伴欢乐多》等电视剧。

5月20日，北京海润影业有限公司组团赴戛纳电影节，期间放映《对不起，我爱你》，参展项目《喊山》在“中国新影人基金论坛”进行推介。

6月23日至25日，北京市新闻出版广电局组团赴第25届法国阳光纪录片节。节展中，举办开幕式“北京之夜”主题活动；欢迎各国来宾与北京团开展合作与交流；参加纪录片预售大会，实地参观各布展国家的展台情况，并与相关布展国进行合作洽谈。此次还与组委会主席、拉罗谢尔市市长、法国国际电视台总经理以及大巴黎影视局官员进行会晤和交流，并就纪录片行业发展情况，以及进一步推动中国首都北京与国际间文化交流和中法文化年的交流与合作进行沟通。

7月13至22日，北京市新闻出版广电局组团赴肯尼亚、乌干达、尼日利亚三国举办“北京电视剧非洲展播季”活动启动仪式，并在三国分别举办新闻发布会及北京电视剧图片展。本次展播季活动利用北京民营企业四达时代集团在非洲的电视平台，历时半年左右，展播一批北京当代现实题材的优秀电视剧。北京电视艺术中心携《四世同堂》《渴望》《编辑部的故事》《北京人在纽约》《一年又一年》《金婚》《甄嬛传》6部经典电视剧随团参展。

9月4日至6日，北京市新闻出版广电局组团参加第71届威尼斯电影节。出访主要任务：拜访威尼斯电影节主席阿尔贝托·巴贝拉先生；与意大利电影制作及出品公司RAI高层负责人进行会谈；参加威尼斯电影节主竞赛单元影片《闯入者》的首映式活动；与意大利工业协会负责人进行会谈，参加其承办的“威尼斯日”活动；对威尼斯电影节电影市场、环境宣传及市场赞助等进行考察。

9月7日至11日，北京市新闻出版广电局组团出访加拿大多伦多国际电影节。出访主要任务：举办“北京国际电影节多伦多推介会”活动；拜访多伦多电影节董事会主席，组委会CEO、艺术总监等人；与多伦多电影节市场赞助部门负责人研讨；与加拿大电视台Telefilm Canada、安大略省政府电影机构代理公司OMDC等会谈；参加“亚洲电影峰会”论坛；参加《黄金时代》特别展映活动；实地考察电影节村、电影市场、组委会办公室、红毯大道、影厅购票等情况。

9月22日至29日，北京紫禁城影业有限责任公司组团随北京电影协会赴俄罗斯参加电影交流活动。期间，与圣彼得堡电影家协会书记处书记鲍里斯·莫洛奇尼克、列宁格勒电影制片厂厂长爱德华·皮丘京、中央伙伴影业集团总裁斯杰潘诺夫·巴威尔、2plan2影业集团董事长洛帕德尼泽·格奥尔基和kvadrat影业公司制片人纳西姆松·亚历山大等进行座谈交流。

10月4日至8日，北京市新闻出版广电局组团赴韩国釜山参加第19届釜山国际电影节。先后就24个电影项目进行洽谈，达成合作意向8项；参加电影市场论坛6个，韩国电影推介会、欧洲电影之夜等各类活动11个；在亚洲电影市场展映环节，代表团有6部影片报名参加，共展映8场；并举办北京国际电影节"北京之夜"推介会；与韩国电影振兴委员会委员长金义石，韩国希杰集团、Showbox集团、乐天集团、欧洲电影促进委员会、戛纳电影节电影市场等相关人员分别会谈，进行深入的合作探讨。期间，北京海润影业有限公司随团参加釜山电影节交易市场，参展一批作品。

二、巩固北京地区交流合作平台

在北京地区交流合作平台建设上，继续重点打造北京国际电影节、北京电视节目交易会以及北京国际摄影周、北京国际设计周、世界数独锦标赛等品牌项目，取得在京交流合作新成果。

1.巩固北京电视节目交易会平台

2014年春季、秋季两季北京电视节目交易会参展机构继续由首都拓展到全国，由境内拓展到海外，发挥融资、交流、学术和交易等功能，并持续引起许多海外媒体的关注。在3月31日举行的春季交易会上，全国115家电视台和300余家中外影视制作机构参与，展出电视节目515部，其中电视剧468部17375集，动画33部1680集，纪录片、电视栏目26部1958集。在10月20日举行的秋季交易会上，全国125家电视台和300余家中外影视制作机构参与，共展出电视节目515部，其中电视剧481部19124集，动画18部1102集，纪录片、电视栏目30部3835集。两季交易会均交易一批作品。突出特点，除常规的电视节目展示、洽谈、交易之外，还精心组织多场业务专项活动，主要由三部分内容组成：一是影视产业项目专项推介会；二是热门电视剧的新剧发布会；三是影视行业高端业务论坛。

2.着力打造北京国际电影节国际品牌

4月16日至4月23日，由国家新闻出版广电总局和北京市人民政府主办，国家新闻出版广电总局电影管理局和北京市新闻出版广电局承办的第四届北京国际电影节举办。本届电影节继续坚持"共享资源，共赢未来"的活动宗旨，以"天人合一，美美与共"为核心价值理念，参照国际著名电影节展模式组织运行，着力打造"国际电影文化品牌"。在提升国际化水平、品牌影响力、市场化程度等方面持续着力，实现"三个突破"：参节中外机构突破1000家，电影市场国际展商数首次超过国内展商数，市场签约额突破100亿元大关，比上届增长20%；取得国内电影节展"三个第一"：活动规模成长速度最快，市场交易额最大，直接参与人次最多。来自88个国家和地区的837部影片报名参加"天坛奖"主竞赛单元，经组委会41人选片委员会科学严谨遴选，15个国家的15部影片入围提名。加拿大、印度合拍影片《寻子记》获"天坛奖"最佳影片奖，香港导演王家卫获最佳导演奖，法国演员纪尧·姆古依和中国演员章子怡分获最佳男女主角奖等。在评奖权威性、影片质量、嘉宾星光度、论坛专业性、市场交易额、品牌影响力等方面，实现全面提升。

3.举办多种国际文化交流活动

北京广播电视台充分利用北京国际摄影周、北京国际设计周、中国数独锦标赛等国际交流活动，广泛接触国际文化和传媒机构，扩大北京广播影视的影响力。如10月18日，北京歌华文化发展集团承办的北京国际摄影周由三大国际权威摄影机构合作，八场主题摄影展览，十国摄影组织主席作品首次集体在中国展出，多位世界级摄影大师的175幅原作精品和来自多国百余位摄影师的2000余幅精品展出。摄影周包括开幕活动、系列展览、摄影讲堂、专题活动、系列奖项等五大板块。重点之一的国际主题展《观・影

·形》展出来自美国、德国、意大利、阿根廷、日本等国的摄影师作品，集合纪实、人物肖像、观念、风景等众多摄影形式。北京歌华文化发展集团承办的2014年北京国际设计周，汇聚来自30余个国家和地区2000余名设计师的350余项设计展览和相关活动，成为国际展示、服务、交易平台，撬动各方资金与资源投入超过4.5亿元，吸引数十家国际媒体参与报道。此外，北京广播电视台再次承办“2014年中国数独锦标赛”等数独系列赛事再次取得成功。

三、加强对外出访多项合作业务

2月27日至3月4日，北京电视台赴巴西、墨西哥就2014年世界杯期间就卫星转播、传输等方面进行商务洽谈。

4月22日至29日，北京市新闻出版广电局和北京广播电视台组团赴德国、意大利，与德国红箭公司亚太中东非洲地区负责人进行磋商会谈，实地了解该公司下属电视台的情况，包括其运行机制，硬件配置，覆盖人群，主要内容等方面；参加斯图加特动画节，并与组委会举行会谈；举办“聚焦中国动画”主题演讲活动，介绍中国特别是北京市影视动画的发展情况及政府为促进影视动画产业发展制定的政策与举措，并针对北京的动画理论研究及动画项目与技术进行推介与演示；与意大利之星动画节目交流和广播影视节目洽商。

5月，北京北广传媒移动电视有限公司海外拓展项目组应邀出席非洲电信联盟（ATU）第三届“非洲数字转换和频谱政策峰会”，针对“地面数字电视的投资和运营”进行主题演讲。项目组还对巴基斯坦、津巴布韦、柬埔寨、纳米比亚等数字电视相关资料进行搜集。

6月26日至28日，北京市新闻出版广电局组团赴瑞典与瑞典电影学会进行交流座谈，实地考察瑞典电影档案馆；与瑞典广播电视管理局和广播电视委员会进行交流，特别了解其广播电视管理法规的制定和执行情况。

7月9日至13日，北京人民广播电台组团应邀到韩国首尔tbs广播电台就9月举行的仁川亚运会报道事宜进行洽谈，并对仁川亚运会组织工作、场馆分布情况等进行实地考察。

7月12日至23日，北京电视台应巴西record电视台、古巴哈瓦那市政府邀请，组团赴上述国家探讨世界杯广播电视技术的传播应用，并与当地电视台就合作项目进行洽商；还与古巴电视台合拍纪录片及征集古巴民间艺术家参加2015年BTV环球春晚录制等事宜进行深入交流。

7月24日、8月5日，北京海润影业有限公司组团赴韩国分别参加“2014年中韩电影人交流会”和韩国同行探讨影视产业发展合作事宜。

9月14日至10月6日，北京人民广播电台组团赴韩国仁川亚运会转播采访，并取得成功。

9月，北京电视台18人团组赴新加坡参加“传媒精细化运营和管理模式培训”。

9月22日至27日，北京广播电视台组团随国家新闻出版广电总局赴“美国之星影视动画产业交流”任务，洽谈相关项目。

四、利用来访开展交流合作

北京市广播影视继续充分利用与外国使节、外国驻京机构高管接触方便的条件，把做好接待来访作为开展对外交流的重要渠道。来访团组主要来自美、欧、亚、太和非洲等国家，交流洽谈节展合作、影视交易、拍片以及技术引进等事项。具体情况是：

2月24日，意大利互动传媒集团CEO佛朗切斯科·尤兰德先生和瑞星思达（中国）投资控股有限公司副总裁梁兴一行到北京电视台参观访问。

3月19日，土耳其（Digiturk）卫星付费电视运营商首席执行官Ertan Eozerdem及Nagra中国相关负责人一行到北京歌华有线电视网络股份有限公司访问，双方就数字电视和OTT业务、技术进行交流。

3月21日，美国国际通讯技术公司（Arris公司）全球销售和营销总裁Ron Coppock及北邮国安总经理到北京歌华有线电视网络股份有限公司访问，双方就有线电视网络、技术等事宜进行交流。

4月13日至18日，加拿大蒙特利尔国际电影节主席塞吉·洛塞克、华沙国际电影节主席斯蒂凡·劳丁、法国国家电影中心主席弗雷德里克·布勒丹，到访北京市新闻出版广电局，分别就电影节选片制度、影片交流、影人和机构研讨、培训等问题进行研究探讨。

4月28日，意大利互动传媒集团董事长布鲁诺·博加雷利（Bruno Bogarelli）和瑞星思达（中国）投资控股有限公司副总裁梁兴到北京电视台参观访问，双方就相关事宜进行座谈交流。

5月6日，日本漂移体验营活动教练团队一行到北京电视台参观访问。

5月23日，北京歌华有线电视网络股份有限公司与与美国有线电视实验室（CableLabs）在京举行签约仪式，正式成为CableLabs组织会员。美国有线电视实验室首席运营官拉莫斯参加签约仪式。

6月16日，根据国家新闻出版广电总局的安排，来自喀麦隆、津巴布韦、缅甸、斯里兰卡等十余个国家组成的“发展中国家主流媒体部级研讨班”一行到北京广播电视台参观访问。来宾们参观了广播直播间、电视高清演播间等，就新闻宣传、节目建设、新媒体发展等方面进行座谈交流。

6月18日，俄罗斯国家电视台技术总监一行4人到北京电视台参观访问，并进行交流洽谈。

6月19日，安哥拉新闻部部长一行在中国电子进出口总公司、北京北广科技股份有限公司、北京市新闻出版广电局相关人员陪同下到北京电视台参观访问，并进行交流洽谈。

6月19日，美国迈阿密国际电影节组委会主席嘉怡·拉普兰提、迈阿密达德学院孔子学院院长余学钧一行4人到中国电影博物馆参观访问，双方就中国和美国电影节有关情况进行交流。

7月10日，美国康卡斯特有线电视公司和美国NBC环球国际业务集团主席凯文·迈可莱林一行到北京歌华有线电视网络股份有限公司访问，双方在节目内容、资本运作等方面进行交流，初步达成相关项目合作共识。

7月15日，德国红箭集团节目研发主管迈克尔·皮特·施密特和德国红箭卫视电视台节目模式搜索部主管本哈德·索尼莱特纳一行受北京广播电视台邀请来台座谈，双方重点对国际资讯和国际电视娱乐节目发展现状与趋势等方面的信息进行交流。

8月19日，土耳其驻华大使阿里·穆拉特·埃尔索伊一行3人到中国电影博物馆参观访问。

8月20日至26日，北京歌华文化发展集团邀请韩国MBC文化电视台2人来京出席中韩文化贸易合作洽谈会及国家对外文化贸易基地开园活动，就双方开展保税区中韩文化项目洽商。

8月24日至29日，北京歌华文化发展集团邀请赞比亚信息和广播部3人来京出席国家对外文化贸易基地开园活动，就赞比亚国家电视台数字化改造解决方案以及从中方引进相关设备等业务进行磋商。

9月24日下午，以巴西利亚外国记者协会主席马丁内斯为团长的巴西新闻代表团到北京电视台访问，双方就媒体合作相关事宜进行交流。

9月25日，塞尔维亚广播电台新闻代表团一行5人到北京人民广播电台参观访问，双方就各自媒体基本情况、当地媒体竞争态势及应对措施展开座谈，并对各自的节目需求提出合作意向。

10月10日，俄罗斯天然气工业银行集团主席Mr.Andrei Akimov一行在中国环保能源控股有限公司集团相关人员陪同下到北京歌华有线电视网络股份有限公司访问，双方就推进中俄媒体产业投资及合作达成共识。

10月16日，加拿大蒙特利尔国际电影节主席塞吉·洛塞克受北京国际电影节组委会的邀请到北京市新闻出版广电局访问。市广电局就请其推荐优秀电影参加“天坛奖”评奖事宜以及希望双方建立长期合作关系进行交流洽谈。

10月17日，西班牙驻华大使馆新任文化参赞到北京国际电影节组委会办公室（北京市新闻出版广电局）访问，就举行西班牙使馆电影周开幕活动进行会谈。

12月9日，韩国光州国际电影节组委会秘书长廉政澔、组织委员曹福礼等到北京国际电影节组委会办公室（北京市新闻出版广电局）访问，双方就初步达成结成姐妹电影节，设立相应展映单元，并各自相互推荐五部本国影片的意向。

12月12日，以色列著名电影和电视节目制作人、知名节目模式公司阿莫斯公司(AEMOZA)创始人AVI ARMOZA受北京广播电视台邀请，到京参加北京广播电视台第二期节目创新系列专题讲座，着重讲解了跨类型、跨文化、跨平台的制作理念。

五、办好外宣节目扩大国际影响力

继续加强与海外广播电视主流媒体的合作，放大北京声音，对外节目国际传播覆盖与影响不断扩大，对外宣传工作取得新成效。

北京广播电视台继续组织北京电台、电视台与西方主流媒体展开全面战略合作，在英语新闻播出、互办电视节、合拍纪录片、大型活动等签署一批合作项目，为听观众、网友提供更加丰富的跨文化传播类的视听节目。

北京人民广播电台继续利用联合国电台中文网、澳洲广播电台中文网、纽约中国广播网、美国洛杉矶1300电台、加拿大中文台，澳大利亚澳华之声和新西兰华人之声电台播出介绍北京发展情况的中文节目。在第45个“世界地球日”期间，新闻、交通、外语及北京广播网共同推出3小时“世界地球日”京津冀媒体大型环保主题直播节目——“绿色出行，马上启动”向上述播出平台传送；北京电台节目首次落地首尔，双方每周相互提供5分钟以上的电话连线节目一次；世界杯期间开设双语专栏“桑巴荣耀”，除报道赛事最新情况外，还介绍世界杯经济、文化背景情况；APEC会议期间，外语广播为本台和海外合作电台（美国洛杉矶1700电台、韩国首尔TBS电台、新加坡新传媒电台、新西兰华人之声电台、加拿大中文台）提供15个报道和6次共计120分钟的连线，全方位报道APEC会议成果。此外，还精心打磨推出两部英语广播剧——《洋北漂的幸福生活》和《年少轻狂2》正式播出，共22集，每集25分钟。

北京电视台继续利用长城平台、加拿大城市电视台、黄河台等海外平台，对外总播出时间约8000小时，蝉联长城平台节目质量“双A级”评价；与美国中文电视英语频道深度合作，编译北京电视台优秀品牌节目于每晚黄金时间面向纽约观众播出；整合BTV新闻资源推出50分钟国际版《北京新闻》，精心制作《大运河申遗成功》《杜莎夫人蜡像馆亮相北京》等英语新闻在国外主流频道日常新闻中播出，展现北京人文风貌、国际特色和发展成就；在纪念中法建交50周年之际，完成纪录片《一个法国人的红楼梦》，在北京卫视、青年频道、纪实频道播出；与澳大利亚、南非、法国、日本等境外团队合作完成《双城记》系列等高品质纪录片，国际合拍纪录片《GPS——星际大战》获得首笔外汇版权收入。

六、继续探索文化贸易和文化创意产业发展方向

4月24日至5月1日，北京歌华文化发展集团组团随北京市贸促会团组赴罗马尼亚、克罗地亚进行招商推介工作，和当地文化创意产业集聚区企业代表商谈政府扶植举措、园区运营管理模式，与当地文化机构、展会活动主办单位寻求合作事宜。

10月17日，北京歌华文化发展集团在京圆满完成纪念中法建交50周年法国机械“龙马”巡游表演活动，为文化创意与传统制造业融合注入新的模式。

年内，北京歌华文化发展集团设计、艺术品等四个贸易项目开始试运营，其中影视贸易项目完成商业计划书，与10余家国际影视设备供应商达成合作意向，与天猫网上商城合作的设计猫成功上线，成为设计界最成功的电商品牌。

（北京市新闻出版广电局、
北京广播电视台）

北京市广播影视对台港澳交流合作情况

2014年，北京市广播影视系统继续保持与台港澳同行的交流合作关系，注重实效，促进了两岸三地广播影视的繁荣发展。主要情况是：

1月15日，北京歌华文化发展集团与香港信德集团正式签署合资合同，成立歌华信德文化贸易中心有限公司。

3月7日，香港数码电台到北京人民广播电台交通广播参观学习，双方就两地业界进一步合作交流进行探讨。

3月24日至27日，北京紫禁城影业有限责任公司参加第十八届香港国际影视展，通过铺设展位的形式推广发行公司出品的电视剧项目《永不低头》《创业伙伴欢乐多》。

3月25日至27日，北京北广传媒影视公司携41集电视连续剧《罗龙镇女人》赴香港电视节参展。

5月8日，北京海润影业有限公司与台湾合拍、为腾讯订制的网络剧《超级大英雄》在台湾高雄开拍。

5月19日至26日，国务院台办、北京市台办、北京市政府新闻办公室、北京市新闻出版广电局、北京人民广播电台组成参访团，赴台参加“2014台湾·北京广播发展与合作交流会”，走访考察了正声广播、东森购物台、瑞迪广告、台北之音HITFM联播网和七福事业、新竹IC之音、好家庭联播网古典音乐台、台中全国广播八个机构。与台湾广播行业的经营管理和从业人员交流沟通，深入交换广电实务经验。本届交流会上，北京人民广播电台分别与佛光大学、好家庭广播股份有限公司、港都广播电台股份有限公司、中华华人讲师联盟签署合作意向书。合作方向包括节目制作、新闻采访、人员交流、文化研究、教育等多个领域。

6月2日，北京人民广播电台外语广播《听世界》节目与台湾台中广播电台主持人进行题为《又闻两岸棕飘香》的连线直播，双方互相介绍当地的端午节庆情况、品粽子话亲情等。

6月12日至6月15日，北京紫禁城影业有限责任公司赴台湾探望正在紧张拍摄的电影《风中家族》摄制组，并邀请台湾当地媒体记者进行座谈。

6月18日，台湾“国家电影资料馆”馆长林文淇到访北京市新闻出版广电局，就北京国际电影节与台湾电影合作、选片工作等事宜进行研究。

7月3日，北京人民广播电台举行“2014年度中国科协港澳台大学生暑期实习活动欢迎座谈会”，来自港澳台6所知名高校的11名大学生参加。这是北京电台第七次接待港澳台大学生暑期实习活动。

7月3日，美国维亚康母集团旗下的MTV全球电视网首映运营官陈志杰（TAN CHEE KIAT）、大中华区总经理陈伟文、中国区版权业务拓展总监常凡一行3人到北京人民广播电台访问，双方就音乐节目合作、广播频率及数字电视频道运营等问题交换意见。

7月26日，北京人民广播电台组团赴澳门参加由亚广协举办的“两岸四地广播影视创新奖颁奖典礼”，北京电台李捷、罗湘萍获奖。

9月17日，台湾数位光讯科技集团总经理蔡孟城、行销总监林松义到北京电视台访问，双方就节目交换、卫视落地等事宜进行交流洽谈。

7月18日，台湾数位光迅科技集团董事长廖紫岑一行到北京歌华有线电视网络股份有限公司访问，双方就节目及影片交流制作、有线电视技术合作、资本合作等事宜进行交流。

7月29日，台湾旺旺中时媒体集团副总裁施宏达一行5人到北京电视台访问，就“BTV环球春晚”、《书香北京》及纪实频道相关纪录片并通过市场拓展等项目合作进行交流座谈。

8月11日，台湾IC之音·竹科广播节目总监兼副台长田丽云一行4人到北京人民广播电台考察交流，探讨双方进一步合作事宜。

11月19日至21日，北京海润影业有限公司组团参加台湾金马电影节，参展一批电视剧。

（北京市新闻出版广电局、北京广播电视台）

“北京电视剧非洲展播季”及四达时代影视译制基地落户非洲情况

北京电视剧非洲展播季启动仪式现场

肯尼亚当地时间7月14日下午，由北京市新闻出版广电局主办、四达时代集团承办的“北京电视剧非洲展播季”启动仪式暨四达时代非洲总部及影视译制基地奠基仪式在肯尼亚内罗毕隆重举行。中共中央政治局委员、北京市委书记郭金龙，肯尼亚副总统威廉·鲁托的特别代表（文化体育与艺术部部长）马里奥、中国驻肯尼亚大使刘显法、国家新闻出版广电总局副局长聂辰席、北京市新闻出版广电局局长李春良、四达时代集团董事长庞新星及四达时代肯尼亚分公司代表出席仪式。仪式上，中肯双方领导嘉宾一起上台共同触摸点亮启动球，宣布“北京电视剧非洲展播季”正式开播。启动仪式主环节结束后，北京市新闻出版广电局与肯尼亚有关领导和四达时代嘉宾一同观看了北京市优秀电视剧《咱们结婚吧》英语配音版第一集。

此次“北京电视剧非洲展播季”展播活动从2014年7月到年底，以“北京故事 走进非洲”为主题，在肯尼亚、南非、乌干达、尼日利亚等国家举办。活动期间，由承办单位四达时代集团在非洲开办的chinese—2频道(中国电视剧—2频道)，以英语配音方式，展播《咱们结婚吧》《奋斗》《我的青春谁做主》《北京青年》《婚姻保卫战》《无贼》等6部优秀当代题材北京电视剧，电视信号覆盖撒哈拉以南非洲地区46个国家。通过集中展播北京优秀电视剧，共同推进中非广播影视文化的繁荣发展，传播中国和北京文化，促进中非友好交往，增进中非传统友谊。

仪式之后，中肯领导和嘉宾来到四达时代集团非洲总部及影视译制基地现场为基地奠基。占地面积2万平方米的四达时代非洲总部及影视译制基地，总投资8000万美元，集非洲总部、影视译制基地、四达肯尼亚公司总部、数字电视研发中心、培训中心六大功能。影视译制基地投入使用后，可具备1万小时/年的译制配音能力，逐步形成选片、译制、播出、版权交易的完整产业链，不仅可以大大提高译制水平和规模，而且可以大大降低译制成本。

作为此次活动承办方的四达时代集团，从2007年开始致力于在非洲开展数字电视运营。截止到2014年，已在23个非洲国家注册成立公司，在12个国家开展数字电视运营，共完成投资4亿美元，发展用户超过400万。据统计，四达时代集团已在非洲建成5座数字电视播控中心，11座地球卫星上行站，102座地面数字电视发射台，23座移动电视发射台，形成直播卫星、地面电视、移动多媒体广播系统多层覆盖的无线数字电视传输平台，覆盖非洲80%的人口。节目平台共有320个频道，包括国际知名频道、非洲本地频道、中国主流媒体频道和四达自办频道。节目涵盖综合、新闻、体育、音乐、娱乐、儿童、影视等类型，用英、法、葡、斯瓦西里、豪萨等8种语言播出。四达自办的20个频道，全天24小时不间断播出，年节目更新量近2万小时。为满足更多的非洲民众对中国影视剧的喜爱，从2011年起，四达时代集团组建了专业译制队伍，到2013年完成国内影视剧译制配音40部（900集），2014年四达斯瓦西里语和豪萨语频道上线播出。

（北京市新闻出版广电局）

统 计

2014年广播电视播出机构及节目开办情况

项目	单位	数量
一、机构情况	—	—
市级广播电视台	座	1
区县广播电视台	座	10
区县广播电视站	座	4
乡镇广播电视站	座	37
企事业广播电视站	座	11
二、开办广播电视节目情况	—	—
公共广播节目	套	25
其中：市级	套	16
区县级	套	9
付费广播节目	套	2
公共电视节目	套	26
其中：市级	套	12
区县级	套	14
对外电视节目	套	1
付费电视频道	套	11

2014年北京市广播电视播出情况

指标名称	单位	合 计	市级	区县
广播播出	——	——	——	——
公共广播节目	套	25	16	9
播出时间	小时	172503	123995	48508
播出自制节目时间	小时	132225	100165	32060

续 表

指标名称	单位	合 计	市级	区县
付费广播节目	套	2	2	—
播出时间	小时	15330	15330	—
电视播出	——	——	——	——
公共电视节目	套	26	12	14
播出时间	小时	125569	95201	30368
播出自制节目时间	小时	60362	41253	19109
电视剧播出数	部	505	475	30
	集	18237	17142	1095
付费广播节目	套	11	11	—
播出时间	小时	96360	96360	—
对外节广播节目	套	1	1	—
播出时间	小时	8760	8760	—

2014年广播电视节目制作情况

项　　目	单位	广播节目	电视节目
制作广播电视节目时间	小时	139281	100528
新闻咨讯类	小时	15611	11993
专题服务类	小时	29569	37634
综艺类	小时	39662	21103
广播（电视）剧	小时	6940	8024
广告类	小时	18606	2627
其他类	小时	28893	19147
广播（电视）剧部数	部	29	86
广播（电视）剧集数	集	1053	3129

注：此表的统计范围是指各类广播影视节目制作机构。

2014年北京市广播电视播出传输情况

项目	单位	2014年
中短波转播发射台	座	1
	千瓦	160
调频转播发射台	座	17
	千瓦	40.95
电视转播发射台	座	15
	千瓦	99.3
广播综合人口覆盖率	%	100
电视综合人口覆盖率	%	100
有线广播电视传输干线网络总长	万公里	18.29
有线广播电视用户数	万户	551.57
高清交互数字电视用户	万户	420.03
付费数字电视用户数	万户	216.49
农村有线广播电视用户数	万户	75.83
农村有线广播电视入户率	%	68.56%
总人口	万人	2114.8
农村总人口	万人	251.4
总户数	万户	516.2
农村总户数	万户	110.6

2014年北京市广播影视创收总收入情况

单位：亿元

项目	2014年	2013年	增减额	增速(%)	占总创收收入(%)
总计	427.04	379.55	47.49	12.51%	100.00%
1. 广告收入	175.39	169.84	5.55	3.27%	41.07%

续 表

项目	2014年	2013年	增减额	增速（%）	占总创收收入（%）
其中：广播广告收入	10.38	9.44	0.94	9.96%	2.43%
电视广告收入	78.17	80.48	−2.31	−2.87%	18.31%
2. 广播电视节目销售收入	52.92	53.81	−0.89	−1.65%	12.39%
3. 有线广播电视收视费	10.86	10.67	0.19	1.78%	2.54%
4. 付费数字电视收入	2.05	0.62	1.43	230.65%	0.48%
5. 三网融合业务收入	5.52	8.70	−3.18	−36.55%	1.29%
6. 电影票房收入	22.82	18.60	4.22	22.69%	5.34%
7. 其它创收收入	157.48	117.31	40.17	34.24%	36.89%

2014年北京市广播影视创收收入构成图

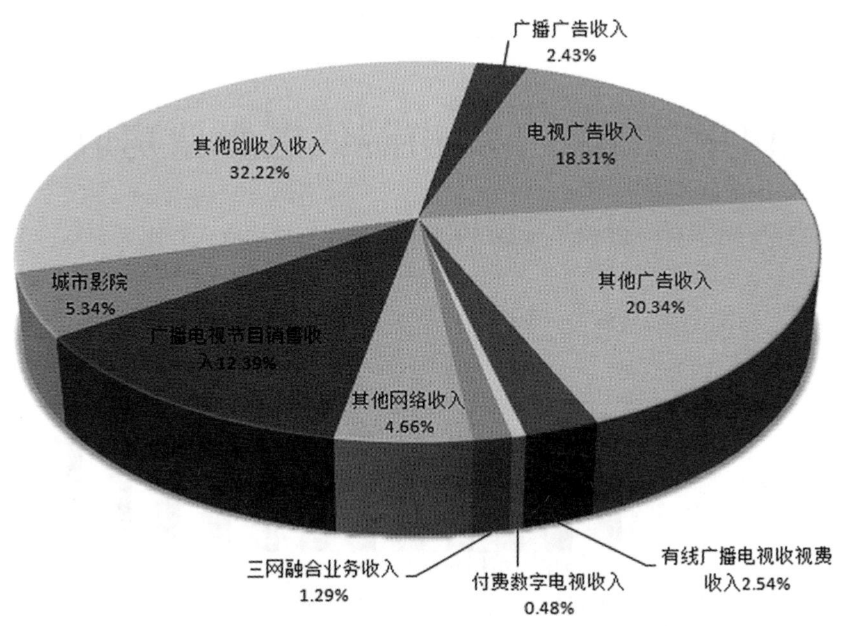

2014—2013年电影基本情况对比

项目	计量单位	2014年	2013年	增(减)量(±)	增(减)比率(%)
电影院线数量	条	23	20	3	15.00%
电影院数量	家	169	150	19	12.67%
银幕数	块	963	820	143	17.44%
其中：IMAX巨幕	块	11	5	6	120.00%
影院座位数	万个	16.3	14.1	2.2	15.60%
院线放映场次	万场	162.47	137.69	24.78	18.00%
院线票房收入	亿元	22.82	18.6	4.22	22.69%
院线观众人数	万人次	5184.57	4250.3	934.27	21.98%
公益电影放映场次	万场	17.36	18.03	−0.67	−3.72%
流动放映场次	万场	1.74	1.93	−0.19	−9.84%
固定放映场次	万场	15.62	16.1	−0.48	−2.98%
公益电影观影人次	万人次	869.5	1021.82	−152.32	−14.91%
流动放映观众人次	万人次	137.61	173.81	−36.2	−20.83%
固定观众人次	万人次	731.89	848.01	−116.12	−13.69%

2014年与2013年城市院线电影票房收入对比

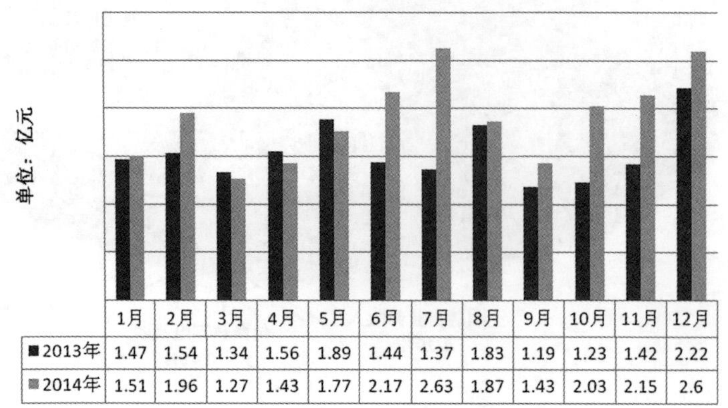

	1月	2月	3月	4月	5月	6月	7月	8月	9月	10月	11月	12月
2013年	1.47	1.54	1.34	1.56	1.89	1.44	1.37	1.83	1.19	1.23	1.42	2.22
2014年	1.51	1.96	1.27	1.43	1.77	2.17	2.63	1.87	1.43	2.03	2.15	2.6

2014年北京市广播电视主要指标在全国的排位

项目	单位	全国总量	北京市	排位数	北京市所占比重(%)
资产总额	亿元	10079.49	1088.68	1	10.8%
增加值	亿元	1701.99	106.87	5	6.28%
广播电视创收收入	亿元	3635.51	404.22	1	11.12%
广告收入	亿元	1464.49	175.39	1	11.98%
有线电视收视费收入	亿元	457.39	10.86	15	2.37%
节目销售收入	亿元	247.08	52.92	2	21.42%
有线电视用户数	万户	23458.23	551.57	19	2.35%
数字电视用户数	万户	19143.21	469.15	17	2.45%
付费数字电视用户	万户	4505.41	216.49	14	4.81
制作广播节目时间	万小时	764.73	13.93	22	1.82%
制作电视节目时间	万小时	327.74	10.05	15	3.07%
制作电视剧	部	429	86	2	20.05%
	集	15983	3129		19.58%
制作电视动画片	部	222	17	5	7.66%
	分钟	13.85	0.75		5.42%
电视剧出口量	部	296	47	2	15.88%
	集	13824	1754		12.69%
电视剧出口额	万元	27225.71	5084.05	3	18.67%
从业人员	万人	86.44	4.6	6	5.32%

2014全国省级电台广告收入前十排名

单位名称	广告收入（亿元）	2014年排序	2013年排序
北京人民广播电台	9.67	1	1
上海人民广播电台	7.34	2	2
陕西人民广播电台	5.81	3	8
天津人民广播电台	5.26	4	3
浙江人民广播电台	4.37	5	4
广东人民广播电台	4.00	6	5
黑龙江人民广播电台	3.60	7	6
江苏人民广播电台	3.42	8	9
山东人民广播电台	3.20	9	7
湖南人民广播电台	3.07	10	11

2014全国省级电视台广告收入前十排名

单位名称	广告收入（亿元）	2014年排序	2013年排序
湖南电视台	80.41	1	1
上海电视台(含东方电视台)	62.13	2	2
江苏电视台	46.71	3	3
浙江电视台	45.93	4	4
山东电视台	23.74	5	8
安徽电视台	23.14	6	5
广东电视台（含南方电视台）	22.35	7	7
北京电视台	21.56	8	6
河南电视台	17.36	9	12
江西电视台	13.61	10	13

2014年北京市广播电视节目交易情况

项目	单位	数量
全年广播电视节目销售收入	亿元	52.92
其中：电视剧销售收入	亿元	36.54
全年电视剧制作投资额	亿元	50.52
全年动画电视制作投资额	亿元	2.25
广播电视节目进出口总额	万元	150602.81
进口总额	万元	145518.76
出口总额	万元	5084.05
广播电视节目进出口量	小时	14671
进口量	小时	12774
出口量	小时	1897

（北京市新闻出版广电局规划发展处提供，统计：吴彤）

大事记

2014年北京市广播影视大事记

1 月

1月1日　北京城市服务管理广播全面改版，设置的主要栏目有《动听早高峰》《炫动下班族》《教育面对面》《财富大搜索》《京城帮帮团》《楼市好声音》《健康加油站》《法律早点到》《旅行号1073》《职场哈拉秀》等。

1月2日　北京人民广播电台启动每日新闻会商平台，组织新闻、交通、城市、体育、外语五个专业广播共同分析新闻事件发展趋势：一是及时应对突发事件，组织新闻报道；二是遇有重大自然灾害或突发事件，全台统一调配采访力量；三是总编辑及各部门负责人每天通过该平台了解最新采访安排和宣传动态，严把内容关。

1月8日　北京网络广播电视台正式上线播出并举行开播仪式。该网有4个新媒体业务平台：北京网络广播电视台网站、北京IPTV、“BTV大媒体”移动客户端、BTV微平台。北京市委常委、宣传部长李伟出席仪式并讲话。

1月8日　北京歌华有线客户服务信息咨询有限公司挂牌成立。

1月9日　北京市新闻出版广电局与怀柔区委区政府联合召开中国怀柔影视基地建设政策咨询会。北京市新闻出版广电局局长李春良、怀柔区委书记齐静、区长常卫等参加会议。市委宣传部有关部门负责人、北京博纳影业集团等影视机构主要负责人、北京大学、中国人民大学、国家新闻出版广电总局研究中心的有关专家，也应邀参加。

1月14至23日　北京市新闻出版广电局组织北京歌华有线电视网络股份有限公司对市“两会”及全市重要活动场所网络安全进行全面检查，并配备充足设备，安排技术人员24小时值守，确保广播电视播出安全。

1月15日　在中国传媒大会上，北京北广传媒地铁电视有限公司荣获“2013年中国最具传播力移动新媒体”，总经理阎伟力获“2013中国传媒年度创新人物奖”。

1月15日　北京市政府办公厅发布通知，北京市政府决定设立北京市新闻出版广电局，不再保留北京市广播电影电视局、北京市新闻出版局。设立北京市新闻出版广电局，为市政府直属机构，加挂北京市版权局牌子，负责本市新闻出版、广播电影电视和著作权管理工作。

1月17日　北京人民广播电台、北京电视台在2014年市“两会”宣传报道中，运用北京网络广播电视台、北京广播网等新媒体手段，全方位、多角度播报“两会”新闻。“BTV大媒体”客户端推出“我在现场　两会有我”专题，近千名市民上传视频并提出建议建言。

1月18日　国家新闻出版广电总局、中共北京市委宣传部、北京市新闻出版广电局联合举办“首都影视精品工程座谈会”。国家新闻出版广电总局有关司局、北京市委宣传部、北京市广电局有关领导与全国知名影视工作者为首都影视繁荣发展献计献策。北京市委常委、宣传部部长李伟出席座谈会。首都影视精品工程将围绕“中国梦”的主题，整合北京优秀智力和人才资源，力争打造一系列影视精品。会上，仲呈祥、李雪健、李京盛、高长力、张宏森、邹静之、刘恒、高满堂、刘和平、冯小刚、陈可辛、郑晓龙、赵宝刚、高希希、张国立等15位中国著名影视导演、编剧、演员、影视评论家，受聘成为首都影视精品工程顾问。

1月20日　北京歌华有线电视网络股份有限公司高清交互平台“电视回看”应用增加11套高清频道和28套标清频道。歌华有线网内全部高清频道、央视频道、北京频道、卫视频道及部分数字频道均实现“回看”功能。

1月20日　北京市人大常委会主任杜德印，北京市政协主席吉林，北京市委常委、宣传部部长李伟等市领导看望和慰问参加北京市人大、政协“两会”报道的媒体记者。

1月20日　北京歌华有线电视网络股份有限公司与北京四达时代集团共同签署战略合作协议。歌华有线公司董事长郭章鹏、总经理卢东涛、四达时代董事长兼总裁庞新星等出席签约仪式。

1月22日　北京人民广播电台举办“广播三下乡，年货送农家”活动。自2007年起，电台将延庆县井庄镇作为定点服务对象，定期开展“三下乡”和“走转改”活动，坚持为村里提供切实有效的帮助，截至2014年底累计投入近百万元。

1月22日　北京歌华有线电视网络股份有限公司高清交互平台“北京数字学校”栏目，全新改版上线。

1月23日　北京歌华有线电视网络股份有限公司高清交互平台“2014春晚专区”栏目正式上线。

1月23至28日　北京广播电视台党委书记刘志远等班子成员深入各办公区、播出机房、客服中心等重要部位和一线窗口单位进行安全检查，要求严格落实各项管理制度，确保春节期间节目安全播出。

1月26日　北京歌华文化发展集团在中华世纪坛举办“中国梦·歌华梦·我的梦”为主题的歌华讲堂活动。

1月26日　北京歌华有线电视网络股份有限公司与北京市邮政公司共同签署战略合作协议。歌华有线公司董事长郭章鹏、总经理卢东涛、北京市邮政公司总经理李利华等出席签约仪式。

1月27日　北京歌华有线电视网络股份有限公司高清交互平台“电视院线”栏目正式上线，栏目下设最热影片区、影讯区、节目预告区等板块。

1月29日　北京市委常委、宣传部长李伟到北京人民广播电台、北京电视台慰问节日前夕工作的夜班编辑记者和有关工作人员。市委副秘书长、宣传部副部长严力强，北京广播电视台党委书记刘志远、北京广播电视台台长赵多佳、北京电台总编辑王秋等陪同。

1月31至2月6日　中国电影博物馆举办新春嘉年华系列活动。活动包括2013年度精彩电影海报展、2013年度公益影人图片展、“阖家欢，庆新春”“喜乐新春”等。

1月31日　北京中北电视艺术中心有限公司出品的电视剧《我们家的微幸福生活》在中央电视台举行首播新闻发布会。

1月　北京电视艺术中心有限公司建立剧本评估体系，对每部剧的主题、情节设置、故事脉络、台词、人物小传等进行综合评估，为剧本修改方案的确立提供依据。《我爱北京天安门》《铁道卫士》等剧已采用该系统的评估。

1月　北京电视台推出2014年马年新春公益贺岁宣传片，包括“文明过大年”“十佳主持人贺岁”“童谣说年俗”“传统节日习俗皮影”4个系列共25部宣传片。同时配合北京市清洁空气行动计划《反浪费条例》，还推出了20部公益宣传片。

2　月

2月10日　北京市新闻出版广电局召开党的群众路线教育实践活动总结大会，局党组书记、局长李春良作总结报告。北京市委第26督导组组长董颖对局开展的学习实践活动给予肯定。

2月13日 北京北广传媒城市电视微信公众号正式上线启用，并与公司官网、新浪微博联动和同步。

2月17日 第四届北京国际电影节组委会召开工作会议，研究审议第四届北京国际电影节七大主体活动方案。国家新闻出版广电总局副局长童刚，北京市委常委、宣传部长李伟，国家新闻出版广电总局电影局副巡视员栾国志，北京市政府副秘书长侯玉兰，北京市委宣传部常务副部长王海平参加。会议对本届电影节筹办工作提出要求，一是加强沟通协调，做好领导邀请工作；二是把握整体导向，强化内容安全；三是健全工作机制，全面启动筹备工作；四是精心策划宣传方案，做好氛围营造工作；五是坚持为民惠民，充分体现群众参与；六是坚持节俭务实，用好资金；七是认真稳妥地做好微电影展映。北京市委宣传部、北京市新闻出版广电局、北京市网信办等单位相关人员出席会议。

2月19日 北京电视台召开“大媒体”平台发展建设专题报告会，台长赵多佳在会上提出要求：一、加强节目策划与网络推广的无缝对接；二、指定一名副主任，负责与新媒体发展中心的全程沟通联络；三、确定新媒体业务开发应用的专职工作人员，形成与新媒体发展建设的有效融合。

2月23日 中国电影博物馆“电影大讲堂”举办“‘春节档’与2014年中国电影”讲座。

2月26日 2013年度中国播音主持“金话筒奖”颁奖典礼在北京电视台大剧院举行。北京电台石秀冬（芳华）获广播播音员主持人奖；酒杰、白钢荣获广播播音主持作品奖；北京电视台罗旭获电视播音员主持人奖；王晓佳获电视播音作品奖。国家新闻出版广电总局副局长聂辰席、纪检组组长李秋芳，中国广播电视协会会长张海涛、副会长雷元亮、王莉莉、张丕民，北京市委常委、宣传部长李伟，北京市新闻出版广电局局长李春良，北京广播电视台党委书记刘志远、北京广播电视台副台长苏仁先出席。

2月26日 北京电视艺术中心有限公司在“2014CPCC中国版权服务年会”及“2013CPCC十大中国著作权人年度评选”颁奖仪式上当选“2013CPCC十大中国著作权人”。

2月28日 北京市新闻出版广电局召开“APEC会议筹备期间电视工程建设协调会”，北控置业、北京歌华有线电视网络股份有限公司、北京瑞特影音贸易公司等相关单位负责人参会。

2月 国家新闻出版广电总局对2013年度全国境外卫星电视管理工作进行年度考评，北京市新闻出版广电局被评定为满分100分。

2月 北京市委副秘书长、宣传部副部长严力强到北京电视台听取北京卫视《档案》栏目组关于“抗美援朝”主题系列节目工作汇报。严力强将该系列节目定名为“日出东方”，并对节目表现手法提出具体要求。北京电视台台长赵多佳参加。

2月 北京广播电视台在社会主义核心价值观的宣传上，着力抓了四点：一、新闻报道注重小切口、深挖掘，北京电台播发《百姓生活故事》100余篇，北京电视台播出《践行社会主义核心价值观》系列报道14集；二、话题加评论，北京电台在官网、微信、微博开辟公益板块，加强与听众、网友的互动性，北京电视台《北京新闻》栏目还特别设置了《编后话》《大家谈》；三、运用公益宣传片、主旋律歌曲营造氛围，北京电台滚动播放20余首弘扬社会主义核心价值观的原创主旋律歌曲，北京电视台播出以社会主义核心价值观为主题的系列宣传片13部；四、打造品牌，2014年举办“北京榜样”评选活动，动员广大市民寻找身边的“榜样人物”。

2月　2014“BTV春晚”收视列省级卫视首位。据33城市收视统计，BTV春晚卫视频道收视率为1.8069%，在省级卫视排名第一。

3　月

3月3日　作为北京电视台高清纪实频道《中国梦我的梦》栏目的首播节目，高清纪实频道节目中心摄制的纪录片《圆梦》于当晚20:55播出。

3月4日　北京电视艺术中心有限公司邀请中央电视台电视剧管理中心项目部负责人作培训指导，详细介绍电视剧面临的买方市场、央视审片的工作流程，从剧本创作、宣发营销、后期制作等方面阐述一部优秀电视剧的整体运营规律。

3月5日　北京人民广播电台正式启动“美丽北京（天津、河北）绿色行动——探寻PM2.5”大型采访活动。活动由北京交通广播、天津交通广播、河北交通广播共同组织。

3月10至11日　北京人民广播电台联合天津、河北新闻广播直播特别节目《对话京津冀》。该节目由北京人民广播电台新闻广播统筹，邀请全国人大代表、北京市科委主任闫傲霜，全国人大代表、南开大学校长龚克，全国政协委员、河北农林科学院副院长王海波等专家，从京津冀区域发展前景诸多方面交流探讨。

3月11至16日　中国电影博物馆举办“电影的探索者”——吴天明导演作品公益展映活动，精选出《老井》《首席执行官》等5部影片公益放映，服务观众388人次。

3月12日　京津冀三地新闻出版广播影视发展合作研讨会在北京召开。会议由北京市新闻出版广电局局长李春良主持，天津市文化广播影视局党组副书记靳方华、天津市新闻出版局党组副书记刘玉红、河北省新闻出版广电局局长王景武，北京市新闻出版广电局副局长梁成林、韩昱参加会议。会议取得四点共识：一是打破行政辖区惯性思维束缚，促进资源要素共享整合、公共服务共建共享和产业发展互补互促；二是坚持平等互利、优势互补、统筹协调，逐步形成良性互动、竞争合作的区域发展格局；三是建立联席会议机制，设立合作执行机构，研究决定合作事项；四是发挥三地优势特长，确定具体合作项目。

3月13日　北京北广传媒移动电视有限公司与巴士传媒公司举行合资设立北京世巴传媒有限公司签约仪式。

3月18日　北京电视台《法治进行时》栏目改版，将以往的案件报道，向公安警情社会化和服务化转变。

3月20日　鼎视数字电视传媒有限公司和北京云基地在中关村软件园举行“共同推进视频云技术应用发展的战略合作协议”签约仪式。北京广播电视台党委书记刘志远、中国宽带产业基金董事长、北京云基地创始人田溯宁、北京市经信副主任委员姜贵平出席。

3月20至22日　鼎视数字电视传媒有限公司携25套数字专业频道、7套卫视高清频道、10套数字电视购物频道和1套VOD产品及“云视频交易服务平台”“太和电视路由器”项目参展中国国际广播电视信息网络展览会。

3月20日　北京歌华有线电视网络股份有限公司高清交互平台“区县新闻”栏目全新改版上线，首次实现16个区县新闻全覆盖。

3月21日　北京歌华有线电视网络股份有限公司与百视通公司联合试验推出4K极清宽带电视。

3月25日　中国记协主席田聪明一行到北

京电视台新媒体基地调研，就中国新闻奖增设互联网新闻奖项等问题征求意见。北京电视台台长赵多佳等参加。

3月25至29日　北京紫禁城影业有限责任公司总经理许建海，随商务部机电进出口商会和轻工工艺进出口商会代表团赴法参加习近平主席访法期间的经贸商务活动，北京紫禁城影业有限责任公司出品的电影《狼图腾》作为中法合拍项目被列入商务洽谈。

3月26日　北京人民广播电台和16个区县委宣传部举行战略合作签约仪式，通过搭建合作平台，提高新闻报道的时效性，并为各区县同行提供实习和培训的机会。北京人民广播电台台长席伟航等参加仪式。

3月31日　由北京市新闻出版广电局、怀柔区政府联合主办，首都广播电视节目新作业协会承办、怀柔区文化产业发展促进中心协办的2014春季(第13届)北京电视节目交易会在北京会议中心开幕。北京市委常委、宣传部长李伟，国家新闻出版广电总局电视剧司司长李京盛、副司长杨铮，北京市新闻出版广电局局长李春良、副局长丁百之，怀柔区区长常卫，区委宣传部部长胡东，副区长王玉山，区政协副主席史宗祥出席。本届交易会共有来自国内外电视节目制作机构、电视节目播出机构约2000名专业人士参会。其中报名参展的制作公司258家，电视剧488部17000余集，动画、纪录片和栏目50部2300余集。此外，报名参会调研的公司约30家。

3月　北京广播电视台完成全国“两会”宣传报道任务。北京人民广播电台12档重点新闻资讯节目滚动跟进，参与报道“两会”发布会17场，采访政协委员近百人次、人大代表60余人次，播发“两会”报道280余篇，其中自采录音报道73篇、现场连线51篇、消息60余篇。北京电视台播出两会新闻近60条；“BTV大媒体”客户端发布各类图文消息1500余条、视频新闻400余条；北京网络广播电视台同步播出图文、视频消息20余条。移动、城市、地铁户外媒体及时做好“两会”新闻资讯的集成和播出，形成全方位报道效果。

3月　北京市新闻出版广电局作为牵头单位，协调相关委办局共同合作，组织开展专项整治、清查行动。查处一起非法开办广播电台案件。查获非法广播设备，将设备拆除并依法予以暂扣。

3月　北京电视台启动制作以“中国梦”为主题的动画片项目《戚继光》，该项目制作一部26集3D系列动画片（每集13分钟），同时创作生产一部90分钟动画电影。

3月　北京广播电视台推出京津冀地区协同发展系列举措：一是开展新闻联合报道合作；二是开展节目生产深度合作；三是开展电视节目版权交易，实现节目互补；四是建立健全常态机制，搭建多元化技术协作联动平台，实现资源共享；五是开展京津冀三地广播电视网络互联互通；六是建立健全多层次人才交流培训机制，打造适应三地电视事业发展的专业人才队伍；七是依托歌华营地项目和BTV黄金海岸培训中心，与河北省秦皇岛市开展产业合作。

3月　北京人民广播电台新闻广播《话里话外》，获国家新闻出版广电总局2013年广播电视创新创优栏目奖。

4　月

4月1日　挪威友人尤约翰、挪威国家电视台工作人员凯利·佛特、安康老城博物馆馆长韩天善、和谐中国网总编李耀君等一行10人到中国电影博物馆参观访问，尤约翰先生向中国电影博物馆赠送纪录片《彩色老安康》光盘，中国电影博物馆党委书记陈志强参加接待。

4月2日　第十二届全国人大常委、内务司法委员会副主任委员、中国社会科学院原副院长李慎明，全国政协委员、中国社会科学院信息情报研究院院长张树华率课题组到北京电视台就合作拍摄《苏联解体与历史虚无主义》系列纪录片进行座谈，北京电视台台长赵多佳等参加。

4月3日　第四届北京国际电影节组委会召开现场运行指挥部第一次全体会议。北京市委宣传部常务副部长王海平主持会议，北京市副市长杨晓超出席。会议肯定电影节前期筹备工作，并对下一步工作提出要求：一是明确职责分工，尽快进入角色。以最高要求、最高水平把电影节各项筹备、协调、组织工作做到滴水不漏、万无一失；二是细化保障方案，抓好工作落实。将每项工作具体落实到人，确保事事有人管，件件有着落；三是加强工作统筹，高效有序推进。各部门要通力合作，确保各个环节无缝衔接，各项工作有序推进；四是落实安全责任，确保绝对安全。要组织专门力量围绕重点场所、重点部位、重点影片进行排查，消除安全隐患。傅华、赵多佳以及电影节组委会现场运行指挥部各部门负责人参加会议。

4月10日　北京市委常委、宣传部长李伟对市委宣传部《宣传系统快报》第65期（2014年4月8日）“人民日报海外版刊发评论点评北京卫视《私人订制》栏目”批示：这档节目坚守价值观，传播真善美，望保持特点，越做越好。

4月8至10日　北京市新闻出版广电局副局长丁百之率团赴法国参加戛纳电视节，参展电视剧40余部、近1500集，纪录片及电视栏目20部700余集。期间，举办盛大的“北京影视传递中国梦——北京日”主题活动，活动现场由北京华录百纳影视、海润影视、华夏视听环球传媒、京都世纪、中北电视艺术公司、国龙联盟、大陆桥投资管理（北京）、西京影视、雷禾文化传媒等影视单位组成的北京影视代表团与众多海外机构进行深入交流与合作洽谈。雷禾文化传媒与法国合作伙伴签署纪录片《月亮》《大环形路》的合作协议。

4月11日　北京人民广播电台联合天津广播电视台交通广播、河北人民广播电台共同推出的“美丽环境 绿色行动——京津冀媒体大型环保主题系列活动”举行媒体沟通会，北京电台总编辑王秋、天津广播电视台台长助理张今路、河北人民广播电台副台长王广文参加。活动指导单位北京市发展和改革委员会委员洪继元、北京市环境保护局副局长姚辉、北京市园林绿化局副局长强健、天津市环境保护局副局长谢华生、河北省环境保护厅宣教中心宣传科长李平出席沟通会。

4月12日　北京人民广播电台城市广播《教育面对面》年度最大规模的高招公益专家报告会在北京大学百周年大讲堂举办。

4月15日　北京市委常委、宣传部长李伟，北京市副市长杨晓超、北京市委副秘书长傅华、北京市新闻出版广电局局长李春良等到中华世纪坛调研电影节“电影市场、电影嘉年华”活动筹备情况，对电影市场展商规模、服务安排和电影嘉年华活动内容给予肯定，要求北京歌华文化发展集团做好活动安全保障工作。歌华集团董事长王建琪陪同调研。

4月15日　北京北广传媒移动电视有限公司与数字电视国家工程实验室举行战略合作签约仪式。

4月16日　北京歌华有线电视网络股份有限公司与台湾永新视博公司签署战略合作协议，双方在资本、云平台技术和业务、海外市场拓展等方面开展多种形式的合作。

4月16日至23日　第四届北京国际电影节“北京展映”以“春天，来北京看世界最优秀的电影”为理念，定位于国际一流电影展映，在北京33家影院及学术机构，展映48个国家和地区的260部优秀影片，设置15个展映单元，放映600余场次；组织20场新片发布会、57场映前映后影迷见面会，为各国电影人士、电影爱好者搭建了观摩、借鉴、交流平台。

4月16日　第四届北京国际电影节在国家大剧院歌剧厅开幕，开幕式以“风云际会、雕刻时光”为主题，充分体现电影元素，注重简洁大方，突出仪式感，隆重推介“天坛奖”入围影片。国家新闻出版广电总局副局长、北京国际电影节组委会常务副主席童刚宣布开幕；北京市副市长、北京国际电影节组委会常务副主席杨晓超，法国著名演员让·雷诺，本届“天坛奖”国际评委会主席吴宇森分别致辞，“天坛奖”评委集体亮相。参照国际电影节惯例，开幕典礼后放映开幕影片《美女与野兽》（法国）。让·雷诺、阿方索·卡隆、奥利弗·斯通、让·雅克·阿诺、张艺谋、范冰冰、黄晓明、斯琴高娃等众多海内外知名电影人士，影视界、文化界、体育界、商界、媒体界嘉宾，外国驻华使节和群众近2000余人参加开幕式。

4月16日　第四届北京国际电影节“精彩在沃·电影嘉年华”在中华世纪坛开幕。北京国际电影节组委会副主席、北京市政府副秘书长侯玉兰，美国电影协会亚太区总裁艾理善致辞。随后，出席嘉年华开幕式的领导及嘉宾参观电影嘉年华场地内的世界经典卡通游艺区、电影修复技术展区、电影与科技展区。电影嘉年华活动于4月16日至23日在中华世纪坛会场、玉渊潭公园活动区以及怀柔会场举办不同主题的电影嘉年华活动。

4月16日至23日　第四届北京国际电影节主竞赛单元“天坛奖”评奖活动在北京市人民政府宽沟招待所进行。本届“天坛奖”国际评委会主席吴宇森（美国），携安德鲁斯·文森特·戈麦斯（西班牙）、陆川（中国）、玛莉亚·嘉西亚·古欣娜塔（意大利）、宁浩（中国）、费利普·弥勒（法国）、拉库马·希拉尼（印度）六位评委，从15部入围影片中评选出“天坛奖”10个奖项，评选结果如下：《寻子记》（加拿大、印度）获最佳影片奖；王家卫《一代宗师》（中国）获最佳导演奖；纪尧姆·古依《声梦奇遇》（法国）获最佳男主角奖；章子怡《一代宗师》（中国）获最佳女主角奖；阿伦·里克曼《爱的承诺》（法国）获最佳男配角奖；李来《素媛》（韩国）获最佳女配角奖；周智勇、张冀、林爱华《中国合伙人》（中国）获最佳编剧奖；菲利浦·勒素《一代宗师》（中国）获最佳摄影奖；《声梦奇遇》（法国）获最佳音乐奖；《火箭》（澳大利亚）获最佳视觉效果奖。

4月17日　第四届北京国际电影节电影魅力·北京论坛“中外电影合作论坛”和签约仪式在北京饭店北京宫举行。国家新闻出版广电总局副局长童刚和美国电影协会主席克里斯多夫·多德为论坛致辞。中、法合拍影片《勇士之门》举行签约仪式，中、法、加合拍影片《最后的战争》主创人员发布宣传片。主题论坛由中国电影合作制片公司总经理张恂主持，墨西哥导演阿方索·卡隆、美国导演奥利弗·斯通、俄罗斯导演季莫尔·贝克曼贝托夫、美国派拉蒙公司首席运营官弗雷德里克·亨茨贝瑞、英国制片人彼得·泽宁、法国演员让·雷诺以及万达文化产业集团副总裁叶宁等嘉宾参加论坛。北京市副市长、第四届北京国际电影节常务副主席杨晓超，国家新闻出版广电总局电影局局长、第四届北京国际电影节副主席张宏森等出席此次活动。同日，中外电影合拍项目推介洽谈会在中华世纪坛举行，12个合拍电影项目进行推介。

4月17日至19日　第四届北京国际电影节电影市场在中华世纪坛举办。本届电影市场首次推出“电影要素交易平台”和“项目创投交易平台”，设置招商展会、项目创投、行业对话、特约活动、签约仪式和市场放映6大板块。国际交流的进一步深入催生出更多合作新模式：电影市场与华沙国际电影节共同合作推出“中国——东欧电影推广计划”；与美国电影协会首次合作推出“好莱坞电影大师班”。本届电影市场共吸引全球24个国家和地区的724个电影企业和机构，248家展商参展，比上届增长20%；国际展商125家，首次超出国内展商；签约项目32个，涵盖电影全产业链，签约总额首度突破百亿大关，达到105.21亿元，比上届增长20%。

4月18日　第四届北京国际电影节电影魅力·北京论坛“电影创意论坛”在北京饭店北京宫举行。北京市委常委、宣传部长、第四届北京国际电影节组委会常务副主席李伟出席并致辞。论坛由知名编剧束焕主持，法国导演让·雅克·阿诺、美国制片人葆拉瓦格纳、法国电影编剧皮埃尔·比斯姆斯、中国台湾电影人焦雄屏、中国大陆电影编剧与导演薛晓路等嘉宾，围绕电影创意、策划及剧作并结合自身成功经验进行智慧的碰撞与分享，分别发表演讲。

4月22日　第四届北京国际电影节电影魅力·北京论坛“探寻电影之美高峰论坛”在中国电影博物馆举办。论坛以“动画电影的艺术与技术”为主题，《冰雪奇缘》制片人彼得·戴尔·维克和特效总监戴尔·梅达，美国知名动画片导演卡洛斯·沙尔丹哈、罗伯·明可夫，北京电影学院副院长孙立军等做了主旨演讲。论坛研讨交流会上，中国电影海外推广公司总经理周铁东，广东奥飞动漫文化股份有限公司副总裁帅民，动画电影导演于胜军，以及来自中、美、英等国的动画电影导演和领军人物，北京电影学院、中国传媒大学、国家新闻出版广电总局发展研究中心等电影专业高校及研究机构的专家学者，上海美术电影制片厂等业界机构的精英代表，围绕“中外动画电影创作内容比较”“技术创新与动画电影表现力”“动画电影的产业整合与品牌运营”“动画电影人才培养与需求”等议题展开讨论，畅谈中外动画电影的发展。

4月22日　北京人民广播电台新闻广播、交通广播、外语广播和北京广播网共同推出“世界地球日”特别节目——“绿色出行·马上启动”。联合国电台中文网、美国洛杉矶1300电台等7个面向全球的广播电台同步播出。

4月23日　第四届北京国际电影节闭幕式暨颁奖典礼在北京电视台举行。“天坛奖”国际评奖委员会、阿德里安·布洛迪、顾长卫、蒋雯丽、郑伊健、杨千嬅、廖凡等电影人士及各界嘉宾等200余人齐聚红毯。北京国际电影节组委会在闭幕式上宣布电影节成果，公布并颁发了“天坛奖”各奖项。章子怡、《最佳合伙人》《一代宗师》等主创人员上台领奖。

4月24日　北京电视台2013年度播音主持作品专家奖获奖作品（主持人）表彰暨获奖作品讲评会召开，台长赵多佳和中广协播音主持委员会副理事长、“专家奖”评委敬一丹向10位获奖人员颁发证书。

4月24日　北京瑞特影音贸易公司代表与国家新闻出版广电总局批准落地的境外频道KBS（韩国广播公司）代表交流座谈。

4月24日　北京歌华有线电视网络股份有限公司高清交互平台“图书博物馆”二级栏目“电视图书馆”改版上线。

4月25日　由北京市委宣传部、首都文明办主办，北京广播电视台、北京人民广播电台、北京电视台承办的“2014北京榜样”大型主题活动启动仪式举行。中宣部副部长王世明出席并致辞，北京市委常委、宣传部长李伟宣布活动启动，首都文明办主任滕盛萍介绍活动安排。

4月25日　北京歌华文化发展集团通过非标准债权产品融资人民币6亿元，为国内首支文化非标准化债权融资案例。

4月26日　中国电影家协会、中国电影出版社与中国电影博物馆联合举行新中国电影开路人之一“于敏百岁华诞电影物品捐赠展”揭幕仪式，同时举行《于敏文集》首发式及座谈会。中国文联党组成员、书记处书记、副主席夏潮，中国电影家协会名誉主席李前宽、中国电影家协会副主席、中国电影文学学会会长王兴东、中国电影家协会秘书长饶曙光、中国电影博物馆党委书记陈志强、中国文联电影艺术中心主任胡子光、中国电影出版社副社长刘伟、著名电影艺术家鲁非、鞍山钢铁集团公司党委副书记林大庆、山东省潍坊市委宣传部副部长范勋成以及于敏的好友、同事和家属等参加活动。

4月28日　北京人民广播电台2014年“市民对话一把手”大型系列访谈节目结束。节目从破解“城市病”入题，就生态环境、人口规模、发展质量、环境秩序和民生改善等五方面邀请23位市政府部门、区县部门负责人参加，发布最新政策、解答疑问和解决问题。

4月29日　北京市新闻出版广电局局长李春良与八一电影制片厂厂长黄宏就电影剧本创作、联合摄制等事宜座谈。

4月30日　北京人民广播电台交通广播交通委直播间正式启用，播出《1039新闻早报》《交通新闻》《交通新闻热线》三档直播节目。

4月　北京电视台从四方面强力推进台网融合：一是新媒体“四大业务”全面上线；二是加大新媒体应用；三是制定新媒体节目版权管理、互联网公共信息平台使用管理、新媒体演播室管理规定，推出全媒体工作手册，规范突发新闻事件全媒体报道流程；四是加大新媒体人才培养力度。

4月　国家新闻出版广电总局批准“中国（怀柔）影视产业示范区”正式成立。示范区总面积约18平方公里，累计完成投资近50亿元，已建成国家中影数字制作基地、星美今晟影视城、影人酒店、百汇演艺学校、老爷车博物馆、北京人艺艺术创作中心和影视文化街等重大影视产业项目16个。

5　月

5月5日　北京市委副秘书长、宣传部副部长严力强，北京市公安局公安交通管理局局长孙钫等到北京人民广播电台研究探讨设立交通民警专项帮扶基金问题。北京电台以“北京交通广播”的名义连续5年、每年出资100万元，对因公殉职、致残、致伤的北京公安交通民警设立帮扶基金。

5月5日　北京市委宣传部副部长严力强主持召开北京电视台《档案》座谈会，听取《档案》栏目组关于8月底推出的大型系列节目《敌后》的工作汇报后，对该栏目给予肯定，同时要求栏目组创作出更多、更好的“以史为鉴”的系列节目。

5月8日　《12345需求与反馈》暨“听民意　解民忧”特别报道座谈会在北京电视台召开。会议对特别报道中涌现出的优秀新闻节目进行表彰奖励。北京市政府副秘书长、信访办主任薄钢，北京市信访办督办专员王传颂等参会。《12345需求与反馈》专栏由北京市政府热线12345和北京电视台联合开设。

5月12日　北京电视台建台35周年台史展揭幕仪式举行。展览通过“亲切关怀　巨大鼓舞”等六大主题，近千张历史图片、300余件实物，结合情景复原、视频影像等表现形式，再现北京电视台新老职工的奋斗历程。北京市委常委、宣传部长李伟，中国文学艺术界联合会原副主席、原党组副书记李牧，中国文学艺术界联合会副主席、中国电视艺术家协会主席赵化勇，北京市委宣传部常务副部长王海平，北京市新闻出版广电局局长李春良等出席仪式。

5月13日　北京市房山区文化委员会查处违规销售卫星电视接收设施商店2家，暂扣全部卫星电视接收设施。

5月15日　国务院台湾事务办公室新闻局局长马晓光、北京市人民政府台湾事务办公室主任汪明浩到北京人民广播电台调研，并强调北京电台要以第二届京台广播发展与合作交流会为契机，进一步加强与台湾广播业的合作交流。北京电台台长席伟航、常务副台长陈晓红等陪同调研。

5月16日　北京市委宣传部副部长王海平主持召开电视剧《巨浪》剧本专题研讨会，北京北广传媒影视有限公司导演黄健中、编剧肖矛等主创团队参加研讨，听取意见。

5月16日　由中国移动电视分会主办、北京北广传媒移动电视有限公司承办的“2013年度中国移动电视节目创优评析评审会”召开，评出获奖作品130件。

5月17至18日　“2014年北京外语游园会”在北京朝阳公园举行。北京人民广播电台外语广播全程参与报道，并搭设舞台推介北京外语广播的双语节目。

5月17日　北京歌华有线电视网络股份有限公司高清交互平台“综艺荟萃”栏目正式启动，首批上线《爸爸回来了》《最美和声》《今晚80后脱口秀》《笑傲江湖》四档高清节目。

5月18日　北京人民广播电台第六届“听众喜爱的名牌栏目”大型评选活动暨“学北京榜样帮听众办事”大型公益新闻行动正式启动。活动新增“咱爸咱妈”喜爱的广播栏目、“北京青年”喜爱的广播栏目等7个单项奖，同时推出“百个栏目干实事”和“专场服务为听众”公益行动。

5月18日　北京北广传媒移动电视有限公司组织观众志愿者与北京市残疾人联合会东城区残疾人体协会的轮椅运动员，参与在鸟巢举办的“为了爱　快乐潮”公益慢跑嘉年华活动。

5月20日　北京人民广播电台与台湾中华广播商业同业公会共同主办的“2014台湾·北京广播发展与合作交流会”在台湾举行。北京电台台长席伟航及国务院台办、北京市台办、北京市新闻出版广电局等相关部门负责人参加交流会。

5月20日　北京市新闻出版广电局副局长韩昱带队检查北京歌华有线电视网络股份有限公司的防汛工作。

5月22日　国务院南水北调工程建设委员会办公室召开专题会议，听取南水北调主题电影《地上天河》（暂定名）创意策划工作汇报。国务院南水北调工程办主任鄂竟平主持会议，北京市委宣传部常务副部长王海平、八一电影制片厂厂长黄宏、北京市新闻出版广电局局长李春良等参加汇报。

5月23日　北京歌华有线电视网络股份有限公司正式签约成为Cable Labs（美国有线电视实验室）组织会员，Cable Labs首席运营官拉莫斯先生参加签约仪式。

5月26日　北京市新闻出版广电局副局长王霞带队赴雁栖湖生态发展示范区，组织召开有线电视建设工作现场协调会，对核心岛、日出东方酒店、国际会展中心和古都文化园(新闻中心)等场所有线电视系统的建设情况进行全面了解、协调，并实地观看核心岛上有线电视施工进度。

5月27日　北京市新闻出版广电局组织非法无线广播电视信号插播突发事件应急处置演练，通过下达命令、赶赴现场、指挥调度、查找信号、压制排除、上报情况等流程的演练，检验各单位对非法无线广播电视信号插播事件处置的快速反应和应急能力。

5月28日　北京北广传媒城市电视有限公司与北京市国资委举行“国资委电子信息平台”项目签约仪式，达成战略合作关系。北京市国资委党委副书记赵林华、北京广播电视台党委书记刘志远、北京广播电视台副台长苏仁先等出席签约仪式。

5月28日　北京市政协副主席、国家大剧院院长陈平一行到北京歌华有线电视网络股份有限公司调研，听取歌华有线公司董事长郭章鹏关于高清交互平台、互联网电视内容平台与国家大剧院开展艺术文化内容合作的情况汇报。

5月29日　北京朝阳传媒影视技术服务中心与北京文化创意产业展示中心正式授牌，北京市委组织部、北京市委宣传部、北京市人力社保局、北京市文资办有关领导及被认定基地单位代表出席仪式。

5月30日　北京市委常委、宣传部长李伟和北京市副市长程红到北京电视台检查指导第三届京交会直播工作，要求高水平完成大会各项报道任务，宣传推广好本届京交会。北京电视台台长赵多佳参加。

5月30日　北京歌华有线电视网络股份有限公司完成国家新闻出版广电总局批准的手机电视、互联网电视集成播控平台的联网对接工作。

5月　国家新闻出版广电总局电视剧司通报2014年一季度全国电视剧内容管理工作情况，重点介绍了北京市新闻出版广电局在审查管理工作中采取的十项措施：一是完善审查工作机制，成立局影视审查终审委员会；二是加强审查队伍建设，继续补充影视剧审委；三是加大审查力量，合理安排审委结构；四是加强审查把关，确保重要剧目、特殊题材、敏感主创等作品的正确把握；五是加强审查协作，进一步明确工作责任；六是加强审委培训，增强审委的分析鉴别能力；七是提高审查质量；八是提高作品审查效率；九是集中精力做好审查；十是做好“优秀电视剧”推荐。

5月　北京电视台新媒体发展中心与中国人民大学新闻学院合作开展“台校新人培养行动”，培养新媒体发展中心后备人才。

5月　北京电视台新媒体云基础支撑项目获EMC World 2014最佳实践案例奖。该项目将云计算技术与业务实践有机结合，开创全新的技术业务架构体系，是广电系统首个实现落地的“云”。

5月　北京歌华有线电视网络股份有限公司团委被共青团北京市委员会、北京市人力资源和社会保障局授予“2013年度北京市五四红旗团委”称号。

6　月

6月1日　北京歌华文化发展集团在“第三届京交会北京临空经济核心区推介会”会上，就国家对外文化贸易基地（北京）天竺综合保税区文化保税园项目与大韩民国全民间社会团体联盟、澳大利亚国际文化产业协会、英国威尔士华商会、澳门中国文化基金会分别签署《经贸文化战略合作框架协议》。北京广播电视台党委书记刘志远、北京歌华文化发展集团董事长王建琪参加签字仪式。

6月4日　北京市委常委、宣传部长李伟到四达时代集团公司调研，听取四达时代集团关于非洲数字电视项目建设运营及北京电视剧非洲展播季情况汇报，并察看公司研究院、演播室、播控机房，了解节目编辑、翻译、传输、播控等情况。北京市委宣传部副部长张淼、北京市新闻出版广电局局长李春良、北京市文资办党委书记张慧光、北京歌华有线公司董事长郭章鹏一同调研。

6月5日　北京人民广播电台推出世界环境日特别节目“美丽环境 绿色行动—垃圾分类从现在开始”。新闻广播、交通广播、外语广播和北京广播网分3个时段同步直播。该节目在新西兰华人之声电台也播出。

6月6日　北京人民广播电台推出新版体育广播官方网站(www.fm1025s.com.cn)。该网站能够兼容计算机、手机、pad等不同终端，界面舒适，简化操作程序，短时间内可获得大量信息，音视频互动便捷。

6月6日　北京电视台举行纪实频道上星播出新闻发布会，国家新闻出版广电总局副局长田进，北京市委常委、宣传部长李伟，国家新闻出版广电总局传媒机构管理司司长陶世明等出席。

6月6至9日　中国电影博物馆“经典电影大家看、电影社区行”主题观影活动分别走进11个区县的23个社区、学校、幼儿园和军营，放映电影36场，服务基层观众12530余人次。

6月10日　北京市新闻出版广电局传媒机构管理处处长马德献荣获“全国模范军队转业干部”称号。

6月10日　北京歌华有线电视网络股份有限公司高清交互平台“巴西世界杯”专区上线，专区下设“今日焦点”“赛程赛况”“分组积分”“精彩专栏”四个板块。

6月12日　由中国广播电视协会和北京人民广播电台联合主办的第七届“赢在创意”全球华语广播栏目大赛评审会落幕。经评选，最终产生金奖栏目2个、银奖4个、铜奖6个及优秀奖12个。

6月12日　北京歌华有线电视网络股份有限公司高清交互数字电视平台新版上线，共设置11项一级栏目，新增“游戏专区”“健康专区”两个栏目。

6月17日　北京市委常委、宣传部长李伟会见出席第四届非洲数字电视发展论坛的非洲代表，李伟介绍了北京与非洲部分国家和地区的交流与合作现状以及在非洲举办的北京电视剧非洲展播季的相关情况，莫桑比克交通和通讯部部长加布里埃尔　穆蒂塞先生作为非洲代表发言。

6月17日　北京市新闻出版广电局副局长臧增祥带队对优酷、爱奇艺和搜狐等市属视听节目网站走访检查，听取各网站“2014净网行动”开展以来自查自纠整改情况和落实国家新闻出版广电总局关于“网站总编辑负责制”情况。

6月17日和20日　北京市新闻出版广电局分别与西城区文委、朝阳区文委联合开展影院消防安全应急演练。副局长韩昱和两个区文委、安监局、消防中队、区所辖电影放映场所负责人参加演练观摩。

6月19日　由国家新闻出版广电总局主办、北京广播电视台承办的“广播电视广告经营和大型活动领域监管漏洞和腐败风险防范”专题研讨会召开。中央人民广播电台、中央电视台和北京、上海等8个省市广电局、广播电视台纪检监察工作主管领导、部门负责人及广告经营管理、大型节目活动中心负责人进行交流研讨。总局党组成员、驻总局纪检组组长李秋芳出席会议并提出要求。

6月26至30日　北京市新闻出版广电局完成印度副总统安萨里访华在京驻地期间的境外卫星电视节目服务保障工作。上半年，局对外国首脑、政要及重大活动境外卫星电视节目服务保障工作全部完成。

6月27日　北京人民广播电台第七届“赢在创意”全球华语广播栏目大赛颁奖典礼举行。中国广播电视协会会长张海涛、北京人民广播电台台长席伟航出席颁奖典礼。

6月29日　北京市新闻出版广电局机关党委组织全局党员举行“重温入党誓词”仪式，局党组成员、副局长王野霏进行领誓。

6月 北京电视台集中开展社会主义核心价值观公益宣传。宣传分为两个阶段：第一阶段推出《主持人篇》《标语篇》宣传片；第二阶段在6月至9月推出《衣食住行》系列、《礼赞身边榜样》系列、《中华传统文化》系列公益宣传片。

6月 北京电视台完成纪录片《一个法国人的红楼梦》。全片讲述《红楼梦》法文版校译者、汉学家安德烈·铎尔孟的人生，以校译《红楼梦》故事为主线，再现中法两国文化血脉，该片在北京卫视、青年频道、纪实频道播出。

6月 北京歌华有线电视网络股份有限公司与中国移动通信集团北京有限公司签署4G合作共建框架协议。根据协议，双方共同拓展4G网络建设、维护及光纤、管道等资源合作。

6月 鼎视传媒股份有限公司推出新型视频交易平台——“云鼎网”。该项目是北京广播电视台与北京云基地全面战略合作的第一个具体新项目，系中国广电行业和云计算技术应用的第一次合作实践。

7 月

7月1日 北京市副市长杨晓超到优酷土豆集团、完美影视、北京出版创意产业园区调研，了解企业经营情况和发展中遇到的困难。北京市新闻出版广电局领导李春良、王野霏、臧增祥、丁百之、韩昱及相关企业负责人陪同调研。

7月1日 北京北广传媒城市电视有限公司与北京嘉与志文化发展有限公司合作，在楼宇小屏和户外大屏两个平台播出高端艺术对话类栏目《围炉艺话》。

7月1至4日 北京歌华有线电视网络股份有限公司赴江苏省网及南京分公司、重庆有线、湖南省网、长沙国安网络等五家单位考察交流，重点了解三地网格化维护体系建设、市场营销、运营技术支撑和服务、公司管理制度、激励约束机制等。

7月3日 北京市新闻出版广电局局长李春良、副局长王霞，赴怀柔雁栖湖生态示范区检查APEC会议场所境外卫星电视和有线电视系统工程建设情况。怀柔区区长常卫、副区长张勇，歌华有线公司董事长郭章鹏等参加。

7月3至4日 由北京广播电视台发起承办的党建节目创作与传播研讨会在北京会议中心召开，全国15家党建节目制播单位40余人参加会议。

7月4日 北京紫禁城影业有限责任公司在“多生活”DLife剧场举行导演、演员签约新闻发布会，宣布与张一凡、黄伟、姜凯阳三位导演签约、成立导演工作室及三位签约导演的三部影视剧作品即将开机的消息，同一天加盟北京紫禁城影业有限责任公司的还有著名演员张晞临。公司总经理许建海、签约演员倪大红、连奕名出席发布会。

7月10日 密云县委常委、宣传部长刘名义一行访问北京歌华有线电视网络股份有限公司，双方就密云县高清交互推广、社区（乡镇）文化站建设、“生态密云”专栏建设等工作进行交流、探讨。

7月10日 康卡斯特和NBC环球国际业务集团主席凯文·迈可莱林一行访问北京歌华有线电视网络股份有限公司，双方在节目内容、资本运作等方面初步达成合作共识。

7月14日（肯尼亚当地时间）由北京市新闻出版广电局主办、四达时代集团承办的“北京电视剧非洲展播季”启动仪式暨四达时代非洲总部及影视译制基地奠基仪式在肯尼亚内罗毕隆重举行。中共中央政治局委员、北京市委书记郭金龙，肯尼亚副总统威廉·鲁托的特别代表（文化体育与艺术部部长）马里奥、中国驻肯尼亚大使刘显法、国家新闻出版广电总局副局长聂辰席、北京市新闻出版广电局局长李春良、四达时代集团董事长庞新星及四达时代肯尼亚分公司代表、肯尼亚当地媒体及观众代表200余人，出席展播季启动仪式。本次展播季活动以“北京故事走进非洲”为主题，为期半年。6部精品电视剧《咱们结婚吧》《奋斗》《我的青春谁做主》《北京青年》《婚姻保卫战》《无贼》在四达时代集团Chinese-2频道（中国电视剧2频道）播出，信号覆盖肯尼亚、南非、乌干达、尼日利亚等撒哈拉以南的非洲国家。

7月14日　北京北广传媒移动电视有限公司自制人物专题栏目《我在北京挺好的》正式播出。

7月15至16日　北京新闻出版广电局举办全市广播电视传媒机构管理业务培训班，副局长王霞出席并讲话。培训班邀请国家新闻出版广电总局传媒机构管理司、总局广播电视监管中心、中央人民广播电台等领导授课。各区县文委、北京广播电视台及所属北京电台、北京电视台、歌华有线公司、移动电视、城市电视、地铁电视、中广传播北京分公司以及区县广电中心等80多人参加培训。

7月15日　北京广播电视台举办节目创新系列专题讲座。

7月16日　由北京市市委宣传部与张家口市主办、北京电视台承办的第18届《京张心连心》大型文艺演出在张家口市崇礼县举行。本届演出以“京张心连心，携手申冬奥”为主题。北京市委宣传部常务副部长王海平、北京市体育局副局长王艳霞观看演出。

7月18日　台湾数位光迅科技集团董事长廖紫岑一行到北京歌华有线电视网络股份有限公司访问，就节目及影片交流制作、有线电视技术合作、资本合作等事宜进行交流。

7月22日　中共北京歌华有线电视网络股份有限公司第二次代表大会召开，北京广播电视台党委书记刘志远，党委副书记、台长赵多佳，副台长兼公司党委书记、董事长郭章鹏，歌华有线公司总经理卢东涛、公司班子成员和党代表出席会议。

7月23日　北京电视台举行大型医疗纪实类季播节目《生命缘》新闻发布会，国家卫生计生委宣传司司长、新闻发言人毛群安，北京市卫生计生委副主任钟东波，北京电视台台长赵多佳等出席。《生命缘》是全国首档医疗真人纪实节目。

7月24日　北京市新闻出版广电局举办2014年度北京市信息网络视听节目服务管理培训班，副局长王霞到会讲话。培训班通报了中央对互联网管理的相关精神，邀请北京市通信管理局、北京市公安局及首都版权产业联盟相关负责人就互联网管理、网络视听节目内容审核和网络版权保护等工作进行专题培训。124家网络视听持证网站内容监控总监和内容负责人250余人参会。

7月25日　北京人民广播电台交通广播推出暑期系列公益广告,呼吁全社会关注少年儿童的假期安全，内容涉及居家安全、出行安全、运动安全、保护视力等方面。

7月28日　北京人民广播电台举行原创英文广播剧《洋北漂的幸福生活》新闻发布会，该剧是国内第一部反映外国人在北京生活故事的原创英文广播剧，共22集，每集25分钟。

7月29至30日　北京北广传媒地铁电视有限公司临时董事会召开经营分析专题会，北京广播电视台纪委书记、地铁电视公司董事长王伟主持会议。董事、监事们在听取经营班子的分析、设想等基础上，对公司面临的困难和问题及下半年工作提出具体意见和建议。

7月30日　北京北广传媒地铁电视有限公司组织设计及施工单位对地铁电视信号接入小营指挥中心二期工程的具体实施方案，进行研究、审核并确定具体施工计划。

7月31日　北京电视台在人民大会堂举行北京卫视广告独立运营暨北京京视卫星传媒有限责任公司成立新闻发布会。北京卫视开展广告独立运营是北京电视台盘活卫视资源、释放改革红利的重要举措。

7月　为纪念甲午战争120周年，北京电视台青年频道《军情解码》栏目推出8集特别节目《甲午推想》。

7月　北京春迪梦源影视文化有限公司制作的电影《大地赤子史来贺》、北京小马奔腾壹影视文化发展有限公司制作的电视剧《十送红军》、龙世纪德诚文化（北京）有限公司、杭州漫奇妙动漫制作有限公司制作的电视动画片《寻找英雄——小淘气长征记》等北京市出品的影视作品，入选国家新闻出版广电总局“七一”期间优秀电影、电视剧、纪录片、动画片推荐片目。

7月　北京人民广播电台《一路畅通》世界杯特别节目“说进世界杯”自6月11日开播以来，充分利用新媒体平台，进行多种创新尝试，取得良好的传播效果。

7月　巴西世界杯足球赛期间，北京电视台全方位做好世界杯报道。台体育中心派出13人前方报道组，足迹遍及全部12个比赛场地，行程将近3万公里，采访了所有焦点赛事，与各栏目视频对播百余次，回传视频素材164条，累计时长369分钟，成片播出近百条。台新闻节目中心派出6人前方报道团队，完成时空连线37次，与全国新闻协作体的11家省级电视台联合制作了《相聚世界杯》前方报道特别节目，内容主要为赛场探秘、巴西生活文化等赛事周边新闻，涵盖“世界杯读报”“巴西风情体验”“世界杯人物特写”等多元板块，通过卫星和光缆回传信号与新闻演播室进行对播报道，在全天各档新闻节目中统筹播出。

7月　北京市新闻出版广电局会同北京市安监局、北京市公安局、北京市文化市场行政执法总队联合制作的《影院消防安全宣传片》发行，并要求电影院在影片正式放映前播放该片。

7月　北京市新闻出版广电局和北京市气象局牵头研制歌华有线全频道滚动字幕播出突发事件预警信息的字幕应急广播系统，在2014年主汛期期间正式上线，全市250万台高清交互机顶盒用户可收看预警信息的滚动字幕。

7月　北京人民广播电台利用新模式、新媒体推出一批“世界杯”广播集锦节目。体育广播开播“世界杯频率”，播出11个世界杯小栏目，播出时间12小时/天，为北京广播网、微博、微信发送图片近200张、文字稿件数十篇；网络媒体中心采制内容在商业网站上推荐，音频在凤凰FM手机客户端推荐，《新广播》报开辟专栏报道世界杯。

7月　北京电视台积极开展“南水北调工程”宣传报道。成立摄制组赴南阳等地深入采访，拍摄12集系列报道《南水北调中线行》；《北京新闻》开设“节约每一滴水　回报涌泉之恩”专栏；制作两版30秒南水北调宣传片；推出“南水北调工程”“北京水资源现状”“一立方米水的功效”等5条大数据新闻；多档新闻栏目还运用虚拟植入技术、后期动画包装等手段，形象地呈现南水北调工程情况。

8　月

8月1日　北京市新闻出版广播电影电视局召开专题会议，研究部署亚太经合组织第三次高官会境外卫星电视和有线电视运行保障工作。

8月1日　吉林省政协副主席、长影集团党委书记、董事长刘丽娟及长影集团总经理毕述林一行到北京歌华有线电视网络股份有限公司调研，双方就影视节目制作、高清交互平台设立影视专区等方面合作进行交流并达成共识。

8月5日　北京广播电视台组织北京歌华有线电视网络股份有限公司举行“新型号数字电视推广机顶盒（HMT3000系列）技术方案”专家论证会。

8月5日　北京电视台与视达众乐（北京）传媒有限公司签约，承担2016年里约奥运会乒乓球项目公共信号制作任务，为国内省级电视台首次赴国外参与国际重大赛事公共信号制作。北京电视台台长赵多佳、视达众乐（北京）传媒有限公司负责人参加。

8月5日—9月14日　中国电影博物馆举办“纪念抗战胜利”主题公益影展，精选出《地道战》《平原游击队》《七七事变》等23部优秀国产抗日战争题材影片公益放映，服务电影观众3635人次。

8月7日　北京市委常委、宣传部长李伟，北京市副市长程红到北京歌华文化发展集团建设运营的“国家对外文化贸易基地（北京）天竺综合保税区文化保税园”调研，市委宣传部常务副部长王海平陪同。

8月12日　北京歌华有线电视网络股份有限公司完成“环球购物高清”“辽宁卫视高清”两套节目入网传输及“黑龙江卫视高清”“广东卫视高清”“深圳卫视高清”三套节目转码为H.264格式的相关工作。

8月12日　《北京广播电视报》社邀请上投摩根基金管理有限公司北京分公司为读者举办主题为“黄金投资与定投”理财讲座，80余读者和理财投资爱好者参加讲座。

8月11日　少年儿童电影才艺展示暨第五届少年儿童电影配音大赛颁奖仪式在中国电影博物馆举办。活动由北京市委宣传部和中国关心下一代工作委员会办公室指导，中国电影博物馆主办。第十届全国人大常委会副委员长、中国关心下一代工作委员会主任顾秀莲，中国关心下一代工作委员会副秘书长朱萍、办公室主任陈江旗、北京市委宣传部常务副部长王海平、中国电影博物馆党委书记陈志强、北京市人民政府台湾事务办公室副巡视员马振生、著名艺术家徐燕、濮存昕等嘉宾出席颁奖仪式并为获奖选手和优秀单位颁奖。

8月14日　北京歌华有线电视网络股份有限公司完成手机电视内容服务平台和互联网电视内容服务平台建设，并分别与国家新闻出版广电总局批准的手机电视集成播控平台运营机构、互联网电视集成播控平台运营机构签署合作协议，完成联网对接。

8月14日　北京北广传媒城市电视有限公司的3台楼宇电视终端，在北京市委大楼主楼安装完毕并亮屏，城市电视节目全面覆盖市委市政府办公大楼。

8月15日　优秀的戏剧家、画家、导演、艺术教育家、新中国电影教育的开拓者之一——田风的夫人于华女士，在家中向中国电影博物馆捐赠田风生前用过的皮箱、中山装及二十世纪五十年代初创作的油画等六件重要物品。

8月16日　北京北广传媒城市电视第一时间在楼宇电视和户外大屏同步转播第二届夏季青年奥林匹克运动会开幕式盛况，展现户外媒体的价值与优势。

8月19日　首都广播电视节目制作业协会组织召开第三届会员大会，215家会员单位参加会议。国家新闻出版广电局电视剧司副司长杨峥、北京市新闻出版广电局副局长丁百之、中国广播影视出版社社长王卫平等出席会议并讲话。

8月19日　北京电视艺术中心有限公司当选为首都广播电视节目制作业协会新一届的常务理事单位和理事单位。

8月19日　土耳其驻华大使阿里·穆拉特·埃尔索伊一行3人到中国电影博物馆参观。中国电影博物馆党委书记陈志强参加接待。

8月20日　北京人民广播电台交通广播《一路畅通》空地互联特别直播节目圆满完成，首次尝试飞行中直播，与地面直播间里的直播同步交替进行，在为听众带来新奇体验式报道的同时，和参加节目的嘉宾及广大听众围绕在飞机上上网的话题进行交流，开辟全新直播方式。

8月21日　北京广播电视台召开ISO：9001认证通过会议，通过ISO：9001认证。

8月21至22日　北京市三网融合协调小组办公室举行三网融合技术与应用对接活动。三网融合试点单位北京电视台、北京联通、北京移动及歌华有线公司分别展示三网融合工作成果，介绍广播电视方面的新技术、新产品。北京市三网融合协调小组成员单位、各试点单位及各区县广电中心相关负责人约80人参加。

8月21至23日　北京紫禁城影业有限责任公司参加在北京展览馆举办的“中国国际影视节目展及秋季首都电视节目推介会”，以设置展位的形式宣传、发行公司出品的影视剧《永不低头》《创业伙伴欢乐多》。

8月25日　北京广播电视报社与北京市老年艺术协会合作，联合主办第八届北京市老年合唱大赛。

8月25日　北京歌华文化发展集团建设运营的国家对外文化贸易基地（北京）暨北京天竺综合保税区文化保税园正式开园。文化部部长蔡武，北京市委副书记、北京市市长王安顺出席仪式并讲话。当日，北京市人民政府、文化部联合发布《关于加快国家对外文化贸易基地(北京)建设发展的意见》（京政发[2014]25号）；文化部正式批复给予基地五项文化市场准入方面的先行先试开放政策；北京海关、北京出入境检验检疫局、天竺综管委分别发布基地管理便利化措施和支持政策，文化部副部长丁伟、海关总署副署长孙毅彪、北京市政协副主席沈宝昌、全国珠宝行业协会会长徐德明等领导出席仪式，北京市委常委、宣传部长李伟主持仪式；中央有关部门和北京市有关单位的代表、30多个国家的驻华使节代表、全国16个省、区、市文化厅局的代表、及企业界和新闻界代表出席开园活动。

8月26日　由北京市新闻出版广电局牵头，北京广播电视台、北京电台、北京电视台、歌华有线公司、数字电视公司和局相关部门等技术负责人组成检查组，对全市所有广播电视播出传输单位开展为期两周的安全播出大检查启动。

8月27日　电影《天河》剧组在河北省香河国华影视基地举行开机仪式。八一电影制片厂厂长黄宏、北京市委宣传部常务副部长王海平出席活动并分别致辞。国家新闻出版广电总局电影局副局长毛羽、总政宣传部艺术局局长姜秀生、国务院南水北调办公室综合司巡视员王春林、北京市新闻出版广电局局长李春良、副局长丁百之以及《天河》剧组的主创人员出席开机仪式。

8月27日　北京广播电视台以整体形象亮相第23届北京国际广播电影电视展。北京电台、北京电视台、歌华有线、数字电视、移动电视、城市电视、地铁电视等7家单位集中展示了菠萝台、北京电视台IPTV、飞视跃鼎、电视院线、云游戏、楼宇电视联播网等最新广电技术应用成果。

8月27日　河北省涿州市开发区主任李振宇、经济发展局局长狄凤山一行到北京歌华有线电视网络股份有限公司考察调研，双方就云计算中心项目进驻涿州事宜进行洽商。

8月27日　北京电视艺术中心有限公司签约演员李立群在第13届华鼎奖“中国百强电视剧满意度调查”相关奖项中，获全国观众最喜爱的十佳影视明星之一。

8月27至31日　中国电影博物馆在崔各庄乡京旺家园社区广场举办“党员服务在社区，电影文化送温馨”——中国电影博物馆、崔各庄乡政府露天电影招待专场活动。活动期间，中国电影博物馆组织党员开展志愿服务，接待电影观众2400人次。

8月29日　北京市新闻出版广电局举行电视剧《生死三八线》专家论证会。北京市委宣传部常务副部长王海平，北京市新闻出版广电局局长李春良、副局长丁百之出席会议。

8月29日　北京歌华有线电视网络股份有限公司召开2014年上半年总结会，宣布公司营业收入和净利润等财务指标保持稳步增长。

8月29日　北京紫禁城影业有限责任公司出品、由法国导演让·雅克·阿诺执导、冯绍峰、窦骁主演的电影《狼图腾》在北京举办全球官方推介会。

8月30日　中共中央政治局委员、北京市委书记郭金龙到四达时代集团调研。郭金龙察看了电视节目制作、播出、译制、配音等情况，并与中外员工交流。北京市委常委、宣传部部长李伟，北京市委宣传部副部长严力强，北京市新闻出版广电局局长李春良，四达时代集团董事长庞新星等陪同调研。

8月31日　北京市委常委、宣传部部长李伟在八一电影制片厂厂长黄宏、市委宣传部常务副部长王海平、北京市新闻出版广电局局长李春良、副局长丁百之陪同下，到通州拍摄地调研并慰问电影《天河》演职人员。

8月　北京市新闻出版广电局完成推选“弘扬社会主义核心价值观、共筑中国梦”主题原创网络视听节目工作。经两轮专家评审筛选，确定向国家新闻出版广电总局上报推送192部545集作品参加评奖，其中网络剧11部81集、微电影49部49集、专业类视听节目42部114集、专业类视听栏目44部228集、其它类型46部73集。

8月　北京市新闻出版广电局圆满完成APEC第三次高官会境外卫星和有线电视运行保障工作。

8月　“美丽北京　绿色行动——探源PM2.5”京津冀三地交通广播大型联合采访行动圆满结束。半年来，三地交通广播记者走进政府管理部门，剖析相关政策；三地交通广播记者不仅现场采访、连线直播，还利用官方微博及时通报、互动采访活动，组织多次主题落地活动。

8月　北京电视台申报的课题《我国电视综艺节目创新研究》《多屏时代电视媒体制播分离改革路径研究》入选《2013—2014年度国家新闻出版广电总局部级社科研究项目》。其中《我国电视综艺节目创新研究》获选重大社科研究项目。

8月　北京电视台在“两岸健儿泳渡台湾海峡”新闻直播中，与湖南电视台等媒体合作，历时五天，利用公共直播信号进行立体式、行进式报道；在直播连线、专家解读等传统直播形态基础上，采用“画中画”形式，现场感突出，连续性强，有效提升了频道收视率。

8月　北京电视台云架构网络广播电视台项目获2014年北京国际广播电影电视展览会（BIRTV）最值得借鉴应用项目奖。项目通过虚拟化、弹性资源调度和安全访问控制等技术，实现节目生产发布的“采、编、存、管、播”全流程“云”化，推动电视台的新媒体转型和全媒体运营。

9　月

9月1至13日　为纪念全民族抗战胜利69周年，由北京市委宣传部和北京电视台共同推出的10集大型系列纪录片《砥柱中流——伟大的敌后抗战》，在北京卫视《档案》栏目中播出，每天播出1集，每集60分钟。

9月5日　北京歌华文化发展集团获评首

都文化企业30佳。

9月10日 鼎视数字电视传媒有限公司举办领导力专题培训，培训主题紧贴管理实际和管理者需求，以提高公司管理水平和管理效能。

9月11日 财政部《2014年度文化产业发展专项资金拟支持项目公示》发布，北京歌华文化发展集团北京国际文化商品展示交易中心建设（“13歌华债”）贷款贴息项目列入国家重大项目文化金融扶持计划。

9月12日 由中国电影博物馆和清华大学新闻与传播学院组织编撰、中国电影出版社出版发行的《世界电影发展报告》新书发布会，在中国电影博物馆举办。

9月16日 北京北广传媒城市电视有限公司创新培训方式，特邀著名电视、平面及网络媒体评论员、顾问包冉，给员工进行题为《2014互联网发展趋势和网络视听基本范式》的培训。

9月18日 北京市委常委、宣传部部长李伟到北京歌华有线电视网络股份有限公司调研，了解全媒体应用聚合云服务平台建设情况和高清交互数字电视、互联网电视、手机电视等新媒体业务发展情况。

9月19日 北京市新闻出版广电局召开“北京广播电视志修志工作会”，进一步推动修志工作顺利开展。国家新闻出版广电总局办公厅、中央人民广播电台、中国国际广播电台、中央电视台、中国教育电视台、北京广播电视台、北京电台、北京电视台以及北京市新闻出版广电局相关处室等修志主体单位参会。北京市新闻出版广电局副局长韩昱参会并讲话。

9月19日 北京电视台与中国传媒大学联合建立的“新媒体产学研基地”正式挂牌。北京电视台台长赵多佳与中国传媒大学校长苏志武共同为基地揭牌。

9月19日 北京市新闻出版广电局在怀柔区花园村举办高清交互数字电视机顶盒第400万户发放活动。至此，北京市高清交互数字电视覆盖用户规模在全国城市中处于首位。国家新闻出版广电总局科技司司长王效杰、北京市市委宣传部副部长张淼，北京市新闻出版广电局局长李春良、副局长杨培丽，怀柔区区长常卫等参加活动。

9月20日 北京电视台召开首部“中国梦”主题三维动画片《戚继光》媒体发布会。国家新闻出版广电总局宣传司司长高长力、北京市新闻出版广电局副局长丁百之、北京电视台相关负责人和相关传媒公司负责人参加。

9月22日 北京电视台承担制作的“2014亚太经合组织领导人会议周”新闻中心官方网站正式上线。网站分最新动态、中心总览、预定申请、媒体服务、资料中心和掌上新闻中心6个板块，重点突出功能性、服务性和实用性。

9月22至29日 北京紫禁城影业有限责任公司参加北京电影协会组织的俄罗斯电影交流活动，与圣彼得堡电影家协会、列宁格勒电影制片厂、中央伙伴影业集团、2plan2影业集团、kvadrat影业公司进行交流洽谈。

9月24日 中国环保能源控股有限公司集团创始人岳欣禹及人民视讯手机电视专业运营团队一行到北京歌华有线电视网络股份有限公司考察调研，双方就手机电视业务合作、国外优质影视资源引入进行交流并形成合作方案。

9月24至26日 北京市新闻出版广电局联合北京市无线电管理局、北京市文化市场行政执法总队及相关区县的综治办、公安分局，拆除11套非法广播设备，取得清查治理非法广播电台专项行动阶段性成果。

9月25日 北京广播电视报社纪念建社35周年“社庆珍藏特刊”出版，共16版，包括社庆致辞、35年历程回顾、众位明星主持人贺词和与报社的难忘故事等。

9月26日—10月3日　由北京歌华文化发展集团承办的2014北京国际设计周在京举办。期间举办各类设计活动350余项，来自30多个国家的设计师及设计机构代表参与本届活动。世界文化遗产“中国大运河保护性修复设计项目”获评2014设计大奖，大设计观念得到广泛关注。经过五年的培育，歌华集团基于北京国际设计周和自有文化设施，形成以中华世纪坛主场地为设计资源中心，以歌华大厦为设计产业孵化中心，以天竺文化保税园为市场中心的设计产业布局。

9月29日　北京歌华有线电视网络股份有限公司实现在实体营业厅及淘宝官方店发售微软Xbox One产品（美国微软公司的第3代家用电子游戏机），成为北方地区唯一同步发售Xbox One的有线电视运营商。

9月　北京电视台《北京新闻》栏目推出系列报道《建设科技创新中心》，着力宣传科技创新改善百姓生活。

9月　北京电视艺术中心有限公司出品的国内首部揭秘中国第一代伞兵传奇的青春抗战剧《第一伞兵队》，在湖北地区和上海地区晚间电视剧时段播出，收视率均排名第一。

10　月

10月1日　北京电视台在北京卫视、新闻频道、国际频道和BRTN网络广播电视台同步播出12小时大型直播报道《家国梦·岁月情——新中国成立65周年抒怀》取得成功。全台节目、技术、职能等部门的1100余名工作人员参与此次直播，共使用3G、4G等各种设备近40套，出动直播车、卫星车、高清转播车约30辆。

10月2至11日　北京紫禁城影业有限责任公司随北京市新闻出版广电局参加韩国釜山电影节，举办北京之夜等活动，在电影节市场推广紫禁城出品的电影。

10月9日—21日　北京人民广播电台在新闻、交通、外语三个专业广播的《北京新闻》《交通新闻》《中国新闻》等重点新闻栏目中，先后播发APEC会议相关报道78篇，内容主要聚焦APEC会议期间本市调休安排、市民出行建议以及APEC期间本市交通保障、安全保障、会务保障、环境整治、服务安排、志愿者培训、假期旅游安排等方面。

10月10日　天津广播电视网络有限公司董事长杨红杰一行访问北京歌华有线电视网络股份有限公司，双方就资本、内容、网络、技术等方面的合作达成共识。

10月10日　俄罗斯天然气工业银行集团主席Mr.AndreiAkimov和中国环保能源控股有限公司集团创始人岳欣禹一行，访问北京歌华有线电视网络股份有限公司，双方讨论影视节目等俄罗斯文化资源的引入及版权合作事宜，并就共同推进中俄媒体产业投资及合作达成共识。

10月12至18日　北京歌华文化发展集团承办的北京国际摄影周2014在京举办。该活动首次获得联合国教科文组织承认的唯一的国际摄影组织——国际摄影艺术联合会的官方认证。《触摸经典——175+175·世界摄影大师原作展》，被英国皇家摄影学会前主席评价为代表了世界摄影最高水准的展览；云影像手机摄影展吸引1300万人次参与，得到社会和业内的广泛关注。

10月15日　北京歌华有线电视网络股份有限公司与湖南省有线电视网络（集团）股份有限公司签署战略合作框架协议，歌华有线公司董事长郭章鹏、总经理卢东涛及湖南有线董事长邓秋林等双方公司高管出席签约仪式。

10月16日　北京北广传媒地铁电视有限公司成立“地铁13号线、八通线以及1号线31组车车载电视设备招标工作领导小组”。

10月17日　北京市政府热线12345和北京人民广播电台新闻广播举行《12345社情民意播报》专栏开通仪式。北京市政府副秘书长、市信访办主任薄钢及北京电台有关负责人出席专栏签约和开通仪式。

10月17至19日　北京歌华文化发展集团主办的纪念中法建交50周年法国机械“龙马”巡游表演活动在京举办。国家主席习近平和法国总统奥朗德互致贺信盛赞“龙马”巡游表演。作为国内首次在户外公共场所举办的超大型街头巡游活动，“龙马”项目引发行业内对于创新文化传播方式和文化创意与传统制造业融合的思考，对中国文化“走出去”具有积极的借鉴作用。

10月19至21日　北京新闻出版广电局和怀柔区人民政府联合主办、首都广播电视节目制作业协会承办的“2014年秋季北京电视节目交易会”举行。

10月19至21日　北京电视艺术中心有限公司携新剧《一起长大》《那年有匪》《铁血军歌》《漫长的婚约》等参展2014秋季北京电视节目交易会。其中，由邵兵自导自演的都市情感励志剧《一起长大》首版片花在会议期间展出，获购片方好评。

10月19日　北京北广传媒数字电视有限公司成功承办“2014安平·北大公益传播奖”颁奖活动，并获得“公益支持特别致敬奖”。

10月20至25日　北京紫禁城影业有限责任公司副总经理钱重远获邀担任首届丝绸之路国际电影节评委，并主持丝路电影合作论坛，紫禁城出品的电影《飞越老人院》入选“首届丝绸之路国际电影节”展映单元。

10月21至27日　“中国电影博物馆管理运行和藏品保存交流团”赴台湾，与台北演艺业产业工会、台湾生产力促进协会、台北教育大学等7家文化、教育相关机构的领导和专业人士进行交流洽谈。

10月25至26日　2014年全国广播电视编辑记者、播音员主持人（北京地区）资格考试举行。

10月25日　中国电影博物馆和北京师范大学艺术与传媒学院联合主办的“中国电影产业发展趋势研讨”学术活动，在北京师范大学举办。北京市委宣传部副部长张淼、北京市新闻出版广电局副巡视员赵志勇、中国电影博物馆党委副书记李米莉、北京师范大学党委副书记刘利出席活动并致辞。

10月28日　由北京市委宣传部、北京市新闻出版广电局、八一电影制片厂、北京市南水北调办公室组织创作的反映南水北调工程的重大现实题材故事影片《天河》在北京首映。国家新闻出版广电总局副局长童刚，国务院南水北调办副主任蒋旭光，北京市委常委、宣传部长李伟，北京市政府党组成员夏占义，国家新闻出版广电总局电影局局长张宏森，北京市委宣传部常务副部长王海平，八一电影制片厂厂长黄宏，首都文明办主任滕盛萍，北京市南水北调办主任孙国升，北京市新闻出版广电局副局长丁百之等参加首映式。

10月28日　北京市新闻出版广电局在丰台区中影国际影城组织开展行业安全生产示范演练，并对APEC会议期间行业安全生产监管工作进行安排部署。副局长韩昱参加演练并提出工作要求，各区县文委安全生产工作负责人参加。

10月30日　河北省涿州市市委书记王月衡一行访问北京歌华有线电视网络股份有限公司。双方就加强优势互补、推进京津冀一体化战略落实、及合作推进“智慧云数据中心”项目建设等事宜初步达成共识。

10月30日　北京歌华有线电视网络股份有限公司完成CCTV-3、CCTV-5、CCTV-8高清频道信源变更工作，将原卫星信源变更为“AVS+编码信源”。

10月31日　“北京广播电视报读者生活会馆”举行开馆仪式。

10月　北京市新闻出版广电局组织进行APEC会议境外卫星和有线电视运行保障演练，相关单位分别汇报前期工作进展、搭建工作平台、对接及各自演练情况，介绍运行保障工作方案和应急预案，并明确处置原则和责任分工。

10月　北京电视台BTV大媒体Android客户端全新改版上线，此次升级全面优化内容设置和用户体验，为北京电视台台网融合提供更强大的内容呈现与互动平台。

10月　国内首部中国梦主题三维动画片《戚继光》在北京电视台卡酷少儿卫视独家首播并取得良好收视成绩。首播当日，北京地区4岁以上受众收视率为1.01%，市场份额为3.81%，位列同时段省级卫视排名第二；全国33城市4—14岁受众市场份额为6.08%，在该年龄段受众同时段的省级卫视排名第一。

10月　北京北广传媒移动电视有限公司完成基于32寸竖屏智能机顶盒的研发、定型与生产工作，测试机投入使用，面向户外大屏的前端数据广播系统也同期投入使用。

11　月

11月2日　北京紫禁城影业公司获邀参加由欧盟驻华代表团主办的第七届欧盟电影展开幕仪式，与欧洲各成员国官员及国际电影人进行友好交流。

11月4至5日　北京市新闻出版广电局举行“2014年度北京市信息网络视听节目服务管理培训班”，全市124家持证视听网站总编辑、内容监控负责人约210人参加培训。

11月3至12日　北京广播电视台圆满完成APEC会议期间宣传报道和服务保障工作：一是频率、频道特殊编排，聚焦热点深度解析，开设“迎接APEC当好东道主”“聚焦APEC”“服务APEC志愿微视频”等专栏，全天候、大体量展现会议有关内容。北京电台从11月3日起连续10天不间断采访，《北京新闻》《新闻晨报》《新闻天天谈》《整点快报》《新闻大视野》《动听早高峰》《炫动下班族》《交通新闻》《1039新闻早报》等20个重点节目不间断大篇幅发稿，9个频率共发稿800多篇；北京广播网共发布图片13组，相关资讯146条。北京电视台11月3至12日，在《北京新闻》等栏目中开设《聚焦APEC》《迎接APEC　当好东道主》两个专栏，大体量展现会议有关内容；在《特别关注》中开设《服务APEC志愿微视频》专栏；新闻频道于11月10、11日在国家会议中心和雁栖湖新闻中心进行全天候报道模式，每天6档新闻栏目全部以APEC报道为主要内容，并在11月9日至11日的新闻节目中进行13次对播连线，全面运用注入点连线、手机微视频、720度全景展示、演播室访谈、新闻报道这五种方式，全方位展现会场内外的状态与氛围。二是重点栏目高端访谈，解读中国经济发展蓝图。北京卫视推出《杨澜访谈录》高端人物访谈特别系列《未来之路》，对APEC成员经济体的三位领导人——韩国总统朴槿惠、新加坡总理李光耀、智利总统巴切莱特进行了专访，并围绕中国外交部部长王毅于10月29日发表的演讲——《北京APEC：中国准备好了！》，对王毅等人进行了采访。三是设置网络专题，全景展现微距记录。以“迎接APEC　当好东道主”为主题设置网络专题，重点在BTV大媒体客户端，BTV官方微博、微信上线同名活动组，全媒体、全平台开展APEC报道；四是提供交通出行信息服务。移动电视、城市电视、地铁电视等户外播出平台及时播发APEC期间交通出行信息；五是提供技术服务，歌华有线、瑞特公司顺利完成重点区域境外卫星电视节目接收及有线电视保障工作。

11月4至12日　在APEC会议周期间，北京市新闻出版广电局设计编制的运行保障方案和应急预案启动，圆满完成雁栖岛会议中心迎宾大屏幕的播放。

11月5日　鼎视数字电视传媒有限公司完成整体变更设立股份有限公司的股份改制工作，公司名称变更为鼎视传媒股份有限公司，简称“鼎视传媒”，并取得新的营业执照。

11月13日　在2014中国（广州）国际纪录片节上，首都纪录片发展协会正式成立，首批30家会员单位集中亮相，成为本年度广州国际纪录片节上的一大亮点。首都纪录片发展协会是经北京市新闻出版广电局批准，北京市民政局备案批准，中国首家由民营公司发起成立的纪录片行业协会。国家新闻出版广电局宣传管理司、中央电视台、中国教育台、北京市新闻出版广电局相关负责人出席协会成立大会。

11月13日　北京电台推出25集大型系列报道《大江北去》，讲述南水北调中线工程背后的故事。

11月14日　北京歌华有线电视网络股份有限公司召开“歌华发布”新闻发布会，介绍歌华有线大样本收视数据研究中心基本情况，并对“歌华发布”收视数据品牌内容进行演示。国家新闻出版广电总局科技司司长王效杰、北京市新闻出版广电局局长李春良出席。央视索福瑞、尼尔森网联等收视数据专业公司、上海、广东、深圳等外省市网络公司代表也参加了发布会。中央电视台、中新社等30余家媒体到场采访。

11月15日　北京市委、市政府理论学习中心组集体观看由北京市委宣传部、北京市新闻出版广电局和八一电影制片厂联合摄制的电影《天河》，郭金龙、杜德印、吉林、叶青纯、李士祥、傅政华、陈刚、李伟、姜志刚、苟仲文、高东璐、杨晓超等市领导参加观看，并给予高度评价。

11月15日　北京歌华有线数字媒体有限公司获得ISO9001：2008质量管理体系认证证书。

11月19日　北京市委宣传部、北京市新闻出版广电局和八一电影制片厂联合召开电影《天河》专家研讨会。八一电影制片厂厂长黄宏、北京市委宣传部常务副部长王海平、北京市新闻出版广电局副局长丁百之等参会。

11月21日　北京市新闻出版广电局召开“北京市2014年优秀网络视听节目征集评选活动总结大会”，评选出66部优秀网络视听作品及11家网络视听作品优秀组织单位。国家新闻出版广电总局网络管理司副司长董年初、北京市委宣传部副部长张淼、北京市新闻出版广电局副局长臧增祥、王霞，首都文明办及北京市网信办等相关单位领导出席大会并为获奖单位颁奖。

11月21至25日　北京电视艺术中心有限公司重点项目《那年有匪》的主创人员深入河北易县采风。

11月27日　北京歌华有线电视网络股份有限公司召开新闻发布会，宣布完成“歌华云平台”一期建设，发布歌华云飞视、歌华云游戏和新型智能机顶盒终端“歌华云盒”。国家新闻出版广电总局科技司司长王效杰、中国广播电视网络公司总经理梁晓涛、北京市委宣传部秘书长张劲林、北京市新闻出版广电局局长李春良、北京广播电视台党委书记刘志远以及百余家合作单位领导、用户代表参加发布会。

11月28日　北京市新闻出版广电局举办“2014年广播影视新媒体发展专题讲座”，邀请国家新闻出版广电总局发展研究中心、广播科学研究院新媒体领域的专家讲解新兴媒体的业务形态、产业发展以及中国广播影视新兴媒体与传统媒体融合发展的状况。

11月　北京歌华有线电视网络股份有限

公司研发的“DVB+OTT”终端，在由国家新闻出版广电总局发展研究中心主办的“媒体融合发展创新榜”研评活动中荣获“最具特色智能硬件产品设计”奖。

11月　由北京网络广播电视台与北京广播电视报社联合主办的“中国梦・百姓福摄影大奖赛”圆满落幕。

11月　北京歌华文化发展集团成立北京歌华美文置业公司，主要负责国家对外文化贸易基地（北京）国际文化产品展览展示及仓储物流中心建设工作。

11月　北京歌华文化发展集团就北京国际设计周旗下电商品牌“设计猫”与韩国著名设计运营机构DESIGNHOUSE签署战略合作备忘录。“设计猫”首个国际站点“首尔站”正式成立。

12　月

12月3至4日　北京市新闻出版广电局举办公务员能力建设培训班，邀请北京市委组织部、北京市人力社保局和首都经贸大学相关专家就《机关事务管理条例》《行政机关公务员处分条例》《预算法》等方面内容进行讲解，80余人参训。

12月6日　北京人民广播电台举行第六届“听众喜爱的名牌栏目”大型评选活动表彰典礼，现场揭晓十大名牌栏目、二十个优秀栏目和七个首发单项奖。

12月6至7日　北京歌华有线电视网络股份有限公司开展“全民观影日”活动，全市400余万户高清交互用户在家中可免费观看“电视院线”栏目中40部影片。

12月7日　由北京市新闻出版广电局主办、北京电影学院和中国电影文化研究院承办的第九届中国北京国际文化创意博览会国际电影产业发展研讨会在北京电影学院举办。北京市新闻出版广电局副局长王野霏致辞，北京市新闻出版广电局副巡视员赵志勇，北京市贸促会副会长于海波、北京电影学院党委书记侯光明以及在京影视企业代表、专家学者、专业院校师生、新闻媒体300余人参会。

12月11至14日　北京紫禁城影业有限责任公司参加在北京国际展览中心举办的第九届中国北京国际文化创意产业博览会，通过展架和投放视频的方式推广影片《永不低头》与《神机妙算刘伯温》。

12月12日　北京歌华文化发展集团与第二外国语学院签署“培养对外文化贸易及人才”战略合作协议。

12月12日　由北京歌华文化发展集团等单位联合承办的首届中欧文化与贸易论坛在中华世纪坛举办。

12月13日　中国电影博物馆举办“中国电影博物馆之夜——‘我心永恒’经典电影交响音乐会”。音乐会上，中国北京管乐交响乐团演奏了《我的祖国》《辛德勒名单》等13首中外经典电影歌曲。

12月19日　北京人民广播电台第二届“声音达人秀”活动终极对决暨颁奖典礼举行。

12月20日　由北京市委宣传部、首都文明办主办，北京广播电视台、北京人民广播电台、北京电视台承办的“2014北京榜样”颁奖典礼举行，张佳鑫、金汉、韩冰、陈敏华、郑丹娜、张鹊鸣、斯蒂芬・马布里、闫志国、金九皋、廖理纯当选2014年度十大“北京榜样”；苏士龙、“月宫一号”科研团队获得“北京榜样”特别奖；任士荣等48人获得“北京榜样”提名奖。

12月23日　北京歌华有线电视网络股份有限公司组织召开“中国电视院线”峰会，发起成立“中国电视院线联盟”。中宣部文艺局局长汤恒、国家新闻出版广电总局电影局局长张宏森、中国电影股份有限公司董事长喇培康、中国广播电视网络有限公司副总经理吕建杰、中国中信集团有限公司总经理助理罗宁、北京市委宣传部副部长张淼、北京广播电视台党委书记刘志远、北京市文化局副局长关宇、北京市新闻出版广电局副巡视员赵志勇、北京市文资办副主任龙晓雯、北京广播电视台纪委书记王伟、歌华有线公司董事长郭章鹏、歌华有线公司总经理卢东涛等相关领导，以及国内外电影制作发行机构、相关专家、学者和全国30余个省市有线电视网络公司负责人参会。

12月24日　北京北广传媒城市电视有限公司世贸天阶大屏A屏改造完工，举办以“重装亮相 等你点亮”为主题的大屏互动活动。

12月26日　由市委农工委、市农委、北京广播电视台和北京农商银行联合推出的“美丽乡村　筑梦有我”大型公益活动在顺义区马坡镇石家营村启动。北京市委常委、统战部长牛有成，北京市委常委、宣传部长李伟出席并讲话，北京副市长林克庆主持活动LOGO发布。此次活动中，北京人民广播电台、北京电视台、北广传媒数字电视、移动电视共135名主持人与“北京最美的乡村”和“低收入村”牵手结对。

12月26日　由河南兵盛文化传媒有限公司、北京紫云达文化传媒有限公司、北京电视艺术中心有限公司联合出品的《一起长大》在郑州杀青。

12月28日　北京紫禁城影业有限责任公司出品的47集电视连续剧《乞丐大掌柜》荣获2014年度北京市文化精品工程第二批重点项目。

12月28日　中国电影博物馆完成数字电影博物馆（一期）建设项目，首款APP（安卓1.0版本）正式对外发布。

12月30日　北京市新闻出版广电局在耀莱国际影城五颗松影院举办北京市特色影院授牌仪式，分别向中国电影资料馆艺术影院小西天影院、耀莱成龙国际影城五棵松影院、新影联华谊兄弟影城望京影院授予“艺术电影”“经典电影”和“儿童电影”三类主题影片的特色影院。北京市新闻出版广电局局长李春良，中国电影资料馆馆长孙向辉，北京市新闻出版广电局副巡视员赵志勇及相关部门领导出席了仪式，电影制片、发行单位，普通观众及媒体等150余人参加了授牌仪式。特色影院将在固定影厅，每周固定时间，以国产影片最高10元、引进影片最高20元的低票价进行主题影片放映。

12月　北京北广传媒移动电视有限公司的《秀逗爱生活》获北京广播电视台数字电视节目创新奖。

12月　北京北广传媒移动电视有限公司的《胡钧的低碳小屋》获第二十三届北京新闻奖一等奖、北京市优秀广播电视节目电视新闻类优秀作品奖。

12月　北京北广传媒移动电视有限公司完成32寸2000块显示屏的前期调研、测试、招标和采购。

12月　北京电视台BTV少年传媒学院正式开课，学院以“少年强则中国强”为办学理念，旨在为青少年群体搭建一个新颖的综合传媒素养培养平台。

2014年北京市区县广播影视大事记

1　月

1月5日　通州电视台首档新闻谈话类节目《小强听·说》开播。

1月6日　朝阳区广播电视新闻中心《朝阳有线》《朝阳报》《朝阳新闻网》对区人大、政协“两会”进行全方位、多角度报道。

1月7至10日　丰台区广播电视中心组成报道组，根据策划的选题、计划，全程多角度报道区人大、政协“两会”召开情况。

1月10日　房山区委副书记、区委政法委书记曾赞荣，区委常委、宣传部长赵佳琛，区人民法院院长邵明艳到房山区广播电视中心调研。

1月13至14日　昌平区广播电视中心录制“美丽昌平2014春节特别节目”，全区20个乡镇的近200名演员参加录制。

1月14日　石景山区广播电视中心召开2014年度老干部电视监审员工作会，总结部署电视监审工作。

1月17日　房山区广播电视中心《文化纪事》电视栏目开播，内容以探寻房山民俗民风、解读房山文物古迹、反映房山文化演变为主。

1月17日　昌平电视台《昌平新闻》在区人大、政协“两会”召开前，播出《履职展风采》系列报道，采访部分人大代表及政协委员一年间的履职情况。

1月20日　平谷电视台新改版的专题栏目《警法在线》《美丽平谷》《百姓身边》《热点进行时》开播。

1月24日　首钢总公司有线广播电视站负责人一行到石景山区广播电视中心调研，石景山区委宣传部部长王文光陪同调研。

1月25日　平谷区政协主席王春辉，区委常委、宣传部长韦小玉到区广播电视中心电视发射塔播控机房和世纪广场大屏幕播控机房看望正在值班人员。

1月27日　门头沟区委常委、宣传部长彭利锋到门头沟区广播电视中心调研。

1月27日　通州区广播电视中心第一次对全区新春团拜会进行电视直播和网络直播。直播现场共架设7台机位，整场晚会历时一个半小时，取得成功。

1月30日　房山区委书记刘伟，常务副区长李江，宣传部长赵佳琛，区委办主任赵军，副区长卢国懿、曹蕾，区政协常务副主席高维魁一行到区广播电视中心集中看望慰问全区新闻宣传战线职工。

1月30日　怀柔区区委常委、宣传部部长胡东到区广播电视中心汤河口分站调研。

1月　房山电视台《法治与生活》栏目被中国电视艺术家协会评为2013年度十大名栏目。

1月　大兴区广播电视中心与大兴报社成立联合总编室，整合“两台一报”媒体资源，实现优势互补，形成全方位媒体联动的机制。

1月　顺义区广播电视“两台一报”开设《转型升级　实干兴区》专栏；电视系列报道“明天会更好”首播。

1月　顺义人民广播电台系列报道《温暖2013》开播。

1月　平谷区委常委、常务副区长李宝峰做客平谷电视台访谈节目，就第三次全国经济普查工作解答群众提问。

1月　昌平电视台荣获中国传媒大会颁发的金长城传媒奖2013年中国十大影响力城市电视台荣誉，报送的《真情故事》栏目同时荣获金长城传媒奖2013年中国最受观众喜爱电视栏目荣誉。

2　月

2月10日　丰台区广播电视中心完成对2014新年宣传片“新春到　马年来”及元宵节宣传片“正月十五乐团圆”的策划和制作。

2月18日　门头沟区副区长李昕到区广播电视中心调研，要求广电中心下一步的工作要把自身的创新和发展融入全区的文化布局之中，多方谋求与市级以上媒体的合作，不断丰富节目内容。

2月23日　延庆县广播电视中心为确保浆

棚山转播站发射的节目信号清晰稳定，组织技术人员进行多点测试。

2月27日　门头沟区广播电视中心举办全区通讯员业务培训班。

2月　顺义区广播电视“两台一报”开设《清洁空气　共同行动》专栏，展现全区各单位改善大气环境质量的具体做法和典型经验。

2月　顺义区广播电视中心《顺广传媒》综合媒体平台启动“流媒体管理”技术研发工作。

2月　昌平电视台《昌平新闻》播出“记者探访第二届北京农业嘉年华”系列报道。

2月　昌平电视台《古今昌平》栏目推出“文物·往事”系列，挖掘梳理文物背后的历史文化，共66集。

2月　昌平电视台《昌平新闻》针对重度雾霾天频发的现象，策划播出“应对重度污染”系列报道。

3　月

3月1日　怀柔电视台策划的50集系列报道《百姓故事》开播。

3月3日　丰台区广播电视中心摄制的纪录片《圆梦》，作为北京电视台高清纪实频道《中国梦我的梦》栏目的首播节目播出。

3月6日　门头沟区广播电视中心召开2014年工作会，总结部署工作。区委常委、宣传部长彭利锋出席工作会并讲话。

3月14日　昌平区广播电视中心高清虚拟数字演播室投入使用。

3月15日　通州人民广播电台、通州电视台《文明通州》开播。

3月19日　海淀区新闻中心“海淀新闻”移动客户端上线。

3月25日　顺义区广播电视中心全新访谈栏目《政务·民声》完成第一期录制工作。

3月　门头沟区广播电视中心为配合全区党的群众路线教育实践活动的宣传，在新闻节目中开设5个专栏，分别是《贯彻群众路线改进工作作风》《立行立改见成效》《办实事　惠民生　推进现代化生态新区建设》《整改落实见成效》和《记者在基层》。

3月　房山区广播电视中心被北京市委组织部评为北京市党员教育电视片观摩交流活动组织工作一等奖；电视片《5日的约定》被评为一等奖。

4　月

4月1日　海淀区新闻中心新媒体部成立。

4月2日　朝阳区广播电视新闻中心为加强和改进宣传报道工作，邀请区农委、区劳动局、朝外街道、十八里店乡等十余家单位进行服务对象层面的征求意见座谈会。

4月2日　顺义区广播电视中心《政务·民声》电视栏目播出第一期。

4月5日　“梨花风起正清明”第七届北京清明诗会在石景山举办，石景山区广播电视中心全程录制五场节目并在清明节期间播出。

4月7日　丰台区广播电视中心推出专题栏目《南城人物》，讲述丰台区各界先进人物的故事。

4月10日　海淀区新闻中心“海淀在线”改版升级，将原有海淀新闻网升级为海淀综合新闻门户。

4月10日　密云县委常委、宣传部部长刘名义到县广播电视中心调研。

4月11日　密云县委副书记、政法委书记韩耕到县广播电视中心调研。

4月15日　房山人民广播电台采制的长消息“奏响山村幸福曲，草根乐团也迷人”被评为第二十三届“北京新闻奖”三等奖。

4月15日　顺义区地税局工作人员走进广播直播间，直接解答听众关于税法相关问题。

4月19日　房山人民广播电台制作的广播节目《FUNHILL时间》，在2014（第三届）中国广播电视民生栏目创新峰会上展播。

4月22日　昌平人民广播电台制作并播出5期第二届北京农业嘉年华专题节目《乐享时光——农业嘉年华特别节目》。

4月　大兴人民广播电台《大兴区美食节在东辛屯村开幕》现场报道在中央人民广播电台《央广之声》同步直播。

4月　顺义区广播电视中心“两台一报”开设“在群众中间”栏目，报道全区党员干部深入群众中间，查摆问题，解决难题，扎实为民服务的事例。

5　月

5月1日　房山区广播电视中心完成高清媒资系统建设。将中心原有媒资拷贝到新媒资系统，实现新媒资系统、老媒资系统、高清非编网、标清非编网、市局媒资管理系统的互联互通。

5月7日　丰台区广播电视中心与区法宣办共同推出的《法治风景线》专题栏目开播。

5月8日　丰台区与保定白沟新城管委会签署《战略合作协议》，丰台区广播电视中心为配合协议，在《丰台新闻》突出宣传调整疏解非首都核心功能的工作，对北京大红门地区服装批发市场转型升级进行全程报道。

5月11日　朝阳区广播电视新闻中心推出《问政2014》访谈节目，邀请朝阳区各单位负责人来到演播室与记者展开互动交流，主题涉及安全生产、环境建设、民生工作、新农村建设、社会服务管理创新、经济发展等方面内容。每期30分钟，每天19：50播出。

5月15日　石景山区广播电视中心录制完成“与你同行 共筑梦想”——石景山区庆祝全国第24个助残日残疾人文艺展演晚会。

5月22日　平谷电视台《警法在线》栏目官方微博正式上线。

5月23日　怀柔区广播电视中心举办职工岗位知识综合培训班开班。

5月24至28日　丰台区广播电视中心全方位报道世界种子大会，在《丰台新闻》播出《世界种子大会在我区开幕》《种业奥林匹克首次亮相中国》《种子大会志愿服务备受好评》等10余条新闻。

5月27日　昌平区广播电视中心在北京市新闻出版广电局组织查寻非法无线广播电视信号演练活动取得第一名。

5月29日　朝阳区广播电视新闻中心举行朝阳传媒影视技术服务中心正式授牌仪式。

5月29日　密云县广播电视中心记者齐如柏到县教委组织的小记者、小主持人培训班授课，深入浅出地讲解新闻采访基础知识，受到孩子们的欢迎。

5月　通州区广播电视中心新增一档少儿动画片专栏节目《中华美德故事》。该节目以动画的形式传教“孝、悌、忠、信、礼、义、廉、耻”等伦理道德。

5月　大兴区广播电视中心电视新闻专题栏目《10分·关注》开播。

5月　顺义电视台创新开设《咨询服务》板块，以主持人讲述的形式解答最新政策、法规和生活提示。

6　月

6月1日　“通州区广播电视中心电台数字直播录制系统”项目建设完成，正式投入使用。

6月4日　海淀区新闻中心“海淀新闻”开通官方微博、微信公众号。

6月6日　延庆县广播电视中心组织技术人员定时维护街头电视大屏幕。

6月10日－10月22日　昌平区广播电视中心拍摄并播出12期“美丽昌平”走基层文艺演出。

6月12日　门头沟区广播电视中心播音员、主持人与北京人民广播电台专家座谈。

6月12日　密云县委常委、宣传部部长刘名义到县广播电视中心白土沟转播站检查工作。

6月17日　中国煤矿文工团总团、北京市语言学会朗诵研究会应邀参加石景山区广播电视中心《百姓诵读》栏目座谈会。

6月17日　房山区广播电视中心投资建设的“掌上房山”手机新闻客户端投入运行。

6月18日　平谷区广播电视中心举办新闻业务培训班，60多名乡镇及委办局记者站记者参加培训。平谷区委常委、宣传部长韦小玉出席并讲话。

6月19日　通州区广播电视中心与区农委合办的《三农视点》栏目正式播出，每月一期。

6月21日　由北京市文化局、北京市文联、石景山区人民政府联合主办，北京文化艺术活动中心、石景山区委宣传部、区文化委、区文联、区广播电视中心共同承办的“我的中国梦，欢乐新北京”——第二届北京诗歌朗诵大赛决赛，在石景山区广播电视中心举行。

6月24日　海淀区新闻中心“海淀新闻”微信公众号开通。

6月　门头沟区广播电视中心在新闻节目中开设系列报道《大家说》栏目，以“弘扬社会主义核心价值观、提升市民文明素质”为主题，每期确定一个“说”的内容，让观众说看法、说想法、说办法。每期节目时长2—3分钟。

6月　大兴人民广播电台加入华语地区网络电台——蜻蜓电台，听众通过电脑、手机下载软件，可在全球各地实时收听调频98.6的节目。

6月　顺义人民广播电台与顺义区气象台联合开办的《气象播报》栏目在《大家帮助大家》栏目中开播。

6月　顺义电视台开设《小社区　大和谐》专栏，展现全区“和谐社区建设”的优秀典型，共播出4期。

6月　延庆人民广播电台开通新浪官方微博，内容包括精品节目音频、节目互动信息、服务咨询、电台动态等。

7　月

7月1日　丰台区主办的“发现丰台之美”主题活动展示周启动，丰台区广播电视中心派出记者组对该活动展示周进行全程拍摄。同时，两部《发现丰台之美》微电影也开始投拍。

7月1日　石景山区广播电视中心《百姓诵读》推出特别节目“放歌七一”。节目共录制2期，每期30分钟。

7月1日　昌平广播电视网（www.cprt.com.cn）升级改版上线试运行，新设《新闻》《昌平》《图片》《文化》等13个专题，包括70余子栏目。

7月5日　丰台区广播电视中心策划制作“同庆党生日 共筑中国梦”纪念建党93周年频道宣传片播出。两部《发现丰台之美》微电影开始投入拍摄制作。

7月7日　北京市主办的“勿忘国耻　圆梦中华”歌咏活动唱响卢沟桥畔，丰台区广播电视中心派出报道组对该活动进行全程拍摄。

7月8日　丰台区广播电视中心《丰台新闻》开始重点报道区委、区人大、区政府、区政协专题民主生活会情况。

7月9日　丰台区广播电视中心召开大屏系统运行维护专家论证会。

7月10日　为纪念石景山有线电视台《百姓DV》栏目开播两周年、《百姓诵读》开播一周年，石景山区广播电视中心、区文化委员会与栏目参与者举行座谈会。

7月14日　平谷区广播电视中心举行工会首届才艺大赛，共120名员工参赛。

7月15至16日　丰台区广播电视中心召开2014年内设机构空缺领导职位竞聘上岗动员会，18名在编人员竞聘。

7月26日　通州区广播电视中心举办新闻业务培训班。

7月28日　通州区广播电视中心对联通U谷台球世锦赛首次进行直播。

7月28日—8月5日　丰台区广播电视中心为纪念中国人民解放军建军87周年，制作并播出宣传片“军民鱼水一家人”。

7月28日　延庆县广播电视中心《百姓大舞台》节目走进军营，并与官兵共庆“八一建军节”。

7月29日　延庆县广播电视中心记者组对第十一届延庆世界葡萄大会进行全方位报道。

7月　朝阳区广播电视新闻中心“朝阳有线”为提升工作效率和播出效果，与朝阳区市政管委、网格办、专指办等单位制定新的运作流程，并启用。

7月　房山区广播电视中心总编室获“2013年度北京市青年文明号”荣誉称号。

7月　大兴区广播电视中心拍摄并播出5部“节俭养德”和1部“社会主义核心价值观”公益宣传片。

7月　大兴区广播电视中心召开《爱我新区大讲堂》改版座谈会，区委常委、宣传部长姜泽廷对改版后的栏目定位和宣传方向提出要求。

7月　“七一”期间，顺义人民广播电台采制播出7集《绿港党旗红》系列报道，反映优秀党支部和先进个人事迹。

7月　顺义人民广播电台《929生活服务资讯》栏目开播。

7月　顺义电视台新闻栏目《我的故事》全新改版。

7月　昌平电视台《昌平新闻》结合党的群众路线教育实践活动，播出《践行党的群众路线　夯实基层战斗堡垒》系列报道。

8　月

8月3日　《怀柔新闻》开设“百集英文词条”栏目配合APEC会议宣传；栏目中植入的两个动漫形象“怀怀”“柔柔”，系怀柔区广播电视中心自主设计。

8月4至12日　昌平区广播电视中心录制首档综艺类节目——大型魔术少儿剧《金玲姐姐的魔法屋第二季》。

8月5日　丰台区广播电视中心推出周播民生栏目《在身边》，并在优酷、搜狐、土豆等新媒体视频网站二次传播。

8月5日　怀柔区广播电视中心《怀柔新闻》推出《你好APEC·心意寄语》栏目。

8月12日　密云县广播电视中心虚拟演播室建成并交付使用。

8月15日　丰台区广播电视中心组织技术人员参加北京市广播电视监测中心组织的监测终端设备维护培训会。

8月15至17日　通州人民广播电台参加天津农村广播、天津区县广播联盟在武清组织的京津冀协同发展联合采访启动仪式暨首期采访活动。

8月18日　昌平区广播电视中心召开大会，传达昌平区委四届七次全会和区委书记侯君舒、区长张燕友的讲话精神，全力推进“大宣传”格局的建设进程。

8月21日　朝阳区广播电视新闻中心组织全体党员和采编人员，利用工作之余在网上学习收看《朝阳区委书记程连元做客北京纪检监察网在线访谈》。

8月26日　石景山区广播电视中心开展群众教育路线实践互评活动。

8月26日　著名朗诵艺术家曹灿、雅坤、陈红，与石景山区有线电视《百姓诵读》栏目组到解放军总医院第一附属医院看望朗诵爱好者黄彬，并在病房进行特殊的朗诵会。

8月26至29日　丰台区广播电视中心组织技术人员进行高清电视制作培训。

8月27日　通州区广播电视中心与通州区

食品药品监督管理局合办的《食药安全》栏目首播。

8月29日　丰台区广播电视中心完成有线电视频道高清系统建设方案。

8月30日　丰台区广播电视中心完成中秋节宣传片“情满中秋”和教师节宣传片“庆祝第30个教师节——老师您好”。

8月　顺义人民广播电台《文明红绿灯》栏目新增“小贺说交通”板块,制作播出“小贺说交通”8期。

8月　顺义区广播电视中心《顺义时讯》刊登《此心安处是吾家》专版，纪念顺义电视台成立20周年。

8月　顺义人民广播电台《全城都在点》制作特别节目“爱要大声说出来”，通过电话连线方式让听众充分表达，并与博纳影城联合实现户外联播。

8月　顺义区广播电视中心《顺广传媒》微信公众号上线试运行。

8月　昌平电视台在《昌平新闻》制作播出一批纪念“八一建军节”的相关节目。

8月　昌平区广播电视播控中心土建工程开始施工。

9　月

9月1日　顺义区广播电视中心“两台一报”记者面对暴雨迅速出动，分别从主要街道、气象局、市政、供电公司、农委等单位，进行重点采访播报暴雨情况。

9月2日　朝阳区广播电视新闻中心领导班子和业务骨干到北京电视台学习办台经验。

9月3日　丰台区广播电视中心派出多路记者，对中国人民抗日战争和世界反法西斯战争胜利69周年纪念日进行集中报道。

9月4日　丰台区广播电视中心召开中层干部会，传达北京市新闻出版广电局2013年广播电视优秀作品表彰会精神，部署节目创优举措。

9月5日　丰台区广播电视中心自创的第一部微电影《卢沟晓月》在腾讯视频、微信等新媒体平台上线播出。

9月5至7日　昌平区广播电视中心全程录制“第二届中国北京世界魔术大会”所有项目。

9月8日　丰台区广播电视中心派出多路记者对“卢沟晓月”中秋晚会主会场和分会场采访，并对北京民俗“兔儿爷”的来历做深入报道。

9月10日　丰台区广播电视中心记者采访石榴东街社区重阳节活动。

9月13至14日　丰台区广播电视中心对2014北京国际铁人三项赛事进行全方位、多角度报道。

9月14日　怀柔区广播电视中心全方位报道2014北京怀柔国际徒步大会。

9月16日　石景山区广播电视中心组织职工参加区消防支队进行消防演习。

9月16日—24日　丰台区广播电视中心配合区纪委制作完成《旁观》《藏》《购物卡》《退休》4部廉政微短剧。

9月18日　怀柔区广播电视中心新闻业务培训班开班。

9月20日　顺义人民广播电台在顺义区工人文化宫举办第二届听众节。

9月22日　房山电视台虚拟演播室正式投入使用。

9月22日　房山区广播电视中心制作的《寻美坡峰岭》荣获第七届中国旅游电视专题类三等奖，《水峪——把我的古老讲给你听》荣获好栏目类三等奖，《醉山水　最运动——张坊，运动休闲小镇》荣获旅游广告宣传片三等奖。

9月24日　昌平区广播电视中心ISO：9001质量管理体系认证正式建立并运行。

9月25日　丰台区广播电视中心取消自办

栏目《人口与家庭》,安排播出新栏目《丰台消防》。

9月25日　怀柔区广播电视中心召开2014年有线广播村村响工程施工动员会。

9月28日　丰台区广播电视中心为配合大红门国际服装城商户落户保定白沟、推动京津冀协同发展的举措，全程进行报道。

9月28日　海淀区新闻中心“海淀在线”完成改版，更名为“海淀网”上线试运行。

9月28日　大兴区委常委、宣传部部长姜泽廷等领导到区广播电视中心审看《爱我新区大讲堂》改版样片，并召开座谈会。

9月29日　顺义区广播电视中心成功承办顺义区第五届“牛栏山杯”道德模范颁奖晚会。

9月29日　昌平区广播电视中心举办昌平电视台建台30周年暨昌广传媒手机APP发布仪式。北京市新闻出版广电局副局长王霞，昌平区委常委、宣传部部长余俊生，昌平区副区长刘淑华等领导出席发布仪式。

9月30日　丰台区广播电视中心在国家烈士纪念日这一天，集中力量对全区的抗战图片展、歌曲大联唱、祭奠烈士等一系列活动进行重点报道，播发新闻14条。

9月30日　为庆祝建国65周年，石景山区广播电视中心策划、拍摄的10集电视纪录片《话说石景山路》开机。

9月30日　顺义区广播电视中心“两台一报”针对新中国第一个法定的烈士纪念日，进行隆重报道。

9月　丰台区广电中心进一步组织力量对南苑乡、丰台街道、花乡、大红门街道、东高地街道、卢沟桥乡等形式多样的“发现丰台之美”展示活动进行突出报道。

9月　石景山区广播电视中心召开高清技术培训会。

9月　房山区广播电视中心报送的《今日关注》——《果树界的“智多星”》在第二届“全国市县电视台推优活动”中，被中国电视艺术家协会评为电视栏目类三等奖。

9月　由中国电视艺术家协会、中国农业电影电视中心主办、河南影视集团、河南电视台等承办的第六届新农村电视艺术节第八届小康电视节目工程中，房山区广播电视中心创作的《葡萄采摘正当时》荣获年度“优秀电视作品”一等奖。

10　月

10月1日　丰台区广播电视中心完成国庆65周年园博庆祝活动各项工作，同时配合北京电视台完成首都国庆活动宣传报道工作，派出8组记者拍摄京剧、川剧、秦腔、粤剧、昆曲、豫剧、越剧、黄梅戏共8个剧种经典剧目选段展演。

10月4日　昌平电视台《相约》栏目推出特别节目《文脉梳理专家谈》系列开播。

10月8日—11月20日　怀柔电视台开设的《聚焦国际会都》专栏播出，全方位、多角度报道来自APEC会议中心的一线新闻及相关知识。

10月9日　密云县委书记汪先永到密云县广播电视中心调研。

10月14日　密云县广播电视中心虚拟演播室灯光、吸音板、摄像、虚拟设备安装、调试等全部完成。

10月15至18日　丰台区广播电视中心对第22届北京种子大会进行全面报道。

10月20日　大兴区广播电视中心改版后的《爱我新区大讲堂》之“实事实办”第1期播出。

10月31日　丰台区广播电视中心恢复播出《丰台教育》栏目。

10月　朝阳区广播电视新闻中心在国庆65周年宣传中，连续推出4期《迎国庆成就展示专题报道》。

10月　门头沟区广播电视制订《门头沟区广播电视中心规章制度汇编》。

10月　房山区广播电视中心参评的《蒲洼古城——山梆子》在“人文中国第三季——传承中国”全国电视专题片、纪录片推选活动中，被中国电视艺术家协会评为三等奖。

10月　大兴人民广播电台在国庆节期间播出文化访谈节目《名家说大兴》。

10月　顺义人民广播电台与相关单位联合推出的《检察官播报》《空气质量播报》《每周疾病预防播报》《每周食品药品安全播报》《每周警情播报》等栏目开播。

10月　顺义人民广播电台《大家帮助大家》栏目延时播出，实现有线广播和无线调频同时播出。

10月　顺义电视台8集专题系列报道《村里人聊村史》制作完成并播出。

10月　昌平电视台《昌平新闻》策划播出《昌平新闻十一特别节目》。

11　月

11月1日　通州人民广播电台每天增加30分钟自办节目，在16：00至16:30的黄金时段播出《中华文化大讲堂》节目。

11月2日　朝阳区广播电视新闻中心举行记者节活动。

11月3日　天津市宝坻电视台到延庆县广播电视中心考察交流。

11月4日　平谷区广播电视中心庆祝第15个记者节，平谷区委常委、宣传部长韦小玉，区委常委、副区长屈志奇参加活动。

11月4日　昌平电视台《视角》栏目播出的电视专题片《醉驾入刑三周年　打击酒驾零容忍》获2014全国文明交通宣传作品二等奖。

11月4日　为提高节目质量，延庆县区广播电视中心召开《百姓大舞台》《妫川骄子》节目研讨会。

11月5日　大兴区广播电视中心举办摄像基础知识专业培训班开班。

11月13日　阿尔巴尼亚国家广播电视台摄制组到昌平区广播电视中心考察交流，并与昌平电台主持人进行模拟访谈节目。

11月15日　丰台区广播电视中心在全市正式供暖日对全区供暖情况进行及时报道，宣传全区供暖保障措施。

11月20日　石景山区委副书记、区长夏林茂出席石景山有线电视微信公众平台开通仪式。

11月21日　昌平电视台荣获由中国品牌媒体高峰论坛组委会及9家新闻院校颁发的2013—2014中国品牌媒体百强、城市电视台品牌10强。

11月21日　昌平广播电视网选送的公益宣传片《活出自己的价值　享受美好的生命之旅》，荣获“北京市2014年优秀网络视听节目评选”优秀原创网络视听公益类宣传广告作品。

11月24日　丰台区广播电视中心制作的频道宣传片《感恩——一路有你》播出。

11月26日　丰台区广播电视中心组织记者组录制“百名共产党员传记”朗诵会。

11月26日　丰台区广播电视中心对“第十八届北京　香港经济合作洽谈会上丰台区34个招商项目纳入京港洽谈会整体推介项目、签约额达到80亿元”相关情况，进行重点报道。

11月26日　昌平电视台报送的电视专题片《涧头村高跷的故事》荣获“人文中国第三季——传承中国”全国电视专题片三等奖。

11月　朝阳区广播电视新闻中心举办记者节活动。

11月　房山区广播电视中心策划制作的公益广告《一个人的邮路》，在2013—2014年度广播电视公益广告扶持项目评选中，被国家新闻出版广电总局评为电视类优秀公益广告三类扶持项目奖。

11月　房山区广播电视中心创作的《京西南“水乡”——“文创”新硅谷》，在“第二届中国镇江　西津渡国际纪录片盛典”评选活动中被评为优秀作品奖。

11月　顺义区广播电视中心《顺广传媒》新媒体平台参加北京市文资办举办的市级文创资金奖励项目现场答辩，获专家一致通过，被确定为市级资金奖励项目。

12　月

12月1日　由丰台区纪委和丰台区广播电视中心联合制作的廉政微短剧《购物卡》，荣获北京市纪委、北京市委宣传部“北京廉政故事”和“廉政微短剧”创作征集活动优秀奖。

12月1日　密云县广播电视中心自制的系列风情纪录片《游遍密云》开播。

12月6日　密云县广播电视中心全程报道2014CBSA北京　密云“绿地”杯9球国际公开赛。

12月8日　平谷副区长徐素芝到区广播电视中心调研。

12月10日　海淀区新闻中心“海淀网”正式上线运行。

12月16日　密云县广播电视中心举行播音员培训班，特邀中国传媒大学教授罗莉授课。

12月18日　大兴区广播电视中心200平方米新演播室正式投入使用。

12月20日　为配合丰台区委宣传部、区文明办组织的“最美丰台人”宣讲活动，丰台区广播电视中心制作完成8部人物事迹宣传短片。

12月21日　北京市新闻出版广电局科技处及相关专家对门头沟区广播电视中心2014年安全播出体系建设情况进行检查。

12月23日　石景山区广播电视中心召开高清改造工作会，确定高清工作小组职能。

12月24日　昌平电视台报送的专题节目《视角——醉驾入刑三周年　打击酒驾零容忍》，荣获2014年全国文明交通宣传作品电视专题类二等奖。

12月24日　昌平区广播电视中心与密云县广播电视中心召开座谈会，就ISO：9001质量管理体系认证工作，从团队组建、编写制度、考核监督等层面进行座谈交流。

12月24日　密云县广播电视中心“檀州大舞台”栏目组再次走进果园小学，采访学校特色建设与发展。

12月26日　大兴区广播电视中心创办大型群众参与性互动栏目《瞧这一家子》开播。

12月27日　由通州区广播电视中心负责全程组织、协调、拍摄的主题为“童心.追梦”的首届“运河娃杯”少儿才艺电视大赛，举行第一场预赛。

12月31日　通州区广播电视中心为北京新闻广播FM100.6提供连线11条，其中3条成为当日整点头条。

12月　海淀区新闻中心全程报道“2014感动海淀十大文明人物网上评选活动”。

12月　丰台区纪委和丰台区广播电视中心联合制作的《退休》等三部廉政微短剧，在区纪委官网播出。

12月　通州区广播电视中心“基于多屏融合的移动资讯采集发布系统研发与示范”项目启动。

12月　通州区广播电视中心投入29.58万元，完成转播车配套小高清摄像机采购。

12月　大兴区广播电视中心与湖北省十堰市新闻综合广播电台合作开办《一江水　两地情》节目，两地同步播出。

12月　大兴区广播电视中心《大兴新闻》改版，启用双人制主持模式，并启用新建成的200平方米第一演播室播出。

12月　大兴区广播电视中心拍摄制作的

微短剧《抉择》荣获北京市廉政微短剧创作征集活动优秀奖。

12月 顺义区广播电视中心“两台一报”推出《科学发展排头兵》特别报道，全面展现2014年顺义区在环境、经济、民生、城乡建设和社会管理等方面取得的突出成绩。

12月 顺义区广播电视中心成功承办顺义区两大功能区揭牌仪式。

12月 顺义区广播电视中心《顺广传媒》新媒体平台，应邀参加第九届中国北京国际文化创意产业博览会。

12月 昌平电视台报送的学术论文《电视栏目与本土文化深度契合的浅思考》，获中国广播电视协会“2013年度全国县级广播电视系统论文评析”二等奖。

12月 昌平区天通苑记者站发挥宣传主阵地作用，采播时政类和社会类新闻56条；回龙观记者站采写新闻94条，实际播出45条。

12月 昌平区广播电视中心在霍营街道办事处建设一块室外LED全彩P10电视大屏幕。

索 引

索 引
INDEX

汉语拼音索引

A

B

T

W

X

Y

Z

数字索引

英文字母索引